# A SENSIBILIDADE CONSERVADORA

CIP-BRASIL. CATALOGAÇÃO NA PUBLICAÇÃO
SINDICATO NACIONAL DOS EDITORES DE LIVROS, RJ

W686s

Will, George F., 1941-
A sensibilidade conservadora / George F. Will ; tradução Alessandra Bonrruquer.- 1. ed. - Rio de Janeiro : Record, 2025.

Tradução de: The conservative sensibility
Inclui bibliografia e índice
ISBN 978-85-01-11858-5

1. Conservadorismo – Estados Unidos – História. 2. Estados Unidos – Política e governo. I. Bonrruquer, Alessandra. II. Título.

CDD: 320.520973
25-97561.0 CDU: 329.11(73)

Gabriela Faray Ferreira Lopes - Bibliotecária - CRB-7/6643



Título original em inglês: The conservative sensibility



Texto revisado segundo o Acordo Ortográfico da Língua Portuguesa de 1990.

Direitos exclusivos de publicação em língua portuguesa somente para o Brasil adquiridos pela
EDITORA RECORD LTDA.
Rua Argentina, 171 – Rio de Janeiro, RJ – 20921-380 – Tel.: (21) 2585-2000,
que se reserva a propriedade literária desta tradução.

Impresso no Brasil

ISBN 978-85-01-11858-5

# A SENSIBILIDADE CONSERVADORA

GEORGE F. WILL

**Tradução de**
Alessandra Bonrruquer

1ª edição

EDITORA RECORD
RIO DE JANEIRO • SÃO PAULO

2025

*À memória de Barry Goldwater.*

*Ele foi o "descontente alegre"*
*que mostrou ser possível unir*
*esses dois adjetivos.*

# SUMÁRIO

Não quero dizer que as cenas da revolução *foram ou jamais serão* inteiramente esquecidas, mas que, como todas as outras coisas, elas se dissiparão da memória do mundo e esmaecerão cada vez mais com o passar do tempo [...]. Ao fim daquele conflito, quase todo homem adulto participara de alguma de suas cenas. A consequência foi que, na forma de um marido, um pai, um filho ou um irmão, uma *história viva* era encontrada em toda família [...]. Mas *essas* histórias desapareceram. Elas já *não podem* ser lidas para sempre. Elas *eram* uma fortaleza, mas aquilo que os inimigos invasores *jamais poderiam fazer*, a artilharia silenciosa do tempo *fez*: o nivelamento de seus muros.

Abraham Lincoln
Discurso no Liceu de Jovens de Springfield, Illinois
27 de janeiro de 1838[1]

# PREFÁCIO

John A. Wheeler (1911-2008), físico teórico da Universidade de Princeton, gostava deste aforismo: "O tempo é o modo de a natureza evitar que as coisas aconteçam ao mesmo tempo." Quando ele o partilhou com Martin Rees, astrônomo real britânico, Rees respondeu com seu próprio aforismo: "Deus inventou o espaço para que nem tudo precisasse acontecer em Princeton."[1] Algumas coisas interessantes realmente aconteceram em Princeton e continuam a reverberar pelos argumentos políticos nos Estados Unidos.

# INTRODUÇÃO

*Princeton, 1777*

Não precisava ter sido como foi. Essa frase poderia se referir a qualquer coisa, mas, nesse caso, refere-se a uma batalha que ilustra de modo revigorante a contingência na história.

Durante a guerra da Revolução Americana, o destino de um continente e de uma ideia estava em jogo, em um conflito prolongado envolvendo forças militares que, comparadas às forças das guerras napoleônicas na Europa menos de uma geração depois, eram surpreendentemente pequenas. Em grande medida, a guerra foi vencida através de manobras habilidosas, o que frequentemente significou recuos por parte de George Washington, que perdeu a maioria das não muitas batalhas nas quais se engajou diretamente contra as forças britânicas. Uma das batalhas que venceu poderia, se tivesse perdido, ter posto fim à guerra e à revolução.

A batalha de Princeton é frequentemente, embora de forma errônea, considerada apenas um episódio defasado — um eco menor — da batalha de Trenton. Ela foi mais que isso e, para os propósitos deste livro, é um tema adequado para começarmos, porque os capítulos subsequentes são, entre outras coisas, um argumento contra a tentação do historicismo, da crença de que o desenrolar dos eventos é um processo autônomo, com suas próprias leis e sua própria lógica. A batalha de Princeton ilustra de modo estimulante o papel histórico da agência individual. Ela ocorreu a menos de 3 quilômetros do Nassau Hall da Universidade de Princeton. É possível atravessar o campo de batalha em menos da metade do tempo que se estima que ela tenha durado: 45 minutos. O local histórico é vergonhosamente negligenciado. O evento histórico, a batalha de Princeton em 3 de janeiro de 1777, é espantosamente subestimado. Essa foi uma das batalhas mais significativas da história mundial por causa do que não aconteceu, mas poderia muito facilmente ter acontecido. Nela, a Revolução Americana e a esperança de uma República baseada em direitos naturais que limitam o governo sobreviveram a uma experiência de quase morte.

A batalha de Princeton foi um pequeno combate em uma guerra de oito anos na qual somente 25 mil americanos morreram. Mas eles representavam 1% da população da nova nação, o que faz com que a Revolução Americana perca somente para a Guerra Civil em termos de letalidade. Em dezembro de 1776, a revolução estava fracassando. A Grã-Bretanha enviara 36 mil soldados — até então, a maior força expedicionária europeia de todos os tempos —, esperando esmagar a rebelião rapidamente e se antecipar à intervenção francesa em favor dos americanos. O general George Washington fora expulso de Brooklyn Heights, Manhattan e então Nova York. A nação, cuja existência independente fora proclamada somente cinco meses antes, mal existia quando ele recuou, atravessando Nova Jersey e entrando na Pensilvânia. Mas de lá, na noite de Natal, ele cruzou as banquisas do rio Delaware e iniciou uma bem-sucedida batalha de 45 minutos contra os mercenários hessianos da Grã-Bretanha em Trenton. Essa foi a primeira vitória de Washington; ele não estivera em Lexington, Concord ou Bunker Hill. Mas Trenton teria sido um triunfo evanescente, se não fosse pelo que aconteceu dez dias depois.

Em 2 de janeiro de 1777, o general britânico Charles Cornwallis ordenou que 5.500 soldados partissem de Princeton para atacar as forças ligeiramente menores de Washington, esperando imprensá-las contra as margens do rio Delaware. Washington, deixando algumas centenas de soldados para cuidar das fogueiras, a fim de fazer com que Cornwallis pensasse que um exército patriota inteiro estava acampado, fez uma marcha furtiva de 22 quilômetros noite adentro para atacar os três regimentos britânicos que permaneciam em Princeton. As forças rivais colidiram logo após o alvorecer.

As armas mais letais daquela guerra eram as baionetas. Os britânicos as tinham; a maioria dos americanos, não. Os americanos fugiram em pânico do aço que avançava. Com o exemplo de sua bravura pessoal, Washington interrompeu o recuo e liderou um ataque que salvou a nação. Sob seu comando, havia um conterrâneo da Virgínia, seu futuro biógrafo e presidente da Suprema Corte, John Marshall. Assim, lutando naquele pequeno campo, estavam os dois homens mais importantes na transformação da recém-nascida República em nação. Quando os casacos vermelhos fugiram, a aura britânica de invencibilidade e a estratégia de "assegurar o território e distribuir perdões" foram destruídas.[1] E a flutuação da opinião pública americana na direção do derrotismo foi interrompida. O sangue dos patriotas, que formou poças sobre o chão congelado nos 5 graus negativos daquela manhã, garantiu o nascimento da liberdade americana. O historiador britânico George M. Trevelyan escreveu sobre Trenton: "Pode-se duvidar que, na história do mundo, um número tão pequeno de homens tenha empregado um espaço de tempo tão curto com efeitos maiores e mais duradouros."[2] Mas esse não teria sido o julgamento de nenhum historiador se Washington não tivesse prevalecido em Princeton.

Os britânicos recuaram para Princeton, onde alguns se refugiaram em Nassau Hall. Das três bolas de canhão que os soldados americanos dispararam contra Nassau Hall, uma errou o alvo; uma quicou no muro sul, deixando uma marca ainda visível; e a terceira supostamente entrou por uma janela e arrancou a cabeça de um retrato do rei Jorge III. Diz-se que a artilharia era comandada por um assistente de Washington chamado Alexander Hamilton. É totalmente apropriado que Nassau Hall, que na época era o maior edifício de Nova Jersey e o maior edifício acadêmico da nação, tenha estado, por assim dizer, presente naquele momento de criação da nação. Naquele edifício, James Madison, que seria o quarto presidente, vivera e estudara, e Woodrow Wilson, que seria o vigésimo oitavo presidente, iniciaria sua ascensão à proeminência nacional, a partir do gabinete da presidência da Universidade de Princeton.

Este livro trata do pensamento político americano, que hoje é, em notável extensão, um argumento entre madisonianos e wilsonianos. Meu tema é o conservadorismo americano. Minha convicção é que, propriamente entendido, o conservadorismo é de persuasão madisoniana. E minha melancólica crença é que Woodrow Wilson foi a mais importante figura individual na amplamente bem-sucedida campanha para convencer a nação de que a persuasão madisoniana é um anacronismo. Este livro não é um exercício de exegese. Não é um estudo sistemático das origens e do desenvolvimento do pensamento desses dois homens. Há numerosos estudos assim, muitos deles excelentes. Meu objetivo é demonstrar como a natureza e as apostas dos argumentos políticos de hoje podem ser mais bem entendidas ao colocarmos esses argumentos no contexto de um debate que já dura mais de um século. É reconfortante e esclarecedor remontar a origem dos argumentos de hoje a antigas discordâncias entre figuras grandiosas e de impressionante conhecimento. Podemos dignificar as atuais disputas entre pessoas menores e de baixo conhecimento ao conectá-las aos grandes debates sobre coisas fundamentais.

## *Princeton, 1964*

Existe entrelaçamento entre a filosofia política de uma pessoa e sua sensibilidade, significando a tendência de ver e experimentar a passagem do tempo e o tumulto dos eventos de maneira particular. Qual delas vem antes? Talvez, na maioria dos casos, nenhuma; elas evoluem entrelaçadas e se reforçam mutuamente. A sensibilidade é mais que uma atitude, mas menos que uma agenda ou uma resposta pragmática ao desafio de reformar a sociedade de modo abrangente. A sensibilidade conservadora, especialmente, é mais bem definida por sua reflexão sobre questões concretas em sociedades particulares. A sensibilidade conservadora americana, como explicada neste livro, é uma resposta permanentemente em desdobramento a situações reais que requerem habilidade política: a aplicação de princípios gerais a realidades desorganizadas. O conservadorismo não flutua sobre todos os tempos e lugares. A sensibilidade conservadora é relevante para todos os tempos e lugares, mas é vivida e revelada localmente, na conversa sobre uma organização política específica. A sensibilidade conservadora americana está situada aqui; é uma expressão nacional de pensamento, revelado em práticas.

Charles de Gaulle iniciou suas memórias de guerra com uma frase justamente famosa cujo poder reside na simplicidade: “Durante toda minha vida, pensei na França de uma certa maneira.”[3] A maneira como as pessoas pensam sobre seu país pode ser difícil de destilar em sentenças. Mas os sentimentos dos americanos estão, em certo grau e frequentemente em nível subliminar, conectados a ideias que estavam presentes durante a criação da nação. Este livro explica como eu penso sobre os Estados Unidos. E por que acho que pensar dessa maneira leva ao florescimento e à felicidade pessoais, cuja busca é, afinal, o objetivo da política americana.

O propósito principal deste livro não é dizer aos leitores o que penso sobre este ou aquele problema ou política. O propósito é sugerir como pensar sobre questões duradouras relacionadas ao escopo adequado e à competência real do governo. Este livro é um exercício de arqueologia intelectual, uma escavação para revelar as fundações intelectuais e institucionais da República, que foram enterradas sob diferentes suposições e políticas. Minha crença é que, através desse resgate, algo bastante belo pode ser revelado e colocado em uso. Apologéticas são textos que oferecem razões, particularmente aos não crentes, para acreditar naquilo que o autor acredita. Este livro é minha apresentação não apologética aos não crentes, que formam a maioria dos americanos contemporâneos, das razões pelas quais eles deveriam recorrer à sabedoria da fundação da nação.

O conservadorismo está relacionado à conservação dessa sabedoria, ou não tem importância duradoura. A pergunta adequada a se fazer aos conservadores é: o que vocês buscam conservar? A resposta adequada é concisa, mas enganadoramente simples: buscamos conservar a fundação americana. Mas o que significa conservar um evento ou, mais precisamente, uma sequência de eventos ocorrida há quase 250 anos? Este livro é minha tentativa de responder a essa pergunta, ao mostrar a contínua pertinência dos princípios fundadores e traçar muitos de nossos descontentamentos ao afastamento deles.

Penso nisso desde que cheguei à Universidade de Princeton em 1964, para iniciar meu doutorado em filosofia política. O prédio da pós-graduação fica em uma pequena colina, a quinze minutos de caminhada de Nassau Hall. O fato de estar lá possui importância histórica.

A universidade considera James Madison seu primeiro aluno pós-graduado porque, embora ele tenha se formado com a classe de 1771, permaneceu por lá mais um ano, estudando hebraico com o presidente da universidade, John Witherspoon. A pós-graduação foi formalmente estabelecida em 1900, mas sua localização permanente ainda não fora decidida quando Woodrow Wilson se tornou presidente da universidade em 1902. Seu espírito inquieto e reformista fez muito para levar a universidade à grandeza e para irritar professores, administradores e ex-alunos. Muitas das mudanças que promoveu, relacionadas à vida acadêmica e estudantil, eram mais importantes que a questão de onde colocar a pós-graduação. Mas essa questão, surgida após uma longa sucessão de conflitos cáusticos, tornou-se decisiva. Wilson queria que a pós-graduação fosse integrada ao campus principal. Ele costumava investir suas preocupações de imensa significância, então disse: "Os Estados Unidos tolerarão o isolamento dos estudantes de pós-graduação? Tolerarão a ideia de mantê-los afastados?"[4] Na verdade, os Estados Unidos não estavam interessados nessa briga no campus. Mas talvez tivesse sido melhor se estivessem.

A nêmese de Wilson era Andrew Fleming West, decano da pós-graduação entre 1901 e 1928. A estátua de West está no prédio atual da pós-graduação, onde ele queria que estivesse. A derrota levou Wilson a pedir demissão em 1910. Ele imediatamente entrou na política e foi eleito governador de Nova Jersey naquele novembro. Nós, madisonianos, raramente lamentamos sua derrota. Mas nos perguntamos se a história americana subsequente não teria sido diferente, e melhor, se ele tivesse conseguido o que queria em relação à localização da pós-graduação e, consequentemente, continuado no gabinete da presidência em Nassau Hall, em vez de ascender rapidamente à capital da nação.

Entre junho e novembro de 1783, a cidade de Princeton foi capital dos Estados Unidos. O débil governo nacional saíra da Filadélfia para fugir dos inquietos soldados americanos, descontentes com um governo que, por ser incapaz de arrecadar impostos, era incapaz de pagar-lhes. O Congresso Continental se reuniu em Nassau Hall, onde recebeu o general George Washington depois que os britânicos se renderam em Yorktown. Assim, é satisfatório que Nassau Hall possa ser considerado o epicentro simbólico da filosofia política americana. Naquela era de comoção revolucionária, o prédio era, entre outras coisas, o dormitório de James Madison, que seria o mais criativo participante do processo que elaborou a Constituição, a qual gerou um governo nacional sem as enfermidades que levaram o governo anterior a se refugiar em Princeton. Em 1902, Nassau Hall continha os escritórios administrativos da universidade, incluindo o gabinete do novo presidente, Woodrow Wilson, que se tornaria o primeiro presidente americano a criticar a arquitetura constitucional de Madison. O décimo sexto presidente vindicaria essa arquitetura e a salvaria da destruição.

Nasci e fui criado na parte central de Illinois e, embora não tenha vivido no estado desde que fui para a faculdade em 1958, quatro meses após meu décimo sétimo aniversário, permaneço um cidadão do centro-oeste, marinado no espírito e na tradição de Abraham Lincoln. Foi durante a pós-graduação em Princeton que iniciei as reflexões que culminaram neste livro, o qual, em certo sentido, começou a ser escrito em minha tese de doutorado, meio século atrás.

# "FORA DO ALCANCE DAS MAIORIAS"

Minha casa era em Champaign, que fica ao lado de Urbana, onde está situado o tribunal de arenito vermelho do condado de Champaign, construído em 1849. Quando Abraham Lincoln era advogado de circuito de Springfield, ele tinha casos que o levavam até Urbana e, segundo a tradição local, estava no tribunal quando soube da aprovação da Lei Kansas-Nebraska. A ascensão de Lincoln à grandeza começou com sua repulsa por essa lei, que, ao revogar o Compromisso do Missouri de 1820, acendeu o pavio que levaria à Guerra Civil. O compromisso proibira a escravidão no território da Louisiana ao norte de uma linha que incluía os territórios do Kansas e de Nebraska. A Lei Kansas-Nebraska, introduzida pelo senador por Illinois Stephen A. Douglas, deu aos residentes desses territórios o poder de decidir se teriam ou não escravidão. A premissa da lei era que o princípio da "soberania popular" era a essência destilada da democracia, e, consequentemente, dar máximo escopo ao princípio de governo pela maioria era o ponto essencial do projeto americano. Lincoln discordava.

Ele respondeu à lei com uma veemência controlada, prudente e paciente, mas implacável. Assim, a mais luminosa carreira da história da democracia americana, a mais moralmente edificante carreira da história da política mundial, foi orientada pelo princípio de que há mais no propósito americano e na justiça que maiorias fazendo coisas a seu bel-prazer. Se a justiça é o que Trasímaco afirmou ser em seu debate com Sócrates no primeiro livro de *A República*, de Platão — se a justiça são os interesses dos fortes —, duas conclusões se seguem. A primeira é que Douglas estava certo ao argumentar que a justiça em relação à escravidão nos territórios era o que quer que agradasse à facção mais forte, à maioria. A segunda é que, em uma democracia, a máquina crucial da justiça é a calculadora, ou seja, a justiça é conhecida, simples e decisivamente, quando os votos são tabulados. Lincoln sabia que não.

Há cinquenta anos, apresentei ao departamento de política da Universidade de Princeton uma tese de doutorado intitulada "Fora do alcance das maiorias: questões fechadas em uma sociedade aberta". O título veio de um parecer da Suprema Corte em 1943, sobre o caso *West Virginia v. Barnette*, o segundo dos casos de saudação à bandeira envolvendo alunos de escolas públicas que eram Testemunhas de Jeová. Como contados por Noah Feldman, os dois casos, que culminaram em uma das mais impressionantes revogações da história da Suprema Corte, começaram em uma manhã de outubro de 1935 em Minersville, Pensilvânia, quando William Gobitas (a Suprema Corte escreveu errado o sobrenome da família, como Gobitis), um aluno de 10 anos, recusou-se a fazer a saudação durante o juramento à bandeira. "A professora", escreve Feldman, "tentou forçá-lo a erguer o braço, mas William manteve a mão no bolso e resistiu com sucesso." No dia seguinte, sua irmã Lillian, de 11 anos, aluna da 7ª série, também se recusou a saudar a bandeira, explicando à professora: "A Bíblia diz, em Êxodo, capítulo 20, que não podemos ter nenhum outro deus diante de Jeová".[5]

Na época, explica Feldman, a saudação à bandeira feita pelos americanos "era muito parecida com a saudação de braço estendido dos nazistas, embora a palma da mão ficasse voltada para cima, e não para baixo".[6] Um líder nacional das Testemunhas de Jeová recentemente fizera um discurso denunciando a saudação nazista, e várias crianças da mesma designação religiosa em todo o país haviam chegado à conclusão que Lillian expusera à professora: saudar a bandeira era idolatria. Lillian e William foram isolados pelos colegas, a mercearia da família sofreu ameaças de violência e foi boicotada, o distrito escolar transformou o costume de saudar a bandeira em dever legal e as crianças Gobitas foram expulsas da escola.

Seu caso chegou à Suprema Corte enquanto as nuvens da guerra se adensavam sobre o mundo, em um contexto desfavorável às Testemunhas de Jeová. Eles eram pacifistas, haviam se oposto à participação americana na Primeira Guerra Mundial e se opunham ao envolvimento americano em qualquer guerra na Europa. Em junho de 1940, dias antes de as tropas nazistas marcharem sobre Paris, a Corte decidiu, por oito contra um, que o distrito escolar tinha o poder de tornar mandatória a saudação à bandeira. O parecer da Corte foi escrito pelo juiz Felix Frankfurter, ex-membro do comitê nacional da União Americana de Direitos Civis. Ele era judeu e nascera na Áustria, que os nazistas haviam ocupado em 1938. Como judeu, estava ansioso para evitar práticas que permitissem que alunos fossem tratados de maneira diferente por causa de sua religião. O caso *Minersville v. Gobitis* tinha "um interesse inferior a nenhum outro na hierarquia de valores legais. A unidade nacional é a base da segurança nacional".[7] Ele disse que sua opinião pessoal era de que o conselho escolar devia permitir a dissidência das Testemunhas de Jeová. Mas, como muitos progressistas políticos haviam sido por muitas décadas, ele era defensor do comedimento judiciário e achava que a Corte devia reconhecer que o conselho escolar eleito fizera uma escolha defensável, significando razoável, e expressara a vontade da maioria de seus eleitores. Para apresentar esse ponto em uma linguagem judiciária que se tornaria familiar em décadas subsequentes, a política do conselho escolar passara no teste da "base racional".

Os oito membros da maioria haviam sido nomeados pelo presidente Franklin Delano Roosevelt, cuja raiva pela recusa da Corte em sancionar a promulgação da legislação do New Deal pelo Congresso levara a sua malfadada tentativa de "abarrotá-la". O dissidente solitário no caso *Gobitis* foi Harlan Fiske Stone, nomeado pelo presidente Calvin Coolidge. A lei de saudação à bandeira de Minersville, escreveu ele, era "única na história da legislação anglo-americana" porque forçava as crianças "a expressarem um sentimento que, em seu entendimento, não possuem e que viola suas convicções religiosas mais profundas". Assim, a deferência ao julgamento legislativo do conselho escolar equivalia à "rendição da proteção constitucional da liberdade das pequenas maiorias à vontade popular".[8] Como diz Feldman: "Em 1940, a ideia de que a Suprema Corte devia proteger as minorias da maioria não era tão comum quanto se tornaria mais tarde. Stone a introduzira em 1937, enterrada em uma nota de rodapé."[9] De fato, essa se tornou a mais famosa e importante nota de rodapé da história da Corte, e falaremos sobre ela no capítulo 4.

Seguindo a decisão da Suprema Corte, muitas comunidades tornaram a fazer a saudação à bandeira mandatória. Houve um surto de violência contra as Testemunhas de Jeová, incluindo o ataque de uma multidão de 2.500 pessoas que queimaram o Salão do Reino em Kennebunk, no Maine. Em 1943, todavia, com uma guerra mundial em curso, a Suprema Corte concordou em apreciar outro caso de saudação à bandeira por uma Testemunha de Jeová, com o propósito de anular a decisão a que chegara somente 36 meses antes. Escrevendo pela maioria em uma decisão de seis contra três, o juiz Robert Jackson, que não estivera presente durante a decisão do caso *Gobitis*, disse: "O propósito da carta de direitos era retirar certos temas das vicissitudes da controvérsia política, colocá-los fora do alcance da maioria e dos oficiais e estabelecê-los como princípios legais a serem aplicados pelos tribunais [...] Os direitos fundamentais não podem ser submetidos ao voto; eles não dependem do resultado de nenhuma eleição."[10]

Primeiro como estudante de pós-graduação; depois, brevemente, como professor de filosofia política; e agora, há cinco décadas, como observador da política e da governança americanas em Washington, tenho pensado sobre as muitas e aflitivas questões implicadas nesses dois casos de saudação à bandeira.

Elas incluem a fonte dos direitos americanos, a natureza da Constituição, o papel da Suprema Corte em sua interpretação e o que a fidelidade à democracia requer ou não em relação aos direitos das maiorias. Acredito na existência de uma filosofia coerente que fornece respostas intelectualmente satisfatórias e politicamente prudentes a essas e outras questões: o conservadorismo americano, corretamente entendido.

Tal conservadorismo segue os princípios da fundação americana, corretamente entendidos. William James chamou a filosofia de "esforço peculiarmente obstinado para pensar claramente".[11] Meu objetivo é explicar três coisas: a filosofia dos fundadores, a filosofia que os progressistas formularam explicitamente como refutação dos fundadores e a superioridade da primeira. Aqui, uma explicação da terminologia é útil. Por mais que isso angustie alguns conservadores americanos, o conservadorismo dos Estados Unidos tem muito pouco em comum com o europeu, que se origina em — e muitas vezes ainda carrega — uma nostalgia pela ideia de trono e altar, sangue e solo, pela irracionalidade e pelo tribalismo.

O conservadorismo americano tem uma missão clara: conservar o pensamento dos fundadores, ao articular e demonstrar sua continuada pertinência. O preço da exatidão pode ser a confusão, mas este argumento precisa ser apresentado: os conservadores americanos são os guardiões da tradição liberal clássica.

No mundo anglófono, essa tradição começou com Thomas Hobbes e John Locke, no contexto dos governos autoritários que comandavam os Estados confessionais, aqueles que tinham Igrejas estabelecidas. O liberalismo ganhou esse nome e se tornou consciente de si mesmo nos séculos XVIII e XIX, quando a liberdade foi ameaçada pelas forças da ordem, por instituições e instrumentos do Estado, frequentemente operando em conjunto com as autoridades eclesiásticas. O liberalismo defendia o individualismo e os direitos dos indivíduos contra as forças da ordem imposta. O rótulo "liberal" foi cunhado para identificar aqueles cuja preocupação primária não era a proteção da solidariedade comunitária ou das hierarquias tradicionais, mas a expansão e a proteção da liberdade individual. Os liberais eram aqueles que consideravam o Estado a ameaça primária a essa liberdade. Eles defendiam o exercício dos direitos naturais no interior de uma vasta zona de soberania pessoal, garantida por um governo instituído para servir como garantidor desses direitos. Hoje, quando os franceses descrevem — depreciam, na verdade — as doutrinas de livre mercado de Margaret Thatcher como "neoliberalismo", sua terminologia não está errada. Durante muitos anos, o conservadorismo americano foi o mais forte eco contemporâneo desse liberalismo no mundo transatlântico.

O progressismo americano se desenvolveu como suposto corretivo ao liberalismo tradicional. Os progressistas queriam retificar o que percebiam como desequilíbrio perigoso. Seu objetivo era fortalecer os poderes da ordem — do Estado —, que supostamente haviam se tornado anêmicos em relação aos poderes em expansão de entidades e forças autônomas na sociedade industrial americana: bancos, corporações, ferrovias, fundos e ciclos comerciais. Na Europa de hoje, as poucas pessoas que pensam como os conservadores americanos são comumente chamadas de liberais, e as pessoas que pensam como os progressistas americanos são chamadas de social-democratas. Nos Estados Unidos de hoje, alguns poucos intelectuais fastidiosos pensam como os liberais dos séculos XVIII e XIX, mas relutam — talvez pelo que percebam como questões de acurácia histórica — em chamar a si mesmos de conservadores e, em vez disso, intitulam-se liberais clássicos.

Em décadas recentes, muitos americanos que se identificavam confortavelmente como liberais e prosperaram politicamente ao fazer isso passaram a se referir a si mesmos como progressistas, e não liberais. Eles o fizeram por razões táticas: o rótulo "liberal" foi desvalorizado pela associação com várias decepções em relação à governança. Mas o termo é terminologicamente acurado. O progressismo representa a destituição do liberalismo clássico dos fundadores.

A acusação dos progressistas é a de que a política dos fundadores é restritiva e pouco inspiradora porque não permite, nem aspira a integração das necessidades e dos desejos espirituais do indivíduo a sua identidade e suas atividades políticas. A essa acusação, a resposta apropriada do conservadorismo americano é uma alegre e orgulhosa admissão de culpa. O mundo sofreu muito, e ainda sofre, em razão de políticas orientadas pela grandiosa ambição de unificar a vida social e a vida moral dos indivíduos. Tais políticas inevitavelmente visam a fundir os indivíduos em uma comunidade orgânica, com pouco espaço na sociedade civil para as instituições cívicas, religiosas e comerciais que podem responder às necessidades humanas, com a política amplamente deixada de fora.

Uma das lições do século XX é a de que as políticas abrangentes do Estado integrado prometem satisfação, mas entregam sufocamento. Ao contrário, o patriotismo americano é "uma intrincada treliça de ideais, sentimentos e lealdades sobrepostas" que envolve política, mas não está primariamente relacionada a ela.[12]

A celebração e a proteção da autonomia individual promovidas pelo conservadorismo não condenam o indivíduo, como agora dizem muitos críticos, a uma vida de ligações sociais ressequidas ou à busca infeliz por prazeres materiais. O conservadorismo não faz com que os indivíduos sejam cortados de afiliações familiares, comunais ou religiosas nem defende esse corte. Em vez disso, demarca uma ampla zona de soberania individual na qual tais afiliações são nutridas. Ao reduzir as pretensões e funções do Estado, o conservadorismo impede a emergência de um Estado todo-abrangente, à sombra do qual outras instituições não podem florescer e frequentemente definham. Em um cenário político que insiste na realidade da autonomia individual e na moralidade da autossuficiência, alguns encontram conforto em um Estado onipresente que tudo provê. A governança conservadora deveria minimizar as oportunidades de ceder a essa tentação.

O grande presente do conservadorismo é a preservação do espaço social para a busca pessoal de aspirações mais elevadas. Se as pessoas falham em usar bem esse espaço, a falha é delas, não do conservadorismo.

## O ADJETIVO

Na expressão "conservadorismo americano", o adjetivo tem muito peso. O conservadorismo se tornou consciente de si mesmo como filosofia política através dos textos de Edmund Burke. Sutis e profundas, suas obras são ricas em lições de prudência que permanecem pertinentes. Mesmo assim, seu pensamento está inserido na tradição europeia de conservadorismo trono e altar. Os Estados Unidos não têm trono, e a maioria dos americanos quer os altares separados dos assuntos de Estado. Em grande medida, o conservadorismo de Burke foi produzido pelas premissas britânicas e pelos eventos franceses. O conservadorismo europeu, de modo geral, buscou conservar instituições e práticas, como as hierarquias sociais e as Igrejas estabelecidas, produzidas pelo lento trabalho dos processos históricos durante muitos séculos. O conservadorismo americano busca, como fez Alexander Hamilton durante a infância da República, conservar ou estabelecer instituições e práticas favoráveis a um dinamismo social que dissolva os impedimentos à mobilidade e à fluidez sociais. Assim, o conservadorismo americano é não somente diferente, mas, no fim das contas, antagônico ao conservadorismo europeu, seja britânico ou continental. Esse último enfatiza a tradição e os deveres, definidos por obrigações para com uma coletividade estabelecida, a comunidade. Como o conservadorismo americano zela pela liberdade individual, ele cultiva uma ordem social espontânea e, consequentemente, encoraja a novidade.

Na corrente do pensamento político ocidental, o conservadorismo americano é excepcional, de maneira relacionada à teoria do "excepcionalismo americano". O multifacetado postulado do "excepcionalismo" americano inclui uma ou mais destas ideias: os americanos nasceram excepcionalmente livres de um passado feudal e, consequentemente, de uma Igreja estabelecida e uma aristocracia entrincheirada. Isso os tornou excepcionalmente receptivos ao pluralismo intelectual e capazes de conquistar mobilidade social. Os Estados Unidos realizaram uma revolução excepcional, que não tentou definir nem promover a felicidade, mas libertou as pessoas para que elas próprias a definam e persigam como queiram. Os americanos codificaram as doutrinas fundadoras de uma República de direitos naturais em uma Constituição excepcional que não diz o que o governo deve fazer por eles, mas o que o governo não pode fazer a eles. E, como a experiência de fundação foi resultado da agência humana e afirmou seu poder, os americanos são excepcionalmente impermeáveis às desanimadoras ansiedades modernas sobre o destino humano ser decisivamente modelado por forças vastamente impessoais. O governo central americano foi excepcionalmente construído para limitar o poder de decisão dos governantes ao equilibrar centros rivais de poder.

Todas essas ideias estão relacionadas à doutrina de direitos naturais. Ela supostamente garante uma substancial zona de autonomia individual ao garantir um governo limitado. Mas suponha que ela não faça isso.

Tudo, incluindo esse ou aquele aspecto do suposto excepcionalismo americano, é perecível. O mundo moderno aprendeu que há mais formas de entrincheiramento social e mais impedimentos à mobilidade social que aqueles que descendem do feudalismo. A essa altura, o governo americano há muito está envolvido na definição e promoção da felicidade, entendida como bem-estar material e liberdade de autoexpressão. Há ao menos meio século, tem sido impossível acreditar que a Constituição criou um governo que permanece limitado pela mera enumeração de seus poderes. Tentar restringir o Executivo moderno, que é o motor do Estado administrativo, usando a arquitetura madisoniana de freios e contrapesos se parece cada vez mais com laçar uma locomotiva com uma teia de aranha. Além disso, e mais importante, o senso de excepcionalismo dos americanos é cada vez mais atenuado pela absorção de importantes aspectos do pensamento social europeu desde a fundação dos Estados Unidos. A doutrina de direitos naturais é a mais sólida fundação — talvez a única fundação firme — da ideia de igualdade política entre indivíduos autônomos. Mas o que acontece quando as pessoas começam a se perguntar em que extensão os indivíduos realmente são autônomos? Tal questionamento surgiu quando o próprio conceito de "eu" pareceu se tornar problemático. Como veremos, a consciência se tornou um problema e um projeto político.

"Tem sido nosso destino como nação", disse o historiador Richard Hofstadter, "não ter ideologias, mas ser uma".[13] Essa sentença sacrificou a acuidade em nome da felicidade. Escrevendo em meados do século XX, Hofstadter certamente entendia que os Estados Unidos havia muito deixaram de ser uma nação encarnando uma ideologia. Desde o início daquele século, e especialmente desde o New Deal, houve duas filosofias políticas competindo pela supremacia. A original, a filosofia de direitos naturais dos fundadores, começou a perder terreno para o progressismo há mais de um século e hoje busca recuperá-lo. O que os progressistas queriam e, em ampla medida, conseguiram era uma segunda fundação americana, orientada não pela natureza imutável, mas pela história, que é um rio de mudanças.

Como disse Margaret Thatcher, as nações europeias foram criadas pela história, mas os Estados Unidos foram criados pela filosofia. Únicos entre todas as nações, os Estados Unidos sabem precisamente quando e exatamente por que foram fundados. O conservadorismo americano é uma meditação continuada sobre a fundação, a Declaração de Independência e a Constituição, a ser realizada sob a luz brilhante da afirmação de direitos nacionais contida na declaração. O projeto americano em sua essência foi, e o projeto conservador ainda é, demonstrar que um governo construído sobre a suposição de direitos naturais deve ser limitado. A teoria dos direitos naturais afirma que, em estado natural, os indivíduos possuem direitos anteriores ao governo; que o governo é criado para o limitado propósito de garantir esses direitos; e que o indivíduo cede alguma soberania ao governo com base no cálculo racional de que o governo garante mais soberania que a cedida.

Não é possível se engajar com a filosofia política sem se engajar com a história intelectual. "A caracterização generalizada mais segura da tradição filosófica europeia", disse Alfred North Whitehead, "é que ela consiste em uma série de notas de rodapé a Platão".[14] A tradição americana de filosofia política, que floresceu durante a ebulição da Revolução Americana e a criação da Constituição, era conscientemente transatlântica. Ela se apoiava de modo particularmente intenso em John Locke, que sabia estar argumentando com, entre outros, Hobbes, o qual, por sua vez, argumentava com vários colaboradores de um argumento que remontava, claro, a Platão. Se é possível afirmar que os Estados Unidos possuem uma filosofia política nacional, ela vem de um filósofo político de outra nação. Locke, que encontraremos novamente no capítulo 1, argumentou que todas as pessoas são naturalmente livres, significando que são livres em estado natural, e cedem porções de sua liberdade a um governo de sua criação, a fim de evitar danos e inconveniências. E a fim de atingir objetivos positivos que podem ser atingidos melhor, ou só podem ser atingidos, coletivamente e através da ação política. Como os indivíduos são iguais na posse da liberdade, o propósito fundamental do governo é lhes fornecer igual proteção no exercício de sua liberdade para buscar a felicidade.

A sensibilidade, assim como a filosofia e mais frequentemente que ela, modela os contornos das práticas políticas de uma nação. As pessoas adotam uma agenda ou ideologia conservadora ou liberal amplamente por causa de algo básico em sua natureza ou criação, significando que seu temperamento foi modelado pela educação e outras experiências. Falando de modo amplo, há concepções conservadoras e progressistas de natureza humana e expectativas conservadoras e progressistas sobre como o mundo funciona. Poucas pessoas possuem sistemas de ideias que possam ser propriamente chamados de filosofias políticas. A maioria das pessoas possui sensibilidades políticas, o que significa sensibilidades com relevância e consequências políticas. Todos os seres humanos, contudo, possuem sentimentos e são os únicos animais capazes de sentir melancolia, pois são os únicos que podem comparar o que é com o que poderia ter sido. Entre as nações, os Estados Unidos são especialmente suscetíveis à melancolia nacional, porque começaram com aspirações muito resplandecentes sobre o que deveriam ser. O fato de que, no geral, foram e ainda são um tremendo sucesso não imuniza os americanos contra crises recorrentes de inquietação. Estamos passando por uma delas agora.

Correndo o risco de deprimir prematuramente os leitores, quero avisar que o que se segue não contém uma agenda abrangente de reforma política e avanço social. Embora algumas recomendações de ação sejam explícitas e outras implícitas à análise, uma lição do conservadorismo é que muitos problemas são mais ou menos intratáveis, por razões relacionadas à abundância de políticas ou à escassez de conhecimento. Considere três questões. Primeira, o problema social mais destrutivo da nação, discutido no capítulo 6, é a desintegração da família. Ninguém entende que opaco emaranhado de fatores o causou, e essa é uma das razões pelas quais ninguém sabe quais políticas públicas poderiam melhorá-lo. Segunda, o problema de governança mais ominoso da nação é a trajetória insustentável do Estado de benefícios, por causa das promessas não fundamentadas que foram feitas em relação a aposentadorias e assistência médica. Todo mundo entende o que precisa ser feito: uma mistura de aumento de impostos e redução de benefícios prometidos. Todo mundo sabe que não há vontade política suficiente para nenhuma parte dessa solução. Terceira, a causa fundamental da percepção pública — que não está errada — de que a cultura política nacional é corrupta é o fato de que o governo federal se envolveu promiscuamente em todos os aspectos da vida americana. Como esse governo se tornou cada vez mais importante na alocação de riquezas e oportunidades, ele se transformou em um alvo ainda mais atraente para as facções que buscam renda econômica e são incitadas por seu comportamento intervencionista. A causa necessária, e provavelmente suficiente, desse mau uso do governo foi a morte da doutrina dos poderes enumerados. Seu princípio era que, como disse Madison no Artigo Federalista nº 45, os poderes delegados pela Constituição ao governo federal eram "poucos e definidos". Esse princípio está morto e enterrado. Os poderes se mostraram efetivamente indefinidos e, por essa razão, numerosos demais para serem enumerados.

Mas esses julgamentos desanimadores não são estéreis. Entender os limites do possível é um pré-requisito para evitar a confiança inapropriada, da qual houve abundância no último meio século de governança. Tal confiança envia as pessoas correndo para tangentes que pioram as coisas. E, ao entender o preço que pagamos e continuamos a pagar por abandonar certos princípios e práticas políticas, podemos reduzir o ritmo dos erros e minimizar as decepções. E talvez até mesmo fazer alguns aperfeiçoamentos que não piorem as coisas. Que muitos aperfeiçoamentos pioram as coisas é, infelizmente, uma verdade autoevidente.

Em breve, a nação terá um quarto de milênio e, logo em seguida, a Constituição terá a mesma idade. Agora é um bom momento para avaliar o projeto americano como ele é, como poderia ter sido e como pode vir a ser. Em 1948, quando a política do pós-guerra estava em ebulição e o conservadorismo começava a existir como mais que uma forma de crítica cultural, um de seus textos foi *As ideias têm consequências*, de Richard Weaver, professor de inglês da Universidade de Chicago, que poderia ter dito que *somente* as ideias possuem consequências amplas e duradouras. Havia aqueles, no entanto, que consideravam "ideias conservadoras" um oximoro. "Nos Estados Unidos neste momento", escreveu Lionel Trilling em 1950, "o liberalismo é não somente dominante, mas a única tradição intelectual. Pois é fato que não há ideias conservadoras ou reacionárias em circulação geral". Trilling estava preocupado, porque "não é favorável à real força do liberalismo que ele ocupe sozinho o campo intelectual".[15] Subsequentemente, o liberalismo foi poupado dessa preocupação. Nos últimos sessenta e tantos anos, o conservadorismo cresceu, passando de facção pequena, homogênea e combativa em um país não convertido à persuasão com suficiente musculatura política e poder de fogo intelectual para contestar a ascendência do progressismo. O crescimento do conservadorismo como força na política eleitoral se acelerou dez anos depois das palavras de Trilling.

O improvável catalisador foi um político que jamais pretendeu ser um pensador original. Chegando perto do fim da hegemonia do progressismo do New Deal e a apressando, ele tinha o talento de destilar e adotar incontritamente sentimentos que, na época, eram mais amplamente partilhados que expressados com frequência no discurso político. Ele não tinha um programa finamente articulado, mas um amplo entendimento de como o conservadorismo podia contribuir para uma boa vida. Assim, façamos um breve passeio pela memória a fim de conhecer essa pessoa, à qual concedi meu primeiro voto presidencial e a quem este livro é dedicado. O passeio ilustrará a persistência do vocabulário do governo limitado na política americana.

## "MALDIÇÃO! TUDO BEM, VOU FAZER ISSO"

Diz-se comumente, mas erroneamente, que os anos 1960 foram uma década de dissensão iniciada nos campi e na esquerda, com a primeira centelha surgindo em 1964 com o Movimento pela Liberdade de Expressão na praça Sproul, no campus da Universidade da Califórnia, em Berkeley. Na verdade, uma dissensão mais significativa começou em julho de 1960 em Chicago, quando um senador novato pelo Arizona subiu ao púlpito da convenção nacional republicana. Fervilhando de raiva em razão de antigas (pelos padrões americanos) e acumuladas queixas do oeste contra o leste americano, Barry Goldwater rosnou para a convenção: "Vamos crescer, conservadores. Vamos crescer, se quisermos tomar esse partido de volta — e acho que, algum dia, poderemos. Ao trabalho."[16]

"Maldição! Tudo bem, vou fazer isso" foram, três anos depois, as relutantes palavras de rendição de Goldwater aos membros do movimento conservador que tentavam convencê-lo a concorrer à indicação presidencial do Partido Republicano em 1964.[17] Ele entendeu que 22 de novembro de 1963, a data do assassinato do presidente John Kennedy, reduzira o valor de sua indicação: os americanos não escolheriam ter três presidentes em quatorze meses. Mas ele sabia que, mesmo assim, a campanha serviria a um propósito de longo prazo. Ele a usaria para instilar nova vida em um antigo vocabulário político, que fora negligenciado durante a longa ascendência das premissas do New Deal. Ao fazer isso, revigoraria uma tradição política que se tornara dormente e inarticulada. Nesse sentido, Goldwater venceu em 1964 — mas foram necessários dezesseis anos para contar os votos. Este livro, escrito em um momento no qual o conservadorismo é novamente uma persuasão sem partido, é parcialmente uma tentativa de fazer o mesmo que ele fez: reviver uma tradição louvável.

Ou talvez se possa dizer uma persuasão louvável. Seis décadas atrás, o historiador Marvin Meyers publicou um livro seminal, *The Jacksonian Persuasion* [A persuasão jacksoniana], sobre a maneira como os jacksonianos pensavam e falavam a respeito da confusão da política e da legislatura. O tema de Meyers era "não uma doutrina consistente ou um programa finamente articulado, mas uma persuasão: um julgamento amplo dos assuntos públicos, informado por sentimentos e crenças comuns sobre a boa vida nos Estados Unidos".[18] Meyers estava fazendo mais que escrever uma história intelectual: ele estava criando uma filosofia política a partir de seus traços nas práticas políticas. Meu retrato do conservadorismo americano como acho que ele deveria entender a si mesmo lida com algumas doutrinas e programas. Mas está especialmente preocupado com os sentimentos sobre como o mundo realmente funciona. E com as crenças sobre como os Estados Unidos funcionariam se evitassem piorar as coisas enquanto tentam tornar a boa vida mais atraente e acessível.

Em 1964, a persuasão Goldwater teve sucesso em somente seis estados, mas permitiu que o conservadorismo capturasse as alavancas e roldanas da maquinaria do Partido Republicano. Isso selou a vitória conservadora em um conflito mutuamente destrutivo que cozinhava e às vezes fervia desde 1912, quando um ex-presidente republicano, Theodore Roosevelt, desafiara um presidente republicano, William Howard Taft, pela indicação do partido. Roosevelt representava os progressistas e Taft, os conservadores. Em 1980, Ronald Reagan, que se tornara uma força política nacional ao fazer um discurso televisionado em favor de Goldwater em outubro de 1964, foi eleito presidente. O conservadorismo tanto de Goldwater quanto de Reagan era colorido pelo libertarianismo dos espaços abertos do oeste americano.

Quando visitei Goldwater em sua casa em Phoenix alguns anos antes de sua morte em 1998, ele disse que a construíra em uma colina na qual, quando jovem, cavalgara e dormira sob as estrelas. Quando ele era criança, cerca de 100 mil pessoas viviam no Vale do Sol. Quando morreu, a população de um *subúrbio* de Phoenix — Mesa — era maior que St. Louis. Hoje, a população da área metropolitana de Phoenix, a sexta maior da nação, é de aproximadamente 4,7 milhões de pessoas. Assim, você precisa se lembrar do seguinte: Goldwater era um conservador nascido — e formado — em um lugar com pouquíssimo passado a preservar e ilimitada impaciência com a ideia de limites.

Os habitantes do oeste americano não têm a tendência de passar a vida com o pescoço doendo de tanto olhar para trás. Quando Goldwater se tornou a personificação do conservadorismo americano — parcialmente por seus próprios esforços e parcialmente porque foi convocado para esse papel —, isso garantiu que o mainstream do conservadorismo americano fosse profundamente *americano*. A crescente intelligentsia conservadora apreciaria muitos sabores de conservadorismo, de Edmund Burke a T. S. Eliot, incluindo aqueles baseados na reverência religiosa, na nostalgia e na resistência à permanente revolução das condições em uma sociedade capitalista, de mercado. Mas tais conservadorismos teriam sido ininteligíveis e mesmo repelentes para Goldwater, se ele tivesse tido tempo ou inclinação para notá-los. Ele foi um homem de muitas facetas — político e piloto de jato, radioamador e fotógrafo talentoso —, mas ninguém jamais o chamou de livresco. E, se tivesse sido, Goldwater, um homem de ação e do oeste, poderia ter dito — ecoando o protagonista do romance de 1902 que inventou o faroeste, *The Virginian* [O homem da Virgínia] — "Quando me chamar disso, *sorria*!"[19] Então Goldwater teria sorrido, porque, embora pudesse ser brusco, ele não conseguia permanecer de mau humor. Ele foi bem descrito (por Richard Rovere, da *New Yorker*) como "o descontente alegre".[20]

Conforme os Estados Unidos se aproximam da marca de um quarto de século, não estão alegres nem contentes. Seu descontentamento deriva, em parte, do fato de que, durante um século, o progressismo tem ascendido no pensamento e nas práticas políticas da nação. Muitas das decepções e dificuldades nacionais surgem do resultante repúdio aos princípios da fundação. Muitos progressistas meticulosos articularam o que consideram ser a necessidade desse repúdio, que dizem estar baseado no melhor entendimento das condições sociais modernas e na nova compreensão da condição humana. Sua premissa é a de que aquilo que é fixo na natureza humana é e deve ser menos determinante na construção dos arranjos sociais que a possibilidade de as forças sociais modelarem novas formas de material humano. Eles acham que é assim porque a característica mais importante do material humano é sua plasticidade. Essa premissa progressista significa que os americanos, saibam ou não e independentemente de quererem ou não, estão engajados em um novo episódio de um antigo debate.

Esse debate dominou a filosofia política ocidental por muitos séculos. Um debate sobre se, ou em que extensão, a natureza contém padrões ou é mero material a ser sujeitado aos caprichos humanos. As apostas dificilmente poderiam ser mais altas. Se nossos direitos são naturais, eles são discerníveis pela razão, que é constitutiva da natureza humana. Tais direitos também são naturais porque preexistem aos atos da vontade humana coletiva e não podem ser anulados por eles. Se os direitos são naturais, então o governo limitado também é. Se os direitos são naturais, a função legítima do governo é, na palavra mais negligenciada da Declaração de Independência, "garantir" esses direitos.

Os fundadores acreditavam, assim como quase todo filósofo político antes deles, que existe uma natureza humana permanente e que a tarefa do estadismo é criar um sistema político que favoreça o florescimento humano, porque o sistema está de acordo com certas capacidades, aspirações, paixões e tendências humanas permanentes. Elas não se manifestam o tempo todo, mas sempre fazem parte do material bruto da política e devem entrar nos cálculos do estadista que projeta regimes e exerce poder. O progressismo, que começou como franca rejeição à filosofia dos fundadores, adotou e levou para o pensamento político a noção moderna de que *tudo* está em fluxo, sempre e em toda parte. Os progressistas argumentam que, em certo sentido, pode haver várias naturezas humanas em vários momentos históricos e, em particular, em vários contextos sociais. A natureza humana, todavia, está sempre em estado de transformação. Se é da natureza dos seres humanos não possuírem natureza fixa, um projeto político flui inevitavelmente desse fato. Se o que é chamado de natureza humana é caracterizado por sua historicidade, se é meramente a consciência derivada das forças modeladoras que a produziram, então a jurisdição da política inevitavelmente incluirá dominar e dirigir essas forças de modo abrangente. Se a natureza humana é maleável sob a pressão do contexto social, então o conteúdo desse contexto pode e, de fato, deve ser uma escolha política. A política da consciência foi importada da Europa para, e em discordância com, o discurso cívico original de nossa nação, que nasceu em batalhas para garantir a fundação de uma nação com premissas únicas entre todas as outras.

Em 4 de julho de 1776, os Estados Unidos continham menos de 2,8 milhões de pessoas, 80% das quais viviam a cerca de 30 quilômetros — um dia de cavalgada — do litoral atlântico. Hoje, a nação possui 330 milhões de residentes e se estende do Atlântico até um estado que chega a 88 quilômetros de distância da Rússia. Outro estado está 1.126 quilômetros mais próximo da capital do Japão que da capital dos Estados Unidos. No entanto, considerando-se o ritmo e a escala da mudança americana, há, como diz Michael Barone, espantosa continuidade em nossa política.[21] Realizamos eleições congressionais e presidenciais há quase 250 anos, e esse processo não foi interrompido nem mesmo pela Guerra Civil. O Partido Democrata emergiu como veículo de mobilização das massas na década de 1830, o Partido Republicano surgiu explosivamente em 1854, como reação contra a Lei Kansas-Nebraska, e esses dois partidos organizaram a política americana desde então. Nas eleições de 1800, os Estados Unidos tinham partidos políticos, algo que, somente treze anos antes, os autores da Constituição não haviam antecipado nem desejado. A ratificação da décima segunda emenda em 1804, alinhando as eleições presidenciais à existência de partidos, atestou a rápida e irrevogável aceitação do governo por partidos.

Hoje, no entanto, o conflito entre conservadores e progressistas reflete a mais durável e significativa *descontinuidade* na política americana. O conflito, que se dá entre a visão dos fundadores e o explícito repúdio dessa visão pelos progressistas, já tem um século e não dá sinais de arrefecer. De fato, ele se intensifica enquanto os dois lados, com suas convicções afiadas pelo debate, compreendem mais agudamente quão fundamentais são suas diferenças. É um momento estimulante para se estar engajado no discurso cívico, porque o engajamento mergulha os participantes no drama sem par da história desta nação. O argumento começou como fazem as nações, com algumas verdades que eram então consideradas autoevidentes.

CAPÍTULO I

# A AFIRMAÇÃO EPISTEMOLÓGICA DOS FUNDADORES

## Eles sabiam o que se pode saber

> Os direitos sagrados da humanidade não devem ser procurados em velhos pergaminhos ou registros embolorados. Eles estão escritos, com um raio de sol, em todo o *volume* da natureza humana.
>
> Alexander Hamilton[1]

Em 22 de fevereiro de 1842, no 110º aniversário de nascimento de George Washington, Abraham Lincoln, então com 33 anos, discursou para a Washington Temperance Society de Springfield, Illinois. Ele criticou as tentativas de reformar os intempestivos dirigindo-se a eles "nos tons trovejantes do anátema e da denúncia". Esperar que isso fosse eficaz era "esperar uma reversão da natureza humana, que é um decreto divino e jamais pode ser revertida".[2] Com essas palavras, que eram um floreio retórico e não tinham a intenção de dizer nada novo, o homem que se tornaria o décimo sexto presidente da nação expressou a hipótese fundacional do primeiro presidente e do restante dos fundadores. Hoje, a sabedoria convencional diz que, em relação às questões morais, não existe conhecimento, somente opinião, uma vez que os seres humanos não possuem nenhuma natureza além da capacidade de adquirir cultura. Eles supostamente a adquirem tanto quanto a cera macia passivamente adquire as marcas de qualquer substância pressionada contra ela. O trigésimo presidente não pensava assim.

Em 5 de julho de 1926, o presidente Calvin Coolidge, que nascera no feriado de 4 de julho de 1872, discursou na Filadélfia para comemorar o 150º aniversário da Declaração de Independência. Coolidge era mais culto do que supõem seus instruídos detratores, e também mais culto que a maioria deles. Ele traduziu *O inferno*, de Dante, como presente de casamento para a esposa, lia Cícero em latim e não há evidências de que tenha dito que "o negócio dos Estados Unidos são os negócios". Naquele dia na Filadélfia, ele discursou "para reafirmar e restabelecer as antigas teorias e princípios que o tempo e a lógica infalível dos eventos demonstraram ser sensatos". A fundação dos Estados Unidos representava "uma nova civilização [...] um novo espírito [...] mais desenvolvido, em relação aos direitos do indivíduo", que qualquer outro na Europa. Coolidge disse que "a vida em um país novo e aberto" dera origem a "aspirações que não podem ser realizadas em qualquer posição subordinada". Essas aspirações, "decretadas pelas próprias leis da natureza humana", eram evidência de que "o homem por toda parte tem o indomável desejo de ser senhor de seu próprio destino". As "grandes verdades" da declaração estavam "no ar" que os americanos respiravam.[3]

Como prova disso, Coolidge citou a declaração de direitos da Virgínia, que George Mason apresentara à assembleia geral daquele estado em 27 de maio de 1776: "Todos os homens são criados igualmente livres e independentes."[4] Coolidge também poderia ter citado o panfleto anônimo de Alexander Hamilton publicado em 1775, "O fazendeiro refutado", no qual ele rejeitara a "absurda e ímpia doutrina", atribuída a Thomas Hobbes, de que toda obrigação moral "deriva da introdução da sociedade civil e de que não há virtude, mas somente o que é puramente artificial, a mera maquinação dos políticos, para a manutenção do intercurso social". Contra isso, Hamilton argumentara que a humanidade era dotada de "faculdades racionais" que discernem os direitos naturais necessários para "preservar e embelezar" a existência. Mesmo no estado natural, ninguém "tinha qualquer poder *moral* para privar outros" desses direitos. Assim, "a origem de todo governo civil, justamente estabelecido, deve ser um contrato voluntário entre governantes e governados deve estar sujeito a tais limitações, necessárias à segurança dos *direitos absolutos* dos últimos".[5]

Como evidência adicional de que as verdades da declaração estavam "no próprio ar" americano no século XVIII, Coolidge poderia ter citado o pedido de liberdade submetido por escravos à legislatura de Massachusetts em 13 de janeiro de 1777: "A petição de grande número de negros detidos em estado de escravidão no interior de um país livre e cristão demonstra humildemente que os peticionantes compreendem que têm em comum com todos os outros homens o direito natural e inalienável à liberdade, que o Grande Pai do Universo concedeu igualmente a toda a humanidade e da qual eles jamais abriram mão por qualquer contrato ou acordo."[6] Coolidge poderia ter citado o Resultado de Essex de 1778, um conjunto de resoluções municipais que pretendia influenciar o texto da Constituição de Massachusetts: "Todos os homens nascem igualmente livres. Os direitos que possuem no nascimento são iguais e do mesmo tipo." Algumas das resoluções afirmavam "os verdadeiros princípios de governo". Elas diziam que "a razão" e "a experiência de todas as eras" confirmavam que "os benefícios resultantes de um governo livre são muito mais favoráveis à felicidade dos indivíduos que reter todos os seus direitos naturais no estado natural". Como "muita felicidade pode ser obtida" no estado natural, os homens entram em uma sociedade política para "remover as inconveniências" desse estado.[7] A moderada palavra "inconveniências" assinala a crença lockiana em certa sociabilidade inerente: em função da razão e da sociabilidade naturais do homem, a vida no estado natural não é, como disse Hobbes, caracterizada somente pelo "contínuo medo e perigo de uma morte violenta" e, consequentemente, sair desse estado ao entrar na sociedade política não é tão urgentemente necessário para justificar um sacrifício abrangente de direitos naturais e preexistentes ao governo.[8] A redução *limitada* de *alguns* direitos é justificada para retificar alguns aspectos inconvenientes da vida. A convenção que, entre 1º de setembro de 1779 e 2 de março de 1780, escreveu a Constituição para "o estado da baía de Massachusetts" declarou, no preâmbulo, que o propósito do governo era "assegurar a existência do corpo político, protegê-lo e fornecer aos indivíduos que o compõem o poder de gozar, com segurança e tranquilidade, de seus direitos naturais e das bênçãos da vida".[9]

Esse vocabulário de direitos naturais foi parcialmente uma resposta à situação física americana. Em um sermão de 1670, um clérigo de Massachusetts falou dos puritanos que haviam iniciado uma "missão em terras selvagens".[10] Na crise imperial do século seguinte, a ideia dos americanos como intrépidos domesticadores de terras selvagens foi drenada de seu conteúdo teológico e preenchida com pólvora política. Em 1770, mais e mais americanos argumentavam que seus direitos derivavam não do *common law* da plácida e estabelecida Inglaterra, mas dos direitos naturais existentes nas condições essencialmente pré-políticas das terras selvagens americanas. Assim, quando John Adams perguntou, "de onde nós, os novos ingleses, derivamos nossas leis?", sua resposta foi: "não do Parlamento, não do *common law*, mas das leis da natureza", em um país que não fora "conquistado, mas descoberto". Os Estados Unidos "não foram concedidos pela graça real, mas conquistados com muito esforço pelos colonizadores, com o trabalho, o sangue e a fortuna que gastaram para subjugar a terra através do cultivo".[11] Os americanos não haviam levado seus direitos consigo nos navios que partiram da Inglaterra. Eles os haviam encontrado nas terras selvagens.

Essa, então, é a importância da famosa formulação de Adams na carta de 24 de agosto de 1815 para Thomas Jefferson, com quem se reconciliara. As circunstâncias — o cenário físico — haviam condicionado decisivamente a mente dos americanos. "O que queríamos com a revolução? A guerra? Ela não foi parte da revolução, somente *efeito* e *consequência* dela. A revolução ocorreu na mente das pessoas e foi realizada durante quinze anos, entre 1760 e 1775, antes que uma única gota de sangue fosse derramada em Lexington."[12] Mas a revolução também foi consequência das ondas intelectuais irradiando de dois filósofos europeus.

Hobbes comumente é citado como tendo afirmado que, no estado natural, a vida é "suja, brutal e curta", mas sua descrição na verdade começa com dois outros adjetivos: "solitária, pobre, suja, brutal e curta."[13] O primeiro adjetivo é crucial. Como os indivíduos no estado natural são solitários, estão vulneráveis à força de todos os outros, situados em insegurança similar. Locke, no entanto, postulou que os indivíduos no estado natural não são solitários. Eles possuem certa sociabilidade natural. O que Locke supôs, muitos biólogos, antropólogos e sociólogos modernos acreditam ter confirmado. Eles acreditam ter identificado inclinações naturais à justiça, compreendida como reciprocidade, e ao dever. Para Locke, essa propensão à sociabilidade significava que as pessoas não precisam ceder tanto de sua liberdade natural ao poder soberano. A sociabilidade rudimentar da humanidade não é suficiente para tornar desnecessário um governo que mantenha a ordem e administre a justiça. Mas há sociabilidade natural suficiente para limitar a quantidade de poder que deve ser confiado a ele. O governo lockiano deve mediar e melhorar, mas, ao contrário do governo hobbesiano, não precisa dominar. Assim, o germe da ideia de governo limitado está na moderação feita por Locke à insistência de Hobbes na condição "solitária" do indivíduo no estado natural.

Hobbes achava que o motivador universal da ação humana era o medo da insegurança e, especialmente, da morte violenta. Locke achava que o incentivo universal era a felicidade: os antigos filósofos "em vão se perguntaram se o *summum bonum* consistia em riquezas, delícias corporais, virtudes ou contemplação". Essa pergunta é tão fútil quanto perguntar se "a maior delícia é encontrada em maçãs, ameixas ou nozes". "Queijo e lagosta" são "deliciosos" para alguns, mas "para outros, extremamente nauseantes e ofensivos". Tudo depende do "paladar particular". Assim, Hobbes e Locke discordavam, mas não sobre o ponto importante, que é o fato de não haver um único *summum bonum*. Há tantos quanto há paladares. É uma questão de gosto. Esse é, em duplo sentido, o início da filosofia política da modernidade, a aurora do projeto moderno. O desafio da modernidade é argumentar que existe um amplo espectro de paladares e muitos devem ser acomodados, mesmo que nem todos sejam igualmente admiráveis ou socialmente benéficos. Em relação ao bem supremo, Locke disse que "os homens podem escolher coisas diferentes e, no entanto, todos escolherem corretamente". Essa proposição foi o ponto de partida do que se tornaria conhecido como liberalismo clássico.[14]

Locke colocou a filosofia política ocidental no caminho do pluralismo e da acomodação da variedade de bens que as pessoas buscam ao definirem por si mesmas o que é uma vida recompensadora. Hobbes, no entanto, iniciou um grande benefício para a humanidade — o rebaixamento da política, de atividade revestida de grandiosidade semissacerdotal para algo prático e utilitário: o governo existe para manter a paz, de modo que as pessoas possam conduzir suas vidas privadas em uma zona de soberania pessoal protegida pelo governo. E, antes de Hobbes, Nicolau Maquiavel inquietou a mente ocidental como exemplo precoce e vívido do moderno homem sem mestre, que não obedece a nenhum deus e só segue as regras que ele mesmo escreve. Mas, como já dito, Maquiavel não foi o "pai da política de poder", assim como William Harvey não foi o "pai da circulação sanguínea".[15] De maneira espantosamente pragmática, Maquiavel disse que, na política, o vício é necessário para que a virtude tenha uma chance. E que o propósito da política não é tornar os homens virtuosos, mas tornar o Estado (ele, mais que qualquer outro, contribuiu para a disseminação dessa palavra) seguro. Nele estava o embrião da política moderna, o individualismo dos empenhados e autointeressados: cada homem um príncipe.

A diversidade humana — os diferentes modos de vida que surgem dos vários caracteres humanos, e que também os produzem — não foi uma descoberta da antropologia moderna ou mesmo das viagens e explorações pré-modernas. Os antigos filósofos políticos basearam seu pensamento no fato observável de que a política tem as apostas mais altas precisamente porque diferentes leis e práticas políticas favorecem diferentes características humanas. Mas isso não contradizia, de modo algum, sua confiança em uma natureza humana constante. Foi ao refletir sobre essa constância e sobre o florescimento humano como realização das mais altas potencialidades da natureza humana que eles chegaram a conclusões sobre a natureza do melhor regime. Os filósofos modernos iniciais, cujo pensamento deu origem ao governo liberal — regimes limitados e baseados em direitos —, discerniram unidade sob a diversidade da seguinte maneira: a razão frequentemente é serva das paixões, que são universais; a principal paixão é o desejo de segurança contra a morte violenta; quando essa segurança é obtida, a razão política avança para a realização de objetivos mais elevados, importantes para o florescimento humano.

Segundo Locke, no imaginado estado natural, os seres humanos são da mesma "espécie e posição" e possuem "as mesmas vantagens naturais", significando as mesmas "faculdades", e, consequentemente, devem "ser iguais entre si, sem subordinação". Em *Conduct of the Understanding* [Conduta do entendimento], ele reconheceu que há "grande variedade no entendimento dos homens" e, "entre homens de igual educação, há grande desigualdade de partes". Essa desigualdade surge do fato de que, em relação ao entendimento, "há maior distância entre alguns homens e outros [...] que entre alguns homens e algumas feras". Todas as pessoas possuem as "sementes" da racionalidade, mas muitas possuem "educação baixa ou mediana" e jamais se elevam mentalmente "acima da pá e do arado". Assim, "de sua própria e amenizada maneira, Locke é tão 'elitista' quanto Platão ou Aristóteles". Mas sua maneira era amenizada porque reconhecia que a educação permitia que qualquer um chegasse ao nível de racionalidade requerido para a participação como igual na governança da sociedade.[16]

Jefferson achava que o americano médio de sua época já chegara a esse nível. Ele reconheceu que seu objetivo, ao escrever a Declaração de Independência, não era "encontrar novos princípios ou argumentos jamais apresentados, nem meramente dizer coisas que jamais foram ditas, mas colocar perante a humanidade o senso comum sobre o tema, em termos tão claros e firmes que comandem seu assentimento". James Parton, descrito pelo historiador Gordon Wood como "primeiro biógrafo profissional americano", escreveu em 1874: "Se Jefferson estava errado, os Estados Unidos estão errados. Se os Estados Unidos estão certos, Jefferson estava certo."[17]

A política se origina na natureza, na constância da natureza humana, que impele as pessoas a se relacionar em sociedade para evitar a morte violenta e outras inconveniências e, em seguida, obter outras vantagens. Se, no entanto, não existe natureza humana universal, não pode haver princípios universais de organização e ação políticas. Se o que chamamos de natureza humana é somente a destilação das tradições e experiências particulares de pessoas particulares, então a natureza, no fim das contas, não existe. Ela é apenas o aspecto mais durável de algo que não é durável; o sedimento da história de culturas transitórias. Se for assim, será um golpe devastador no distintivo patriotismo americano, que está inextricavelmente ligado à crença na universalidade de certas verdades autoevidentes, incluindo a "proposição" à qual a nação foi "dedicada", a de que todos somos criados iguais e possuímos certos direitos inalienáveis. A defesa do governo limitado está baseada na evidência empírica de que os seres humanos têm algo em comum — a natureza humana —, mas, mesmo assim, são incorrigivelmente diferentes em termos de capacidades e aspirações. Disso se segue, não de maneira lógica, mas prática, que o governo não pode esperar fornecer felicidade a todos. O máximo que pode esperar, em termos razoáveis, é fornecer as condições sob as quais a felicidade, como definida por cada um, pode ser buscada, pois todos fomos equipados, pela natureza ou pela criação, para buscá-la.

Os indivíduos não possuem direitos inerentes como empiricamente provado possuem apêndices. Mas o conceito de direitos passou a ser considerado necessário para o vocabulário moral usado nas argumentações sobre as demandas políticas da dignidade humana. O conceito de direitos não requer que iniciemos nossas argumentações políticas com o conceito de indivíduo solitário, privado de todos os atributos culturalmente adquiridos. Os direitos naturais dos indivíduos são antes padrões pelos quais as convenções de uma cultura política são julgadas: essas convenções são adequadas a criaturas de nossa natureza? Elas facilitam o florescimento humano? Todos os seres humanos são parcialmente modelados, e de certo modo compostos, por complicados fatores sociais. As palavras "parcialmente" e "de certo modo" contêm a discordância moderna em relação à antiga concepção de política.

A antiga concepção, mais poderosamente apresentada em *A República*, de Platão, era a de comunidade como escola todo-abrangente e infinita para afirmar um entendimento particular da vida louvável e instruir os cidadãos nesse entendimento. Para os antigos, a política era um processo homogeneizador para uma sociedade fechada. Para os modernos, a política é a arte de acomodar diferenças em sociedades abertas a discordâncias sobre os fins adequados a uma vida louvável. Para os antigos, a vida na politeia era um abrangente determinante da perspectiva moral. Para os modernos, a vida em sociedade requer direitos *contra* a politeia, direitos que protegem uma zona de soberania individual na qual a dignidade inerente do indivíduo é expressa no livre exercício da agência. Esses direitos incluem o direito à filiação voluntária em instituições não estatais da sociedade civil. Somos todos, disse Hegel, "filhos de nosso tempo", mas nenhum de nós é ou precisa ser somente isso.[18] Somos filhos de nossos pais, mas, como todo pai descobre, todo filho é muito mais que a soma das experiências de sua criação.

O homem, disse Hamilton, é dotado "de faculdades racionais com a ajuda das quais discerne e busca coisas consistentes com seus deveres e interesses e as quais o investem do inviolável direito à liberdade e à segurança pessoais". Como, "em estado natural, nenhum homem tinha poder *moral* para privar outro homem de sua vida, seus membros, suas propriedades ou sua liberdade", qualquer governo estabelecido de maneira justa "deve ser um contrato voluntário entre governantes e governados e estar sujeito a tais limitações, necessárias à segurança dos *direitos absolutos* dos últimos". Disse Hamilton: "*a liberdade civil é somente liberdade natural, modificada e garantida pelas sanções da sociedade civil.* Ela não é, por sua própria natureza, precária e dependente da vontade e dos caprichos humanos."[19]

Quando Hamilton disse sobre a Constituição (no Artigo Federalista nº 84), "aqui as pessoas não cedem rigorosamente nada", ele estava ecoando o que James Wilson dissera durante a convenção constitucional: que o documento não inventava quaisquer direitos novos.[20] Os fundadores não eram discípulos de Hobbes, que descreveu o estado natural como anárquico e bárbaro porque não existiam direitos anteriores ao governo e não existia moralidade anterior à sociedade civil, que não pode existir antes do governo. A fundação americana é ininteligível como qualquer coisa além de rejeição decisiva da doutrina de Hobbes. Um governo limitado — um governo cujos poderes são limitados porque são enumerados — pressupõe um reservatório de direitos que o antecedem. E o axioma de Thomas Paine de que "a sociedade é produzida por nossas vontades e o governo por nossa maldade" assume, como fez Locke com sua visão mais benigna do estado natural, que certa sociabilidade e alguns arranjos de cooperação precedem o governo.[21]

Teorias de direitos naturais explicam os elementos necessários e suficientes para o florescimento individual e das comunidades propícias à realização social. Como a ideia de direitos naturais trata do que constitui uma vida recompensadora para seres de nossa natureza, ela está inextricavelmente conectada à ideia de natureza humana constante e conhecível. O problema para os teóricos dos direitos naturais é ajustar essa ideia ao fato de que as pessoas — incluindo pessoas honradas, inteligentes, educadas e de boa vontade — diferem sobre o que constitui o florescimento humano.

Somos animais individuais com paixões e apetites sobre os quais só somos soberanos de maneira intermitente e imperfeita. Se ou quando a razão é, como disse David Hume, "escrava das paixões", também somos escravos, sem a dignidade de seres capazes de significativo comportamento ético.[22] A razão nem sempre é autônoma; às vezes, é subserviente a nossos imperativos animais. Mas deve ser capaz de autonomia, mesmo que somente de maneira imperfeita e intermitente. Se a razão não puder ser, nesse sentido, livre, nossas escolhas não podem ser resultado da reflexão, e a ideia de vida ética não tem sentido. Quando, antes de Hume, Hobbes disse que nossos "pensamentos" servem a nossos "desejos", como "batedores e espiões" que "vão à frente" para "encontrar o caminho até as coisas desejadas", ele, como Hume, tornou problemática a ideia de capacidade humana para a agência real. O conceito de direitos naturais tenta resolver esse problema.[23]

Somos animais sociais e nossa sobrevivência física e bem-estar mental dependem de certo grau de sociabilidade. Falar de direitos naturais é colocar o teórico a serviço do prático: há coisas que precisamos fazer ou não devemos fazer para aumentar a probabilidade de termos vidas cômodas e recompensadoras para criaturas de nossa natureza? Há reivindicações — direitos naturais — que, em uma boa sociedade, as pessoas devem ser capazes de fazer a fim de proteger tais modos de vida? Em nenhum momento é necessário postular que os direitos naturais, no sentido descrito aqui, requerem um legislador transcendental. É possível acreditar no conhecimento moral retirado da reflexão sobre a natureza humana e sobre as experiências históricas sem acreditar que isso esteja relacionado às intenções reveladas de Deus.

Se há um Deus e esse Deus possui intenções em relação a nós, então ele presumivelmente fez com que elas fossem incorporadas à natureza. Essa é a fundação teológica opcional da doutrina de direitos naturais. Não é uma fundação necessária. Uma base secular para a defesa dos direitos naturais é a de que eles são naturais no sentido de que são descobertos por algo natural: a razão. Mas gozar de direitos naturais requer algo que não é natural, que não surge espontânea e amplamente de processos naturais. Para que direitos sejam estabelecidos e defendidos em um contexto social, certas virtudes são necessárias; o mesmo se dá com o uso digno de tais direitos. A linguagem dos direitos naturais, que pode suplementar seu vocabulário, não precisa pressupor um legislador divino. Essa linguagem é meramente uma maneira de falar sobre os fins apropriados e os meios eficientes para o florescimento humano. O discurso dos direitos naturais é como o discurso científico: empírico. Se, como sugerem a experiência e o raciocínio filosófico, X é um fim desejável, então a experiência também sugere que Y é favorável a esse fim.

## O EQUÍVOCO DE JEFFERSON

Daí o sentido, e a desimportância, do que C. Bradley Thompson chama de "equívoco de Jefferson" no primeiro parágrafo da declaração, quando se referiu às "leis da natureza e do Deus da natureza". Jefferson, Adams e outros pertenciam firmemente a uma tradição, argumenta Thompson, "que dizia que as leis morais da natureza ainda seriam válidas e operacionais mesmo que, nas palavras de Grócio, 'não exista Deus ou ele não se importe com os assuntos humanos'".[24] Alguns americanos achavam que seus direitos derivavam da história; outros, que podiam ser lidos no livro da natureza. Não havia muita diferença nessa distinção. Ambos os conjuntos eram, provavelmente sem saber, utilitaristas de regras. Ou seja, diziam que certos comportamentos, práticas e convenções são, como regra geral, favoráveis à felicidade e ao florescimento.

Entre os fundadores, as ideias de leis e direitos naturais não possuem qualquer conexão necessária com religião e transcendência. A natureza, incluindo a humana, pode ser conhecida pela razão, sem assistência da revelação. Assim como, consequentemente, as regras da ética e da política pertinentes ao florescimento humano. Elas são aprendidas, como a maioria das coisas, por meio de tentativas e erros através dos quais a humanidade aprende o que é ou não favorável ao florescimento. Assim, é difícil, e talvez inútil, distinguir entre os argumentos das leis e direitos naturais e os argumentos do utilitarismo de regras. Tanto os que argumentam no vocabulário das leis e direitos naturais quanto os que argumentam como utilitaristas de regras recomendam comportamentos e arranjos que consideram mais úteis a criaturas de nossa natureza. É isso que Thompson chama de "imperativo condicional 'se-dados-então'".[25] *Se* você quer chegar a um resultado particular, *dados* os fatos sobre os seres humanos, *então* as seguintes regras são apropriadas.

Na epígrafe no início deste capítulo, Alexander Hamilton fala de direitos naturais como escritos "em todo o volume da natureza humana". A natureza, como um livro, é um volume que pode ser lido por qualquer um com uma alfabetização básica sobre a condição humana. A frase de Hamilton continua, dizendo que os direitos foram escritos "pela mão da própria divindade".[26] Mas isso era quase um cacoete verbal entre os escritores do século XVIII, não tendo qualquer significado teológico.

Como podemos dizer que as convicções sobre os direitos naturais eram importantes para os estadistas que criaram uma Constituição que acomodava a escravidão? Eis como: eles eram estadistas. "Há", escreveu Leo Strauss, "uma hierarquia universalmente válida de fins, mas não há regras universalmente válidas de ação." Steven Hayward, um estudante dos straussianos que partilha da crença de que o estadismo é um tema *filosoficamente* sério, aprimorou a formulação de Strauss ao escrever: "A prudência do estadista pode ser descrita como combinação de fidelidade ao princípio e profundo entendimento das circunstâncias." Dois exemplos arquetípicos de prudência no estadismo americano estão relacionados à escravidão. Se os autores da Constituição não tivessem acomodado a existência da escravidão, o documento não teria sido escrito e a nação seria natimorta. Como Harry Jaffa, um estudante do estadismo de Lincoln, afirmou, "se [os fundadores] tivessem tentado garantir *todos* os direitos para *todos* os homens, teriam terminado sem *nenhum* direito garantido para *nenhum* homem". E, se Lincoln não estivesse disposto a aceitar a continuação da escravidão onde existia — ao mesmo tempo tentando confiná-la a esses locais e, portanto, colocando-a "no curso de sua extinção definitiva" —, ele não teria chegado ao gabinete presidencial do qual guiou a nação através da guerra que salvou a União. Como escreveu Jaffa: "Os negros hoje possuem direito ao voto e servem em júris graças, em grande medida, ao fato de que, na década de 1850, Lincoln negou qualquer intenção de transformá-los em eleitores ou jurados."[27]

Como uma sociedade decide quais são os direitos naturais? A resposta é: ela argumenta. O argumento jamais pode ser concluído, porque possui uma ampla dimensão empírica — a acumulação contínua, a partir da história e da vida contemporânea, de evidências pertinentes ao que Randy Barnett, de modo muito parecido com C. Bradley Thompson, chama de raciocínio "dadas-se-então": *dadas* as constâncias e regularidades da natureza humana, *se* nosso objetivo é o florescimento das criaturas dessa natureza vivendo em proximidade umas com as outras, *então* os seguintes arranjos institucionais são necessários para garantir direitos considerados, com base em um corpo consistentemente enriquecido de evidências, necessários, ou ao menos poderosamente favoráveis, a tal florescimento.[28] Qualquer regime político é necessária e inevitavelmente construído de maneira a encorajar e desencorajar certos hábitos. De fato, os regimes são definidos pelas disposições morais que promovem, intencionalmente ou não. Um regime pode se abster da imposição, ou mesmo da promoção, de uma boa vida, mas não pode ser indiferente à prevenção ou ao desencorajamento de certos grandes males. Ou o encorajamento de uma variedade de atitudes e aptidões consideradas favoráveis ao florescimento humano. Assim, a política pública deve ser informada pela filosofia política.

A política *pode* ser o que Aristóteles chamou de "ciência-mestra" porque o governo, tendo o monopólio da autoridade legal e da força legítima para impô-la, *pode* controlar a educação e as outras fontes das normas pelas quais a sociedade é regulada.[29] Limitar tais usos do poder é uma escolha que fez muito para definir a ordem política democrática liberal. A defesa empírica do governo limitado é a seguinte: embora os seres humanos tenham algo em comum — a natureza humana —, eles diferem em capacidades e aspirações. Disso se segue, não de maneira lógica, e sim prática, que o governo não pode esperar fornecer felicidade a todos. O máximo que ele pode razoavelmente esperar fornecer são condições nas quais a felicidade, como definida por cada um, possa ser buscada.

Assim, prossigamos com o argumento; na verdade, com os vários argumentos entrelaçados. O que queremos dizer com natureza humana? Como separamos os atributos naturais — constitutivos da natureza humana — daqueles adquiridos com a criação e a cultura? Por quais critérios devemos mensurar o florescimento humano? O que a história e as práticas correntes revelam sobre como as instituições — da sociedade civil e do governo; políticas, econômicas e culturais — contribuem para ele?

Pessoas inteligentes, instruídas e dotadas de espírito público irão discordar, frequentemente de maneira vigorosa, sobre todas essas questões. É claro que irão.

É isso que torna a política em uma sociedade aberta — uma sociedade baseada em persuasão — tão exigente e estimulante. Mas as diferenças debatidas podem convergir, chegando, se não ao consenso, ao menos à clareza sobre as disputas e à redução das diferenças. O importante é reorientar o debate americano sobre essas questões e, ao fazer isso, reintroduzir o vocabulário de direitos naturais dos fundadores em nosso discurso político. Isso apoiará aquilo que os fundadores criaram com o propósito de garantir os direitos naturais: o governo limitado. Veremos a pertinência direta dessa reorientação em capítulos subsequentes, que tratam, entre outras coisas, do papel do Judiciário na supervisão da democracia e do relacionamento entre governo e economia.

A reorientação que recomendo é radical em relação a nossas atuais práticas políticas. Ela retorna ao radicalismo da Revolução Americana, como explicado pelo historiador Gordon Wood. Esse radicalismo consistiu na recusa de uma sociedade de deferência. As condições sociais normalmente consideradas precursoras das revoluções — grande pobreza e severa opressão política — não estavam presentes. "Na verdade", escreve Wood, "os colonizadores sabiam que eram mais livres, mais iguais, mais prósperos e menos sobrecarregados por opressivas restrições feudais e monárquicas que qualquer outra parte da humanidade no século XVIII". Mesmo assim, é errado dizer que a revolução foi meramente um evento intelectual, a culminação de um argumento constitucional sobre os direitos americanos, uma disputa sem nenhuma relação com as condições sociais. Esses são elementos de um argumento que diz que nossa revolução foi conservadora, o que Wood rejeita enfaticamente. Ele insiste que a Revolução Americana "foi tão radical e revolucionária quanto qualquer outra da história", mas foi "radical e social em um sentido muito especial do século XVIII".[30] Ela separou a concepção de sociedade da concepção de governo. Até então, a suposição era que o Estado precedia e sustentava a sociedade; a ideia americana revolucionária foi inverter essa formulação. O que deixou os colonizadores inquietos e os transformou em revolucionários foi a aguda sensação de que o governo era a causa básica de todas as suas queixas sociais:

> honras e distinções sociais, benesses de cargos públicos, contratos comerciais, privilégios, monopólios e mesmo excesso de propriedade e riqueza de todos os tipos — todos os males e privações sociais — pareciam, de fato, fluir de conexões com [...] a autoridade monárquica. Assim, quando os radicais anglo-americanos falavam em termos que pareciam somente

> políticos — purificar uma Constituição corrupta, eliminar os cortesãos, lutar contra o poder da Coroa e, mais importante, tornarem-se republicanos —, mesmo assim eles tinham uma mensagem decididamente social [...] Ao destruírem a monarquia e estabelecerem a República, eles estavam modificando a sociedade e o governo, e sabiam disso.[31]

Os colonizadores viviam, argumenta Wood, em uma sociedade que era "tradicional em seus relacionamentos sociais básicos e em sua consciência cultural. Todos os aspectos da vida estavam interligados" porque autoridade e liberdade dependiam de relacionamentos pessoais. Os colonos "pensavam em si mesmos como conectados verticalmente, e não horizontalmente, e tendiam a estar mais conscientes daqueles imediatamente acima e abaixo que daqueles ao lado". Olhando para baixo, aqueles no topo viam os de baixo quase como uma espécie diferente. Eles eram "a multidão pastando", nas palavras de um membro da elite, um fazendeiro da Virgínia chamado George Washington. De fato, o paternalismo e o patriarcalismo "podiam ser mais fortes nos Estados Unidos que na Inglaterra, precisamente por causa da debilidade das outras instituições na colônia". Incluindo não somente os escravos, mas também os servos contratuais e aqueles presos a algum tipo de dependência legal, "até certo momento, possivelmente metade da sociedade colonial era legalmente não livre". A sensação de "patronagem e dependência pessoal" era reforçada pelo fato de que os governos provinciais eram farelos da crosta superior: "A afiliação combinada da assembleia e do conselho coloniais de Nova York era menor que um comitê na Câmara dos Representantes de hoje."[32]

A despeito de tudo isso, os americanos foram, nas palavras de Edmund Burke, rápidos em "extinguir a tirania em qualquer brisa contaminada". Os Estados Unidos estavam, diz Wood, "maduros para o republicanismo" porque "não tinham nenhuma Igreja opressora estabelecida, nenhuma nobreza de títulos, nenhuma grande distinção de riqueza e nenhuma maioria afundada na indolência e na pobreza". Além disso, o excedente definidor dos Estados Unidos — as terras a oeste — era poderosamente atraente como escada para sair da dependência e, desse modo, funcionava como solvente das "ligações da patronagem e do parentesco".[33]

Burke considerava um sinal de virtude da tradição política inglesa que sua ordem constitucional tivesse emergido, lenta e naturalmente, da história orgânica da nação, em vez de ter sido "formada a partir de um plano regular ou com qualquer unidade de projeto".[34] A sensibilidade conservadora de fato dispõe as pessoas contra a tentativa de rearranjar o Estado de acordo com um projeto preconcebido. Isso, no entanto, foi essencialmente o que os fundadores dos Estados Unidos fizeram. As nações são criadas pelo lento trabalho da história, pela força galvanizadora das ideias ou por ambos. A maioria das nações é construída principalmente da primeira maneira, emergindo lentamente da névoa do passado, coalescendo gradualmente no interior de círculos concêntricos de simpatias partilhadas, com um acréscimo de instituições consensuais. Uma nação, todavia, foi formada e definida pela adoção de uma filosofia partilhada pelos cidadãos. Os Estados Unidos foram, desde o início, uma nação de imigrantes cujas diversidades sociais estavam subsumidas na dedicação partilhada a um credo.

Antes que pudesse existir essa nação de credo, essa extensa República "dedicada" a certas verdades autoevidentes, a Revolução Americana teve de ser rapidamente seguida pela revolução madisoniana na teoria democrática. Antes dele, havia um consenso pessimista entre os filósofos políticos: se a democracia fosse possível, só o seria em sociedades menores, parecidas com a Atenas de Péricles ou a Genebra de Rousseau — sociedades "face a face" suficientemente pequenas e homogêneas para evitar a suposta grande ameaça da liberdade: as "facções". Ao virar essa noção de ponta-cabeça — é isso que faz uma revolução —, Madison ensinou ao mundo o novo catecismo do governo popular.

Qual é o pior resultado da política? A tirania. A democracia é presa de que forma de tirania? A tirania da maioria. Como ela pode ser evitada? Impedindo a existência de maiorias homogêneas e, consequentemente, estáveis, duráveis e potencialmente tirânicas. Como isso pode ser feito? *Cultivando facções*, de modo que as maiorias sejam instáveis por serem breves coalizões de minorias.

O cultivo das facções é o que uma República "extensa" faz em razão simplesmente de seu tamanho. Essa foi a sociologia da liberdade de Madison, que ele explicou em suas contribuições para os mais penetrantes e influentes artigos de jornal jamais escritos, *O Federalista*, para os quais Alexander Hamilton e John Jay também contribuíram. No Artigo Federalista nº 10, Madison escreveu que "a extensão" da nação ajudaria a fornecer "um remédio republicano para as doenças mais frequentes do governo republicano". E continuou: "Amplie a esfera e você incluirá uma variedade maior de partidos e interesses; tornará menos possível que uma maioria tenha um motivo comum para invadir os direitos dos outros cidadãos." Como "a mais comum e durável fonte de facções" é "a distribuição variada e desigual de propriedade", o "primeiro objetivo do governo" é a "proteção das diferentes e desiguais faculdades de se adquirir propriedade". O redemoinho de comportamento autointeressado que é característico da democracia madisoniana frequentemente não é bonito de se ver. Mas Madison sabia que não devia julgar a política pelos padrões estéticos. Ele via a realidade de maneira constante e total e, no Artigo Federalista nº 51, disse que as pessoas podiam traçar, "através de todo o sistema de assuntos humanos", a "política de fornecer, por interesses opostos e rivais, a derrota das melhores motivações".[35]

A filosofia dos fundadores começava com a acomodação dos defeitos humanos, e não com uma solução para eles. Harvey C. Mansfield diz corretamente, sobre os fundadores: "É verdade que eles desconfiavam da democracia, mas não porque amassem a aristocracia. Eles desconfiavam da democracia pela mesma razão que rejeitavam a aristocracia — porque desconfiavam da natureza humana."[36] A importância da política é que, em razão da natureza humana, o mundo é um lugar hostil quando está sem governo. Mas é igualmente ou ainda mais hostil quando governos ruins são ilimitados e estão livres para impor sua vontade a governados sujeitos a ela. A premissa fundacional do conservadorismo é a de que o mundo é um lugar inerentemente perigoso e a política é necessária para mitigar seus perigos.

Mas a política em si também é perigosa. Ela pode ser o maior perigo, pois pode organizar a violência. No interesse da paz social, a política moderna empurrou as aspirações mais elevadas dos antigos para as margens da vida social. Para os filósofos políticos modernos, aquelas aspirações eram pouco realistas, no melhor dos casos, e perigosas, no pior. Consequentemente, a política deixou de ser uma esfera na qual a natureza humana era aperfeiçoada, e o projeto político deixou de incluir o estímulo para que as pessoas atingissem seus potenciais mais elevados. Em vez disso, a política moderna foi baseada na suposição de que as pessoas expressam e agem em função dos fortes impulsos de suas imperfeitas naturezas. As pessoas são autointeressadas. Os antigos perguntaram: "Qual é a maior conquista de que a humanidade é capaz e como podemos chegar a ela?" Hobbes e os modernos subsequentes perguntaram: "Qual é o pior que pode acontecer e como podemos evitar?"

Em 1762, quatorze anos antes de os fundadores americanos darem início à primeira nação moderna, Jean-Jacques Rousseau escreveu, em *O contrato social*: "Aqueles que ousam tentar instituir um povo devem se sentir capazes de modificar a natureza humana, de transformar cada indivíduo [...] em parte de um todo muito maior [...] de alterar a constituição do homem com o propósito de fortalecê-la."[37] Aqui temos o início da grande divisão no pensamento político moderno e um germe da tendência coletivista dos progressistas americanos. Os fundadores acreditavam que, ao criar uma politeia, os estadistas deviam ser orientados pela imutável natureza humana. Eles não aspiravam a um sistema político tão habilmente construído no qual ninguém precisaria ter espírito público. Mas tampouco queriam um sistema que supusesse um suprimento abundante e constante desse espírito público.

Para os fundadores, as leis existiam majoritariamente para propósitos mundanos. A palavra "mundano" passou a significar enfadonho ou tedioso, mas seu significado primário é "deste mundo". Os propósitos primários das leis são manter a paz e facilitar as transações cotidianas, ou seja, resolver disputas e regularizar comportamentos e expectativas. As leis não devem ser salvadoras; elas não foram escritas para aperfeiçoar nem o indivíduo, nem a comunidade. Quando o governo se compromete, através de políticas metódicas, a melhorar e consertar a consciência dos cidadãos, eles deixam de ser cidadãos, propriamente entendidos. Quando o governo tenta ajustar as atitudes do povo, ele corrompe o conceito de consentimento, do qual se originam os poderes justos de um governo.

O consentimento é o ato primal dos cidadãos republicanos; o direito de consentir com o governo é o direito de insistir no reconhecimento de outros direitos. O direito de consentir pressupõe o direito de ser persuadido. Isso presume nos cidadãos certo nível de racionalidade, portanto a reivindicação durável de respeito. Um governo que é obrigado, pelo etos do republicanismo, a persuadir é um governo inerentemente secundário àquilo que precisa ser persuadido, ou seja, a sociedade composta de indivíduos autodeterminantes. Tal governo não precisa ser indiferente à tarefa de aprimorar a alma de seus cidadãos, mas deve fazê-lo respeitando sua razoabilidade e, portanto, encorajando-os a subordinarem suas paixões à razão. Quando Aristóteles definiu os seres humanos como animais políticos e como animais que utilizam linguagem, ele fez uma defesa unificada da democracia, ou seja, governo pelo consentimento dos governados. Os seres humanos podem falar uns com os outros e com seus líderes, que podem responder. As comunidades humanas conversam constantemente sobre arranjos alternativos para a convivência. As razões para preferir alguns arranjos exigem que falemos sobre justiça. E é por isso que, na ordem constitucional americana, a primeira emenda vem primeiro.

Os fundadores, particularmente o mais sábio e sutil deles, James Madison, insinuaram sua visão pouco sentimental de seres humanos autointeressados na separação de poderes da Constituição. No Artigo Federalista nº 51, Madison disse: "A ambição deve se contrapor à ambição." Os interesses de instituições rivais impõem freios uns aos outros. Madison continuou: "Pode ser um reflexo da natureza humana que tais mecanismos sejam necessários para controlar os abusos do governo. Mas o que é o governo senão o maior de todos os reflexos da natureza humana? Se os homens fossem anjos, nenhum governo seria necessário. Se fossem governados por anjos, nenhum controle externo ou interno ao governo seria necessário." Assim, disse Madison, devemos ter a política de "fornecer, por interesses opostos e rivais, a derrota das melhores motivações".[38] Mas nem Madison nem os outros fundadores queriam dizer que devemos pressupor que os Estados Unidos podem prosperar sem que ninguém tenha boas motivações. Tais motivações são manifestações de bom caráter, e os fundadores não supunham que a liberdade pudesse florescer, ou mesmo sobreviver, sem educação apropriada e outros estímulos ao caráter. Eles queriam dizer educação entendida de modo amplo, incluindo não somente a educação pela escola, mas também por todas as instituições da sociedade civil que explicam a liberdade e equipam os cidadãos com as virtudes requeridas pela liberdade. Elas incluem a diligência, o autodomínio, a moderação e a responsabilidade, virtudes que reforçam a racionalidade essencial para a felicidade humana.

Quando Madison e os fundadores em geral falavam de natureza humana, não falavam, como os progressistas modernos, de algo maleável, inconstante, fluido e em constante evolução, formado e reformado por mudanças nas forças sociais e outras forças históricas que podem e devem ser controladas e manipuladas pelo governo. Quando as pessoas falam de natureza hoje, elas geralmente se referem à flora e à fauna: árvores, animais e outras coisas não humanas. Mas os fundadores falavam da natureza como guia e medida da ação humana. Eles pensavam na natureza não como algo a ser moldado para a conveniência humana, mas como fonte de normas a serem descobertas. Eles entendiam que os direitos naturais não podiam ser afirmados, celebrados e defendidos, a menos que a natureza, incluindo a natureza humana, fosse vista como normativa, e não apenas como fato contingente. Essa visão era parcialmente derivada do ensino bíblico cristão: a natureza não é caos, mas a substituição do caos por uma ordem que reflete a mente e a vontade do Criador. É o Criador quem nos dota de direitos naturais inalienáveis e universais — daí a fundação da igualdade democrática. E esses direitos são a fundação do governo limitado, um governo definido pelo objetivo limitado de garantir esses direitos, de modo que os indivíduos possam florescer em seu exercício livre e responsável.

Um governo assim limitado não impõe suas opiniões sobre que tipo de felicidade os cidadãos devem buscar. Ter tais opiniões cabe a outras instituições, privadas e voluntárias, incluindo as religiosas, que fornecem as condições para a liberdade. Os fundadores não achavam os direitos naturais razoáveis porque a religião os defendia; eles consideravam a religião razoável porque ela defendia tais direitos. Mas pode haver uma contradição cultural na modernidade. A contradição é que, embora a religião possa sustentar a liberdade, a liberdade não necessariamente sustenta a religião ou as outras precondições para sua própria segurança. Isso é de importância fundamental por causa da significância seminal do segundo parágrafo da Declaração de Independência:

> Consideramos estas verdades autoevidentes: que todos os homens são criados iguais e dotados por seu Criador de certos direitos inalienáveis, entre os quais estão a vida, a liberdade e a busca da felicidade. Que, para garantir esses direitos, governos são instituídos entre os homens, derivando seus justos poderes do consentimento dos governados. Que, sempre que qualquer forma de governo se torne destrutiva em relação a esses fins, é direito do povo alterá-lo ou aboli-lo e instituir um novo governo, estabelecendo suas fundações sobre tais princípios e organizando seus poderes da forma que lhes pareça mais favorável à sua segurança e felicidade.

Os Estados Unidos nasceram com uma afirmação epistemológica: as verdades políticas importantes não são apenas conhecíveis, mas conhecidas. Elas são autoevidentes, óbvias para qualquer mente não enevoada pela ignorância ou pela superstição. A declaração diz que é autoevidentemente verdadeiro que "todos os homens são criados iguais", não somente no acesso às verdades políticas importantes, mas também por serem dotados de certos direitos inalienáveis, incluindo o direito à vida, à liberdade e à busca da felicidade. Talvez a palavra mais importante da declaração seja "garantir": "Para garantir esses direitos, governos são instituídos entre os homens." O propósito primário do governo é garantir direitos preexistentes. O governo não cria e não dispensa direitos. Essa suposição, a premissa fundamental do pensamento político americano, dificilmente foi consensual em nosso tempo. Ela esteve no centro da controvérsia que modelou nosso debate político por mais de um século. Desde o surgimento do progressismo, o debate tem sido entre aderentes ao pensamento dos fundadores e progressistas que defendem com firmeza que deixemos esse pensamento para trás.

Em seu primeiro discurso de posse, falando aos "meus insatisfeitos compatriotas", Abraham Lincoln expressou "confiança paciente na justiça final de nosso povo".[39] Repare em suas cautelosas nuances. A confiança deve ser paciente porque só podemos contar com a justiça do povo no final. Ele estava delicadamente entrando em um terreno controverso no qual Jefferson o precedera. Em 1801, durante seu primeiro discurso de posse, Jefferson dissera: "Embora a vontade da maioria vá prevalecer em todos os casos, essa vontade, para ser virtuosa, precisa ser razoável, a fim de que a minoria possua direitos iguais, que a lei deve igualmente proteger e cuja violação seria opressão."[40] A formulação não é totalmente clara. Quando ele disse que a maioria "vai" prevalecer em todos os casos, estava apenas fazendo uma predição neutra? Ou estava enunciando uma norma ética? Ele queria dizer que a maioria inevitavelmente vai prevalecer ou que deve prevalecer? Em ambos os casos, ele rapidamente descobriria estar errado.

Dois anos depois, em *Marbury v. Madison*, o presidente da Suprema Corte, John Marshall, o primo que Jefferson detestava, estabeleceu a revisão judicial. Ela moderaria a suposição dúbia e a prática perigosa de que, sob a Constituição escrita dos Estados Unidos, a maioria, entendida como voz de um processo representativo e majoritário, deveria e iria impor sua vontade. Em muitos casos, as maiorias têm o direito de impor sua vontade mesmo quando ela não é razoável, e elas o exerceram vigorosamente durante toda a história americana. Jefferson disse que as maiorias não têm o direito de violar os direitos das minorias, mas não disse por quê. Se queria dizer que nenhuma maioria tem o direito de violar os direitos naturais de qualquer pessoa ou grupo de pessoas, então a vontade da maioria não deveria prevalecer em todos os casos ou mesmo em muitos casos. Voltaremos a esse tema no capítulo 4, quando examinarmos a justificativa e a necessidade cada vez mais urgente de supervisão judiciária da democracia.

Essa supervisão é uma resposta à pergunta que fascinava Alexis de Tocqueville. Ele entendia que esta nação seria o grande laboratório no qual a humanidade poderia descobrir se a "liberdade democrática" consegue florescer sem se transformar em "tirania democrática". Martin Diamond, que habilidosamente situou os fundadores na corrente de pensamento político ocidental, comentou a origem filosófica de um interessante fato sobre a Declaração de Independência. No esboço original, Jefferson escrevera que todos os homens "são criados iguais e independentes". Segundo Diamond, a palavra "independentes" se refere "à condição dos homens no estado natural, à sua profunda não subordinação a qualquer soberania política comum ou uns sobre os outros".[41] A democracia seria o mecanismo da subordinação política. Mas seria democracia limitada, temperada e refinada por uma arquitetura institucional que pretendia garantir que a subordinação limitada através da democracia fosse instrumental para o gozo da liberdade. E o regime de liberdade significaria que todas as pessoas possuindo direitos iguais se tornariam desiguais.

A declaração, disse Diamond, foi, na expressão de Lincoln, "concebida em liberdade", significando que "o estrato mais profundo da vida política americana" — "a própria fundação da existência política americana" — *é* a liberdade na qual a declaração foi concebida. Todos os indivíduos são "criados com o mesmo direito a essa liberdade".[42] A nação que começara 87 anos antes de 1863 — que começara com a declaração — tinha, desde o nascimento, o único e definidor objetivo de igual liberdade política. A declaração não estipulou a forma de governo. Ela se manteve silenciosa sobre esse assunto ao declarar que "essas colônias unidas são e têm o direito de ser estados livres e independentes". Havia uma guerra pela independência a ser vencida e artigos da confederação a serem improvisados entre as "colônias unidas", o que levaria à convenção constitucional. Tudo isso aconteceu em somente onze tumultuados anos que finalmente levaram a nação a se comprometer, na Constituição, com uma forma democrática de governo para garantir igual liberdade para aquela geração e para as gerações subsequentes. Mas foi, como escreveu Diamond, "um comprometimento sóbrio e cauteloso".[43]

A arquitetura constitucional foi criada por homens tornados sérios pela leitura aprofundada sobre repúblicas anteriores e cautelosos pelas duras experiências naquele que os historiadores chamam de "período crítico" da história americana, durante a criação dos artigos da confederação. Os autores da Constituição criaram "um governo democrático cuidadosamente salvaguardado e estruturado para ressaltar as excelências da democracia e, ao mesmo tempo, proteger contra seus perigos e defeitos". O fato de os autores falarem frequentemente sobre esses perigos e defeitos levou muitos, seguindo os historiadores progressistas da primeira metade do século XX, a nos retratarem como democratas relutantes ou mesmo antidemocratas. No entanto, eles falaram insistentemente sobre as dificuldades da democracia (como Edmund Randolph com suas "turbulências e loucuras") porque não tinham a intenção de criar qualquer outra forma de governo. Isso explica o silêncio da declaração, que Diamond chama de neutralidade, sobre a forma adequada de governo. O silêncio refletiu não incerteza, mas consenso sobre uma questão básica: o governo americano seria baseado em mecanismos capazes de garantir o consenso regularmente recorrente dos governados. Mas, como disse Diamond, esse silêncio também enfatizou o seguinte: "a democracia não é o *fim* do governo, é apenas o *meio* governamental para garantir seu verdadeiro fim, a saber, as iguais liberdades do povo."[44]

Assim, a Constituição se segue logicamente à declaração e está vinculada à "subordinação da democracia à liberdade" implícita nela. Através de seu próprio silêncio sobre a forma adequada de governo, a declaração proclama que todas as formas devem ser julgadas em razão de sua instrumentalidade para o projeto de garantir direitos inalienáveis. Assim, escreveu Diamond, "a declaração ensina os americanos a ver o próprio autogoverno democrático com frieza", porque qualquer forma de governo deve ser julgada por um padrão mais elevado que ele mesmo. A Constituição, com a separação de poderes e outras provisões para refinar e elevar a opinião pública, refletiu o que Diamond chamou de "sensato autoquestionamento do povo americano".[45] O fato de eles terem decidido que a democracia era o melhor instrumento para garantir igual liberdade não significa que ela não era arriscada. Os fundadores entendiam, com base em seu estudo da história e suas experiências pessoais, que a democracia é suscetível à degeneração, à loucura e à opressão. Mesmo assim, sua não sentimental adoção da democracia foi total. Eles eram homens modernos que, armados com o que consideravam ser a nova ciência da política, conscientemente voltaram as costas para os antigos. Diamond entendeu a ruptura entre antigos e modernos:

> Os antigos viam o homem como capaz de ascender quase até a divindade e se orientavam pelas mais elevadas possibilidades da natureza humana. Embora não tivessem ilusões sobre a capacidade da *maioria* dos homens, achavam que todo recurso da arte política deveria ser empregado para extrair o potencial dos poucos excepcionais. Sua própria ideia de natureza humana levou os pensadores clássicos a transformarem em tarefa política preeminente a tentativa de levar à completude ou perfeição os relativamente poucos que

> eram naturalmente capazes de realizar sua humanidade. A ideia clássica de natureza humana era aristocrática: todos os homens são humanos, mas alguns são mais humanos que outros, e esse é o fato político crucial. A ideia moderna de natureza humana é democrática: nenhuma diferença entre nós pode alterar nossa naturalmente igual humanidade, e *esse* é o fato crucial.[46]

Para os antigos, a arte da política era "estrênua e exigente". E, para os fundadores americanos, era utópica, visando ao inatingível. A ciência política dos fundadores tentaria "atingir não as alturas ilusórias pretendidas pelos antigos, mas decências humanas sólidas". Eles se basearíam nas baixas, mas sólidas — tratava-se, afinal, de uma ciência *política*— e previsíveis constantes "das paixões e dos interesses humanos".[47] Como Diamond sagazmente percebeu, desse pétreo realismo sobre a natureza e as possibilidades humanas surgiu um novo e poderoso argumento em favor da democracia. O realismo dos fundadores fez mais para reduzir as pretensões de poucos que para depreciar as capacidades de muitos. A nova ciência política, ao se orientar não pela radical desigualdade entre as pessoas, mas pelas capacidades em relação às quais elas são mais iguais, negou a relevância *política* das desigualdades humanas. Nenhuma desigualdade daria direito a um status político elevado.

Novamente, Diamond: "Na visão antiga, o 'bem comum' incluía certas virtudes ou excelências que podiam ser nutridas e evidenciadas somente pelo governo daqueles que, peculiar e desigualmente, as possuíam. Agora o bem comum passou a significar a proteção daquilo que todos tinham em comum [...] o igual interesse de garantir seus direitos inalienáveis." No processo de colocar os antigos em seu devido lugar, os fundadores também apresentaram um argumento contra uma característica do progressismo contemporâneo que Diamond chamou de "igualitarismo otimista": "[Os fundadores] não esperavam que a massa da humanidade pudesse chegar a níveis de mentalidade e caráter que justificassem o domínio sem entraves da maioria. Eles não acreditavam que tal transformação da natureza humana pudesse ser realizada por qualquer meio, fosse educação, tempo livre, maior afluência, experiência de participação política, influência benévola dos arranjos sociais coletivos ou qualquer uma das estratégias nas quais o igualitarismo é obrigado a depositar suas esperanças."[48]

Woodrow Wilson argumentaria explicitamente que, embora a separação de poderes outrora tivesse sido necessária para moderar facções autoritárias, a sociedade americana, em sua equilibrada maturidade, chegara a tal ponto de consenso sobre o progresso social que o poder das maiorias já não era assustador. Particularmente quando guiadas pela forte liderança de um presidente esclarecido, as facções já não eram uma ameaça e deviam operar sem restrições. Os fundadores não viram nem anteciparam tais condições. Para eles, a desigualdade em resultados sociais era inevitável e de modo algum inerentemente deplorável. As interações voluntárias dos indivíduos no que agora chamamos de setor privado e que, no tempo dos fundadores, era denominado sociedade, ou seja, quase toda a vida, *naturalmente* produziria desigualdades. Os indivíduos que eram naturalmente desiguais em talentos, desejos e esforços iriam, em um contexto de liberdade política, experimentar diferentes resultados sociais. "No entendimento dos fundadores", escreveu Diamond, "quem diz igualdade de liberdade diz desigualdade de resultados; quem diz igualdade de resultados diz desigualdade de liberdade, porque somente a imposição desigual de obstáculos aos superiores impedirá que suas capacidades se manifestem".[49]

Os fundadores não eram indiferentes à virtude, mas não estavam dispostos a apostar o futuro da nação em um amplo estoque de virtude nos oficiais governamentais. Em vez disso, implementaram o que Madison chamou de "precauções auxiliares".[50] Os fundadores achavam que os Estados Unidos deviam colher os benefícios da virtude não concedendo a ela direitos políticos, mas permitindo que seu escopo se manifestasse na ordem espontânea de uma sociedade levemente governada. A antecipação e a celebração, por Jefferson, de uma "aristocracia natural" expressavam sua confiança de que, quando privilégios concedidos por costume ou lei fossem eliminados, a excelência natural prevaleceria.[51]

Mais que qualquer outro entre os mais criativos pensadores políticos da história, a vida de Madison foi um exemplo de unidade entre teoria e prática, com cada uma delas influenciando a outra. Se a filosofia não é prática, significando que não é útil como guia para a ação política, ela é um exercício estéril. A filosofia política de Madison foi singularmente aplicável, informando a formação da República e seu entendimento de si mesma. Na angustiantemente limitada extensão em que informa a política americana de hoje, ela é uma disposição ou inclinação: menos uma agenda política que a inclusão de prudente desconfiança a uma fundação de doutrina de direitos naturais. Embora Jefferson tenha chamado Madison de "o maior homem do mundo", tudo o que muitos americanos sabem sobre ele é que sua esposa era exuberante.[52] Mas ele, mais que qualquer outro fundador, entendeu e articulou claramente as premissas da nação e suas implicações institucionais. Se realmente acreditássemos que a caneta é mais poderosa e mais digna que a espada, a capital da nação teria sido nomeada em homenagem não ao soldado que empunhou a espada revolucionária, mas ao pensador mais hábil com a caneta. Seria Madison, D.C.

Madison era, nas palavras de um colega, "do tamanho de meio sabonete", o que pode ser uma das razões para não haver nenhum monumento a ele em Washington.[53] Há um alto e austero monumento ao alto e austero homem que deu nome à cidade, um homem de virtudes romanas e eloquente reticência. Há um memorial em estilo grego ao igualmente abençoado companheiro de Madison, o alto, elegante e eloquente Jefferson, que foi considerado pelas gerações subsequentes o mais carismático dos fundadores. Mas não há monumento ao menor (1,62m), mas mais sofisticado, dos fundadores, sem cuja mente a declaração de Jefferson e o generalato de Washington não teriam resultado nesta República. Até 1981, não havia nem mesmo um edifício governamental com o nome dele. Mas então a Biblioteca do Congresso, que começou com a doação da biblioteca de Jefferson, precisou de um novo edifício e lhe deu o nome do intelecto mais flexível entre os fundadores: James Madison Memorial Building.

O rival de Madison, Alexander Hamilton, possuía a convicção e a aguda indiferença à delicadeza para escrever (no Artigo Federalista nº 6) que "o curso uniforme dos eventos humanos" e "a experiência acumulada das eras" demonstravam que os homens eram "ambiciosos, vingativos e gananciosos". Madison foi, de modo característico, mais comedido. Ele foi menos provocativo que Hamilton, sem ser menos desconfiado, quando escreveu (no Artigo Federalista nº 55) que, "assim como há um grau de depravação na humanidade que requer certo grau de circunspecção e desconfiança, também há outras qualidades na natureza humana que justificam certa parcela de estima e confiança".[54] Uma parcela que requer precauções institucionais. E, como será argumentado no capítulo 4, hoje essas precauções precisam envolver, mais do que Madison teria confortavelmente aceitado, o Judiciário.

A filosofia política começa com uma afirmação do que é natural — com uma delineação do que é determinado, ou seja, permanente, na natureza humana e, consequentemente, na condição humana. Ou talvez devêssemos dizer que a reflexão política começa com uma decisão: vamos assumir que *qualquer coisa* é permanente porque é natural? Se sim, a filosofia política começa com os seres humanos antes da sociedade, antes que a sociedade deixasse sua marca neles. Os seres humanos são criaturas sociais porque, como escreveu Thomas Paine, suas necessidades materiais e imateriais "os impelem para a sociedade, tão naturalmente quanto a gravitação impele ao centro". O recurso de Paine ao vocabulário newtoniano, que era natural no século XVIII, dá a entender que sociabilidade e sociedade não são opcionais, não são escolhas. Então, quando ele disse que "temos o poder de recomeçar o mundo", estava dizendo que podemos reiniciar o mundo da política e do governo, mas não a sociedade.[55] Um século depois, o projeto progressista seria subordinar a sociedade à política e ao governo.

Em 1955, no auge do consenso acadêmico sobre "consenso" ser o tema central do desenvolvimento político dos Estados Unidos, o cientista político Louis Hartz escreveu: "Locke domina o pensamento político americano como nenhum outro pensador dominou o pensamento político de uma nação. Ele é um maciço clichê nacional."[56] A que os conservadores agora respondem: ah, se fosse verdade. Como disse William James, vivemos para a frente, mas entendemos para trás. Assim, se quisermos entender os argumentos que agora modelam o futuro americano, é essencial que entendamos o passado do qual veio o vocabulário dos fundadores usado em nossa política. O fato de que esse vocabulário é cada vez mais anacrônico e cada vez menos dominante é uma medida da constante ascensão do progressismo durante mais de um século. Passaremos a ela, traçando o caminho do progressismo até o discurso de Franklin Delano Roosevelt no Commonwealth Club de São Francisco em 1934. Exatos trinta anos depois, n*o discurso*, como os conservadores passaram a chamar o pronunciamento em rede nacional de TV em outubro de 1964, apoiando a candidatura de Barry Goldwater à presidência, Ronald Reagan não estava errado ao dizer: "Nossos direitos naturais e inalienáveis agora são considerados algo a ser distribuído pelo governo."[57]

CAPÍTULO 2

# A REVISÃO DOS PROGRESSISTAS

## Uma proclamação de emancipação (dos direitos naturais)

> Precisamos sistematizar as fundações da casa e reforçar com aço todas as partes antigas da estrutura, de maneira moderna e adequada ao conhecimento atual sobre força e elasticidade estrutural, e então, lentamente, modificar as partições, refazer as paredes, deixar entrar luz por novas aberturas e melhorar a ventilação, até que, finalmente, daqui a uma ou duas gerações, o tapume seja retirado e haja uma família no grande edifício cuja nobre arquitetura será revelada, um edifício no qual os homens poderão viver como comunidade una e cooperativa, como em uma colmeia aperfeiçoada e coordenada.
>
> Woodrow Wilson
> *The New Freedom* (1912)[1]

Em 1911, um incêndio na fábrica Triangle Shirtwaist, em Manhattan, resultou na morte de 146 trabalhadores, que sufocaram ou pularam das janelas. O edifício só tinha uma saída de incêndio e muitas portas estavam trancadas, supostamente para evitar roubo de material pelos funcionários. Observando horrorizada das ruas estava a jovem assistente social Frances Perkins, que 22 anos depois, como secretária do Trabalho do presidente Franklin Roosevelt, se tornaria a primeira mulher em um gabinete presidencial. Ela fazia parte da comissão que estudou o desastre na Triangle e defendeu muitas das leis de saúde e segurança que definiram um tipo emergente de liberalismo que usava o governo para regular empresas e modelar a alocação de riquezas, oportunidades e seguridade na sociedade.[2]

A política americana pode ser considerada um conto de três liberalismos,[3] o primeiro dos quais, o liberalismo clássico, ensina que a arena criativa dos assuntos humanos é a sociedade, distinta do governo. A função correta do governo é proteger as condições de vida e liberdade, primariamente para a busca individual e privada de felicidade. Isso agora é chamado de conservadorismo. Até o New Deal, no entanto, foi o espírito jeffersoniano da maioria do Partido Democrata. O liberalismo do New Deal de Franklin Roosevelt foi significativamente mais ambicioso. Ele disse que, até a emergência da economia industrial moderna, "o governo foi chamado apenas para produzir as condições nas quais as pessoas podiam viver felizes, trabalhar em paz e descansar em segurança".[4] A partir do New Deal, ele seria chamado a desempenhar papel maior. Não apenas forneceria as condições nas quais a felicidade, entendida como bem-estar material, poderia ser buscada, mas se tornaria um promotor de felicidade. O governo, disse Franklin Roosevelt, tinha a "responsabilidade final" pela felicidade.[5] Esse "liberalismo médio" do New Deal suplementava os direitos políticos com direitos econômicos. O New Deal, o Estado moderno que ele criou e a classe de pessoas às quais o Estado forneceu emprego levaram ao terceiro liberalismo, da década de 1960 em diante. Esse "liberalismo gerencial" celebra o papel de intelectuais e outras elites políticas na racionalização da sociedade a partir de cima, usando o governo federal e a "ciência" da administração pública, significando burocracia. Ele promete que a habilidade do governo em termos de gerenciamento econômico porá fim aos ciclos econômicos, garantindo um fluxo constante de renda para construir mais que uma sociedade apenas boa, mas sim uma Grande Sociedade.

O caminho que o liberalismo tomou até o presente começou com Woodrow Wilson, passou pela presidência do homem que chegou a Washington como secretário-assistente da Marinha de Wilson e culminou no primeiro presidente a passar a maior parte de sua vida adulta em Washington: Lyndon Johnson, que, em 1935, aos 26 anos, começou a longa escalada da política americana quando Franklin D. Roosevelt o nomeou diretor da Administração Nacional da Juventude no Texas. Trinta anos depois, ele era presidente e foi capaz de implementar uma agenda grandiosa porque as eleições de 1964 — a derrota esmagadora de Barry Goldwater — produziram no Congresso a primeira maioria legislativa liberal desde que a coalizão entre republicanos e democratas conservadores emergiu quando, nas eleições de 1938, os eleitores reprovaram Franklin Roosevelt por seu plano de "abarrotar" a Suprema Corte. Harry McPherson, um dos principais assistentes de Johnson, disse que ele via a nação como um paciente cujas patologias deviam receber ministrações presidenciais: "As pessoas pareciam estar sofrendo de uma sensação de alienação, anomia, impotência. Isso afetou tanto ricos quanto pobres. Mulheres de classe média entediadas e sem amigas nas tardes dos subúrbios; pais trabalhando em empregos 'sem sentido' ou jogados no sofá em frente à televisão; filhos e filhas desesperados por 'relevância' — todos precisavam de comunidade, beleza e propósito; todos eram culpados por tantos outros serem desfavorecidos, enquanto eles, ricos para além de todos os sonhos de seus ancestrais, estavam deprimidos. O que mudaria tudo isso seria um esforço criativo público."[6] É surpreendente que os Estados Unidos não tenham terminado com um Departamento de Trabalho Significativo, uma "guerra contra a anomia" e uma Agência para Tardes Suburbanas Estimulantes e Amigáveis.

Lyndon Johnson prometeu uma Grande Sociedade "na qual a cidade dos homens atenderá não somente às necessidades do corpo e às demandas do comércio, mas também ao desejo por beleza e à fome por comunidade".[7] Os impulsos progressistas liberados após as eleições de 1964 estavam na infância cinquenta anos antes. Em 1914, quando Walter Lippmann ajudou a lançar a revista *The New Republic*, seu progressismo era de cristalina pureza. Ele escreveu: "Já não podemos tratar a vida como algo que escorreu até nós. Temos de lidar com ela deliberadamente, definir sua organização social, alterar suas ferramentas, formular seu método, educá-la e controlá-la. De infinitas maneiras, colocamos intenção onde antes reinava o costume." Nós podemos, disse ele, "destruir rotinas" porque "o grande triunfo da psicologia moderna é sua crescente capacidade de penetrar os desejos que governam nossos pensamentos".[8] Lippmann estava errado ao supor que, até então, nenhuma geração pensara em lidar "deliberadamente" com a vida. E não era inédito que reformadores buscassem destruir o que Walter Bagehot chamou de "o bolo dos costumes".[9] A característica distintiva dos progressistas americanos no início do século XX era sua serena confiança de que as ciências, especialmente a ciência política, agora permitiam o controle benevolente da "vida" — toda ela.

Mas, para que a vida pudesse ser submetida às intenções progressistas "de infinitas maneiras", um obstáculo precisava ser removido. A vida humana não seria suficientemente maleável enquanto os seres humanos não fossem desabusados da ideia de natureza humana. A filosofia dos direitos naturais, que era a filosofia dos fundadores e da fundação da República, repousa sobre uma premissa: existe uma natureza humana universal. Desse fato e através do raciocínio filosófico, surgiram alguns julgamentos normativos: certos arranjos sociais — particularmente o governo pelo consentimento obtido por persuasão em uma sociedade que aceita o pluralismo — são adequados para criaturas dessa natureza. Daí a doutrina de direitos *naturais* e a ideia de uma nação "dedicada", como disse Lincoln, à "proposição" de que todos os homens foram criados iguais. O progressismo repousa sobre uma negativa histórica e, à sua própria maneira, heroica.

Ele repousa sobre a recusa de aceitar que a natureza estabelece limites para a maleabilidade do material humano. A veemência com que os progressistas políticos se afastaram da filosofia dos fundadores é explicada por seu investimento na ideia de que os seres humanos são essencialmente tábulas rasas nas quais qualquer coisa pode ser escrita, se o escritor souber a técnica certa. À pergunta "O que mais determina a trajetória dos indivíduos, a natureza ou a criação?", a resposta dos progressistas é que a natureza é ou pode ser tornada insignificante. A criação pode ser soberana se for suficientemente engenhosa e determinada. A teoria de que uma sociedade adequadamente organizada e governada pode escrever o progresso na tábula rasa da humanidade aumenta radicalmente as apostas políticas. Também aumenta o papel do governo e a importância das elites governantes, que são as vanguardas progressistas de uma humanidade constantemente aperfeiçoada. Como os progressistas investem a história de uma lógica e de lições cruciais para o progresso, os historiadores ocupam posição especial. Um deles, Richard Hofstadter, um ilustre intelectual do período pós-Segunda Guerra Mundial, ousadamente afirmou que "nenhum homem que está a par da ciência moderna como os fundadores estavam a par da ciência do século XVIII ainda acredita em uma natureza humana imutável".[10] Mas Hofstadter não explicou quais evidências a ciência moderna havia fornecido para tal conclusão. De fato, é difícil imaginar quais sejam.

Na virada do século XX, acadêmicos do novo e crescente campo da ciência política apresentaram como necessidade científica o repúdio à tradição de direitos naturais dos fundadores. Em 1903, o ano em que a Associação

Americana de Ciência Política foi fundada, Charles Edward Merriam, da Universidade de Chicago, publicou *A History of American Political Theories* [Uma história das teorias políticas americanas], que ainda é reimpresso atualmente. O capítulo sobre "tendências recentes" celebrou a guinada, na segunda metade do século XIX, para um método de entendimento político "mais sistemático e científico" que "a filosofia individualista dos primeiros anos do século".[11] Os acadêmicos americanos, indo para o exterior em busca de estudos avançados que ainda não estavam amplamente disponíveis em seu país, encontraram na Alemanha da segunda metade do século XIX uma burocracia que Hegel, na primeira metade do século, celebrara como "classe universal". Como a missão da burocracia era aplicar o conhecimento dos especialistas, ela era considerada unicamente desinteressada e, portanto, não uma classe.[12] Merriam escreveu que os cientistas políticos americanos, "muitos dos quais foram treinados em escolas alemãs [...] adquiririam um método científico para discutir fenômenos políticos". Esse método desacreditava o conceito de "contrato social", no qual a única fonte de governo e obrigação política é "um contrato entre indivíduos independentes" que cria a sociedade política *ex nihilo*.[13] O "estado natural" do qual a humanidade supostamente emergiu através do contrato social é ficção. Consequentemente, o mesmo se dá com os direitos naturais que preexistem ao governo e são independentes dele. John Dewey, o mais eminente filósofo americano da primeira metade do século XX, escreveu que os direitos naturais "só existem no reino da zoologia social mitológica".[14]

A isso, os fundadores poderiam ter respondido que o propósito de postular um tipo particular de estado natural no passado distante da humanidade era chegar a um tipo particular de não tão distante futuro para a humanidade. A alegação daqueles pétreos realistas não era de que o estado natural era um claro antecedente histórico, uma condição antropológica para a qual havia evidências. Nem de que um contrato social fora assinado durante um conclave espontâneo em algum prado do estado natural. Para os fundadores, o contrato social era um conceito heurístico para ilustrar duas coisas. A primeira era a capacidade — e necessidade — natural do homem para a sociabilidade, que é a base da definição aristotélica do homem como animal político. Segunda, a ideia de que certos direitos são tão naturais, tão essenciais para o florescimento humano, que governos são instituídos para "garanti-los", não concedê-los. Essa, claro, é a linguagem do parágrafo mais importante da história política da humanidade, o segundo parágrafo da Declaração de Independência.

A "presente tendência", escreveu Merriam complacentemente, é acreditar que todos os direitos "têm sua fonte não na natureza, mas nas leis". E o governo, que é a fonte das leis, é resultado não "de um acordo deliberado entre os homens", mas "do desenvolvimento histórico, mais instintivo que consciente".[15] A que os fundadores poderiam ter respondido que, quando falavam sobre o estado natural, estavam fazendo filosofia, não antropologia. Eles também poderiam ter chamado a atenção de Merriam para o primeiro parágrafo do Artigo Federalista nº 1, no qual Alexander Hamilton escreveu que "parece que foi reservado ao povo deste país, por sua conduta e seu exemplo, decidir a importante questão sobre se sociedades humanas realmente são capazes de estabelecer um bom governo através da reflexão e da escolha ou se estão para sempre destinadas a depender, para suas constituições políticas, do acidente e da força".[16]

O que Merriam chamou de "escola moderna" formulara "uma nova ideia de liberdade, amplamente diferente" da ideia dos fundadores. O ponto crucial da diferença era que os direitos "têm sua fonte não na natureza, mas nas leis", e que leis que criam direitos não são orientadas pela natureza. O Estado é o "criador" da liberdade porque a torna possível; o Estado não somente é a "fonte" da liberdade, como também a garante e protege. Consequentemente, tem o direito de determinar seus limites. Despida de seu status de direito natural, a liberdade é entendida como sendo obtida "somente através da organização das instituições políticas". Há uma "conexão inseparável entre liberdade política e capacidade política". A "teoria de proteção pelo governo" — de que o governo existe para proteger a vida, a liberdade e a propriedade — deve ser "ampliada" para que o governo faça pelas pessoas o que elas não podem, não devem ou não irão fazer sozinhas. Daí "as únicas limitações à ação governamental serem aquelas ditadas pelas experiências ou necessidades da época". O que na verdade não são limitações, se o professor Woodrow Wilson estava correto ao afirmar que a sociedade e, logo, o governo existem para o ilimitado propósito de fornecer "auxílio mútuo para o autodesenvolvimento". Resumindo o consenso dos "pensadores modernos", Merriam disse: "Não se admite que não existam limites para a ação do Estado, mas, em contrapartida, é plenamente admitido que não há 'direitos naturais' barrando o caminho. A questão é agora de conveniência, não de princípios." Assim, sem um princípio limitador, o governo é "limitado" somente pela autoavaliação de sua própria conveniência.[17]

Se os seres humanos são essencialmente históricos, se são apenas criaturas capazes de se adaptar aos estímulos culturais, então o conceito de natureza humana é apagado. Com isso, tudo o que se pode saber e tudo o que pode ser pertinente à política é a natureza dos seres humanos em um contexto social e um momento particulares. Se não existe natureza humana eterna, não pode haver princípios eternos — e certamente nenhuma verdade autoevidente — de organização e ação políticas. Como os progressistas buscavam suplantar a natureza e instaurar a história como fonte de padrões para o julgamento dos arranjos políticos, era adequado que o livro de história se tornasse um dos textos definidores do progressismo. Como o progressismo afirmava que novas formas econômicas haviam tornado os arranjos políticos americanos anacrônicos, era adequado que esse texto histórico fosse escrito por um professor da Universidade de Colúmbia que começara no departamento de história, mas passara para o ensino de política e governo. E, como o avanço do progressismo requeria a depreciação dos fundadores que haviam implementado o sistema político que o progressismo queria desacreditar, era compreensível que esse texto ensinasse que motivos econômicos — basicamente, a venalidade — explicavam o comportamento político dos fundadores. Daí o estudo *An Economic Interpretation of the Constitution of the United States* [Uma interpretação econômica da Constituição dos Estados Unidos], de Charles Beard, publicado em 1913, o ano em que um professor de Princeton se tornou presidente dos Estados Unidos.

Um século depois, é difícil apreciar o status canônico do livro para uma geração de historiadores progressistas. A Constituição, explicou Beard, era um "instrumento delicado" projetado pelos fundadores — "só podemos nos maravilhar com sua habilidade" —, com o propósito de tornar a vontade popular impotente através de sua fragmentação. Madison, comentou Beard, vira perigo em "uma maioria interessada e dominante". O propósito do progressismo era emancipar as maiorias e permitir que tivessem sucesso em seu ataque à riqueza e ao poder entrincheirados. A "principal ideia" dos fundadores fora "destruir as forças de ataque no ponto inicial: a fonte da autoridade política para os vários ramos do governo". A separação dos poderes garantira a "desintegração da ação positiva". E o mais temível dos poderes era o Judiciário, que usava "a santidade e o mistério da lei como defesa contra os ataques democráticos". Beard achava que "a pedra angular de toda a estrutura" era o "controle judiciário", que ele chamou de "contribuição mais singular para a ciência do governo feita pelo gênio político americano". O poder dos juízes indicados por presidentes e confirmados pelo Senado e o fato de que dois ramos políticos do governo tinham eleitorados e ritmos eleitorais diferentes significavam que "a completa renovação do governo de um só golpe é impossível".[18]

O filósofo John Dewey foi um pioneiro do pragmatismo, e é compreensível que o progressismo político tenha emergido simultaneamente ao pragmatismo filosófico. O pragmatismo, como diz Harvey C. Mansfield, "busca a ciência do que emerge, do que evolui, do que se desenvolve".[19] Ele é orientado para resultados, embora tenha dificuldade para dizer exatamente por que aquilo que emerge constitui avanço. Ele simplesmente diz que ao emergir do que era, qualquer coisa representa, por definição, avanço. Na época, avanço significava se afastar do individualismo. Nas primeiras décadas do século XX, os progressistas basearam seu ataque aos direitos individuais na rejeição da concepção de individualismo. Dewey argumentou que "o indivíduo é sociedade concentrada" e o governo deve ser "tão abrangente quanto a sociedade". Em 1918, após a revigorante experiência de solidariedade social e governo abrangente da Primeira Guerra Mundial, Mary Follett, filósofa e estudante de teoria e comportamento organizacional, disse que a visão de Dewey não era uma ameaça à liberdade. Quando nos emancipamos da ideia de "indivíduo particularista" e, portanto, da ideia de direitos naturais pertencentes a ele, podemos chegar "à verdadeira definição de liberdade": "Vemos que obedecer ao grupo que ajudamos a criar e do qual somos parte integrante é ser livre, porque estamos obedecendo a nós mesmos [...] O Estado não deve ser uma autoridade externa que me restringe e regula, mas eu mesmo agindo como Estado nos menores detalhes da vida."[20]

Fazer com que uma sociedade indomável e indivíduos obstinados aceitassem o controle do Estado era a missão de Herbert Croly, um diligente rabugento cuja severidade lhe valeu a reputação de *Crolier than thou* ["mais Croly que você", em um jogo de palavras com *holier than thou*, "mais virtuoso que você"]. Poucos livros americanos lançados em 1909 ainda são reimpressos, mas um deles foi reimpresso todos os anos desde então e continua influenciando a governança americana. *The Promise of American Life* [A promessa da vida americana], de Herbert Croly, um manifesto do movimento progressista, provavelmente foi o livro mais influente do século XX na política americana. Teddy Roosevelt adotou a expressão "novo nacionalismo" e Croly como seu conselheiro depois de ler o livro (dado a ele por Louis Brandeis) durante um safári na África. Mas as administrações democratas de Woodrow Wilson (que Croly endossou em 1916), Franklin Roosevelt e Lyndon Johnson foram aquelas animadas pela crença de Croly na "coesão nacional" necessária para emancipar os americanos das "ilusões tradicionais", especialmente a tradição jeffersoniana de "democracia individualista e provinciana". Croly falava em nome de uma classe crescente de intelectuais e políticos progressistas para quem o progresso significava movimento para longe das instituições e ligações locais, que viam como retrógradas. Progresso significava conscrever as pessoas em uma consciência nacional e em empreitadas coletivas. E deveria incluir "cada vez mais controle sobre a propriedade, em nome do interesse público". Croly acreditava que a "natureza humana" — e não somente o comportamento humano — "pode ser levada a um nível mais alto pelo aperfeiçoamento de instituições e leis".[21] Mas, se é assim, realmente não existe natureza humana, somente material humano maleável assumindo a forma escolhida pelas instituições e pelas elites que as comandam.

Em 1909, os progressistas estavam tomados pela fé na modernidade, significando, entre outras coisas, que os especialistas aplicariam as ciências à sociedade. Isso seria feito pelo aperfeiçoamento do que Croly chamava de "cidadãos obstinados", ou seja, a maioria deles. Ele foi franco quando, mais tarde, progressistas mais circunspectos seriam crípticos. E disse que "o indivíduo americano médio é moral e intelectualmente inadequado para uma concepção séria e consistente de suas responsabilidades como democrata". Assim, a vida nacional devia ser uma "escola": "As exigências de tal escolarização frequentemente exigem severas medidas coercivas, mas que escolarização não exige?" E "um povo é salvo de muitas perversões custosas" se "os mestres-escolas oficiais são sábios e os pupilos não são nem gazeteiros, nem insubordinados".[22] O livro de Croly foi a planta baixa para uma aspiração do progressismo no século XX: o Estado como professor.

Croly foi franco sobre seu desejo de "emancipar a democracia americana da servidão jeffersoniana" à doutrina de direitos nacionais. Ele queria "uma nova Declaração de Independência" que afirmasse que os americanos eram "livres para organizar sua vida política, econômica e social a serviço de um propósito democrático abrangente, elevado e de longo alcance". Para conseguir isso, os americanos precisavam ser curados do "assombro supersticioso" com que viam o que ele chamava desdenhosamente de Constituição "existente". "Chega uma hora na história de toda nação", escreveu ele, "na qual sua independência de espírito desaparece, a menos que ela se emancipe em certa medida de suas ilusões tradicionais.".[23] E qual era a ilusão americana que precisava ser abandonada? A crença — a superstição, no entender de Croly — de que a Constituição e o governo limitado que ela erigiu para a proteção dos direitos naturais (outra superstição) eram adequados às exigências dos Estados Unidos modernos.

Em 1914, cinco anos após *The Promise of American Life*, Croly publicou *Progressive Democracy* [Democracia progressista], no qual explicitou a crença de que a democracia progressista era um contraste adequado à democracia constitucional. A democracia progressista visava "emancipar a democracia da servidão às leis", parcialmente ao tornar muito mais fácil emendar as leis fundamentais. Ele achava que haveria progresso se a Constituição pudesse ser modificada "de acordo com os ditames da opinião pública preponderante e prevalente". Para esse fim, as emendas deveriam ser submetidas a aprovação por maioria simples em ambas as câmaras do Congresso ou um quarto dos estados e aprovadas por referendo pela maioria dos votos na maioria dos estados. Isso praticamente eliminaria a distinção entre a Constituição e as leis ordinárias, de modo que a vontade popular já não seria frustrada por obstáculos constitucionais. Transcender o que Croly chamou depreciativamente de "constitucionalismo passivo" permitiria que o governo implementasse uma ousada agenda de "funções econômicas e sociais positivas". O "republicanismo" — com o que ele queria dizer primariamente Theodore Roosevelt — "profetizara o progressismo", mas não pudera ir suficientemente longe nessa direção em função "das limitações de suas tradições subjacentes", ou seja, a tradição de direitos naturais que fora enfaticamente reafirmada pelo primeiro presidente republicano.[24]

Croly partilhava do repúdio dos progressistas aos partidos políticos, cujo partidarismo era incompatível com a aspiração progressista por um governo composto de especialistas desinteressados que implementariam as ciências sociais: "os partidos americanos foram organizados para trabalhar com a Constituição e compensar as deficiências daquele documento como instrumento de política democrática [...] A emancipação do governo em relação às leis traz consigo a emancipação da democracia de sua servidão à organização partidária. O próprio governo deve ser responsável pela realização da vontade popular, e não os partidos." Croly falou da nação tentando "se organizar para um novo ataque aos problemas de sua vida" e "libertar sua vida coletiva da servidão aos maus hábitos". Ele incluiu entre esses maus hábitos o respeito excessivo dos americanos pela Constituição e pela tradição de direitos naturais pressuposta nela. "A nacionalidade americana", disse ele, "foi associada em seu nascimento à tentativa de criar um sistema político e social virtuoso". Contudo, "esse ideal de virtude social foi gradualmente dissociado da formulação específica na qual advogados e pensadores políticos o personificaram no fim do século XVIII". Continuando no tema da servidão, um termo na época ainda muito carregado em função da associação com a escravidão, ele disse: "A servidão da vontade nacional sempre se deveu não à existência de um ideal, pois aderir a ele sempre é vinculatório e libertador, mas à sacralidade concedida a um método particular de aplicar esse ideal, que foi resultado de uma fase genuína e valorosa, mas limitada e parcialmente suplantada da experiência política e social." O sistema constitucional de governo limitado fora bom no passado, mas se tornara um sistema de escravização que devia ser "suplantado".[25]

Reconhecendo a força da superstição que tentava curar, Croly se referiu com reverência aos autores do infortúnio americano, chamando-os de "pais". Mas disse que eles haviam cometido um pecado capital aos olhos daqueles que, como os progressistas, passaram a ver o mundo, incluindo o mundo social, através dos olhos de Darwin. Os pais, disse Croly, haviam cometido o erro de acreditar na permanência. Eles "acreditavam poder garantir a expressão virtuosa da vontade popular com uma definição permanente dos princípios fundamentais do direito, incorporando esses princípios específicos na lei fundamental e impondo obediência a eles aos órgãos do governo através dos quais a vontade popular era expressada". Os Estados Unidos do século XX, exultou Croly, discordavam dos pais em relação aos fundamentos. O país "abandonara o racionalismo inocente, porém pedante, do século XVIII" e desenvolvera "uma concepção diferente sobre a natureza da soberania política". O povo permanecia soberano, mas precisava ser, no mínimo, educado e liderado de maneiras adequadas ao esclarecimento do novo século: "O valor da estrutura social é proporcional ao valor do esclarecimento e da disciplina educacional. Uma sociedade melhor pode ser construída, mas somente se homens e mulheres melhores forem chamados ao trabalho. Os seres humanos são ao mesmo tempo os arquitetos da casa, seus artesãos, seus materiais e seus frutos."[26]

A separação de poderes na Constituição foi inicialmente "desejável", mas Croly voltou atrás nessa concessão. Ele disse que o projeto constitucional progressista era "enxertar na Constituição algum método regular para devolver ao governo suficiente integridade de organização e ação". Isso deveria "ser derivado não do constitucionalismo, mas da habilidade do povo de chegar a alguma unidade subjacente de propósitos".[27] A unidade fabricada poderia ser produzida pela guerra ou por vários equivalentes morais da guerra. Em 4 de março de 1933, a nação ouviria uma linguagem parecida sendo empregada por seu novo presidente, que diria que, para ter "o poder de iniciar uma guerra contra a emergência" da Grande Depressão, "precisamos mobilizar um exército treinado e leal" possuindo "amplo poder executivo", "tão amplo quanto o que me seria concedido se fôssemos invadidos por um inimigo estrangeiro".[28]

Croly não via nada incongruente ou paradoxal na insistência para que o poder nacional participasse do projeto de "aumentar a individualidade americana".[29] Ele não se inquietava com a possibilidade de os programas governamentais para o aumento da individualidade resultarem na promoção daquilo que o governo considerava uma mesmice saudável, uma individualidade purgada daquilo que o governo, refletindo a opinião da maioria, via como elementos retrógrados. Contudo, o desenvolvimento das ciências modernas, que mesmerizaram os progressistas, apresentava duas ameaças à humanidade: o perigo da húbris e o perigo da desmoralização — literalmente des-moralização. Havia a tentação de acreditar que, uma vez que a humanidade estivesse armada com o método científico, tudo na natureza e na sociedade poderia ser subjugado e manipulado pelas intenções humanas. Lembre-se da aspiração de Lippmann de "colocar intenção onde o costume reinara".[30] Uma implicação das novas ciências sociais era que os seres humanos, longe de serem mestres, eram súditos, porque estavam mergulhados na causa natural. Essas ideias foram adotadas pelo principal jurista da era.

Oliver Wendell Holmes, ferido muitas vezes durante a Guerra Civil, tinha 54 anos em 1895 quando, em uma oração durante o Memorial Day, pediu mais guerras: "Neste canto confortável e superseguro do mundo, precisamos delas para perceber que nossa rotina confortável não é um estado necessário e eterno de coisas, mas apenas um pequeno espaço de calma em meio ao fluxo tempestuoso e indomado do mundo e, por isso, precisamos estar prontos para o perigo." Precisamos da guerra, disse Holmes, "nessa época de negações individualistas" na qual as pessoas "negam que qualquer coisa seja digna de reverência". Seu desejo por reverência dificilmente era incongruente com sua jurisprudência, a premissa de que a sociedade, assim como o universo, é somente um campo de forças no qual a maior merece prevalecer. Mas sua oração no Memorial Day pedindo "não conforto, mas combate" não expressava sua visão de que é errado e, ainda pior, inútil tentar domar, bloquear ou desviar as forças sociais, que devem ser livres para se manifestar.[31]

Holmes gostava de usar retórica para *épater les bourgeois*, como quando disse que "uma lei deve ser chamada de boa se reflete a vontade das forças dominantes na comunidade, mesmo que nos leve para o inferno".[32] Mas uma parcela significativa da burguesia americana — a progressista, cuja aprovação gratificava Holmes — não ficava chocada com seu truculento majoritarismo. Libertar as maiorias era um objetivo progressista. "Com sua crença apriorística em coisas como a igualdade", escreveu Holmes em uma carta ao teórico político inglês Harold Laski, "você pode ter dificuldades. Eu, que acredito na força (mitigada pela polidez), não tenho problemas — e, se fosse sincero ao responder a certos *questionamentos* de uma mulher, deveria dizer: 'Porque, madame, eu sou o macho.'"[33] Holmes se deliciava ao dizer que "não temos o tipo de importância cósmica ensinada por párocos e filósofos. Duvido que as esferas estremecessem caso o formigueiro inteiro fosse queimado".[34] Às vezes, ele gostava de comparar os seres humanos não a insetos, mas a cães. Ele disse que, por trás de muitos direitos legais, não havia um direito preexistente, mas somente a "vontade combativa" de manter os direitos: "Um cão lutará por seu osso."[35] Às vezes o determinismo que ele invocava era não biológico, mas social: "O homem é como todas as outras coisas que crescem e, quando cresceu em certa fissura por, digamos, vinte anos, você não consegue corrigi-lo sem atacar sua vida."[36] Esse jurista que comparava seres humanos a formigas, cães e plantas via a sociedade como um mero campo de forças e achava que as leis eram, inevitável e adequadamente, uma acomodação dessas forças.

Em 1910, Mark Twain, que em seu último ano de vida deslizou para um niilismo similar ao de Holmes, escreveu: "Não vejo grande diferença entre um homem e um relógio, exceto que o homem está consciente e o relógio, não; o homem *tenta* planejar as coisas e o relógio, não. O relógio não dá corda em si mesmo e não regula a si mesmo — essas coisas são feitas externamente. Influências e circunstâncias externas dão corda ao *homem* e o regulam."[37] Em um espírito similar, em 1897 Holmes defendera a pena de morte porque a agência humana é uma ficção quando a "reação estrutural" do indivíduo explica suas ações: "Se o criminoso típico é um degenerado, fadado a fraudar ou matar por uma necessidade orgânica tão profundamente enraizada quanto a que faz uma cascavel picar, é inútil falar de desencorajá-lo através do clássico método do aprisionamento. Devemos nos livrar dele; ele não pode ser melhorado ou intimidado o bastante para abandonar sua reação estrutural."[38]

Em 1924, Clarence Darrow, um famoso advogado de defesa e progressista de destaque, argumentou que a pena de morte seria inapropriada para seus clientes Nathan Leopold e Richard Loeb. Esses alunos da Universidade de Chicago tinham respectivamente 19 e 18 anos quando leram Nietzsche e decidiram demonstrar desdém pela moralidade convencional ao praticar o que hoje chamamos de ato "transgressivo". Eles cometeram um assassinato aleatório, enfiando um cinzel no crânio de um garoto de 14 anos e jogando seu corpo em uma vala de drenagem. Darrow disse ao juiz que a pena de morte seria injusta porque "algo" vitimara seus clientes: "Por que eles mataram Bobby Franks? Não por dinheiro, maldade ou ódio. Eles o mataram como poderiam ter matado uma aranha ou mosca, pela experiência. Eles o mataram porque foram formados dessa maneira. Porque algo no infinito processo que transforma meninos em homens deu errado, e esses camaradas desafortunados agora estão sentados aqui, odiados, desprezados e isolados pela comunidade." O que Holmes explicou como "reação estrutural" para a qual a pena de morte era apropriada, Darrow explicou como um tipo de falha mental que ocorrera por causa da maneira como seus clientes haviam sido "formados" por um "processo infinito", o que tornava a pena de morte inapropriada. O juiz, que se opunha à pena capital, os sentenciou à prisão perpétua.[39]

Holmes e Darrow, contudo, concordavam que a condição humana, propriamente entendida à luz da ciência moderna, deixava pouco espaço para o conceito de agência humana. Mas muito espaço para a manipulação do material humano. Lembre-se do entusiasmo do jovial Walter Lippmann em lidar "deliberadamente" com a própria "vida", em toda a sua complexidade, guiado pela ciência moderna. Essa faceta do progressismo o colocou no caminho direto para a eugenia, a ciência de endireitar o pau torto da humanidade.

O progressismo, em sua semiutópica confiança inicial, afirmava que a história segue o caminho do progresso, geralmente na direção de maior liberdade, como os progressistas a entendiam. Embora a teoria do progresso inelutável fosse considerada o análogo social do darwinismo, era crucialmente diferente. O insight fundamental de Darwin fora que as espécies mudam por seleção natural, mas não conforme uma trajetória previsível ou na direção de um fim predeterminado. Elas mudam com o tempo e em resposta aos estímulos das condições locais, que também podem mudar. Os progressistas defendiam que, ao usar o poder do governo para modificar as condições sociais, fins sociais predeterminados podiam ser atingidos. Daí, foi um passo curto para o projeto de não somente reformar as condições sociais, mas também modificar diretamente o rebanho humano. No fim do século XIX e início de século XX, o progressismo político partilhou fontes intelectuais com o interesse pela eugenia e se desenvolveu paralelamente a ele.

O termo "eugenia", cuja raiz é a palavra grega para "bem-nascido", foi cunhado por um primo de Charles Darwin. O darwinismo despertara interesse pelas diferenças raciais e étnicas e pela possibilidade de evolução ou degeneração racial. Woodrow Wilson, em seu primeiro livro, *The State* [O Estado], publicado em 1889, disse que seu interesse era o governo das "raças arianas", que incluíam os colonos ingleses que, nos Estados Unidos, haviam deixado "seus hábitos e instintos raciais agirem naturalmente". Richard T. Ely foi um economista progressista que passou a maior parte da carreira na Universidade de Wisconsin, mas também ensinou na Johns Hopkins, onde Woodrow Wilson estudava. Ely e Charles Van Hise, o presidente da Universidade de Wisconsin, foram exemplos do que, no início do século XX, era chamado de ideia Wisconsin. Sob o governador Robert La Follette, um republicano progressista, a Universidade de Wisconsin se tornou uma fonte de especialistas para o primeiro "Estado administrativo" americano, no nível estadual. "Em 1908", diz Thomas C. Leonard, "todos os economistas e um sexto de todos os professores da universidade participavam de comissões governamentais em Wisconsin". Ely tinha 31 anos em 1885, quando ajudou a fundar a Associação Americana de Economia, que via como instrumento de promoção do evangelho social, a agenda do protestantismo liberal que incluía regeneração social através da ciência aplicada. "Deus", disse ele, "trabalha através do Estado". E, ao fazer o trabalho de Deus, o Estado não devia ser melindroso. Leonard, economista e historiador do emaranhado de raça, eugenia e economia na era progressista, escreve que os deveres do Estado requeriam "ignorar regularmente os direitos individuais em nome do bem comum econômico". Isso era especialmente verdadeiro em relação àqueles que Van Hise chamou de "seres humanos deficientes". Sua confiança era espantosa: "Sabemos o suficiente sobre eugenia para que, se esse conhecimento for aplicado, as classes deficientes desapareçam em uma geração."[40]

O problema dos custos sociais das pessoas mentalmente inferiores se tornou uma preocupação para os reformadores. Robert Yerkes era presidente da Associação Americana de Psicologia, que fora fundada em 1892 como parte da proliferação de associações acadêmicas profissionais. Urgido por Yerkes, o

Exército americano realizara testes de inteligência nos conscritos durante a Primeira Guerra Mundial e concluíra que 47% dos brancos e 89% dos negros eram "retardados", definidos como deficientes mentais suficientemente funcionais para parecerem normais. Isso criou um problema para as pessoas que esperavam melhorar os recursos humanos da nação. Ely elogiou os testes do Exército por permitirem que a nação fizesse um inventário de seu rebanho humano, assim como fazia com seu rebanho bovino. Em *A República*, Platão se perguntara por que o gado era selecionado para acasalar, mas os seres humanos, não. Os eugenistas fizeram a mesma pergunta. A eugenia ainda não era uma ciência totalmente desenvolvida, mas, segundo Ely, "chegamos longe o bastante para reconhecer que certos seres humanos são absolutamente inadequados e deveriam ser impedidos de dar continuidade a sua espécie". O progresso dependia disso.[41]

Após a guerra, quando o Congresso decidiu restringir a imigração, os resultados dos testes do Exército influenciaram o estabelecimento das cotas nacionais. Em 1902, o volume final do muito lido *History of the American People* [História do povo americano], de Woodrow Wilson, comparou os "grupos robustos do norte da Europa" que haviam chegado antes de 1880 aos europeus do sul e do leste, que não tinham "habilidade, energia nem nenhuma iniciativa de vivaz inteligência". Carl Brigham, um psicólogo de Princeton, disse que os dados do Exército demonstravam "a superioridade intelectual de nosso grupo nórdico sobre os grupos mediterrâneo, alpino e negro". Severas restrições à imigração, que excluíram imigrantes da "zona asiática proibida", viraram lei em 1924.[42]

Em 1907, Indiana se tornou o primeiro de trinta estados a transformar a esterilização forçada em lei. Em 1911, o governador Woodrow Wilson assinou a lei de esterilização de Nova Jersey, que se aplicava "às classes extremamente deficientes e criminosas". Em 1927, no caso *Buck v. Bell*, a Suprema Corte confirmou a lei de esterilização da Virgínia, dizendo que o poder de polícia do estado, que incluía a vacinação compulsória, era "amplo o bastante para incluir a retirada das trompas de Falópio". O juiz Holmes, cuja jurisprudência de restrição agradava aos progressistas por remover os obstáculos judiciais à força das maiorias, famosamente escreveu em seu parecer para a Corte que "três gerações de imbecis são suficientes". Em carta a Harold Laski, um ilustre socialista fabiano da Grã-Bretanha — um grupo também tentado pela eugenia —, Holmes escreveu que, ao ratificar a lei que exigia a esterilização dos imbecis, ele "estava se aproximando do primeiro princípio da reforma real".[43]

Os progressistas acreditavam que a ciência, que é uma perícia cumulativa, devia conduzir as rédeas da sociedade, determinando a "hierarquia humana" ao classificar os grupos dos mais aos menos aptos.[44] Havia, é claro, uma contradição nisso tudo. Os progressistas desdenhavam da ideia de derivar direitos naturais de uma natureza humana fixa, mas estavam confiantes de que os grupos raciais tinham naturezas fixas que eram pertinentes à formulação de várias políticas públicas. Eles solucionaram essa contradição quando, como a maioria da sociedade, abandonaram o racialismo, a crença de que a raça determina traços e capacidades humanas, frequentemente associada ao poligenismo, a falsa ciência que tentou provar que as raças humanas eram claramente distintas e que cada uma delas fora criada independentemente das outras, sendo, portanto, uma espécie diferente.

Em seu livro *The Winning of the West* [A conquista do oeste], Roosevelt escreveu que conquistar os nativos americanos provara a continuada vitalidade da linhagem anglo-saxã, que traçava sua história de valor até as batalhas nas florestas europeias: "Sua verdadeira significância será perdida a menos que compreendamos, por mais rudimentarmente que seja, a história racial passada das nações que dela participaram."[45] Na virada do século XX, as doutrinas raciais do progressismo influenciaram a política externa americana. Em um discurso no Senado em 1900, o senador por Indiana Albert Beveridge, que vinte anos mais tarde faria o discurso de abertura da convenção do Partido Progressista que indicaria Theodore Roosevelt à presidência, argumentou que a retirada americana das Filipinas significava "renunciar a nossa parte na missão de nossa raça, confiada por Deus, de civilizar o mundo". C. Vann Woodward escreveu que, entre os aspectos mais estranhos "da estranha carreira de Jim Crow", estava a inclusão, na política externa sob o presidente William McKinley, de "atitudes sulistas sobre a questão racial". Isso foi notado na época pelo *Boston Evening Transcript*, que, em 14 de janeiro de 1899, escreveu exacerbadamente que a política racial sulista se tornara "a política da administração do próprio partido que levou o país a uma guerra civil para libertar os escravos".[46] A primeira legislação americana restringindo significativamente a imigração foi aprovada para excluir os chineses. Theodore Roosevelt a apoiou, em parte porque achava que os imigrantes chineses iriam diminuir os salários americanos, mas também porque acreditava que seriam "desastrosos para a raça branca".[47]

A eugenia foi uma manifestação do repúdio progressista ao individualismo dos fundadores, que afirmava a igualdade natural dos seres humanos em sua capacidade de raciocinar e seu direito de escolher e perseguir seus interesses. Os progressistas pregavam um entendimento diferente e, em sua opinião, mais rico da liberdade, como realização do potencial individual através da imersão nas coletividades. Ou seja, a liberdade não era algo com que os indivíduos nasciam, mas algo que deviam obter ao diluir ou eliminar seu individualismo. A eugenia entrou no cenário através da crença dos progressistas de que a ciência demonstrara que raças diferentes tinham inerentes capacidades diferentes. Por isso, e por motivos culturais, diferentes raças estavam coletivamente se tornando livres — realizando seus potenciais — em graus e cronogramas diferentes. Consequentemente, "os direitos concedidos pela lei devem variar em relação ao desenvolvimento relativo do grupo em questão". E "embora aqueles considerados mais avançados possam exercer um nível mais elevado de controle sobre suas preocupações mais imediatas e de participação nas decisões públicas, os grupos atrasados não podem". Assim, não surpreende que o regime Jim Crow no sul tenha sido "não somente catalisado de modo importante pelos acadêmicos progressistas, mas também explicitamente defendido pelos progressistas do sul".[48]

## A CUNHA PROGRESSISTA

Os progressistas se separariam rápida e totalmente do racialismo e da eugenia, de modo que o progressismo não deve ser julgado por esse desvio sombrio. Mas essa caminhada pelo lado selvagem do progressismo deve ser contemplada pelo que diz sobre o perigo de separar a filosofia política e, consequentemente, as práticas políticas do conceito de natureza humana fixa que foi a âncora dos fundadores. Lembre-se do resumo da visão e da sensibilidade dos fundadores feito por Calvin Coolidge no 150º aniversário da Declaração de Independência. Foi em oposição às ideias de Coolidge que John Dewey fez, oito anos mais tarde, em dezembro de 1934, o discurso sobre "O futuro do liberalismo" para a Associação Americana de Filosofia. Dewey consignou o liberalismo ao cesto de lixo da história, afirmando que ele enfatizava "a individualidade e a liberdade". Ele prestara um "valioso serviço", mas "seu defeito fundamental era não perceber a relatividade histórica". Essa falha era "expressada na concepção do indivíduo como algo dado, completo em si mesmo, e da liberdade como posse imediata do indivíduo, necessitando somente da remoção das restrições externas a fim de se manifestar". Dewey disse que a falha fatal do liberalismo, que havia "degenerado", era seu "absolutismo", significando sua "negação da relatividade temporal". Um liberalismo mais esclarecido reconheceria que "um indivíduo não é nada fixo, pronto", mas algo "conseguido não em isolamento, mas com o auxílio e o apoio das condições culturais e físicas".[49]

Lido de certa maneira, isso é anódino e até banal. Lido de outra, é a ponta estreita de uma cunha do mais perigoso radicalismo, uma cunha grande o bastante para tirar uma lasca do legado intelectual dos fundadores e liberar aspirações totalitárias. A leitura banal diz que as pessoas são, em certa extensão, marcadas, socializadas, condicionadas — escolha seu verbo — pelas circunstâncias. Quem nega ou jamais negou isso? Certamente não Platão, cujo *A República* foi descrito com precisão como livro sobre educação e seu poderoso potencial para conter a influência de fatores sociais malignos. Jefferson certamente concordaria que "condições culturais e físicas" possuem efeitos modeladores sobre os indivíduos. Foi por isso que ele saudou as áreas rurais e deplorou as cidades. Ele achava que a robusta — porque baseada na posse da terra — autossuficiência dos fazendeiros alimentava hábitos, convenções morais, disposições e costumes necessários ao autogoverno. E achava que cidades e fábricas criavam uma dependência nociva ao espírito democrático. O grande rival de Jefferson, Alexander Hamilton, foi seu companheiro intelectual ao enfatizar os efeitos morais das condições físicas e dos meios culturais que são modelados por essas condições. Mas elogiou os efeitos das condições que Jefferson deplorava. Jefferson, um dono de escravos filho de aristocratas rurais da Virgínia, desejava a estagnação social da sociedade agrícola. Hamilton, um imigrante arrivista se dando bem na agitada Manhattan, dava boas-vindas à agitação do capitalismo como solvente das hierarquias sociais que bloqueavam a ascensão de pessoas como ele. Mas, em relação aos fundamentos filosóficos, Jefferson e Hamilton eram mais que somente compatíveis. Ambos falavam a língua que progressistas como Dewey queriam aposentar, a língua dos direitos naturais. O real objetivo de Dewey não era apenas insistir no que ninguém disputava, que o contexto social de um indivíduo tem consequências. Seu objetivo radical era afirmar a ilimitada plasticidade da personalidade sob o estímulo de condições sociais adequadamente calibradas e manipuladas. Seu projeto intelectual tinha origem europeia.

Em 1883, fazendo um discurso fúnebre em homenagem a Karl Marx no cemitério Highgate, em Londres, Friedrich Engels disse: "Charles Darwin descobriu a lei de desenvolvimento da natureza orgânica em nosso planeta. Marx é o descobridor da lei fundamental de acordo com a qual a história humana se move e se desenvolve, uma lei tão simples e autoevidente que sua simples enunciação é quase suficiente para garantir a concordância."[50] Em seu prefácio a *Das Kapital*, Marx escreveu que seu "ponto de vista, do qual a evolução da formação econômica da sociedade é vista como processo de história natural, não pode, ainda menos que qualquer outro, tornar o indivíduo responsável pelas relações cuja criatura ele permanece socialmente sendo, por mais que, subjetivamente, se eleve acima delas".[51] Marx, o radical moderno arquetípico, não era muito diferente, em sua fascinação pelas leis da história, de um grande conservador. "Todos devemos obedecer à grande lei da mudança", disse Edmund Burke.[52] Se, no entanto, devemos obedecer a essa lei, a agência humana é circunscrita, se não anulada. Muito, portanto, depende do quanto se acredita que a vida da sociedade esteja sob influência desta ou daquela "grande lei". O século XIX seria a arena de historicismos concorrentes, de Hegel, Marx e outros que postularam dialetos e outras maneiras pelas quais as leis da mudança influenciavam *suas* vontades. Burke, felizmente, parou antes de erigir uma arquitetura intelectual tão ambiciosa. Para ele, como Yuval Levin interpretou corretamente, "a natureza oferece não uma fonte de princípios e axiomas, mas um modelo vivo de mudança".[53] É um modelo que funciona como admoestação, um modelo de como a mudança pode, e não como deve, ocorrer. Assim, Burke foi um homem do século XVIII, mas decisivamente diferente dos fundadores americanos, que destilaram princípios e axiomas da natureza, incluindo a natureza humana.

Dewey e progressistas de mesma mentalidade rejeitaram completamente a constrição da política implícita nos princípios dos fundadores. "O liberalismo", disse Dewey, referindo-se ao novo e supostamente melhorado liberalismo que ele enfatizava, "sabe que as condições sociais podem restringir, distorcer e quase impedir o desenvolvimento da individualidade". Disso se segue que condições sociais melhores podem promover o desenvolvimento não distorcido de um indivíduo. Liberados do "absolutismo" dos fundadores sobre a natureza e os direitos naturais e tendo adotado o relativismo histórico e o que Dewey chamou de "experimentalismo", os progressistas poderiam seguir em frente com uma política robusta o suficiente para promover uma humanidade melhor. Os fundadores, disse Dewey, "presumiram que a história, como o tempo no esquema newtoniano, significa somente modificação das relações externas; que ela é quantitativa, não qualitativa e interna". O "liberalismo social completo" de Dewey iria supervisionar e modelar as pessoas e a sociedade inteira. Esse liberalismo estava comprometido com os processos experimentais e, consequentemente, com a "contínua reinterpretação das ideias de individualidade e liberdade em íntima conexão com as mudanças nas relações sociais".[54]

A contínua reinterpretação das categorias básicas do pensamento político significa a revisão constante das práticas políticas e da vida social. Isso não pode ser, para usar as palavras de Coolidge, repousante. Mas a política progressista é revigorante para seus praticantes precisamente porque repudia o confinamento de qualquer finalidade. O trabalho de um progressista jamais está terminado porque *tudo* é da conta do progressismo. Isso ocorre porque, em filosofia política, epistemologia é destino. "Vamos supor", escreveu Locke, "que a mente é um papel em branco, sem caracteres, sem qualquer *ideia*. Como ela pode ser guarnecida?"[55] Como, de fato? A epistemologia de Locke sugeriu um projeto político inevitável e uma perigosa tentação. O governo dificilmente pode ser indiferente aos processos pelos quais caracteres são escritos no papel em branco. Mas tampouco se pode confiar a ele a supervisão geral desses processos.

Suponha que alguém interprete de modo *muito* amplo a extensão em que as pessoas são modeladas pelas situações. Suponha que esse alguém subscreva uma forma especialmente severa de sensacionalismo lockiano — mais severa que a de Locke, que postulou uma sociabilidade que pressupõe certas qualidades humanas inatas e, consequentemente, universais. Suponha que alguém acredite que os indivíduos são quase inteiramente tábulas rasas nas quais o mundo externo pode escrever o que quiser, usando a caneta de estímulos externos que são registrados pelos sentidos e agem sobre eles. Mesmo tal pessoa não precisaria negar o caráter fixo da natureza humana nem postular a ilimitada maleabilidade humana. Ainda haveria espaço para a constância na Constituição humana e alguma universalidade no mecanismo mental através do qual as pessoas processam os estímulos do mundo. Dewey, todavia, estava trilhando um terreno intelectual bastante diferente e muito exótico. Era um terreno que Rousseau trilhara primeiro.

Ocorreu uma guinada importante no pensamento político moderno quando Rousseau argumentou que, na formação dos seres humanos, a natureza humana é suplantada pela cultura, que dá a eles uma segunda natureza, para o bem ou para o mal. Desde então, à política passou a caber a tarefa enormemente importante e profundamente perigosa de ajustar a cultura a fim de ajustar a segunda natureza dos cidadãos. Se deseja saber precisamente o que os fundadores e autores da Constituição *não* pretendiam fazer, leia Rousseau: "Aquele que ousa criar as instituições de um povo deve se sentir capaz, por assim dizer, de modificar a natureza humana; de transformar cada indivíduo [...] em parte de um todo maior do qual ele, de certa maneira, recebe sua vida e seu ser; de alterar a constituição do homem com o propósito de fortalecê-la [...] Ele deve, em uma palavra, tirar do homem seus recursos próprios e fornecer a ele novos recursos, estranhos e impossíveis de serem usados sem a ajuda de outros homens. Quanto mais completamente os recursos naturais forem aniquilados, maiores e mais duradouros serão aqueles que ele adquirir."[56] Aí está, com notável concisão, o germe dos radicalismos europeus de esquerda e direita que se tornariam os regimes totalitários do século XX. A política da consciência exsuda a confiança de que traços herdados podem ser apagados por um governo determinado e substituídos por traços mais desejáveis. O ponto crucial do radicalismo moderno é que a natureza humana não tem constância, que ela é meramente uma marca instável na atmosfera social flutuante. Essa falácia estimula os atores políticos a adotarem ambiciosas agendas de engenharia social.

Não é coincidência o fato de o modernismo na literatura e na arte ter crescido à mesma velocidade que os transportes e as comunicações. Esse bombardeio dos sentidos por novos estímulos — essa *blitzkrieg* do ambiente social — deixou muitas pessoas sentindo que seu próprio eu estava se tornando derivativo, atenuado e quebradiço. Tampouco é coincidência o fato de a política da consciência ter engolfado as faculdades americanas, nas quais o progressismo usa sua hegemonia para controlar a fala, a fim de que estímulos sociais não progressistas não impeçam a criação de uma consciência melhor. Tudo isso é, em certo sentido, uma reverberação prolongada do que motivava Dewey. Ele absorvera a proposição científica central da primeira metade do século XX, que dizia que a essência da vida é matéria em movimento. Daí qualquer ideia de fixidez, incluindo uma natureza humana fixa, ser considerada cientificamente retrógrada e, ao menos em termos potenciais, politicamente reacionária.[57] Todo o edifício progressista depende de negar a fixidez, o obstinado fato de que a natureza humana não é maleável.

A fixidez circunscreve a potência da política, roubando-a de parte de sua excitação. Em contrapartida, quanto maior é a esfera das coisas consideradas meros "constructos sociais", mais majestosa se torna a jurisdição da política e maior a dignidade ligada a seus praticantes. Assim, é compreensível que o vazamento do vocabulário e das hipóteses pós-modernistas para a sociedade tenha sido bem recebido pelos progressistas, para os quais a política, o suposto motor do progresso, é supremamente importante.

Como o progressismo tinha esperanças tão elevadas para o poder e os progressistas tinham o desejo urgente de libertar esse poder das circunscrições institucionais, seu desejo se traduziu em impaciência com a arquitetura constitucional na qual os fundadores codificaram sua prudência sobre o poder e a natureza humana. Com notável diligência, essa impaciência produziu a enorme realização que seria a precondição necessária para todas as outras realizações progressistas: a criação da presidência moderna — e do desequilíbrio constitucional que ela produziu. As causas e consequências ainda estão em desdobramento.

## THEODORE ROOSEVELT: HEGEL A CAVALO

Para os Estados Unidos, o século XX começou com um estrondo: o da bala assassina que, em 1901, colocou o agitado Theodore Roosevelt, de apenas 42 anos, em uma cadeira presidencial que fora ocupada por um homem notavelmente sedentário, William McKinley, o qual, em 1896, fizera campanha sentado em sua varanda em Canton, Ohio. Roosevelt era, como disse um contemporâneo, "um motor a vapor de calças". Esse caubói aristocrático nascido em Manhattan e educado em Harvard galopou pelas Badlands da Dakota usando esporas e um revólver de cabo de pérola da Tiffany e atacou a colina San Juan em um uniforme da Brooks Brothers. Ele foi o primeiro presidente nascido em uma grande cidade e o primeiro a se tornar íntimo — conhecido por suas iniciais — da nação. Um sorriso aberto enrugava seu rosto inteiro enquanto ele conduzia sua vida "como uma longa campanha".[58] Autor de 36 livros e 100 mil cartas, o presidente mais intelectual desde John Quincy Adams às vezes lia dois livros por dia — alguns em italiano, português, latim, grego ou uma das outras línguas que conhecia, e sabia recitar "A canção de Rolando" na íntegra. Da mesma maneira como transformou a si próprio deixando de ser a frágil criança asmática e sem fôlego que não conseguia soprar a vela ao lado da cama, ele transformou a presidência.

Quando, em *The Strenuous Life* [A vida estrênua], Theodore Roosevelt escreveu sobre homens capazes de "sentir a poderosa ascensão que excita 'homens austeros com impérios em seus cérebros'", ele estava citando um poema de 1862 de James Russell Lowell, um ano sombrio no qual a nação precisara de muitos homens austeros.[59] O tropo de Lowell foi ecoado nos presunçosos Estados Unidos do pós-Guerra Civil pelo poema de Sam Walter Foss, "The Coming American" [O americano do futuro], escrito em 1894, quando Roosevelt realmente era um homem do futuro:

*Tragam-me homens que combinem com minhas montanhas;*
*Tragam-me homens que combinem com minhas planícies, —*
*Homens com impérios em seus propósitos,*
*E novas eras em seus cérebros.*

Ele vibrou como um diapasão ao chamado de Foss por "homens cujo pensamento deve pavimentar uma rodovia até destinos mais amplos".[60] Roosevelt, que estava a quatro anos de distância do ataque à colina San Juan, em Cuba, e do pináculo da política americana, tinha premissas progressivas que justificariam um destino imperial. Com sua tendência progressista de ver na história uma ascensão a estágios mais elevados, seu pensamento ecoava uma carta escrita por Jefferson em 1824:

> Suponha que um observador filosófico começasse uma jornada a partir dos selvagens das Montanhas Rochosas, indo para leste, na direção da costa. Ele observaria esses selvagens nos estágios iniciais de associação, vivendo sem nenhuma lei que não a da natureza, subsistindo e se cobrindo com a carne e a pele das feras selvagens. Em seguida, encontraria aqueles na fronteira do estado pastoral, criando animais domésticos para compensar os fracassos nas caçadas. A eles se sucederiam nossos cidadãos semibárbaros, os pioneiros do avanço da civilização. Assim, ao avançar, ele encontraria as sombras graduais do progresso humano até chegar ao estágio mais avançado em nossas cidades portuárias. Isso seria o equivalente a um levantamento, acompanhando o progresso do homem da infância da criação até o presente.[61]

O calvário da agonia física e psicológica de Franklin Roosevelt após a poliomielite o transformou em um dos quatro presidentes que foram maiores que o governo no qual serviram. Washington estabeleceu a autoridade do governo central. Lincoln a preservou. Theodore Roosevelt alimentou a supremacia executiva. Franklin Roosevelt estabeleceu a supremacia do governo central e a suficiência de seus poderes para os propósitos nacionais. Mas havia algo faltando em Roosevelt. No entanto, o que ele não possuía o tornava grandioso. O que ele não possuía era a capacidade de imaginar que as coisas podiam dar errado. Ele tinha a fé cristã de que o universo era bem constituído e a fé americana de que a história era uma estrada ascendente. Nisso, era muito parecido com seu primo Teddy. Theodore Roosevelt comparou as pessoas com apetite pouco respeitável pelo "cosmopolitismo água com açúcar" com as mais rijas "pessoas em grande expansão", que comiam rosbife e podiam "fazer com que seus golpes fossem sentidos pelo mundo".[62] Woodrow Wilson, o professor de política, tinha uma persona que, com o tempo, faria Teddy Roosevelt ranger seus dentes reluzentes.

Em 1890, o Gabinete do Censo declarou que a fronteira americana estava fechada. Em 1893, Frederick Jackson Turner olhou para trás, em um dos mais influentes ensaios da historiografia americana, "The Significance of the Frontier in American History" [A importância da fronteira na história americana]. Mais tarde naquele ano, ele olhou para a frente. Com notável presciência, sugeriu que o crescimento da nação não precisava terminar com a fronteira: as "energias da expansão" até então investidas na domesticação do continente poderiam encontrar novos escoadouros se um "herói popular" as dirigisse para objetivos de política externa, como "um canal interoceânico" e o "renascimento de nosso poder sobre os mares". Turner imaginou a essência da agenda do homem que seria presidente oito anos depois.[63]

À pergunta "Ao lado de quem, entre todos os presidentes, você gostaria de se sentar durante um jantar?", a resposta certamente é Theodore Roosevelt. Ele tinha um talento contagiante para a felicidade, transbordava de entusiasmo e era uma vela romana de ideias. O que não tinha — e essa carência estava relacionada a sua energia ilimitada — era um temperamento constitucional. Em setembro de 1895, aos 37 anos, Roosevelt exortou uma plateia em Buffalo a "ler *O Federalista;* acho que é correto dizer que se trata, no todo, do maior livro sobre política aplicada já escrito".[64] Seis anos depois, como presidente, começou uma era de exuberância executiva que expressava sua exasperação cada vez maior com a arquitetura constitucional que os ensaios de *O Federalista* haviam sido escritos para justificar. E, quando fez campanha em 1912 para o retorno à presidência, ele se mostrou totalmente contrário à filosofia política que produzira essa arquitetura. Houve três razões para isso.

Primeira, um antigo axioma diz que sua posição frequentemente depende de onde você se senta. Quando Roosevelt se sentou à mesa presidencial, ele naturalmente pensou, assim como presidentes menos egocêntricos também pensaram, que o presidente deveria ser o centro do sistema solar constitucional. Roosevelt adotou a visão que Madison expusera no Artigo Federalista nº 51: "O interesse do homem deve estar conectado aos direitos constitucionais do cargo."[65] O interesse de Roosevelt era maximizar os poderes presidenciais. Segunda, em política, ainda mais que na vida em geral, o temperamento é revelador. Henry Adams chamou Roosevelt de "pura ação". Ele teria enchido qualquer cargo que ocupasse com transbordante energia. A terceira e mais interessante razão para a impaciência presidencial e pós-presidencial de Roosevelt com o trabalho dos fundadores é uma ideia, ou uma constelação de ideias intimamente relacionadas, sobre as mecânicas básicas do desenvolvimento social. Como escreve Jean M. Yarbrough, "Roosevelt estava muito mais interessado no crescimento e na expansão dos Estados Unidos que em sua 'fundação'". Para os autores de *O Federalista*, a natureza fornecia o que Yarbrough chama de "base moral contra a qual a ação política deve ser julgada".[66] Para Roosevelt, essa base era fornecida pela história.

Das línguas que Roosevelt dominava, a mais importante era o alemão, a matéria na qual ele recebera as melhores notas durante a faculdade em Harvard. Seu interesse pelas coisas alemãs acompanhava uma forte tendência da *intelligentsia* americana nos últimos 25 anos do século XIX. Era a filosofia alemã, particularmente a filosofia da história, que capturava a imaginação de muitos intelectuais americanos. Essa filosofia implicava um entendimento do progresso que, nas palavras de Yarbrough, "contradizia os princípios políticos que a exposição estava, ao menos nominalmente, celebrando". Os anos intelectualmente formativos de Roosevelt coincidiram com o que Yarbrough chama de "momento hegeliano na política americana". Antes da Guerra Civil, a Europa fora um farol para sulistas buscando armas intelectuais contra a filosofia de direitos naturais que opunha o credo americano à instituição distintiva de sua região. Após a guerra, os intelectuais do norte olharam para a Alemanha em busca de inspiração. Yarbrough diz que Hegel, que ensinava "o desdobramento progressista da liberdade na história" e apresentava o Estado como "personificação da vida ética de uma nação", apelou poderosamente a uma geração de acadêmicos buscando encontrar sentido no trauma da Guerra Civil sofrido por sua nação.[67] Muitos deles encontraram duas outras coisas em Hegel. Uma delas foi a idealização do Estado burocrático administrado por especialistas supostamente desinteressados. A segunda foi que esse ideal justificava a conclusão de que a separação dos poderes era um anacronismo, já não necessário ou mesmo tolerável.

A recente criação de uma grande nação alemã a partir de um amontoado de principados rivais tornara a unidade no regime um valor supremo. A doutrina da separação de poderes, escreveu Hegel, implica que o governo não pode ser uma "unidade viva".[68] Quando uma nação progrediu a ponto de se tornar tal unidade viva, ela pode ser administrada por um Estado desinteressado. Então a doutrina de separação de poderes se torna inútil. A premissa dessa doutrina é que as instituições naturalmente possuem seus próprios interesses, apetites e eleitorados institucionais, que surgem do e refletem o pluralismo de facções, interesses e ideologias em uma sociedade. Mas, como o progresso — a ascensão a um consenso ainda mais rico e amplo — causa homogeneização social, a separação de poderes só serve para prejudicar a eficiência do Estado moderno. Aplicada aos Estados Unidos, essa teoria justifica uma presidência muito ampliada, à qual Theodore Roosevelt se sentia adequado.

Paradoxalmente, o fato de a Constituição conceder poucos poderes explícitos à presidência — vetar leis, fazer nomeações (incluindo aquelas contingentes à aprovação do Senado), assinar tratados com aprovação do Senado e comandar as Forças Armadas criadas pelo Congresso — ajudou a tornar esse cargo especialmente poderoso. O silêncio da Constituição sobre os outros poderes presidenciais encorajou a crença rooseveltiana de que aquilo que não é proibido ao presidente, ele pode fazer com a consciência constitucional tranquila. Mais ou menos no meio do artigo II, pouco mais de mil palavras falam da seleção, da compensação e dos modos de remover presidentes. A própria parcimônia da linguagem do artigo II sobre o poder presidencial facilitou o crescimento desse poder. A natureza política abomina o vácuo e, ao vácuo do artigo II, chegou uma força elementar chamada Roosevelt, com sua teoria da presidência como "intendência". Escrevendo onze anos após sua ameaça, feita em 1902, de tomar o controle das minas de carvão da Pensilvânia durante uma greve dos mineiros, Roosevelt escreveu que "uma democracia do desejo de servir às pessoas comuns" explicava e justificava sua "teoria de que o poder executivo só é limitado por restrições e proibições específicas incluídas na Constituição ou impostas pelo Congresso, de acordo com seus poderes constitucionais".[69] Sua "democracia do desejo" exigia e merecia amplo escopo:

> Minha visão era que todo oficial executivo e, acima de tudo, todo oficial executivo em alta posição era um intendente do povo, obrigado ativa e afirmativamente a fazer tudo que pudesse pelo povo, e não se contentar com o mérito negativo de manter seus talentos intactos enrolados em um guardanapo. Declinei a adoção da visão de que aquilo que era imperativamente necessário para a nação não podia ser feito pelo presidente, a menos que ele pudesse encontrar alguma autorização específica. Minha crença era de que não é somente seu direito, mas também seu dever fazer tudo que as necessidades da nação exijam, a menos que tal ação seja proibida pela Constituição ou pelas leis [...]. Eu não usurpei o poder, mas ampliei muito o uso do poder executivo.[70]

Em seu discurso de 1910 revelando o "novo nacionalismo", o ex- (e, como esperava, futuro) presidente Roosevelt mirou nos "interesses especiais" que "transformam os métodos de livre governo em maquinaria para derrotar a vontade popular". A solução que ele propunha era "uma política de interferência governamental muito mais ativa que a que tivemos até agora". As grandes combinações de riqueza haviam chegado para ficar, mas podiam ser domadas através do "completo controle no interesse do bem-estar público". Isso era razoável para os que acreditavam, como ele, que "o perigo para a democracia americana não está na concentração do poder administrativo em mãos responsáveis e responsabilizáveis, mas no poder insuficientemente concentrado, de modo que o povo não pode responsabilizar ninguém por seu uso".[71]

Mais de um século depois, tendo tido abundante experiência com o Estado administrativo, os americanos deveriam se mostrar céticos em relação à ideia de que concentrar ainda mais poder no Estado é uma receita para a responsabilidade e a prestação de contas. Mas Roosevelt iniciou a longa marcha americana que nos trouxe ao presente. Os Estados Unidos agora têm o que o professor de direito de Yale Alexander Bickel chamou de "presidência gaullista [...] sem precisar de desculpas para agregar poder a si mesma para além de dizer que pode fazer com mais eficiência o que outras instituições, particularmente o Congresso, não fizeram rapidamente ou muito bem e que, sob circunstâncias políticas particulares, jamais fariam".[72]

Theodore Roosevelt, que, segundo um crítico, mantinha "um púlpito escondido atrás de si",[73] era um individualista que considerava o individualismo dos outros um impedimento à unidade social que ele achava ser pré-requisito para a grandeza nacional.[74] Roosevelt via a virtude emergindo do conflito, especialmente do conflito violento entre nações, com a natureza humana evoluindo pelo aprimoramento através desse conflito. A sombria visão de progresso potencialmente ilimitado através do conflito infinito fez com que ele defendesse a concentração de poder no governo federal como instrumento eficiente de sua visão. Sua agenda era radicalmente mais ambiciosa que o projeto dos fundadores, de um governo limitado mantendo a ordem, protegendo a propriedade e ficando fora do caminho dos esforços individuais. Theodore Roosevelt deu boas-vindas a "uma era de combinação", significando o entrelaçamento das entidades econômicas.[75] Ele achava que o grande era bonito e, além disso, a combinação era inevitável. Assim, o governo, especialmente a presidência, deveria estar à altura da tarefa de submeter o individualismo americano aos propósitos coletivos. Ele queria que o Estado resgatasse o país do risco de que uma República comercial gerasse enfraquecimento. O governo como tutor moral devia elevar os individualistas caóticos das preocupações privadas e colocar um arreio nessas pessoas elevadas, em nome da redentora ação coletiva. A mais pura dessas ações, na opinião de Theodore Roosevelt, era a guerra.

Um professor de Theodore Roosevelt em Harvard, William James, falara do "equivalente moral da guerra". A ideia de Roosevelt era não aceitar substitutos. Ele queria que o corpo político realmente fosse um corpo, com a presidência como cabeça. Ele ignorou a sociedade civil, as instituições que intermedeiam as relações entre os indivíduos e o Estado, protegendo-os da dependência e da coerção. Ele tinha a noção rousseauniana de que o indivíduo só podia chegar à real liberdade através da imersão no coletivo. Acima de tudo, foi um grande precursor, um homem cuja carreira foi pré-requisito para a carreira do homem que passou a detestar, Woodrow Wilson.

## WOODROW WILSON: O PROFESSOR NA POLÍTICA

Havia algo na atmosfera social do início do século XX que fazia com que algumas pessoas, inteligentes o bastante para terem mais juízo, tivessem pensamentos extravagantes. "Por volta de dezembro de 1910", escreveu Virginia Woolf em um ensaio de 1924, "o caráter humano mudou". (Ela se referia à exposição de arte pós-impressionista. Sério.)[76] Em 1912, Woodrow Wilson, fazendo campanha para a presidência, mostrou-se similarmente excitado: "Estamos na presença de uma nova organização da sociedade." E acrescentou: "Uma nova era social, uma nova era de relacionamentos humanos, um novo cenário para o drama da vida." Assim, estava na hora de deixar de lado as coisas infantis, como as formulações políticas dos fundadores, dos "dias de antanho, quando a vida era muito simples". Como presidente de Princeton, Wilson tentara "tornar os jovens cavalheiros da nova geração tão diferentes de seus pais quanto possível". Não surpreende que os pais, que, segundo Wilson, "não sentiam simpatia pelas forças criativas, formativas e progressistas da sociedade", não sentissem absolutamente nenhuma simpatia por Wilson e estivessem felizes por tê-lo fora de Princeton.[77] Mesmo assim, ele corretamente concluiu que o advento das comunicações e dos transportes mecanizados mudaria a natureza da nação. Antes de tais modos de transporte, ninguém se movia mais rapidamente do que se movera Júlio César. Antes do telégrafo, ninguém se comunicava a uma distância maior do que a voz humana podia alcançar ou sem transportar fisicamente algo tangível de um ponto a outro. Os novos modos de transporte e comunicação — e energia e manufatura — levaram a muitas mudanças na nação. A pergunta pertinente, no entanto, era a seguinte: como essas mudanças alteravam a relevância e o significado do que os fundadores haviam criado?

Wilson partiu da ingênua premissa de que não há "fundação histórica" para a suposição de que o governo surge de um acordo social entre indivíduos consencientes.[78] Ressoando um tema burkeano, disse que, longe de ser "uma questão de contrato e arranjo deliberado", o governo "é um instituto do hábito, gerado por inumeráveis laços de associação, quase nenhum deles deliberadamente criado". Consequentemente, como escreve Michael Zuckert, os progressistas acreditavam que "indivíduos e individualismo são o resultado, e não a causa, do governo".[79] Eles diziam que a história e a antropologia apoiavam sua alegação de que indivíduos e individualismo não são fatos naturais e pré-políticos, mas conquistas sociais e políticas. Mas isso não altera a validade do esquema de contrato social para compreender as relações adequadas entre o cidadão e o Estado. Se o indivíduo e o individualismo surgem não no início da vida social e política, mas como conquistas posteriores, então talvez mereçam especial admiração e deferência. Mas Wilson não pensava assim.

Ele teve a mais breve carreira pública de qualquer presidente antes de 2016. Sua vida na academia não o preparou para a natureza transacional da política, com suas barganhas e divisão das perdas. Em 1912, ele comparou construir sua Nova Liberdade a erigir um "grande edifício" no qual "homens podem viver como uma comunidade una e cooperativa, como em uma colmeia aperfeiçoada e coordenada".[80] Seres humanos como abelhas? Deus queria isso, porque, como disse Wilson a um assistente em 1912, "Deus ordenou que eu fosse o próximo presidente dos Estados Unidos".[81] Deus ou a história. Essa distinção não fazia muita diferença quando o senso presbiteriano de providência estava misturado à crença progressista na história teleológica.

Wilson achava que um governo nacional competente para os desafios da era moderna não podia existir sem "submeter a Constituição a usos estranhos e inimagináveis". Ele escolheu uma palavra interessante: submeter algo é usar de alguma violência. "Se eu pude fazer isso como político prático", disse Wilson, "deveria estar disposto a ir ainda mais longe e supervisionar o uso que cada homem faz de sua chance."[82] No entanto, durante a campanha de 1912, disse: "Nenhum homem que conheço e no qual confio, nenhum homem com o qual eu concordaria em me associar, está tentando mudar qualquer coisa fundamental nos Estados Unidos."[83] Viajando pelos Estados Unidos jacksonianos, Alexis de Tocqueville dissera que "o que mais impressiona o europeu que viaja pelos Estados Unidos é a ausência do que é chamado entre nós de governo ou administração".[84] Ele se maravilhou com o fato de "constantemente, a mão que dirige a maquinaria não ser notada".[85] Wilson decidiu tornar essa mão muito mais visível.

Para os conservadores, Wilson e os pensadores e praticantes políticos que hoje são os herdeiros de seu pensamento e suas políticas são adversários formidáveis cujos argumentos são sérios e estão relacionados aos temas mais amplos do pensamento político ocidental. Wilson não foi o presidente mais intelectualmente dotado da nação; em originalidade e sutileza, ele fica atrás de Jefferson, Lincoln, John Quincy Adams, Theodore Roosevelt e, especialmente, Madison. Mesmo assim, foi um intelectual: ele estava avidamente interessado em ideias e ganhou a vida estudando-as na academia. Era um sintetizador enérgico e talentoso das ideias expostas por pensadores mais originais. Quase esteve presente durante a criação da ciência política como disciplina acadêmica — o professor Wilson, da Universidade Johns Hopkins, foi o primeiro presidente da Associação Americana de Ciência Política — e contribuiu muito para a criação do estudo da administração pública. Ele chegou à maioridade como pensador em uma era de turbulência intelectual envolvendo a intersecção de filosofia política e ciência. Foi o primeiro presidente a criticar a fundação americana, o que fez com completo rigor. Poucas pessoas hoje em dia reconhecem o radicalismo do repúdio wilsoniano e progressista ao projeto dos fundadores. Para os progressistas, então e agora, afastar-se da visão estreita, pré-moderna e não científica dos fundadores em relação às possibilidades políticas é central para a própria definição de progresso.

É comum, e não está errado, enfatizar uma divisão entre os fundadores, uma rivalidade entre Alexander Hamilton e Thomas Jefferson que produziu a semente do sistema partidário americano, com os federalistas de Hamilton competindo contra os republicanos de Jefferson. Essas duas facções de fato discordavam de maneira importante sobre o regime da nação, o papel adequado do governo central, a melhor "energia no Executivo" (uma frase de Hamilton) e muito mais.[86] Mas essas discordâncias eram menos profundas que a discordância de Wilson com ambos, que, em sua opinião, partilhavam o defeito de afirmar a universalidade de seus princípios mais básicos (e mais intensamente partilhados). Ambos subscreviam os princípios que Jefferson afirmou no segundo parágrafo da Declaração de Independência: há verdades políticas universais, algumas evidentes; uma delas é que todos os homens são criados iguais, no sentido de que são igualmente dotados de certos direitos inalienáveis; os governos justos são instituídos para garantir esses direitos e derivam seus poderes do consentimento dos governados e, quando um governo começa a destruir esses direitos, o povo tem o direito residual de alterá-lo ou aboli-lo. E assim por diante. Wilson discordava menos de provisões específicas do credo americano que daquilo que considerava a natureza estática, "transistórica" (um termo de Ronald J. Pestritto) desse credo — a crença de que essas verdades "abstratas", como Lincoln as chamou, eram "aplicáveis a todos os homens em todas as épocas".[87]

A convicção dos fundadores era característica do Iluminismo e foi crucial para sua confiança ao iniciar a revolução. Eles achavam que o propósito da política era lidar com os problemas inerentes à natureza humana imutável. Um problema perene da política é como lidar com a desunião e o conflito causados pelas facções. "As causas latentes das facções", disse Madison no Artigo Federalista nº 10, foram "semeadas na natureza do homem".[88] Falando estritamente, essa premissa é antiprogressista, por duas razões. A primeira é que estipula limites às condições para além das quais a humanidade pode progredir. A segunda é que um regime justo e durável deve respeitar os direitos das facções, ao mesmo tempo que limita o custo que elas impõem à harmonia social e ao bem-estar público.

O pior custo das facções ocorre quando elas capturam o Estado para conseguir renda econômica, ou seja, com o propósito de dirigir o poder do Estado para seu próprio benefício e para a exploração e mesmo opressão de outros. Mas, como esse problema foi "semeado" na natureza humana, que é permanente, ele também é permanente. Daí não haver fim — nenhum fim *concebível* — para a necessidade de limitar o governo ao circunscrever aqueles de seus poderes que podem ser capturados pelas facções. Isso é verdade até mesmo — na verdade, especialmente — quando o poder do Estado é empregado em resposta a uma facção majoritária.

Wilson reconheceu que a maneira como os fundadores entendiam a natureza humana — uma maneira que ele considerava falha, por não ser histórica — impedia uma visão mais aberta e irrestrita do governo com uma vasta jurisdição e usos grandiosos. Daí a necessidade de diluir — refutar, na verdade — a suposição básica dos fundadores em relação à natureza humana imutável. Se a própria natureza humana fosse colocada em uso — se pudesse se tornar maleável ao toque do governo —, as apostas da política poderiam aumentar exponencialmente. Foi por isso que, em 1911, um ano antes de ser eleito presidente, quando suas convicções tinham mais que mero interesse acadêmico, possuindo intensa praticidade, ele disse que "a introdução retórica da Declaração de Independência" — aquele segundo parágrafo — "é sua parte menos importante". Para enfatizar esse ponto, acrescentou: "Se você realmente quer entender a Declaração de Independência, não leia o prefácio." Ou o leia como artefato interessante, como fragmento arcaico de um passado transcendido: "Todo 4 de julho deveria ser uma ocasião para examinarmos nossos padrões e propósitos e determinarmos novamente que princípios e formas de poder achamos mais capazes de garantir nossa segurança e felicidade. Essa, e somente essa, é a obrigação que a declaração nos impõe."[89] Somente essa.

Wilson achava ser razão de regozijo o fato de "muitos homens graves, meticulosos, perspicazes e confiáveis zombarem dos 'sentimentos de 4 de julho'". As pessoas retrógradas que se atinham àqueles sentimentos eram do tipo "cujo peito inchou contra Jorge III, mas que não tem consciência da guerra pela liberdade que ocorre atualmente".[90] Tratava-se de uma guerra para emancipar a nação de sua fascinação pelo fetiche dos fundadores (como Wilson o via) pelos direitos individuais e suas anacrônicas preocupações com as maiorias. Assim, uma vez por ano, os americanos deveriam pensar "novamente", sem referência e muito menos reverência pelo patrimônio filosófico dos fundadores, nos princípios que iriam adotar e pelos quais iriam viver, ao menos até o 4 de julho seguinte. As verdades que pareciam autoevidentes no século XVIII haviam sido deixadas para trás. A tradição de direitos naturais precisava ser removida da história americana. Para fazer isso, Wilson teve de reinterpretar radicalmente o maior pensador político desde a fundação: Lincoln.

Com uma audácia que ignora as conhecidas palavras e realizações de Abraham Lincoln, Wilson o celebrou como estadista cuja grandeza estava relacionada à sua indiferença por abstrações como a teoria dos direitos naturais: "Para mim, o que enaltece a inteligência do sr. Lincoln é o fato de que ele não tinha nenhuma teoria [...]. Lincoln foi um daqueles estudantes encantadores que não buscam enredar o ouvinte na rede de nenhuma teoria."[91] O descaramento de Wilson é de tirar o fôlego. Ele estava removendo da carreira de Lincoln aquilo que a torna compreensível e nobre. A grandiosidade de Lincoln é comparável à dos fundadores, porque seu principal propósito era reconectar a nação a eles, particularmente à sua vigorosa afirmação dos direitos naturais. Na década de 1850, a escravidão se tornara uma crise existencial para a nação, porque se tornara uma tentação à apostasia em relação à tradição que definira uma nação dedicada à grande proposição da declaração. Lembre-se de Lincoln no Independence Hall da Filadélfia em 22 de fevereiro de 1861: "Nunca tive um sentimento político que não tivesse surgido de sentimentos personificados na Declaração de Independência."[92] Alguém defendendo o excêntrico entendimento de Wilson talvez pudesse tentar usar a adoção da palavra "sentimentos" para alegar que Lincoln não possuía "teorias". Mas certamente muitas de suas outras palavras fecham a porta a tal argumento.

Há as palavras que ele proferiu em novembro de 1863, durante a consagração de um cemitério militar 177 quilômetros a oeste do Independence Hall. Mas, quatro anos antes disso, em uma carta de 1859 recusando o convite para discursar durante a celebração do aniversário de Jefferson em Boston, Lincoln dissera: "Todas as honras a Jefferson, ao homem que, na pressão concreta de um conflito pela independência nacional conduzido por uma única pessoa, teve a frieza, a presciência e a capacidade de introduzir, em um documento meramente revolucionário, uma verdade abstrata aplicável a todos os homens e a todas as eras e lá preservá-la, de modo que, hoje e em todos os dias futuros, ela é uma repreensão e um obstáculo aos precursores do retorno da tirania e da opressão."[93]

Essas são as palavras de um estadista "que não possuía teorias"? Wilson, que certamente estava familiarizado com a conhecida carta, foi repreendido por ela. Ou teria sido, se não fosse sua implacável determinação de recriar as premissas políticas americanas. Ele não permitiria que fatos interferissem nessa empreitada. Lincoln foi um enorme obstáculo para Wilson, grande demais para ser superado simplesmente ignorando suas declarações.

Wilson tinha razão quando disse que a grandeza de Lincoln como estadista estava inextricavelmente ligada à virtude da prudência. Mas Pestritto afirma, com razão, que a prudência, como os antigos filósofos a entendiam, envolve aderência a uma ideia universal do bem, aplicada, por mais incompleta e imperfeitamente que seja, a uma situação histórica particular. Wilson quase fez com que a antiga ideia de prudência — a fidelidade aos princípios que transcende o momento, no coercitivo contexto do momento — desaparecesse. E fez isso ao argumentar que a situação histórica fornece seus próprios princípios. Como diz Pestritto, "os principais dogmas do pensamento de Wilson" exigiam a "afirmação da contingência histórica acima dos princípios permanentes do constitucionalismo americano" e "o casamento da contingência histórica com a fé no progresso".[94] Essa fé era, no fim das contas, fé na história. O mais portentoso desenvolvimento da filosofia política no século XIX — o século após a fundação e o século dos anos intelectualmente formativos de Wilson — foi que a história se tornou História, um nome próprio. Nas mãos de Karl Marx, isso se tornou uma fé combativa cujas consequências sacudiram o mundo. Mas era para com um dos precursores de Marx, Hegel, que Wilson tinha uma dívida intelectual, por razões similares às de Theodore Roosevelt.

Wilson entendeu que a tarefa de refutar a política de governo limitado dos fundadores requeria que ele postulasse uma harmonia social que anularia os perigos da política. Se o problema político básico eram as facções e elas surgiam de uma faceta permanente da natureza humana, a solução era postular um processo histórico que removeria as asperezas da natureza humana ou refutaria a ideia de natureza humana. Wilson, modificando Immanuel Kant, acreditava que do pau torto da humanidade algo suficientemente direito poderia ser criado, de modo que podíamos deixar de lado os medos que haviam levado os fundadores a favorecerem o governo com poderes e objetivos limitados.

Um século depois de Wilson entrar na política, a "diversidade" é ostensivamente um valor progressista. Para ele e para o projeto progressista, no entanto, a diversidade de interesses em uma sociedade era um problema; em certo sentido, *o* problema a ser superado. Felizmente, ou assim pensavam os progressistas, a história — também conhecida como História ou progresso — cuidaria dele. Mas antes precisava refutar Madison, cujo erro, na opinião de Wilson, estava em assumir que o problema das facções era perene porque a natureza humana era uma constante imutável. Wilson acreditava que a história produziria unidade na mente pública. O progresso retiraria o público rebelde das particularidades rivais e o levaria a uma harmonia que Madison, que esposava um entendimento estático da natureza humana, jamais poderia ter imaginado. Quando a humanidade pisasse no ensolarado planalto wilsoniano (nas palavras de Pestritto), em uma "unidade de sentimento nacional", ela teria deixado a política para trás e iniciado a era da administração, serenamente antecipada por Wilson.[95]

Aqui ele estava ressuscitando o antigo sonho de Friedrich Engels, que, ecoando Saint-Simon e os racionalistas do Iluminismo, previra que o "governo das pessoas" seria suplantado pela "administração das coisas".[96] Na era da unidade — na verdade, no futuro de perpétua unidade — prevista por Wilson, o indivíduo já não precisaria temer o Estado. Esse medo antigo, do qual o liberalismo moderno surgiu, seria transcendido. Quando a vontade das pessoas fosse unificada, já não haveria necessidade de limitar um governo responsivo a ela. Em vez disso, o problema moderno seria o oposto do que preocupara os fundadores. Eles haviam tentado limitar o governo através de uma arquitetura institucional de poderes separados e rivais, a fim de mantê-lo em uma rédea constitucional curta. O problema moderno, pensava Wilson, seria soltar a rédea do governo para que ele pudesse ser um servo adequadamente eficiente da vontade de um povo harmonioso. É revelador que Wilson esperasse "manuseabilidade" do governo.[97] Quem o manejaria? Os especialistas, como veremos.

A falha fatal de Madison e dos fundadores em geral fora a perspectiva a-histórica, que lhes dera a inapropriada confiança em sua habilidade de enunciar princípios atemporais e universais. Wilson pensava, com considerável justificativa, que podia realizar uma revolução no pensamento político americano ao convencer o país a deixar de lado as coisas infantis ensinadas pelos fundadores e adotar a ideia de que todas as proposições políticas são fruto de um contexto histórico, e sua verdade não é mais permanente ou universal que esse contexto perecível. Mas aquele momento moderno autoconsciente seria ele mesmo perecível?

Wilson foi um expoente precoce do "fim da história".[98] No extraordinário ano de 1989, no segundo centenário do início da Revolução Francesa, o Muro de Berlim caiu e a Guerra Fria chegou ao fim, assim como, pensaram alguns, a história. Eles não acreditavam, claro, que dali em diante jamais haveria grandes eventos. Mas achavam que esses eventos não se transformariam em grandes diferenças sobre grandes ideias. A humanidade realmente chegara ao fim da ideologia. A última das fés combativas, o socialismo, estava exaurida. As sociedades de mercado seriam a última "onda do futuro", porque o futuro chegara, na forma de consenso sobre os parâmetros mais amplos para organizar sociedades de maneira sensata. Wilson chegara a uma conclusão similar quase um século antes. Ele pensara: se a história transformara os Estados Unidos em um todo harmonioso e, consequentemente, o povo e o Estado estavam unidos em entendimentos e propósitos comuns, o que poderia separá-los? A história? Certamente não. Isso seria um recuo, uma possibilidade incompreensível. O progresso *significava* a ascensão até a unidade. O desdobramento da história *era* progresso.

Em 1883, Wilson começou sua pós-graduação na Universidade Johns Hopkins, onde, como escreve Pestritto, teve professores "educados na Alemanha e na tradição alemã da teoria de Estado e da filosofia da história". Esses professores estavam saturados do modo hegeliano de pensar, cuja essência era o repúdio a qualquer tentativa de "construir um Estado como deve ser". A compreensão — ou talvez interpretação, uma palavra que encontraremos novamente nos pensamentos de Wilson sobre a liderança presidencial — era, se não tudo, ao menos suficiente: "Compreender o que é, essa é a tarefa da filosofia, porque o que é, é razão. O que quer que aconteça, todo indivíduo é filho de seu tempo; de modo que também a filosofia é seu próprio tempo apreendido em pensamentos. É tão absurdo achar que a filosofia pode transcender o mundo que lhe é contemporâneo quanto achar que qualquer indivíduo pode superar sua própria era."[99]

Para um historicista como Hegel, a ideia de indivíduos determinados mudando o mundo de maneira premeditada é errônea e mesmo ridícula. Daí o entendimento elementar dos Estados Unidos como nação conscientemente criada no momento da fundação ser não somente errado, mas intelectualmente infantil. O mundo muda, mas a história dá conta disso. As pessoas podem pensar que estão impulsionando o processo, mas Hegel achava errado enfatizar a ideia — a ficção — de agência humana. O mundo em que as pessoas vivem fornece a guarnição de suas mentes e lhes dá as categorias através das quais pensam. Os raros "indivíduos mundialmente históricos" talvez possam acelerar o progresso da história, mas fazem isso somente porque personificam, de forma especialmente vívida e concentrada, o espírito de sua era.[100]

Wilson basicamente concordava e provavelmente pensava em si mesmo como um desses indivíduos aceleradores da história. "Em todos os estágios dos grandes processos mundiais da política", disse ele, "a escolha humana participou do modelamento das instituições", mas esses grandes "processos" são tão poderosos e autônomos que a escolha humana "foi confinada à adaptação". Ela está "totalmente isolada da pura invenção".[101] Wilson acreditava que os indivíduos podem escolher se adaptar àquilo que o desdobramento da história produz ou a história pode consigná-los ao esquecimento. Como outro historicista, Leon Trotsky, disse quando denunciou os mencheviques que participaram do Segundo Congresso dos Sovietes em 25 de outubro de 1917, "vão para o lugar ao qual pertencem de agora em diante: a lixeira da história".[102]

Não há nada novo em americanos reconhecendo o poder dos eventos para circunscrever a eficácia das escolhas humanas. "As coisas estão na sela, cavalgando a humanidade", escreveu Emerson em 1846, durante o tumulto que cercou a guerra contra o México.[103] Durante uma guerra posterior e mais ampla, Abraham Lincoln disse: "Não alego ter controlado os eventos e confesso claramente que os eventos me controlaram."[104] Outro presidente, William McKinley, escreveu que "a marcha dos eventos controla a ação humana e prevalece sobre ela".[105] Mas a história americana está repleta de pessoas colocando selas — e rédeas e bridões — nos eventos. E, quando Wilson teve de lidar com o inegável exemplo de um indivíduo que certamente parecia ter arrancado a história de seu caminho predeterminado e a colocado em um novo caminho, seu historicismo se tornou obscuro, o que significa dizer teológico. George Washington, escreveu Wilson, "não foi nem acidente, nem milagre". Em sua frase seguinte, porém, ele transforma Washington em algo muito parecido com um milagre: "Não é preciso supor nem acaso nem providência especial para responder por ele. Foi Deus, de fato, quem nos deu esse homem, mas Deus o preparava desde que começou a história constitucional inglesa."[106] Para um historicista, o modo de agir de Deus só parece estranho para o olho destreinado. Um grande evento, como o surgimento de um George Washington no palco da história, pode parecer aleatório e, portanto, assombroso. Mas, quando temos um historicista como Wilson para agir como nosso docente no museu da história, aprendemos que maturação é tudo: Washington surgiu porque a história o convocou como homem adequado ao momento. A teologia foi trazida para resgatar o historicismo de Wilson do desconfortável fato de um indivíduo que parecia estar fazendo história.

Wilson misturou a teologia a um tipo de racialismo que, na época, era comum entre os intelectuais. O fato de que os Estados Unidos haviam chegado tão longe e feito tanto com um governo descentralizado e não controlado e sem lançar mão de uma poderosa liderança executiva era prova da afetuosa atenção da Providência: "Acreditamos inquestionavelmente em um guardião de nosso destino! Nenhuma outra raça poderia ter feito tanto com tal sistema." Ou seja, com um sistema defeituoso, que era retrógrado em sua confiança no governo limitado. Felizmente, "a batalha da vida progride e o exército de santos ganha terreno sob o generalato divino".[107] Tal retórica embota, a ponto de apagar, a distinção entre história e Deus. A tendência de Wilson de associar Deus a suas esperanças e políticas o infundiria, como presidente, de uma presunção que destruiria seu maior sonho, a filiação americana à Liga das Nações.

Wilson achava que as sociedades podiam se livrar das normas e instituições sociais obsoletas e que as sociedades avançadas de seu tempo haviam feito isso, escapando dos "costumes inexoráveis". Ocorre que ele não achava que esses costumes fossem inexoráveis.[108] Mas nenhum indivíduo podia se posicionar fora de sua era e criticar o Estado, porque o Estado *é*, e o que *é* personifica a razão. Consequentemente, é estranho, e mesmo incompreensível, querer fazer o que fizeram os fundadores americanos: impor limites ao Estado. A ênfase dos fundadores na separação dos poderes do governo expressava uma despropositada suspeita em relação ao Estado. A lógica do progressismo de Wilson era a de que o espírito da época estava na sela, cavalgando a humanidade. O historicismo, com seu forte sabor de determinismo e inevitabilidade, borra a ponto de aniquilar a distinção entre público e privado. E faz isso porque mergulha o indivíduo totalmente na "era", em um contexto social que nenhum indivíduo pode "superar".

Em 1891, quando Wilson era professor em Princeton, ele fez uma lista dos livros que considerava essenciais para os estudantes de política. A lista incluía obras de Edmund Burke, Walter Bagehot, James Bryce e dois do próprio Wilson, *Congressional Government* [Governo congressional] e *The State*. Ele disse que, ao escrever o último, "destruíra um dicionário de alemão".[109] A lista não incluía nenhuma obra da era da fundação, como *O Federalista*. Burke era hostil à teoria de direitos naturais que impulsionou a Revolução Americana, com a qual simpatizava. Mas sua simpatia era insignificante quando comparada à antipatia pela Revolução Francesa. Ele achava que a teoria de direitos naturais gerara a teoria do contrato social como origem do governo, a qual, por sua vez, dera origem, como acreditavam os fundadores americanos, à ideia de direito à revolução. Isso era uma afronta a seu conservadorismo evolutivo, que enfatizava que as instituições políticas eram parecidas com entidades orgânicas crescendo em resposta aos estímulos de seus ambientes sociais particulares. O que parece ter ofendido Wilson particularmente na teoria do contrato social como origem do governo foi seu pressuposto: a condição da vida natural, significando original, é a autonomia individual. Iniciar uma teoria política com ênfase nessa autonomia e em seu exercício ao conjurar o Estado dera origem ao que Wilson considerava uma crença fundamentalmente errônea na eficácia da escolha humana.

O progressismo evolutivo de Wilson afirmava que a evolução da sociedade envolvia a domesticação das paixões, que dali em diante representariam uma ameaça cada vez menor à ordem social. Uma sociedade anteriormente motivada por paixões conflitantes evoluíra e passara a possuir uma "consciência comum": "nossa vida passou por mudanças radicais desde 1787, e quase toda mudança agiu para unir a nação, dotá-la de consciência comum e interesses e padrões comuns de conduta, o hábito da ação coordenada que eventualmente lhe dará, em muitos aspectos, o caráter de uma comunidade una".[110] Wilson evidentemente não ficara impressionado com a revolta de Haymarket em 1886, a greve da Pullman em 1894 e vários outros sinais de que a rápida industrialização da nação não a dotara de uma consciência comum. Mas estava certo ao identificar o dogma fundacional da política moderna: a consciência está em jogo e modelá-la é o propósito primário da política. Subitamente, as apostas dificilmente poderiam ser mais altas.

Wilson não era contrário à política passional a serviço desse objetivo de elevação das consciências. A "consciência nacional" fora "despertada pelas vozes da batalha" durante a Guerra Civil. Essa "estupenda tempestade" varrera os últimos remanescentes do mundo que os fundadores haviam conhecido. O propósito da Constituição que eles haviam esboçado em 1787 já não era a proteção dos direitos individuais, mas fortalecer "as crenças passionais da maioria eficiente da nação".[111] Um jurista cujo pensamento foi forjado no fogo da Guerra Civil se tornaria um herói do progressismo por seu empático majoritarismo. Explicando sua disposição de aceder ao ramo legislativo, ele disse que não pesava a sabedoria ou, em qualquer sentido significativo, a constitucionalidade de seus atos: "Se meus compatriotas quiserem ir para o inferno, eu os ajudarei. É meu trabalho."[112] Foi isso que disse o juiz Oliver Wendell Holmes em 1920, o último ano integral da administração do presidente Wilson.

Ainda em 1889, Wilson identificara a era em que vivia como "esse tempo moderno do meio-dia da história no qual as nações se apresentam totalmente crescidas e autogovernadas". Para um historicista, essa é uma linguagem estranha. Ao meio-dia, o Sol está no apogeu. Mas não permanece lá. Quanto às coisas totalmente crescidas — Wilson considerava o governo uma coisa viva, orgânica —, o futuro lhes reserva o declínio e mesmo a decrepitude. Governos que são seres vivos precisam ser criados e regulamentados por constituições vivas. "Constituições não são meros documentos legais: elas são o esqueleto de um organismo vivo."[113] Mas, como argumentaremos no capítulo 4, não está claro como uma Constituição "viva", que deriva sua vida do espírito da era, pode, em qualquer sentido significativo, *constituir* uma politeia.

Mas isso não desencorajou ou deteve Wilson, cujo objetivo era remover os impedimentos à liberdade das maiorias de imporem sua vontade. Esse objetivo é, estritamente falando, anticonstitucional, em dois sentidos. Ele rejeita a própria ideia de democracia constitucional, que deve ter *algo* a ver com limitação, inibição e moderação do *demos*. E rejeita o objetivo dos fundadores americanos de proteger os direitos individuais — uma espaçosa esfera de autonomia individual — da violação por maiorias dominantes. Para esse fim, os fundadores aplicaram o princípio da separação de poderes. Para Wilson, isso não era meramente insensato, mas absurdo, porque, como diz Pestritto parafraseando Wilson, "uma coisa viva não pode ter seus órgãos contrabalançando uns aos outros". Na era moderna da harmonia produzida pela história, Wilson achava que era possível confiar em maiorias exercendo vigorosamente o poder. E, dada essa harmonia, a liberdade dos indivíduos devia ser entendida como livre participação em um governo controlado pelas maiorias. As leis criadas pela maioria eram a vontade manifesta do Estado, "o organismo externo da liberdade humana". O coletivismo implícito no pensamento de Wilson se tornou desagradavelmente explícito em *The New Freedom* [A nova liberdade], de 1913, uma coleção de pronunciamentos da campanha presidencial de 1912 que incluem sua visão do fim da história, "no qual os homens podem viver como uma comunidade una e cooperativa, como em uma colmeia aperfeiçoada e coordenada".[114]

Políticos sensatos deveriam abrir mão de metáforas com insetos para explicar o papel das pessoas no paraíso de sua visão. Analogias entre o corpo político e o corpo humano também são problemáticas. "Por mais justamente reverenciada que seja nossa grandiosa Constituição", escreveu Wilson, "ela poderia ser despida e posta de lado como uma roupa, e a nação permaneceria de pé, vestida no traje vivo da carne e aquecida pelo sangue vital de um povo pronto para recriar constituições e leis". Se é assim, por que a Constituição é "justamente reverenciada"? Se as constituições podem ser tão prontamente substituídas, por que qualquer uma delas seria "grandiosa"? Wilson parecia pensar que as épocas vêm e vão com grande velocidade e, portanto, as constituições — ou, ao menos, seus significados — deviam fazer o mesmo. Durante a campanha presidencial de 1912, ele dissera: "A vida nos Estados Unidos não é a vida de vinte ou mesmo dez anos atrás. Modificamos nossas condições econômicas absolutamente, de cima a baixo, e, com nossa sociedade econômica, a organização de nossa vida". Talvez seja compreensível que alguém atento aos avanços da ciência aplicada da época — Marconi, Edison, Ford, os irmãos Wright *et al.* — tivesse um senso exagerado da velocidade dos eventos e de suas supostas consequências constitucionais. Mesmo assim, se as constituições precisam ser flexíveis sob o que Wilson chamou de "pura pressão da vida", a questão sobre elas se torna: por que se dar ao trabalho?[115]

Hoje, pessoas sensatas, lembrando-se de uma nação europeia galvanizada pelo slogan *Ein Volk, ein Reich, ein Führer*, recuam diante do tropo de Wilson sobre o "sangue vital de um povo". Uma coisa é postular que a história produzirá harmonia social cada vez maior; outra é falar, ominosamente, da sociedade como "um povo", no sentido orgânico. Se a sociedade *deve* ser uma unidade orgânica porque as leis do desdobramento da história dizem que sim e, como questão de moralidade, essa sociedade *deve* ser tão una quanto o corpo humano, então as discordâncias e as facções se tornam sintomas de doenças corpóreas. Tal linguagem faz a sociedade derrapar na direção de uma virulenta intolerância à dissensão, o tipo de intolerância que ocorreu nos Estados Unidos durante a Primeira Guerra Mundial e conspurcou o segundo mandato presidencial de Wilson. Mas ele estava tão completamente convencido sobre a concepção da sociedade como organismo uno que seu pensamento não conseguia acomodar nem mesmo uma centelha das ansiedades dos fundadores sobre o governo ser *inerentemente* perigoso, *especialmente* quando controlado pelas maiorias. Tais ansiedades, que estiveram presentes na criação do liberalismo clássico nos séculos XVII e XVIII, pareciam a ele não somente inapropriadas, mas ilógicas. Em 1879, ele ridicularizou aqueles que denunciavam "a tirania das maiorias partidárias", mas elogiavam "o governo verdadeiramente representativo". Tais pessoas "não percebem que são risivelmente inconsistentes". Dez anos mais tarde, afirmou, de modo similar: "Se a própria sociedade não é má, então certamente o governo não é mau, pois o governo é um órgão indispensável da sociedade."[116]

A sociedade pode, contudo, apresentar problemas sem ser "má", e o governo, sem ser "mau", pode ser simultaneamente indispensável e suscetível de se tornar uma ameaça à felicidade dos governados. Wilson imaginava para o governo uma missão estupenda e, desse modo, não podia consentir com a desconfiança dos fundadores em relação ao poder. Como vimos, em 1885 ele dissera que o novo papel do governo nacional exigiria "submeter a Constituição a usos estranhos e inimaginados". Em 1908, a ideia de "submeter" fora suavizada para "um ajuste gentil": "Como a vida da nação muda, também a interpretação do documento que a contém deve mudar, através de um ajuste gentil, não da intenção original dos que o escreveram, mas em função das exigências e dos novos aspectos da própria vida." O Estado "é um instrumento para apressar, de todas as maneiras adequadas [...] o desenvolvimento coletivo e individual".[117]

Muito bem, então o que ou quem deve determinar quais maneiras podem não ser "adequadas"? A resposta deve ser o próprio Estado, pois ele é a expressão historicamente determinada e "indispensável" do organismo social. Em seu ensaio de 1887 "Socialism and Democracy" [Socialismo e democracia], Wilson escreveu que o socialismo "propõe que toda ideia de limitação da autoridade pública pelos direitos individuais seja colocada fora de vista" e que "não existe nenhuma fronteira entre os assuntos privados e públicos que o Estado não possa cruzar à vontade". Extinguir tal fronteira, porém, significa aniquilar a zona inviolável de soberania individual que é indispensável para — na verdade, *é* — a liberdade. Assim, devemos presumir que Wilson estava limpando a garganta, por assim dizer, para fazer uma denúncia robusta do socialismo. Mas não estava. Em vez disso, ele insistiu que "a diferença entre democracia e socialismo não é essencial, mas somente prática": "na teoria fundamental, socialismo e democracia são quase a mesma coisa. Ambos, no fim das contas, repousam sobre o direito absoluto da comunidade de determinar seu próprio destino e o destino de seus membros. Pode haver limites à sabedoria e à conveniência do controle público, mas não há, em análise estrita, nenhum limite de princípios." Preste atenção: o direito da comunidade é "absoluto".[118]

O republicanismo dos fundadores estava baseado em direitos individuais. A teoria democrática de Wilson os subordinou aos direitos coletivos, da comunidade. Em outras palavras, os direitos da maioria, aquelas coletividades potencialmente opressoras que os autores da Constituição haviam tentado aprimorar, moderar, conter e circunscrever. Para enfatizar que as diferenças entre democracia e socialismo eram somente práticas, um personagem de seu ensaio pede ao "democrata" que fala por Wilson que diga ao "socialista": "Você sabe que é meu princípio, tanto quanto seu, que todo homem tenha a mesma chance que qualquer outro: se eu pude fazer isso como político prático, deveria estar disposto a ir ainda mais longe e supervisionar o uso que cada homem faz de sua chance. Mas por quais meios? A questão não é se a comunidade tem o poder de agir como quiser nessas questões, mas como pode agir com vantagens práticas — uma questão de *política*." Com "política", Wilson queria dizer administração. Se ele estivesse convencido de que a comunidade *podia* "supervisionar" a vida de cada pessoa tão minuciosamente quanto necessário para servir ao progresso, não haveria razão para não fazer isso, nenhuma restrição de filosofia política ou decoro constitucional. Se suficiente perícia administrativa pudesse ser empregada, isso deveria ser feito. Nenhum escrúpulo enraizado no anacrônico individualismo deveria ser impedimento. Wilson admirava o governo socialista como "revolta contra o individualismo egoísta e equivocado", como a tentativa de "harmonizar completamente os interesses especiais e pessoais do indivíduo com os interesses gerais da sociedade".[119] Sim, a *completa* harmonia era seu objetivo.

Sua grandiosa concepção do papel do governo não era mais grandiosa que o papel que anteviu para acadêmicos como ele. Em 28 de dezembro de 1898, ele escreveu em seu diário: "Por que a presente era não pode escrever, através de mim, sua *autobiografia* política?" Para fazer isso, aquela era teria de lidar com "o radical defeito de nosso sistema federal, [o fato de que] ele divide o poder e, ao fazer isso, dificulta a responsabilização". Ele se referia à "nociva" teoria do sistema de freios e contrapesos. "É seguro dizer", escreveu ele em *Congressional Government*, "que, se fosse possível reunir novamente os membros da maravilhosa convenção para verem a obra de suas mãos à luz do século que a testou, eles seriam os primeiros a admitir que o único fruto de dividir o poder foi torná-lo irresponsável". Mas o que tornava a convenção constitucional tão "maravilhosa", se o século seguinte provara que sua obra era radicalmente defeituosa? Esse elogio aos fundadores era uma concessão superficial de Wilson às lamentavelmente obrigatórias devoções que ele chamou de "sentimentos de 4 de julho".[120]

Wilson lamentava o artigo I da seção 6 da Constituição, que proíbe os membros do Congresso de servir no ramo executivo. Em certo momento, ele favoreceu a ideia de fazer com que o gabinete presidencial fosse composto por membros da maioria no Congresso, mesmo que o presidente e a maioria estivessem em partidos opostos. Ele compreendeu corretamente que sua noção de eficiência governamental exigia destruir a separação entre as funções legislativas e executivas, a fim de melhor desempenhar a função primária do governo, que, nas palavras de Pestritto, era "uma extensão coordenada da vontade orgânica do povo". O que nos leva à esquisitice central do pensamento de Wilson.

Como democrata consciencioso e contrariando a preferência dos fundadores, ele queria que o governo permitisse e, em certo sentido, personificasse a clara e direta expressão da opinião pública. Mas, sendo progressista, não queria sacrificar no altar da opinião pública a eficiência do governo, sua "manuseabilidade" na execução da obrigação de "supervisionar" a vida dos cidadãos. Afinal, se a opinião pública fosse esclarecida em relação às complexidades da sociedade moderna, a administração dessa sociedade pelos progressistas não seria tão urgentemente necessária. A dicotomia definidora do pensamento de Wilson era sua distinção entre política e administração. O fato de que o Congresso não podia lidar com sua infinidade de tarefas no século XX era "um infortúnio, não sua culpa". Que pudesse ser culpa dos progressistas, com sua ambição por um Estado administrativo regulatório, não ocorreu a Wilson ou, se ocorreu, não o preocupou. "Dificilmente há um dever do governo que, outrora simples, hoje não seja complexo; o governo outrora tinha poucos mestres, e agora tem dezenas." Esses mestres eram as maiorias, que, com o que ele considerava impertinência, estavam constantemente invadindo o governo e se atrevendo a dirigi-lo: "Anteriormente, as maiorias se submetiam ao governo, elas não o conduziam. Se o governo outrora seguia os caprichos da Corte, agora deve seguir as visões da nação. E essas visões se ampliam constantemente, chegando a novas concepções sobre o dever do Estado, de modo que, ao mesmo tempo que as funções do governo se tornam cada dia mais complexas e difíceis, elas também se multiplicam amplamente."[121]

Note uma contradição no progressismo que se tornou cada vez mais severa nos cem anos desde que Wilson escreveu essas palavras. O progressismo não faz objeção à ampliação constante das "concepções sobre o dever do Estado". Muito ao contrário, tal ampliação *é* a agenda progressista: a expansão da supervisão, por parte do governo central, das complexidades da sociedade. Mas, quando o solícito governo permeia toda a sociedade com sua supervisão, a sociedade responde de maneira inconveniente. Quando os interesses do governo se multiplicam, o mesmo se dá com os grupos de interesse. Quando o governo busca suplementar e mesmo superar as forças de mercado na alocação de riquezas e oportunidades, há uma correspondente e proporcional multiplicação das facções determinadas a influenciar as ações desse governo ativista.

Na segunda década do século XXI, após cem anos de extensões do alcance do Estado regulatório, os progressistas estão consternados com o resultado previsível dessas extensões. Previsível ao menos para os madisonianos, com sua perspicaz compreensão do autointeresse semeado na natureza humana e sua rejeição do sentimentalismo de que a história impõe harmonia à confusão de interesses próprios. As pessoas buscam seus interesses, e pessoas de mesma mentalidade se unem para buscar seus interesses partilhados. Quanto mais coisas o governo toca, mais pessoas têm interesse em tocar e persuadir o governo. Os progressistas se dizem escandalizados com a Washington moderna, que, de fato, é um desagradável turbilhão de grupos de interesse manobrando para aumentar sua renda econômica. Mas os progressistas deveriam saber que essa é a Washington que estavam construindo. Mas só poderiam saber disso se tivessem o aguçado senso madisoniano de sociologia política. E, se tivessem, teriam reconsiderado suas premissas.

Em vez disso, escandalizados com o nível de demanda da política moderna, eles recentemente responderam não reduzindo as intervenções do governo na disposição do dinheiro, mas tentando regular os gastos para influenciar eleições que determinam a composição do governo. Mas esta é uma lei de ferro: quanto mais o governo influencia o fluxo de dinheiro, mais dinheiro é gasto para influenciar as eleições. Eles só estão tratando os sintomas: os progressistas defendem usar a regulamentação das finanças de campanha para limitar os gastos políticos e assim, de algum modo, reduzir a busca por renda econômica. Infelizmente para eles, a Suprema Corte notou o óbvio: quase todos os gastos de campanha se destinam à promoção política. A Corte chegou à óbvia conclusão de que limitar tais gastos violaria a proteção da livre expressão contida na primeira emenda.

Sendo justo, Wilson não pode ser responsabilizado por não ter previsto quão rapidamente e em que extensão o Estado administrativo se multiplicaria e quão desagradável seria a cultura política que essa multiplicação produziria. E, se algum contemporâneo particularmente presciente o tivesse advertido, ele poderia muito bem ter respondido que era capaz de evitar a emergência de tal política indigna. Ele faria isso tornando a política mais democrática e, simultaneamente, diminuindo sua importância. Wilson acreditava que o destino da história era a democracia, mas uma democracia atenuada. Seus dois instrumentos para implementar essa atenuação seriam a liderança presidencial e a ciência da administração pública.

Como observa Pestritto, a fascinação de Wilson com a presidência estava aparente em seu primeiro texto político, escrito quando ele ainda estava na faculdade, que defendia o treinamento em retórica como parte importante do currículo de Princeton. Arthur Link, o historiador de Princeton que foi biógrafo de Wilson e editor de suas obras reunidas, achava que a "revitalização da presidência" feita por Theodore Roosevelt influenciara a ênfase de Wilson na presidência como representante do que ele chamava de "unidade de personalidade" da nação. Como somente o presidente "representa o povo como um todo, exercendo a escolha nacional", ele é o "porta-voz dos sentimentos e propósitos reais do país". Em 1897, Wilson escreveu um ensaio sobre a presidência de Grover Cleveland, que fora para Princeton após deixar a Casa Branca em 1897 e lá morrera em 1908. (A torre gótica do prédio da pós-graduação se chama Cleveland.) Hoje, pode parecer estranho que Wilson estivesse fascinado pela personalidade de Cleveland, cujos contemporâneos não o teriam chamado de carismático, se alguém na época usasse esse termo. Mesmo assim, Wilson insistiu que a personalidade de Cleveland devolvera a presidência a sua adequada centralidade na política americana. Ele achava que fora um desenvolvimento progressista o fato de, sob Cleveland, a política americana ter começado a "esperar pela iniciativa [do presidente] e o ar de Washington ter se enchido de murmúrios contra a prática e o temperamento dominadores e usurpadores do Executivo. O poder de algum modo percorreu toda a extensão da avenida [Pensilvânia] e pareceu se alojar em um homem".[122]

A celebração da "popularização" da presidência como voz da nação estava relacionada à animosidade de Wilson pelo federalismo como subtração da unidade da nação. Sua apoteose da presidência também se deu à custa do Congresso, que ele depreciou por não ser realmente parte "do governo".

A parte essencial da governança seria realizada pelo presidente, com a ajuda da nova ciência da administração pública. O presidente podia falar *pela* nação ao falar *à* nação, infundindo-a de seu espírito latente ao articular esse espírito. Esse é o sentido de sua críptica proposição de que "a liderança, para o estadista, é *interpretação*". Quando o presidente usa a retórica transformativa, ele eclipsa e marginaliza o Congresso, a fim de que os assuntos reais do governo possam ser conduzidos por uma nova classe de administradores apolíticos e apartidários. Em 1878, quando ainda era um deles, ele disse que "se os 30 mil jovens que estudam em diferentes faculdades deste país" pudessem "se livrar do espírito partidário" e formar opiniões "inteligentes e independentes", o futuro dos Estados Unidos poderia ser confiado a eles.[123]

Uma presidência propriamente retórica, combinada a uma classe desinteressada de administradores, poderia superar o que Wilson considerava (nas palavras de Pestritto) "a fragmentação forçada do constitucionalismo dos fundadores". Um presidente wilsoniano iria "instruir e persuadir o monarca multitudinário chamado opinião pública". Sendo ele mesmo arrebatado pela ideia de uma retórica poderosa o bastante para atrair multidões, Wilson disse: "Os homens são como argila nas mãos de um líder consumado." Encharcado de historicismo, ele adotou com facilidade a linguagem da história teleológica: um líder vê a "estrada" percorrida pela sociedade e discerne a "direção" para a qual se encaminha a nação. Seu trabalho não é pavimentar a estrada ou escolher a direção, mas "discernir e fortalecer as tendências" impostas pela história. "Onde todas as mentes estão despertas", disse ele, "algumas estão totalmente despertas". Essas últimas, incluindo as mentes de 30 mil estudantes universitários, são as mentes de líderes atentos às "tendências" da história.[124]

Wilson se torna obscuro, à maneira hegeliana, quando insiste que não é "papel do líder julgar *pela* nação, mas *através* da nação, como seu porta-voz e sua voz". Mas a implicação da voz mística da liderança presidencial está bastante clara. Wilson, como os líderes que imagina, é o artesão da história. Quando um líder real entra em campo, "a resistência é deixada para a minoria, e os que não forem convencidos serão esmagados". Hegel também dissera que um líder deve "esmagar qualquer objeto em seu caminho". Pestritto enfatiza que, "tanto para Wilson quanto para Hegel, a liderança está fundamentalmente ligada à história, que é uma força irresistível de progresso". Segundo ele, "a diferença crucial" entre Hegel e Wilson é que, enquanto o "indivíduo mundialmente histórico de Hegel é mais uma ferramenta inconsciente da história mundial", o líder de Wilson "tem, em certo grau, uma visão de para onde a história está indo". Note os rodeios — "mais" e "em certo grau" — que Pestritto, um acadêmico judicioso, acha necessários. Mas ele pode estar fazendo uma distinção sem muitas diferenças. Tanto Hegel quanto Wilson consignam líderes e liderados às marés da história; nenhum deles acredita que essas marés possam ser enfrentadas ou evitadas por muito tempo.[125]

As palavras "líder" e "líderes" surgem treze vezes em *O Federalista*, uma vez com referência àqueles que lideraram a revolução e doze em um contexto de depreciação. Os fundadores, apreensivos com o potencial das pessoas para as paixões irracionais, desconfiavam de líderes que tentavam chegar ao poder na onda de tais paixões. Wilson, observando os Estados Unidos do pináculo do progresso no qual a história o colocara, não se preocupava com essa ameaça de demagogia. "As grandes paixões", disse ele placidamente, "quando percorrem uma população inteira, inevitavelmente encontram um grande porta-voz". Tanto as paixões quanto seu porta-voz são produzidos pela história. Com líderes presidenciais falando à, através da e pela — todas as preposições se aplicam — nação, o Congresso, na análise (e inspiração) de Wilson, é marginalizado e reduzido a oferecer algumas diretivas muito gerais ao governo real. O governo real consiste em uma classe de especialistas educados, desinteressados e apolíticos, recrutados entre os 30 mil jovens que Wilson esperava convocar dos campi para o serviço público, a fim de praticarem a nova ciência da administração pública. Como escreveu Hegel em *Princípios da filosofia do direito*, conferir ao funcionário público um lugar seguro na burocracia purgaria daquele indivíduo a tentação do interesse próprio. Para Wilson, o eclipse do Congresso era desejável; o progressismo, que produziu o Estado administrativo, o tornou inevitável.[126]

Os autores da Constituição *planejaram* o conflito entre os ramos, que *devem* ser rivais ciumentos. Hoje, essa já não é, se algum dia foi, uma luta justa. Eles não são iguais na competição pelo controle do Estado moderno. O campo de jogo se inclina cada vez mais na direção do ramo legislativo. Em notas feitas para algumas palestras em Princeton na década de 1890, Wilson escreveu: "A administração não pode esperar pela legislação, devendo ter ou tomar a liberdade de proceder sem mandado específico na realização da vida característica do Estado." Note bem: "ou tomar." Isso torna a ideia de estado de direito indistinta e atenua o próprio estado de direito. "No caso do governo historicamente normal", escreveu Wilson, "podemos ver que, na ausência de desenvolvimentos legais específicos em contrário, a pressuposição é em favor do princípio de que a esfera da autoridade administrativa é tão ampla quanto a esfera na qual ela pode se mover sem infringir as leis".[127] Essa é uma torção interessante da ideia de Hobbes de que a liberdade depende do "silêncio da lei".[128] O Estado administrativo é livre para fazer tudo aquilo que a legislatura, através da legislação, não tenha proibido. Essa foi uma extensão, realizada por Wilson, da ideia de "intendência" presidencial de Theodore Roosevelt: a administração das coisas suplanta a governança, ou mesmo a supervisão, significativa por representantes eleitos.

Em seu "Study of Administration" [Estudo sobre administração], que fez muito para dar início ao campo acadêmico da administração pública, Wilson argumentou que o desenvolvimento de uma burocracia madura faria com que o público abandonasse suas ansiedades sobre administradores quase autônomos possuindo poderes extraordinários e vasta capacidade decisória — muitos dos quais, mas de modo algum todos, delegados expressamente pelo Congresso. Ao consignar ao Congresso a tarefa de expressar os sentimentos públicos e deixar aos administradores profissionais a transformação desses sentimentos em regulamentações — a carne sobre o esqueleto dos sentimentos —, o problema da democracia moderna seria solucionado. Lembre-se de suas palavras: "O problema é tornar a opinião pública eficiente sem ter que sofrer sua interferência." Ele admitiu que havia casos na Europa nos quais a burocracia fugira quase totalmente ao controle democrático e fora usada para fins opressores. Mas os Estados Unidos podiam emular as virtudes, evitando os vícios: "Se vejo um assassino afiando habilmente uma faca, posso imitar sua maneira de afiar a faca sem imitar sua provável intenção de cometer assassinato com ela; do mesmo modo, se vejo um monarquista convicto gerenciando corretamente um gabinete público, posso aprender seus métodos sem mudar minhas visões republicanas." Ou, como disse mais sucintamente: "Nós passamos a comer arroz, mas não com pauzinhos."[129] Se ao menos as coisas fossem tão simples.

A constante multiplicação das tarefas e das camadas do governo é, no relato de Wilson, assim como os estratos de sedimentos geológicos, o produto de processos inelutáveis que ocorrem sem muito planejamento consciente. As novas tarefas do governo eram aquelas "que o Estado acumulou em razão da história, através das leis, que são o produto da história".[130] O uso da letra maiúscula em "Estado" [que normalmente não ocorre em inglês] deve conferir certo status, mas a natureza desse status é incerta, assim como a razão para ele ter usado letra maiúscula também em "Leis". Tendo feito isso, por que não fazer o mesmo com o "h" de "história"?

Uma interpretação do pensamento de Wilson diz que, antes de se tornar presidente, ele era um sulista jeffersoniano que se opunha ao mais robusto hamiltonismo de seu principal oponente na corrida presidencial de 1912, Theodore Roosevelt. Mas a pressão dos eventos durante a presidência levou sua Nova Liberdade a uma direção similar à da incontrita centralização do Novo Nacionalismo de Roosevelt. A interpretação que Pestritto dá à evolução do pensamento de Wilson é de que não evoluiu muito. Pestritto argumenta que "o que unia Wilson e Roosevelt era muito mais substancial que aquilo que os dividia". As exigências de vencer a indicação presidencial democrata em 1912 compeliram Wilson a tentar diferenciar seu pensamento do de Roosevelt. Wilson foi indicado na 46ª votação da convenção democrata em Baltimore, onde venceu ao conquistar o apoio do três vezes indicado William Jennings Bryan. "Central ao populismo de Bryan", escreve Pestritto, "era o medo do poder executivo nacional e a profunda desconfiança dos interesses comerciais do nordeste". Qualquer tom jeffersoniano que Wilson tenha dado a sua campanha de 1912 foi uma "anomalia" politicamente motivada. Uma vez eleito, ele retornou rápida e enfaticamente a seus antigos e claramente enunciados princípios de centralização.[131]

## DA AMBIGUIDADE DE WILSON AO CONTRATO DE FRANKLIN D. ROOSEVELT

Mesmo antes da eleição, ele estava ideologicamente em cima do muro. Durante a campanha de 1912, em um discurso no Press Club de Nova York, Wilson declarou que "a história da liberdade é a história da limitação do poder governamental". Essa é a história da liberdade. Mas e quanto a seu futuro? Duas semanas depois, ele disse: "Embora sejamos seguidores de Jefferson, um de seus princípios já não pode prevalecer na política prática dos Estados Unidos. Vocês sabem que Jefferson disse que o melhor governo é aquele que governa o menos possível [...] Mas esse tempo passou. Os Estados Unidos não são hoje, e não podem ser no futuro, um lugar de iniciativas individuais irrestritas."[132] Isso é como dizer: "Sou marxista, com exceção daquela tolice sobre o conflito de classes ser o motor da história."

Wilson era seguidor de Jefferson, com exceção da essência do jeffersonismo. Sua razão era que "a vida é tão complicada que já não lidamos com as antigas condições". Mas sua rejeição ao pensamento de Jefferson era mais radical que isso:

"Sua filosofia especulativa era exótica e ressoava como uma nota falsa e artificial por todo seu pensamento. Ela era antiamericana por ser abstrata, sentimental e racionalista, em vez de prática. Não tenho dúvidas de que era sincera, mas, quanto mais sinceramente ele a adotava, mais completamente se tornava antiamericano." Dos quatro adjetivos derrogatórios, o mais revelador é "especulativa". Ele se referia à teoria dos direitos naturais. Daí estar julgando "antiamericana" a Declaração de Independência de Jefferson e dos Estados Unidos.[133]

Mais de um século depois de Wilson ter dito isso, a degradação do governo americano se torna aparente em uma mudança semântica. A Declaração de Independência diz que o governo foi instituído para "garantir" direitos que lhe são preexistentes. Cada vez mais, porém, o que o governo faz é transferir riqueza para membros de grupos que decidiram ter direito a essas transferências. E a palavra *rights* [direitos] é usada de maneira intercambiável com a palavra *entitlements* [direito a benefícios]. Daí a silenciosa, mas inconfundível, suposição de que, de quanto mais benefícios as pessoas gozam, mais direitos elas têm — e esses direitos, como os benefícios, são redistribuídos, de cima para baixo, a partir do governo.

Os fundadores esperavam que algumas paixões potencialmente perturbadoras pudessem ser moderadas ao serem desviadas das facções políticas para o comércio. E esperavam que energias perigosas fossem sublimadas na criação e aquisição de riqueza. Mas o que impediria que pessoas gananciosas passassem a ver o governo como somente outra arena na qual buscar bem-estar material? Nada, porque a nação abandonou as ideias subjacentes da Constituição e novas ideias encorajaram a concepção do governo como promotor do bem-estar material.

Em outubro de 1932, o indicado presidencial do Partido Democrata disse: "Eu [...] descrevi o espírito de meu programa como New Deal, o que, falando claramente, significa um conceito modificado sobre o dever e a responsabilidade do governo em relação à vida econômica."[134] Em seu discurso sobre o estado da União em 1938, Franklin Roosevelt diria: "O governo tem a responsabilidade final pelo bem-estar de seus cidadãos."[135] Assim, a responsabilidade final por grande parte da vida foi removida da esfera privada e entregue ao setor público e às margens do Potomac. E o "bem-estar" do cidadão foi definido em referência às condições materiais, sem mencionar o caráter, as virtudes ou as responsabilidades de tal cidadão. Em seu discurso sobre o estado da União de janeiro de 1944, o presidente Roosevelt proclamou que o "dever" do governo era estabelecer "um padrão de vida americano mais elevado que nunca": "Não podemos ficar contentes, por mais alto que seja o padrão de vida geral, se uma fração de nosso povo — seja ela de um terço, um quinto ou um décimo — está mal alimentada, malvestida, mal abrigada e insegura." Essa foi uma convocação para o permanente descontentamento dos cidadãos e do governo. E concedeu ao governo uma vaga licença para definir a saúde cívica somente em termos do padrão de vida material, além de incluir à crescente lista de benefícios dos cidadãos o direito a um estado mental: a sensação de segurança. Roosevelt disse que os direitos políticos já não eram suficientes para assegurar "igualdade na busca da felicidade", de modo que deveria haver uma "segunda carta de direitos". Ela incluiria o direito a "um emprego útil e bem-remunerado"; alimentação, roupas e recreação "adequadas"; "boa" educação; casas "decentes"; vida "decente" para os fazendeiros; assistência médica; e liberdade da "competição injusta" e dos "temores econômicos da idade avançada, da doença, dos acidentes e do desemprego".[136]

Todos esses direitos, e muitos outros que seriam enumerados com o passar dos anos, eram requeridos porque "homens que passam necessidade não são homens livres".[137] Logo, a nova tarefa do governo seria nada menos que a conquista da necessidade. E assim, vinte anos depois, durante a convenção democrata de 1964, a indicação presidencial foi aceita por um homem que estivera em Washington desde que Roosevelt fora presidente e planejava completar seu projeto: a eliminação da pobreza das vidas americanas. Lyndon Johnson disse à convenção de 1964: "Esta nação — esta geração — tem a primeira chance dada à humanidade de construir a Grande Sociedade, um lugar no qual o sentido da vida do homem equivale às maravilhas de seu trabalho."[138] Seria difícil superar esse benefício: o direito ao sentido. E, vinte anos depois disso, o Partido Democrata indicou Walter Mondale, talvez o último indicado à presidência a aderir ao liberalismo do New Deal ou, ao menos, o último a não disfarçar sua aderência. Em sua declaração de desistência após perder em 49 estados, Mondale disse que seus pensamentos estavam com todos aqueles que precisavam dos cuidados do governo, incluindo "os pobres, os desempregados, os idosos, os deficientes, os desamparados e os tristes".[139] A tristeza, assim como a necessidade, se qualificara como preocupação pública.

Como o liberalismo aniquilou todo senso de limites em relação às responsabilidades e à competência do governo? No discurso do presidente Johnson na Universidade Howard, em 1965, que delineou a defesa do que passaria a ser chamado de ação afirmativa, ele disse que "os homens são modelados por seu mundo". Isso certamente é verdade. Também disse que as pessoas são modeladas por "uma centena de forças invisíveis".[140] Também verdade. A novidade foi a ideia de que o governo podia e devia dominar essas forças, visíveis e invisíveis, e, falando nisso, devia dominar "o mundo". O axioma introduzido foi o de que, como o governo estrutura a sociedade, ele é cúmplice e, consequentemente, moralmente responsável por todos os resultados sociais e deve fazer com que sejam bons.

Mas isso apaga a distinção sobre a qual o liberalismo clássico — o liberalismo de Locke e da Revolução Americana — foi fundado e que a sensibilidade conservadora de hoje tanto preza. É a distinção entre as esferas pública e privada da vida. A liberdade depende dessa distinção. Sobre isso, o progressismo diz: deixa pra lá. O governo deve tentar "nivelar o campo de jogo". Essa frase recorrente é reveladora: campos de jogo são nivelados por escavadeiras, que não são emblemas agradáveis para um governo. O resultado das aspirações de equalização do governo é um paradoxo: o poder detido por elites que alegam ser peritas na fabricação de igualdade. Em sua tentativa de equalizar o "bem-estar", o progressismo passou a exaltar uma virtude: a compaixão. Que é uma paixão. E compaixão é um conceito amplo. Pode significar prevenção ou atenuação da dor, do desconforto, da insegurança e mesmo da tristeza. No entanto, a frustração dos desejos é desconfortável e pode deixar as pessoas tristes. Assim, o governo compassivo deve trabalhar para a satisfação de todos os desejos. Se um desejo não realizado é doloroso ou mesmo desconfortável, realizá-lo é um dever do governo compassivo. Tal governo acredita que a dor dos desejos não realizados torna sua realização necessária. Assim, os desejos são promovidos a necessidades. As pessoas que sofrem de desejos frustrados são, consequentemente, pessoas passando necessidade e, de acordo com Franklin Roosevelt, não são livres.

Que moderação, temperança e comedimento pode haver em um governo animado pela ideia de que a liberdade, entendida como emancipação da necessidade, é o presente de um governo abrangentemente compassivo? Tal governo se multiplica descontroladamente, e uma das missões do conservadorismo é moderar sua húbris e seus excessos. Isso só pode ser conseguido com uma mudança nos ventos da opinião pública. Assim, o problema político central para os conservadores é fazer com que as pessoas consintam com um governo que se recusa a satisfazer muitos de seus desejos. Mas, para que um governo popular seja forte o bastante para dizer "não" aos desejos populares, ele deve ser respeitado. E, para que nosso governo constitucional seja respeitado, a Constituição deve ser vista como algo maior, algo mais grandioso, que apenas uma estrutura para formas concorrentes de obstinação. A agenda conservadora de comedimento governamental depende de o governo ter a força que vem do respeito, e esse respeito jamais é concedido aos servis.

O discurso mais famoso de Franklin Roosevelt foi seu primeiro como presidente, o discurso de posse, reassegurando a uma nação ansiosa que ela nada tinha a temer além do próprio medo. Mas seu discurso mais sutil, revelador e portentoso foi feito 46 dias após a eleição, em 23 de setembro de 1932, no Commonwealth Club de São Francisco. Ele foi mais radical que em seus discursos mais agressivos da campanha de 1936 (sobre "monarquistas econômicos" e assim por diante) e prenunciou e explicou uma parte menos lembrada de seu discurso de posse. Em São Francisco, ele abordou com astúcia seu assustador argumento filosófico, tomando partido ao definir a rivalidade americana. Ele se associou a Jefferson, apóstolo do individualismo americano, e não a Hamilton, o primeiro defensor de um governo central enérgico a serviço do poder financeiro organizado. Roosevelt fez um elogio irônico, chamando Hamilton de "mais brilhante, honesto e capaz expoente" da crença de que "o governo popular era essencialmente perigoso e impraticável".[141] Essa foi uma descrição vistosa, mas falsa, do autor de 51 dos 85 artigos de *O Federalista* e de seu argumento de que a Constituição, propriamente entendida e fielmente seguida, tornaria o governo popular seguro e funcional. Mas serviu ao propósito de lembrar aos ouvintes que a nação tinha muita experiência com as medidas hamiltonianas e com o que poderia ser chamado de homens hamiltonianos, a personificação do dinamismo comercial.

Em um argumento mordaz que pretendia desconcertar sua plateia, composta amplamente de homens de negócios, Roosevelt observou, corretamente: "Tem sido tradicional, particularmente nas administrações republicanas, que as empresas peçam urgentemente ao governo que coloque a sua disposição todo tipo de auxílio." Tarifas foram impostas primeiro com o ostensivo propósito de proteger as indústrias recém-criadas e então retidas porque as partes interessadas se acostumaram a contar com elas. Além disso, "as ferrovias eram subsidiadas" com dinheiro e concessões que incluíam algumas das mais valiosas terras petrolíferas da nação.[142] A marinha mercante era subsidiada com dotações monetárias diretas e subsídios postais. Roosevelt não enumerou esses entrelaçamentos entre o governo e os interesses comerciais apenas para chamar a atenção da classe comercial para sua situação ética em relação ao *laissez-faire*. Ele o fez para estabelecer seu argumento mais amplo sobre como a maré da história levara a humanidade a uma inevitável e potencialmente saudável dependência de um Estado forte.

"Tendemos a esquecer quão duramente as pessoas trabalharam para conquistar o privilégio do governo." Os europeus haviam desenvolvido fortes governos centrais a fim de "impor a paz entre barões governantes". O governo forte se tornou, na Europa, "um refúgio para o indivíduo" e poderia e deveria se tornar tal refúgio nos Estados Unidos, onde as contrapartes dos barões europeus existiam na forma do que Roosevelt, citando seu primo Theodore, chamou de "malfeitores de grande riqueza". A sociedade decidira dar grande liberdade a esses homens "de tremenda determinação e ambição" enquanto a população americana "crescia aos saltos" e a nação tinha abundância de terras livres como "válvula de escape" para aqueles que precisavam de uma segunda chance após perderem tudo na correria das cidades congestionadas. No entanto, "nossa tarefa agora não é a descoberta ou exploração de nossos recursos naturais, nem necessariamente a produção de mais mercadorias. É a tarefa mais sóbria e menos dramática de administrar os recursos e instalações à mão".[143]

Ao ver a administração como essência do governo, Franklin Roosevelt se colocou firmemente na tradição wilsoniana. Segundo ele, "o dia da administração esclarecida chegou". Ele via um futuro de escassez exigindo um Estado forte para regulamentar a alocação de coisas escassas. "Não somos capazes", disse ele, "de convidar imigrantes da Europa para partilhar de nossa infinita plenitude. Estamos fornecendo uma vida melancólica para nosso próprio povo." Isso e o suposto fato de que "umas seiscentas corporações" controlavam dois terços da indústria, estabelecendo a agenda do governo forte. E isso exigia um novo entendimento do contrato americano.[144] Essa foi a real revolução de Roosevelt, que ele chamou moderadamente de "reavaliação de valores":

> A Declaração de Independência discute o problema do governo nos termos de um contrato. O governo é uma relação de dar e receber; um contrato de fato, se seguimos o pensamento que o originou. Sob tal contrato, os governantes recebem poder e as pessoas consentem com ele, desde que possuam certos direitos. A tarefa do estadismo sempre foi a redefinição desses direitos em termos da mudança e do crescimento da ordem social.[145]

O radicalmente revisto papel do governo central que Roosevelt esboçou em São Francisco se tornou explícito 102 dias depois, quando, em frente à fachada leste do Capitólio, o novo presidente pediu "engajamento em escala nacional na redistribuição" da população para retificar "o desequilíbrio populacional em nossos centros industriais". Para essa e outras enormes realizações, "devemos nos mover como um exército treinado e leal, disposto ao sacrifício em nome de uma disciplina comum". Ele falou da "sagrada obrigação" de adotar "uma unidade de dever até agora evocada somente em tempos de conflito armado". A ação na escala que ele imaginava era "realizável" sob a Constituição, que é "tão simples e prática que sempre é possível responder a necessidades extraordinárias através de mudanças na ênfase e no arranjo, sem perda da forma essencial". Mas então ele avisou que, daquela vez, "o equilíbrio normal dos procedimentos públicos", ou seja, a Constituição, podia não ser suficiente: "Mas pode acontecer que inéditas demandas e necessidades de ação imediata peçam que nos afastemos do equilíbrio normal dos procedimentos públicos [...] Pedirei ao Congresso amplo poder executivo para iniciar uma guerra contra a emergência, tão amplo quanto o que me seria concedido se fôssemos invadidos por um inimigo estrangeiro."[146] As imagens militares — outro equivalente moral da guerra — assinalaram e serviram ao eclipse do individualismo, à supremacia da coletividade em um país transformado.

Evocações de solidariedade marcial deveriam incomodar pessoas livres. No romance de 1963 de Muriel Spark, *Girls of Slender Means* [Garotas de poucos recursos], os membros de um clube feminino vão ao palácio de Buckingham para celebrar o Dia da Vitória na Europa em 8 de maio de 1945. Elas se unem ao "grande e orgânico murmúrio da multidão", no qual "muitos braços estranhos estavam em torno de corpos estranhos" e "muitas ligações, algumas permanentes, foram formadas". Até que veio o amanhã. "No dia seguinte, todo mundo começou a refletir sobre onde se encontrava, pessoalmente, na nova ordem das coisas. Muitos cidadãos sentiram o ímpeto, a que alguns começavam a ceder, de insultar uns aos outros a fim de provar algo ou testar as águas."[147] Sim, onde eles se encontravam, *pessoalmente*, quando o rigor da guerra se abrandou? O individualismo pode, ocasionalmente e em circunstâncias exigentes, dar passagem à solidariedade gerada pelo perigo, como o que o New Deal enfrentou. Mas tal solidariedade não tem de ser a norma à qual se deve aspirar.

O New Deal criou — e foi tornado possível por — algo novo na história americana: uma avaliação otimista da competência e da confiabilidade do governo central. A atitude mental do New Deal foi pressagiada por esta mudança: onze das primeiras doze emendas à Constituição acrescentaram mais restrições ao governo federal que aquelas incluídas no documento na Filadélfia em 1787. Mas seis das sete novas emendas aumentaram os poderes federais.

Mesmo assim, da fundação até a década de 1930, a premissa americana era uma formidável inibição ao governo central. Essa premissa era a de que a função do governo é fornecer as condições — liberdade ordenada — nas quais a felicidade pode ser buscada, mas não fornecer a felicidade em si. Desde o New Deal, o governo se tornou constantemente mais ambicioso. E, todavia, os americanos não ficaram mais felizes com seu governo.

Os historiadores avaliaram corretamente a importância do fato de que muitos dos principais expoentes do progressismo da virada do século XX — Woodrow Wilson, por exemplo — eram filhos de clérigos protestantes. A premissa da teologia cristã é de que somos criaturas caídas que não sabem o que querem ou querem as coisas erradas (como bezerros de ouro) e, por isso, precisam ser governadas por auditores morais. Robert Fogel, economista e ganhador do prêmio Nobel, argumenta que três "despertares" religiosos[148] — mudanças nas sensibilidades religiosas e intensificação dessas sensibilidades — modelaram a história americana. O primeiro, que começou por volta de 1730, pressagiou a Revolução Americana ao fomentar o ceticismo sobre as formas tradicionais de autoridade. O segundo, após 1800, enfatizou a perfeição pessoal e a missão dos Estados Unidos de buscar a perfeição social. Isso alimentou as paixões antiescravagistas. O terceiro despertar começou por volta de 1890, durante a urbanização, imigração, industrialização, agitação trabalhista e ascensão do filho do reverendo Joseph Ruggles Wilson, Thomas Woodrow. Esse despertar pregava que a sociedade não reformada, com sua pecaminosidade inerente, era fonte de corrupção moral. Isso encorajou uma agenda modernista ou progressista de aprimoramento material, culminando no Estado de benefícios. Mas o que começou como exercício de política redentora chegou ao amargor cívico e à sensação de que o governo intervencionista e cada vez maior, ao encorajar a dependência e permitir a busca de renda econômica, está piorando as coisas.

A epígrafe deste capítulo, retirada da campanha presidencial de Woodrow Wilson em 1912, usa uma analogia arquitetônica para explicar sua visão do remodelamento abrangente dos Estados Unidos. Mais de um século depois, a arquitetura constitucional da nação se tornou periclitante, incoerente e incapaz de proteger o governo representativo, o estado de direito e a liberdade. Essa trifeta de fracasso é evidente no tema do próximo capítulo: a inchada presidência no topo do Estado administrativo.

CAPÍTULO 3

# AS CONSEQUÊNCIAS INSTITUCIONAIS DO PROGRESSISMO

## O presidente triunfante, o Estado administrativo desenfreado, o Congresso dormente

> Se você já foi a um jantar formal [...] na Inglaterra, sabe que, após a sobremesa e o café, e antes que seja permitido acender cigarros, é feito um brinde costumeiro: "Senhoras e senhores, à rainha." E, se já participou de uma função diplomática envolvendo representantes da Inglaterra e dos Estados Unidos, sabe que é costumeiro responder a esse brinde com outro, "ao presidente dos Estados Unidos". Todas as vezes em que ouço essa sequência, percebo que a comparação não funciona. O presidente certamente é nosso chefe executivo, chefe de Estado, primeiro-ministro e rainha, tudo junto. Mas, se quisermos evocar o profundo e duradouro símbolo de nossa nação e de nossa unidade como povo, parece-me que o brinde deveria ser: "Senhoras e senhores, à Constituição dos Estados Unidos." Pois ela é [...] não somente o símbolo, mas também a substância do que continua a nos manter unidos como povo.
>
> Antonin Scalia, abril de 1991[1]

Há um aspecto paradoxal na fundação americana. O documento fundacional, a Constituição, foi escrito para fornecer arranjos institucionais que pudessem funcionar e durar sem a ocorrência regular de líderes excepcionais. Os arranjos pressupõem que, como escreveu Madison com notável sutileza no Artigo Federalista nº 10, "estadistas esclarecidos nem sempre estarão no leme".[2] Maquiavel obtivera má reputação ao separar a avaliação do desempenho profissional de um político da avaliação de suas qualidades morais. Pensadores menos radicais — maquiavélicos moderados — sabem que um líder moralmente exemplar é um bônus ocasional na vida política e, eventualmente, é imperativo, mas não necessário, para o funcionamento normal de um regime bem fundado. Mas, se George Washington não estivesse, por assim dizer, esperando nos bastidores para assumir a presidência, os autores da Constituição poderiam não ter excluído tão ousadamente os artigos da confederação. E o cargo de presidente, que não possuía análogo nos artigos, poderia não ter sido criado, ao menos não na forma que recebeu na convenção constitucional.[3] Embora mal tivesse forma. Tratava-se de cera macia que tomaria a forma dada por seus ocupantes, especialmente o primeiro. E, se a convenção de ratificação da Virgínia tivesse rejeitado a Constituição, como poderia ter feito (a Constituição foi aprovada por 89 votos contra 79; Richard Henry Lee, um ardoroso e poderoso oponente da ratificação, estava doente demais para comparecer), Washington não seria residente dos Estados Unidos e, portanto, não poderia ser presidente. Charles de Gaulle certa vez disse, de maneira mordaz, que os cemitérios estão cheios de homens indispensáveis. Mas Washington realmente foi tal homem.

Logo após sua eleição como primeiro presidente, ele foi diferente de qualquer figura política americana subsequente. Não havia uma facção pública significativa se opondo a ele quando viajou para Nova York "em uma grande carruagem com seis cavalos iguais de cor creme, quatro criados e dois cavaleiros". Mas alguns poucos observadores prescientes se preocuparam com a magnificência presidencial. Benjamin Rush, o médico da Filadélfia que fora membro do congresso continental e signatário da Declaração de Independência, temia que a eleição unânime de Washington fosse sintomática de uma "ligação idólatra e exclusiva" e avisou: "A monarquia é natural para os americanos."[4] George Washington escolheu tomar posse em um terno feito nos Estados Unidos, em tecido de lã chamado de "caseiro", mas com botões dourados que combinavam muito bem com as fivelas de diamante de seus sapatos.[5]

Samuel Adams, que presenciou a apoteose de George Washington, disse: "Cuidado com os grandes estadistas continentais." O reflexo republicano de Adams era partilhado por outros. Durante o primeiro mandato do presidente Washington, ocorreu o que Madison chamou de "pequena circunstância [...] digna de nota": o governo federal propôs a cunhagem da primeira moeda — com o perfil de Washington. A Câmara dos Representantes, sentindo cheiro de monarquia, corrigiu o projeto de lei relevante para substituir o primeiro presidente pela Dama da Liberdade, mas o Senado rejeitou a emenda. Assim, a Câmara a aprovou novamente e por uma margem ainda mais alta, e o Senado cedeu.[6] Na verdade, essa não foi uma questão menor: se tivesse se tornado normal honrar os presidentes na moeda comum, todo ocupante do cargo teria recebido um vago, mas inequívoco, imprimátur de estar acima do partidarismo. Respondendo à crença do vice-presidente John Adams de que "nem a dignidade nem a autoridade podem ser suportadas nas mentes humanas, reunidas em nações [...] sem esplendor e majestade",[7] o Senado criou um título grandiloquente para o presidente Washington: "Sua Alteza, o presidente dos Estados Unidos da América, protetor de suas liberdades."[8] Tal pomposidade não durou, em parte porque a atitude austera de Washington era suficiente para garantir uma forma republicana de dignidade.

Embora Washington fosse tão reverenciado na nova nação quanto sugerido por sua eleição unânime, seu relacionamento com o Congresso começou a se desgastar quase imediatamente. Em 1789, Thomas Jefferson, desejando fazer um retorno temporário aos Estados Unidos, solicitou licença oficial de Paris, onde servia como embaixador americano na França. Washington instruiu John Jay, que conduzia as relações externas, a concedê-la prontamente. Vários senadores objetaram, dizendo que ele "transgredira seus poderes" ao não consultar o Senado. Um senador viu o perigo "de que algumas questões sejam concedidas a ele em razão de sua virtude e da confiança de que jamais fará uso inadequado de seu poder". Somente alguns meses depois da posse, alguns senadores se ofenderam com a noção de que seu poder constitucional para aprovar indicações presidenciais não se estendia ao poder de consentir com a remoção de oficiais do ramo executivo. Um senador avisou que "as virtudes" de Washington "partirão com ele, mas os poderes que derem a ele permanecerão". Quando a questão da remoção foi votada, o Senado se mostrou dividido, de modo que o homem que seria sucessor de Washington, John Adams, teve o voto decisório, afirmando o poder unilateral do presidente de remover subordinados insatisfatórios. Esse foi o primeiro exercício do poder vice-presidencial de solucionar impasses, e Adams o usou para aumentar o poder presidencial.[9]

Desde então, o poder presidencial se multiplicou muitas vezes e se manifestou de várias maneiras que teriam espantado Adams. Os sempre crescentes poderes e pretensões da presidência se tornaram uma ameaça aos Estados Unidos madisonianos de equilíbrio de poderes separados. Esses poderes e pretensões dos presidentes há muito deveriam ter se tornado um constrangimento para o público. De que pratos nosso César se alimentou, para se tornar tão grande? O cargo presidencial engordou graças às exigências de um governo cada vez maior e mais intrusivo e da infantilidade (mais ou menos significativa) dos cidadãos.

## ALQUIMIA PRESIDENCIAL

A alquimia, que era o sonho de que a química pudesse transformar metais comuns em ouro, é derivada de uma superstição medieval. Muitos americanos contemporâneos, no entanto, têm fé na alquimia política: a fé de que 270 votos eleitorais podem fazer mais que transformar alguém em presidente; podem transformá-lo de grosseirão em cavalheiro, de medíocre em sábio, de mestre da política eleitoral em tutor moral e personificação do espírito nacional. A presidência moderna é uma fusão perniciosa da função executiva do governo com um oficial semissacerdotal encarregado do cuidado espiritual de pessoas que buscam na política excitações, satisfações e consolos que ela não deveria tentar fornecer. É verdade que uma República extensa precisa especialmente de um Executivo enérgico, independentemente do que Hamilton chamou, no Artigo Federalista nº 67, de "aversão do povo pela monarquia"[10] e do medo de que, como disse Edmund Randolph, qualquer Executivo seja "o feto da monarquia".[11] O antifederalista que escrevia como Fazendeiro Federal admitiu que, em qualquer politeia populosa, "deve haver um ponto visível servindo como centro comum no governo, na direção do qual se voltam olhares e ligações".[12] Isso foi muito antes de o jornalismo gráfico começar a atrair os olhares para uma instituição adequada para ser tal ponto focal, a presidência. Então veio tal jornalismo e, hoje, as tecnologias modernas permitem que presidentes se comuniquem com o público sem a mediação de jornalistas.

William Allen White, o nacionalmente proeminente editor do Kansas, contou em sua autobiografia uma história sobre o presidente William McKinley em sua casa em Canton, Ohio, no verão de 1901. Quando um fotógrafo se aproximou para tirar a foto do presidente, McKinley colocou de lado seu charuto, dizendo: "Não devemos permitir que os jovens deste país vejam seu presidente fumando!" A câmera foi o precursor da revolução gráfica nas comunicações que ajudaria a ampliar o lugar da presidência, a peça mais fotogênica do governo americano, na consciência da nação. McKinley foi uma figura de transição. Ele presidiu a passagem dos Estados Unidos para o imperialismo na guerra contra a Espanha, e seu assassinato, mais tarde naquele verão de 1901, produziu o primeiro presidente moderno, que afirmou que seu cargo era um "púlpito intimidador" a ser usado para modelar a mentalidade e a moral do público. O charuto descartado de McKinley é uma evidência de que os presidentes estavam adquirindo o papel extraconstitucional de modelos. Onze décadas depois, isso parece tão pouco saudável quanto aquele charuto.

Nenhum jornal colocou um repórter na Casa Branca no século XIX. O presidente Grover Cleveland fez uma cirurgia contra o câncer a bordo de um iate no porto de Nova York sem que a imprensa soubesse. Mas a ascendência presidencial estava bastante avançada quando um dos secretários de William McKinley começou a realizar briefings com a imprensa todas as manhãs, às 10 horas. O sucessor de McKinley, o primeiro presidente filmado por uma câmera, foi também o primeiro presidente carismático. Vinte e cinco anos depois, o primo de Teddy Roosevelt dominaria uma mídia — o rádio — que passaria por cima do Congresso e dos jornalistas, chegando diretamente ao eleitorado. A história americana no século XX foi, em significativa extensão, a história das consequências econômicas da guerra e das consequências políticas da comunicação em massa. O rádio transformou Franklin Roosevelt na primeira figura pública "íntima", insinuando-se nas salas de estar de toda a nação. Roosevelt não tinha a eloquência de Churchill, mas tinha talento para cunhar expressões: "encontro com o destino", "dia em que viveremos em infâmia", "monarquistas econômicos". Não surpreende que tenha dito que, se não tivesse entrado para a política, teria seguido uma carreira que se expandiu enquanto ele se sentia inquieto na década de 1920: a publicidade.

As modernas tecnologias de comunicação mudaram a governança para benefício do Executivo. Em meados do século XX, pela primeira vez desde as cidades-estados da antiga Grécia, um líder nacional pôde ser "visto e ouvido, em tempo real, pela maioria dos cidadãos qualificados".[13] A primeira entrevista coletiva presidencial foi em 15 de março de 1913, conduzida pelo presidente que, nove meses depois, seria o primeiro desde Jefferson a fazer o discurso sobre o estado da União pessoalmente, dirigindo-se ao Congresso, e não por escrito. A nação se aproximava do fim da tradição de que a maior parte das comunicações presidenciais era escrita, não falada, e dirigida ao ramo legislativo, não ao público. A comunicação presidencial não mediada cruzou outra fronteira às 8h38 de 15 de maio de 2015: "Olá, Twitter! É o Barack. Sério!" Primeiro nome? Dois pontos de exclamação? Sério?

A ubiquidade dos presidentes na vida americana é tanto causa quanto efeito do que Gene Healy chama de "culto à presidência", o qual, em sua opinião, revela a fome americana por "redenção através da política presidencial". Progressistas e conservadores basicamente "concordam sobre a natureza irrestrita da responsabilidade presidencial". Os progressistas concordam por razões progressistas: eles acham que o governo irrestrito é benéfico e que presidentes reivindicando estatura única como personificações da nação podem gerar apoio público para forçar o Congresso à conformidade, assim anulado o erro dos fundadores, o grande impedimento ao governo enérgico agindo com expedição, a separação de poderes. Os conservadores — na verdade, *faux* conservadores — concordam com a natureza irrestrita da responsabilidade presidencial porque esqueceram sua *raison d'être*. Eles praticam o constitucionalismo situacional, favorecendo o que Healy chama de "cesaropapismo", desde que o césar-papa empregue seus poderes ilimitados a serviço das coisas que eles favorecem.[14]

A cópia arquivada da primeira conversa em frente à lareira do presidente Franklin Roosevelt com uma plateia nacional não contém as palavras com as quais ele começou a transmissão: "Meus amigos." Os americanos estão tão habituados à intimidade espúria com presidentes onipresentes que já não se perguntam: realmente queremos presidentes fingindo ser nossos amigos? O que essa camaradagem revela sobre eles? E sobre nós? "Contem-me seus problemas", disse Roosevelt em outra conversa em frente à lareira com uma plateia nacional.[15] Tente imaginar George Washington — ou qualquer outro presidente anterior a Franklin Roosevelt — falando assim.

Em 1960, a nação elegeu um presidente em relação ao qual a palavra "carisma" — retirada do cristianismo — passou a ser de uso comum. Naquele ano, um eminente cientista político descreveu a presidência como "encarnação do povo americano em um sacramento parecido com aquele no qual o pão e o vinho são vistos como o corpo e o sangue de Cristo". Deus do céu. Em 1992, o governador Bill Clinton prometeu uma "nova aliança" entre governo e governados. Essa, observa Healy, foi uma "metáfora que viu o Estado assumir o papel de Jeová". Hillary Clinton, assumindo o papel de Sigmund Freud, diagnosticou os Estados Unidos como necessitando de ministrações presidenciais para "uma doença do sono espiritual", porque os americanos não sabem "quem são como seres humanos na era pós-moderna".[16] A ideia de presidentes nadando cachorrinho em águas filosóficas tão rasas a fim de responder a questões existenciais já não parece ridícula. Tampouco houve gargalhadas quando, em 2008, Michelle Obama disse que seu marido "jamais permitirá que vocês retornem a suas vidas como de costume, desinteressados e desinformados".[17] Deixando de lado o insulto, como ela sabia que os americanos eram desinteressados e desinformados? Os americanos realmente elegem políticos para arrancá-los de suas vidas costumeiras?

Diz-se, erroneamente, que os americanos são politicamente cínicos. Na verdade, são românticos presidenciais apaixonados. Quando, durante a campanha de 1992, Bill Clinton, o presidente George H. W. Bush e Ross participaram de um debate no estilo das assembleias municipais, um membro da plateia fez a seguinte pergunta: "Como nós, os filhos simbólicos do futuro presidente, podemos esperar [...] que vocês atendam a nossas necessidades em termos de habitação, luta contra o crime e todas as outras?" Se uma necessidade pode ser nomeada, os presidentes são responsáveis por ela. Os políticos entendem a infantilização do público. "O americano médio", disse o presidente Richard Nixon, "é como a criança da família: você dá a ele alguma responsabilidade e ele vai chegar a algum lugar." Assim, a responsabilidade pessoal é entregue aos indivíduos vinda de cima, dos presidentes. O governo, disse o vice-presidente Al Gore, deveria agir como "os avós, no sentido de que os avós cuidam dos netos".[18] "Eu acho", escreveu o poeta Randall Jarrell, "que George Washington teria muito medo do tráfego em Merritt Parkway, mas nós teríamos muito medo de George Washington".[19] De fato, sua atitude remota e austera não somente seria perturbadora, como pareceria uma reprovação.

Washington estava agudamente consciente de estar fadado a improvisar uma atitude presidencial congruente com a simplicidade republicana. Ele evitou o que agora está incrustado na presidência: a grandiosidade vulgar, que é um acréscimo moderno. O presidente James Monroe foi censurado por sua excessiva formalidade porque reclamou dos diplomatas que constantemente o visitavam sem convite e esperavam que ele servisse chá. O presidente John Quincy Adams regularmente nadava nu no rio Potomac, acompanhado somente de um criado em uma canoa. O dia inteiro, os cidadãos entravam na Casa Branca para pedir empréstimos, empregos ou outros favores. Um visitante britânico se encolheu diante da "brutal familiaridade" com que o presidente eleito Andrew Jackson foi tratado ao viajar do Tennessee para Washington. Não foi tão brutal quanto o tratamento que a mobília da Casa Branca recebeu durante a posse de Jackson, em uma cerimônia aberta. O presidente John Tyler fundou a polícia metropolitana essencialmente para guardar a Casa Branca, mas o presidente Franklin Pierce, em 1853, tornou-se o primeiro a ter guarda pessoal (um velho colega do Exército). Canhões inimigos estavam do outro lado do rio e espiões infestavam a cidade, mas praticamente qualquer um podia entrar na Casa Branca de Lincoln, a qualquer hora do dia. Durante o período final do século XIX, os presidentes regularmente recebiam o público no Salão Leste. O presidente Ulysses Grant tinha uma equipe de três pessoas. O presidente Grover Cleveland atendia à campainha da Casa Branca.[20] Até a presidência de Franklin Roosevelt, havia uma fila de convidados no Ano-Novo para qualquer um que quisesse entrar. A segurança foi mais séria durante a Primeira Guerra Mundial, mas, em 7 de dezembro de 1941, o gramado da Casa Branca voltou a ser um parque público. Partes do primeiro andar da mansão eram abertas a todos. Você podia até mesmo estacionar na rua estreita entre a Casa Branca e o que agora é o prédio dos gabinetes executivos. Harry Truman foi o último presidente a viver aproximadamente como seus compatriotas viviam e vivem: ele caminhava pela avenida Pensilvânia para ir ao banco. Sua normalidade tinha algo a ver com o fato de que foi o último presidente antes que a televisão transformasse os Estados Unidos em país conectado e tornasse os presidentes presenças constantes nas salas de estar da nação. Em sua única campanha presidencial, a de 1948, ele apareceu na televisão uma única vez, durante três minutos, convocando as pessoas a votar.

A grandiosidade presidencial se manifesta de várias maneiras. Quando um jovem oficial militar indicou a Lyndon Johnson qual era seu helicóptero, o presidente respondeu: "Filhos, todos eles são meus." Essa confusão entre ele mesmo e o cargo que ocupava temporariamente e entre o cargo e os ativos a sua disposição envolve um tipo de loucura que provavelmente tinha algo a ver com a Grande Sociedade de Johnson e com o Vietnã. Seja como for, uma fonte da grandiosidade da presidência moderna, sua dimensão retórica, tem grande potencial para o bem e para o mal.

Ronald Reagan disse que às vezes se perguntava como presidentes que *não* eram atores conseguiam funcionar. Ele tinha certa razão. Dois dos maiores líderes democráticos daquele século, Churchill e de Gaulle, tinham um senso altamente desenvolvido do elemento teatral na política. Assim como Franklin D. Roosevelt. Mas os líderes maléficos que pertenciam ao que Churchill chamou de era dos "efeitos em massa" também tinham. Hitler, Mussolini e Castro eram mestres nas cerimônias para inebriar as massas. Um ator político, seja bom ou mau, não lida com irrealidades. Ele cria realidades que importam: percepções, emoções, afiliações. Um ator não somente projeta, ele faz com que sua plateia projete certas qualidades, como admiração, medo, ódio, amor, patriotismo, empatia. Em algumas nações, o papel de ator foi designado ao monarca constitucional. Esse papel não é necessariamente incompatível com os valores republicanos, mas é inerentemente problemático.

A retórica tem uma reputação ruim em nosso tempo, por várias razões. Uma é a carnificina produzida por demagogos assassinos. Outra é o desconforto do público com os meios modernos de manipulação das massas, incluindo a propaganda e a publicidade. Mas a retórica é indispensável para a boa política e pode ser enobrecedora. Os antigos filósofos políticos, como Aristóteles e Cícero, e os melhores políticos modernos, como Lincoln e Churchill, entendiam que a retórica, enquanto eloquência sistemática, pode dirigir o livre-arbítrio da comunidade para o bem. Em seu melhor aspecto, a retórica não induz à irracionalidade, mas ao raciocínio, fundindo paixão e persuasão. Algumas pessoas, disse o filósofo político britânico Michael Oakeshott, consideram o governo "um instrumento da paixão; a arte da política é inflamar e dirigir o desejo". Em contrapartida, uma pessoa de sensibilidade conservadora "entende que o papel do governo não é inflamar a paixão e dar a ela novos objetos de que se alimentar, mas injetar nas atividades de homens já muito passionais um ingrediente de moderação; restringir, desinflar".[21]

Hoje, a presidência retórica é um instrumento incessantemente usado para incitar e inflar. Os fundadores ficariam consternados. Eles acreditavam que apelos e manipulações da opinião pública pelos presidentes eram uma preempção anticonstitucional de processos deliberativos. Portanto, até este século havia um "*common law* retórico".[22] Os presidentes falavam pouco e com pouca frequência. Washington fez uma média de três discursos populares por ano; Adams, um; Jefferson, cinco. Madison, presidente durante uma guerra que queimou sua casa, não fez nenhum. Os 24 presidentes anteriores a Theodore Roosevelt fizeram cerca de mil discursos, mas mais da metade deles foram feitos por três presidentes (Hayes, Harrison, McKinley). Até o século XX, os presidentes se comunicavam primariamente com o ramo legislativo, não com "o povo", através de mensagens escritas adequadas à reflexão deliberativa. As modernas tecnologias de transporte e comunicação deram aos presidentes novas capacidades, e Woodrow Wilson forneceu a teoria para usá-las.

Os presidentes, disse Wilson, devem se engajar na "interpretação", significando a descoberta do que está no coração das massas — ou estaria, se as massas fossem sensíveis. Em breve, os presidentes estavam em toda parte, movendo-se de um lado para o outro, primeiro de trem e depois de avião. Eles estavam no ar através do rádio e, em seguida, da televisão. Os Estados Unidos estavam a caminho da noção atual do presidente como tribuno do povo, auditor constante da psique da nação, modelador da mente pública. Logicamente — não que a lógica tenha muita importância em tais questões —, isso é estranho. Logicamente, o poder executivo é secundário, tendo como dever primário a execução do resultado do poder primário, a legislatura. A Constituição americana é notavelmente reticente — considerando-se aquilo que a presidência se tornou desde 1787 — sobre os deveres presidenciais, cuja essência está na cláusula que diz que o presidente deve "cuidar para que as leis sejam fielmente executadas". A ideia de eleições diretas para presidente recebeu pouca atenção da convenção constitucional, que considerou mais seriamente, mas também rejeitou, a eleição pelo Congresso, do qual o presidente seria dependente e ao qual estaria subordinado. Com essa rejeição, os dados foram lançados: a dinâmica política venceria a lógica e a presidência finalmente eclipsaria o Congresso. Quando Hamilton, no Artigo Federalista nº 68, previu a "probabilidade constante" de a presidência ser ocupada por "caracteres preeminentes por sua habilidade e virtude",[23] ele estava, como diz Harvey Mansfield, presumindo que as pessoas teriam "a virtude de apreciar a virtude".[24] Hamilton, que escreveu isso antes da emergência dos partidos políticos, não poderia ter antecipado a sequência de métodos para selecionar os candidatos à presidência dos partidos, que não focam excessivamente na virtude.

A política americana, sempre uma forma de entretenimento, não costumava ser centrada no presidente. No passado, o entusiasmo dos americanos pela política em níveis mais locais surpreendeu o mundo. Em *Volta ao mundo em oitenta dias*, de Júlio Verne (1873), o inglês Phileas Fogg, passando por São Francisco, é envolvido pelo tremendo rebuliço de uma eleição. Fogg pergunta se a imensa comoção se deve "à eleição de um general em chefe, sem dúvida?" E lhe respondem: "Não, senhor, de um juiz de paz." Em 1858, o primeiro dos sete debates Lincoln-Douglas em Ottawa, Illinois, uma cidade de cerca de 7 mil habitantes, foi testemunhado — não se pode dizer ouvido — por cerca de 20 mil pessoas, nenhuma das quais, naqueles dias anteriores à eleição direta de senadores, podia votar em qualquer um dos candidatos. Na época, a política americana era o melhor entretenimento que o dinheiro não precisava comprar e entrava em sua era de máxima participação popular. Em breve, no entanto, a altivez progressista ajudaria a pôr fim nisso.

Michael Schudson argumenta que a política, do período colonial à revolução, era uma "política de concordância". As eleições eram atos de deferência, ratificando o governo da pequena nobreza, que via os cargos políticos como obrigações conectadas à sua posição social. Mas a urbanização produziu populações heterogêneas. O espetacular crescimento dos jornais, alimentado pela impressão barata e pela alfabetização em massa, estimulou a argumentação em uma sociedade na qual a imigração produzia intensas rivalidades entre comunidades étnicas. Em breve, partidos baseados nas massas substituíram a política de deferência pela "política de afiliação". Entre Lincoln e Theodore Roosevelt, escreve Schudson, o presidente capturou a imaginação pública, mas "aqueles foram os anos de maior comparecimento de toda nossa história. Os americanos daquela era gostavam de política". Não se tratava de política elevada, mas de um esporte entre grupos sociais organizados em times (partidos), em torno de questões "etnoculturais" — imigração, escolas religiosas, temperança — que eram tão amargamente divisoras na época quanto as questões sociais de hoje.[25]

No fim do século XIX, no norte, 70% ou mais dos qualificados votavam frequentemente nas eleições presidenciais. Isso era parcialmente um tributo às máquinas políticas: a organização republicana da Pensilvânia tinha 20 mil funcionários assalariados, mais que a maioria das ferrovias do estado. E Schudson diz que, durante a era dourada, até 20% dos eleitores da cidade de Nova York podem ter sido pagos, de uma forma ou outra, para trabalhar no dia da eleição.

Então os reformadores virtuosos e o governo atencioso tiraram grande parte da diversão e muitos eleitores da política. Os reformadores queriam menos desfiles e mais panfletos, pois votar deveria ser não um ato de solidariedade de grupo, mas um ato individual de competência informada. Os partidos, disseram os reformadores bem-nascidos, deviam não somente reunir os seguidores comprometidos, que frequentemente eram pessoas que não sabiam que talher usar para o peixe. Eles deviam persuadir os não comprometidos. A aspiração progressista, diz Schudson, era um "cidadão de inteligência, não de passional intensidade". A chegada do governo atencioso deu às pessoas o direito a coisas que elas outrora recebiam por serviços prestados ao partido. No século XIX, segundo Schudson, as pessoas podiam "cheirar e provar os benefícios materiais da política", como perus no Natal.[26] Sob o governo saneado, onipresente e oniprovidente do século XX, os serviços se tornaram conectados menos aos oficiais eleitos e mais às burocracias.

A nacionalização da governança tornou a política presidencial o sol em torno do qual orbita a política americana. Por causa do lugar dilatado que a presidência agora ocupa na consciência da nação, jamais deixamos de nos preocupar com a campanha presidencial. Os autores da Constituição teriam ficado confusos e consternados. A nação reverencia esses autores, mas há muito abandonou o processo de seleção presidencial que, segundo James Ceaser, eles consideravam tão importante que transformaram em uma das quatro instituições nacionais criadas pela Constituição.[27] Três delas são o Congresso, a Suprema Corte e a presidência; a quarta é o sistema de seleção presidencial baseado no colégio eleitoral. Esse sistema, no qual a seleção dos candidatos e a eleição do presidente pelos eleitores de cada estado ocorrem simultaneamente — são a mesma deliberação —, logo desapareceu. Desde a emergência do sistema partidário na década de 1790 e da ratificação da décima segunda emenda em 1804, os candidatos foram selecionados por diferentes processos: primeiro, pelos caucus congressionais de seus partidos. Depois, por convenções de indicação controladas pelas organizações dos partidos. Em seguida, por convenções influenciadas pelas primárias e pelos caucus. (O vice-presidente Hubert Humphrey venceu a indicação democrata em 1968 sem participar de qualquer primária.) E, desde 1972, inteiramente através de primárias e caucus que tornaram as convenções meros corpos ratificadores, e não deliberativos.

Tantas coisas, incluindo o sistema partidário modificado e a quantidade de funções do governo federal, criaram a presidência moderna que é possível perder de vista uma outra: a guerra. Em 1918, Randolph Bourne, cujo pacifismo lhe custou grande parte de sua carreira jornalística, muitos de seus amigos e, como consequência, talvez sua saúde, tornou-se, em 22 de dezembro, um dos mais de 600 mil americanos mortos pela influenza trazida pela guerra a que ele arduamente se opusera. Um manuscrito não publicado, resgatado do cesto de lixo após sua morte, continha suas mais famosas palavras: "A guerra é a saúde do Estado." E do Executivo.

Madison dissera o mesmo, de modo menos conciso, mas mais informativo, 123 anos antes: "De todos os inimigos da liberdade pública, a guerra talvez seja o mais temível, porque inclui e desenvolve o germe de todos os outros. A guerra é a mãe dos exércitos; deles procedem as dívidas e os impostos; e exércitos, dívidas e impostos são conhecidos instrumentos para colocar muitos sob o domínio de poucos. Na guerra, o poder de decisão do Executivo também é estendido; sua influência ao lidar com cargos, honras e emolumentos é multiplicada; e todos os meios de seduzir as mentes são acrescentados àqueles de refrear a força do povo."[28] A experiência pré-revolucionária das colônias com os custos e outros inconvenientes da presença do Exército britânico na América do Norte dera origem a algumas das queixas registradas na Declaração de Independência. Donde o mais interessante, porque mais ressonantemente moderno, aspecto do aviso de Madison sobre a guerra ser a ampliação do Executivo.

Mas é na política doméstica que uma presidência desproporcional é mais alarmante, porque perturba o equilíbrio entre os três ramos pretendido por Madison. O desequilíbrio atual resulta de o Congresso ter desistido de suas vantagens naturais, de sua supremacia inerente. Como escreveu Madison nos debates Pacificus-Helvidius com Hamilton, "todos os atos propriamente executivos devem pressupor a existência de leis a serem executadas".[29] Outros atos não são tão estritamente executivos, como os que recaem sob a capacidade do presidente como comandante em chefe das Forças Armadas. Mas o razoável argumento de Madison é que a função essencial da presidência é executar a vontade dos legisladores.

Naquela época, havia poucas pessoas ávidas para irem até o Congresso, e menos ainda dispostas a se demorar por lá. Na primeira metade do século XIX, era difícil chegar até Washington, o clima da cidade era insalubre e as acomodações eram inadequadas. Isso ajuda a explicar por que, "entre 1800 e 1830, dois terços dos congressistas serviam dois mandatos ou menos e dois terços dos senadores duravam um mandato ou menos. Mais da metade dos 242 membros do 24º Congresso (1835-1837) não estavam presentes no 25º". E, durante as três décadas seguintes, "o congressista médio servia por somente quatro anos. A média senatorial era um pouco acima de cinco anos, menos de um mandato integral".[30]

Hoje, o Congresso tem mais permanência — até demais —, mas está inundado pelo crescimento do governo, que ele mesmo comanda e financia. Durante o 1º Congresso, havia mais senadores (26) e representantes (65) que todos os membros da burocracia federal. Durante muitas décadas, até a reforma do funcionalismo público na segunda metade do século XIX, a burocracia não era a presença formidável que se tornou. Em 1861, quando o primeiro presidente republicano tomou posse, o que hoje chamamos de "governo permanente" — a burocracia — era não somente pequeno, mas altamente não permanente. Após as eleições de 1860, 1.200 dos 1.500 funcionários mais importantes pediram demissão ou foram demitidos por Lincoln ou seus nomeados.[31] Há mais de um século, o Congresso tem vivido à sombra cada vez mais profunda do restante do governo federal.

Na presidência de Woodrow Wilson, havia quase tantos membros na legislatura nacional — 531 — quanto hoje. Desde a inclusão do Havaí e do Alasca em 1959, há 535. É difícil quantificar com precisão o aumento das tarefas do Congresso desde então. Mas é razoável supor que foi de ao menos cinquenta vezes. O orçamento federal cresceu muito mais que isso. O Congresso tem sido um participante do crescimento do governo, mas também vítima dele, embora uma vítima voluntária e acomodatícia. Isso porque a expansão do Estado regulatório, administrativo, necessariamente significa a marginalização do ramo legislativo. Como sintoma e símbolo disso, considere a significativa questão do espaço de trabalho.

Nos anos iniciais do Congresso, os gabinetes dos senadores eram suas mesas. Na década de 1830, elas se tornaram inadequadas para as exigências da crescente agenda federal, e caixas de escrita de mogno, com 7,5 centímetros de altura, foram acrescentadas às mesas. Para ser preciso, foram acrescentadas a todas as mesas, menos uma. Daniel Webster, de New Hampshire, disse que seus predecessores tinham se virado sem esse acessório supérfluo, e ele podia fazer o mesmo. Até hoje, a mesa de Webster, sempre reservada ao senador sênior por New Hampshire, permanece não maculada por uma caixa de escrita. Contudo, a lei de ferro da emulação rapidamente começou a funcionar. Daniel Patrick

Moynihan deu nome a essa lei, tendo como inspiração a obra de seu ex-colega de Harvard James Q. Wilson. Wilson estudou as dinâmicas e culturas da burocracia e concluiu que organizações em conflito passam a se parecer. Moynihan aplicou esse insight ao governo: "Sempre que um ramo do governo adota uma técnica que aumenta seu poder, ela é rapidamente adotada também por outros ramos."[32]

Não surpreende que, em relação ao espaço de trabalho, o primeiro movimento tenha sido feito em benefício da presidência por Theodore Roosevelt, o que deu ideias a Woodrow Wilson. Até a virada do século XX, os presidentes faziam grande parte de seu trabalho na ala habitacional da Casa Branca, o que devia ser inconveniente e irritante para suas esposas. Assim, em 1902, Theodore Roosevelt construiu a Ala Oeste, onde fica o Salão Oval. Como observou Moynihan, "subitamente, o presidente era um executivo. Ele já não trabalhava em sua sala de estar, mas tinha um prédio comercial, à maneira dos principais homens de negócios da época. (Aqui podemos observar o governo federal como um todo adotando as técnicas do mundo comercial, com o qual estava em conflito cada vez mais intenso.)" Assim, em 1903, a Câmara dos Representantes votou para construir um prédio comercial, que agora é chamado de edifício Cannon. Em 1904, o Senado, emulando a Câmara, votou para construir o agora chamado edifício Russell. Começara o que Moynihan chamou de "migração da técnica do Executivo para o Legislativo".[33] A Câmara inaugurou os edifícios Longworth e Rayburn em 1933 e 1965, respectivamente; o Senado inaugurou os edifícios Dirksen e Hart em 1958 e 1982. O ramo judiciário observou o início da farra de construção da legislatura. O presidente da Suprema Corte, William Howard Taft, que fora presidente e não gostava de estar abrigado em espaço do Congresso, no Capitólio, providenciou a compra de um templo do outro lado da rua. Ele foi inaugurado em 1935.

Até 1906, nenhum presidente deixara o país enquanto estava no cargo. Naquele ano, Theodore Roosevelt — sim, ele novamente — foi ao Panamá. Em 1909, o sucessor de Roosevelt, Taft, também foi até lá. O sucessor de Taft, Woodrow Wilson, foi a Paris. O Congresso tomou nota. E, em 1954, começou a fornecer recursos amplos e acessíveis para transformar a viagem ao exterior em rotina para seus membros. Em 1921, o ramo executivo criou o Gabinete de Orçamento (que se tornou o Gabinete de Gerenciamento e Orçamento em 1971); em 1975, depois do conflito com um presidente Richard Nixon enfraquecido por Watergate sobre seu embargo às dotações orçamentárias, o

Congresso criou seu próprio Gabinete de Orçamento. Em 1962, criou-se um novo apêndice à presidência, o Gabinete de Ciência e Tecnologia, sucessor do Comitê Consultivo de Ciência, que fora criado em 1957. Em 1974, o Congresso criou seu Gabinete de Avaliação Tecnológica. E, assim por diante, até hoje.

Não pretendo depreciar nenhum desses desenvolvimentos; cada um deles pode ter sido sensato e necessário. Mas o Congresso parece reativo e emulativo. E não consegue manter o ritmo. Em uma corrida por espaço ou perícia entre os ramos do governo, o Legislativo sempre perderá. Uma medida de quanto terreno já perdeu está aparente na limitada, mas menos limitada do que costumava ser, participação presidencial, através do veto condicional, na criação de leis. No início, os presidentes faziam vetos primários ou somente quando consideravam a legislação inconstitucional. Mas há muito adotaram a prática de vetar projetos de lei por razões puramente políticas, assim afirmando para si mesmos ao menos paridade com o Congresso no estabelecimento da agenda constitucional. Franklin Roosevelt foi presidente por 4.422 dias, durante os quais seu partido controlou ambas as câmaras do Congresso e, mesmo assim, ele vetou 635 projetos de lei.

Todas as agendas nacionais definidoras de eras nos Estados Unidos — o Novo Nacionalismo de Theodore Roosevelt, a Nova Liberdade de Woodrow Wilson, o New Deal de Franklin Roosevelt, o Fair Deal de Harry Truman, a Nova Fronteira de John Kennedy, a Grande Sociedade de Lyndon Johnson, a Revolução de Reagan — foram agendas presidenciais. Isso ajuda a explicar por que, segundo James Ceaser, não há um monte Rushmore celebrando astros do Congresso. E é interessante que os quatro homens celebrados no monte Rushmore só tenham tido, juntos, um único mandato no Congresso: os dois anos de Lincoln na Câmara. Esse é o reconhecimento em pedra da alegação feita por Andrew Jackson.

Até o fim da década de 1820, as eleições presidenciais eram duplamente indiretas. Os presidentes eram eleitos por eleitores escolhidos não pelos cidadãos votantes, mas pelas legislaturas estaduais. Mas, após a eleição de Jackson em 1828, ele se tornou o primeiro presidente a defender que os presidentes, os únicos oficiais eleitos por votos nacionais, necessariamente adquirissem mandatos que os colocassem ao menos no mesmo nível do Congresso, que é um conglomerado de representantes de eleitorados menores. Antes de Jackson e durante a maior parte do século XIX depois dele, a doutrina prevalente era de que o Congresso era o principal representante do povo. A primeira mensagem de Jefferson ao Congresso foi revestida na linguagem de um Executivo não partidário: "Nada deve falhar, de minha parte, ao informar, na medida de meu poder, o julgamento legislativo, nem ao levar esse julgamento a sua fiel execução." De acordo com o historiador constitucional Edward S. Corwin, "o tom das mensagens [de Jefferson] é uniformemente deferente em relação ao Congresso".[34] Monroe subscrevia a doutrina de supremacia congressional tão completamente que se manteve totalmente em silêncio durante as ardentes questões da época, a admissão do Missouri como estado e o status da escravidão no território da Louisiana.

Na segunda metade do século XX, os republicanos adotaram integralmente a supremacia presidencial que tanto os irritara durante o New Deal. Entre 1952 e 1988, eles controlaram ambas as câmaras do Congresso por somente dois anos (1953-1954), mas venceram seis das dez eleições presidenciais. Entre 1968 e 1988, venceram cinco das eleições presidenciais, embora só tenham controlado o Senado durante seis anos (1981-1986). E mantiveram a presidência por 28 dos 40 anos anteriores a 1992. Como resultado, os conservadores ficaram fixados na presidência e, convenientemente, adotaram o vocabulário centrado no presidente, argumentando que o progresso social é uma medida das aptidões presidenciais, por ser consequência delas. A premissa não conservadora dessa afirmação, que tem origem nos progressistas da virada do século, é que o governo, particularmente o ramo executivo do governo federal, é a agência criativa mais importante da sociedade.

Não importa que a cláusula da Constituição que diz que o presidente deve "cuidar para que as leis sejam fielmente executadas" o torne responsivo àquilo que faz o Congresso. E em relação a somente uma questão, o veto condicional, a Constituição torna sua vontade superior às maiorias simples em ambas as câmaras. Mesmo assim, essa vontade, embora esteja longe de ser decisiva no estabelecimento de políticas públicas, é agora superior. Isso ocorre amplamente porque os presidentes têm os meios para suscitar as paixões públicas e já não existe um "*common law* do comportamento presidencial" que os impeça. O controle e a regulamentação das paixões públicas não devem ser feitos por oficiais governamentais agindo como os guardiões de Platão. Devem ser feitos pela arquitetura do governo, pela tensão e desconfiança entre suas instituições concorrentes. Elas devem moderar as paixões públicas ao canalizá-las através de instituições que se contrabalançam e as compelem a ser sentidas apenas indiretamente por aqueles que criam políticas. Assim, quando Madison disse que o governo é o controlador e regulamentador das paixões, ele queria dizer que a Constituição faz esse papel. E, durante muito tempo, ela fez.

Por cerca de 150 anos após a fundação, muitas controvérsias políticas no nível federal tendiam a começar com um debate sobre o princípio constitucional: os poderes enumerados do governo davam a ele o direito de agir em um assunto particular? Somente após esse debate vinha a discussão política. Hoje, quase ninguém, no ramo legislativo ou executivo, acredita haver qualquer tema ou esfera dos quais o governo federal esteja constitucionalmente excluído. Mas o eclipse dessa ideia não significa que a prudência não deva fazer o que o princípio constitucional fez outrora: conter a tendência do governo federal de ser ativo por toda parte. Essa tendência está desacreditando o governo federal e transformando o federalismo em piada ao reduzir os estados a administradores dos empreendimentos federais.

James Q. Wilson observou que, da fundação até a Guerra Civil, o problema definidor era estabelecer firmemente a legitimidade do governo federal.[35] Da Guerra Civil até o New Deal, era o poder: sob que limites o governo federal operava? Do New Deal até recentemente, era a representação: todo os grupos estavam apropriadamente envolvidos na crescente importância de Washington? Hoje, o problema definidor se relaciona à escolha coletiva: um governo federal que não reconhece limites a seu escopo e responde promiscuamente a apetites cada vez maiores de facções cada vez mais numerosas pode servir aos interesses de longo prazo da sociedade? A resposta, baseada na avalanche de evidências fornecidas pela atual governança, é um enfático "não".[36] As evidências estão na ascensão do Estado administrativo e na queda da responsabilidade fiscal.

## O "AFASTAMENTO TEMPORÁRIO" DE FRANKLIN ROOSEVELT

Faz oito décadas desde que o presidente Franklin Roosevelt, em seu primeiro discurso de posse, pediu o "afastamento temporário do equilíbrio normal" entre "autoridade executiva e legislativa". Desde 1933, o afastamento se tornou permanente. É o novo normal. Concorrendo à presidência em 2008, Barack Obama disse: "Os maiores problemas que enfrentamos se devem ao fato de que George Bush tentou trazer mais e mais poder para o ramo executivo, sem passar pelo Congresso. E é isso que pretendo reverter quando for presidente."[37] Dificilmente. Como presidente, ele disse que seria "bom" se o Congresso o "ajudasse", mas ele não esperaria por essa ajuda.

Cada vez mais, tais promulgações e revisões são feitas por agências regulatórias ou pelo Estado administrativo. Em relação a isso, Madison foi, como de costume, incomumente previdente. Escrevendo em 1791, em ansiosa resposta aos planos de Hamilton de implementar uma direção nacional ao desenvolvimento econômico, Madison previu que essa prática cobraria um preço, primeiro do federalismo e depois da separação de poderes do governo federal. Quando o governo federal começasse a exercer poderes e reivindicar responsabilidades pertencentes aos governos locais e estaduais, a legislatura federal seria inundada por novas e múltiplas tarefas e isso "forçaria uma transferência" de muitas dessas funções do ramo legislativo "para o departamento executivo". Assim, Madison discerniu o embrião do Estado administrativo.[38] Em 1887, o Congresso criou a Comissão Interestadual de Comércio, que foi o embrião do Estado administrativo. Esse Estado era uma criatura musculosa e ainda em crescimento em 2016, quando o Congresso aprovou 2.966 páginas de leis e as agências federais produziram 32 vezes mais regulamentações: 97.110 páginas.

Calvin Coolidge, o presidente que permaneceu mais tempo no poder na década anterior ao firme estabelecimento do Estado administrativo, já sentia que a transformação do governo federal estava muito avançada: "Esse não é o governo criado por Washington e Hamilton e popularizado por Jefferson. Algumas das salvaguardas estabilizadoras que eles forneceram foram enfraquecidas."[39] Note a astuta maneira com que Coolidge diz algo correto, mas discordante do sentimento americano: Washington e Hamilton fizeram o máximo para criar uma ordem constitucional que Jefferson apenas "popularizou". Mas Coolidge não tinha a menor ideia de como o Estado administrativo evoluiria. Gary Lawson forneceu uma famosa descrição sobre o funcionamento de uma molécula do Estado administrativo, a Comissão Federal do Comércio:

> A Comissão [Federal do Comércio] promulga regras substanciais de conduta. Avalia, então, se autorizará ou não investigações sobre se as regras da Comissão foram violadas. Se a Comissão autorizar uma investigação, ela é conduzida pela Comissão, que relata suas descobertas à Comissão. Se a Comissão achar que as descobertas da Comissão requerem uma ação impositiva, a Comissão registra uma queixa. A queixa da Comissão de que uma regra da Comissão foi violada é defendida pela Comissão e adjudicada pela Comissão. A adjudicação da Comissão pode ocorrer perante toda a Comissão ou perante um juiz

> administrativo semiautônomo da Comissão. Se a Comissão escolher adjudicar perante um juiz administrativo, e não perante a Comissão, e a decisão for adversa à Comissão, a Comissão pode apelar à Comissão.[40]

Um quarto de século depois, o funcionamento do Estado administrativo se tornou muito mais opaco, recôndito e afastado da prestação de contas. Isso vem ocorrendo há quase um século e teve defensores famosos. Dois dos principais intelectuais do New Deal foram James Landis e Felix Frankfurter, ambos vieram a Washington após frequentarem a faculdade de direito de Harvard. Eles ignoraram como "abstração infantil" a ideia de que o Congresso não pode delegar poderes legislativos a agências executivas. Estavam rejeitando uma ideia de origem nobre: John Locke argumentara que uma legislatura "não pode transferir o poder de criar leis a quaisquer outras mãos, pois esse é um poder delegado pelo povo e aqueles que o possuem não podem passá-lo adiante". Talvez não devessem, mas certamente fazem isso, e regularmente. O governo moderno opera sobre a suposição de que Landis e Frankfurter estavam corretos ao postular "a inadequação de uma forma simplesmente tripartite de governo para lidar com os problemas modernos".[41]

As várias agências que, de diversas maneiras, são emanações do ramo executivo se tornaram tão numerosas, tão coletivamente enormes e tão centrais para a governança que quase constituem um quarto ramo do governo. Philip Hamburger diz que "o direito administrativo encontrou um lugar no governo americano quando ainda se podia acreditar que regulamentações e adjudicações administrativas seriam meras exceções no interior da estrutura constitucional tradicional". Hoje, no entanto, "a exceção engoliu a regra". O direito administrativo "se tornou muito maior que o direito estatutário e se transformou no modo dominante de o governo federal lidar com o público". As regulamentações das agências federais preenchiam 18 mil páginas do Código de Regulamentações Federais em 1938 e 175 mil páginas em 2014. Em 2014, o Gabinete de Proteção Financeira do Consumidor, que só passou a existir em 2010, produziu 1.099 páginas de regulamentação e material explicativo relacionados a somente uma de suas preocupações, as hipotecas.[42]

Embora Madison dificilmente pudesse ter imaginado, quem dirá antecipado, essa tradução da separação de poderes, ela está adequada ao aviso publicado no Artigo Federalista nº 47: "A acumulação de todos os poderes, legislativo, executivo e judiciário, nas mesmas mãos, seja nas de um, de poucos ou de muitos e seja hereditária, autoatribuída ou eletiva, pode, com justiça, ser considerada a própria definição de tirania."[43] Os progressistas francos confessam, ou costumavam confessar, que essa "acumulação" não é meramente uma consequência subsidiária ou não pretendida do Estado administrativo. Hoje, eles acreditam que esse é o objetivo do Estado administrativo, concebido como solução para o grande defeito da fundação, a separação de poderes. Em 1803, em *Marbury v. Madison*, no qual a revisão judicial foi firmemente estabelecida nas práticas políticas americanas, o presidente da Suprema Corte, John Marshall, disse que é "enfaticamente a província e o dever do departamento judiciário dizer o que é lei".[44] Se Marshall pudesse ter imaginado o Estado administrativo de hoje, ele não teria considerado muito do que esse Estado faz compatível com o estado de direito.

O senador Mike Lee, um republicano de Utah, tem uma disposição didática, como descobrem os visitantes de seu gabinete quando lá veem duas pilhas de papéis. Uma, com alguns poucos centímetros de altura e cerca de oitocentas páginas, contém todas as leis aprovadas em uma sessão recente do Congresso. A outra, com quase 3,5 metros e cerca de 80 mil páginas, contém todas as regulamentações propostas e adotadas em um ano pelas agências executivas. A lição que Lee quer que seus visitantes aprendam e com a qual fiquem consternados é que o Congresso já não é a instituição primária do autogoverno americano. Assim, a lição é que seu trabalho principal, o de legislar, foi movido para as margens da governança americana. As evidências disso estão por toda parte e são esmagadoras. Por exemplo, a Lei Dodd-Frank de 2010, reformando as regulamentações financeiras, foi menos importante pelo que fez explicitamente do que pelo que orientou outros a fazerem: ela terceirizou quase quatrocentas decisões regulatórias.

Lee dá dois exemplos especialmente contundentes de atenuação do governo representativo pela transferência do poder legislativo do Congresso para as agências executivas. Durante a Grande Depressão, o Congresso autorizou o Departamento de Agricultura a auxiliar alguns fazendeiros (e prejudicar muitos consumidores) ao aumentar o preço de certos produtos agrícolas. O departamento fez isso estabelecendo cotas que limitavam a venda desses produtos, incluindo laranjas.[45] Assim, de 1933 a 1992, quando a Grande Depressão já era uma memória esmaecida, o governo evitou que um terço das laranjas sem sementes fossem vendidas no mercado americano. O Departamento de Agricultura criou um Comitê Administrativo das Laranjas sem Sementes, e um agribusiness privado, a Sunkist, recebeu o poder de nomear cinco dos onze membros do comitê. Uma linha telefônica direta conectava o comitê à Sunkist, e a equipe do comitê fazia parte do plano de aposentadoria da empresa. Assim, o poder legislativo foi cedido pelo Congresso a um departamento executivo que, por sua vez, cedeu parte dele a um interesse privado. O envolvimento dos representantes eleitos do povo americano nessa política foi minúsculo.

Com a Lei do Ar Limpo, o Congresso delegou à Agência de Proteção Ambiental a imposição de quaisquer limites a quaisquer poluentes cuja limitação fosse considerada "necessária para proteger a saúde pública". Logo, a agência passou a considerar que essa concessão de poder sobre os poluentes lhe permitia cobrar pedágio em algumas pontes da cidade de Nova York, a fim de angariar fundos para financiar o transporte em massa, assim reduzindo a poluição do ar pelos automóveis.[46] Em resposta aos eleitores furiosos, alguns membros do Congresso que representavam a cidade — e que haviam votado por essa ampla concessão de poder à agência — lideraram uma manifestação contra o que eles mesmos haviam feito ao delegar sua responsabilidade pela criação de políticas.

Hoje, o número de regulamentações federais *criminalmente* puníveis pode exceder 300 mil (ninguém sabe dizer com certeza).[47] A maioria delas foi criada por agências executivas. Elas decidem como as violações devem ser punidas. Nessa era de insanidade institucional, observa Lee, "um único estatuto autorizando a Administração de Alimentos e Medicamentos a criar regras para 'dispositivos médicos' levou à regulamentação de equipamentos para levantamento de peso, enxaguantes bucais, óculos de sol e controles remotos para TVs".[48] Muitos membros do Congresso ficaram enfurecidos quando o presidente Barack Obama declarou "Se o Congresso não age, eu agirei" e começou a forçar os limites dos poderes presidenciais unilaterais — ou a demonstrar que há poucos limites a eles.[49] Mas ele fez isso em um contexto condicionado há décadas pela preguiça e a indiferença congressionais em sua desistência do poder de criar políticas. A renúncia do Congresso a suas responsabilidades contribuiu para uma condição muito pior do que Madison poderia ter imaginado quando escreveu, no Artigo Federalista nº 62: "Terá pouca importância para as pessoas que as leis sejam feitas por homens escolhidos por elas se essas leis forem tão volumosas que não podem ser lidas ou tão incoerentes a ponto de não serem entendidas; se forem revogadas ou revisadas antes de serem promulgadas; ou passarem por incessantes mudanças a ponto de nenhum homem ciente da lei hoje poder adivinhar qual será a de amanhã. A lei é definida para ser uma regra de ação; mas como pode ser uma regra aquilo que é pouco conhecido e ainda menos fixo?"[50] É por isso que o estado de direito é a principal vítima desse abandono do dever do Congresso que tornou o Estado administrativo desenfreado. Como Ocie e Carey Mills aprenderam e o senador Lee lamenta.

O Congresso estipulou, na Lei da Água Limpa, que os proprietários de terras precisam obter uma licença antes de jogar materiais "nas águas americanas". Mas não definiu quais são essas águas. Assim, a Agência de Proteção Ambiental e o Corpo de Engenheiros do Exército cuidaram da definição. Eles disseram que as "águas" em questão incluem "áreas inundadas ou saturadas por água subterrânea ou de superfície em frequência e duração suficientes para suportar e que, em circunstâncias normais, suportam a prevalência de vegetação tipicamente adaptada à vida em condições de solos saturados". Ocie Mills e seu filho Carey construíram uma casa perto da baía de Escambia, na Flórida, em um terreno arborizado que continha uma pequena área de capim do brejo. Eles foram acusados de descartar um "poluente" — areia seca usada na construção da casa — em "águas navegáveis", porque seu terreno continha, embora não no local de construção, capim do brejo. O juiz do caso declarou que não era sensato esperar que um "leigo" soubesse que o termo "águas" se aplicava a "terras que parecem secas, mas podem ter alguma vegetação de solo saturado, como na situação em pauta". Mas foi obrigado a sentenciar pai e filho a 33 meses de prisão, em obediência a uma regra criada por uma agência executiva, porque o Congresso decidiu "abdicar do poder de definir os elementos de uma ofensa criminal".[51]

Os progressistas esperavam que, quando a governança se tornasse mais presidencial, o público passasse a aquiescer cada vez mais ao poder e à autonomia das agências administrativas. A esperança progressista era que, ao transformar um presidente popular e mesmo carismático no foco da consciência política nacional, o público se contentasse em ser governado por especialistas supostamente imparciais e desinteressados que estão imbuídos de legitimidade democrática por serem formalmente obedientes à vontade de um presidente que possui mandato nacional. E, na verdade, o público é notavelmente dócil ao fato de o governo gerenciar cada detalhe da vida.

Hoje, o governo federal regula que tipo de lâmpada podemos usar e a quantidade de água que pode fluir de nossas duchas e descargas. A proliferação desordenada de leis tem profundas implicações para o sistema de justiça criminal. Como diz Ilya Somin, a ignorância da lei: a) não é uma desculpa válida para a desobediência e b) é inevitável. Daí o título de um livro de Harvey Silverglate, um defensor das liberdades civis: *Three Felonies a Day* [Três delitos graves por dia]. Essa é sua estimativa meio travessa, mas essencialmente séria, do número de delitos que um americano comete por dia. Silverglate conta que os jovens promotores de determinado gabinete costumavam participar de um jogo no qual alguém escolhia uma pessoa famosa — Madre Teresa ou William Faulkner — e os outros buscavam uma lei que ela podia ser acusada de ter violado.[52] Como disse Lavrentiy Beria, o chefe da polícia secreta de Stalin, e como ele demonstrou durante os julgamentos da purga de 1930 e durante o Grande Terror: "Mostre-me o homem e eu mostrarei o crime." Isso não significa que o excesso de leis esteja preparando os Estados Unidos para tal repressão doméstica administrada pelo Estado. Mas essa quantidade excessiva fornece, nos cantos e recantos de um governo em expansão, ricas oportunidades para abusos de promotores públicos e outros. Quando, em 1780, John Adams inscreveu na Constituição do estado de Massachusetts o compromisso com um "governo das leis, não dos homens", ele talvez tenha presumido que o estado de direito significava governo das leis, não importando quantas fossem.[53] Ele não poderia ter imaginado este país hoje.

Charles Evans Hughes foi governador de Nova York (1907-1910), juiz da Suprema Corte (1910-1916) e quase presidente: 1.711 votos a mais na Califórnia teriam feito dele o vencedor das eleições de 1916, no lugar de Woodrow Wilson. Em seguida, Hughes foi secretário de Estado (1921-1925). Esse homem de vasta experiência chamou a Constituição de "maior instrumento já projetado para evitar que as coisas sejam feitas". Bem, sim, até certo ponto: em linguagem explícita, ela proíbe algumas coisas específicas, como restringir a liberdade de expressão, estabelecer religiões, conduzir buscas e apreensões não razoáveis etc. Mas, por sua estrutura, estipula como os negócios gerais do governo devem ser conduzidos. Ela não evita que coisas sejam feitas, só torna o processo — reunir maiorias simultâneas na Câmara, no Senado e na presidência — um pouco mais difícil. Durante a administração Obama, no entanto, quando a impaciência de um presidente progressista estava no auge, assim como (consequentemente) os lamentos na academia e na mídia sobre o "impasse", o Congresso aprovou a mais abrangente legislação de políticas sociais desde o Medicare e o Medicaid em 1965 (a Lei de Proteção e Cuidado Acessível ao Paciente, o Obamacare) e a mais ambiciosa legislação sobre o sistema financeiro da nação desde o New Deal (a legislação Dodd-Frank).

Mesmo assim, o governo de hoje, como Gulliver entre os liliputianos, está quase imobilizado por milhares de compromissos. Isso apresenta um contraste impactante com a agilidade do governo na aurora do liberalismo moderno. No segundo dos famosos primeiros cem dias de Franklin Roosevelt, ele ordenou um feriado bancário nacional. No quinto, o Congresso aprovou sua lei bancária quase unanimemente. No sétimo, a despeito da revolta de noventa democratas, a Câmara aprovou o projeto de lei reduzindo a aposentadoria dos veteranos e o salário dos funcionários federais. No décimo segundo, ele apresentou um projeto de lei agrícola que pressagiou muitas das subsequentes tolices em termos de programas federais de agricultura. A Câmara o aprovou no décimo oitavo dia. No décimo sétimo, Roosevelt propôs o Corpo Civil de Manutenção, que se tornou lei três semanas depois. No trigésimo sexto, propôs a Tennessee Valley Authority, cuja lei correspondente assinou no septuagésimo segundo dia. Em 2 de novembro de 1933, recebeu a proposta de uma Administração de Obras Públicas para empregar pessoas em tarefas como reparação de ruas e escavação de esgotos. Em 23 de novembro, 800 mil pessoas estavam empregadas; cinco semanas depois, 4,25 milhões — 8% da força de trabalho da nação. Hoje, seriam necessários muitos meses somente para preparar as declarações de impacto ambiental de tal programa.

O ativismo governamental dos anos 1930, os anos formativos de Ronald Reagan, pode ou não ter sido prudente, mas, ao menos, foi impulsionado por algo desesperador: a Grande Depressão. Imagine: em certo dia de maio de 1934, uma tempestade de areia, estendendo-se do Texas ao Canadá e chegando a 4,5 quilômetros de altura, moveu-se para o leste. A poeira cobriu a mesa de Franklin Roosevelt e navios a centenas de quilômetros da costa, no Atlântico. Em dezembro, dois em cada cinco residentes da Dakota do Sul recebiam auxílio financeiro, a porcentagem mais alta da nação. Em julho de 1935, os gafanhotos voltaram. O ativismo governamental dos anos 1960, os anos de ascensão política de Ronald Reagan em oposição a esse ativismo, foi impulsionado pelo interesse próprio e pela húbris do governo. Àquela altura, o próprio governo — a classe governante — se tornara o maior grupo de interesse, fazendo lobby para si mesmo em nome de seu crescimento. Com exceção das leis de direitos civis de 1964 e 1965, as criações do ativismo governamental da década de 1960, ao contrário da década de 1930, tiveram poucas consequências impactantes, porque não foram produzidas pelas forças políticas amplas e poderosas que produziram a Previdência Social e o seguro-desemprego, por exemplo. O que, então, o ativismo da década de 1960 produziu? Uma classe de reformadores profissionais cuja missão era mudar os parâmetros da política.

Na década de 1960, teve início o crescimento explosivo do número de assuntos considerados políticos e merecedores de atenção governamental. Talvez isso tivesse algo a ver com Lyndon Johnson ser o primeiro presidente a passar quase toda a vida adulta em Washington. No fim da década, Daniel Patrick Moynihan se preocupava com a crescente introdução, na política e no governo, de ideias originadas nas ciências sociais que prometiam promover a mudança social através da manipulação dos processos mais básicos da sociedade. Isso fazia parte de uma transformação da política: "Há pouco tempo, todos concordariam que a política tratava de quem recebia o que, quando, onde e como. Agora ela é mais que isso. Tornou-se um processo que deliberadamente tenta influenciar resultados como quem *pensa* o que, quem *age* quando, quem *vive* onde, quem *sente* como."[54] Foi por isso que, como disse James Q. Wilson, emergiu na década de 1960 "um verdadeiro Estado nacional no interior de um sistema constitucional designado para assegurar que um Estado assim não seria criado".[55]

O Estado administrativo inevitavelmente significa governo executivo e a derrogação do ramo legislativo, produzindo a explosão da dívida governamental. Ao explicar esses efeitos perversos do progressismo, Christopher DeMuth fala dos fracassos sobrepostos e mutuamente reforçadores do governo contemporâneo. O crescimento do Executivo impulsiona os empréstimos, que impulsionam o relacionamento entre "a indiferença regulatória e as finanças livres". O poder do governo é cada vez mais concentrado em Washington, o poder de Washington é cada vez mais concentrado no ramo executivo e o poder do ramo executivo é cada vez mais concentrado em agências não controladas pelo legislativo. Dívidas e regulamentação são "parentes políticos": ambas são funções legítimas do governo, mas foram pervertidas e se evadiram da prestação de contas democrática, que é uma chateação, e da taxação transparente, que é politicamente perigosa.[56]

O governo de hoje usa a regulamentação para atingir objetivos políticos, impondo ao setor privado fardos menos óbvios que a taxação direta e que só são visíveis indiretamente, no crescimento econômico mais lento e nos preços mais altos. Frequentemente, os objetivos perseguidos pelo governo são, sub-repticiamente, aqueles que não conseguiriam obter maiorias legislativas, como a regulamentação, por parte da Agência de Proteção Ambiental, da emissão de gases de efeito estufa, que o Congresso se recusara a aprovar. E o déficit nos gastos — os empréstimos — é, nas palavras de DeMuth, "um modo complementar de evasão fiscal". Ele permite que a classe política forneça aos eleitores de hoje significativamente mais benefícios do que os impostos atuais podem financiar, deixando a diferença para ser paga por eleitores jovens demais para votar ou ainda nem nascidos.[57]

Dois desenvolvimentos demonstram como "a delegação e a dívida se tornaram mecanismos coordenados de abnegação legislativa". Um deles é a delegação inconstitucional da autoridade de taxação do Congresso às agências regulatórias do ramo executivo, financiadas substancial ou inteiramente por taxas cobradas por elas mesmas, e não por dotações. Por exemplo, DeMuth diz que as despesas operacionais de 347 milhões de dólares da Comissão Federal de Comunicações "são financiadas por pagamentos das empresas que ela regula", e seu programa de 9 bilhões de dólares em subsídios para certas empresas de internet é financiado por sua própria e unilateral taxação das empresas de telecomunicações. O Gabinete de Proteção Financeira do Consumidor, outra agência desonesta não conectada ao processo de dotações, solicita e recebe uma parcela dos lucros dos bancos do Sistema da Reserva Federal. O segundo desenvolvimento é "a integração entre regulamentação e consumo financiado pelo endividamento".[58] Em 2013, uma manchete do *Washington Post* anunciava: "A administração Obama pressiona os bancos a concederem empréstimos para pessoas com baixo crédito."[59] Isso ilustra o argumento de DeMuth sobre quão livremente o governo executivo usa o consumo financiado pelo endividamento e "a conscrição regulatória dos mercados privados" para forçar gastos "vastamente além do que o Congresso teria incluído, às claras, nas dotações orçamentárias".[60]

DeMuth acredita que a alta afluência e as novas tecnologias "levaram a práticas políticas insalubres". Até recentemente, os três recursos básicos requeridos para a ação política efetiva — tempo livre, capacidade de adquirir e comunicar informações e habilidade de persuasão — eram escassos e possuídos somente pelas elites. Mas, em nossa sociedade rica e educada, os grupos de interesse podem pressionar os governos sem ser filtrados pelas hierarquias congressionais. Os líderes legislativos — particularmente os presidentes de comitês — perderam o poder quando o Congresso se tornou mais poroso e mais responsivo às facções que o importunavam usando as novas mídias. O Congresso, respondendo à crescente dificuldade para legislar, delegou grande parte da criação de leis a agências especializadas que apresentam menos conflitos internos. Seu papel diminuiu quando o papel das agências executivas autônomas cresceu. O Executivo impulsionou a expansão de benefícios pagos através de transferência automática, gastos privados ordenados pelo governo e taxações não transparentes e não previstas no orçamento, impostas pelas agências executivas.[61]

O governo costumava gastar primariamente na produção de coisas, como estradas, represas, pontes, forças militares. Mas há um número limitado dessas coisas. Agora, diz DeMuth, o governo gasta principalmente com consumo: "As possibilidades de aumentar o tipo, o nível, a qualidade e a disponibilidade dos benefícios são praticamente ilimitadas. Essa é a fonte primária do endividamento atual. A prática de emprestar para promover o consumo não tem um ponto natural de parada, com exceção da implosão."[62] Financiar o Estado de bem-estar social com vastos empréstimos e taxações regulatórias esconde os custos do público. Daí sua potência política. Até a implosão.

## O DOMÍNIO DAS "VELEIDADES" *VERSUS* O ESTADO DE DIREITO

DeMuth observa que o Congresso frequentemente se contenta em promulgar "veleidades", como o desejo, encontrado nas novecentas páginas da lei de reforma financeira Dodd-Frank, de que "todos os consumidores tenham acesso a mercados de produtos e serviços financeiros [...] [que sejam] justos, transparentes e competitivos". Quantos legisladores que votaram no projeto de lei leram essa linguagem? E quantos dos que a leram entenderam que estavam autorizando os legisladores federais a microgerenciar, por exemplo, os juros do cheque especial? Na lei Dodd-Frank, no Obamacare e em muitas outras leis, a legislação essencial é feita longe da colina do Capitólio, pela inexplicável formulação de regras burocráticas. Os peixes nadam, os pássaros voam e os reguladores têm o impulso metabólico de fazer o que foram criados para fazer. Assim, diz DeMuth, frequentemente vão além de diminuir os retornos marginais, determinando padrões de saúde, segurança e meio ambiente "com custos que excedem qualquer mensuração plausível de seus benefícios". Poder regulatório é poder executivo, que pode ser freado e contrabalançado somente pelos dois outros ramos. Mas, como diz DeMuth, embora os tribunais possam, sob a Lei de Procedimentos Administrativos, bloquear regulamentações "arbitrárias" e "voluntariosas" ou "abuso do poder decisório", eles usualmente acedem aos reguladores, em parte porque usualmente não possuem a necessária perícia científica ou outra.[63]

O problema da excessiva deferência judicial é o tema do próximo capítulo. Por agora, observe o seguinte: conforme o Estado administrativo distorce a arquitetura constitucional dos Estados Unidos, o juiz da Suprema Corte Clarence Thomas se torna cada vez mais o constitucionalista indispensável do país, urgindo o ramo judiciário a limitar a prática do ramo legislativo de delegar seu poder ao ramo executivo. Em quatro pareceres emitidos em 112 dias entre 9 de março e 29 de junho de 2015, Thomas denunciou a crescente incoerência da jurisdição de separação de poderes da Corte, um tema central para o argumento atual entre constitucionalistas e progressistas. Os primeiros favorecem e os segundos se opõem à ideia de exigir que o Congresso se atenha a suas responsabilidades, restringindo tanto a delegação de poderes legislativos quanto o poder executivo.

"A Constituição", comentou Thomas, "não investe o governo federal de um 'poder governamental' indiferenciado." Ela investe três tipos distintos de poder em três ramos diferentes. A Corte tem o "dever judicial" de impor as cláusulas de investidura como absolutas e exclusivas, policiando os limites dos ramos. Particularmente, deve impedir que o Congresso delegue às agências executivas o poder essencialmente legislativo de formular "regras genericamente aplicáveis de conduta privada". Tal delegação apaga a distinção entre "a criação da lei e sua execução". Isso ocorre quando o Congresso — hiperativo, operando além de seus limites e ocupado demais para especificidades — delega a "determinação de políticas", o que "efetivamente permite que o presidente defina parte ou todo o conteúdo" de uma regra de conduta. Hoje, ao passo que o Congresso fornece somente "um nível mínimo de especificidade" às instruções que dá ao Executivo, uma Corte deferente abandona "toda pretensão de impor uma distinção qualitativa entre poder legislativo e poder executivo". Como resultado, "supervisiona e sanciona o crescimento de um sistema administrativo que concentra o poder de criar leis e impô-las nas mãos de um vasto e não responsabilizável aparato que não tem lugar confortável em nossa estrutura constitucional".[64]

O Estado administrativo, tão contrário à aspiração do conservadorismo de ter um governo limitado por uma estrutura constitucional de ramos rivais, depende de algo que os conservadores tão frequente e automaticamente elogiam: a deferência judicial à instituição majoritária do Congresso, mesmo quando este delega seus poderes legislativos a agências estranhas. Em um ensaio de 1887, o então professor Woodrow Wilson, da faculdade Bryn Mawr, disse que as complexidades da vida moderna exigem governo por administradores especializados, com "amplos poderes e desimpedida discricionariedade".[65] Quando, durante o New Deal, a Suprema Corte se tornou permissiva em relação à prática do Congresso de delegar poderes essencialmente legislativos, houve, diz Charles J. Cooper, "uma barganha implícita: a Corte permitiria que o Congresso delegasse — e o Estado administrativo exercesse — os poderes legislativo, executivo e judiciário, mas revisaria os exercícios administrativos de tais poderes, a fim de evitar ilegalidade e abuso". Todavia, há três décadas, a Corte "renegou esse acordo", adotando o princípio (chamado de "deferência Chevron", sobre o qual falaremos em breve) de que não possui competência para ser nada além de deferente.[66]

A Corte disse, em espírito wilsoniano, que "juízes não são especialistas".[67] Hoje, somos governados pelo clero de Wilson, mas ele não promove o que deveria promover para justificar a destituição do sistema constitucional de James Madison: um governo eficiente e admirável. Porém, uma evidência de que o Congresso pode estar redescobrindo sua consciência institucional foi o discurso de posse feito em 2015 pelo senador republicano pelo Nebraska Ben Sasse, um ph.D em história pela Universidade de Yale e ex-presidente da Midland Lutheran College (hoje Midland University). Ele ficou em pé em frente a sua mesa — a que solicitou, anteriormente usada por outro acadêmico na política, Moynihan — e perguntou "Alguma coisa seria perdida se o Senado não existisse?" E continuou: "O crescimento do Estado administrativo como quarto ramo do governo está esvaziando cada vez mais o ramo do artigo I, a legislatura, e muitos no Congresso foram cúmplices disso."[68]

Para que o Congresso possa retomar o papel que aqueles de sensibilidade conservadora favorecem para o primeiro ramo do governo, ou mesmo se quiser ser freio e auditor do ramo executivo, ele precisa fazer algo que pode irritar alguns conservadores: gastar mais consigo mesmo, em uma equipe maior e mais informada. Para que a separação dos poderes funcione como verdadeiro equilíbrio dos poderes, o Congresso deve, no mínimo, "saber o que o ramo executivo está fazendo". Até o século XX, isso não era um fardo insuperável. Em 1900, havia oito departamentos federais (sete novos departamentos de gabinete foram criados desde 1953), com 230 mil funcionários, 135 mil dos quais trabalhavam nos correios. "O Congresso conseguia apreender, em linhas gerais, o funcionamento de todo o governo federal." Desde então, desenvolveram-se severas "assimetrias de informação". Na verdade, tais assimetrias foram intensificadas como consequência involuntária da reforma do funcionalismo público. A Lei Pendleton de 1883, que essencialmente pôs fim ao patronato federal, "expandiu a brecha de conhecimento entre os legisladores e as agências executivas".[69] Burocratas executivos são especialistas; legisladores são generalistas. Eles são generalistas atribulados que passam cerca de um terço do tempo criando e supervisionando políticas, devotando o restante de suas energias a servir a suas bases eleitorais, comunicar-se com grupos de interesses, viajar para seus estados de origem e preparar-se para a eleição seguinte (arrecadação de fundos). O Congresso está em Washington de terça a quinta-feira durante um terço do ano. O governo funciona 365 dias por ano.

O Senado prejudicou a si mesmo com regras que não são consagradas nem pela longa tradição, nem pela lógica dos propósitos senatoriais. Essas regras deveriam ser modificadas para retificar um erro cometido há meio século. Não havia limite aos debates no Senado até a adoção da regra de encerramento, que deu a dois terços dos senadores presentes o poder de limitá-los. Isso ocorreu em 8 de março de 1917 — 29 dias depois de o Congresso declarar guerra contra a Alemanha —, quando uma obstrução evitou a votação de uma questão momentosa, a Lei do Navio Armado, que teria autorizado o presidente Woodrow Wilson a armar os navios da marinha mercante americana. (Claro, ele os armou mesmo assim.) Em 1975, a obstrução ficou mais fácil ao requerer os votos de três quintos de todo o Senado, uma mudança cuja importância derivou do que Mike Mansfield (democrata por Montana), que foi líder da maioria pelo período mais prolongado da história, criara cinco anos antes: o sistema de "duas vias", através do qual o Senado, por consentimento unânime ou do líder da minoria, pode deixar de lado um projeto de lei obstruído e passar para outras questões. Desde então, os senadores que tentavam a obstrução tinham de permanecer discursando, testando os limites de sua energia e atrapalhando todo mundo, a fim de encorajar a maioria ao compromisso. Nos 52 anos após 1917, houve somente 58 moções de obstrução; nos quase 50 anos desde 1970, houve quase 2 mil.

Uma minoria deveria ser capaz de estender o debate a fim de favorecer discussões e, talvez, compromissos. Mas as obstruções pós-1970 são usadas para evitar discussões. Como disse o congressista Tom McClintock, da Califórnia: "A mera ameaça de obstrução é suficiente para matar um projeto de lei, pois o Senado simplesmente dá de ombros e passa para outras questões." McClintock urgiu o Senado a fazer uma "moção para prosseguir" na consideração de um projeto de lei não debatível e, portanto, imune à obstrução. "Grandes debates devem ser sobre grandes questões, não sobre se haverá ou não debate." E ele defende o abandono do sistema de duas vias. Isso evitaria que o Senado conduzisse outras questões durante uma obstrução, mas exigiria que aquele que a apresentou permanecesse discursando. Foi essa mútua inconveniência que, entre 1917 e 1970, tornou as obstruções raras e produziu pressão para se chegar a um compromisso a fim de solucionar o impasse. Como resultado da paralisia atual do Senado, diz McClintock, "a atrofia do ramo legislativo gera uma hipertrofia correspondente no ramo executivo". O uso promíscuo das falsas obstruções — requerendo sessenta votos para prosseguir com a consideração ou votação de legislação ordinária — esmaece o princípio constitucional implícito de que maiorias extraordinárias são requeridas somente para questões extraordinárias, como propor emendas constitucionais, suplantar vetos e ratificar tratados.[70]

A banalização das obstruções — já não exigindo que sejam eventos extenuantes e impeditivos — as privou de dignidade. Restaurá-las ao que foram outrora reafirmaria o princípio de que o mero majoritarismo — simplesmente contar números; o governo como máquina de calcular — deve ser temperado por uma obstrução reformada, que sirva como mecanismo para mensurar a intensidade da oposição da minoria à posição da maioria. A Constituição afirma o poder de cada câmara do Congresso de "determinar as regras dos procedimentos", de modo que quaisquer procedimentos do Senado são compatíveis com o texto constitucional. Mas as práticas tornadas possíveis pelas regras pós-1970 contribuíram para o desequilíbrio institucional, desestabilizando o projeto da Constituição ao incitar a perigosa expansão do poder presidencial. É por isso que Randy Barnett, professor de direito de Georgetown, e Jay Cost, do American Enterprise Institute, pedem a proibição das obstruções para leis de dotação orçamentária: "Os democratas descobriram que, se bloquearem leis individuais de dotação, toda a operação do governo inevitavelmente passará a fazer parte de uma lei global de dotação, e a maioria deverá aceitá-la *in totum* ou enfrentar a paralisação parcial do governo. Essa manobra eliminou amplamente a habilidade do Congresso de disciplinar o Executivo através de cortes singulares de gastos."[71]

A obstrução é adequada a uma instituição não majoritária na qual os menos de 660 mil habitantes do Wyoming têm tanta representação quanto os quase 40 milhões de habitantes da Califórnia. Além disso, ela atrasa, mas não derrota os processos políticos: alguém pode nomear qualquer coisa que a maioria dos americanos desejasse, de maneira intensa e prolongada, que tenha sido negada por causa de uma obstrução? Além disso, o governo não tem mandado constitucional para fazer parte do que faz e não sabe como fazer muito do que tenta fazer. Assim, a causa do bom governo ou, ao menos, da minimização do mau governo envolve fazer uma pausa. Em contrapartida, quando há recurso promíscuo, e não prudente, aos procedimentos que protegem os direitos das minorias legislativas, a resultante paralisia faz com que as eleições pareçam de menor importância. Isso afasta as energias políticas da persuasão e faz com que o mau humor permeie a vida cívica e a política se torne suja, brutal e interminável. Quando o Senado é disfuncional, a Câmara dos Representantes também o é, porque as medidas que envia ao Senado morrem por lá, não em função de emendas ou da rejeição, mas por permanecerem no limbo da indisposição senatorial de seguir com o que deveria ser a ordem regular de um corpo deliberativo.

Pode parecer extravagante, e certamente é fútil, argumentar que instituir a eleição direta dos senadores foi um erro. Mas foi. Os fundadores estavam certos ao fazer com que eles fossem escolhidos pelas legislaturas estaduais. A Câmara, eleita diretamente e com mandato de dois anos, foi projetada para ser responsiva. O Senado, eleito indiretamente e com mandato de seis anos, foi projetado para ser mais deliberativo e menos responsivo. Além disso, basear o Senado nas legislaturas estaduais fortaleceu a estrutura do federalismo. Dar aos estados um papel importante na determinação da composição do governo federal deu a eles o poder de resistir ao que acontece desde que a décima sétima emenda foi ratificada em 1913: sua progressiva (nos dois sentidos) redução a extensões administrativas do governo federal. Separar os senadores das legislaturas estaduais, que podiam monitorá-los e mesmo instruí-los, tornou os senadores mais suscetíveis à influência de grupos de interesse nacionalmente organizados baseados em Washington. Muitos desses grupos, que preferiam concentrar seus esforços em Washington em vez de terem de ser persuasivos em todas as capitais estaduais, fizeram campanha em prol da décima sétima emenda. O mesmo fizeram as máquinas políticas urbanas, que organizavam um eleitorado desinformado inflado pela imigração. As alianças entre tais interesses e os senadores levaram à extensão dos mandatos. Os fundadores deram aos três componentes políticos do governo federal (a Câmara, o Senado e a presidência) diferentes eleitorados (o povo, as legislaturas estaduais e o colégio eleitoral como originalmente pretendido) para reforçar o princípio de separação dos poderes, através do qual o governo é freado e contrabalançado.

Já que estou recomendando o inconcebível, outra reforma saudável seria limitar os mandatos: seis mandatos consecutivos para a Câmara dos Representantes, dois para o Senado. Sim, isso privaria o Congresso de grande parte de sua memória institucional, talvez exacerbando a distância, em termos de informação e experiência, entre os ramos executivo e legislativo. Assim, limitar o número de mandatos fortaleceria ainda mais a necessidade de equipes congressionais maiores e mais profissionais. É claro que os congressistas jamais enviarão para ratificação dos estados uma emenda constitucional limitando suas carreiras. (Em 1995, a Suprema Corte decidiu, por cinco votos contra quatro, que a limitação dos mandatos altera a qualificação para cargos no Congresso e, portanto, só pode ser imposta por emenda.) Assim como jamais colocarão suas carreiras em risco ao tomar as decisões (como reduzir as promessas em relação aos programas de benefícios ou aumentar os impostos para pagar por eles) necessárias para colocar a política fiscal da nação em um caminho sustentável. O carreirismo contribui para a política carnívora porque, para pessoas que entram jovens na política e pretendem ficar para sempre, a derrota eleitoral significa não somente o inconveniente de uma mudança de carreira, mas o terror da aniquilação profissional. Sem limitação dos mandatos, as campanhas se tornam ainda mais constantes e desesperadas. Em razão da presença das câmeras, a Câmara e o Senado se tornaram palcos para campanhas de ano inteiro. Televisionar o Congresso teve o efeito previsto por seus oponentes: os discursos são usados para gerar um fluxo infinito de frases de efeito mordazes para o telejornal noturno. Isso tem um efeito deletério na natureza deliberativa dos procedimentos.

O que é concebível, e cada vez mais urgente, é uma emenda constitucional para compelir o Congresso a deliberar ao compeli-lo a fazer escolhas. John F. Kennedy disse, em seu discurso sobre o estado da União de 1962: "A Constituição não nos torna rivais pelo poder, mas parceiros pelo progresso."[72] Essa tediosa platitude serve aos interesses dos presidentes, que a usam para amenizar as ansiedades do público e dos congressistas em relação ao crescimento do poder presidencial. Esse crescimento resulta tanto da agressividade presidencial quanto da supinação congressional. Dizer que "o Congresso foi cúmplice de sua própria diminuição" é ser gentil demais: sua cumplicidade equivale à quase total responsabilidade.[73] O Congresso voluntariamente cedeu vasto poder de decisão aos presidentes e às agências executivas ou se recusou a usar seus amplos e adequados poderes, dos quais o mais eficaz é controlar o dinheiro, para forçar o ramo executivo a obedecer. Incapaz de realizar o ato mais básico da governança, a definição de um orçamento, o Congresso passa de uma "resolução contínua" ou pacote gigantesco de gastos para outro, com seus membros tendo a escolha de aceitar o pacote inteiro ou paralisar o governo. Assim, o crescimento do governo é a única alternativa ao caos. O Congresso pode, ao menos parcialmente, resgatar-se de si mesmo e, ao fazer isso, servir ao país e à Constituição que seus membros juraram defender, ao adotar um caminho alternativo.

Durante muitas décadas, os conservadores subscreveram, ou disseram subscrever, a estratégia de responsabilidade fiscal que consiste em "matar a fera de fome". Sua teoria era a de que, se a receita do governo fosse suficientemente reduzida, as despesas também o seriam. Como escreveu Milton Friedman em 2003, "Como podemos reduzir os gastos do governo? Acredito que só há uma maneira, aquela como os pais controlam filhos perdulários: cortando suas mesadas". Quão divertido isso prometia ser! Os republicanos teriam o prazer imediato de reduzir impostos, e a desagradável questão de reduzir as despesas seria adiada para amanhã. Mas amanhã está sempre a um dia de distância. William A. Niskanen, membro do Conselho de Consultores Econômicos do presidente Ronald Reagan, que provavelmente queria que a estratégia funcionasse, sabia que ela não funcionaria: "É muito improvável que reduzir o atual fardo tributário ou as despesas federais *reduza* a quantidade de serviços federais exigidos pelos eleitores." Na verdade, isso tende a *aumentar* essa quantidade, pois reduz o custo corrente — o custo para os recebedores — desses serviços. Não há, escreveu Niskanen em 2006, "nenhuma evidência significativa de que o alto déficit jamais tenha tido efeito similar ao de reduzir a mesada de uma criança; a diferença é que o governo federal tem um cartão de crédito ilimitado. Os gastos federais são mais bem descritos como comprar serviços do governo com um desconto igual ao déficit, cujos custos serão pagos por alguém no futuro".[74]

A discordância política de hoje é menos durável e perigosa que um consenso óbvio que une a classe política mais que a ideologia a divide. O consenso é que, ano após ano, em épocas boas e ruins, os americanos devem receber substancialmente mais bens e serviços governamentais do que são chamados a pagar.

Lamentos sobre a escassez do bipartidarismo ignoram o permanente e poderoso incentivo bipartidário, partilhado pelos partidos, para incorrer em enormes déficits, tornando o governo grande momentaneamente mais barato. O governo toma emprestado parte de seus custos; o fardo do empréstimo recai sobre as futuras gerações. Essa é uma forma de expropriação: taxação sem representação dos não nascidos. Ninguém sabe em que porcentagem do produto interno bruto o efeito deletério da dívida sobre o crescimento econômico se torna severo; nenhuma pessoa sensata duvida de que essa porcentagem existe. Descobriremos qual é da maneira difícil, a menos que o Congresso peça aos estados a rápida ratificação de uma emenda constitucional exigindo orçamentos equilibrados.

A emenda proposta por R. Glenn Hubbard, decano da faculdade de negócios da Universidade de Colúmbia, e Tim Kane, economista da Hoover Institution da Universidade de Stanford, limitaria o gasto total de cada ano à receita anual média dos sete anos anteriores, permitindo que déficits emergenciais temporários fossem autorizados por supermaiorias no Congresso. Como a reverência pela Constituição foi posta em perigo graças às modificações impostas a ela e como o estoque de ideias para aprimorar o documento de Madison sempre excedem o estoque de sabedoria madisoniana na sociedade, o documento deveria sofrer emendas raramente e com relutância. Hoje, no entanto, uma emenda sobre orçamento equilibrado é requerida para responder a dois desenvolvimentos: o abandono do entendimento original da Constituição e a morte da moralidade política que expressava esse entendimento. Por aproximadamente 140 anos, o governo foi restrito pela enumeração constitucional de seus poderes, que supostamente eram "poucos e definidos".[75] Antes de agir, o Congresso considerava o que James Q. Wilson chamou de "barreira da legitimidade": a Constituição dá ao governo o poder de fazer isso ou aquilo? Na década de 1950, o Congresso ao menos fingia lealdade aos limites constitucionais: quando quis construir o sistema interestadual de rodovias ou subsidiar o ensino universitário, ele se referiu, embora de maneira perfunctória, à enumerada responsabilidade pela defesa. Daí os nomes da Lei Nacional de Rodovias Interestaduais para a Defesa (1956) e da Lei Nacional de Educação para a Defesa (1958). Wilson achou que o colapso da barreira da legitimidade estava completo em 1965, quando o Congresso se imiscuiu em uma responsabilidade quintessencialmente local e estadual com a Lei de Educação Elementar e Secundária.

A democracia em geral e, especialmente, a barganha legislativa são inerentemente somatórias: maiorias são reunidas atraindo-se seus componentes com benefícios particularizados. Christopher DeMuth observa que, desde a fundação até a era New Deal-Grande Sociedade dos anos 1930-1960, a tendência natural de crescimento do governo foi inibida pela ética política bipartidária: os déficits não eram prudentes nem corretos, exceto quando "os empréstimos eram limitados a guerras, outras emergências e investimentos como a expansão territorial e os transportes, e as dívidas assumidas eram pagas diligentemente". Essa tradição de emprestar para o futuro se dissipou quando o governo começou a emprestar rotineiramente *do* futuro a fim de financiar o atual consumo de bens e serviços governamentais. DeMuth argumenta que uma emenda de equilíbrio orçamentário é requerida por causa da transformação do governo de provedor de bens públicos (defesa, infraestrutura) em provedor de benefícios (dinheiro e serviços) diretamente aos indivíduos.[76]

Uma emenda constitucional impondo limites aos mandatos no Congresso não eliminaria, mas atenuaria a necessidade de uma emenda de equilíbrio orçamentário, ao diminuir o incentivo para pensar na próxima eleição, em vez de na próxima geração. Infelizmente, o carreirismo que torna os mandatos limitados aconselháveis significa que o Congresso tampouco aprovará a solução instantânea de Warren Buffett para os déficits: quando, exceto em caso de guerra ou outra emergência, o orçamento não estiver equilibrado, todos os titulares do Congresso se tornam desqualificados para reeleição. Críticos da emenda do equilíbrio orçamentário avisaram que o Congresso a evadirá através de contabilidade criativa, gastos furtivos através de autorizações não financiadas aos governos estaduais e ao setor privado, declarações promíscuas de "emergências" espúrias e outros subterfúgios. Tais críticos inadvertidamente defendem a emenda ao assumir, não sem razão, que a classe política não é confiável. E que os representantes do povo são, infelizmente, representantes de um povo cada vez mais irresponsável.

As reformas institucionais discutidas ajudariam. Mas do que Washington realmente precisa é de duas coisas que as pessoas lá representadas geralmente consideram desonrosas: ambição e orgulho. Nenhuma delas é pecado, em seu lugar adequado. Washington está tomada pela ambição. Mas grande parte dela é ambição pessoal, não alimentada pelo orgulho institucional. Ao menos duas coisas são necessárias para corrigir o atual desequilíbrio constitucional causado por presidentes destituídos de uma concepção sensata de suas responsabilidades e pelo Estado administrativo não supervisionado. Uma delas é mais ambição institucional no Congresso. A outra é mais diligência do Judiciário ao cumprir seu dever indispensável de arbitrar conflitos ao longo das fronteiras da separação de poderes.

Esse ponto crucial da arquitetura constitucional americana só funciona quando os detentores dos poderes separados são zelosos em relação a seu território e suas prerrogativas: "A ambição", como escreveu Madison famosamente no Artigo Federalista nº 51, "deve se contrapor à ambição. Os interesses do homem devem estar conectados aos direitos constitucionais do lugar".[77] Ao contrário de muitos dos problemas sociais americanos (como a desintegração familiar), cujas causas são incertas e cujas soluções são desconhecidas, as causas e os corretivos para o desequilíbrio entre os ramos do governo federal são autoevidentes. A maneira de o Congresso interromper a transferência de seus poderes para o Executivo é parar. Parar de aprovar falsas leis que expressam apenas seus sentimentos (em relação a esse ou aquele resultado educacional ou ambiental) e parar de deixar para as agências executivas a tarefa de dizer quais comportamentos são prescritos e proscritos. E o Congresso pode recuperar alguns de seus poderes ao requerer, por exemplo, sua aprovação para todas as regulamentações "de monta", com um impacto de ao menos 100 milhões de dólares na economia. Essas medidas exigiram o fim da criação desleixada de leis por um Congresso preguiçoso ou avesso demais ao risco para ser preciso ao fazer escolhas intelectualmente difíceis e politicamente perigosas. Fazer isso minimizaria as ambiguidades e evitaria o erro da Suprema Corte conhecido como "deferência Chevron". Ela recebeu esse nome graças ao caso de 1984 no qual a Corte propôs o seguinte princípio: os tribunais devem acatar a interpretação de leis "ambíguas" feita pelas agências administrativas quando essa interpretação for "razoável". Esse é um incentivo ao trabalho legislativo descuidado por parte do Congresso, especialmente quando muitos de seus membros pensam em si mesmos, de modo bem pouco madisoniano, não como guardiões de uma instituição rival, mas como colegas e pontos de apoio do presidente atualmente no comando do ramo executivo.

Finalmente, se o Congresso for tão carente de assertividade institucional que despeje seus poderes do artigo I nas entidades do artigo II, então os tribunais do artigo III, especialmente a Suprema Corte, devem reviver e impor a doutrina da não delegação. Ela diz que, constitucionalmente, o Congresso não pode delegar poderes legislativos a agências governamentais ou entidades privadas. Tal delegação, que é impulsionada e tem sido justificada pelo crescimento do Estado administrativo, é conveniente para o Congresso, que terceiriza algumas de suas responsabilidades. Mas é incompatível com a separação de poderes e com as quatorze primeiras palavras que se seguem ao preâmbulo da Constituição: "Todos os poderes legislativos aqui concedidos devem ser investidos no Congresso dos Estados Unidos."

Como a deferência Chevron, que o juiz Neil Gorsuch chama de "doutrina criada por juízes para a abdicação do dever judicial", a não imposição da doutrina de não delegação é uma tentação judicial que os tribunais enfrentam desde que Oscar Wilde ensinou como lidar com a tentação: sucumbindo a ela.[78] Os tribunais compreensivelmente temem os desafios intelectuais e os riscos políticos envolvidos na definição de que nível de poder decisório concedido pelo Congresso às agências corresponde à concessão inconstitucional de poder legislativo. Mas, se não policiarem essa prática, ela continuará a se intensificar. E fará isso porque serve à expansão do Executivo e à fuga da responsabilidade pela legislatura. Essa perversa convergência de interesses desonrosos de dois ramos do governo federal é uma, mas somente uma, das razões pelas quais o próximo capítulo defenderá que o ramo judiciário deve se tornar mais enérgico e engajado na defesa daquilo a que a separação de poderes deveria servir: a liberdade.

CAPÍTULO 4

# A SUPERVISÃO JUDICIAL DA DEMOCRACIA

## Os problemas da "dificuldade contramajoritária"

> Não existe liberdade alcançada; como no caso da eletricidade, não pode haver um estoque substancial e ela precisa ser gerada conforme é gozada, ou as luzes se apagam.
>
> Juiz Robert H. Jackson[1]

Símbolos podem ressoar como címbalos bem tocados. Há profunda importância constitucional no fato simbólico de a convenção constitucional ter se reunido na sala em que a Declaração de Independência fora debatida e endossada. Ao substituir os artigos da confederação, a convenção fez uma correção de curso, mas não rompeu com o propósito e o destino fundamentais da nação. A Constituição continua o que a declaração começou. Lincoln não iniciou a primeira das dez frases do discurso de Gettysburg com as palavras "Há 75 anos..." Isso teria significado que "nossos pais" haviam "gerado" uma nova nação em 1787, com a Constituição. A Constituição criou um regime. Mas a nação nasceu com a Declaração de Independência. A carreira e a vida de Lincoln foram devotadas ao fortalecimento dos fios de entendimento através dos quais os cidadãos estão ligados à República. Isso exigiu colocar a fundação e a doutrina dos direitos naturais no centro da identidade nacional. E, como diz o filósofo Leon Kass, a declaração não era um documento especificamente "democrático", uma vez que "não especificava qualquer forma particular de governo".[2] Qualquer governo é legítimo se garante os direitos naturais e governa pelo recorrentemente expresso consentimento dos governados. Assim, das três proposições da formulação de Lincoln — governo do, pelo e para o povo —, a terceira é dispositiva. É mais provável que o governo trabalhe pelo povo — ou seja, faça aquilo que é mais importante, garantir seus direitos — se for um governo do e para o povo. Assim, a declaração é um documento contingencial e implicitamente democrático; ela sugere que a democracia é a forma de governo com a mais alta probabilidade de ser realmente para o povo.

Roger Sherman, de Connecticut, disse que o argumento central da convenção constitucional, da qual foi membro especialmente influente, era "não que os direitos pertencem naturalmente ao homem, mas como eles podem ser mais efetivamente protegidos na sociedade".[3] O juiz William Brennan, o mais influente liberal da Suprema Corte na segunda metade do século XX, disse: "Nossa Constituição não pretendia preservar uma sociedade preexistente, mas criar uma nova, estabelecer novos princípios que a comunidade política anterior não reconhecera suficientemente."[4] É possível discordar do uso da palavra "sociedade", que abrange muito mais que aquilo que é tratado na Constituição: a estrutura e os procedimentos de um dos muitos governos dos Estados Unidos. A sociedade, particularmente a americana, é caracterizada pela fluidez e pelo dinamismo, em uma agitação constante que nos leva não sabemos para onde. Mesmo assim, conservadores podem concordar com Brennan se, e somente se, com a Constituição "estabelecer" novos princípios ele quer dizer colocar em arranjos e processos os princípios da declaração.

O drama essencial da democracia deriva da tensão inerente entre os direitos naturais do indivíduo e o direito construído da comunidade de criar as leis que a maioria considera necessárias e adequadas. Os direitos naturais são afirmados pela Declaração de Independência; o governo pela maioria, circunscrita e modulada, é construído pela Constituição. A declaração é anterior à Constituição em termos não somente cronológicos, mas também lógicos. Como escreve Timothy Sandefur, a declaração "estabelece a estrutura para ler" a Constituição, de modo que é sua "consciência": nos termos em que a declaração articula o propósito da Constituição — "garantir" direitos inalienáveis —, ela indica os padrões pelos quais se pode distinguir os exercícios adequados e inadequados do governo pela maioria. "A liberdade é o ponto de partida da política; os poderes do governo são secundários, derivativos e, portanto, limitados [...] A liberdade é o objetivo da democracia, não o contrário."[5]

O projeto progressista, agora em seu segundo século, tem sido reverter isso, dando ao governo pela maioria prioridade sobre a liberdade quando há conflito entre eles, o que é frequente e inevitável. Isso reflete a crença progressista de que os direitos são resultado do governo; eles são "espaços de privacidade" que o governo "escolheu criar e proteger". Essa doutrina se resume, como pretendido, a destituir a visão dos fundadores, à qual James Madison aderiu durante toda a vida. Em dezembro de 1835, aos 84 anos, dezoito anos depois de ter deixado a presidência e sete meses antes de sua morte, Madison escreveu um "Ensaio sobre a soberania" no qual argumentou que "a soberania da sociedade" é "investida na e exercível pela maioria", que "pode fazer qualquer coisa que seja *legítimo* fazer". Mas "os direitos reservados dos indivíduos (de consciência, por exemplo)" estão "além do alcance legítimo da soberania".[6] Ou, como defendeu a Suprema Corte no caso de 1943 sobre os direitos de consciência, certas coisas estão "além do alcance das maiorias".[7]

## O TERCEIRO AMERICANO MAIS IMPORTANTE

Os dois americanos mais importantes foram presidentes. Sem George Washington, não haveria país. Sem Lincoln, uma nação destroçada jamais teria se reconectado às premissas dos fundadores. O terceiro americano mais importante, no entanto, foi um de quinze irmãos criados em uma cabana de madeira de dois cômodos e advogado autodidata: ele teve um ano de educação formal e um estágio de seis semanas com um instrutor legal. Em seus 34 anos como presidente da Suprema Corte, John Marshall colocou o pensamento constitucional no centro da governança americana. Quando, em 1792, Marshall, um rival (e primo) que Jefferson detestava, pensou em concorrer a um assento na Câmara de Representantes, Jefferson teve a ideia de colocá-lo onde faria menos estrago. Escrevendo sobre Madison, Jefferson disse: "Acho que a melhor coisa seria transformá-lo em juiz."[8] Assim, Marshall foi colocado no caminho de estabelecer a revisão judicial e tornar o ramo judiciário importante para a supervisão da democracia. Mas esse caminho foi longo e tortuoso.

Em 1215, na Magna Carta, "João, pela graça de Deus rei da Inglaterra", disse que, "a todos os homens livres de nosso reino", concedemos "todas as liberdades enumeradas a seguir, para que as tomem para si e as mantenham para si mesmos e seus herdeiros, em nosso nome e em nome de nossos herdeiros".[9] Essa expansão da liberdade como concessão soberana foi um progresso, seguido por outros ganhos incrementais extraídos de vários soberanos. Mas então chegou 1776. Escrevendo em 1792, James Madison disse: "Na Europa, liberdades foram concedidas pelo poder. Os Estados Unidos estabeleceram o exemplo [...] de poder concedido pela liberdade."[10] A mudança foi entre de cima para baixo e de baixo para cima: em vez de os direitos serem concedidos pelo governo para dar cada vez mais liberdade ao povo, o povo nasce livre para exercer sua liberdade, criar um governo para sua conveniência e, particularmente, garantir seus direitos naturais, preexistentes ao governo.

George Washington enfatizou isso em 17 de setembro de 1787, o último dia da convenção constitucional, da qual era presidente. Em sua carta transmitindo o documento ao Congresso, Washington colocou em duas sentenças a essência destilada da teoria de direitos naturais e o debate infinito sobre os direitos não numerados, mas retidos: "Os indivíduos que entram na sociedade devem ceder parte de sua liberdade para preservar o restante [...] É difícil estabelecer com precisão a linha entre os direitos que devem ser cedidos e aqueles que podem ser preservados."[11] Estabelecer essa linha é a tarefa fundamental e interminável do ramo judiciário. Isso sugere que devemos pensar sobre o artigo III da Constituição: ele é terciário em ordem, mas não em nível de importância. É a culminação constitucional: o ramo legislativo escreve leis, o chefe do ramo executivo cuida para que sejam fielmente executadas e o ramo judiciário está perpetuamente pronto para escrutinar seu conteúdo e sua aplicação. O que torna o Judiciário o epicentro do governo constitucional.

Nos meses anteriores à convenção de Anápolis em setembro de 1786, convocada para considerar soluções para as inadequações dos artigos da confederação, Madison leu os dois baús de livros que pedira que Jefferson enviasse da Europa. Eram livros sobre antigas e modernas confederações de estados e as lições a serem aprendidas com suas experiências. Ele notou que os artigos da União da confederação holandesa estipulavam que "tudo feito contrariamente a eles [é] nulo e sem efeito". Isso, diz Noah Feldman, foi "a primeira referência de Madison ao princípio da supremacia constitucional".[12]

No contexto americano, esse princípio logo — dezessete anos depois, na decisão da Suprema Corte em relação ao caso de 1803 *Marbury v. Madison* — exigiria revisão judicial. Mas ele foi previsto antes de 1786.

Um dos biógrafos recentes de Marshall, Joel Richard Paul, observa que, durante o início da década de 1780, Marshall foi membro do conselho estadual da Virgínia, que tinha o poder de vetar qualquer ação do governador. O governador era autorizado pelo estatuto a remover juízes de paz, o que John Randolph fez quando o juiz de paz John Price Posey malversou ativos de uma propriedade que estava encarregado de supervisionar. Marshall persuadiu seus colegas no conselho de que o estatuto que dava esse poder ao governador violava o espírito da Constituição estadual, que representava a "vontade suprema e permanente do povo" (palavras de Paul) e, por isso, devia ser superior a qualquer estatuto. Estava indicado o princípio da revisão judicial, que o juiz Marshall estabeleceria duas décadas depois.[13]

De todos os não antecipados ou somente vagamente previstos desenvolvimentos políticos americanos desde 1787 — a emergência dos partidos políticos; o domínio presidencial sobre o processo legislativo; a eleição direta de senadores; o gradual, mas completo abandono da teoria de que os poderes federais são "poucos e definidos" —, nenhum teve consequências mais importantes que a aceitação da revisão judicial.[14] Em nenhum lugar dos artigos I ou III há o requerimento constitucional de que o Congresso aceite qualquer decisão da Suprema Corte ou qualquer raciocínio através do qual chegue a ela. A deferência às decisões da Corte é uma tradição, uma prática consagrada pela reiteração. Paradoxalmente, essa tradição foi fortalecida pelo prestígio que deu à Corte como resultado da decisão de dessegregação escolar no caso de 1954 *Brown v. Conselho de Educação de Topeka*, que estava muito à frente da opinião pública, não somente no sul, mas em toda a nação. A Corte obteve prestígio *porque* agiu sem referência aos sentimentos públicos e, ao fazer isso, corrigiu uma injustiça com a qual as instituições majoritárias não conseguiam lidar.

Somente 55 dos 74 homens escolhidos para participar da convenção constitucional o fizeram, e alguns deles estiveram ausentes na maior parte do tempo. Embora fossem jovens — mais de um terço dos delegados estava na faixa dos 30 anos —, eles eram notavelmente experientes: 39 tinham experiência congressional. Mas não confrontaram esta indisputável verdade: se o Congresso é o árbitro soberano dos parâmetros de seu próprio poder, então não há base institucional para o governo limitado. Consequentemente, a revisão judicial é não somente implícita à, mas requerida pela estrutura constitucional do governo. Era improvável que uma convenção de veteranos das culturas legislativas antecipasse o futuro papel do Judiciário na revisão dos atos legislativos. Mas essa prática estava implícita, entre outros lugares, no preâmbulo da Constituição.

Durante a convenção constitucional, como notou o historiador Joseph J. Ellis, Gouverneur Morris, de Nova York, foi "o único delegado a falar mais frequentemente que Madison", e falou pelos delegados que favoreciam, como Madison, um entendimento mais nacional do que estavam esboçando, em oposição a uma confederação centrada nos estados. Morris foi o mais importante membro do Comitê de Estilos e Arranjos e, nesse papel, realizou uma convergência de estilo e substância ao revisar o preâmbulo escrito pelo Comitê de Detalhes. O preâmbulo do comitê dizia: "Nós, o povo dos estados de New Hampshire, Massachusetts, Rhode Island...", listando treze estados. Morris substituiu tudo por seis palavras: "Nós, o povo dos Estados Unidos." Por isso Ellis chama de "provavelmente o mais significativo ato editorial da história americana", porque Morris "contrabandeou a agenda nacional para o preâmbulo". Isso inseriu "uma crucial e clara pressuposição que o restante do documento foi projetado para refinar: a saber, que o recém-criado governo operava diretamente sobre todos os cidadãos americanos, e não indiretamente, através dos estados".[15]

A Suprema Corte definiu a cidadania como "o direito de ter direitos".[16] Teria sido melhor dizer "o direito de ter seus direitos naturais reconhecidos e seu exercício protegido". Até a segunda metade do século XIX, os direitos pessoais não eram enfatizados como baluarte da liberdade. A estrutura do regime — a alocação de poderes aos três ramos do governo federal e aos governos federal e estadual — era o baluarte. A palavra "baluarte" foi favorecida por alguns fundadores importantes. No Artigo Federalista nº 78, publicado em 28 de maio de 1788, Alexander Hamilton disse que "um forte argumento pelo mandato permanente dos oficiais judiciários" era que os tribunais deviam funcionar como "baluartes de uma Constituição limitada contra as intrusões legislativas".[17] Um ano depois, em 8 de junho de 1789, James Madison, defendendo a adoção da carta de direitos na Câmara dos Representantes, disse que "tribunais de justiça independentes se considerarão, de modo peculiar, os guardiões desses direitos; eles serão um baluarte impenetrável contra toda presunção de poder no Legislativo ou no Executivo".[18] Um baluarte é uma medida defensiva que desvia, contém, interrompe várias forças do homem ou da natureza. A estrutura de governo inventada na Filadélfia em 1787 e suplementada pela carta de direitos em 1791 deveria canalizar, conter e mesmo frustrar a força da opinião pública, incluindo, às vezes especialmente, a opinião da maioria.

A ideia de que o Judiciário federal com poder de revisão judicial é uma anomalia, enxertada no governo popular, é errônea. Tal Judiciário é uma instituição republicana, pois está conectado ao povo, embora indiretamente. Seus membros são nomeados pelo presidente e confirmados pelo Senado. Como escreveu Madison no Artigo Federalista nº 39: "Podemos definir uma República como [...] governo que deriva todos os seus poderes direta *ou indiretamente* do grande corpo do povo e é administrado por pessoas que mantêm seus cargos por beneplácito, por um período limitado, ou enquanto durar seu bom comportamento [...]. É suficiente para tal governo que as pessoas que o administram sejam nomeadas, direta *ou indiretamente*, pelo povo [ênfase minha]".[19] Consequentemente, é natural e adequado que o Judiciário reflita, agora mais que nunca, as preocupações, aspirações e paixões políticas.

## UM PARADOXO AMERICANO

É paradoxal que, em uma nação na qual o ceticismo sobre o governo está no âmago da filosofia política legada pelos fundadores, a elaboração e a aplicação dessa filosofia tenham sido feitas amplamente por ou através de uma instituição governamental, a Suprema Corte. Há uma profunda verdade sobre nossa politeia que às vezes é ignorada mesmo pelos mais talentosos estudantes da história americana. Frequentemente se diz que nossa nação é indiferente e mesmo avessa à filosofia política. E se afirma que essa disposição é uma virtude e um sinal da saúde nacional. A teoria é que somente nações infelizes estão constantemente engajadas na argumentação sobre coisas fundamentais e que a ausência — na verdade, a ausência meramente postulada — de uma filosofia política americana é evidência de um contente consenso sobre as premissas básicas de nossa politeia. Por exemplo, Daniel J. Boorstin, então historiador da Universidade de Chicago e mais tarde chefe da Biblioteca do Congresso, publicou o breve *The Genius of American Politics* [A genialidade da política americana] em 1953, durante a introspecção do pós-guerra sobre a natureza e o significado da súbita preeminência global dos Estados Unidos.

O argumento de Boorstin, apresentado com entusiasmo e erudição, pretendia explicar por que nosso sucesso estava relacionado à "nossa antipatia pela teoria política". A genialidade de nossa democracia viria não de algum gênio do pensamento político comparável a Platão, Aristóteles, Hobbes ou Locke, mas "de oportunidades sem precedentes neste continente e de uma peculiar e não repetível combinação de circunstâncias históricas". Isso explicaria "nossa inabilidade de criar uma 'filosofia' sobre elas" e por que nossa nação jamais produziu um filósofo político da estatura de Hobbes e Locke ou "uma obra teórica sistemática que se equipare às deles".[20]

Esqueça que James Madison foi um filósofo político de tal estatura. E o foi *porque* também foi político praticante. E esqueça que *O Federalista*, embora seja um compêndio de artigos de jornal escritos rapidamente em resposta a um problema prático (garantir a ratificação da Constituição), é uma obra teórica à altura do *Leviatã* de Hobbes e do *Segundo tratado sobre o governo civil* de Locke. Na segunda década do século XXI, enquanto percorremos o terreno sombrio e sangrento das atuais contendas políticas, o livro de Boorstin permanece interessante, mas primariamente como obra de época. É um caco do agora estilhaçado consenso americano. Ou, mais precisamente, é um documento escrito durante a calmaria antes da tempestade do contra-ataque conservador à complacente suposição dos progressistas de que sua ascendência estava garantida.

A argumentação sobre os fundamentos filosóficos americanos não somente continua, como está totalmente entremeada ao tecido de nossa vida pública. Longe de ser rara e de importância marginal, a filosofia política é mais central para nossa vida pública que para a de qualquer outra nação. Ela está implícita em quase todos os debates políticos significativos. De fato, está, como a carta roubada de Edgar Allan Poe, escondida em plena vista. Todos os nossos argumentos políticos envolvem, no fim das contas, interpretações da Declaração de Independência e da Constituição que foi escrita para fornecer arquitetura institucional para a governança de acordo com os preceitos da declaração. Assim, os advogados constitucionais são praticantes da filosofia política americana. Um deles, Randy Barnett, chama a Constituição de "lei que governa aqueles que nos governam". Ela é lida corretamente, argumenta ele, através das lentes do grande documento que a precedeu, a Declaração de Independência. A Constituição foi escrita para fornecer as práticas necessárias para uma vida nacional vivida de acordo com 52 palavras: "Consideramos estas verdades autoevidentes: que todos os homens são criados iguais e dotados por seu Criador de certos direitos inalienáveis, entre os quais estão a vida, a liberdade e a busca da felicidade. Que, para garantir esses direitos, governos são instituídos entre os homens, derivando seus justos poderes do consentimento dos governados."[21]

Essas palavras são tão familiares que a importância de duas delas, um verbo e um adjetivo, não é suficientemente compreendida. O governo pode derivar muitos poderes do consentimento da maioria, mas nem todos os exercícios desses poderes são, simplesmente por fluir da maioria, "justos". E os governos são instituídos para "garantir" nossos direitos preexistentes, não para concedê-los. Como insiste Barnett, a grande divisão nos Estados Unidos hoje é entre aqueles que acreditam, como os fundadores, que "primeiro vêm os direitos e então o governo" e aqueles que acreditam, como os progressistas, que "primeiro vem o governo e então os direitos". Os primeiros são aderentes da Constituição republicana. Os últimos nos deram a Constituição democrata.[22]

O debate entre essas coortes é "sobre o significado das primeiras três palavras da Constituição: 'nós, o povo.' Aqueles que favorecem a Constituição democrata veem 'nós, o povo' como grupo, corpo, entidade coletiva. Aqueles que favorecem a Constituição republicana veem 'nós, o povo' como indivíduos". A escolha entre esses dois entendimentos tem enormes consequências, especialmente em relação ao significado correto da soberania popular. Uma Constituição republicana é um mecanismo para limitar o governo, incluindo sua tradução dos desejos da maioria em leis e políticas, quando esses desejos estão em conflito com a tarefa primária do governo de garantir os direitos naturais dos indivíduos. Uma Constituição democrata é um mecanismo para dar prioridade à vontade de um coletivo, a maioria. Essa Constituição expressa o desejo da maioria das pessoas, permitindo que sua vontade prevaleça. Portanto, qualquer princípio ou prática, como a revisão judicial, que impeça a vontade da maioria é, para os defensores da Constituição democrata, presumidamente ilegítima até prova em contrário. E "os únicos direitos individuais legalmente obrigatórios são produto da vontade majoritária".[23]

Barnett acredita que, há décadas, os lockianos vêm perdendo terreno para os hobbesianos. Os que se orientam por John Locke são "aqueles para quem a liberdade individual é o primeiro princípio da ordenação social". Os filhos intelectuais de Thomas Hobbes "dão prioridade à necessidade de poder governamental para fornecer ordem social e realizar objetivos sociais", mesmo que os direitos dos indivíduos precisem ser reduzidos. Nem todos os hobbesianos são progressistas, mas todos os progressistas são hobbesianos, porque dizem que os Estados Unidos são dedicados a um *processo*, a tomada de decisão majoritária que legitima os exercícios do poder de governo que as maiorias endossam. Nem todos os lockianos são libertários, mas todos os libertários são lockianos, porque dizem que os Estados Unidos são dedicados a uma *condição*: a liberdade. Os hobbesianos dizem que o princípio americano essencial é o direito da maioria de impor sua vontade. Os lockianos enfatizam a rigorosa proteção judicial dos direitos individuais, especialmente a propriedade privada e a liberdade de contratos, que definem e protegem a zona de soberania no interior da qual as pessoas são livres para agir como quiserem.[24]

Segundo Barnett, a decisão no caso de 1896 *Plessy v. Ferguson*, na qual a Suprema Corte confirmou o direito da maioria de codificar a segregação racial sob a rubrica "separados, mas iguais", foi um exemplo do majoritarismo da Constituição democrata. A decisão no caso de 1954 *Brown v. Conselho de Educação*, que afirmou o direito de alunos individuais contra a preferência da maioria por escolas segregadas, representou uma há muito devida fidelidade à Constituição republicana. Barnett se tornou o líder daqueles que reafirmam a tradição de direitos naturais, destituída durante o longo sucesso do progressismo em definir a natureza da Constituição democrata e o papel permissivo do Judiciário na interpretação dos poderes do governo sob essa Constituição. Mas seu desafio aos progressistas é também, talvez primariamente, um desafio aos conservadores. Ele os está convidando a reexaminar as premissas filosóficas que os impeliram a celebrar a moderação judicial, entendida como deferência às instituições majoritárias. Assim, Barnett perturba o cochilo dogmático de pessoas que ocupam várias posições ao longo do espectro político.[25]

Como entendida pelos antigos, a liberdade era um peso a ser carregado, um fardo de constante imersão em obrigações civis. Essas obrigações não invadiam a esfera privada da vida porque não havia distinção clara entre as esferas pública e privada. Os assuntos da liberdade eram abrangentes e exigiam tempo e tranquilidade, que frequentemente eram fornecidos pela escravidão. O presente da modernidade foi a habilidade e a determinação de delinear claramente as esferas privada e pública, com a privada sendo a zona de soberania individual. É o reino do lar, da família e do trabalho que sustenta ambas. Essa é a base da proposição de que a Constituição da primeira nação conscientemente moderna, os Estados Unidos, protege a soberania de indivíduos privados, não a soberania de um coletivo público, "a maioria".

## A MOLDURA PRATEADA PARA A MAÇÃ DE OURO

Os direitos naturais são afirmados pela declaração. O governo da maioria, circunscrito e modulado, é construído pela Constituição. E um Judiciário propriamente engajado tem o dever de declarar os atos da maioria inválidos quando tolhem os direitos naturais. Essa tensão foi ilustrada na audiência de confirmação de Elena Kagan, quando lhe perguntaram se ela acreditava em direitos naturais não enumerados na Constituição. Ela respondeu: "Não tenho uma visão sobre o que são direitos naturais, independentemente da Constituição." E acrescentou: "Não estou dizendo que não acredito que existam direitos preexistentes à Constituição e às leis, mas meu trabalho como juíza é impor a Constituição e as leis." E: "Acho que, quanto à questão sobre aquilo em que acredito quanto aos direitos que estão fora da Constituição e das leis, bem, os senhores não querem que eu aja com base nessa crença."[26] Na verdade, queremos. Os direitos naturais, baseados na natureza, são "independentes" da Constituição. Mas não estão "fora" dela, porque seu propósito fundamental é a proteção desses direitos.

Madison e outros originalmente resistiram à ideia de acrescentar uma carta de direitos à Constituição, por duas razões. Eles achavam que ela seria supérflua porque a própria estrutura do governo — a separação dos poderes e o poder dispersado por instituições rivais — seria suficiente para proteger os cidadãos de um governo abusivo. E também que seria potencialmente perigosa: ao enumerar certos direitos, os não enumerados poderiam ser depreciados. Madison e os outros fundadores que pensavam como ele cederam, prometendo uma carta a fim de facilitar a ratificação da Constituição pelas várias convenções estaduais, onde os antifederalistas exigiam a enumeração dos direitos. Quando, após a ratificação, o 1º Congresso começou a esboçar a carta, o congressista Theodore Sedgwick, que participara do congresso continental, respondeu a um colega que perguntou por que aqueles que haviam preparado o esboço haviam enumerado somente certos direitos. Ele disse: "Eles poderiam ter feito uma longuíssima enumeração; poderiam ter declarado que um homem tem o direito de usar chapéu, se quiser;

tem o direito de se levantar quando tiver vontade e de ir para a cama quando achar adequado; mas [eu] perguntaria a tal cavalheiro se ele acha necessário inserir tais ninharias em uma declaração de direitos, sob um governo que não tem a intenção de infringir nenhum deles."[27] Sedgwick tinha razão: quando você começa a enumerar direitos, onde para? E por quê? E quais são as consequências de parar? Esse era também o argumento de Madison. A tentativa de solucionar ou, ao menos, refinar o problema está na nona emenda: "A enumeração de certos direitos na Constituição não deve ser interpretada para negar ou depreciar outros direitos retidos pelo povo." Se você acredita, como Robert Bork, que essa emenda é um "borrão" sem sentido, deve acreditar que os fundadores foram autores desleixados em relação a essa, e somente essa, provisão.

A Constituição é a lei fundamental dos Estados Unidos, mas não a primeira. A declaração surge como página 1 do volume 1 dos Estatutos Gerais dos Estados Unidos e está no início do Código dos Estados Unidos, sob o título "As leis orgânicas dos Estados Unidos". Desde a admissão de Nevada como estado em 1864, a admissão de todo estado foi condicionada à adoção de uma Constituição consistente com a Constituição americana — e com a declaração.[28]

"A Constituição", disse o juiz Clarence Thomas em um discurso de 1996, "significa não aquilo que a Suprema Corte diz, mas o que os delegados na Filadélfia e nas convenções estaduais de ratificação entenderam que significava [...] Nós, como nação, adotamos uma Constituição escrita precisamente porque ela tem um significado fixo, imutável".[29] Mas o significado não foi fixado somente pelo modo como os delegados e as convenções entenderam as aplicações imediatas do que estavam fazendo. Se eles entenderam seu trabalho como fornecer meios institucionais para os fins da declaração, então o significado fixo da Constituição deve ser encontrado em sua missão de proteger os direitos naturais e a liberdade em circunstâncias mutáveis, não fixas. A fidelidade ao texto requer fidelidade a coisas que são, em certo sentido, anteriores a ele: os princípios e objetivos políticos e sociais em nome dos quais o texto foi escrito. Ele foi escrito a fim de ser instrumental para os objetivos servidos pelos princípios.

Com uma aspereza nascida da exasperação, Antonin Scalia certa vez escreveu: "Se vocês querem aspirações, podem ler a Declaração de Independência", mas "não há tal filosofação em nossa Constituição", que é "um estatuto prático e pragmático de governo". Ah, sim? Devemos concluir que a filosofia é pouco prática e não pragmática? Não há filosofia na Constituição, até que a colocamos lá ao construir um estatuto de governo para uma nação que é, na formulação de Lincoln, dedicada a uma proposição que Scalia ignora como "filosofação": a de que todos os homens são criados iguais e em posse de direitos naturais. Nas palavras do acadêmico constitucional Walter Berns, a Constituição está relacionada à declaração "como o efeito está relacionado à causa".[30] Ou, como disse Lincoln, a Declaração de Independência é a "maçã de ouro" que está "emoldurada" por prata: a Constituição. A prata é valiosa e molduras têm função importante, mas o ouro é mais valioso e as molduras têm importância subsidiária àquilo que emolduram.[31] Hoje, o pomo nutre aqueles que acreditam que o Judiciário tem sido acomodatício demais a legislaturas responsivas demais às maiorias.

Em um caso de 1810, *Fletcher v. Peck*, o juiz John Marshall forneceu pouco conforto àqueles que achavam que o Judiciário deveria ser mais receptivo do que normalmente era ao princípio de que muito do que o Congresso fazia devia ser considerado constitucionalmente dúbio. E Marshall não encorajou aqueles que pensavam que o Judiciário deveria ser enérgico na busca de direitos não enumerados para proteger. Ele disse que a revisão judicial devia ser usada com "muita delicadeza" e as leis deviam ser declaradas inconstitucionais "raramente, ou nunca [...] em um caso duvidoso".[32] Mas por que, quando um ato do Congresso é constitucionalmente duvidoso, essas dúvidas devem ser ignoradas? Ou por que o Congresso deve receber o benefício da dúvida sobre o exercício de seus poderes? Se a ética judicial diz que o Judiciário deve aceder mesmo aos atos constitucionalmente dúbios do Congresso, por que isso é ético? Tal ética subordina a fidelidade à Constituição à celebração de uma parte do documento: o artigo I. E isso implica uma suspensão de julgamento a fim de proclamar lealdade ao majoritarismo. Dificilmente é libertarismo pesado afirmar que a liberdade dos indivíduos de participar de trocas e outras transações voluntárias, contratuais ou não, é presumivelmente importante e merece respeito do governo e, consequentemente, o governo tem o ônus de provar que uma interferência nessa liberdade é necessária para obter um premente interesse público.

O princípio da moderação judicial, destilado a sua essência, diz que um ato do governo deve ser considerado constitucional e que a parte que o considera inconstitucional tem o pesado ônus de demonstrar a inconstitucionalidade para além da dúvida razoável. O princípio contrário, de engajamento judicial, diz que o dever primário do Judiciário é defender a liberdade e que o governo, quando desafiado, arca com o ônus de demonstrar que sua ação está em conformidade com a arquitetura da Constituição, cujo propósito é proteger a liberdade. O governo se livra desse ônus ao demonstrar que sua ação é tanto necessária quanto adequada *ao exercício de um poder enumerado*. Um governo estadual ou local se livra desse ônus ao demonstrar que seu ato está dentro dos limites constitucionais de seu poder de polícia.

Mas ainda existem tais limites? Existiam em 1905. Mas sua extinção é sugerida pelo desdém disseminado — e errôneo — por uma decisão da Suprema Corte naquele ano. Há um século, existe amplo e durável consenso entre os acadêmicos progressistas de direito constitucional de que a Corte decidiu o caso Lochner inadequadamente. E há comparável consenso entre os historiadores progressistas de que o caso definiu toda uma era de direito constitucional e política social. Os de sensibilidade conservadora acreditam que o caso foi decidido corretamente. E a análise dos registros da Suprema Corte e dos tribunais estaduais sobre o exercício do poder de polícia dos estados em relação à legislação social, feita por David E. Bernstein, refuta a teoria de que houve uma "era Lochner", significando um período prolongado no qual quase toda a legislação social foi revertida por decisões judiciais que impuseram uma interpretação irracionalmente estrita ao poder de polícia dos estados.

O episódio Lochner começou em 2 de maio de 1895, quando a legislatura de Nova York promulgou uma lei que começava assim: "Nenhum funcionário deve ser solicitado ou autorizado a trabalhar em uma panificadora de biscoitos, pães ou bolos ou em uma confeitaria por mais de sessenta horas em qualquer semana ou mais de dez horas em qualquer dia."[33] Mal sabiam os legisladores que estavam fornecendo munição à Suprema Corte, a qual fomentaria entre os progressistas uma indústria de indignação que até hoje fabrica desaprovação em relação à decisão. Ostensivamente, a legislatura de Nova York limitou as horas de trabalho dos funcionários de panificadoras a fim de proteger sua saúde e segurança. Foi isso que ela disse. Se você acha que devemos acreditar na palavra das legislaturas, então assume que elas foram francas sobre seus motivos e que a subsequente decisão da Suprema Corte foi, como dizem seus críticos, um exercício indefensável de poder judicial — um ato essencialmente legislativo. Se, no entanto, tem uma abordagem menos sentimental e mais empírica ao avaliar o comportamento político e acha que certos tribunais deveriam ser similarmente frios ao julgar o trabalho das legislaturas, então *Lochner v. Nova York* merece ser reconsiderado.

Joseph Lochner, o imigrante da Bavária que desafiou com sucesso a constitucionalidade da lei, foi multado em 50 dólares por violá-la em sua panificadora em Utica. Ele argumentou que ele e seus funcionários tinham o direito, na ausência de um interesse governamental premente, de fazer um contrato voluntário estipulando dias e semanas de trabalho mais longos. Lochner fez isso com Aman Schmitter, que vivia com a família acima da panificadora. Lochner e Schmitter disseram exercer um direito não somente baseado na tradição anglo-americana, mas também com antecedentes no direito positivo e detectável pela razão. Em suma, um direito natural e inalienável.[34]

Os antecedentes políticos e a história legislativa do estado de Nova York demonstram sem margem de dúvida que a lei foi um exercício de *rent-seeking* das panificadoras sindicalizadas e dos sindicatos que representavam seus funcionários. *Rent-seeking* é um termo desafortunadamente opaco que passou a ser ligado a uma prática ainda mais desafortunada. Adam Smith distinguiu três tipos de renda: lucros, salários e renda econômica [*rent*]. A renda econômica é capturada quando uma terceira parte, mais frequentemente um governo, confere um benefício à primeira parte, privando a segunda de acesso à mesma oportunidade. Tarifas, por exemplo, conferem renda econômica aos fabricantes de bens protegidos ao privar os consumidores de comprar mercadorias importadas concorrentes sem pagar a tarifa. As restrições ao licenciamento profissional, ao limitar a entrada de novos competidores nas profissões, conferem renda econômica aos já estabelecidos: a renda econômica é o valor da isenção de competição imposta pelo governo. As regulamentações podem conferir renda econômica ao prejudicar alguns participantes de um mercado em benefício de interesses rivais que tiveram sucesso no que se chama de "captura regulatória" da agência em questão. As permutações de *rent-seeking* correspondem à vastidão do Estado administrativo. O *rent-seeking* é a tentativa de aumentar a própria renda sem aumentar a quantidade ou qualidade dos bens ou serviços oferecidos ao consumidor. É uma tentativa de manipular o poder público para obter vantagem privada, de fazer com que o governo melhore suas circunstâncias econômicas ao lhe conferir um benefício ou prejudicar seus competidores.

A lei que Lochner violou foi promulgada — ninguém disputa — a pedido de panificadoras grandes e sindicalizadas e dos sindicatos com os quais lidavam. Nessas panificadoras, as horas extras eram raras. O propósito da lei era prejudicar competidores pequenos, familiares e não sindicalizados que dependiam de horários de trabalho flexíveis. O desafio de Lochner à lei foi, como observa Bernstein, financiado "quase inteiramente por doações de pequenas panificadoras de varejo". O fato de Schmitter ter afirmado, em uma declaração juramentada, que excedera alegremente a semana de sessenta horas para aprender a fazer bolos não deteve o estado. Nova York fez uma queixa criminal contra Lochner. Quando o caso chegou à Suprema Corte, o notavelmente curto (dezenove páginas) sumário do estado de Nova York afirmava que a lei de horas máximas era simplesmente um exercício do poder de polícia para proteger a saúde do público e dos funcionários das panificadoras. Os progressistas da época estavam preocupados com o influxo de imigrantes, e o sumário reconheceu que a lei visava às panificadoras de imigrantes porque "chegou [a Nova York] grande número de estrangeiros com hábitos que precisam ser modificados".[35]

A Suprema Corte decidiu, por cinco votos contra quatro, a favor de Lochner. Ela disse que a produção de "pão limpo e saudável" não dependia de limitar as horas dos funcionários, que não eram, "em nenhum sentido, tutelados do Estado". E não havia nenhuma evidência de que a panificação fosse uma profissão especialmente insalubre. Portanto, a lei era uma "interferência" inconstitucional na liberdade contratual.[36] Esse é um direito não enumerado, significando que não foi mencionado especificamente na Constituição. Mas a Constituição afirma a existência de direitos não enumerados. A nova emenda diz: "A enumeração de certos direitos na Constituição não deve ser interpretada para negar ou depreciar outros direitos retidos pelo povo."

A principal dissensão oferecida pela minoria na Suprema Corte irradiava um estatismo que era o produto natural do paternalismo progressista. Um parecer discordante dizia que era legítimo para o governo do estado de Nova York exercer seu poder de polícia e proibir que trabalhadores, incluindo os dispostos, trabalhassem um número de horas que pudesse prejudicar sua "capacidade física e mental de servir ao Estado e prover para aqueles que dependem deles". Em outro parecer discordante, que se tornou famoso e influente, o juiz Oliver Wendell Holmes afirmou um poder de polícia quase ilimitado para o governo, fluindo do "direito de uma maioria de incorporar suas opiniões a uma lei". Note que o majoritarismo de Holmes o levou a afirmar um direito essencialmente ilimitado. É direito da maioria incorporar não somente suas opiniões sobre a proteção adequada da saúde ou da segurança dos trabalhadores, mas suas opiniões em geral, ponto. Assim, Holmes achava que o direito de um indivíduo à liberdade contratual não devia ser interpretado de modo a "impedir o resultado natural de uma opinião dominante".[37] Implicitamente, ele estava aceitando a ideia de que qualquer lei promulgada por uma legislatura democraticamente eleita representa a vontade da maioria. Nesse sentido, Holmes, que se considerava um realista pétreo, imune ao sentimentalismo, estava aderindo a uma teoria abstrata e sentimental da prática democrática, notavelmente não informada por evidências empíricas disponíveis a qualquer um que observe mesmo que apenas casualmente as práticas legislativas daquele momento ou de agora.

Os progressistas celebraram a afirmação de Holmes de que o governo deveria ser capaz de exercer poder de polícia quase irrestrito, desde que declarasse o que passaria a ser chamado de "base racional" para seu exercício. E a mera declaração bastaria. Os tribunais, disse Holmes, deviam defender a regulamentação econômica porque a Constituição não "inclui uma teoria econômica particular, seja de paternalismo e relação orgânica entre o cidadão e o Estado, seja de *laissez-faire*".[38] Esse foi o início da distorção, feita pelos progressistas, da decisão Lochner como expressando nada mais digno que o comprometimento da Corte com uma doutrina econômica que, na época, supostamente tinha influência ilimitada sobre as práticas políticas. Como Holmes tinha a absurda visão de que a Constituição fora escrita para governar pessoas com visões "fundamentalmente" diferentes, ele rejeitou a ideia de que o caso Lochner tratava não de uma teoria econômica, mas de uma filosofia política que é a doutrina americana fundamental. Ela afirma que, entre os direitos inalienáveis de todo indivíduo, está o direito à liberdade contratual, que inclui o direito de livremente vender seu trabalho ou comprar o trabalho de outros. E esse direito não pode ser extinto pela legislação por razões casuais ou, no caso do episódio Lochner, desonrosas, mesmo quando as legislaturas disfarcem suas razões na linguagem do aprimoramento social. Por isso a desaprovação progressista do "individualismo", que faz com que os direitos individuais, particularmente os direitos contratuais e de propriedade, impeçam a regulamentação da sociedade pelo Estado administrativo, para fins coletivistas, desimpedido de revisão judicial.

Frequentemente antes e depois do caso Lochner, a liberdade foi evocada — às vezes com sucesso, mas de modo geral não — contra legislações progressistas que falsamente pretendiam ser instrumentos imparciais para fins puramente humanos e altruístas. Por exemplo, muitas leis de horas máximas de trabalho e de salários mínimos foram escritas para ser aplicadas somente às mulheres. Certamente, elas foram escritas sob a falsa crença da época, que afirmava que "a timidez e delicadeza naturais e próprias ao sexo feminino evidentemente o tornam inadequado para muitas das ocupações da vida civil" e que "a missão e o destino soberanos da mulher são ocupar os nobres e benignos cargos de esposa e mãe". Assim escreveram três dos juízes discordantes no caso dos abatedouros de 1873. Em 1895, o superior tribunal do estado de Illinois, raciocinando como faria a Suprema Corte no caso Lochner dez anos depois, admiravelmente indeferiu uma lei impondo limites à semana de trabalho das mulheres, que fora defendida por muitos grupos que passariam a ser chamados de progressistas. O tribunal de Illinois, como a Suprema Corte no caso Lochner, citou a liberdade contratual, dizendo que as mulheres "possuem os mesmos direitos assegurados aos homens na Constituição, de fazer contratos relacionados a seu trabalho".[39]

Bernstein observa que as legislações supostamente protetoras das mulheres foram apoiadas por progressistas de diferentes tendências. Havia os paternalistas, que se preocupavam com a saúde feminina. Havia os maternalistas, que achavam que mulheres trabalhando fora de casa, independentemente de horas e salários, subvertiam seu papel natural como donas de casa. Havia os moralistas, que achavam que longas horas e baixos salários levariam as mulheres à prostituição. E havia os eugenistas, que achavam que mulheres que trabalhavam fora enfraqueciam a raça. A eugenia atraiu os progressistas porque, como diz Bernstein, ela se harmonizava com pessoas comprometidas com "o anti-individualismo, a eficiência, a perícia científica e a tecnocracia".[40]

As várias razões então fornecidas para usar os poderes de polícia dos estados a fim de proteger as mulheres agora parecem anacrônicas e ofensivas, mas nem sempre foram motivos cínicos para limitar a liberdade contratual. Todavia, adivinhe que facção econômica entrincheirada trabalhou, com sucesso, em nome da maternidade e de outros valores não econômicos, por leis estaduais proibindo as mulheres de serem advogadas. Os advogados favoreceram tais leis a fim de limitar a competição por serviços legais. E, em 1948, a Suprema Corte, totalmente comprometida com a jurisprudência anti-Lochner, manteve uma lei de Michigan que proibia, ostensivamente por razões morais, que mulheres trabalhassem como *bartenders*. A Corte escolheu tratar como irrelevante o fato de que os mais intensos defensores da lei eram sindicatos representantes de *bartenders* do sexo masculino em Michigan, onde as mulheres podiam trabalhar como garçonetes.

A hostilidade dos progressistas à ideia de inibir o poder de polícia dos estados também os tornou hostis às tentativas iniciais de usar a liberdade contratual contra a segregação. Os defensores da integração argumentavam que o direito de propriedade e a liberdade contratual garantidos pela décima quarta emenda superavam as leis que impunham segregação residencial. Mas os progressistas estavam ávidos para vindicar o poder do governo de regulamentar em nome do bem coletivo, sem ser impedido por afirmações de direitos individuais. E estavam comprometidos com o princípio de ampla deferência à definição governamental de bem coletivo. A imposição de contratos imobiliários restritivos escritos para manter bairros segregados foi justificada como necessária para reduzir o atrito racial, diminuir a disseminação de doenças contagiosas e proteger o valor das propriedades. Mesmo os progressistas que achavam a prática repugnante acederam à imposição, a fim de servir ao bem maior de ampliar o escopo do governo. No Kentucky, um decreto de Louisville proibia que "qualquer pessoa de cor se mude e ocupe como residência [...] qualquer casa em qualquer quarteirão no qual as casas sejam ocupadas em maior número [...] por pessoas brancas que [...] por pessoas de cor". Os progressistas inclinados a resistir foram desarmados quando o tribunal de apelações do Kentucky adotou seu vocabulário para defender o decreto: "o avanço da civilização [...] resultou no gradual enfraquecimento dos domínios do indivíduo sobre a propriedade privada e o correspondente fortalecimento do poder relativo do Estado em relação a ela."[41]

Os progressistas ocasionalmente eram bloqueados quando os tribunais reconheciam, em nome dos direitos individuais, limites ao poder de polícia dos estados. Após a Primeira Guerra Mundial, alguns progressistas, lembrando o axioma de Randolph Bourne de que "a guerra é a saúde do Estado", ficaram deliciados com seus efeitos centralizadores e homogeneizadores no governo e na cultura. Assim, defenderam o fim das escolas particulares ou, ao menos, sua sujeição ao Estado regulatório, a fim de incitar os cidadãos nacionalizados a uma aceitação maior do poder do governo. Em 1925, no entanto, a Suprema Corte indeferiu uma lei do Oregon, promulgada por referendo, que exigia que todas as crianças entre 8 e 16 anos frequentassem escolas públicas. Ao afirmar o direito dos pais de controlar a educação dos filhos, a Corte desconsiderou o suposto poder de polícia do Oregon para ordenar a escolarização pública. O propósito do estado era manter o caldeirão de culturas em ebulição ao eliminar as escolas paroquiais.

A argumentação explícita do caso Lochner teve alguns usos honrosos, como quando, em 1926, o superior tribunal da Geórgia afirmou que a liberdade contratual justificava indeferir uma lei que proibia barbeiros negros de cortar o cabelo de crianças brancas. O tribunal da Geórgia não aderiu ao princípio de Woodrow Wilson de que o propósito do governo é "adequar a vontade ativa e planejadora de cada parte do governo à vontade do pensamento e da necessidade populares prevalentes". E não acompanhou a "opinião dominante" à qual Oliver Wendell Holmes se curvava e que, na Geórgia em 1926, não favorecia o direito de barbeiros negros de cortar o cabelo de crianças brancas.[42]

Noventa e oito anos após a decisão do caso Lochner, a repulsa em relação a ela fez uma reaparição em um parecer discordante da Suprema Corte. Em 2005, em *Lawrence v. Texas*, a Corte invalidou, como violação da garantia da décima quarta emenda de igual proteção da lei, um estatuto do Texas criminalizando a intimidade sexual entre casais do mesmo sexo. Ao discordar, o juiz Antonin Scalia demonstrou a profunda divisão do conservadorismo americano ao dizer que a Constituição não protege o direito a tal intimidade, assim como não protege o direito de trabalhar "mais de sessenta horas por semana em uma panificadora". Scalia, consistente em seu majoritarismo, estava errado tanto sobre o caso Lawrence quanto sobre o caso Lochner.[43]

Em seu parecer discordante sobre o caso Lochner, Holmes dissera que a "décima quarta emenda não estabelece a *estática social* do sr. Herbert Spencer". Aqui, o epigramático Holmes se mostrara, caracteristicamente, memorável e errado. Ele se referia ao filósofo e sociólogo britânico da era vitoriana que defendera políticas econômicas libertárias, com o governo amplamente se limitando a criar e arbitrar mercados livres e defender os direitos de propriedade. De fato, a Constituição não "estabelece" essa ou aquela política fiscal ou monetária. Mas erige uma estrutura projetada para proteger uma ampla esfera de liberdade individual. E não fornece nenhuma justificativa, textual ou de outra natureza, para tratar a liberdade econômica como forma inferior de liberdade, com direito apenas a uma proteção apática. A Constituição é a filosofia política de John Locke traduzida em arquitetura institucional. Foi de Locke que Jefferson e os outros fundadores derivaram seu entendimento dos direitos naturais à vida, à liberdade e à propriedade. Eles entenderam que o direito à propriedade não podia ser separado de um direito corolário implícito: a liberdade contratual de criar arranjos, importante para a aquisição e disposição de propriedades. Consequentemente, como a liberdade é o ponto crucial do propósito da Constituição, o documento "estabelece", em certo sentido, poderosas proteções à sociedade libertária, não muito diferentes daquelas elogiadas em *Social Statics* [Estática social], de Spencer.[44]

Entre juízes e professores de direito, Robert Bork talvez tenha sido o mais franco e rigoroso majoritarista desde Holmes. "Em seu parecer sobre o caso Lochner, de 1905", escreveu Bork, "o juiz Peckham, defendendo a liberdade do que concebia como 'mera interferência', perguntou retoricamente, 'Estamos todos [...] à mercê das maiorias legislativas?' A resposta correta, onde a Constituição se mantém silenciosa, deve ser 'sim'."[45] Mas como a Constituição "fala"? Ela fala somente de uma maneira sobre os poderes legislativos? Ela diz que as maiorias legislativas podem fazer o que quiser, a menos e até que encontrem um direito explicitamente declarado imune à regulamentação ou a outra restrição por uma maioria? Ou realmente quer dizer o que diz ao reconhecer direitos não enumerados?

Por várias gerações, o progressismo esteve complacentemente comprometido com a política majoritária. Esse comprometimento de conveniência justificou — na verdade, exigiu — moderação judicial e, consequentemente, emancipou as legislaturas, especialmente o Congresso, para exercer poder de polícia praticamente ilimitado ao regular a economia. O predicado para o parcial recuo progressista em relação à moderação judicial ocorreu em 1938, na mais famosa nota de rodapé da história da Suprema Corte, a nota n. 4 de *Estados Unidos v. Carolene Products*. Escrita pelo juiz Harlan Fiske Stone, ela diz que especiais escrutínio e energia judiciais devem ser devotados à defesa das minorias "discretas e insulares" às quais é negado acesso efetivo ao processo político. Quando a mudança política é bloqueada, a Corte pode ser, legitimamente, um agente ativo de mudança.

O que a nota 4 fez, no entanto, foi criar um regime bifurcado de proteções constitucionais. Atos governamentais danosos às minorias "discretas e insulares", como os negros no sul, receberiam maior escrutínio e menor deferência judicial. Mas medidas governamentais prejudiciais às minorias são aceitáveis se os prejudicados pelos resultados do processo político têm acesso ao processo e se as medidas passam pelo extremamente permissivo teste da "base racional", ou seja, se a legislatura pode afirmar que teve *qualquer* razão não voluntariosa e não arbitrária para promulgar as medidas. Consequentemente, se uma minoria "discreta e insular" fosse prejudicada por ser excluída do processo político majoritário, a Corte teria de socorrê-la. Se, no entanto, os interesses de uma minoria com acesso formal ao processo político fossem prejudicados pela maioria, a deferência judicial permaneceria apropriada.

Isso é pernicioso. Em vez disso, a Corte deveria anunciar claramente este princípio: a cláusula de devido processo legal, propriamente interpretada, proíbe as ações arbitrárias do governo, particularmente as que restringem injustificadamente liberdades individuais. Ou seja, a cláusula de devido processo legal não trata puramente do processo. Como escreve Timothy Sandefur, o que distingue o *devido* processo legal é o resultado não arbitrário. É verdade que o texto da Constituição não substancia o conceito. Mas há limites implícitos ao poder governamental, inerentes à ideia de leis. Como diz Sandefur, um ato legislativo que não passa no teste da generalidade, regularidade, justiça e racionalidade (sendo um meio eficiente para um fim legítimo) não é lei e sua imposição não pode ser chamada de devido processo *legal*.[46]

Quando a Constituição é lida pelo que realmente é — a implementação dos princípios da Declaração de Independência —, ela garante um governo que protege os direitos individuais ao estabelecer regras legais, ou seja, não arbitrárias. Assim, ao determinar se houve devido processo legal, um tribunal deve examinar não somente a forma do estatuto ou as formalidades legais que o produziram, mas também sua substância. Isso porque, como escreve Sandefur, a Constituição dá prioridade à liberdade, não somente aos processos democráticos que produzem atos governamentais. Novamente, a Constituição não requer *qualquer* processo, mas o *devido* processo legal. Se "devido" fosse simplesmente sinônimo de "democrático", a garantia do devido processo legal não garantiria nada.

## A ATIVIDADE DE JULGAR

Para que uma Constituição possa realmente *constituir* uma politeia, sua linguagem deve ser composta de princípios enunciados que sirvam à continuidade ao fornecer padrões aplicáveis que não mudam com as circunstâncias. Tentativas continuadas de separar tais padrões das práticas constitucionais, especialmente do *corpus* das decisões da Suprema Corte que compõem o texto do documento, produziram uma literatura rica em insights e discordâncias inteligentes. Mas há concordância sobre o seguinte: devemos começar com a linguagem escolhida pelos autores da Constituição. Essa concordância, no entanto, deixa farto escopo para a discordância sobre a *atividade* de interpretar a linguagem. Alguns dizem que o raciocínio constitucional sólido começa, e quase acaba, com a arqueologia intelectual, escavando-se o significado público original da linguagem constitucional na época em que os autores a empregaram. Mas a oitava emenda, que proíbe punições "cruéis e incomuns", fornece uma lição sobre os limites desse tipo de originalismo e aponta na direção de uma abordagem mais flexível e equilibrada do texto.

Em relação à punição de criminosos, os padrões americanos de decência começaram a mudar significativamente na época da revolução, por causa das ideias que a fomentaram, especialmente a de que todos os homens são criados iguais. O historiador Gordon Wood argumenta que as autoridades coloniais, imbuídas dos preconceitos de classe britânicos, acreditavam que o crime geralmente era causado por paixões descontroladas e que as ordens inferiores eram caracterizadas pelo que hoje chamamos de baixo controle dos impulsos. Consequentemente, deviam ser vistas cautelosamente e como inclinadas à criminalidade, uma inclinação que só podia ser refreada "pelo medo ou pela força". Assim, "o pelourinho, o chicote e a mutilação do corpo dos criminosos eram punições padronizadas nas colônias", e essas abomináveis exibições de castigo eram realizadas em público, com o propósito de "chocar e desencorajar os espectadores". Muitos deles não achavam tais punições públicas nem cruéis, nem incomuns, mas interessantes: "Em Boston, no século XVIII, homens e mulheres eram retirados da prisão, amarrados com as costas despidas a um tronco na rua State e chicoteados trinta ou quarenta vezes", com seus gritos se misturando ao clamor da multidão. Os troncos eram movidos pela comunidade como um festim móvel de escárnio pelos infames e para educação do público. A vergonha permanente era conseguida com as mutilações, como testas marcadas a ferro e orelhas cortadas, que deixavam os criminosos para sempre expostos ao desdém das comunidades. Na era colonial, a ideia de reabilitação dos criminosos raramente era defendida e, quando o era, ignorada como modismo sentimental. Assim, a Pensilvânia tinha 20 crimes capitais e a Virgínia, 27. "A punição capital era comum não somente para assassinato, mas também para roubo, fraude, invasão de domicílio e falsificação."[47]

Então veio a revolução e tentativas hesitantes de seguir a lógica da igualdade para onde quer que ela levasse. Os americanos deviam lembrar, disse o médico da Filadélfia Benjamin Rush, que os criminosos também "possuem almas e corpos compostos dos mesmos materiais que nossos amigos e familiares". O que a doutrina revolucionária encorajou, a evidência empírica reforçou: o aumento na criminalidade na década de 1780 sugeriu que as punições selvagens eram ineficientes como desencorajamento. "Os xerifes começaram a se recusar a cortar os membros dos criminosos e arrastar e esquartejar os corpos dos enforcados." A *intelligentsia* americana, influenciada pela epistemologia lockiana, começou a se perguntar: se a mente forma impressões a partir dos dados fornecidos pelos sentidos, as fontes do comportamento criminoso também não podem estar localizadas, ao menos parcialmente, nos estímulos do ambiente social? Se sim, a sociedade deve considerar que os criminosos são só parcialmente responsáveis por seu comportamento. Assim, um pastor de New Hampshire pôde dizer em 1796: "Devemos nos confessar culpados perante nossa consciência por termos tomado parte na corrupção da moral da comunidade e na pavimentação do caminho até a forca."[48]

Quando, em um caso de 1958, o presidente da Suprema Corte Earl Warren disse que a oitava emenda "deve retirar seu significado da evolução dos padrões de decência, que marca o progresso em uma sociedade madura", ele se referia a um fato: padrões de decência evoluem. Isso não significa que invariavelmente se tornam melhores; "evoluir" não é sinônimo de "melhorar".[49] Mesmo assim, seria peculiar insistir que um originalista consciente do século XX deve entender a proibição de punições "cruéis" contida na oitava emenda com referência ao entendimento público de crueldade no século XVIII. Certamente, a análise de um originalista diria que o *significado* da oitava emenda é que os autores da Constituição *pretendiam* criar uma sociedade na qual o governo não praticasse crueldades, e cabe a cada nova geração garantir que suas práticas estejam adequadas a essa intenção original.

Aqui há algo útil a ser vislumbrado em uma fonte improvável. A filosofia linguística, cujo auge coincidiu com meus dois anos em Oxford, frequentemente era árida e estéril em relação às questões sociais e políticas. Mas tinha e tem algo a dizer sobre as escaramuças atuais quanto ao contestado terreno relacionado ao originalismo, ao textualismo e a outras escolas rivais de pensamento sobre como a Constituição deve ser entendida. Um importante praticante da filosofia linguística em Oxford, J. L. Austin, enfatizou o conceito de "atos de fala" e argumentou que qualquer ato de fala — incluindo, é claro, a fala escrita — é parte de uma atividade performativa: ele envolve persuadir, prometer, requisitar, avisar, exortar e assim por diante.[50] O *significado* de um ato de fala depende da *intenção* do falante e da natureza da plateia com que ele se comunica. A relevância disso para a reflexão constitucional é a seguinte:

é falacioso pensar que o significado do documento pode ser entendido sem examinar as intenções de seus autores. Alguns dirão que tal exame é difícil e problemático porque precisa envolver especulações. A resposta adequada é que não temos escolha, porque significado e intenção estão entremeados.

Três coisas se seguem. Uma é que o conselho de Aristóteles em *Ética a Nicômaco* é particularmente pertinente ao entendimento da Constituição. Ele disse que "a precisão não deve ser buscada em todas as discussões, assim como não é buscada em todos os produtos dos ofícios". E que "a marca do homem educado é buscar precisão em cada classe de coisas somente na medida em que a natureza do tema a admite".[51] A segunda implicação da inseparabilidade entre significado e intenção é a importância do fato de que a intenção dos autores da Constituição era dar vida institucional às premissas e aos propósitos da Declaração de Independência. A terceira é que há sabedoria na ideia de "originalismo vivo" de Jack Balkin, que não é, como alguns alegam, um oximoro.

Balkin pede fidelidade ao significado original do texto da Constituição porque esse significado é apreendido com referência a regras, padrões e princípios explícitos ou implícitos no texto. A Constituição, diz ele, é basicamente "um plano para a política". Seu propósito prático inicial era inflamar a política americana. Seu propósito de longo prazo era e é tornar a política segura, no sentido de não ser perigosa para a liberdade. Balkin não recomenda somente esta ou aquela doutrina de entendimento constitucional, mas "todas as modalidades de interpretação: argumentos históricos, estrutura, etos, consequências e precedentes". Os defensores do "originalismo" — aderir ao significado público original das palavras do texto — não deveriam simplesmente favorecer a "aplicação original esperada" do texto. Eles deveriam discernir e aplicar a *intenção* original dos autores às circunstâncias contemporâneas. Balkin chama essa ideia de "originalismo vivo": "Em toda geração, nós, o povo dos Estados Unidos, tornamos nossa a Constituição ao evocar seu texto e seus princípios e argumentar o que eles significam em nosso próprio tempo." Levou tempo, ou seja, aprendizado histórico, para que a nação, um século após a ratificação da afirmação de igual cidadania nacional contida na décima quarta emenda, chegasse à conclusão de que isso requeria direitos iguais para as mulheres. A falha doutrina das "aplicações originais esperadas" não teria promovido esse resultado justo. O fato de os autores adotarem conceitos "generalizados e abstratos" significou que gerações seguintes não tiveram alternativa senão descobrir o escopo e a aplicação dessas abstrações a circunstâncias concretas modificadas. Assim, como diz Balkin, a Constituição leva o país "à tradição da argumentação constante".[52]

Isso garante a perpétua frustração de todos aqueles que anseiam por uma teoria de interpretação constitucional que forneça a serenidade da finalidade. Também relega todas as gerações à argumentação infinita. Para Balkin, o fato de que a ratificação da Constituição significou um futuro contencioso para os Estados Unidos foi imediatamente demonstrado pelo acalorado debate — que provocou a emergência dos partidos políticos, não desejados nem antecipados pelos fundadores — sobre se a enumeração dos poderes do Congresso o autorizava a criar um banco nacional. Nesse debate, Alexander Hamilton e James Madison, que escreveram 80 dos 85 artigos de *O Federalista*, estiveram em amarga oposição. Os americanos que acham a argumentação infinita estressante ou insatisfatória deveriam pensar em se mudar para outro país. Não é totalmente correto dizer, como o juiz Antonin Scalia, que "o único propósito da Constituição é evitar a mudança — incrustar tais direitos de tal maneira que as gerações futuras não possam extirpá-los com facilidade".[53] A arquitetura madisoniana de governo foi projetada para refinar e elevar a opinião pública, de modo que as futuras gerações não quisessem remover direitos importantes. Como os desejos das maiorias provavelmente seriam satisfeitos, a atenção devia se voltar para a moldagem e moderação dos desejos.

E, às vezes, as maiorias devem ser ignoradas. O professor Alexander Bickel, da faculdade de direito de Yale, que foi assistente legal do juiz Felix Frankfurter quando a Corte considerou o caso de dessegregação escolar Brown, mais tarde disse que o exame do processo legislativo que produziu a décima quarta emenda "leva facilmente" à "óbvia conclusão" de que a emenda, "como originalmente entendida, não se aplicava ao serviço do júri, ao sufrágio, aos estatutos antimiscigenação ou à segregação [escolar]". Mas Michael W. McConnell, ex-juiz do tribunal de apelações do décimo circuito e atualmente professor da faculdade de direito de Stanford, fez uma defesa particularmente incisiva da proposta de que a decisão Brown não foi apenas compatível com a décima quarta emenda, mas requerida por ela. McConnell tentou o que o tribunal de Warren "não fingiu" fazer: demonstrar que Brown "foi uma tradução autêntica do que a décima quarta emenda significava para aqueles que a escreveram e ratificaram".[54] Ele reconheceu que "a dessegregação escolar era profundamente impopular entre os brancos, tanto no norte quanto no sul, e a segregação era muito comum". E admite que "emendas constitucionais geralmente refletem, em vez de contradizer, a opinião popular". Mas apresenta poderosas evidências de que os autores congressionais que propuseram e os legisladores estaduais que ratificaram a emenda o fizeram logo em seguida à carnificina da Guerra Civil e a maioria deles "achava que entrincheirar seus princípios era mais importante que agradar a seus eleitores".[55]

Vamos estipular, portanto, que pessoas instruídas e de boa vontade podem discordar sobre isso. E tentemos um experimento: supor que Bickel estava correto e McConnell, errado. Isso significa que, em 1954, não havia maneira responsável de encontrar no texto da Constituição uma razão legal (distinta da política) para declarar a segregação escolar inconstitucional? Não, significa somente que embora o originalismo, como McConnell e a maioria dos originalistas autodeclarados o praticam, é um ponto de partido útil e disciplinador quando interpretar a Constituição é insuficiente.

Muitos críticos, representando muitas escolas de pensamento sobre como a Constituição deve ser interpretada, concluíram que a argumentação do caso Brown é fraca e forçada, o que realmente é, e que, consequentemente, o resultado é dúbio. Mas isso é operar de trás para a frente. Sob o risco de parecer arrogante, eis uma proposta modesta: a questão limite ao avaliar qualquer maneira particular de interpretar a Constituição é se essa maneira afirmaria que a segregação escolar é inconstitucional. Nenhuma teoria aceitável para interpretar a Constituição pode invalidar a *conclusão* da Suprema Corte no caso Brown; a conclusão invalida qualquer teoria que a rejeite. Se uma teoria de interpretação constitucional não puder encontrar no texto do documento, escrito para criar um governo que garanta os direitos naturais, base para eliminar a segregação racial nas escolas, uma prática inimiga do igual direito às bênçãos da liberdade, essa teoria deve ser descartada. A frase "as bênçãos da liberdade" está no preâmbulo da Constituição. Mas o preâmbulo não é só uma filigrana decorativa. Ele é uma declaração de objetivos de tudo o que se segue.

O que se segue, a Constituição, "lida no todo", requer reconhecer vários valores que possuem a mesma dignidade constitucional. Vamos deixar que o juiz da Suprema Corte David Souter explique isso. Em seu discurso inaugural de 2010 em Harvard, um ano após se aposentar da Suprema Corte, Souter fez uma lúcida e sutil defesa da distinção, no direito constitucional, entre o ativismo judicial e a atividade de julgar. Ele o fez ao demonstrar que interpretar a Constituição raras vezes é apenas uma questão de "leitura justa" do texto com referência a simples fatos.[56]

Para ver o que o raciocínio constitucional raramente é, disse Souter, suponha que um dos alunos de 21 anos de sua plateia de Harvard se candidatasse a um assento no Senado nas eleições daquele ano. Sua candidatura poderia facilmente ser invalidada ao se confirmar a idade do candidato, obedecer à provisão constitucional de que um senador deve ter ao menos 30 anos e usar isso para impedir o acesso à eleição de alguém que, se eleito, não seria qualificado para servir. Embora a provisão da Constituição que estipula o requerimento de idade para senadores nada diga sobre o acesso à eleição, ninguém diria que a decisão envolveu criação de leis por parte do Judiciário.[57]

É claro que um caso como esse não chegaria à Suprema Corte, precisamente porque não envolve a "generosa parcela" de "garantias deliberadamente em aberto" da Constituição, como os direitos ao devido processo legal, igual proteção da lei e resguardo contra buscas injustificadas. Tais provisões são diferentes do requerimento etário para os senadores porque "pedem raciocínios mais elaborados para mostrar por que uma linguagem muito geral se aplica a alguns casos específicos, mas não a outros, e como, com o tempo, os vários exemplos se transformam em regras não mencionadas na Constituição". Essas são regras criadas por juízes, mas, como argumenta Souter, eles não podem evitar criá-las. Elas "se transformam" em regras com o tempo, através do processo de lidar com os casos. Essa lenta criação de regras ocorre por três razões. Primeira, a Constituição precisa conter muita linguagem generalizada "a fim de ser útil por longos períodos". Segunda, "contém valores que podem muito bem existir em tensão, e não harmonia". A terceira e mais complexa razão é que os fatos que determinam se uma provisão constitucional é pertinente podem ser muito diferentes de fatos como a idade de alguém. O que Souter chamou de "fatos constitucionais" frequentemente requer juízes para decidir "o significado que os fatos podem ter". Ele ilustrou isso com referência a dois casos, um de 1971 e outro de 1954.[58]

O caso de 1971 sobre os "Pentagon Papers" ilustra que a Constituição não é um "simples contrato" porque "sua linguagem concede e garante boas coisas" que "competem umas com as outras e jamais podem ser realizadas simultaneamente". Com a guerra do Vietnã em curso e as paixões em ebulição no verão de 1971, o *New York Times* e o *Washington Post* obtiveram documentos secretos do Pentágono, preparados por oficiais governamentais e relacionados à conduta durante a guerra. O governo procurou um tribunal para impedir que os jornais os publicassem. E fez o que Souter chamou de "mais extrema reivindicação, conhecida pelas doutrinas constitucionais, da liberdade de falar e publicar". Ele reivindicou o poder de exercer "moderação prévia", ou seja, de não apenas punir a publicação não autorizada, mas impedi-la. Em questão estavam quatorze palavras da primeira emenda: "O Congresso não deve criar leis [...] restringindo a liberdade de expressão ou de imprensa." Representando o governo estava o procurador-geral Erwin Griswold, que fora decano da faculdade de direito de Harvard por 21 anos. Durante os argumentos orais na Suprema Corte, o interlocutor mais interessante de Griswold foi o juiz Hugo Black, chamado, com certa razão, de "absolutista da primeira emenda". Ele acreditava que as palavras da emenda deviam ser lidas literalmente: não podia haver restrição legítima à liberdade de expressão ou de imprensa. "E, sendo justo com ele", disse Souter, "deve-se dizer que, em seu valor de face, as cláusulas da primeira emenda parecem tão claras quanto o requerimento de que os senadores tenham 30 anos, e nenhuma garantia da declaração de direitos é mais absoluta em sua forma". Mas, ao interpretar a Constituição, as palavras frequentemente recebem mais significado e importância que seu "valor de face".[59]

Black disse a Griswold que permitir a moderação prévia da publicação transformaria juízes em censores. Griswold argumentou que a publicação dos documentos ameaçaria vidas, colocaria em risco as tentativas de pôr fim à guerra através da diplomacia e complicaria as futuras tentativas do governo de negociar com governos estrangeiros, que questionariam a habilidade dos Estados Unidos de manterem segredo. Ele disse que não havia alternativa à moderação prévia. Quando Black disse que a primeira emenda era a alternativa, Griswold respondeu: "O problema, nesse caso, é a interpretação da primeira emenda. A sua interpretação é bem conhecida e eu certamente a respeito. O senhor diz que nenhuma lei significa nenhuma lei e que isso deveria ser óbvio. Só posso dizer que, para mim, é igualmente óbvio que 'nenhuma lei' não significa 'nenhuma lei' e eu gostaria de tentar persuadir a Corte de que isso é verdade. Como disse o juiz Marshall há tanto tempo, é uma Constituição que estamos interpretando."[60] Uma Constituição. Toda ela.

Souter corretamente disse a sua plateia em Harvard que, embora o governo tenha perdido o caso e os Pentagon Papers tenham sido publicados, Griswold venceu a discussão com Black. E venceu porque, em sua decisão, a Corte adotou seu ponto de vista — e de Marshall — de que, ao interpretar parte da

Constituição, sua totalidade deve ser considerada. Souter disse que, além de garantir a liberdade de expressão e de imprensa contra restrições do governo, a Constituição também concede ao governo autoridade, responsabilidade *e, consequentemente, o poder apropriado* para cuidar da segurança da nação e permitir que o presidente conduza as relações externas e o comando das forças militares. Em sua decisão, a Corte não disse que as palavras "nenhuma lei" não permitiam exceções. E reconheceu que, *em algumas circunstâncias*, as exigências de governar, como as citadas por Griswold, podem justificar a moderação prévia. Mas manteve que o governo não tivera sucesso na intimidadora tarefa de demonstrar que os fatos *naquele caso* justificavam a moderação prévia. Como exemplos de tais fatos potenciais, membros da Corte mencionaram a moderação prévia para evitar a publicação dos detalhes dos planos de invasão do Dia D ou bloquear a publicação de algo que pudesse provocar um holocausto nuclear.

Souter enfatizou que mesmo uma provisão constitucional tão absoluta quanto a primeira emenda — "um direito tão preeminente quanto qualquer direito fundamental pode ser" — "não chega ao ponto de uma garantia absoluta". Isso porque "a Constituição tem de ser lida em sua inteireza e, quando é, outros valores surgem em potencial conflito com o direito irrestrito de publicar". Os termos mais explícitos da Constituição "podem criar um conflito entre valores aprovados" e esses termos "não solucionam o conflito quando surge". Os juízes o fazem, através da atividade de *julgar*. O que significa escolher: "A garantia do direito de publicar é incondicional em seus termos e, em seus termos, o poder de governar do governo é plenário."[61]

O problema, nesse caso, não surge de qualquer imprecisão na linguagem constitucional. O problema surge do fato de que a Constituição personifica o desejo do povo americano de ter duas coisas excelentes, segurança e liberdade, que nem sempre são clara e organizadamente compatíveis. Esses "desejos pareados", como Souter os chama, podem entrar em conflito, como fizeram nesse caso. A Corte teve de decidir que desejo tinha "a melhor reivindicação, aqui e agora". Por que *juízes* — que são nomeados e, portanto, não respondem a nenhum eleitorado — devem fazer isso? Quem mais poderia? Souter observou que escolhas como a feita pela Corte nesse caso "respondem por grande parte do que chamamos leis". Isso significa que temos "leis criadas por juízes" e juízes legislando? Não, porque eles são confinados e controlados, como legisladores raramente são, por sua necessidade de focar no texto da Constituição, que circunscreve severamente suas deliberações. Souter concluiu o exemplo perguntando: "Pode se tratar de um ato para além do poder judiciário quando uma escolha deve ser feita e a Constituição não a fez antecipadamente e com todas as letras? Vocês conhecem minha resposta. Lá se vai a noção de que todas as leis constitucionais estão na Constituição, esperando que um juiz as leia com justiça."[62]

O caso dos Pentagon Papers ilustra o que Souter chamou de "tensões no interior do direito constitucional". O segundo caso que ele considerou ilustra o que chamou de "sutileza dos fatos constitucionais".[63]

Em 1954, em *Brown v. Conselho de Educação de Topeka*, a Suprema Corte reiterou unanimemente que a segregação racial em escolas públicas violava a garantia constitucional de igual proteção das leis. A decisão deu início ao dolorosamente atrasado processo de pôr fim à doutrina de que provisões "separadas, mas iguais" para as raças podiam passar pela inspeção constitucional, uma doutrina codificada em 1896 em *Plessy v. Ferguson*, no qual a Corte não encontrara nenhuma violação em exigir que as raças viajassem em cabines de trem separadas, mas iguais.

No caso Plessy, a Corte ouvira e rejeitara o argumento de que colocar negros em cabines separadas carregava um estigma de inferioridade. A Corte dissera que a lei era racialmente neutra, de modo que, se os negros sentiam que ela impunha uma marca de inferioridade, isso era resultado simplesmente de seu modo de pensar e não tinha pertinência constitucional. Assim, instalações iguais, mas separadas, não violavam a garantia de igual proteção das leis. Cinquenta e oito anos depois, a Corte decidiu que instalações separadas no ensino fundamental e médio, mesmo que fossem verdadeiramente iguais (o que nunca eram), violavam essa garantia. Isso, disse Souter, deve ter parecido confuso ou um ato de voluntarismo judicial para pessoas que achavam que o julgamento constitucional envolvia apenas "a leitura justa da linguagem [constitucional] aplicada aos fatos objetivamente analisados".[64] A linguagem constitucional não mudou entre 1896 e 1954. O que mudou? Souter disse que isso teve algo a ver com essas duas datas.

Membros da Corte de 1896 se lembravam de quando a escravidão fora estabelecida pela lei em muitos estados. Para sua geração, diz Souter, "a igualdade formal em uma cabine idêntica significava progresso". Os juízes de 1954, no entanto, "olharam para a separação forçada sem o revoltante contexto da escravidão para fazer com que ela parecesse excepcional por contraste". A consequência foi que, em 1954, a Corte "encontrou um significado em segregar as raças" que a maioria do caso Plessy não encontrara: "esse significado não é capturado por descrições de escolas ou cabines de trem fisicamente idênticas. O significado dos fatos surge em outro lugar, e sua percepção judicial se baseia na experiência dos juízes e em sua habilidade de pensar de um ponto de vista diferente do seu. O significado vem da capacidade de ver o que, em um sentido simples e objetivo, não está na página impressa. Quando os juízes de 1954 leram os registros de segregação forçada, eles carregavam somente um significado possível — um julgamento sobre a inferioridade inerente da raça minoritária."[65]

Os juízes do caso Brown declararam uma conclusão não escrita na Constituição. Mas isso não significa que ela cruzou "algum limite de legitimidade" e entrou na "criação de leis". Eles só seriam culpados de inadmissível "ativismo" se realmente fosse verdade que "os fatos estão lá esperando que um juiz objetivo os veja". Mas, na adjudicação constitucional, os fatos não são assim. "A Constituição", disse Souter, "é um panteão de valores e muitos casos são difíceis porque a Constituição não fornece uma regra simples de decisão para aqueles nos quais um dos valores está realmente em conflito com outro." Os juízes devem escolher "com base não na mensuração, mas no significado". As "tensões", que são "a coisa sendo julgada em muitos casos constitucionais difíceis", são "crias de nossas aspirações" conflitantes, que requerem "tenacidade" se quisermos "manter as promessas constitucionais feitas pela nação". Os autores da Constituição deixaram tais tensões "para serem resolvidas outro dia e em outro dia depois desse, porque nossos casos não podem dar respostas que sejam adequadas a todos os conflitos, nem resoluções imunes à nova reflexão quando a significância dos fatos antigos pode ter mudado em um mundo mutável".[66]

Segundo Souter, há uma complexidade inevitável e irredutível na Constituição e no direito constitucional, o que significa que a natural fome humana por simplicidade e clareza está destinada a permanecer insatisfeita. "E quem não sentiu essa mesma fome? Há alguém entre nós que não tenha vivido momentos ou anos de anseio por um mundo sem ambiguidade e pela estabilidade de algo imutável nas instituições humanas? Eu não esqueço meus anseios por certeza, que resistiram entusiasticamente aos pronunciamentos do juiz Holmes de que a certeza geralmente é uma ilusão e o repouso não é nosso destino."

## A REVOLUÇÃO SESQUICENTENÁRIA: 1937 CONTRA 1787

A liberdade é comumente entendida como habilidade de fazer o que se quer. A virtude significa escolher bem o que se quer. O desafio para uma sociedade livre é preservar a liberdade enquanto nutre a virtude. Uma religião diz a seus aderentes coisas que eles devem e não devem fazer. A Constituição americana, que está repleta de proscrições, diz aos americanos várias coisas que eles não podem fazer mesmo que a maioria queira. Há um recorrente impulso de argumentar que os tribunais deveriam ter certa mentalidade majoritária ou estar diretamente sujeitados à supervisão majoritária. Em sua campanha presidencial de 1912, Theodore Roosevelt argumentou que "quando um juiz decide uma questão constitucional, quando decide o que as pessoas como um todo podem e não podem fazer, elas deveriam ter o direito de revogar uma decisão que acham errada".[67] Na campanha presidencial de Hillary Clinton em 2016, ela disse que "a Suprema Corte deveria representar todos nós".[68] Na verdade, não deveria representar ninguém. Não entendemos representação como "ser um reflexo do público". "Refletindo" o que, exatamente? Ou como pesar os interesses "das pessoas" ou de uma facção. Interesses em que, exatamente?

Abraham Lincoln falou mais judiciosamente sobre o papel às vezes ambíguo da Suprema Corte na democracia americana. Em seu primeiro discurso de posse, ele afirmou que "o cidadão franco deve confessar que, se a política do governo sobre questões vitais que afetam todo o povo for irrevogavelmente estabelecida por decisões da Suprema Corte [...] o povo deixará de ser seu próprio governante, tendo, nessa extensão, praticamente entregado seu governo nas mãos daquele eminente tribunal".[69] Isso é verdade, mas repare no advérbio "irrevogavelmente". Lincoln entendia tão bem quanto qualquer político antes ou depois dele que, no fim das contas, em uma democracia, tudo depende da opinião pública, e a opinião pública é areia movediça. O preeminente tribunal da nação pode mover essa areia; ele o fez no século XX, com as decisões de direitos civis, mais notavelmente em *Brown v. Conselho de Educação.* Isso é prudência judicial como Alexander Bickel a entendia. Bickel acreditava que a Corte devia pensar em si mesma como "proclamadora e guardiã" dos princípios nacionais, mas achava que a prudência judicial exigia que tais princípios estivessem claramente baseados na experiência nacional. Todavia, também disse, mais permissivamente, que a Corte devia "declarar lei somente os princípios que possam — com o tempo, mas no futuro imediatamente previsível — obter assentimento geral".[70] Assim, ela pode afirmar princípios que ainda não são geralmente aceitos, mas que podem ser, parcialmente como resultado de sua afirmação desses princípios, para o melhor ou para o pior.

O pior aconteceu em 1937. No que passou a ser conhecido como "revolução constitucional de 1937", a Suprema Corte saiu do caminho do New Deal em seu esforço de expandir o alcance do poder federal. A Corte essencialmente deixou de impor limites à concessão constitucional de poderes ao Congresso para "regular o comércio [...] em vários estados". Quase qualquer atividade podia ter "efeitos substanciais" sobre o comércio interestadual e, assim, o Congresso podia regulá-la. Mas isso foi um convite e mesmo uma incitação ao sofisma constitucional e ameaçou racionalizar a aniquilação da distinção entre os problemas nacionais e locais e entre as responsabilidades federais e estaduais ou locais. Como consequência, transformou em piada a ideia de que os Estados Unidos têm um governo limitado, como Roscoe Filburn estava prestes a descobrir.

Em 1941, Filburn, um cidadão de Ohio, foi pego na rede da política agrícola federal. Em 1933, o Congresso aprovara uma medida contra a Grande Depressão chamada de Lei de Ajuste Agrícola, que buscava estabilizar o preço das commodities restringindo a produção. Em 1936 — ano que alguns conservadores veem como o último de governo constitucional —, a Suprema Corte derrubou a lei, afirmando que a décima emenda proibia o governo federal de regular a produção: "Os poderes não delegados aos Estados Unidos pela Constituição nem por ela proibidos aos estados estão reservados aos estados ou ao povo." Em breve, a composição da Corte mudou. E então surgiu outra Lei de Ajuste Agrícola, autorizando o estabelecimento de cotas de produção não somente para o trigo vendido no comércio interestadual, mas também para aquele consumido nas fazendas como alimento, semente ou comida para aves e gado. Filburn achou que essa provisão, como exercício putativo do poder do governo federal de regulamentar o comércio interestadual, era uma farsa. Assim, produziu 239 alqueires de trigo além de sua cota para alimentar suas galinhas e se recusou a pagar a multa estipulada. O caso chegou à Suprema Corte, que o usou para desmantelar ainda mais a doutrina constitucional (ou seja, a intenção dos fundadores) de que o governo federal possui poderes limitados e enumerados.[71]

A Corte manteve a provisão da lei, argumentando que o efeito cumulativo mesmo de atividades menores e profundamente locais podia ter consequências interestaduais, assim como aquela borboleta que, batendo asas no Brasil, tem um efeito indiscernível, mas supostamente real, no clima de Boston. A Corte disse que, mesmo que o trigo dos 239 alqueires de Filburn jamais chegasse ao mercado, "ele atende às necessidades do homem que o plantou e que, de outro modo, seriam refletidas em compras no mercado aberto. O trigo que ele plantou, nesse sentido, compete com o trigo no comércio".[72] E, se o preço do trigo subisse, muitos fazendeiros como Filburn poderiam enviar o trigo plantado para suas necessidades para o mercado, atrapalhando os planos do governo.

Em 1995, todavia, houve um pequeno pulsar do princípio que Filburn tentara afirmar. A Suprema Corte tirou o pó de uma ideia que não estivera em voga desde 1937, tendo saído de moda exatamente 150 anos depois que a convenção constitucional de 1787 a tornara o princípio fundamental da República. A Corte reafirmou essa ideia. "Começamos com os primeiros princípios", disse o presidente da Corte, William Rehnquist, que gostava de fazer exatamente isso. "A Constituição cria um governo federal de poderes enumerados."[73] O caso que ocasionou esse exercício de ressurreição intelectual começou em 1990, quando o Congresso, tomado por um de seus frequentes acessos de grandeza em relação ao crime, aprovou a Lei de Zonas Escolares Livres de Armas, criminalizando a posse de armas de fogo nas escolas ou próximo a elas. Decretar escolas livres de armas é uma ideia popular, e é por isso que quarenta estados têm leis a respeito desde 1995. A lei amplamente redundante não foi notável nem como federalização quase distraída do direito criminal, nem como mais uma afirmação descuidada de que não há problema local demais para o alcance do Congresso. A lei de 1990 foi notável porque despertou a Corte que cochilava, levando-a a dar um puxão na coleira que o Congresso ficou pasmo de descobrir que ainda usava.

Em 1992, Alfonso Lopez, um aluno do último ano do ensino médio em San Antonio, foi preso sob a lei do Texas que bane armas de fogo nas escolas. Os promotores federais afastaram as autoridades texanas e Lopez respondeu com uma pergunta que parecia uma impertinência constitucional: de onde o governo federal retirara o direito de exercer um poder de polícia que era essencialmente local? O governo federal respondeu da maneira que vem respondendo rotineiramente, quase por reflexo, desde 1987: nós o retiramos da cláusula de comércio, então fique quieto.

O juiz William Rehnquist, presidente da Suprema Corte, falou por Lopez. Escrevendo pela maioria de cinco votos contra quatro, ele argumentou que uma escola pública não está envolvida no comércio e possuir uma arma não é um ato comercial, portanto não pode ter "efeito substancial" sobre o comércio. Em uma potente concordância com o parecer de Rehnquist, o juiz Clarence Thomas não escolheu palavras: "Com exceção de sua recente vindima e sua correspondente falta de qualquer embasamento no entendimento original da Constituição, o teste de efeitos substanciais apresenta uma falha adicional que parece conceder ao Congresso um poder de polícia sobre a nação. Quando perguntado, durante a argumentação oral, se havia quaisquer limites à cláusula do comércio, o governo ficou sem palavras. Do mesmo modo, a principal dissidência insiste que há limites, mas não apresenta um único exemplo."[74]

O autor dessa dissidência, o juiz Stephen Breyer, essencialmente aceitou o argumento governamental de que escolas estão engajadas em atividades comerciais e, consequentemente, a posse de uma arma perto de uma escola pode ser regulamentada pelo Congresso porque — respire fundo — a arma pode produzir violência, que afeta a economia ao disseminar custos de insegurança pela população, reduzir a disposição dos indivíduos para viajar e prejudicar o ambiente de aprendizado, resultando em cidadãos menos produtivos. Mas, como disse Rehnquist, o raciocínio de Breyer classificaria a criação de filhos como atividade comercial passível de regulamentação pelo Congresso. Dada a disposição de Breyer para justificar a permissividade constitucional por causa do extenso efeito cascata que qualquer atividade pode ter sobre o comércio, como ele argumentaria contra uma racionalização da cláusula de comércio para obter, digamos, uma lei federal exigindo que todos os estudantes comam seu espinafre e façam sua lição de casa? Breyer disse que o parecer da Corte ameaçava "causar incerteza legal" sobre o uso da cláusula do comércio para justificar o ativismo do Congresso.[75] Mas a alternativa permitiria que o Congresso fosse o árbitro de seus próprios limites. Dado seu uso promíscuo da cláusula de comércio, não haveria limites.

Em 1937, sob pressão da opinião pública e da ameaça de Franklin Roosevelt de "abarrotar" a Corte ao ampliá-la, a Corte ajustou sua jurisprudência ao impulso dominante da década de 1930 aqui e no exterior: a expansão do Estado. "A partir de 1937", escreve o historiador William E. Leuchtenburg, "a Suprema Corte apoiou cada estatuto do New Deal que lhe foi apresentado" e "legitimou a chegada do Estado leviatã".[76] Mas, 63 anos após a derrota de Filburn e dez anos após o caso de San Antonio, outro caso deixou claro que essa última decisão fora uma falsa vitória, um evanescente momento de pensamento sensato.

O juiz Clarence Thomas desfraldou os princípios do fazendeiro Filburn, novamente em uma causa perdida envolvendo uma colheita. Dois californianos cronicamente doentes plantavam maconha para tratar sua dor. A maconha medicinal era legal na Califórnia, mas o governo federal apreendera os seis pés de maconha e acusara os dois de violar a lei federal de substâncias controladas. A Suprema Corte acedeu ao governo federal, detonando uma memorável dissensão de Thomas contra essa deferência excessiva. Thomas disse que os californianos "usam maconha que jamais foi comprada ou vendida, jamais cruzou as fronteiras estaduais e não teve efeito demonstrável sobre o mercado nacional de maconha. Se o Congresso pode regulamentar isso sob a cláusula de comércio, então pode regulamentar praticamente qualquer coisa, e o governo federal já não é um governo de poderes limitados e enumerados". E acrescentou: "Se a maioria [da Corte] for levada a sério, o governo federal agora pode regulamentar as reuniões para fazer colchas de retalhos, as feiras de roupas usadas e as festas americanas em todos os cinquenta estados."[77] De fato, pode, e Thomas foi imprudente por dar ideias ao governo. Mas seu argumento fundamental era indisputável: graças à equivocada deferência judicial, pela qual os conservadores carregam considerável culpa, e, enquanto essa deferência persistir, o governo federal limitado é uma ficção.

Em 1944, com a nação em guerra no exterior e o governo federal permeando a vida nacional mais que nunca, o juiz Felix Frankfurter, escrevendo em nome da Suprema Corte, recorreu ao tema de Woodrow Wilson sobre o efeito da tecnologia moderna sobre o federalismo. Frankfurter insistiu que "as interpenetrações da sociedade moderna não apagaram as fronteiras estaduais. Não cabe a nós invadir o sistema federal, seja pela indiferença a sua manutenção, seja pela deferência excessiva às forças unificadoras da tecnologia moderna. O raciocínio escolástico pode provar que nenhuma atividade está isolada no interior das fronteiras de um Estado unificado, mas isso não pode justificar a absorção, pelos Estados Unidos, do poder legislativo sobre toda atividade". Tal raciocínio pode ser, nos termos pejorativos de Frankfurter, escolástico, e tal "absorção" pode ser, como ele insistiu, injustificada, mas ele logo em seguida disse que a Corte nada deveria fazer a respeito: "Quando a conduta de uma empresa afeta o comércio entre os estados, essa é uma matéria de julgamento prático [...] A Constituição confia o exercício desse julgamento prático, primariamente e em larga medida, ao Congresso, sujeito ao controle do eleitorado."[78]

Mas, infelizmente, a lição de 206 anos de história constitucional é clara: se o governo federal for limitado, ele o será não pela devoção congressional ou presidencial aos detalhes constitucionais, mas somente por tribunais engajados interpretando diligentemente a Constituição. Na ausência de tal engajamento, a Constituição será apenas uma barreira de pergaminho às ampliações da esfera do governo federal. É claro que os limites ao governo devem ser embasados no caráter do povo. Mas pode existir uma precaução auxiliar: um Judiciário federal composto por homens e mulheres comprometidos em impor limites constitucionais em consonância com as intenções dos fundadores.

## SOBRE AS MAIORIAS

Democracia e desconfiança normalmente estão, e sempre deveriam estar, entrelaçadas. O constitucionalismo americano, com seu necessário componente conhecido como revisão judicial, corresponde à desconfiança institucionalizada. Não é verdade, como declara o dr. Stockmann em *Um inimigo do povo*, de Henrik Ibsen, que "a maioria sempre está errada". Mas é verdade que frequentemente está errada e, mesmo assim, tem o direito de impor sua vontade. O desafio é determinar os limites desse direito e fazer com que sejam policiados por uma instituição não majoritária: o Judiciário.

Alexander Hamilton disse que, como se pode verdadeiramente afirmar que o Judiciário "não possui força nem vontade, mas apenas julgamento", ele sempre será o ramo "menos perigoso para os direitos políticos da Constituição".[79] Mas Alexander Bickel considerou a revisão judicial filosófica e moralmente problemática porque torna a Suprema Corte uma "instituição desviante" na democracia americana. O poder de declarar nulas e sem efeito leis promulgadas por representantes eleitos pelo povo apresenta o que Bickel chamou de "dificuldade contramajoritária".[80] Isso, porém, seria uma dificuldade grave somente se o único ou predominante objetivo da Constituição fosse simplesmente estabelecer a democracia e se a essência destilada da democracia fosse que as maiorias devem governar quaisquer esferas da vida que desejem governar. Nesse caso, a Suprema Corte de fato seria uma "instituição desviante". Mas tal entendimento reducionista do constitucionalismo americano é peculiar.

É excessivo dizer, como se fez e se faz frequentemente, que a Constituição é "não democrática", "antidemocrática" ou "antimajoritária". Contudo, é prudente dizer que ela vê o governo pela maioria como somente um dos componentes de um sistema de liberdade. O cargo político mais importante é ocupado não pela expressão direta da maioria simples, mas pelo colégio eleitoral. Os juízes da Suprema Corte e todos os outros membros do Judiciário federal são nomeados pelos presidentes, mas devem ser confirmados pelo Senado, cujos membros eram, sob a Constituição sem emendas, eleitos indiretamente, pelas legislaturas estaduais. Das principais instituições criadas pela Constituição — o Congresso, a presidência, a Suprema Corte —, somente metade de uma delas, a Câmara dos Representantes, era, no projeto original dos fundadores, eleita diretamente pelo povo. Além disso, a Constituição tem onze provisões supermajoritárias relacionadas a emendas, ratificação de tratados, impeachments e outras questões. Todos esses requerimentos supermajoritários empoderam as minorias.

Uma razão para empoderar as minorias é o fato de que a opinião da maioria frequentemente não é, em qualquer sentido significativo, um julgamento, uma conclusão obtida através da informação e da reflexão. Os processos democráticos deveriam refinar e elevar a opinião pública, não só refleti-la. Mas coitado do candidato que sugerir que ela precisa ser refinada e elevada, ou mesmo informada. Quando o juiz da Suprema Corte Antonin Scalia morreu em fevereiro de 2016, senadores republicanos argumentaram que seu sucessor não deveria ser confirmado até que "o povo" se manifestasse nas eleições presidenciais daquele ano. Todavia, é risível afirmar que mais que uma parcela insignificante do eleitorado teria opiniões sobre, digamos, o originalismo constitucional, a fidelidade ao *stare decisis* ou o escopo adequado do poder congressional para regulamentar o comércio interestadual. O problema não é que traduzir a opinião pública diretamente para a política pública seja imprudente, embora certamente o seja. O problema é que a opinião pública, em qualquer sentido significativo, dificilmente existe sobre muitas políticas públicas, provavelmente a maioria. Aqueles que Edmund Burke delicadamente chamou de "menos inquisitivos" podem ser hoje uma parcela tão ampla da população quanto eram quando ele escreveu, no fim do século XVIII.[81] Na época, poucos podiam votar, de forma que muitos tinham baixo incentivo para inquirir sobre política e governo. Hoje, todo mundo pode votar, mas ninguém acredita que seu voto faça diferença e poucos têm tempo ou incentivo para se tornarem proficientes nas complexidades políticas de um Estado administrativo gigantesco e opaco. Como disse Madison em sua análise das antigas democracias, quanto maior for o grupo engajado em determinar a composição e o comportamento do governo, maior será a parcela dos que possuem "informações e capacidades limitadas".[82]

Há duas razões para não ficarmos muito preocupados com a dificuldade contramajoritária. A primeira é que muito do que as instituições majoritárias fazem não é feito para satisfazer uma demanda ou desejo da maioria, que ignora completamente o que faz o governo. Na maior parte do tempo, a maioria dos eleitores ignora — racionalmente — os processos e atividades governamentais. A segunda razão para não perdermos o sono em razão da dificuldade contramajoritária é o fato de o governo pela maioria não ser o propósito do projeto americano.

Os que são sentimentais sobre a democracia geralmente insistem que seus defeitos existem porque as visões dos eleitores são sensatas, mas ignoradas. Mas, com frequência no mínimo igual, a democracia produz resultados desafortunados porque as visões dos eleitores são tolas, mas honradas. Frequentemente, o problema não é o governo não ser responsivo, mas ser responsivo demais. A classe política é prudentemente reticente sobre a competência do eleitorado para fazer julgamentos, e as democracias geram um etos de contentamento sobre suas premissas, de modo que raramente se ouve uma palavra desencorajadora sobre o conhecimento político dos eleitores. Consequentemente, foi revigorante, embora travesso, o fato de Winston Churchill dizer — se é que realmente disse; as fontes discordam — que "o melhor argumento contra a democracia é uma conversa de cinco minutos com o eleitor médio". De qualquer modo, a falta de informação política de muitos eleitores é inegável. E isso suscita questões embaraçosas sobre conceitos centrais para a teoria democrática, incluindo consentimento, representação, opinião pública, mandatos eleitorais e — com essa talvez sendo a função fundamental da democracia moderna — a habilidade dos eleitores de exigir que os oficiais eleitos prestem contas.

Ilya Somin, do libertário Cato Institute, argumenta que, em geral, a ignorância de um indivíduo em relação aos assuntos públicos é essencialmente racional, porque a probabilidade de seu voto ser decisivo em uma eleição é ínfima. Mas se escolher permanecer ignorante — não investir o tempo e o esforço necessários para se informar — é um comportamento individual racional, isso pode ter, e frequentemente tem, resultados coletivos destrutivos. A ignorância política importa porque votar não é apenas um ato de escolha individual. É também um exercício de poder sobre outrem. E "a realidade de que a maioria dos eleitores frequentemente ignora mesmo as informações políticas mais básicas é uma das descobertas mais bem estabelecidas das ciências sociais".[83]

Em 1964, durante a Guerra Fria, dois anos após a crise dos mísseis de Cuba, somente 38% dos americanos sabiam que a União Soviética não era membro da OTAN. Em 2003, cerca de 70% ignoravam o decreto sobre o direito a medicamentos prescritos, na época a maior expansão do sistema de bem-estar social desde a chegada do Medicare em 1965. Em uma pesquisa Zogby realizada em 2006, somente 42% dos entrevistados sabiam quais eram os três ramos do governo federal. Tais eleitores não podem exigir que os oficiais prestem contas porque não sabem o que o governo está fazendo nem quais partes do governo estão envolvidas. Assim, a ignorância política "é um obstáculo a seu próprio alívio". Dado que mais de 20% dos americanos (e europeus) acham que o Sol gira em torno da Terra, não surpreende que somente 30% deles saibam quem são seus dois senadores e que, mesmo no auge da campanha, a maioria não saiba nomear qualquer candidato ao Congresso em seu distrito. De acordo com um estudo de 2003 da Universidade de Colúmbia, 35% dos entrevistados acreditavam que a frase de Karl Marx "de cada qual, segundo sua capacidade; a cada qual, segundo suas necessidades" estava na Constituição americana.[84]

Muitas pessoas adquirem conhecimento político pela mesma razão que adquirem conhecimento esportivo: porque o assunto as interessa e diverte, não porque elas possam alterar o resultado de qualquer disputa. E, em razão do "viés de confirmação", muitas buscam informação política a fim de reforçar visões preexistentes. Partidários comprometidos geralmente são os eleitores mais informados, e os independentes, os menos informados. Quanto mais conhecimento político as pessoas possuem, mais aptas estão a discutir política com aqueles que concordam com elas. Um cidadão normal aprende sobre a política corrente da mesma maneira que uma criança aprende uma língua: por uma mistura de osmose e observação das conversas da sociedade a sua volta. O americano médio gasta mais tempo se informando para escolher um carro ou uma televisão que um candidato. Mas as consequências das primeiras escolhas são imediatas e discerníveis, e as consequências de escolher um candidato frequentemente não o são. "A coisa mais difícil de entender para um político", disse um político experiente e bem-sucedido, o britânico Tony Blair, "é que a maior parte das pessoas, na maior parte do tempo, não pensa em política uma única vez durante o dia inteiro. Se o faz, é com um suspiro".[85]

Quando meus filhos eram pequenos, em meados da década de 1980, e pediam minha permissão para fazer isso ou aquilo, eu dizia, caso minha resposta fosse afirmativa: "Vão em frente, vivemos em um país livre. Mondale perdeu." Eu estava me divertindo e, sem dúvida, sendo ininteligível. O ponto que tentava demonstrar, quase certamente sem conseguir, era que somos uma República constitucional na qual os elementos básicos da felicidade e da segurança cívicas não são colocados em risco durante eleições rotineiras. Se o ex-vice-presidente Walter Mondale tivesse derrotado Ronald Reagan em 1984, os Estados Unidos continuariam a ser o que eram, um país livre. Mas meus filhos não possuíam conhecimento político. Sua desculpa era serem crianças. Os adultos precisam de uma desculpa melhor. Tentar solucionar o problema da ignorância política aumentando o conhecimento dos eleitores é uma empreitada pouco promissora. É a demanda por informação, e não seu fornecimento, a maior restrição ao conhecimento político. A chegada da transmissão televisiva nas décadas de 1950 e 1960 aumentou o conhecimento político entre os segmentos tradicionalmente menos informados da população. Mas há evidências de que a televisão a cabo e a internet podem ter produzido, entre esses mesmos segmentos, uma diminuição líquida de conhecimento político ao fornecer um rico cardápio de distrações alternativas.[86]

As novas tecnologias de informação serviram primariamente para aumentar o conhecimento dos que já estavam bem informados. Isso é bom, na média, mas também aumenta a habilidade de alguns de tentar obter renda econômica do Estado regulatório, manipulando seu poder para transferir riqueza para si mesmos. Assim, o conhecimento político, que frequentemente é função da desigualdade social e educacional, exacerba a desigualdade. E, se o conhecimento político é mensurado em relação aos gastos governamentais, a ignorância está crescendo rapidamente: há muito mais sobre o que ser desinformado. Uma estratégia melhor seria reduzir os riscos da ignorância ao reduzir as consequências do governo: seu tamanho, complexidade e intrusividade. Somin corretamente observa que, no século XIX, o fardo informacional dos eleitores era muito mais leve porque havia muito menos questões federais importantes: expansão da escravidão, disposição das terras públicas, tarifas, sistema bancário e investimento em infraestrutura.

Hoje, a ignorância política fortalece o argumento em defesa do poder judicial porque enfraquece a suposta "dificuldade contramajoritária" na revisão judicial. Se grande parte do eleitorado ignora a substância ou mesmo a existência das políticas adotadas por um Estado regulatório em expansão, as qualidades democráticas dessas políticas são fracas. Daí a sugestão de Somin de que a extensão do alcance do governo "enfraquece, mais que fortalece, a democracia".[87] Se um Judiciário engajado impusesse qualquer coisa parecida com a ideia dos fundadores sobre os "poucos e definidos" poderes do governo, mais decisões seriam tomadas não pelo governo, mas pelos mercados e pelas instituições da sociedade civil. Isso tornaria a expressão "a vontade do povo" mais significativa em relação às ações governamentais, porque um governo menos ativista reduziria os fardos informacionais dos eleitores. De qualquer modo, encarar os fatos sobre o conhecimento político do público é útil para diluir o sentimentalismo e o romantismo em relação à democracia, que encorajam as pretensões e ambições do governo. E também suas falhas.

## A POLÍTICA AMERICANA É UMA CONDIÇÃO OU UM PROCESSO?

Os americanos frequentemente "juram fidelidade à bandeira dos Estados Unidos da América e à República que ela representa". Mas o que a República representa? Oliver Wendell Holmes achava que ela representava simplesmente o direito de dominar "das forças dominantes da comunidade".[88] Isso é o que se poderia esperar de um jurista que adorava dizer coisas alarmantes como "nossas preferências são finalidades". E que julgamentos éticos são "mais ou menos arbitrários [...] Você gosta de café com ou sem açúcar?" E que "quando os homens diferem em preferências" — essa palavra novamente — "quanto ao tipo de mundo que querem, a única coisa a fazer é começar a matar". E que "preferências profundamente estabelecidas não podem ser discutidas — não se pode discutir com um homem até ele começar a gostar de cerveja — e, consequentemente, quando as diferenças são suficientemente extensas, tentamos matar o outro". Holmes, um sonoro majoritário, era um intelectual linear descendente de Hobbes: "Bem e mal são nomes para nossos apetites e aversões."[89] Daí sua redução da filosofia política americana ao mero majoritarismo: como não há possibilidade de avaliação objetiva pelos padrões da razoabilidade, a força deve prevalecer, mesmo que, na civilidade da democracia, isso signifique apenas o poder da facção mais poderosa de impor sua vontade.

Como há mais na moralidade política americana que eliminar os impedimentos às maiorias não mediadas, os tribunais são mais importantes nos Estados Unidos que em qualquer outra democracia. Ao contrário dos documentos constitucionais britânicos, cuja interpretação política é prerrogativa do Parlamento, a Constituição americana é um documento legal interpretado pelos tribunais, não pelo Congresso. Sempre que a supervisão judicial de nossa democracia parecer cansativa, considere as alternativas. Quem quereria o Congresso exercendo o poder final de interpretar a Constituição que lhe aloca poderes enumerados? Pior ainda seria os presidentes serem decisivos na interpretação de seus poderes explícitos e, ainda mais importante, implícitos. O propósito da alocação de poderes é a proteção da liberdade. Ela serve para proteger os cidadãos uns dos outros através da participação em facções rivais e para protegê-los do governo através de eleições regulares.

Ao incluir na Constituição a possibilidade de inserir emendas, os fundadores reconheceram que a obra que emergiu da convenção de 1787 era menos que perfeita e mudanças poderiam ser necessárias para responder a exigências futuras e imprevistas. Mas eles também tornaram esse processo difícil. Somente seis emendas foram enviadas aos estados pelo Congresso e não conseguiram ratificação. Isso porque o requerimento de supermaioria congressional para as emendas propostas é uma grande barreira. Embora constituições sejam adotadas a fim de permitir a mudança social ordenada, seu propósito primário é conservar o que não deve ser mudado, ao menos não rápida e facilmente. O propósito primário da Constituição é o propósito primário do conservadorismo americano: conservar os princípios da fundação.

É compreensível que uma maioria pode fazer e fará algumas coisas injustas, mas legítimas, no sentido de serem feitas de acordo com as regras constitucionais do jogo político. Também é compreensível que nem todas as injustiças são iguais e, por essa razão, aquelas que violam direitos importantes devem ser declaradas ilegítimas. Declaradas por quem? Pela parcela não majoritária do governo, o Judiciário. Como o Judiciário americano faz parte do tecido do governo popular, a prudência que lhe é apropriada pode torná-lo variadamente relutante em fornecer às facções lesadas um desvio do processo político. A esperança prudente do Judiciário frequentemente é que sua relutância leve os lesados a tentarem um remédio não majoritário — a persuasão — para erros majoritários. Mas essa prudência deve ser limitada pelo princípio de que os direitos não devem ser assegurados somente às pessoas persuasivas.

O argumento contra a supervisão da democracia por um Judiciário engajado é o de que as eleições produzem governos toleravelmente bons e, quando produzem governos deploráveis, essa é uma punição apropriada e instrutiva para o eleitorado. As eleições, afinal, não são somente a maneira de desempenhar a necessária função de preencher cargos públicos. Se tudo que importasse fosse preencher os cargos, um sorteio seria suficiente. Mas, como disse Harvey Mansfield, "a eleição, em oposição à seleção por sorteio, é um mecanismo essencialmente aristocrático (porque pressupõe que algumas pessoas são melhores que outras — um ponto a ser aprendido com Aristóteles)".[90] Assim, é razoável que o mais democrático dos fundadores, Jefferson, tenha falado, sem um traço de ironia ou paradoxo, de uma "aristocracia natural" que seria descoberta e elevada pelas eleições. Os leitores podem julgar por si mesmos como isso tem funcionado nos Estados Unidos contemporâneos, cuja população é mais de 62 vezes maior que as 5,3 milhões de pessoas de 1801, quando, depois que Jefferson e Aaron Burr receberam o mesmo número de votos, Jefferson foi eleito para a presidência pela Câmara dos Representantes.

A aristocracia natural que hoje exerce o poder dos artigos I e II é proteção suficiente à liberdade e aos direitos das minorias? Se não é, está na hora de lembrar da admoestação do juiz Robert Jackson, que disse que "liberdade conquistada" é uma ilusão.[91] As liberdades devem ser defendidas enquanto são exercidas; de fato, exercitá-las *é* defendê-las. O comichão regulatório do Estado administrativo, combinado ao incessante *rent-seeking* incitado por suas intervenções na vida econômica, faz com que as liberdades estejam sempre sob o risco de desaparecer aos poucos. O ramo executivo é o motor do Estado administrativo. O ramo legislativo mal consegue supervisionar um ramo executivo que se tornou gigantesco com sua cumplicidade e por causa de sua lassidão. Assim, cabe ao Judiciário a supervisão da democracia, para ajudar a preservar o equilíbrio institucional.

Robert Bork, antes de ser juiz e antes que sua frustrada nomeação para a Suprema Corte pelo presidente Ronald Reagan em 1987 provocasse uma das mais amargas disputas de confirmação da história americana, foi colega de Alexander Bickel na faculdade de direito de Yale. Bickel, disse Bork, "identificou e tentou solucionar o problema central do direito constitucional: nosso etos político é majoritário, mas a Suprema Corte, com o poder de derrubar leis democraticamente promulgadas, é contramajoritária".[92] Contudo, é insatisfatório dizer que o problema central do direito constitucional é ou deriva de um "etos". A premissa central e o propósito da existência coletiva dos Estados Unidos não são simplesmente que as maiorias devem governar. Quando a Suprema Corte derruba uma lei em função de sua incompatibilidade com a Constituição, ela não está sendo contramajoritária. Está preferindo uma maioria prévia e privilegiada, a da geração que escreveu e ratificou a Constituição, a uma maioria atual e secundária.

A Constituição foi escrita por homens notáveis que são merecidamente reverenciados. E morreram há muito. Eles acreditavam que sua obra, a fim de ser legitimamente vinculatória, tinha de ser ratificada — consentida — por convenções compostas ou selecionadas pelas pessoas interessadas. Essas pessoas também morreram há muito. Então por que a Constituição continua a merecer nossa adesão? A resposta aponta para a pergunta política básica de nossa época e para sua resposta. A pergunta é: o propósito primário da Constituição é a criação de uma arquitetura governamental que assegure, tanto quanto possível, a proteção dos direitos naturais ou é meramente a criação de um governo que facilite o domínio efetivo da maioria?

Se o domínio da maioria é o objetivo ao qual todos os outros estão subordinados, a legítima reivindicação de deferência de nossa Constituição de fato parece baseada somente no consentimento continuado, ano após ano, da sempre diferente maioria da politeia. Mas como esse consentimento é registrado? Ele deve ser inferido do consentimento implícito das pessoas que voluntariamente continuam a viver sob a Constituição? E do fato de que participam do processo político estruturado pela Constituição e registram seus descontentamentos mais sérios não só com perturbações violentas, mas também com emendas previstas na Constituição? Todavia, o consentimento tácito, inferido de comportamentos, e não registrado e explícito, necessariamente se atenua conforme o governo se torna maior, mais ativo, mais complexo e menos transparente. Como há uma disparidade cada vez maior entre aquilo que o governo faz e aquilo que a maioria das pessoas sabe que ele está fazendo, o "consentimento tácito" se dilui a ponto de desaparecer.

Suponha, entretanto, que a proteção dos direitos naturais, e não a garantia do domínio da maioria, seja a função que confere validade continuada à Constituição. Se for assim, o propósito dos fundadores era facilitar não apenas a política da soberania popular, mas certo propósito político e, consequentemente, certo tipo particular de política. Esse propósito dita o conteúdo geral da política, uma política de governo limitado garantindo direitos que são naturais e, portanto, preexistem ao governo.

O juiz Antonin Scalia afirmou que "toda a teoria da democracia [...] é a de que a maioria domina; essa é toda a teoria. Você só protege as minorias porque a maioria determinou que certas posições minoritárias merecem proteção [...] Você pode concordar ou não com a teoria democrática. Mas não pode ter uma teoria democrática e então dizer 'E quanto à minoria?' A minoria perde, exceto na extensão em que a maioria, em seu documento de governo, concorda em conceder direitos a ela".[93] Se essa é "toda a teoria", a teoria democrática não é muito interessante. Interessante é o que começa depois que ela é reconhecida como ralo mingau intelectual: a reflexão sobre as medidas institucionais e culturais necessárias para aumentar a probabilidade de que as maiorias sejam moderadas e razoáveis.

Em uma entrevista concedida em 2006, o juiz da Suprema Corte Stephen Breyer disse que a Constituição "trata basicamente" de uma palavra: "democracia."[94] Não obstante, essa palavra não surge nem na Constituição, nem na Declaração de Independência. A democracia é a maneira americana de alocar poder político. A Constituição foi adotada para confinar esse poder. Ela deve confiná-lo a fim de "garantir as bênçãos" daquilo que simultaneamente justifica e exige limites ao governo democrático: a liberdade natural. A divisão fundamental na política americana é entre aqueles que se orientam pelo direito individual a um amplo reino de liberdade e aqueles para quem o valor fundamental é o direito da maioria de impor sua vontade ao criar regras sobre quais liberdades específicas devem ser respeitadas e em que extensão. Para os muitos americanos confusos e consternados com a intensidade das discussões políticas hoje, Timothy Sandefur tem uma mensagem: a intensidade da política atual é proporcional à importância do que está em jogo.

Os progressistas, que consideram a democracia a *fonte* da liberdade, invertem a premissa dos fundadores de que a liberdade preexiste aos governos, os quais, segundo a Declaração de Independência, são legítimos quando "instituídos" para "garantir" direitos naturais. Os progressistas consideram, por exemplo, os direitos de propriedade e liberdade de expressão "espaços de privacidade", na formulação de Sandefur, que o governo escolhe "criar e proteger" na extensão em que servem à democracia.[95] Os conservadores acreditam que a liberdade, entendida como ausência geral de interferência, e os direitos individuais, que não podem ser exaustivamente enumerados, são naturais e que as restrições governamentais a eles devem ser tão poucas quanto possível e rigorosamente justificadas. Invocar o direito da maioria de impor sua vontade é insuficiente como justificativa.

Com a Declaração de Independência, os americanos deixaram de reivindicar seus direitos como ingleses lesados e começaram a afirmar direitos que eram universais por serem naturais, ou seja, necessários ao florescimento de criaturas de nossa natureza. O perene conflito na política americana, diz Sandefur, está relacionado "ao que tem precedência: o direito dos indivíduos à liberdade ou o poder de governo da maioria". O propósito da proteção, fornecida pela décima quarta emenda após a Guerra Civil, aos "privilégios e imunidades" dos americanos — que foram quase inteiramente corrompidos por uma leitura absurdamente estrita da cláusula pela Suprema Corte em 1873 — era afirmar, para benefício dos negros emancipados, os direitos nacionais dos cidadãos. A cidadania nacional baseada nos direitos naturais frustraria os estados sulistas que reivindicavam o poder de só reconhecer os direitos que escolhessem dispensar. O governo, disseram os fundadores, é instituído para aprimorar o estado natural, no qual o indivíduo está à mercê dos fortes. Ainda assim, quando a democracia, significando o processo do domínio majoritário, é o valor supremo — quando é elevada ao status daquilo de que a Constituição "trata basicamente" —, o indivíduo fica novamente à mercê dos fortes, daqueles que possuem a força dos números. Sandefur diz que o progressismo "inverte as fundações constitucionais dos Estados Unidos" ao afirmar que a Constituição "trata" da democracia, o que rejeita a premissa dos fundadores de que o domínio da maioria é legítimo "somente dentro dos limites" dos direitos naturais dos indivíduos. Eles incluem direitos não enumerados — que, aliás, são a maioria —, cuja existência e importância são afirmadas pela nona emenda. Alguns conservadores ficam desconcertados com a análise de Sandefur, que leva à seguinte conclusão: as indiscriminadas denúncias de "ativismo judicial" dos conservadores servem ao progressismo.[96] A proteção dos direitos, os constitucionalmente enumerados e os outros, requer um Judiciário ativamente engajado na imposição daquilo de que a Constituição "trata basicamente", que é compelir o poder majoritário a respeitar os direitos individuais.

Em um livro publicado em 2010, durante seu décimo sétimo ano na Suprema Corte, o juiz Breyer perguntou: "Por que as pessoas optariam por viver sob a 'mão morta' de uma Constituição do século XVIII que preservou não valores duradouros, mas pensamentos específicos àquele século sobre a aplicação desses valores?"[97] Por que, de fato, se a Constituição não está conectada a "valores duradouros"? E como poderia estar conectada, se não há valores duradouros em um mundo no qual a única constante é a perpétua emergência de novos "valores"? Um mundo no qual o passado é sempre uma "mão morta"? Mas eu me pergunto o que Breyer pensa sobre seu trabalho, dado que acha que interpretar a Constituição consiste em aplicar, ou talvez somente pretender aplicar, "pensamentos" do século XVIII a um século XXI que tem seus próprios "pensamentos". Certamente, é momentoso que um membro da Suprema Corte presuma que o povo americano não quer viver sob a Constituição. De todo modo, todas as leis são imposições de "mãos mortas" sobre o presente, porque devem continuar válidas para além da promulgação. Isso é especialmente verdadeiro no caso das constituições, que são deliberadamente instrumentos de "mãos mortas", uma vez que são leis que dizem como leis subsequentes e menores devem ser criadas e aplicadas. Em 2010, o juiz Don Willett, do superior tribunal do Texas, abordou e dissolveu de modo convincente as supostas dificuldades da "mão morta" e do contramajoritarismo.[98]

Estão envolvidas, disse ele, duas maiorias distintas, mas não iguais. Ele começou, como a revisão judicial começou, com *Marbury v. Madison*, no qual o presidente da Suprema Corte John Marshall escreveu: "Os poderes da legislatura são definidos e limitados e a Constituição foi escrita para que esses limites não sejam mal interpretados ou esquecidos."[99] Ao distinguir entre a adequada deferência judicial às maiorias legislativas e o abandono do dever judicial de policiar seus excessos, Willett disse que, em nossa democracia, o poder de criar políticas do Legislativo, "embora sem rivais, não é ilimitado". A Constituição é suprema. Quando uma legislatura diz que certa lei é desejável, "desejável" não é sinônimo de "constitucional". Embora "os ramos políticos decidam se as leis passam", são os tribunais que decidem "se elas passam pela inspeção". Assim, "se a revisão judicial significa alguma coisa, é que a moderação judicial não permite tudo". Para evitar um "ponto de inflexão constitucional" no qual "adjudicação se pareça mais com abdicação", os tribunais não devem "extinguir as liberdades constitucionais com indiferença". Isso requer fidelidade à supermaioria contra a qual as outras maiorias devem ser mensuradas. "Devem existir restrições judicialmente aplicáveis às ações legislativas irreconciliáveis com os comandos constitucionais."[100]

Mas por quê? Porque a Constituição do Texas, como a nacional, foi "irremediavelmente estruturada em torno da proscrição". Ela "diz um enfático 'não' a várias iniciativas do governo", mesmo as desejadas pelas maiorias. A revisão judicial significa evitar que qualquer maioria contemporânea supere a supermaioria de ontem, que ratificou a Constituição. Os juízes federais não respondem a nenhum eleitorado *atual*. Mas, ao interpretar a Constituição, têm o dever de permanecerem leais ao eleitorado que a escreveu e ratificou. Essa, disse Willett, é a "profunda diferença entre um juiz ativista e um juiz *engajado*".[101] O primeiro cria direitos que não são específicos nem estão implícitos na Constituição. O segundo defende direitos que os fundadores incluíram na Constituição — além dos direitos não enumerados que reconheceram — e evita que setores eleitos usurpem o dever do Judiciário de declarar o que ela significa.

## A BASE "RACIONAL" DA DEFERÊNCIA IRRACIONAL

Madison foi atipicamente otimista quando disse, no Artigo Federalista nº 51, que as maiorias raramente formariam uma República cuja base não fosse "a justiça e o bem comum".[102] O que ele não antecipou, e não poderia ter antecipado, foi este fenômeno: quando o governo cresceu em tamanho, escopo e pretensões, ele se tornou mais atento a pequenas facções que não alegam representar a vontade da maioria. O máximo que cada facção alega é que a maioria favoreceria o mesmo que ela se estivesse pensando claramente. Ou que ela sabe o que é melhor para a maioria. Ou que não dá a mínima para o que as outras facções pensam. O principal problema da democracia americana contemporânea não é que as maiorias façam o governo tomar decisões insensatas ou injustas. É que muito do que o governo faz dificilmente se refere a quaisquer maiorias.

A Constituição cria instituições para a condução dos assuntos do governo. Ela não articula princípios sobre objetivos governamentais adequados. Mas sugere os contornos mais amplos de uma filosofia geral de governo, com implicações claras e poderosas para os propósitos governamentais. A Constituição faz isso com a separação de poderes, da qual uma das implicações é que a eficiência do governo, entendida como agilidade, é menos importante e está em tensão com a necessidade de mecanismos que retardem e talvez bloqueiem a ação governamental, encorajando a deliberação, o compromisso e as limitações. Além disso, a tapeçaria constitucional madisoniana, com poderes separados, freios e contrapesos, federalismo e garantia de direitos individuais, atesta o que o professor Richard Epstein chama de "presunção de erro".[103] A tapeçaria foi projetada para retardar o processo político porque todas as intervenções governamentais nos processos da ordem espontânea da sociedade supostamente possuem dúbia legitimidade. Isso acontece porque se presume que o governo não é um árbitro desinteressado, respondendo aos interesses das facções. Hoje, isso é mais frequentemente verdadeiro que nunca, e com certeza será ainda mais frequente conforme o governo se torne maior, mais intrusivo e mais opaco.

Essa ideia é um anátema para aqueles — hoje, provavelmente a maioria dos americanos — que acreditam que o domínio da maioria é um valor soberano, acima de todos os outros. Eles acreditam que o grau de virtude da nação é definido pela extensão em que as maiorias são capazes de impor sua vontade. Tais pessoas tendem a acreditar que é trabalho do ramo judicial facilitar isso ao adotar uma posição modesta e deferente em relação ao que as legislaturas, os oficiais e as agências do ramo executivo fazem. Aqui, diz-se que a deferência judicial é ditada pela natureza plebiscitária da presidência moderna: como somente os presidentes são escolhidos por um eleitorado nacional, eles são personificações singulares da vontade nacional e, consequentemente, devem gozar da maior liberdade possível para traduzi-la em políticas.

O triplo problema é que as maiorias podem ser abusivas. E algumas questões — na verdade, muitas — não são adequadamente decididas pela maioria porque permanecem fechadas mesmo em sociedades abertas. E muitas coisas que as instituições majoritárias fazem não têm relação com os desejos das maiorias. Assim, devemos perguntar: quão aberrantes — quão frequentes — são as maiorias abusivas? Uma pergunta relacionada, mas diferente, é: quão frequentemente as legislaturas agem em benefício das facções minoritárias? Minha crença, baseada em quase meio século observando Washington, o coração pulsante da governança americana, é a que se segue.

Conforme o governo se torna maior e mais hiperativo e o Estado administrativo e regulatório invade mais promiscuamente as dinâmicas da sociedade e a vida dos indivíduos, uma parcela cada vez menor daquilo que o governo faz responde, mesmo que remotamente, ao desejo de uma maioria. Quanto mais o governo decide que não há limites legais ou práticos a seu escopo adequado e a sua competência real, mais tempo e energia ele devota a servir aos interesses das minorias — às vezes, minorias muito pequenas. Assim, paradoxalmente, quando o governo se torna maior, suas ações se tornam menores. Quando suas ambições se tornam mais grandiosas, suas preocupações se tornam mais insignificantes. Considere alguns exemplos de governo abaixo do nível federal.

Ali Bokhari emigrou do Paquistão em 2000, estabeleceu-se em Nashville, tornou-se motorista de táxi e teve uma ideia muito americana: iniciou um negócio para atender a uma necessidade. Ele comprou um Lincoln Town Car preto e começou a oferecer corridas mais baratas no aeroporto, no centro da cidade e em bairros com poucos táxis. Um ano após, tinha doze carros. Pouco tempo depois, tinha vinte carros, quinze colaboradores com seus próprios carros, um website e muitos clientes. Infelizmente, também tinha inimigos poderosos. O cartel das empresas de táxi fora incapaz de aumentar os preços desde que Bokhari chegara à cidade. Essas empresas, em colaboração com as empresas de limusine, que se ressentiam da competição, conseguiram que os reguladores do governo municipal exigissem o aumento dos preços de Bokhari e impusessem muitas regulamentações impeditivas.[104]

Sandy Meadows era uma viúva afro-americana em Baton Rouge. Tinha pouca educação formal e nenhum recurso além de seu talento para criar arranjos de flores adoráveis, que a fez ser contratada por um mercado local. Então a Comissão de Horticultura da Louisiana — existe tal entidade, por razões de *rent-seeking* — atacou. Ela ameaçou fechar o mercado como punição por ter contratado uma florista sem licença. Meadows tentou conseguir a licença, incluindo um teste escrito e a criação de quatro arranjos em quatro horas, mas não conseguiu. A adequação dos arranjos foi julgada por floristas licenciados agindo como guardiões da profissão e restringindo a entrada de competidores. Meadows, que não teve permissão para retornar à profissão da qual o governo a expulsara, morreu na pobreza. Mas o povo da Louisiana foi protegido por seu governo contra a ameaça de floristas não licenciadas.[105]

Em outra região da Louisiana, os monges do mosteiro de São José também atraíram o olhar de desaprovação do governo. Em 2005, o furacão Katrina danificou as árvores que há muitos anos financiavam sua vida religiosa. Buscando uma nova fonte de renda, eles decidiram vender os caixões simples de madeira nos quais o monastério enterrava seus mortos. Inadvertidamente, iniciaram uma carreira criminosa. A Louisiana tem um Conselho Estadual de Embalsamadores e Agentes Funerários. Seu suposto propósito, ao ser criado em 1914, era combater doenças. Mas há muito ele sucumbiu à "captura regulatória" e passou a ser controlado pela indústria funerária que ostensivamente regula. Quando os monges começaram a vender caixões, nove dos dez membros do conselho eram agentes funerários. Uma de suas principais fontes de renda é vender caixões. Na década de 1960, a Louisiana criminalizara a venda de "mercadorias funerárias" por agentes não licenciados. Para obter a licença, os monges teriam de deixar de ser monges. Teriam de conseguir trinta horas de créditos estudantis e passar um ano como estagiários em uma funerária licenciada a fim de adquirir habilidades que não tinham a menor intenção de usar. Seu mosteiro teria de se tornar um "estabelecimento funerário", com um salão capaz de acomodar trinta enlutados e uma sala de embalsamento, mesmo que eles só quisessem fazer caixas retangulares, e não lidar com cadáveres. A lei exigindo toda essa lenga-lenga não tem nenhum propósito sanitário: a Louisiana não estipula padrões para os caixões, nem mesmo requer caixões para enterros. Além disso, os locais podem comprar caixões fora do estado; na Amazon, por exemplo, que vende de tudo. Obviamente, a lei foi usada contra os monges para proteger o cartel de caixões dos agentes funerários.[106]

A ação governamental que impediu que um imigrante paquistanês dirigisse uma empresa de transporte, que uma aspirante a florista lucrasse com sua habilidade e que monges se sustentassem fabricando e vendendo caixas de madeira, assim como milhares de ações governamentais parecidas, de costa a costa, deveria ser, mas usualmente não é, considerada inconstitucional. Ações assim deveriam ser revogadas mesmo tendo sido iniciadas por processos formalmente majoritários, por oficiais eleitos ou agências regulatórias criadas por oficiais eleitos. Elas deveriam ser consideradas violações de um direito natural que Lincoln entendia como direito ao trabalho livre e que estava, claro, no âmago da crise escravagista. É o direito constitucional não enumerado, mas certamente implícito, à liberdade econômica. Mas leis que restringem direitos sobrevivem e proliferam porque, desde o New Deal, os tribunais deixaram de cumprir seu dever de proteger a liberdade econômica contra seus inimigos em busca de renda econômica.

Em certo sentido, o problema começou na Louisiana dezesseis anos antes de o monastério ser fundado em 1889. Ele começou do outro lado do lago Pontchartrain, em Nova Orleans. A cidade concedera um lucrativo benefício a alguns açougueiros que buscavam renda econômica e os transformara em cartel ao exigir que todos os animais fossem mortos em seus abatedouros. Alguns dos açougueiros excluídos foram ao tribunal e chegaram à Suprema Corte, desafiando a lei. Eles perderam quando, no caso dos abatedouros de 1873, a Corte, em uma decisão de cinco votos contra quatro, manteve a lei que criara o cartel. Ao fazer isso, efetivamente expungiu a cláusula da décima quarta emenda que diz: "Nenhum estado deve criar ou impor lei que restrinja os privilégios ou imunidades dos cidadãos americanos." A Corte interpretou a expressão "privilégios ou imunidades" de maneira tão estrita que ela desapareceu do direito constitucional. Foi um destino trágico para uma expressão cujo propósito era servir como abreviatura para toda a panóplia de direitos da cidadania nacional.

Desde o New Deal, os tribunais abandonaram a proteção dos direitos econômicos, incluindo o direito fundamental de ganhar a vida sem impedimentos governamentais arbitrários ou irracionais. Em vez disso, adotaram o extremamente permissivo teste da "base racional" para julgar se as ações do governo são permissíveis. Os tribunais quase invariavelmente defendem que, se o governo estipular uma razão — qualquer razão — para uma lei ou regulamentação que onera a atividade econômica, ou se o próprio tribunal puder imaginar uma razão, ele deve aceder à legislatura eleita, ao conselho municipal eleito ou à instituição majoritária que produziu a lei ou regulamentação. Em 2004, o décimo circuito manteve uma lei de Oklahoma que exigia que vendedores online de caixões tivessem licenças funerárias. Para obter tais licenças, os candidatos precisariam estudar vários anos, fazer um ano de estágio, embalsamar 25 corpos e passar em dois testes. Ao sustentar essa farsa, o tribunal escreveu, com jovial complacência, que, "embora o beisebol seja o passatempo nacional dos cidadãos, distribuir benefícios econômicos especiais a certas indústrias estaduais é o passatempo favorito dos governos locais e estaduais".[107] O tribunal não disse, mas poderia ter dito, que a regra da maioria exige que os tribunais só se engajem raramente e com relutância na supervisão judicial da democracia, porque a regra da maioria é o valor que supera todos os outros. Mas há duas coisas erradas nessa formulação.

Primeira, é simplista pensar que há apoio majoritário, interesse majoritário ou mesmo consciência majoritária sobre a menor fração do que os governos fazem ao "distribuir" vantagens a facções econômicas. Alguém realmente acha que, quando o governo municipal de Nashville concede favores aos cartéis de táxis e limusines, ele está obedecendo à vontade da maioria dos residentes da cidade? Alguém realmente acredita que a maioria dos habitantes da Louisiana ou de Oklahoma dá à mínima para quem cria arranjos florais ou vende caixões?

A segunda e mais fundamental falácia por trás de um Judiciário passivo acedendo às instituições majoritárias é a seguinte: sabemos, porque ele disse isso clara e frequentemente, que Lincoln se orientava politicamente pela Declaração de Independência. Sabemos que ele acreditava, porque assim diz a declaração, que os governos são instituídos para *garantir* nossos direitos naturais, que preexistem ao governo e incluem direitos não enumerados afirmados na nona emenda. Não obstante, durante muitos anos e por várias razões, conservadores demais celebraram, irrefletida e imprudentemente, a "moderação judicial". As razões para isso incluem a compreensível desaprovação dos improvisos constitucionais mais desenfreados da Suprema Corte de Warren. Também há a compreensível crença de que a maioria dos juízes não é conservadora; afinal, as faculdades de direito que treinam futuros juízes e as revistas jurídicas que influenciam os juízes atuais não são equilibradas: elas ignoram o conservadorismo. Mas está na hora de os conservadores repensarem o papel dos tribunais no regime americano. Muitos conservadores favorecem a deferência judicial e a moderação porque sucumbem à tentação populista. Eles não estão imunes à tentação de bajular, de afirmar que as maiorias são presumivelmente virtuosas e as coisas que as legislaturas fazem são necessariamente certas porque refletem a vontade "do povo".

O projeto progressista, agora entrando em seu segundo século, dá prioridade à regra da maioria sobre a liberdade quando as duas entram em conflito, como inevitável e frequentemente fazem. Isso reflete a crença progressista de que os direitos são resultado do governo, como "espaços de privacidade" que o governo "escolheu criar e proteger". O princípio de moderação judicial dos progressistas, destilado a sua essência majoritária, é o de que se deve presumir que um ato do governo é constitucional e a parte que disputa essa constitucionalidade deve arcar com o pesado ônus de demonstrar, para além da dúvida razoável, que o ato é inconstitucional. O princípio contrário, de engajamento judicial, é o de que o principal dever do Judiciário é a defesa da liberdade e que o governo, quando desafiado, deve demonstrar que sua ação está em conformidade com a arquitetura da Constituição, cujo propósito é proteger a liberdade.

As discussões sobre a supervisão judicial da democracia em todos os níveis da governança americana são tão antigas quanto a República. Lemuel Shaw, que durante três décadas (1830-1860) foi presidente do superior tribunal judicial de Massachusetts, forneceu a definição dominante de poder de polícia dos estados. É "o poder investido pela Constituição na legislatura para criar [...] todos os tipos de leis sensatas e razoáveis [...] para benefício e bem-estar da comunidade".[108] Mas quem, se alguém, tem o direito de contestar a suposta sensatez e razoabilidade das leis? Após a Guerra Civil e a aplicação da carta de direitos aos estados, os tribunais passaram a ter o dever de fornecer oportunidades para que pessoas corajosas contestassem leis estaduais que defendiam de forma não razoável interesses pouco sensatos. Em uma carta de junho de 1928, o juiz Louis Brandeis previu o caminho da Suprema Corte, uma década depois, até a nota de rodapé número 4. A carta foi enviada a seu amigo Felix Frankfurter, então professor da faculdade de direito de Harvard e que se uniria à Corte em 1939, o ano em que Brandeis se aposentou. Brandeis escreveu: "Em favor da propriedade, a Constituição é interpretada liberalmente; em favor da liberdade, estritamente."[109] Com "liberalmente", Brandeis queria dizer permissivamente em relação ao desejo de regulamentar do governo. Com "estritamente", queria dizer cautelosamente em relação ao poder governamental. Ele estava lendo a Constituição para dizer que ela "favorecia" menos a propriedade que a liberdade.

Mas não há nada no documento que mencione ou sugira tal distinção, quem dirá a recomende ou ordene. Além disso, há abundantes evidências de que os fundadores da nação e autores da Constituição achavam tal distinção não somente objetável, mas também incompreensível. Eles achavam que os indivíduos tinham posse — propriedade — de si mesmos, o que era necessário para a busca da felicidade. E entendiam que a posse de propriedades fornece ao indivíduo uma zona de soberania na qual ele tem a liberdade de usar seus recursos na busca pela felicidade. A tarefa mais urgente do conservadorismo é convencer o país de que a deferência judicial frequentemente é abandono do dever e que um Judiciário energicamente engajado é necessário para evitar, nas palavras do juiz Robert Jackson, que as luzes se apaguem.[110]

CAPÍTULO 5

# ECONOMIA POLÍTICA

## Resgatando o Grande Enriquecimento da arrogância fatal

> A curiosa tarefa da economia é demonstrar aos homens quão pouco eles realmente sabem sobre o que imaginam poder projetar.
>
> Friedrich Hayek[1]

Kaskaskia, às margens do rio Mississippi, foi capital do território de Illinois até 1818, quando Illinois se tornou estado. A capital foi então movida 130 quilômetros para nordeste, até Vandalia, parcialmente porque a cidade estava localizada em uma das partes menos povoadas do estado. O propósito da mudança era encorajar as pessoas a se mudarem para lá. Transformar Vandalia em capital foi chamado de "melhoria interna": um investimento do governo para promover a mobilidade social e o crescimento econômico. Tais medidas estavam na mente do legislador estadual de 27 anos que foi para Vandalia, partindo de sua casa em Springfield, em novembro de 1834.

Abraham Lincoln, como lembrou mais tarde seu melhor amigo, Joshua Speed, disse na época que sua maior ambição era "se tornar o DeWitt Clinton de Illinois".[2] Clinton, o sexto governador de Nova York, fora a força motriz do primeiro grande projeto americano de infraestrutura, talvez o mais importante até o sistema rodoviário interestadual: o canal Erie. Clinton via o projeto como modo de impedir que os estados do oeste se separassem da União. O canal "conectaria a União em laços indissolúveis" porque as pessoas ficariam "habituadas ao intercurso frequente e à intercomunicação benéfica" e todos os americanos se uniriam através dos "laços dourados do comércio e das correntes adamantinas do interesse".[3] Involuntariamente, o canal também ajudara a destruir a velha ordem na Europa. Ao trazer trigo barato das Grandes Planícies, ele atingira as raízes da aristocracia rural europeia. Daniel Patrick Moynihan, um nova-iorquino chauvinista, deliciou-se ao dizer que o canal fizera mais que os movimentos socialistas para derrubar a estrutura de classes na Europa. Tais são os ricochetes imprevistos das forças econômicas quando fluem livremente.

Duas semanas após chegar a Vandalia, Lincoln propôs que o estado construísse uma ponte sobre um riacho no condado de Sangamon. Em seguida, propôs uma estrada da fronteira com Indiana até Peoria e de Peoria até o rio Mississippi, na fronteira com o Missouri. Em seu primeiro mandato, propôs outras sete estradas, a serem pagas por uma comissão de 20% aos estados pela venda de terras federais. Sua ideia mais grandiosa foi um canal conectando o lago Michigan ao Mississippi, através do rio Illinois. Quando o dinheiro da venda de 236 mil acres de terras públicas se exauriu rapidamente, Lincoln propôs que Illinois criasse um banco estatal para financiar os projetos. Não surpreende que, muito antes de a desunião se tornar uma ameaça existencial para a República, o "sistema americano" proposto por Henry Clay para que melhorias internas unissem seções da nação tenha atraído Lincoln. Clay criou o Partido Whig, com o qual Lincoln se identificou ao concorrer à reeleição para a legislatura estadual em 1836.

Clay chegou ainda jovem a Washington, onde a chuva frequentemente tornava a avenida Pensilvânia intransitável. Era uma Washington na qual o presidente Thomas Jefferson relutantemente concordara em assinar o projeto de lei autorizando a construção federal de rodovias, mas advertira o Congresso de que a Constituição precisaria de uma emenda para autorizar tais atividades, para evitar que a doutrina dos "poderes implícitos" e a própria Constituição se tornassem uma grande brecha legal. Clay rapidamente se tornou aquilo que o país se tornaria e ainda é: retoricamente, era jeffersoniano, mas, na realidade, era hamiltoniano, reivindicando para o governo federal poderes implícitos suficientes para seu "sistema americano". Esse sistema envolvia a imposição de tarifas, a construção ou o subsídio de estradas, canais e ferrovias e outros elementos de infraestrutura para uma nação comercialmente unificada, com um enérgico governo central que deveria ser, nas palavras de Hamilton, "adequado às exigências da União".[4]

Estabelecer sólidas finanças públicas era o principal desafio da nova nação, razão pela qual o Departamento do Tesouro tinha quarenta funcionários e o Departamento de Estado, somente cinco. A venda de títulos governamentais aos bancos foi crucial para expandir o fornecimento de dinheiro, o que aqueceu o comércio e, com o tempo, uniu as regiões. A marcha dos Estados Unidos para se tornar uma verdadeira União foi hesitante, em parte por causa das rivalidades econômicas entre as regiões. Até mesmo o presidente da Suprema Corte John Marshall, o nacionalizador supremo, usava "nação" com cautela: "Os Estados Unidos escolheram ser, em muitos sentidos e para muitos propósitos, uma nação."[5] No início do século XIX, durante os debates sobre a construção da estrada nacional, o senador William Smith, da Carolina do Sul — de onde mais? —, objetou a essa "palavra insidiosa", que, segundo ele, era contrária "às origens e à teoria de nosso governo" como confederação de estados soberanos.[6] Foram necessárias estradas — e canais, ferrovias, correios e, especial e finalmente, a redistribuição de riqueza do New Deal para o sul — a fim de fornecer o pré-requisito econômico à unidade nacional.

Defendendo a "ideia nacional" em 1830, Daniel Webster citou o quebra-mar de Delaware, um porto artificial construído pelo governo federal perto da desembocadura da baía de Delaware. Ele argumentou que nenhum dos estados vizinhos o teria construído porque ele não beneficiava unicamente a nenhum deles, de modo que somente o governo federal pudera fazê-lo. O historiador James McPherson escreve que, antes de 1815, a maioria das estradas consistia em trilhas cheias de sulcos, intransitáveis em clima úmido. O comércio dependia de navios e barcos, e o custo de mover as mercadorias 50 quilômetros para o interior equivalia ao custo de cruzar o Atlântico. O comércio transatlântico excedia o comércio interno e o crescimento econômico mal superava o aumento da população. Então chegaram as estradas de macadame, transitáveis em qualquer clima, e o canal Erie deu origem a construções emulativas: em 1850, havia 6 mil quilômetros de canais. Em seguida, as ferrovias libertaram o comércio dos canais congelados no inverno, diminuindo o tempo de viagem entre Nova York e Chicago de três semanas para dois dias e reduzindo o preço do transporte do trigo entre Buffalo e Nova York de 100 para 10 dólares por tonelada. A diferença entre o preço do porco no atacado em Cincinnati e Nova York despencou de 9,53 para 1,18 dólar. Subitamente, os trabalhadores urbanos tinham mais renda para gastar em bens manufaturados.[7]

Um episódio poético de nossa história nacional ocorreu em 4 de julho de 1826. No quinquagésimo aniversário da Declaração de Independência, o autor do documento fundacional, Thomas Jefferson, morreu, assim como John Adams, que tanto fizera para viabilizar o documento de Jefferson. Três dias depois, em Quincy, Massachusetts, após comparecer ao funeral de Adams, alguns dignitários foram levados para ver uma força prosaica que modelaria o que dois fundadores haviam ajudado a fundar. Eles viram uma ferrovia, uma das primeiras das nações, e não muito impressionante. Ela fora construída com o objetivo de carregar granito de Quincy até Boston, para o monumento de Bunker Hill. Como precursora, no entanto, foi gigantesca. As ferrovias em breve teriam consequências constitucionais, e não só porque, na futura guerra contra a insurreição sulista, ajudariam o exército do governo central a ter um argumento constitucional sobre a primazia do governo. As ferrovias também tiveram consequências constitucionais porque influenciaram a maneira de os americanos pensarem sobre a natureza de seu regime. As ferrovias e o industrialismo do qual eram emblemáticas encheram nossa "extensa República" de energia. Nosso grande país passou a ter uma grande economia e um governo maior do que aquele ao qual estava acostumado.

Mas um governo tão grande quanto o de hoje é necessário ou prudente? Hoje, o conservadorismo indaga se um governo grande é apenas um resultado contingente ou necessário de um grande país com uma grande economia. Que este país seria grande nunca esteve em questão. Na era revolucionária, os americanos, a maioria vivendo na costa atlântica, audaciosamente chamaram sua legislatura de congresso continental. Eles sabiam para onde estavam indo: para a Califórnia. Chegariam lá por muitos meios, incluindo ferrovias. Para fomentar a construção desses tendões de aço da força nacional, o governo central empregou sua considerável influência. Em 1908, oito décadas após as mortes de Adams e Jefferson, um professor de ciência política se maravilhou com os frutos do industrialismo: "Os fios de cobre do telégrafo correm ininterruptamente para todos os cantos do grande continente, como nervos de um único corpo [...] As ferrovias estão em cada vale e planície [...] As organizações industriais ignoram as fronteiras estaduais e o comércio varre um estado após o outro." Assim escreveu o professor de Princeton Woodrow Wilson, cinco anos antes de se tornar presidente dos Estados Unidos.[8]

Já na década de 1850, o rugir das rodas a vapor sobre trilhos de aço era o som da sociedade americana, cuja economia se preparava para solucionar o que os políticos e as legislaturas não podiam. A supostamente prosaica questão das "melhorias internas" foi crucial para a melhoria da vida interior, moral, da nação e para o confronto sobre a escravidão. Ferrovias transportando soldados, que carregavam armas produzidas em massa a partir de partes intercambiáveis, seriam a decisiva resposta do norte aos argumentos constitucionais do sul em favor do direito de secessão. As ferrovias, as aciarias, as minas de carvão e o trabalho imigrante por trás delas encerraram essa questão resistente a compromissos.

John Steele Gordon, historiador da cultura empreendedora americana, observou que sete das dez maiores fortunas dos Estados Unidos em 2014 foram tornadas possíveis pelo microprocessador que a Intel começou a comercializar em 1971. Nos anos intermediários, mesmo a fortuna da família Walton, estimada em 130 bilhões de dólares em 2018, dependeu do sistema mundial de controle de inventários e logística do Walmart, que teria sido impossível sem o microprocessador. Mas não há nada novo em vastas fortunas resultantes dos efeitos socialmente benéficos e amplamente igualitários das novas tecnologias. Gordon observa que, antes do motor a vapor de James Watt, patenteado em 1781, "somente os músculos animais e humanos, as rodas d'água e os moinhos de vento podiam fornecer energia". Depois de Watt, a energia de baixo custo que antes era estocada em carvão, mas essencialmente inútil para o comércio, subitamente revolucionou a manufatura (as fábricas) e o transporte (as ferrovias). As fortunas dos Vanderbilt, dos Harriman e outras foram feitas com as ferrovias, que criaram o mercado nacional. Isso permitiu economias de escala que beneficiaram imensamente as massas.[9]

Simon Winchester descreveu a notável extensão em que os Estados Unidos, com sua característica "convoluta", se amalgamaram em dois séculos e meio de realizações materiais deliberadamente criadas para fomentar a união. Quando a natureza homogênea dos primeiros assentamentos puritanos se diluiu, os Estados Unidos se tornaram "uma nação vira-lata demais" para gozar da simples unidade orgânica. Como o país não tinha as "simplicidades comunais" de nações como o Japão ou a Noruega, "o homem teve de fazer o trabalho duro na criação dos Estados Unidos". Winchester, britânico por nascimento e americano por escolha, traz a sensibilidade imigrante para a tarefa de responder a esta pergunta: "Quais fatores asseguraram que hoje um imigrante chinês na chuvosa Seattle possa chegar a um acordo quase místico com uma judia sefardita em Manhattan, um estudante cheroqui em Minnesota ou uma feirante latina em Albuquerque, com todos capazes de gozar dos mesmos direitos e aspirações, encapsulados em sua partilhada habilidade de simplesmente declararem 'Sou americano'?" Eis a resposta: além da "natureza adesiva das ideias sobre as quais a nação foi fundada", a unidade tem sido produto "da fisiologia e da física do país, dos fios de tecido conjuntivo que permitiram que conseguisse tudo isso". Tudo isso inclui as inumeráveis, visíveis e tangíveis conexões de estradas, canais, ferrovias, linhas telefônicas, redes elétricas e, agora, "rios submersos de elétrons".[10]

É adequado que Lincoln, o homem que mais efetivamente usou a ideia adesiva de igualdade para preservar a União, também tenha sido um defensor das ferrovias, inclusive as transcontinentais. Cinco anos depois da guerra que salvou a União, a indústria ferroviária era a segunda maior empregadora da nação, crescendo em uma velocidade de tirar o fôlego. Como escreve Winchester: "Quando Andrew Jackson, do Tennessee, foi eleito presidente em 1828, ele viajou para a Casa Branca em uma carruagem puxada por cavalos; quando chegou ao fim de seu segundo mandato, somente oito anos depois, foi para casa em um trem a vapor. Menos de 30 quilômetros de trilhos existiam no país quando ele assumiu; eram quase 5 mil quando foi embora." Em uma rapsódia, um poeta disse que "carros deslizantes como meteoros desabalados / correm e transformam em um os estados". E quase metade do financiamento das primeiras ferrovias foi feito pelo governo, em um real programa de construção da nação. Embora Winchester não celebre o governo grande, ele corretamente insiste que, "sem um governo federal engajado e funcional, o desenvolvimento desses vários fios de tecido conectivo do país provavelmente teria sido atrasado ou jamais realizado".[11]

Daniel Patrick Moynihan também pensava assim. Ele nos disse para contemplar Imperial Valley, na Califórnia, imutável "desde o fim da era do gelo".[12] Somente Deus pode criar uma alcachofra, mas o governo — especificamente o Gabinete de Cultivo — transformou o vale em uma cornucópia. Os registros históricos são claros: o governo federal e os governos estaduais há muito estão envolvidos no estímulo e na direção do crescimento econômico. Mas também está claro que os Estados Unidos têm sido, desde o início, principalmente uma sociedade de mercado impulsionada por incentivos ao esforço individual.

Essa mentalidade distintamente americana emergiu cedo. Em 1623, um episódio ilustrou o preço que a realidade cobra da ideologia. Também ilustrou a fecundidade do individualismo e do autointeresse esclarecido. O primeiro grande manuscrito escrito nos Estados Unidos foi *Of Plymouth Plantation* [Sobre as plantações de Plymouth], o diário de William Bradford, governador da colônia por quase 36 anos. Em uma seção sobre agricultura privada *versus* agricultura comunitária, Bradford escreveu que, em 1623, por causa da escassez de milho, os colonos "começaram a pensar como poderiam obter mais" do milho. Após muito debate, abandonaram a doutrina que haviam levado consigo no *Mayflower*, a ideia de que toda agricultura devia ser coletiva e comunitária. Decidiu-se que "eles separariam milho para cada homem, para seu uso particular e a ele confiado". Ou seja, "designaram para cada família um pedaço de terra", pondo fim ao cultivo coletivo. "Isso", reportou Bradford, "teve muito sucesso, pois tornou cada trabalhador muito industrioso, de modo que foi plantado muito mais milho do que teria sido por outros meios". Aliás, "as mulheres se mostravam dispostas a ir aos campos e levavam os filhos pequenos para plantar, as mesmas mulheres que antes alegavam fraqueza e inabilidade e às quais compelir ao trabalho seria considerado grande tirania e opressão".[13] Assim começou a rejeição americana ao coletivismo. Somente três anos depois de chegarem, os colonos começaram a ascender ao individualismo. Cento e cinquenta e três anos antes de *A riqueza das nações*, de Adam Smith, os primeiros americanos descobriram como utilizar para o bem comum o fato de os seres humanos serem motivados, frequente e poderosamente, pelo interesse próprio. Assim começou a liberação das energias americanas na direção da liberdade: voluntarismo em vez de coerção. Assim tiveram início os Estados Unidos.

O que os peregrinos entenderam rapidamente no século XVII, russos e chineses aprenderam de maneira lenta e dolorosa com a coletivização agrícola do século XX. Francis Fukuyama observa: "Ao romper o elo entre esforço individual e recompensa, a coletivização diminuiu o incentivo ao trabalho, levando às grandes fomes na Rússia e na China e reduzindo severamente a produtividade agrícola. Na antiga URSS, os 4% de terras que permaneceram privadas respondiam por quase um quarto da produção agrícola total. Na China, quando as fazendas coletivas foram desativadas em 1978, sob a liderança do reformador Deng Xiaoping, a produção agrícola dobrou em somente quatro anos."[14]

O sistema que louvamos como capitalismo foi nomeado por seus inimigos, especialmente pelo emigrado alemão que passou muitas horas no assento G7 da sala de leitura do Museu Britânico. O que Karl Marx e outros críticos pretendiam depreciar ao chamá-lo de "capitalismo" é um sistema de propriedade privada, regulado minimamente por intervenções governamentais e majoritariamente pelas forças de mercado. E pelo estado de direito que governa a criação e adjudicação de contratos voluntários. Leon Trotski disse certa vez que o problema da sociedade capitalista é que cada pessoa pensa em si mesma e ninguém pensa em todos. Mas, começando com o regime soviético que ele ajudou a fundar, as mais hediondas opressões políticas fluíram de governos que alegavam ser capazes e ter o dever imposto pela história de pensar em todos. Sobre os pontos básicos, atualmente resta pouco do debate que se espalhou por muitos países até o século XX. Já não é controverso que o motor básico do progresso social são pessoas usando suas propriedades privadas para buscarem lucros pessoais em mercados razoavelmente livres.

A uma era fascinada pela física e pelas "leis do movimento" em planetas e outros corpos, Adam Smith anunciou que os homens — e, consequentemente, o corpo político — também obedecem a essas leis. Ele descobriu ordem sob o tumulto da sociedade, previsivelmente baseado na simplicidade dos imutáveis desejos e autointeresses do homem. A cooperação voluntária de pessoas buscando seus interesses privados produz, através do mecanismo dos mercados livres, o progresso social. O resultado não é planejado; ninguém visa a uma condição melhor para a sociedade; cada pessoa visa a melhorar somente a si mesma. É como se uma "mão invisível" guiasse o processo através do qual o bem público, embora não intencionado, resulta da busca de objetivos privados.

Antes da era moderna, da qual Smith foi arauto, os filósofos políticos discordavam sobre o que constituía o bem público, mas concordavam que seria descoberto pela razão, pela reflexão dos mais sábios. A filosofia política moderna afirma que o bem público está enraizado nos desejos de muitos — sendo por eles produzido —, incluindo aqueles desejos (por riqueza, aquisições, consumo) frequentemente considerados vulgares pelas pessoas nobres. A hipótese moderna é a de que o bem público (definido por Smith e outros modernos como consumo ampliado) é produzido pela busca desimpedida de propósitos privados. É por causa desse sistema que quase todos nós vivemos de uma maneira que teria sido inimaginável para nossos ancestrais não muito distantes.

Praticamente todos nós descendemos diretamente de pessoas que viviam na pobreza opressiva. Até cerca de 1800, essa era a condição de quase todo mundo. O que a economista e historiadora Deirdre N. McCloskey chama de Grande Enriquecimento começou na Holanda do século XVII e ganhou velocidade na Grã-Bretanha e nas colônias americanas do século XVIII. Embora a agricultura tenha sido inventada há cerca de 11 mil anos, foram necessários 4 mil anos para que ela suplantasse a caça e a coleta como fonte principal de alimentos para a humanidade. Isso tornou possível o surgimento das cidades, o que envolveu transições que levaram ao desenvolvimento da escrita há cerca de 5 mil anos e da matemática há cerca de 4 mil anos. Mas modernidade significa velocidade. Foram necessários 4 mil anos para que a humanidade adaptasse arreios aos longos pescoços dos cavalos. Mas, somente 66 anos após o primeiro voo dos irmãos Wright, que percorreu uma distância menor que a envergadura de um Boeing 747, um homem caminhou na Lua.

Modernidade também significa dificuldade para compreender quão extraordinárias são as condições modernas. Um terremoto certa vez chocou a mente ocidental ao atingir Lisboa no Dia de Todos os Santos de 1755, matando milhares de pessoas nas igrejas e milhares de outras mais que, fugindo para a costa, afogaram-se em razão de um maremoto. Era como se a natureza, irritada com o crescente senso de maestria da humanidade, tivesse resmungado: "Ah, é? Então vamos ver." O terremoto foi um ponto de exclamação inserido arbitrariamente na era da razão, suscitando dúvidas sobre a beneficência do universo e o entusiasmo de Deus pelo Iluminismo. Em nossa era cada vez mais secular, quando a expressão "atos divinos" denota somente desastres, ainda podemos aprender com esses eventos. Uma das vinhetas marcantes da cobertura televisiva do terremoto de 1989 em São Francisco foi a de um policial exortando os cidadãos a "irem para casa e se prepararem para 72 horas sem serviços".[15] Por até três dias, eles não teriam eletricidade, gás ou água encanada. Claro, foi somente muito recentemente que as pessoas passaram a ter acesso a essas coisas.

Até metade do século XIX, um quinto da população inglesa era malnutrida demais para trabalhar regularmente. As cidades cresciam mais rapidamente que a compreensão sobre os problemas urbanos de saúde pública, de modo que, entre 1790 e 1850, a expectativa de vida no norte dos Estados Unidos caiu 25%. Nas décadas de 1830 e 1840, a expectativa de vida ao nascer em Nova York e na Filadélfia era de 24 anos, seis a menos que a de um escravo no sul.

Somente metade dos nascidos em 1900 estava viva aos 40 anos. Hoje, não é até os 80 anos que apenas metade de uma coorte etária vive.[16] Em 1900, a população americana gastou duas vezes mais em funerais que em remédios, menos de 2% dos americanos foram vacinados e havia somente dois feriados comemorados de modo geral: o Natal e o Dia da Independência.[17] Chamando o Grande Enriquecimento de "o mais surpreendente evento secular da história" (ela é episcopaliana), McCloskey observa que, desde 1800, os bens e serviços disponíveis para o sueco ou tailandês médio aumentaram "em um *fator* de 30 ou 100. Não 100%, entenda — meramente o dobro —, mas, na estimativa mais alta, quase *10.000%*, e, na mais baixa, em um fator de 30 ou 2.900%". Ela atribui isso "à grande explosão de liberdade e dignidade". Ou seja, houve enriquecimento porque a sociedade decidiu permitir que pessoas comuns tivessem liberdade para perseguir seus objetivos e passou a honrá-las e respeitá-las por atingi-los. "Na Holanda e na Inglaterra, as pessoas não começaram subitamente a prestar atenção às oportunidades de lucro. Elas começaram subitamente a admirar tal atenção e pararam de chamá-la de cobiça pecaminosa."[18] Assim, o Grande Enriquecimento é tanto causa quanto consequência de uma revolução na maneira de pensar sobre a moral e o comportamento.

Alguns filósofos distinguiram entre virtudes naturais e artificiais — entre, por exemplo, os sensos naturais de justiça e camaradagem que supostamente são constitutivos da natureza humana e as virtudes da cooperação e da confiabilidade, que são adquiridas com o tempo, através de comportamentos habituais adequados às expectativas sociais. Mas essa pode ser uma distinção sem diferença. As virtudes naturais, se é que existem, podem desaparecer quando os indivíduos se acomodam em cenários sociais nos quais elas representam desvantagens. E, em cenários nos quais são inculcadas na socialização das crianças, as virtudes não são naturais, ou meramente naturais, por muito tempo. Elas se tornam compostos de inclinações naturais e reforços sociais.

## O CAPITALISMO COMO INFLUÊNCIA ESPIRITUAL

Há um terço de século, fiz um ciclo de palestras Godkin na Universidade de Harvard, que subsequentemente se tornaram um livro lido por muitos, *Statecraft as Soulcraft: What Government Does* [Estadismo como influência espiritual: o que o governo faz]. O subtítulo enfatiza o tema do livro, que é o fato de a influência espiritual — a modelagem da moral e da conduta dos cidadãos — ser não apenas algo que o governo pode ou deveria fazer. É algo que não consegue evitar fazer. Ela pode não ser feita de modo competente ou mesmo consciente, mas não é opcional. Os regimes legais, e os sistemas comerciais e educacionais que criam e sustentam, têm consequências sobre o modo de pensar, o comportamento, as expectativas, os desejos, os hábitos e as demandas — cumulativamente, o espírito — dos cidadãos.

Outro dos temas do livro estava bastante errado. Era o fato de a nação americana ter sido "mal fundada" porque pouca atenção fora dada ao cultivo explícito das virtudes necessárias para o sucesso de uma República. Na verdade, a natureza da vida em uma sociedade comercial sob um governo limitado é uma instrução diária sobre autossuficiência e polidez — que, juntas, constituem a civilidade — de uma sociedade aberta levemente governada. O capitalismo requer e, portanto, desenvolve uma sociedade na qual os acordos econômicos são lubrificados pela disposição e pela habilidade de confiar em estranhos. Entre em quase qualquer estabelecimento comercial americano e você receberá a saudação característica de um estranho para outro em uma sociedade comercial: "Como posso ajudá-lo?" A polidez é entremeada às interações sociais e, com o tempo, através de infinitas interações, produz um tecido de civilidade. As virtudes não são reveladas pelos bons hábitos, elas *são* os bons hábitos. Chamamos uma pessoa de boa porque ela caracteristicamente — habitualmente — age de certa maneira: com honestidade, coragem, empatia, compaixão. Assim, uma República comercial — uma sociedade de mercado — promove os hábitos (virtudes) da polidez e da sociabilidade.

Costumava-se dizer que uma sociedade armada era uma sociedade polida. O argumento era que, se seu interlocutor tivesse uma espada na mão ou uma Colt no coldre, você tenderia a usar boas maneiras. Também se pode dizer que uma sociedade comercial é sociável. Alfred Marshall, um dos fundadores da economia moderna, escreveu em 1890 que "o caráter do homem é moldado mais por seu trabalho cotidiano e pelos recursos materiais que dele obtém que por qualquer outra influência, com exceção dos ideais religiosos, e as duas grandes agências formadoras da história do mundo têm sido a religião e a economia".[19] Friedrich Hayek escreveu que o comércio, que requer confiança, cooperação e competição restrita por regras, "é um método para criar certos tipos de mentalidade, tanto quanto qualquer outra coisa". Ou, como diz Deirdre McCloskey, é "a mão invisível que gentilmente empurra as pessoas para fora de seus casulos solipsísticos a fim de analisarem o que é valorizado, no comércio, pelas outras pessoas". Montesquieu sabia disso: "O comércio suaviza e dá polimento aos modos bárbaros."[20] William Blackstone, o jurista do século XVIII tão influente entre os fundadores americanos, descreveu os ingleses de sua era como "uma nação de homens livres, um povo polido e comercial".[21]

Existia na época a teoria de que as sociedades comerciais empregariam as energias perigosas na competição econômica, tornando as guerras menos prováveis. Essa teoria foi destruída pelo fato de que "as guerras mais destrutivas da história ocorreram *depois* da revolução burguesa".[22] Mesmo assim, na média, as sociedades comerciais tendem a ser civilizadas porque um sistema econômico é um sistema educacional. Quando Oscar Wilde publicou, em 1891, um ensaio intitulado "A alma do homem sob o socialismo", ele entendeu quase tudo errado sobre como o mundo funciona ou pode funcionar, mas não ao pensar que o sistema através do qual modelamos o mundo material e a maneira como alocamos seus recursos modelam as almas das pessoas.

A expressão "afinidade eletiva" foi cunhada no século XVIII como termo técnico para denotar o comportamento de certas substâncias químicas, quando reunidas. Assim, quando Max Weber disse que havia "afinidade eletiva" entre o protestantismo e o capitalismo, ele quis dizer que certos aspectos de um eram partilhados ou reforçados pelo outro. Há afinidade eletiva entre o capitalismo e o individualismo entremeado à fibra de uma sociedade com um governo limitado pelo respeito a direitos naturais preexistentes. O individualismo estava implícito na descrição, feita por Adam Smith, do "sistema de liberdade natural" no qual "todo homem, desde que não viole as leis da justiça, é perfeitamente livre para buscar seus próprios interesses a sua própria maneira e levar sua industriosidade e seu capital para a competição com outros homens ou ordens de homens".[23] *Teoria dos sentimentos morais* é tanto lógica quanto cronologicamente anterior (por dezessete anos) a *A riqueza das nações*. O primeiro afirma, já na primeira linha, atributos da natureza humana que definem o contexto para a prática da liberdade econômica: "Por mais egoísta que se suponha o homem, evidentemente há princípios em sua natureza que o tornam interessado na fortuna de outros e tornam sua felicidade necessária para ele, embora ele não obtenha dela nada além do prazer de presenciá-la."[24] John Stuart Mill também entendeu que "o credo e as leis de um povo agem poderosamente sobre sua condição econômica, e sua condição econômica, por sua influência sobre seu desenvolvimento mental e suas relações sociais, age sobre seu credo e suas leis".[25] Esse pode ser um círculo virtuoso de retroalimentação no qual as pessoas se adaptam à confiança e à polidez do comércio e ao fato de as recompensas sociais serem determinadas por forças impessoais de mercado, e não por conexões políticas.

Na fundação da nação americana, os americanos concordavam que um sistema econômico era um sistema de influência espiritual, embora discordassem enfaticamente sobre qual sistema adotar. Os cientistas políticos Jeffrey K. Tulis e Nicole Mellow argumentam que o debate entre federalistas e antifederalistas, com os primeiros favorecendo e os últimos se opondo à ratificação da Constituição, foi tão intenso porque os dois lados concordavam sobre o ponto mais importante. Ambos concordavam que "a nova Constituição representava um plano para um novo modo de vida, e não somente um novo arranjo de poder". O "ideal agrário" estava "implícito" no argumento dos antifederalistas porque a Constituição "substituiria um ideal republicano de comunidades menores e homogêneas nas quais o comércio estaria ligado à agricultura por um regime de dimensão continental, uma República comercial na qual a agricultura desempenharia papel de apoio". Assim, "modos, convenções morais e hábitos" seriam "fundamentalmente alterados" quando a Constituição apressasse "uma revolução no projeto de toda a politeia — novos modos de vida e novas formas de governança". Esse fato é inconveniente para a crítica progressista da Constituição, que afirma que, como o documento foi escrito por uma sociedade já desaparecida, ele deve ser radicalmente revisado a fim de se adequar à não antecipada politeia atual. Tulis e Mellow argumentam que a sociedade comercial em constante modificação de hoje foi não somente antecipada, mas também planejada pelos autores da Constituição. Como resultado do que eles chamam de "nossos fundadores com visão do futuro", o desenvolvimento político dos Estados Unidos de 1789 em diante teve "uma direção constitucionalmente induzida". Assim, a Constituição "não seria um 'documento vivo' cujo significado precisaria ser modificado para acomodar desenvolvimentos econômicos e sociais desconhecidos e não antecipados, mas colocaria em movimento uma politeia que geraria tais mudanças econômicas e sociais como consequência necessária das escolhas básicas representadas por ela".[26]

Os fundadores eram aristotélicos, não porque estudaram *Política* e *Ética a Nicômaco*, embora alguns o tenham feito, mas porque raciocinavam como Aristóteles sobre o bem humano. Aristóteles se perguntara qual era a "função" do ser humano: "Assim como no caso do flautista, do escultor ou qualquer artista e, de modo geral, de todas as coisas que têm função ou atividade, o bem reside na função, o mesmo se daria com o homem, se tivesse uma função. Então o carpinteiro e o curtidor têm certas funções, mas o homem não tem nenhuma? Ele é naturalmente sem função? Ou como o olho, a mão, o pé e cada uma das partes em geral têm uma função, pode-se dizer que o homem similarmente tem uma função separada de todas essas?"[27]

Já se disse que os Estados Unidos são a única nação fundada com base em uma boa ideia: a busca da felicidade. "O objetivo do governo", escreveu Madison no Artigo Federalista nº 62, é "a felicidade do povo".[28] Ele e seus colegas fundadores conceberam a felicidade como Aristóteles, como um estado constante e durável de digna satisfação com a vida. Para ser digna, a satisfação deve fluir do emprego vigoroso das faculdades que nos tornam humanos: o raciocínio individual e a participação social. O que o homem faz distintivamente, e os outros animais não fazem, é usar a inteligência através do raciocínio. A felicidade, que não é meramente prazer, é encontrada na função natural do homem, que é a *atividade* em seu próprio benefício. Um individualismo inquieto é inerente ao entendimento aristotélico dos fundadores sobre a natureza humana.

Para Locke, a categoria "propriedade" incluía não somente terras e outras posses materiais, mas também propriedade de si mesmo, significando a própria vida e a liberdade de fazer escolhas em relação a ela. Foi isso que ele quis dizer ao afirmar que "o governo não tem outro fim que não a preservação da propriedade".[29] Assim, um esboço da Declaração de Independência dizia ser "autoevidente" que "entre" os direitos inalienáveis da humanidade estão os direitos "à vida, à liberdade e à propriedade". Alguns consideram isso significativamente diferente e inferior à formulação final de Jefferson: "vida, liberdade e busca da felicidade." Na verdade, não é, por duas razões. Primeira, no uso do século XVIII, os indivíduos tinham, como acreditava Locke, propriedade em si mesmos: em seus corpos. Segunda, esse uso era e é razoável porque, quando o governo protege a propriedade privada, ele protege a zona de soberania do proprietário. A posse não é uma coisa trivial, seja de uma casa que confere privacidade, de um carro que confere mobilidade, de roupas que expressam individualidade ou da habilidade de viajar que educa e entretém. E o consumo não é periférico e muito menos inimigo da realização pessoal, que é o objetivo da vida e, portanto, da política. A propriedade é resultado do planejamento e das aspirações do indivíduo, de suas escolhas e esforços. Como tal, é um sinal de individualidade expressada na zona de soberania na qual cada um pode se comportar como quiser. Isso não é repousante; a liberdade em uma sociedade de mercado não somente permite o empenho, ela o requer. E as mudanças sociais, que são uma das consequências desse dinamismo, podem cobrar e geralmente cobram um preço em termos de segurança e serenidade. Por isso o contraste estabelecido por Tocqueville entre a sociedade americana e as "calmas e imóveis" sociedades europeias, com suas rígidas hierarquias de classe.[30]

A decisiva ruptura da modernidade com o antigo entendimento da política e seu grande presente para a política da liberdade é a ideia de novas possibilidades para a "individualidade". Foi a modernidade que insistiu que o indivíduo poderia e *deveria ser* empurrado para a frente por seu background social, e não apenas visto como argila abrangente e passivamente modelada pela imersão em relacionamentos e deveres sociais. A modernidade deu nascimento ao individualismo ao pintar um retrato com o qual a humanidade passou a se parecer, o retrato de uma pessoa inquieta, competitiva, empenhada e empreendedora. Rousseau exagerou ao declarar que "nenhuma pessoa pode ser nada além daquilo que a natureza de seu governo a tornou".[31] Mas é verdade que a natureza de um regime e os valores que o sistema econômico necessariamente personifica e encoraja modelam as pessoas criadas sob esse regime. O que Adam Smith, contemporâneo de Rousseau, chamou de "opulência universal", significando riqueza amplamente dispersa, é o objetivo e, por fim, a conquista de uma sociedade governada de modo sensato.[32] E é a aspiração da teoria econômica quando unida à filosofia política, com a primeira dando à última uma inclinação democrática. O comércio sempre resulta em desigualdade de resultados e recompensas, porque pessoas diferentes têm desejos e habilidades diferentes para acrescentar valor à economia. Mas também é verdade que o comércio, baseado em contratos entre compradores e vendedores igualmente consencientes, insinua na sociedade um etos igualitário que subverte o status aristocrático.

Quando o Rip Van Winkle de Washington Irving acordou de seu sono de vinte anos, iniciado antes da revolução, ele ficou pasmo: "O próprio caráter do povo parecia ter mudado. Havia nele um tom ativo, agitado e questionador, em vez da costumeira tranquilidade fleumática e sonolenta." Uma sociedade de deferência e os hábitos que a produziam e eram reforçados por ela eram abandonados conforme o conjunto de costumes se despedaçava sob o ataque de energias liberadas por uma sociedade cada vez mais impulsionada pelo mercado e na qual as hierarquias sociais presumivelmente eram baseadas no mérito.

Um dos serviços do conservadorismo contemporâneo à sociedade tem sido focar novamente a atenção em um fato elementar compreendido pelos fundadores: a sociedade é um cadinho de formação de caráter, e uma sociedade capitalista melhora não somente nossas condições, mas a nós mesmos. Os seres humanos são seres políticos, ou seja, sociais, que se realizam em e através de associações voluntárias. O governo pode danificar a vida em associação, e o governo grande pode produzir grandes danos. O sistema partidário desta nação nasceu de uma discussão sobre a ação da sociedade americana sobre si mesma e sobre o caráter americano. Os hamiltonianos queriam uma sociedade de energia comercial de alta velocidade e de individualismo inquieto e empenhado, a fim de produzir a grandeza nacional. Os jeffersonianos queriam promover outras virtudes, particularmente a simplicidade e a serena independência do *yeoman* autossuficiente. Jefferson achava que tais americanos evitariam a degradante dependência dos trabalhadores urbanos, que, segundo ele, precisavam viver "de mingau de aveia e batatas" e não tinham "tempo para pensar".[33] Os americanos jamais deixaram de se preocupar e de argumentar sobre o caráter nacional e sobre como o sistema econômico o afeta.

Em seu *Report on Manufactures* [Relatório sobre as manufaturas], Alexander Hamilton conectou sua visão do dinamismo comercial ao encorajamento de vários tipos humanos. Uma sociedade comercial, ao contrário da sociedade majoritariamente agrícola antevista por seu rival Jefferson, forneceria "maior escopo à diversidade de talentos e disposições que diferencia os homens uns dos outros", gerando uma mentalidade distintiva: "Valorizar e estimular a atividade da mente humana ao multiplicar os objetos de empreendedorismo é um expediente considerável através do qual a riqueza de uma nação pode ser promovida."[34] Hamilton é mais lembrado por seu elogio, no Artigo Federalista nº 70, à "energia no Executivo".[35] Seu objetivo mais fundamental e abrangente, todavia, era a energia em *todos*.

Sua ideia de que as políticas públicas deveriam incitar os espíritos animais da rica classe de investidores para o progresso da sociedade como um todo passou a ser chamada, com intenção de estigmatizar, de "economia do gotejamento". Mas também existe uma tradição americana de "economia do gotejamento reverso". William Jennings Bryan, três vezes indicado pelo partido Democrata para concorrer à presidência, disse que "a ideia democrata tem sido que, se você legisla para tornar as massas prósperas, a prosperidade delas encontra caminho até o topo, percorrendo todas as classes que sobre elas se apoiam".[36] As hipóteses de gotejamento e gotejamento reverso são mais ou menos testáveis, mesmo considerando-se a inabilidade de controlar as variáveis relevantes no laboratório de uma sociedade moderna em um mundo globalizado. Em considerável extensão, no entanto, o gotejamento não é opcional. Os ricos sempre estarão conosco e seus talentos empresariais sempre reunirão grandes reservatórios de recursos financeiros, que eles terão constante incentivo para empregar de forma produtiva.

Nem todo mundo leu Hamilton dessa maneira. Quando Madison perguntou a opinião de Henry Lee sobre *Report on Manufactures*, ele recebeu uma rajada da sociologia econômica que, na época, era o pensamento dominante. Madison adorou a desaprovação de Lee ao que seu rival Hamilton defendia. Lee disse que, ao passo que bons jeffersonianos como ele favoreciam uma economia agrária que modelaria o americano arquetípico como "fazendeiro corpulento, musculoso e cheio de vigor [...] com oito ou dez filhos saudáveis", Hamilton povoaria a nação com "sujeitos acocorados e inchados, com barrigas enormes e pernas fracas, que conseguem caminhar 3 quilômetros por hora e produzir um pouco nas manufaturas".[37]

Em 1802, Hamilton, furioso com a rejeição do presidente Jefferson a seus planos para um sistema nacional de rodovias e outros estímulos ao dinamismo econômico, escreveu acidamente: "O sr. Jefferson está aborrecido com os bacalhaus que migraram recentemente para a costa sul, pois as pessoas de lá podem ser tentadas a pescá-los e o comércio, do qual já temos muito, pode aumentar."[38] Mas Jefferson não era totalmente hostil ao encorajamento do dinamismo social. Ele esboçou a legislação da Virgínia banindo a primogenitura (o direito do primeiro filho de herdar todas as terras dos pais) e a vinculação (o legado de propriedades por várias gerações) a fim de encorajar as condições para a fluidez social e as aspirações individuais. Mas suas medidas paliativas não estavam à altura da inércia social criada pela escravidão, como compreendeu Alexis de Tocqueville.

Viajando pelo rio Ohio na quarta década do século XIX, Tocqueville comentou que alguém no meio do rio estava entre dois sistemas econômicos, que produziam duas mentalidades, ou seja, dois tipos de pessoas. Às margens do rio tanto em Ohio quanto em Kentucky havia solos que ofereciam "tesouros inexauríveis ao trabalhador". Os dois estados diferiam somente no fato de que

Kentucky tinha escravos e Ohio, não. Na margem esquerda do rio, onde "a população é esparsa", "a sociedade está adormecida e os homens parecem ociosos". Da margem direita "brota um ruído confuso que proclama, já de longe, a presença de diligência". Na margem esquerda, "o trabalho está misturado à ideia de escravidão" e, portanto, é "degradante". Lá, "não se encontram trabalhadores da raça branca, [pois] eles temeriam se parecer com escravos". Assim, os homens do Kentucky "não têm zelo nem esclarecimento". Na margem direita, "procura-se em vão por um homem ocioso: o branco estende sua atividade e inteligência a todas as suas obras". A natureza "deu ao homem um caráter empreendedor e enérgico" em ambas as margens, mas dois sistemas econômicos radicalmente diferentes resultaram em dois tipos de pessoas radicalmente diferentes.[39]

Os fundadores pretendiam que a Constituição promovesse um modo de vida e sabiam que promover um modo de vida é promover um tipo de pessoa. Considere as palavras do primeiro e maior interpretador da Constituição, John Marshall. Em sua biografia de Washington, ele escreveu: "[O] grande e visível progresso econômico que ocorreu por volta de 1790 [se deveu em parte] à influência da Constituição sobre os modos de pensar e agir, [que], embora silenciosa, foi considerável. Ao privar os estados do poder de interferir nas obrigações contratuais ou transformar qualquer coisa que não o ouro e a prata em moeda para o pagamento de dívidas, foi impressa no segmento da sociedade que olhava para o governo em busca de alívio a convicção de que somente o empenho a livraria de suas dificuldades, e um grau maior de diligência e economia foi a consequência natural dessa convicção."[40] Marshall disse que a Constituição foi projetada para encorajar modos particulares de pensar e agir. Dos hábitos visíveis, fazemos inferências sobre os atributos invisíveis do espírito. Assim, o estadismo, como entendido pelos fundadores, é influência espiritual. E, consequentemente, a política tem uma grande e imponente jurisdição e é uma vocação inerentemente digna, por mais imperfeitamente que seja praticada em qualquer momento.

Marshall entendeu que aceitar a Constituição era um ato de abnegação em nome do autogoverno. A Constituição privou os estados de poderes que eles haviam usado licenciosamente sob os artigos da confederação. Eles haviam produzido o que Madison acidamente chamou de "exuberância de legislações".[41] Como os fundadores compreendiam o contágio das facções, eles não acreditavam que o melhor governo era sempre aquele mais próximo do povo. Não sendo sentimentais em relação ao povo, não eram sentimentais em relação aos governos estaduais ou locais. Como percebeu Marshall, ao privar os estados de alguns de seus poderes, a Constituição ajudou a equipar os cidadãos para a dignidade da vida sem a degradante dependência do governo.

Os antifederalistas se opunham à Constituição em nome do governo íntimo; os fundadores projetaram a Constituição para fornecer governo efetivo e poupar os cidadãos do desconforto e da dependência que surgem da intimidade excessiva com o governo. Eles esperavam que um dos efeitos de exaltar o governo central fosse a diminuição da quantidade total de governo, local, estadual e nacional. E achavam que isso encorajaria a autossuficiência na busca da felicidade, que foi uma importante dimensão da defesa do fortalecimento do governo central. Mas esse governo deveria ser forte no interior dos estritos limites dos poderes enumerados. Porém há muito não temos tal governo. E se pode argumentar que nunca o tivemos.

Desde seu primeiro ano, o governo nacional assegurou poderes proporcionais às necessidades nacionais e, desde o início, as definiu de maneiras que não produziram um governo precisa ou notavelmente limitado na esfera ou nos métodos. Dos 39 membros da Câmara dos Representantes que estavam presentes à primeira sessão do 1º Congresso, dezesseis participaram da convenção constitucional. E, mesmo assim, sua primeira agenda foi a promulgação de tarifas. E eles viam as tarifas não apenas como mecanismos de arrecadação de receita, mas como instrumentos do que hoje chamamos de "política industrial". Seu objetivo era escolher ganhadores e perdedores, promover interesses locais ou regionais e comprar vantagens políticas para proteger as "indústrias recém-nascidas".

A compra da Louisiana e as restrições à expansão da escravidão deveriam garantir um vasto império de pequenos fazendeiros que renovariam perpetuamente as virtudes de independência e autossuficiência dos *yeomen* da jovem República. Mas a natureza do país no século XIX — grandes extensões de terras para cultivo e escassez de trabalho — estimulou a mecanização da agricultura. Isso aumentou a produção, a flutuação de preços, as dívidas e a inadimplência. Os fazendeiros viram o declínio de sua posição econômica, política e social. Sua independência e autossuficiência eram outros nomes para a solidão e a vulnerabilidade impostas por estradas e comunicações ruins, ciclos de superprodução, preços declinantes, safras arruinadas e arrestos. É por isso que o governo grande e ativista não foi somente ou inicialmente uma resposta ao industrialismo urbano. Quarenta anos antes do New Deal, o populismo rural foi o primeiro movimento político poderoso a insistir que o governo federal devia assumir responsabilidades mais amplas. O governo respondeu com serviço postal gratuito, eletrificação da zona rural, pavimentação de estradas (até a década de 1920, a maior parte da Dakota do Sul era intransitável durante as chuvas de primavera), regulamentação de ferrovias e elevadores de grãos e a então radical política de paridade no preço das commodities — um benefício econômico, precursor do Estado de bem-estar social, que migrou das fazendas para as cidades.

Assim, o governo grande não caiu do céu espontaneamente, como granizo no Kansas. E não foi impingido a um público relutante. Ele cresceu por muitas razões. Uma das funções da Comissão Interestadual de Comércio, criada em 1887, era manter baixos os fretes leste-oeste a fim de encorajar o comércio que fortaleceria a união nacional. A Lei de Inspeção da Carne de 1906, que deu início à inspeção federal, não foi promulgada simplesmente porque o estômago da nação ficara embrulhado com o romance de Upton Sinclair, *The Jungle* [A selva], que descrevia com horrível precisão a vida nas processadoras de carne de Chicago. O governo federal começou a regulamentar essa indústria porque ela queria ser regulamentada: as regras estaduais eram tão pouco confiáveis que alguns mercados europeus estavam fechando as portas para a carne americana.

Como disse Daniel Patrick Moynihan, elogios ao governo minimalista são parte da liturgia da "religião cívica" americana, que é declarada, mas não restritiva. O governo cresce parcialmente por causa do inelutável processo de barganha entre grupos de interesse que favorecem os gastos governamentais que os favorecem. E porque o conhecimento cresce, frequentemente por causa do governo. O conhecimento, diz Moynihan, é uma forma de capital, e grande parte desse capital é formada pelo investimento governamental em educação. O conhecimento também gera governo. Houve um tempo no qual hospitais eram coisas simples. Então chegaram as tecnologias — diagnóstica, terapêutica, farmacológica —, que melhoraram a saúde, aumentaram os custos e expandiram o envolvimento do governo na alocação do acesso à assistência médica, que se tornou cada vez mais valiosa conforme os medicamentos se tornavam cada vez mais competentes. Quando nasci, em 1941, a principal despesa da maioria dos hospitais eram lençóis limpos. Isso foi antes das imagens por ressonância magnética, da tomografia computadorizada, dos microscópios eletrônicos, da cirurgia a laser e de muitas outras tecnologias dispendiosas.

## A ARROGÂNCIA FATAL

"Economia política" já foi, e ainda deveria ser, o nome do estudo acadêmico da economia. Estudar economia é estudar como a produção e a troca de bens e serviços, internamente e entre as nações, são modeladas por costumes, convenções, leis e governos e pelas aspirações sociais em relação à igualdade. Uma economia capitalista madura é inevitavelmente um constructo governamental. Um sistema de livre mercado propriamente funcional não surge espontaneamente do solo da sociedade, como um dente-de-leão nos gramados suburbanos. Ele é uma complexa criação de leis e convenções que garantem, entre muitas outras coisas, a transparência, significando um fluxo suficiente — uma torrente, na verdade — de informações confiáveis sobre a condição dos mercados e a conduta das corporações. Karl Polanyi, o historiador econômico nascido na Áustria, ficou famoso quando disse que "o *laissez-faire* foi planejado".[42] Os mercados livres de controle governamental são uma criação dos governos. Leis que modelam e são modeladas por normas sociais são necessárias. A política não é tudo, e nem tudo deveria ser politizado, mas muito do que torna a vida agradável e recompensadora, do trabalho gratificante à cultura estimulante, depende do funcionamento de uma ordem política saudável. E um dos mais importantes atributos de tal ordem política é saber o que não é — e não pode ser — sabido.

Na última quarta parte do século XIX, como parte do rápido crescimento do ensino universitário americano, especialmente das escolas de pós-graduação e dos programas de ph.D, a disciplina acadêmica da economia adquiriu a confiança de uma profissão científica. Após os prodígios da mobilização industrial que produziram a vitória na Segunda Guerra Mundial, o presidente John Kennedy exemplificou a serena confiança do pós-guerra no gerenciamento da economia. Falando a uma turma de Yale em 1962, ele disse: "O que está em jogo em nossas decisões econômicas hoje" não é um conflito passional de ideologias, mas somente "o gerenciamento prático de uma economia moderna", uma "discussão básica sobre as sofisticadas e técnicas questões envolvidas em manter uma grande maquinaria econômica em funcionamento". Esse era "um problema basicamente administrativo ou executivo". O que significava, para Kennedy e para seus ouvintes de mentalidade semelhante, que não era tanto um problema, e certamente não um problema político. Os desafios econômicos dos Estados Unidos exigiam "respostas técnicas, não políticas".[43] Em seu discurso de posse em 1969, Richard Nixon, como se anunciasse um truísmo universalmente compreendido, disse serenamente: "Finalmente aprendemos como gerenciar uma economia moderna para assegurar seu crescimento contínuo."[44] Trinta e um meses depois, ele estava tão atordoado com o problema de "gerenciar" a economia que ordenou controle de salários e preços, a mais agressiva expansão de poder governamental sobre a economia de tempos de paz da história americana. Quinze anos após o discurso inaugural de Kennedy em Yale, a nação passaria por um fenômeno que a teoria econômica dizia ser impossível: a estagflação, as simultâneas aflições do crescimento estagnado e de uma taxa de inflação que chegou a 13% em 1979.

Mas houve uma notável confluência de eventos nos três primeiros anos do quarto trimestre do século XX. Em 1978, Deng Xiaoping começou as reformas orientadas para o mercado na China. Em 1979, Margaret Thatcher se tornou primeira-ministra britânica, prometendo reviver a esclerosada economia da nação insular na qual a Revolução Industrial ganhara tração pela primeira vez. Em 1980, Ronald Reagan foi eleito com o mandato de diminuir o peso do governo a fim de aumentar o alcance das forças de mercado. No primeiro trimestre do século XXI, todavia, depois que os economistas falharam em antecipar a Grande Recessão de 2008 e acharam difícil prescrever políticas que pudessem produzir crescimento econômico rápido e constante, sua confiança e seu prestígio diminuíram novamente. Está na hora de voltar ao básico.

O estudo da economia é, sempre e em toda parte, primeira e principalmente, o estudo dos incentivos. Quando teve início no século XVIII, esse estudo foi chamado de economia política e ensinado nos Estados Unidos na Faculdade William and Mary. Ele é o estudo da produção, da distribuição e da troca, influenciadas pelas leis e costumes de nações particulares ou da ordem internacional. Uma razão para a economia política ter sido renomeada "economia" foi sugerir que o rigor científico suplantava o cálculo político. Mas precisamos de rigor científico *sobre* os contextos sociais alternativos nos quais a atividade econômica ocorre. A economia é a ciência de alocar eficientemente recursos escassos para a obtenção de uma miríade de fins concorrentes. Assim, ela só pode nos levar até certo ponto. Cabe ao mercado agregar as preferências individuais ao determinar a hierarquia de fins. A política se intromete nesse processo a fim de realizar coisas: a democracia agrega os desejos das maiorias ou de minorias intensas, compactas e politicamente hábeis, para ações coletivas.

Embora haja enormes variações ao longo do contínuo entre um e outro, existem dois modelos econômicos básicos: as trocas voluntárias de mercado e as trocas administradas por comandos e controles do governo. As primeiras, chamadas de capitalismo, representam a liberdade nos assuntos econômicos. Trata-se da busca consensual da felicidade entre indivíduos ou grupos que estabelecem contratos ou outras formas de cooperação. A mais elegante e duradoura afirmação dessa busca tem quase um quarto de milênio e sua publicação coincidiu com o nascimento da nação na qual o capitalismo seria mais espetacularmente bem-sucedido.

Em 1776, em *A riqueza das nações*, Adam Smith argumentou que "o soberano" — para nossos propósitos, o governo — "não tem o dever de supervisionar a diligência de pessoas privadas e dirigi-la para o emprego mais adequado aos interesses da sociedade". O governo não tem esse dever porque, ao tentar desempenhá-lo, "quase sempre se expõe a inumeráveis desilusões e porque, para o desempenho adequado de tal [dever], nenhuma sabedoria ou conhecimento humano jamais seria suficiente".[45] No século XX, Friedrich Hayek explicou por que é assim.

Em 1945, com a Segunda Guerra Mundial tendo sido vencida por prodigiosos feitos de mobilização industrial, o prestígio do governo estava em seu apogeu, assim como a confiança de muitos intelectuais na possibilidade e conveniência do "planejamento econômico". Na edição de setembro da *The American Economic Review,* Hayek respondeu com "O uso do conhecimento na sociedade" seus sóbrios pensamentos sobre o que chamaria de "arrogância fatal". O impedimento irremediável à construção pelo governo de "uma ordem econômica racional" — uma economia organizada e administrada pelo planejamento central — é o seguinte: "O conhecimento das circunstâncias que devemos empregar jamais existe de forma concentrada ou integrada, mas somente como pedaços dispersos de conhecimento, incompletos e frequentemente contraditórios, possuídos por todos os indivíduos." Seu argumento era que os mercados são mecanismos para gerar e comparar informações que somente os processos de mercado podem produzir: "Fundamentalmente, em um sistema no qual o conhecimento dos fatos relevantes está disperso entre muitas pessoas, os preços podem agir para coordenar ações separadas de diferentes pessoas, da mesma maneira que os valores subjetivos ajudam o indivíduo a coordenar as partes de seu plano." Ele citou "a maravilha" da resposta do mercado à escassez de material bruto: sem qualquer diretiva do governo, com somente alguns indivíduos conhecendo a causa da escassez ou a resposta a ela, milhares de pessoas, desconhecidas umas das outras e cujas identidades não seriam descobertas nem mesmo pela mais exaustiva investigação, usaram o material escasso com mais moderação.[46]

Hayek disse ter usado a palavra "maravilha" para "chocar o leitor e tirá-lo da complacência com que frequentemente encaramos o funcionamento desse mecanismo". Infelizmente para a reputação dos mercados, eles não são "produto de um projeto humano". Assim, "as pessoas guiadas por eles normalmente não sabem por que são levadas a fazer o que fazem". Ou seja, aos mercados é negado o prestígio dos projetos humanos, incluindo aqueles que realizam coisas menos maravilhosas que o mercado ao alocar recursos escassos. Hayek citou com aprovação um filósofo da época, Alfred North Whitehead, que expressara a sensibilidade conservadora. "É um truísmo profundamente errôneo, repetido em todos os livros que citam outras fontes e por pessoas eminentes em discursos, que devemos cultivar o hábito de pensar [sobre o] que fazemos. O oposto é verdadeiro. A civilização avança ao aumentar o número de operações importantes que podemos executar sem pensar." A humanidade, disse Hayek, "tropeçou" no sistema de preços, ou seja, a operação de um mercado livre, sem entendê-lo.[47] Isso não tem importância, porque o mercado continua a comunicar informações, mesmo sem o entendimento dos participantes. Ao menos, faz isso se não for afligido pelo que Smith chamou deliciosamente de "obstruções impertinentes": "O esforço natural de todo indivíduo para melhorar sua própria condição, quando exercido com liberdade e segurança, é um princípio tão poderoso que, sozinho e sem qualquer assistência, é capaz não somente de levar a sociedade à riqueza e à prosperidade, mas também de superar as centenas de obstruções impertinentes com as quais a tolice das leis humanas frequentemente atrapalha suas operações."[48]

Hayek era entusiástico sobre os mercados, mas não em função de expectativas utópicas. Ele era entusiástico *porque* os mercados se comportam com o que ele chamou de visão trágica da condição humana. Os seres humanos são limitados no que podem saber sobre sua situação, e os governos compostos por seres humanos são limitados em sua compreensão das complexidades da sociedade. A simples e indisputável verdade é que sabemos quase nada sobre quase tudo. Felizmente — sim, felizmente —, isso se torna mais verdadeiro a cada dia, hora, minuto. Conforme cresce o estoque de conhecimento da humanidade, cresce também a quantidade do que pode ser conhecido na teoria, mas não na prática. Como escreveu Hayek, "quanto mais os homens sabem, menor se torna a parcela desse conhecimento que uma mente qualquer pode absorver. Quanto mais civilizados nos tornamos, mais relativamente ignorante cada um de nós se torna em relação aos fatos dos quais o funcionamento da civilização depende".[49] Assim, em certo sentido, a ignorância realmente é uma bênção, porque tantas outras pessoas, que também ignoram quase tudo, conhecem alguma coisa, e podemos usar seu conhecimento. As pessoas que viajam de avião tão rotineiramente quanto as gerações anteriores viajavam de ônibus nada precisam saber sobre como aviões são construídos ou operados nem, falando nisso, por que conseguem voar. Aumentar constantemente a sofisticação científica e tecnológica multiplica o número de coisas sobre as quais não precisamos pensar, porque outros fazem isso por nós. Essa divisão do trabalho em seções ainda menores nos libera para seguirmos com nossas vidas.

Matt Ridley se pergunta por que, "se a vida não precisa de projeto inteligente, o mercado precisaria de um planejador central? Se Darwin defenestrou Deus, [Adam] Smith certamente defenestrou o Leviatã".[50] Em certo sentido, as ciências naturais começam onde as ciências sociais deveriam começar, com pasma apreciação pela emergência de sistemas complexos, mas não projetados, sejam eles organismos animais ou mercados baseados em trocas voluntárias. Em seu discurso de aceitação do prêmio Nobel de economia de 1974, intitulado "A pretensão de conhecimento", Hayek disse que o público em geral concedera à economia "parte da dignidade e do prestígio das ciências físicas". Isso fora um erro, porque a economia lida "com fenômenos essencialmente complexos", como os mercados, "que dependem das ações de muitos indivíduos" cujas circunstâncias "quase nunca serão integralmente conhecidas ou mensuráveis". A economia, como as outras ciências sociais, lida com "estruturas de *essencial* complexidade", envolvendo "números relativamente grandes de variáveis", o que significa que os cientistas jamais conhecerão "todas as determinantes" de uma ordem social particular. "Isso significa que confiar à ciência — ou deliberar sobre o controle de acordo com princípios científicos — mais do que o método científico pode realizar pode ter efeitos deploráveis."[51]

Hayek tentava prevenir contra a mentalidade "cientificista", que envolve esperanças extravagantes de "uma direção mais científica para todas as atividades humanas e a desejabilidade de substituir processos espontâneos pelo 'controle humano consciente'". O público ficara deslumbrado com os avanços das ciências físicas, nas quais "a explicação e a predição podem ser baseadas em leis que respondem pelos fenômenos observados como funções com comparativamente poucas variáveis". Precisamos de "uma teoria sobre fenômenos essencialmente complexos" para "salvaguardar a reputação da ciência" do dano causado pela importação, para as ciências sociais, de procedimentos científicos superficialmente similares aos procedimentos das ciências físicas.[52]

Hayek ilustrou "as limitações inerentes a nosso conhecimento numérico" ao considerar um esporte praticado por "poucas pessoas de habilidades aproximadamente iguais". Se conhecemos não somente as habilidades gerais dos jogadores, mas também "seu estado de atenção, suas percepções e o estado de seus corações, pulmões, músculos etc. em cada momento do jogo", somos capazes de prever o resultado. Mas, é claro, tal conhecimento abrangente é impossível e, consequentemente, o resultado do jogo está "fora do alcance do cientificamente previsível".[53] E, como diz o ditado, é por isso que jogamos. O argumento de Hayek era que as variáveis relevantes da sociedade são imensuravelmente mais numerosas que as de um jogo entre dois times. Elas são suficientemente numerosas para derrotar a certeza nas previsões. Fingir que não é assim, ignorar "o eficiente mecanismo de digestão de informações dispersas" do mercado, é trilhar um caminho que leva "ao charlatanismo e pior", em uma tentativa de submeter não somente nosso ambiente natural, mas também nosso ambiente social, a nossa vontade:

> Agir com base na crença de que possuímos o conhecimento e o poder para moldar inteiramente os processos da sociedade a nossa vontade, um conhecimento que na verdade *não* possuímos, provavelmente causará grandes danos. Nas ciências físicas, pode haver pouca objeção a tentar o impossível; pode-se até mesmo não desencorajar a confiança excessiva porque os experimentos, afinal, podem produzir novos insights. Mas, no campo social, a errônea crença de que o exercício de poder terá consequências benéficas tende a fazer com que o novo poder de coagir outros homens seja conferido a alguma autoridade. Mesmo que esse poder não seja mau em si mesmo, seu exercício tende a impedir o funcionamento das forças ordenadoras espontâneas pelas quais, mesmo sem compreendê-las, o homem é tão amplamente auxiliado na busca de seus objetivos.[54]

O mais sucinto resumo do pensamento de Hayek está nas duas últimas frases de seu último livro, cujo título inseriu firmemente uma expressão em nosso léxico político: *The Fatal Conceit* [A arrogância fatal]. "A curiosa tarefa da economia é demonstrar aos homens quão pouco eles realmente sabem sobre o que imaginam poder projetar. Para a mente ingênua que só concebe a ordem como produto do arranjo deliberado, pode parecer absurdo que, em condições complexas, a ordem e a adaptação ao desconhecido possam ser conseguidas mais efetivamente pela descentralização das decisões e que a divisão da autoridade aumente a possibilidade de ordem geral."[55] Adam Smith precedeu Hayek na conclusão em relação a qualquer oficial governamental que acha que tem domínio sobre as variáveis sociais: "Ele parece imaginar que pode arranjar os diferentes membros de uma grande sociedade com tanta facilidade quanto a mão arranja as diferentes peças sobre um tabuleiro de xadrez. Ele não pensa que as peças no tabuleiro de xadrez não têm nenhum princípio de movimento além daquele que a mão lhes impõe; mas que, no grande tabuleiro da sociedade humana, cada peça tem um princípio de movimento próprio, embora diferente daquele que a legislatura pode ter escolhido lhe impor."[56]

"Nós", disse Benito Mussolini em 1929, "fomos os primeiros a asseverar que, quanto mais complicadas as formas assumidas pela civilização, mais restrita a liberdade do indivíduo deve se tornar".[57] Ignore a grandiosidade e a falsidade características dessa alegação: Woodrow Wilson e outros disseram coisas similares, embora às vezes achassem estar modernizando a ideia de liberdade. O que torna a formulação de Mussolini interessante é o fato de ser o oposto de um insight que Hayek teria em breve: quanto mais complexa se torna a sociedade, mais o governo deve aceder à ordem espontânea gerada pela cooperação voluntária de indivíduos livres firmando contratos.

## É FÁCIL CRIAR COBRAS

O economista John Cochrane, em seu blog The Grumpy Economist [O economista rabugento], diz que a economia "talvez seja mais bem descrita como uma coleção de histórias engraçadas sobre consequências imprevistas". Uma dessas histórias explica sua escolha de carreira. "Eu me tornei economista muito jovem, lendo um artigo sobre um programa para acabar com as cobras venenosas. O governo oferecera uma recompensa por cada cobra morta. Adivinhe o que aconteceu. Dica: é fácil criar cobras."[58] A lei das consequências imprevistas diz que, em uma sociedade complexa, os efeitos não intencionais das intervenções governamentais que visam a domar e regular processos tendem a ser maiores e opostos aos efeitos intencionais. Essa é outra razão para praticar a chamada "humildade hayekiana". A carreira de Hayek foi uma longa incitação à humildade epistêmica, com epistemologia sendo o campo da filosofia preocupado com a natureza e os limites do conhecimento humano. Um mercado livre, que é um mecanismo para gerar conhecimento agregando informações, é um projeto: um artefato, um constructo político, uma escolha. É um arranjo deliberado feito por um governo central para facilitar uma política de descentralização do processo decisório. É uma escolha social fazer com que o governo facilite as mudanças sociais ao sair do caminho do mercado. Uma das grandes verdades sobre a sociedade é que a maioria dos resultados cumulativos das escolhas humanas conscientes não é resultado de qualquer projeto humano. A maioria do que constitui e é mais importante para uma sociedade é resultado de escolhas numerosas demais para contar, não da intenção planejada de qualquer indivíduo ou grupo de indivíduos. Daí a lei postulada pelo historiador e poeta Robert Conquest: todo mundo é conservador sobre aquilo que mais conhece. Isso porque, quando conhecemos bem alguma coisa, conhecemos seus complexos antecedentes e sua evolução.

A humildade hayekiana em face da complexidade social contrasta com a húbris estatista que condenou aquilo a que Hayek dedicou a vida a se opor: o socialismo. A causa fundamental do colapso da União das Repúblicas Socialistas Soviéticas foi a ignorância. Esse é o problema sistemático do socialismo. O socialismo, no qual o planejamento do governo suplanta os sinais do mercado, ignora quase tudo, como quanto o pão deve custar. O socialismo não tem como saber, porque não sabe quanto devem custar a farinha, outros ingredientes, o trabalho, a embalagem, o transporte ou a publicidade. Os mercados são mecanismos para gerar diariamente bilhões e mesmo trilhões de bits de informação. Assim, produzem alocações razoáveis de riqueza e oportunidade. Torne o mercado ilegal em uma sociedade industrializada e você terá a União Soviética: "Alto Volta com ICBMs." Ou seja, uma economia de Terceiro Mundo com bolsões de modernidade. A prodigiosa realização do comunismo foi manter pobre uma nação potencialmente rica. A economia soviética permaneceu substancialmente caçadora-coletora, baseada em indústrias de extração: peles, petróleo, minerais, caviar (ovas extraídas de peixes).

Finalmente, e tarde demais, membros do Partido Comunista, supostamente a vanguarda do proletariado, notaram que sua nação estava ficando para trás não somente das sociedades industriais ocidentais, que haviam saído na frente, mas também de Taiwan, Singapura e outras economias asiáticas da era da informação. Repetindo: os mercados produzem muitas coisas secundariamente, de sapatos e caminhões a romances, mas, primariamente, produzem informação, em torrentes às quais nenhum governo é inteligente ou ágil o bastante para responder. O entendimento intuitivo dos americanos em relação a isso ajuda a explicar por que, mesmo em casos de extrema necessidade, eles foram impérvios ao estatismo econômico: em 1932, três anos após o início da devastadora e aterrorizante experiência da Grande Depressão, o candidato presidencial do Partido Socialista, Norman Thomas, recebeu menos votos (884.885) que Eugene Debs em 1920 (913.693), quando, graças à histeria de tempos de guerra fomentada por Woodrow Wilson, Debs estava na cadeia.

O governo americano, no entanto, sucumbiu ao incontinente desejo de controlar mesmo as menores entidades econômicas, como descobriu Jacob Maged. Em 1934, a alfaiataria e lavanderia no n. 138 da rua Griffith, em Jersey, Nova Jersey, pertencia a Maged, um imigrante polonês de 49 anos. Com suas responsabilidades como pai de quatro crianças, Maged deveria ter repudiado uma vida de crimes. Em vez disso, anunciou suas atividades criminosas em uma placa na vitrine de sua loja, prometendo passar ternos por 35 centavos. E era o que fazia, mesmo que os oficiais do New Deal do presidente Franklin Roosevelt, que achavam saber um número extraordinário de coisas — eles adoravam ser chamados de "truste de cérebros" — tivessem certeza sobre o preço adequado para passar ternos: 40 centavos. A Administração de Recuperação Nacional (NRA em inglês) assim dissera. A NRA foi o primeiro mecanismo administrativo da Lei de Recuperação da Indústria Nacional de 1933, que pretendia recuperar a economia usando, entre outras coisas, códigos de "competição justa". A teoria, envolvendo um *non sequitur* colossal, era a de que, durante a Grande Depressão, os preços caem; logo, a maneira de superá-la é forçar os preços a subir. Desse modo, a competição, que levava à redução de preços, precisava ser fortemente restrita por editos governamentais. A cartelização do trabalho seria promovida para encorajar os sindicatos e a cartelização das indústrias seria promovida por códigos que inibiriam a competição. Assim, os preços subiriam e a prosperidade retornaria.

Em breve, havia mais de quinhentos códigos da NRA, cobrindo a fabricação de produtos como para-raios, coleiras para cães e corpetes femininos. As lojas precisavam exibir bandeiras e pôsteres com a águia azul, significando que participavam da NRA. O general Hugh "Calças de Ferro" Johnson, admirador de Mussolini e chefe da NRA, declarou: "Que Deus tenha piedade do homem ou grupo de homens que tentar mexer com esse pássaro."

Em 20 de abril de 1934, Maged foi multado em 100 dólares — muito dinheiro em uma época na qual a renda familiar média era de 1.500 dólares — e sentenciado a trinta dias de prisão. O *The New York Times* relatou que Maged "estava apenas vagamente consciente da existência de um código". Não que tal ignorância fosse perdoável. Era dever de todo cidadão ficar acordado até tarde, se necessário, lendo as letras miúdas dos cada vez mais numerosos mandados governamentais. "Ontem no tribunal", relatou o *Times*, "ele pareceu quase em transe quando a sentença foi pronunciada. Ele esperava que fosse uma piada".

Na verdade, a sentença fora um gracejo judicial. Depois de Maged passar três dias na prisão, o juiz cancelou o restante da sentença, anulou a multa e, de acordo com o *Times*, "fez um pequeno sermão sobre a importância da cooperação, em oposição ao individualismo". Então, como um lorde feudal concedendo permissão a um servo, prometeu procurar Maged "para fazer um novo terno". Maged, adequadamente forçado à obediência, retirou a placa anunciando seus serviços por 35 centavos e a substituiu por uma águia azul. "Maged", relatou o *Times*, "embora já não tão individualista quanto antes, era um homem livre novamente". Então *isto* é liberdade: adotar, sob coerção, o símbolo da propaganda do governo.

Estranhamente — ou talvez não —, quando a quantidade e a velocidade da informação e da mudança aumentaram na segunda metade do século XX, o mesmo se deu com as ilusões de domínio do governo. Michael Barone observa que o prédio do Departamento do Trabalho, construído na década de 1960, tem duas salas de conferência adjacentes ao gabinete do secretário, uma para a gerência e outra para os trabalhadores, de modo que o secretário podia alternar entre elas. As três grandes unidades da sociedade americana trabalhariam juntas para controlar a turbulenta realidade. Essa serena confiança de que o futuro seria uma alocação mais ou menos harmoniosa de abundância se deveu à preeminência americana em meados do século XX.

Em 1951, quando o americano médio comia 50% mais que o europeu médio, os americanos controlavam dois terços da capacidade produtiva do mundo, eram donos de 80% dos bens elétricos e produziam mais de 40% da eletricidade, 60% do petróleo e 66% do aço mundiais. A população americana, que representava 5% da população mundial, tinha mais riqueza que os 95% restantes, e os americanos produziam quase tudo que consumiam: 99,3% dos carros novos vendidos nos Estados Unidos em 1954 eram americanos. No fim da década de 1950, a GM era uma entidade econômica maior que a Bélgica, e Los Angeles tinha mais carros que a Ásia. Tal progresso econômico atabalhoado produziu imensas expectativas: aquele seria o novo normal. Em 1950, 40% dos americanos jamais haviam visto um programa de TV; em maio de 1953, Boston tinha mais televisores que banheiras.

O economista Robert Gordon, todavia, argumenta que um inaudito e irrepetível "século especial" de invenções transformadoras deixou um eco prolongado nas expectativas não realistas, de modo que o futuro estava fadado a decepcionar: "A revolução econômica de 1870 a 1970 foi única [...] Nenhuma outra era da história humana, antes ou depois, combinou tantos elementos nos quais o padrão de vida cresceu tão rapidamente e a condição humana se transformou tão completamente." Gordon diz que, para a maioria dos americanos em 1870, o mundo era mais medieval que moderno. Três necessidades — alimento, vestuário, abrigo — absorviam quase todos os gastos de consumo. Exceto que frequentemente não havia gastos de consumo, porque as três necessidades eram satisfeitas no interior da família. Os domicílios não tinham eletricidade. A luz bruxuleante vinha das velas e do óleo de baleia e a energia para a manufatura vinha dos motores a vapor, das rodas d'água e dos cavalos. Cavalos, vivos e mortos, eram um constante problema de saneamento urbano, assim como o fato de que o vidro nas janelas era raro, de modo que insetos iam e voltavam das fezes animais e humanas no exterior para as mesas de jantar no interior. Uma dona de casa típica da Carolina do Norte na década de 1880 carregava água para casa entre oito e dez vezes ao dia, caminhando 240 quilômetros por ano para transportar 36 toneladas de água. Poucas crianças frequentavam a escola após os 12 anos.[59]

Mas, em 10 de outubro de 1879, Thomas Edison encontrou um filamento de algodão para a lâmpada incandescente. Menos de doze semanas depois, na Alemanha, Karl Benz fez uma demonstração do primeiro motor de combustão interna realmente efetivo. Na década de 1880, vagões refrigerados começaram a banir a "doença da primavera", o resultado de invernos sem verduras. A altura dos adultos aumentou quando a refrigeração mecânica e as comidas congeladas Birds Eye, de Clarence Birdseye, melhoraram a nutrição. Em 1940, os domicílios passaram a contar com eletricidade, água limpa chegando e água suja sendo levada embora, rádio e comunicações telefônicas. Os domicílios atuais, observa Gordon, são muito mais parecidos com os de 1940 do que os de 1940 eram parecidos com os de 1900. Em 1940, chegou ao fim a falta de privacidade de pessoas vivendo e geralmente se banhando na cozinha, que frequentemente era o único cômodo aquecido o ano todo. Desde 1940, no entanto, somente o ar-condicionado, a televisão e a internet modificaram dramaticamente a vida cotidiana e, combinados, não chegaram perto do impacto das mudanças anteriores a 1940. No fim do século XX, a jornada clássica das condições rurais para a vida urbana saneada e a entrada das mulheres na força de trabalho foram progressos vastos, mas irrepetíveis.

Porém, seria precipitado assumir que foram os últimos progressos vastos. "Os incivilizados", disse Calvin Coolidge, "fazem pouco progresso porque têm poucos desejos. Os habitantes de nosso país são estimulados por novos desejos em todas as direções".[60] Frequentemente seus desejos são estimulados por produtos não demandados. Considere um produto que se tornou ubíquo em um piscar de olhos histórico.

Em 1983, a Motorola lançou um telefone celular para o qual não havia muito mercado. Ele era do tamanho de um tijolo, pesava 900 gramas e custava 3.955 dólares (uns 10 mil dólares em valores de hoje). Sua bateria durava meia hora. Até a chegada dos telefones celulares para as massas, centenas de milhões de americanos e outros bilhões de pessoas ao redor do mundo estavam satisfeitos com seu serviço telefônico. Subitamente, os celulares causaram uma saudável epidemia de insatisfação. Em vez de telefonar para um lugar e esperar que a pessoa com quem você desejava falar estivesse lá, você telefonava para a pessoa, que tinha um telefone no bolso ou na bolsa. As pessoas ficaram satisfeitas, até 2007. Então chegou o smartphone, causando um tsunami de impaciência por parte de pessoas que, em breve, não conseguiam imaginar como haviam se sentido satisfeitas com algo tão primitivo quanto os telefones que, em 2006, haviam considerado maravilhosos instrumentos de emancipação. Dez anos mais tarde, bilhões de pessoas têm em seus bolsos e bolsas câmeras de alta qualidade, acesso instantâneo a mais informação que a contida na Biblioteca do Congresso e mais poder computacional que a aliança da OTAN tinha a sua disposição em 1960. Será que já houve uma demonstração mais dramática da lei de Say, que diz que a oferta pode produzir sua própria demanda? O celular não foi produzido em resposta a uma demanda existente. E menos ainda o smartphone, não imaginado e muito menos desejado pelos bilhões que rapidamente o compraram.

O iPad talvez seja uma ilustração ainda mais interessante de demanda ocorrendo em resposta à criação de um novo produto. Afinal, o smartphone foi somente um aprimoramento, embora dramático, de algo familiar: um telefone celular. Mas perplexos consumidores inicialmente se perguntaram para que servia um iPad, que não era nem telefone, nem laptop. Multidões fizeram fila para comprar o primeiro smartphone e continuaram a fazer fila a cada novo lançamento. Mas, em 2010, nenhuma multidão fez fila para conseguir os primeiros iPads. Não obstante, ao fim do primeiro ano, 7 milhões de unidades haviam sido vendidas, e outras 11,55 milhões foram vendidas em um único trimestre de 2018.

## ACOLHENDO A IMPREVISIBILIDADE

A sensibilidade conservadora se delicia com tal imprevisibilidade, com as surpresas produzidas pela ordem espontânea de uma sociedade aberta de mercado. A sensibilidade progressista anseia por previsibilidade, pela sensação de que o futuro pode ser planejado porque o movimento das variáveis sociais pode ser antecipado e controlado. Considere a ansiedade dos progressistas na década de 1950, quando os eleitores rejeitaram duas vezes seu indicado à presidência, Adlai Stevenson, em favor de Dwight Eisenhower, cujos sucessos eleitorais deram início a um novo ramo do progressismo: o desdém pelo americano comum. Os progressistas menosprezavam a administração Eisenhower, chamando-a de "fraco conduzindo fracos" e dizendo que os *new dealers* haviam sido suplantados pelos vendedores de carros. Como eles explicavam o mau gosto do eleitorado? Dizendo que as massas bovinas haviam sido manipuladas pela propaganda, principalmente a vinculada na TV, que, na década de 1950, tornara-se o entretenimento das massas e o epicentro do marketing americano. Os intelectuais, aquele rebanho de mentes independentes, estavam unidos no desdém pela "conformidade". O medo da conformidade começara no início da década, com *The Lonely Crowd* [A multidão solitária] (1950), de David Riesman; seguido por *White Collar* [Colarinho-branco] (1951), de C. Wright Mills; *The Man in the Gray Flannel Suit* [O homem de terno cinzento] (1955), de Sloan Wilson;

*The Organization Man* [O homem organizacional] (1956), de William Whyte; *The Hidden Persuaders* [Os persuasores ocultos] (1957), de Vance Packard; e, mais importante, *A sociedade da abundância*, de John Kenneth Galbraith, que expressava a inerente e crescente inclinação do progressismo na direção da reprimenda e da condescendência.

Adlai Stevenson, o indicado democrata à presidência em 1952 e 1956, perguntou: "Com o supermercado como nosso templo e o jingle como nossa litania, temos alguma chance de inflamar o mundo com a visão irresistível do exaltado propósito e do inspirador modo de vida dos Estados Unidos?"[61] Sua pergunta irradiava desdém pela "sociedade de consumo" americana. Hoje, no entanto, pessoas ponderadas compreendem melhor os complexos pré-requisitos — sociais, políticos e intelectuais — de uma sociedade que produz abundância. Tal sociedade está confortável com e honra a emancipação da escolha e do desejo que resulta em supermercados, publicidade e outras coisas inextricavelmente entremeadas ao tecido de uma sociedade livre. Essas coisas mundanas na verdade estão relacionadas ao que exalta os Estados Unidos e os tornam inspiradores. O desejo imaginativo e sem restrições pode ser um problema para a governança democrática, mas é tanto causa quanto consequência da cultura democrática.

Mesmo assim, Galbraith inseriu um tom especial ao coro progressista ao dizer que os americanos eram tão manipuláveis quanto argila. E, por isso, eram algo que os progressistas adoram: vítimas, a serem tratadas como tutelados de um governo dirigido por progressistas. A publicidade, argumentou Galbraith, era a principal causa "da opulência privada e da miséria pública" nos Estados Unidos, pois incitava o consumismo, que produzia entre os americanos a relutância de ceder mais de sua renda, na forma de impostos, para que o governo gastasse sabiamente. Se, no entanto, a publicidade fosse tão potente quanto ele pensava, o advento da televisão — uma grande dose de publicidade entregue a todas as salas de estar — teria causado drástico aumento do consumo em relação à poupança. Nenhum aumento coincidiu com a chegada da televisão, mas Galbraith, não disposto a permitir que o empirismo prejudicasse seu fluxo de teoria, não se submeteu ao axioma de Daniel Patrick Moynihan que diz que todo mundo tem direito a sua própria opinião, mas não a seus próprios fatos. Embora Galbraith tenha cunhado a expressão "sabedoria convencional" e pensasse em si mesmo como flagelo do pensamento de grupo, *A sociedade da abundância* era a essência destilada da sabedoria convencional dos clubes de faculdade.[62]

Na década de 1960, o progressismo se tornou uma postura de desdém, descrevendo os americanos não somente como vulgares, como fizera Galbraith, mas também como doentes, racistas, sexistas, imperialistas etc. Sem surpresa, os eleitores não gostaram de ouvir que seus desejos — carros grandes, escolas nos bairros e outras coisas — não mereciam respeito. Para os progressistas, contudo, essa era precisamente a beleza da teoria de Galbraith. Se a publicidade pudesse produzir demandas para qualquer coisa que as corporações quisessem ofertar, não havia necessidade de respeitar os mercados, que existem para equilibrar oferta e demanda. *A sociedade da abundância* foi o texto canônico do desprezo do progressismo moderno pela competência do americano médio. É claro que, se a publicidade realmente pudesse produzir desejos de consumo a seu bel-prazer, poucos produtos fracassariam. E muitos fracassam. *A sociedade da abundância*, postulando o incrível poder dos fabricantes de produzir qualquer demanda que achem conveniente satisfazer, foi publicado nove meses depois que a Ford Motor Company colocou todo seu poder de marketing por trás de um novo produto, o Edsel.

A Ford não foi a primeira empresa automobilística a demonstrar quão errado é possível estar em relação à maravilhosa imprevisibilidade do dinamismo da economia não planejada: em 1903, a Mercedes Corporation concluiu que jamais haveria mercado mundial para mais de 1 milhão de automóveis, porque jamais haveria mais de 1 milhão de pessoas treináveis como motoristas. Galbraith ficou particularmente impressionado com a invulnerabilidade da General Motors à competição de rivais e à volubilidade dos consumidores. Em 1978, quando a montadora tinha 46% do mercado de automóveis, Galbraith estava certo de que as empresas automobilísticas não competiriam seriamente umas com as outras, porque tinham o interesse mútuo de preservar o poder de aumentar os preços. Ele estava especialmente confiante de que ninguém cometeria a temeridade de desafiar a General Motors: "Todo mundo sabe que o sobrevivente de tal competição não seria o agressor, mas a General Motors."[63] Em 2014, quando a General Motors evitou a falência com ajuda do governo federal, sua parcela de mercado era de 17%.

Em vez de lamentar o desaparecimento de tais supremacias, as pessoas amantes da liberdade deveriam apreciar a maneira como o futuro se desdobra em jorros que desafiam a antecipação. Essa é, afinal, a história do Grande Enriquecimento. A tecnologia primária do vapor — James Watt patenteou seu motor em 1781 — produziu a tecnologia secundária das locomotivas a vapor, que produziram um mercado nacional. A internet, a tecnologia primária, produziu a Amazon, que em 2015 destronou o Walmart como maior varejista da nação. E, assim por diante, com ricochetes não planejados do desenvolvimento tecnológico e da preferência dos consumidores.

Galbraith representa intelectuais que eram e são impacientes com as pessoas que desconfiam do governo suplantando os mercados como alocadores primários de recursos e oportunidades. Mas há outros intelectuais no caminho.

Na Universidade de Oxford em 1962 e 1963, um grupo de estudantes, na maioria americanos formados em universidades americanas, remou alegremente contra as correntes esquerdistas que, então como agora, fluíam entre os intelectuais. Alguns desses remadores haviam frequentado a Universidade de Chicago. Outros estavam inseridos no âmbito dos acadêmicos de lá, incluindo Milton Friedman, cujo *Capitalismo e liberdade* foi publicado em 1962. Todos os membros do grupo seguiam as doutrinas da economia política do *laissez-faire* prevalente no departamento econômico de Chicago e em seu Comitê de Pensamento Social, no qual em 1960 Friedrich Hayek escrevera *The Constitution of Liberty* [A Constituição da liberdade], publicado, como o livro de Friedman, pela editora da Universidade de Chicago. Um membro conservador do Parlamento britânico concordou em se reunir com esses agitadores do livre mercado e iniciou a conversa dizendo: "Bem, presumivelmente, todos concordamos que ao menos as estradas devem ser de posse do governo."[64] O grupo saudou com silêncio pétreo esse desvio dos preceitos do governo — muito — limitado. Em um dos periódicos favoritos do grupo, *The New Individualist Review*, publicado trimestralmente em Chicago, um teórico argumentou que o governo devia ser dono dos faróis porque nenhum mecanismo podia precificar os serviços prestados por eles. Essa heresia provocou uma refutação espirituosa: quando a luz varre a superfície do oceano, ela a melhora. Como explicou John Locke, a propriedade pode surgir de melhorias feitas aos materiais naturais, de modo que a superfície do oceano se torna propriedade do dono do farol, que pode cobrar qualquer preço suportado pelo mercado para que navios cruzem a superfície iluminada. Caso encerrado? Não exatamente. O direito de propriedade caduca quando a neblina impede que o feixe de luz percorra a superfície do oceano? Detalhes foram discutidos e rediscutidos, com a pureza ideológica na balança.

Esses estudantes contumazes, incluindo eu mesmo, estavam, como os estudantes frequentemente estão, tão inebriados com as ideias que se aproximavam da tolice. Mas foram um dos primeiros conscritos do crescente exército de pessoas ávidas para fornecer uma defesa intelectual do capitalismo como eficiente, ético e singularmente congruente com a filosofia política de uma sociedade aberta.

Marx, um intelectual vitoriano, previra que o capitalismo seria destruído pelo menosprezo do proletariado. Na verdade, o capitalismo se prejudicou mais ao irritar os intelectuais. Muitos deles torcem o nariz para o mercado e, consequentemente, para aqueles que prosperam nele. Seu desdém é uma manifestação de ressentimento pelo fato de os mercados geralmente funcionarem bem sem sua supervisão. Esse desdém é, entre outras coisas pouco atraentes, ingratidão. Os homens e mulheres comuns (na opinião dos intelectuais) do comércio, que tornam os mercados produtivos, também tornam a classe intelectual possível. Como disse George Stigler (da Universidade de Chicago, vencedor do prêmio Nobel de economia de 1982): "Como os intelectuais não são baratos, até o surgimento do moderno sistema empresarial, nenhuma sociedade podia arcar com muitos deles." Assim, "nós, os professores, devemos muito mais a Henry Ford que à fundação que leva seu nome e distribui seus ativos".[65] O menosprezo dos intelectuais pelo sistema que os sustenta é uma mistura de julgamento moral e estético: o lucro encoraja o desagradável materialismo ao ratificá-lo e recompensá-lo, e o comércio é comparável ao pôquer por ser uma transação de soma zero na qual o ganho de uma pessoa deve equivaler à perda de outra ou outras. Os intelectuais também ficam desconcertados com a permanente imprevisibilidade da sociedade capitalista, que derrota aqueles que se deliciam em discernir e planejar o futuro. Eles estão, como escreveu George Orwell, no negócio de discernir ou ao menos postular tendências. Acham-se visionários cuja sagacidade lhes dá acesso privilegiado ao futuro e ao poder de direcionar uma sociedade até seu destino predeterminado, ou seja, o progresso. Um dos problemas é que, como compreendeu Orwell, os intelectuais se tornam investidos em seus prognósticos. Em 1963, quando a editora da Universidade de Oxford publicou o terceiro volume da respeitosa biografia de Leon Trotski escrita por Isaac Deutscher, o clube marxista organizou uma recepção para celebrar a ocasião. Eu estudava em Oxford e compareci à recepção, onde ouvi Deutscher dizer: "A prova da sagacidade de Trotski é o fato de nenhuma de suas predições ter se realizado ainda." Esse foi um vislumbre da mente de um verdadeiro crente, uma mente preenchida por hipóteses não falseáveis.

Em 1914, o Gabinete de Minas disse que as reservas petrolíferas americanas estariam exauridas em 1924. Em 1939, o Departamento do Interior afirmou que as reservas de petróleo do mundo durariam treze anos. Subsequentemente, o petróleo gerou uma guerra mundial e o boom do pós-guerra e, em 1951, o Departamento do Interior mencionou que o mundo tinha... treze anos de reservas comprovadas. Em 1970, as reservas comprovadas eram estimadas em 612 bilhões de barris. Em 2006, mais de 767 bilhões de barris foram bombeados e as reservas comprovadas eram de 1,2 trilhão de barris. Em 1977, o presidente Jimmy Carter falou que a humanidade usaria todas as reservadas comprovadas do mundo "até o fim da próxima década".[66] Desde então, o mundo consumiu três vezes mais petróleo do que havia então nas reservas comprovadas. Hoje, as formações de xisto no Texas, Louisiana, Montana, Dakota do Norte, Nova York, Pensilvânia e em outros lugares contêm 57 trilhões de metros cúbicos de gás natural.

Duas gerações atrás, em 1972, a humanidade foi avisada (por modelos computadorizados desenvolvidos no MIT) de sua condenação. Na verdade, a essa altura deveria estar extinta ou, ao menos, miserável. Não está. O que deu errado? Naquele ano, foi publicado *Os limites do crescimento,* um livro do Clube de Roma que chamava a si mesmo de "projeto sobre o dilema da humanidade". Ele vendeu 12 milhões de exemplares, chocou o *The New York Times* ("um dos mais importantes documentos de nossa era") e afirmou que o crescimento econômico estava condenado por escassez insolúvel.[67] Bjorn Lomborg, um acadêmico dinamarquês e "cético ambientalista", disse que o livro "ajudou a empurrar o mundo para um caminho de preocupação obsessiva com soluções equivocadas para problemas menores, ao mesmo tempo ignorando problemas muito maiores", como a pobreza de nível de subsistência, que somente o crescimento econômico pode melhorar. Os modelos do MIT previram o colapso da civilização por causa do "esgotamento dos recursos não renováveis" e do crescimento populacional. "Em uma era mais inocente e reverente aos computadores", escreve Lomborg, "as resmas de informações impressas deram ao argumento do livro um ar de autoridade científica e inevitabilidade" que "parecia banir qualquer possibilidade de discordância". Na época — como agora, em relação às mudanças climáticas —, o respeito pela ciência "estabelecida" requeria a reverente suspensão do ceticismo sobre as hipóteses científicas. A matéria da revista *Time*, publicada em 1972, sobre *Os limites do crescimento* foi um exemplo do frisson histérico da mídia: "As fornalhas de Pittsburgh estão frias; as linhas de produção de Detroit estão paradas. Em Los Angeles, alguns macilentos sobreviventes de uma praga aram os jardins centrais das rodovias [...] Fantasia? Não, somente nefasta inevitabilidade se a sociedade continuar sua atual dedicação ao crescimento e ao 'progresso'."[68] Os modelos examinaram dezenove commodities e disseram que doze delas estariam extintas em breve: alumínio, cobre, ouro, chumbo, mercúrio, molibdênio, gás natural, petróleo, prata, estanho, tungstênio e zinco. Eis o comentário de Lomborg:

Com as inovações tecnológicas tendo substituído o mercúrio em baterias, restaurações dentárias e termômetros, o consumo caíra 98% e o preço 90% em 2000. Desde 1970, quando as reservas de ouro foram estimadas em 10.980 toneladas, 81.410 toneladas foram extraídas e as reservas estimadas são de 51 mil toneladas. Desde 1970, quando as reservas conhecidas de cobre eram de 280 milhões de toneladas, "cerca de 400 milhões de toneladas foram produzidas globalmente e [...] as reservas são estimadas em quase 700 milhões de toneladas". O consumo de alumínio aumentou dezesseis vezes desde 1950, e o mundo consumiu quatro vezes mais que as reservas conhecidas em 1950. As reservas conhecidas hoje podem sustentar o consumo atual por 177 anos. Os recursos potenciais de gás nos Estados Unidos dobraram. E assim por diante.

Os autores dos modelos do MIT esqueceram de algo: da engenhosidade humana em descobertas e inovações. Ela não surgiu somente após 1972. O alumínio, escreve Lomborg, é um dos metais mais comuns do planeta. Mas, até a invenção do processo Hall-Héroult em 1886, era tão difícil e caro extraí-lo que "Napoleão III tinha barras de alumínio em exibição, ao lado das joias da Coroa francesa, e dava a seus convidados de honra garfos e colheres de alumínio, ao passo que visitantes menos importantes tinham de se contentar com utensílios de ouro".[69]

Em 1980, o economista Julian Simon fez uma aposta famosa, na forma de um complexo contrato futuro. Ele apostou contra Paul Ehrlich, cujo livro de 1968 *The Population Bomb* [A bomba populacional] previra que "centenas de milhões de pessoas" morreriam de fome na década de 1970, quando o crescimento populacional superasse a produção agrícola. A aposta de Simon era que, em 1990, o preço de cinco commodities escolhidas por Ehrlich e seus assessores seria mais baixo que em 1980. O grupo de Ehrlich escolheu cinco metais. Todos estavam mais baratos em 1990. A aposta custou a Ehrlich 576,07 dólares. Mas, naquele ano, ele recebeu o prêmio de "genialidade" de

345 mil dólares da MacArthur Foundation e metade dos 240 mil dólares do prêmio Crafoord por virtude ecológica.[70] Um de seus assessores, John Holdren, tornou-se conselheiro científico de Barack Obama.

Mark Twain ofereceu uma resposta engraçada àqueles que confiantemente extrapolam prognósticos de eventos anteriores. Notando que o Mississippi diminuíra várias vezes em função da escavação de novos canais, que endireitavam seu curso sinuoso, Twain disse que, a essa taxa, em 742 anos o baixo Mississippi teria somente 3 quilômetros de comprimento e Cairo, no Illinois, e Nova Orleans ficariam lado a lado, com um único prefeito. Twain estava provocando os intelectuais por seu hábito de discernir tendências e então postular que continuarão indefinidamente. Quando o filósofo Michael Oakeshott disse que sabemos mais sobre para onde a história está indo que sobre a futura moda de chapéus, ele inadvertidamente provou seu argumento: desde que disse isso, os chapéus saíram de moda. A vida moderna é um tutorial contínuo sobre por que é razoável esperar o inesperado. E sobre a loucura de ficar no caminho do dinamismo econômico gritando "Pare!". Além disso, o governo deve promover o crescimento para pagar as promessas que fez.

Mas essas promessas se tornam impedimentos ao crescimento, por duas razões. O peso do setor público — do Estado de benefícios — sufoca a energia do setor privado. E os efeitos culturais do crescimento econômico são nocivos a sua continuação.

O governo, disse Burke, existe para lidar com desejos. O governo moderno, no entanto, existe em parte para gerar desejos e estimular o apetite por bens e serviços públicos que a classe política é recompensada por fornecer. Assim, o governo deve promover o crescimento econômico a fim de gerar renda suficiente para pagar por um cardápio ainda maior de benefícios. O problema é que o peso do governo benevolente, redistributivo, pode ser prejudicial ao crescimento econômico que tal governo pressupõe. Marx, que achava que o capitalismo estava fadado por suas "contradições", não previu essa. Ou a que o sociólogo de Harvard Daniel Bell postulou: o capitalismo produz afluência, que é nociva às virtudes requeridas pelo capitalismo: parcimônia, diligência, adiamento da gratificação. A preocupação de Bell se parece com a de outro virtuose de Harvard, John Adams.

Em 1819, ele escreveu a Jefferson: "Você sabe como evitar que as riquezas se tornem os efeitos da temperança e da diligência? Como evitar que as riquezas produzam luxos? Como evitar que os luxos produzam efeminação, embriaguez, extravagância, vício e loucura?"[71] Em 1976, o bicentenário desta nação capitalista, Bell advertiu sobre "as contradições culturais do capitalismo". O capitalismo, disse ele, floresce por causa de virtudes que seu florescimento solapa. Seu sucesso requer parcimônia, diligência e adiamento da gratificação, mas seu sucesso produz abundância, aumenta o tempo livre e promove a emancipação dos apetites, que enfraquecem os pré-requisitos morais do capitalismo.

As contradições culturais dos Estados de bem-estar social são comparáveis. Tais Estados pressupõem dinamismo econômico suficiente para gerar investimentos, criação de empregos, lucros corporativos e rendas individuais das quais vem a arrecadação de impostos necessária para financiar os benefícios. Mas produzem nos cidadãos uma mentalidade de direito aos benefícios e baixa tolerância à dor. Essa mentalidade inflama o apetite por mais benefícios, interpretados de modo amplo a fim de incluir todos os benefícios e proteções governamentais que contribuem para o bem-estar social, entendido como bem-estar material, maior segurança e mais tempo livre. A baixa tolerância à dor causa um recuo dos rigores, inseguranças e deslocamentos inerentes à destruição criativa do capitalismo dinâmico. Esse recuo assume a forma de protecionismo, regulamentações e outras ineficiências impostas pelo governo, que impedem o crescimento econômico requerido pelo Estado de bem-estar social. Assim, os Estados de bem-estar social são, paradoxalmente, tanto debilitantes quanto perversamente energizantes.

Há o perigo real e imediato de que a excelente contribuição dos Estados Unidos para o Grande Enriquecimento esteja se esvaindo, porque os americanos podem estar entrando no que será chamado de Grande Recuo, uma reação contra as incertezas e outros estresses inerentes ao dinamismo. Isso pode estar acontecendo no momento em que o dinamismo é mais necessário que nunca. A população está envelhecendo e recuando para os braços do Estado de benefícios, que fez dispendiosas promessas sobre aposentadorias e, ainda mais, cuidados médicos. Para muitos americanos, o crescimento lento parece menos uma ameaça que uma promessa: a promessa de tranquilidade, de trégua das aceleradas mudanças sociais impostas pela globalização. "As pessoas supõem que as novas sociedades se modificarão diariamente", escreveu Tocqueville há quase dois séculos, "mas eu temo que elas terminem sendo inalteravelmente fixas, com as mesmas instituições, preconceitos e convenções morais, de modo que a humanidade deixe de progredir e se enterre em um buraco".[72] A escavação do buraco está muito avançada nos Estados Unidos do século XXI.

Medidas melhorativas que podem evitar ou ao menos moderar o Grande Recuo ajudariam os trabalhadores a preparar a mudança de ocupações em declínio para ocupações em expansão. Mas isso requer que indivíduos e entidades privadas façam algo que poucos sabem fazer, e que os governos façam algo que raramente sabem ou estão inclinados a fazer. Preparar-se para o futuro exige prognósticos baseados em informações que poucos podem obter. E requer que o governo não só identifique os contornos emergentes da economia, mas também encoraje interesses futuros, e não atuais. Assim, as medidas melhorativas para aqueles que são prejudicados pelo comércio ou pela tecnologia enfrentam dois impedimentos. Um são os limites do conhecimento, sobre os quais advertiu Hayek (a "arrogância fatal"). O outro é a inércia institucional inerente a uma democracia de grupos de interesse funcionando através da viscosidade do Estado administrativo. Mesmo assim, vale a pena tentar, a despeito dos grandes custos transacionais. Medidas mais promissoras, que não requerem conhecimento difícil de adquirir, permitiram riscos individuais ao remover as barreiras ao empreendedorismo (como as licenças ocupacionais de *rent-seeking*) e ao subsidiar a mobilidade dos trabalhadores de regiões estagnadas para regiões vibrantes.

O senador Ben Sasse, um republicano de Nebraska, acredita que a epidemia opioide no início do século XXI foi parecida com a epidemia de alcoolismo no início do século XX. Havia então um movimento de massa das fazendas para os centros urbanos em rápida expansão, onde os recém-chegados não possuíam capital social — ligações locais com famílias, vizinhos, igrejas, clubes — que pudesse evitar a epidemia de solidão, contra a qual indivíduos desenraizados se automedicaram com uso de substâncias viciantes. Se os deslocamentos econômicos criados por novas tecnologias e padrões de comércio tendem a criar solidão, essa é outra razão para o governo experimentar políticas de mitigação da tecnologia e do comércio como medidas profiláticas para impedir o Grande Recuo.

O sucesso de uma sociedade frequentemente produz solidificação, pois as pessoas de sucesso usam suas habilidades sociais para reproduzir, nas próximas gerações, as condições nas quais se tornaram confortáveis. O que o economista italiano Vilfredo Pareto chamou de "circulação das elites" perde velocidade quando elas se reproduzem através de "acasalamento seletivo" — o casamento entre pessoas de contextos educacionais e profissionais similares.[73] Há uma transmissão determinada e habilidosa do capital cultural para seus filhos na competição por acesso às instituições educacionais de elite que geram *momentum* para o sucesso.

Deirdre McCloskey observa que, em 1800, ao menos 80% dos trabalhadores americanos estavam nas fazendas; hoje, graças à mecanização da agricultura e das sementes híbridas, menos de 2% estão. Mas a força de trabalho agrícola deslocada não foi consignada ao desemprego. Em 1910, um em cada vinte trabalhadores estava empregado nas ferrovias. No fim da década de 1940, dos aproximadamente 66 milhões de pessoas na força de trabalho (43 milhões de homens e 17 milhões de mulheres), a AT&T empregava 350 mil como operadoras manuais de telefones, quase todas mulheres. Na década de 1950, centenas de milhares de empregos operando elevadores em hotéis, lojas de departamentos e escritórios desapareceram quando se passou a confiar nos usuários para apertarem os botões sozinhos. Mais recentemente, 10 mil pessoas perderam o emprego quando as livrarias Borders desapareceram, parcialmente por causa da competição da Amazon. Mais de 100 mil pessoas que em 2000 trabalhavam em videolocadoras estão trabalhando em outros lugares, porque a Netflix e outras entidades mataram a locação de filmes. Nos Estados Unidos de hoje, com aproximadamente 160 milhões de empregos, cerca de 1,7 milhão — mais de 1% do total — desaparecem *todos os meses*, quando as empresas diminuem seus quadros, fecham, participam de fusões ou decidem que este ou aquele emprego são dispensáveis. Assim, ao menos 10% dos empregos desaparecem em um ano. McCloskey diz que, "em somente alguns anos a tais taxas — se o desemprego realmente fosse permanente —, um terço da força de trabalho estaria nas esquinas e essa proporção ainda estaria crescendo".[74]

Várias políticas públicas poderiam reduzir drasticamente as mudanças trabalhistas causadas pelas inovações. Mas quem quer viver em uma sociedade estagnada? Invocando a ideia de John Rawls sobre o "véu de ignorância", McCloskey diz que as pessoas deveriam se perguntar em que tipo de sociedade gostariam de nascer, sem saber onde terminarão.[75] As pessoas querem viver em uma sociedade na qual os empregos são protegidos por políticas que suprimem o dinamismo econômico — significando o crescimento — e o governo decide quem recebe subsídios e outras proteções? Ou em uma sociedade na qual se espera que os trabalhadores se adaptem, com ajuda, a um fluxo constante de incertezas e oportunidades?

Ao criar uma República comercial com múltiplas facções, os fundadores esperavam que paixões potencialmente disruptivas pudessem ser amainadas ao serem retiradas das facções políticas e dirigidas para o comércio. Eles esperavam que energias perigosas fossem sublimadas na criação e aquisição de riqueza. Mas o que impede as pessoas gananciosas de verem o governo como somente outra arena na qual podem tentar obter bem-estar material através de vantagens políticas? Nada, porque a nação abandonou as ideias constitucionais subjacentes de governo limitado. E porque algumas novas ideias emergiram para encorajar a concepção do governo como fornecedor de bem-estar material. Em outubro de 1932, o indicado presidencial do Partido Democrata disse: "Eu [...] descrevi o espírito de meu programa como New Deal, que significa um novo conceito de dever e responsabilidade do governo em relação à vida econômica."[76] O "novo conceito" de governo colocou os Estados Unidos no caminho para o presente.

No primeiro trimestre do século XXI, o governo americano está aumentando aquilo contra o que advertiu no segundo trimestre do século XIX. Em sua presciente mensagem de 1832 explicando o veto ao projeto de lei para recriar o Banco dos Estados Unidos, Jackson começou reconhecendo que tal banco seria, "em muitos aspectos, conveniente para o governo e útil para o povo".[77] Mas, perto do fim de seu ataque de 8.086 palavras, ele descreveu o banco como uma intrusão do governo na alocação de benefícios econômicos, a concessão de "monopólios e privilégios exclusivos" que pressagiaria "uma medonha comoção":

> É lamentável que os ricos e poderosos tão frequentemente empreguem os atos do governo para seus propósitos egoístas. Distinções na sociedade sempre existirão, sob todo governo justo. A igualdade de talentos, educação ou riqueza não pode ser produzida por instituições humanas. No pleno gozo de talentos dos céus e nos frutos da diligência, economia e virtude superiores, todo homem tem igual direito à proteção das leis, mas, quando as leis tentam acrescentar distinções artificiais a essas vantagens naturais e justas, conceder títulos, gratificações e privilégios exclusivos, tornar os ricos mais ricos e os poderosos mais poderosos, os membros humildes da sociedade — os fazendeiros, mecânicos e operários —, que não têm tempo nem meios de conseguir favores parecidos para si mesmos, têm o direito de se queixar da injustiça de seu governo. Não há males necessários no governo. O mal só existe nos abusos. Se ele se confinasse à proteção igual e, como faz o céu quando chove, distribuísse seus favores igualmente entre os superiores e os inferiores, os ricos e os pobres, ele seria uma bênção absoluta.[78]

O que Jackson sabia, Madison também sabia. No Artigo Federalista nº 62, ele tentou advertir a posteridade sobre a "instabilidade" nascida das intervenções incontinentes do governo na sociedade:

> Outro efeito da instabilidade pública é a vantagem injustificada que ela dá aos sagazes, aos empreendedores e aos poucos endinheirados sobre as massas diligentes e desinformadas. Toda nova regulamentação relacionada ao comércio ou à renda que, de qualquer maneira, afete o valor das diferentes espécies de propriedade apresenta uma nova colheita para aqueles que observam a mudança e podem traçar suas consequências; uma colheita criada não por eles mesmos, mas pelos trabalhos e cuidados de um grande corpo de seus compatriotas. Esse é o estado de coisas no qual se pode dizer, com certa verdade, que as leis são feitas para *poucos*, não para *muitos*.[79]

Isso é muito mais urgentemente verdadeiro hoje, na vasta sombra lançada pelo Estado administrativo, do que quando Madison escreveu. Note sua hábil e presciente escolha de palavras. A regulamentação inerentemente confere vantagens àqueles que têm educação e tempo para "observar" e a habilidade, ou talvez a representação contratada, para "traçar" o que acontece no interior labiríntico do governo. Hoje, o que Jackson denunciou e Madison temia se chama *rent-seeking* e explica a Washington moderna, incluindo o fato de que cinco dos dez condados mais ricos da nação ficam na área de Washington. O teórico libertário David Boaz diz: "Quando você faz um piquenique, encontra formigas. Quando distribui mais riqueza através do governo, encontra lobistas. O orçamento federal é o maior piquenique da história."[80] O governo grande incita, ao permitir, uma fuga do empreendedorismo, com exceção do *rent-seeking*, que é um desvio degenerado das energias empreendedoras. Quanto mais os gastos e a regulamentação do governo dispõem ou influenciam a disposição de riqueza e oportunidades, mais oportunidades haverá para ganhar dinheiro manipulando o sistema político. Para entender o quanto isso é ominoso, levante, em sua imaginação, o véu da ignorância.

John Rawls, autor de *Uma teoria da justiça*, a mais influente obra de filosofia política americana no século XX, propôs um experimento mental. Para julgar a equidade dos arranjos sociais, "imagine que você é uma pessoa avessa a riscos criando regras para a sociedade por trás de um véu de ignorância sobre sua própria localização na sociedade".[81] Em relação às práticas econômicas, a questão limite é esta: por trás do véu, você se sente mais confortável endossando uma sociedade amplamente impulsionada pela ordem espontânea das transações voluntárias ou uma sociedade na qual o governo, significando o poder político, tem grande papel na alocação de riqueza e oportunidades? Lembre-se de que você é racionalmente avesso ao risco e ignora sua posição social em relação às várias constelações de influência política. Lembre-se também de que o papel do governo tende a se tornar ainda maior, pois as intervenções governamentais para modificar os resultados do mercado geram mais do mesmo. Quando tais intervenções se tornam comuns e depois rotineiras e a sociedade fica mais confortável com elas, facções no interior da sociedade focam em defender seus interesses não através da competição no mercado, mas capturando a atenção e a solicitude do governo. Facções são formadas para esse propósito.

A lei de Gresham (dinheiro ruim expulsa dinheiro bom) tem um corolário político: a competição para capturar o favoritismo do governo tende a suplantar a competição como maneira de prosperar em meio à confusão das incertezas do mercado. Além disso, você não tem escolha: quando os salões do Congresso e os escritórios das agências reguladoras se tornam os cockpits onde cada vez mais resultados sociais e econômicos são determinados, mais e mais facções lá competem. E poucas têm a opção de estarem ausentes dessa arena. O desarmamento unilateral na disputa lobista não é uma escolha realista. Assim, a vida se torna mais saturada de política conforme o governo inevitavelmente cresce. E o governo se torna regressivo, transferindo riqueza para cima, para aqueles que podem explorar o sistema. Muito frequentemente na economia política de hoje — na economia *muito* política de hoje —, os ricos ficam mais ricos não somente ou mesmo primariamente porque são participantes talentosos dos processos de criação de riqueza do mercado. Eles ficam mais ricos porque dominam os mecanismos de influência sobre os processos políticos.

## UM EXEMPLO DE PENSAMENTO ECONÔMICO CONSERVADOR: A DEFESA DO IMPOSTO PROGRESSIVO, AINDA DESCONFORTÁVEL APÓS TODOS ESSES ANOS

Isso acrescenta nova urgência a uma questão perene. Daniel Patrick Moynihan disse que as democracias sempre precisam decidir quanto governo e quanto crescimento econômico querem. Seu argumento era que existe tensão entre o objetivo de aumentar a riqueza da nação ao permitir que o mercado dirija os recursos para os usos mais produtivos e o objetivo de redistribuir renda de acordo com essa ou aquela concepção política de igualdade. Questões subsidiárias fluem da questão de Moynihan: o que queremos que somente o governo pode fazer ou conceder? Ou o que o governo pode fazer ou conceder muito melhor que as outras instituições? Que preço, em impostos, liberdade diminuída ou crescimento econômico desacelerado, estamos dispostos a pagar por essas coisas? O conservadorismo pode trazer para essa discussão duas coisas frequentemente ausentes. Uma é o realismo a respeito dos inevitáveis custos e benefícios dos inescapáveis compromissos. Outra é a franqueza sobre premissas éticas que muito frequentemente permanecem inarticuladas ou sem exame. Assim, esse é um argumento adequado para um estudo de caso sobre o raciocínio conservador. O tema é o imposto progressivo e como essa política se situa em relação ao compromisso da sociedade com a igualdade.

"Impostos", disse Oliver Wendell Holmes, em palavras agora assentadas em pedra na lateral do prédio da Receita Federal que dá para a Avenida da Constituição, em Washington, "são o que pagamos por uma sociedade civilizada". Isso é verdade, na extensão em que a civilização é resultado do governo, em vez de o governo ser resultado da civilização. Woodrow Wilson, que era hábil em infundir grandiosidade moral às questões mundanas, disse que pagar impostos era um "privilégio glorioso".[82] Talvez. Mas a história dos impostos americanos mostra que esse privilégio esteve inextricavelmente ligado à guerra.

A Guerra Civil brevemente deu à nação seu primeiro imposto sobre a renda. Ele foi transformado em lei em 1º de julho de 1862, pelo presidente Abraham Lincoln. Karl Marx descreveu Lincoln como "o filho obstinado da classe trabalhadora", mas, alguns anos antes, como advogado próspero trabalhando para as ferrovias, Lincoln ganhava quase 2 mil dólares ao ano, colocando-o entre os 2% de americanos com maiores rendas. A primeira iteração de um imposto sobre a renda provavelmente jamais foi paga por mais de 1% dos americanos, mas um deles gostou da experiência. Mark Twain disse que seu imposto de 1864, no valor de 36,82 dólares (mais uma multa de 3,12 dólares por atraso na entrega da declaração), fez com que ele se sentisse "importante", porque significava que o governo estava prestando atenção nele. Esse imposto foi revogado após a guerra, parcialmente porque os industriais e outros protecionistas presumiram, corretamente, que aboli-lo fortaleceria o apoio para taxas mais altas como fonte de renda federal. Mesmo assim, o imposto sobre a renda da Guerra Civil foi, como diz Steven R. Weisman, "uma peça momentosa de legislação, rivalizando, a sua maneira, com a abolição da escravidão, a Lei da Propriedade Rural, o estabelecimento da moeda nacional e a regulamentação do banco federal".[83] O imposto sobre a renda compeliu o debate público sobre a alocação dos ganhos e sacrifícios ao sustentar o Estado nacional. O que é notável é quão pouco debate houve sobre o princípio da progressão: desde o início, as pessoas ricas pagariam alíquotas mais altas que as outras. Quando o imposto sobre a renda foi revivido mais de quatro décadas depois, esse princípio foi geralmente aceito como incontroverso.

Nos primeiros anos do século XX, alguns poucos estados tentaram taxar a renda, às vezes com resultados desafortunados. De acordo com Weisman, "a Virgínia promulgou um imposto em 1909, mas muitos cidadãos se recusaram a pagar. Depois que alguns cobradores de impostos enviados a áreas rurais desapareceram, a Virgínia revogou o imposto, tendo coletado menos de 100 mil dólares".[84] Duas forças reviveram o imposto nacional sobre a renda. Uma foi o desejo de baixar as taxas, que eram impostos indiretos e semiocultos sobre as vendas, prejudicando o consumo dos americanos de renda modesta. Mas baixar as taxas prejudicaria uma grande fonte federal de renda. A outra força impulsionando a nação na direção do imposto sobre a renda foi o desejo de diminuir a explosão do álcool: a proibição ameaçaria as taxas sobre o álcool, outra grande fonte federal de renda. Essas duas pressões pressagiaram a ratificação da décima sexta emenda.

A resistência ao imposto sobre a renda se baseava em argumentos frágeis. O *The New York Times* temia que o imposto prejudicasse os pobres ao reduzir a habilidade dos ricos de contribuir para as obras de caridade. O *Albany Evening Journal* disse que o imposto dividiria a nação entre os que contribuíam e os que não contribuíam para "o sustento do governo nacional", o que era uma tolice, porque todos os consumidores sustentavam o governo através das taxas e dos impostos especiais sobre o consumo. Em 1913, 95% da receita federal vinha da compra de commodities sujeitas a taxas ou impostos especiais pagos desproporcionalmente por pessoas de baixa renda.[85]

Mesmo assim, o imposto nacional sobre a renda chegou em 1913, o primeiro ano da presidência de Woodrow Wilson, quando o glorioso privilégio de pagá-lo de fato pertencia a poucos privilegiados: a renda do trabalhador médio era de 500 dólares por ano. O imposto recaía somente sobre rendas superiores a 4 mil dólares, sendo pago apenas pelos 3% no topo. O presidente e os juízes federais estavam isentos porque se achava que, de alguma forma, isso era requerido pela separação de poderes. Em 1913, a alíquota máxima era de 7%. Em 1917, os Estados Unidos entraram na guerra e a alíquota máxima chegou a 77%. A Segunda Guerra Mundial democratizou o imposto sobre a renda. Em 1939, 3,9 milhões de americanos o pagaram; em 1945, 42,6 milhões. A Guerra Fria e, ainda mais importante, o Estado de bem-estar social entrincheirariam o imposto sobre a renda na experiência democrática. Mas, na segunda década do século XXI, mais de 75% das pessoas pagaram mais em encargos sociais que em imposto sobre a renda. O 1% do topo pagou 39%, os 5% pagaram 60%, os 10% pagaram 70%. E os 50% da base pagaram meros 3%. Sessenta por cento dos domicílios não pagaram imposto sobre a renda ou pagaram menos de 5%.[86] Essa é uma situação de perigo moral, na qual há incentivos para o comportamento perverso: uma grande e crescente maioria não tem incentivo para restringir o crescimento de um governo pelo qual não está pagando através de sua principal fonte de arrecadação. Esse é um perigo diretamente relacionado ao progressismo.

Jefferson, em uma carta de 1816, argumentou que o que passamos a chamar de imposto progressivo viola a justiça natural: "Tirar de um, porque se pensa que sua diligência ou a diligência de seus pais conseguiu muito, a fim de poupar aqueles que, eles mesmos ou seus pais, não exerceram igual diligência e habilidade viola arbitrariamente o primeiro princípio da associação, a garantia a todos do livre exercício de sua diligência e dos frutos adquiridos através dela."[87] Com a expressão "primeiro princípio da associação", Jefferson, que tinha um busto de Locke em Monticello, estava lembrando do raciocínio lockiano sobre o estado natural: *é por isso* que nos reunimos em associação política. Todos os homens são criados iguais, na busca racional da felicidade como a definem, e têm o mesmo direito a gozar dos frutos de seu empenho. Lincoln achava que a desigualdade econômica podia e devia ser um estímulo à diligência: "O fato de alguns serem ricos mostra que outros podem se tornar ricos e, consequentemente, é somente encorajamento à diligência e ao empreendedorismo." E, na frase seguinte de sua carta de 21 de março de 1864 à Associação de Trabalhadores, ele implicitamente advertiu contra o que hoje é conhecido como redistribuição: "Que aquele que está desabrigado não tome a casa de outro, mas trabalhe diligentemente para construir uma casa para si mesmo, assegurando, pelo exemplo, que sua própria casa estará segura contra a violência."[88]

Mesmo assim, das dez principais demandas do Manifesto Comunista, um "imposto sobre a renda progressivo ou gradual" agora é, como a demanda por "livre educação para todas as crianças em escolas públicas", normal nas nações desenvolvidas. Mas o argumento em defesa do imposto progressivo sobre a renda é tão "desconfortável" hoje como quando foi descrito em um famoso ensaio de 1952, assinado por dois professores da faculdade de direito da Universidade de Chicago, Walter J. Blum e Harry Kalven Jr. Os argumentos em defesa da progressão estão invariavelmente ligados aos argumentos em defesa da maior igualdade de resultados sociais. Mas as aspirações igualitárias estão em tensão com os efeitos desencorajadores da progressão.[89]

Poucos discordariam da proposta de que alguns extremos de desigualdade são intoleravelmente *desagradáveis*. Essa palavra evita, por agora, o uso da mais problemática palavra *injustos*, que propele o argumento para águas filosóficas mais profundas e agitadas. A desigualdade pode ser desagradável em si mesma e por si mesma. Também pode ser desagradável porque surge de arranjos sociais injustos. Mas não se segue logicamente que os arranjos sociais que produzem desigualdades, mesmo os desagradáveis, são, por essa razão, injustos. O grau em que a desigualdade é preocupante depende do grau em que o processo pelo qual os ricos ficaram ricos é considerado equitativo — baseado em mérito e autossuficiência, e não em influência política e *rent-seeking*. Quando as desigualdades existentes são consideradas inaceitáveis porque não são equitativas, a pergunta se torna: A equidade demanda e a ética da redistribuição obriga somente a eliminação da privação extrema? Ou o objetivo é a aquisição de alguma diminuição ideal da distância entre o topo e a base das distribuições de renda ou riqueza? Se sim, como esse ideal é determinado? E como e quanto essa determinação depende de questões empíricas sobre os efeitos desencorajadores do imposto progressivo? Na extensão em que se acredita (nas palavras de 1960 do senador John F. Kennedy) que "a maré alta eleva todos os barcos" — que o crescimento econômico é amplamente benéfico para a maioria dos membros da maioria dos estratos sociais —, então a defesa do imposto progressivo depende da demonstração de que tal taxação, ou um grau particular de progressão, não causa ao crescimento econômico danos maiores que os benefícios distributivos que ele promoveria.[90]

Assim, o argumento pelo imposto progressivo deve passar da avaliação moral das condições sociais para uma afirmação moral sobre a equidade dos sacrifícios individuais. A afirmação é que o dinheiro tem utilidade marginal decrescente. Ou seja, mil dólares subtraídos da renda de uma pessoa rica diminuem a felicidade dessa pessoa menos que mil dólares subtraídos da renda de uma pessoa de baixa renda. Eis um dos problemas, formulado por Blum e Kalven: "A forma ostensivamente científica da teoria do sacrifício, que pretende lidar com a maneira como as pessoas realmente reagem ao dinheiro, frequentemente esconde um julgamento normativo sobre a maneira como elas deveriam valorizar o dinheiro ou sobre o valor social dos gastos típicos em diferentes níveis de renda." Isso nos leva de volta à centralidade de um julgamento estético ("desagradável") que está repleto de julgamentos morais. E esses julgamentos atritam com o seguinte fato: "Presumivelmente, uma das virtudes de uma sociedade livre é o fato de que, dentro de limites amplos, os homens são livres para maximizar suas satisfações de acordo com sua própria hierarquia de preferências."[91]

Essa ainda é uma hipótese fundacional da sociedade americana? Ela certamente não é partilhada por aqueles que argumentam que as preferências de um indivíduo são tão socialmente condicionadas, tão coloridas por hipóteses de classe herdadas, tão derivadas da publicidade e de outros estímulos externos e impostos que não precisam ser consideradas pertencentes ao indivíduo. Ou seja, só precisam ser ligeiramente respeitadas, se o forem. Esse argumento é somente uma faceta da relevância social e política de uma das maiores preocupações e debates dos últimos dois séculos, o debate sobre a extensão em que os indivíduos são responsáveis por suas diferenças.

O imposto proporcional taxa cada renda na mesma proporção, independentemente de quantos dólares o contribuinte ganha: se o contribuinte A ganha vinte vezes mais que o contribuinte B, ele pagará vinte vezes mais dólares de imposto. Sob o imposto progressivo, o contribuinte A pagará mais de vinte vezes mais dólares. O que quer que se possa dizer contra ou a favor do imposto proporcional, ele é simples. O imposto progressivo jamais é simples. A hipótese fundamental que justifica a progressão — a fé de que, em qualquer momento da evolução da sociedade, a equidade pode ser conhecida e ajustada pelo governo — também justifica ou, na verdade, requer incessantes alterações do código fiscal. Essa certamente tem sido a experiência americana. Foi assim que a nação acabou com um código fiscal tão barroco quanto o atual, um código que, desde a anunciada simplificação de 1986 — que o deixou bastante complexo —, foi complicado novamente por mais mudanças que o número de dias que se passaram desde então.

A regra da maioria é um bom princípio para os grupos na tomada de decisões. Mas, como disseram Blum e Kalven, "está na própria natureza da regra da maioria distribuir fardos distintivos para a minoria".[92] E alguns desses fardos podem refletir em toda a comunidade se, ao enfraquecer os incentivos econômicos, suprimirem o crescimento. A progressão, ao reduzir as recompensas esperadas dos investimentos de risco, sempre os torna menos atraentes. E também encoraja o consumo ao desencorajar a poupança, quando reduz sua taxa real de retorno. O imposto progressivo visa àqueles que têm mais dinheiro e, quanto mais dinheiro as pessoas têm, mais elas tendem a poupar uma parte. Como disseram Blum e Kalven, quanto maior o fardo dos impostos passado aos ricos, mais substancial se torna a diminuição da poupança e, consequentemente, do potencial de formação de capital. O desafio para os defensores da progressão é chegar ao equilíbrio entre a equidade buscada por eles e os danos causados ao crescimento.

Claramente, uma taxa tributária marginal de 100% teria *algum* efeito depressor sobre o investimento, a produtividade e o nível geral de satisfação da sociedade. A menos que você acredite, como os socialistas acreditam ou costumavam acreditar, que o Estado, tendo drenado os reservatórios de capital de investimento, pode investir com tanta habilidade quanto investidores privados empregando seu próprio dinheiro. Essa crença, contudo, requer uma outra: a de que o governo, que é político em cada fibra de seu ser, mesmo assim será um investidor consumado, porque, ao alocar capital para usos produtivos, não permitirá que suas decisões sejam influenciadas por considerações políticas.

É difícil justificar o imposto progressivo argumentando que há forte correlação entre a renda de alguém e os benefícios que recebe do governo. E, como observaram Blum e Kalven, "o princípio da progressão requer não apenas que os benefícios aumentem com a renda, mas que aumentem mais rapidamente que a renda".[93] É difícil defender isso, a menos que se defenda também que todos os esforços ocorrem em um contexto social, de modo que todos os sucessos estão condicionados a esse contexto. Daí o individualismo ser uma quimera, porque a realização de cada indivíduo, assim como cada indivíduo, é derivada da sociedade. Assim, as realizações não precisam ser vistas como pertencendo ao indivíduo. Isso justifica, ou mesmo requer, uma agenda coletivista: a sociedade tem o direito de socializar — ou seja, convocar — qualquer porção das aquisições individuais que o governo calcular como sua parcela. Esse cômputo é inevitavelmente complexo. Um industrial pode ganhar muito dinheiro, mas em que sentido *ele* realmente o ganhou? Os materiais que usou chegaram a sua fábrica através de estradas públicas. Seus produtos foram fabricados por trabalhadores educados em escolas públicas, assim como ele. E enviados por aquelas estradas ou através de aviões de carga operando em aeroportos públicos. Sua fábrica é protegida pela polícia e pelos bombeiros. E assim por diante. Com cada evocação de outra faceta do contexto social, o senso de realização individual supostamente se atenua.

Mas o faz realmente? Não de acordo com esta crença fundacional americana: o governo — incluindo bens públicos como estradas, aeroportos, escolas, polícia e bombeiros — é instituído para facilitar o esforço *individual*, ou seja, a busca da felicidade. O fato de que as escolhas coletivas que resultam em bens públicos facilitam esse esforço não compele à conclusão de que a coletividade tem o direito de tomar tanto quanto decidir os resultados desse esforço. Se essa conclusão fosse válida, o governo, representando a coletividade, seria juiz e júri de seu próprio caso e faria uma estimativa generosa de suas contribuições e, portanto, de seus direitos.

Hoje, os debates a respeito do imposto progressivo sobre a renda tratam somente do grau de progressão. Isso indica que muitas pessoas estão mais angustiadas sobre as desigualdades de renda que sobre as desigualdades de riqueza. Sozinho, o imposto progressivo pode tornar as desigualdades de riqueza mais duráveis, como observado por Blum e Kalven, pois ele nada pode fazer para mitigá-las e, além disso, retarda o acúmulo de novas fortunas. Sozinho, o imposto progressivo sobre a renda, por mais acentuada que seja a progressão, tende a preservar e aumentar as vantagens da riqueza herdada. Essa é uma das razões pelas quais o trabalho do igualitário nunca termina. Os impostos progressivos parecem *requerer* impostos redistributivos de riqueza. Mas, do ponto de vista dos redistribuidores, por que não? Eles têm forte convicção em sua visão moral sobre a correta distribuição de recompensas sociais e em sua habilidade de realizar essa distribuição, o que exige ajustes constantes.

Dizer que a defesa do imposto progressivo é "desconfortável" não é sugerir que é errado questionar a alocação de riqueza pelo mercado. É dizer três outras coisas. Primeira: os mercados — as transações consensuais de milhares de pessoas tomando bilhões de decisões diariamente — merecem deferência inicial. Segunda: *prima facie*, as desigualdades de renda e riqueza, que surgem de distribuições desiguais de atitudes e aptidões essenciais para acrescentar valor à economia, não são perturbadoras. Terceira: na extensão em que as desigualdades resultantes são perturbadoras, o imposto progressivo é uma solução obtusa e ineficiente. Isso porque, como escreveram Blum e Kalven, a fonte mais importante de insolúvel desigualdade de oportunidades nos Estados Unidos é chamada de "legado cultural". No mais de meio século desde que eles escreveram, abundantes pesquisas e amargas experiências confirmaram sua conclusão de que grande parte da transmissão de cultura "ocorre através da família, e nenhum sistema de educação pública ou treinamento pode neutralizar completamente essa forma de legado".[94] Desde 1952, a porcentagem de crianças americanas nascidas fora do casamento passou de cerca de 4% para 40%. As causas não são claras e as consequências são calamitosas, particularmente em relação às oportunidades de mobilidade ascendente. As soluções para a desintegração familiar são tão desconhecidas quanto as causas. O certo é que o imposto progressivo é uma alavanca frágil para tentar remodelar uma sociedade na qual muitos dos problemas são causados pela desintegração familiar.

Blum e Kalven propuseram um experimento mental para demonstrar o frágil elo entre a angústia em relação à desigualdade e o apoio ao imposto progressivo. Suponha que a riqueza de uma sociedade triplicasse da noite para o dia, sem nenhuma mudança na distribuição relativa entre os indivíduos. A mesma desigualdade em níveis muito mais altos de afluência diminuiria a preocupação com a desigualdade? A resposta deles foi: certamente não. A questão da desigualdade tem se tornado *mais* saliente conforme aumenta a afluência, o que sugere duas conclusões: as pessoas estão menos insatisfeitas com o que não têm do que com o que os outros têm. E, quando o governo se engaja na redistribuição a fim de maximizar a felicidade de cidadãos que se tornam mais invejosos quando se tornam mais confortáveis, ele tende a se tornar cada vez mais frenético e fútil.

## INVEJA, DISPUTA POR ASCENSÃO E OS 16 CENTAVOS DE ANDREW CARNEGIE

Além disso, a inveja não deveria ser encorajada com recompensas. O sociólogo e filósofo Robert Nisbet tinha razão: "Dos sete pecados capitais, de todos os estados da mente humana, a inveja é o mais feio e baixo. Também é o que mais corrói a fibra espiritual e moral de quem o sente e o que mais destrói o tecido social [...] A inveja é composta de cobiça, impotência percebida e destrutivo ressentimento contra qualquer coisa honrada em uma cultura." A inveja é "o imposto que toda distinção deve pagar", de acordo com Emerson. E, para Samuel Johnson, é o vício mais próximo do "mal puro e não diluído", porque inevitavelmente motiva a "diminuir os outros, mesmo que nada ganhemos com isso". A inveja é o denominador comum de muitas tendências populistas e, paradoxalmente, se intensifica com o aumento da igualdade de condições sociais. "Quando a desigualdade é a regra geral de uma sociedade", escreveu Tocqueville, "a maior desigualdade não atrai atenção. Quando tudo é mais ou menos nivelado, a menor variação é notada. Assim, quanto mais iguais são os homens, mais insaciável é seu desejo de igualdade."[95] Esse desejo é o fertilizante da inveja.

O fato de que a inveja aumenta conforme a sociedade enriquece fazia sentido para Fred Hirsch, um economista britânico que, em seu livro de 1976 *Social Limits to Growth* [Limites sociais ao crescimento], distinguiu entre a "economia material" e a "economia posicional". A primeira é a economia sobre a qual normalmente pensamos e falamos, a produção agregada de bens e serviços. A segunda, cada vez mais importante, está relacionada a bens, serviços e empregos que são (*inerentemente*) prazeres de uma minoria. Com a afluência satisfazendo cada vez mais necessidades materiais básicas, mais renda, aspirações e energia foram devotadas à "competição posicional" por coisas como casas suburbanas "de primeira qualidade", locais "exclusivos" para férias, educação "de elite", empregos "superiores". Quando a afluência aumenta, a competição se move do setor material para o setor "posicional", no qual o ganho de uma pessoa é necessariamente a perda de muitas outras. Ao contrário da demanda por pneus radiais e detergentes, cuja oferta pode ser expandida indefinidamente, cada demanda por um bem posicional só pode ser satisfeita ao frustrar demandas similares de muitas outras pessoas. Como a afluência aumenta drasticamente a competição por bens posicionais, o sucesso econômico de uma sociedade na verdade aumenta as frustrações e tensões. A persistente sensação de que as pessoas abastadas estão mais angustiadas que nunca às vezes é explicada em termos de consumo de bens materiais: o fornecimento de tais bens aumenta, mas o tempo para consumo permanece constante ou diminui, uma vez que o tempo devotado ao trabalho é necessário para financiar as aquisições. Mas uma explicação adicional está relacionada ao tempo e à renda necessários para a "competição posicional".[96]

Materialmente, o crescimento econômico tem sido uma força niveladora. Carros, ar-condicionado e outros bens que são luxos para uma geração se tornam necessidades para a geração seguinte. O americano mais rico não pode comprar antibióticos melhores que o americano médio. Nenhum bilionário em 2000 poderia ter comprado uma maravilha tecnológica como os smartphones que hoje estão no bolso de milhões de adolescentes de classe média. Agora, no entanto, os consumidores abastados enfrentam cada vez mais frustrações, porque o avanço *coletivo* da classe média é inerentemente impossível em relação aos "bens posicionais". Tensão, não satisfação, é o resultado quando a classe média, observando os estratos superiores da sociedade, desenvolve apetite pela educação "de elite", por empregos "superiores" e por casas à beira-mar. Posições de status e liderança, como casas à beira-mar, não podem ser expandidas indefinidamente para se tornarem prazeres da maioria. O insolúvel problema da "economia posicional" é um congestionamento social: os desejos da classe média se expandiram para além de suas oportunidades. A aspiração política dominante da era moderna é a igualdade, mas a realidade da "economia posicional" é que, de um modo importante, a sociedade abastada *deve* se tornar constantemente *menos* igualitária. A busca de bens posicionais se torna constantemente mais importante, e tais bens são inerentemente restritos à minoria.

A complexidade dos esforços posicionais é vividamente ilustrada no ensino superior. O crescimento econômico possibilitou a vasta expansão daquilo que é chamado de "oportunidades educacionais". Mas uma razão para haver tantos estudantes entediados ou amuados é o fato de que, para eles, a faculdade não é uma "oportunidade". É o que Hirsch chamou de "necessidade defensiva". O estudante amuado tenta obter um diploma somente porque isso aumentará sua renda em relação ao que seria se outros obtivessem diplomas e ele não. Essa desalentadora corrida por posição é um aspecto da mania da sociedade moderna por "credenciais", como a busca atual por mestrados sem sentido. Como disse Hirsch, em certo sentido, "mais educação para todos deixa todo mundo no mesmo lugar [...] é o que acontece quando todos na multidão ficam na ponta dos pés e ninguém consegue uma vista melhor". E o número de pessoas que estão ou — tão importante quanto — pensam estar educacionalmente equipadas para empregos "superiores" aumenta mais rapidamente que o número de tais empregos.[97]

Uma sociedade que valoriza o individualismo, o empreendedorismo e a economia de mercado não fica surpresa ou escandalizada quando a distribuição desigual de habilidades e inclinações comercializáveis produz grandes disparidades na distribuição de riqueza. A longa experiência com as tentativas governamentais de usar o imposto progressivo para influenciar a distribuição de renda sugere a debilidade desse instrumento e a primazia das forças sociais e culturais na determinação da distribuição de riqueza. Considere duas coisas que poderiam conduzir à menor distância entre os domicílios mais e menos abastados. Causar a quebra do mercado de ações desvalorizaria os portfólios dos ricos. E restringir o acesso à graduação e à pós-graduação limitaria as disparidades em habilidades comercializáveis que cada vez mais respondem pelas disparidades de renda. Mas sugerir tais "soluções" é enfrentar o fato de que não pagaremos qualquer preço para remediar o problema das crescentes desigualdades de riqueza. E isso pode não ser sequer um problema. Em uma economia cada vez mais baseada no conhecimento, as disparidades educacionais geram disparidades de renda, que são incentivos para que a geração seguinte leve a sério a educação como modeladora decisiva do destino dos indivíduos. O mercado está dizendo, insistentemente: "Fique na escola." Na economia global de hoje, com capital altamente móvel e abundância de trabalho barato, a prosperidade de longo prazo de uma nação avançada depende de uma alta taxa de poupança, ou seja, do adiamento da gratificação que torna possíveis altas taxas de investimento em capital, pesquisa e educação. Todas essas formas de capital social são boas para a sociedade como um todo e encorajadas pelas altas recompensas para aqueles que aceitam a disciplina envolvida.

O governo usa a redistribuição para corrigir resultados sociais, ou seja, do mercado, que ofendem a ele ou a alguns de seus poderosos eleitorados. Mas raramente explica, ou talvez raramente reconheça, o raciocínio através do qual decide por que resultados particulares de atividades consensuais do mercado são incorretos. Quando impostos forem cobrados não apenas para financiar eficientemente o governo, mas para impor esta ou aquela noção de justiça distributiva, lembre-se disto: impostos *sempre* são contribuições coercivas ao governo, que é *sempre* o primeiro e frequentemente o principal beneficiário. Além disso, em qualquer sociedade complexa moderna, qualquer agenda ambiciosa de redistribuição enfrenta uma barreira epistêmica: a difusão e divisão do conhecimento sobre as ações e suas consequências são tais que o projeto de redistribuir riqueza deve gerar agências governamentais dando palpites sobre os resultados e possuindo vasto poder decisório para fazê-lo, com consequências pouco saudáveis para o estado de direito. A primeira função e, frequentemente, a realização final de qualquer ideologia de redistribuição é legitimar a existência e as atividades dessas agências de redistribuição.

Nas democracias modernas, nas quais as maiorias governam e os pobres estão longe de ser maioria, eles não são os principais beneficiários do Estado redistributivista. Inicialmente, talvez a classe média seja. Mas, com o tempo, qualquer tentativa de impor à sociedade uma alocação de riqueza — e de oportunidades — politicamente determinada e aprovada pelo governo favorecerá os ricos, porque o Estado redistributivista *inevitavelmente* distribui para cima. Isso significa que tal governo é inerentemente regressivo; ele tende a distribuir poder e dinheiro para os fortes, incluindo, primeiro e acima de tudo, ele mesmo. O governo se torna grande ao ter a grande ambição de suplementar ou mesmo suplantar o mercado como alocador primário de riqueza e oportunidades na sociedade. Logo, o governo melhorativo se torna um ímã para facções fortes o bastante — em dinheiro, números ou ambos — para influenciá-lo para sua própria vantagem. Quando o governo adota a redistribuição, ele convoca facções ávidas para participar da ação. O governo se expande constantemente sob as pressões intermináveis e cada vez mais intensas para corrigir aquilo que ele e seus muitos clientes desaprovam: a distribuição de riqueza produzida por atividades consensuais de mercado. Mas como o governo, incitado por suas próprias preferências ou pelas preferências desses clientes, presume poder ditar a distribuição correta de recompensas sociais, a política se torna um labirinto de apetites infinitos em competição por recursos finitos. O resultado é que a rivalidade, e não a solidariedade social, é gerada pelas atividades distributivas do governo que pretendiam promover a harmonia ou foram anunciadas como pretendendo promovê-la.

Uma história muito repetida sobre a redistribuição pode ser apócrifa, mas, mesmo assim, é instrutiva: um socialista foi ao escritório de Andrew Carnegie para argumentar que a riqueza dos ricos devia ser redistribuída para os menos afortunados. Carnegie pediu que um assistente estimasse tanto seu patrimônio líquido quanto o patrimônio líquido da população global. Ele dividiu o primeiro pelo segundo e disse ao assistente para dar ao socialista sua parte da fortuna Carnegie: 16 centavos. Embora o governo redistributivo seja um fato — 67% do orçamento federal consiste em transferências —, as políticas fiscais redistributivas têm sido fatores menores nos ganhos igualitários da sociedade moderna. Os principais fatores têm sido as mudanças econômicas e sociais, como a agricultura deixando de ser o maior setor da economia e passando a oferecer menos de 2% dos empregos. Muitas mudanças tornaram o capital humano — educação, informação, habilidades — mais importante para o processo produtivo que a terra e o capital físico. Mas o governo desempenhou importante papel ao tornar compulsórios e gratuitos os ensinos fundamental e médio, multiplicar o número de faculdades, universidades e outras opções de ensino superior e expandir os programas de bolsas estudantis que democratizaram o acesso a essas opções. Ao tornar dedutíveis as contribuições privadas para faculdades e universidades, ele encorajou a transformação da antiga riqueza produzida pela terra e pelo capital físico em capital humano — habilidades — possuído por crianças não pertencentes às classes altas dessa antiga riqueza. Cumulativamente, esses atos constituíram, como disse Robert Fogel, um dos maiores programas de redistribuição de riqueza da história. A riqueza foi redistribuída, não sendo entregue diretamente aos indivíduos, mas equipando-os para esforços que acrescentam valor à economia.

Das três condições econômicas que são causa de angústia social — pobreza, insegurança e desigualdade —, a última certamente é a menos importante. A primeira atrofia as oportunidades. A segunda lança uma mortalha sobre a vida cotidiana e impede que as pessoas transcendam a mentalidade focada no presente. A terceira não é inerentemente prejudicial a ninguém. O filósofo Harry G. Frankfurt argumenta que a desigualdade econômica não é *inerentemente* objetável como questão de reflexão moral: "Na extensão em que realmente é indesejável, ela o é em função de sua tendência quase irresistível de gerar outras e inaceitáveis desigualdades." Estas podem incluir o acesso à educação de elite, a influência política e outras questões não triviais. Mas a alternativa de Frankfurt ao igualitarismo econômico é a "doutrina da suficiência": o imperativo moral deveria ser que todos tenham *o suficiente*. A busca de maior igualdade econômica pode servir, mas não necessariamente serve, à ética da suficiência. E Frankfurt diz que essa busca pode impedir que as pessoas compreendam e encontrem satisfação "no que é necessário para o tipo de vida que, razoável e apropriadamente, uma pessoa deveria buscar". Isso não deveria ter nenhuma relação com "a quantidade de dinheiro que outras pessoas têm", porque "ter menos que os outros não significa ter pouco". Além disso, a obsessão com a quantidade e a qualidade dos recursos alheios "contribui para a desorientação moral e a superficialidade de nossos tempos".[98] E para o fracasso em reconhecer que efeitos igualitários podem ter causas calamitosas. E que a vida moderna tem alguns aspectos espantosamente igualitários.

Walter Scheidel, de Stanford, cujas áreas acadêmicas incluem estudos clássicos, história e biologia humana, teve um insight maravilhosamente surpreendente que é pertinente ao debate sobre a desigualdade econômica. Mercados de trabalho estanques diminuem tal desigualdade ao fazer com que os empregadores paguem mais pelo trabalho escasso. Consequentemente, as epidemias podem ser úteis à causa igualitária. A tendência em sociedades estáveis, pacíficas e prósperas é que as elites se entrincheirem e usem esse entrincheiramento para aumentar suas vantagens. Muitas das mais potentes soluções para esse problema são desagradáveis. Elas são perturbações que destroem a unidade de costumes e muitas outras coisas. Guerras, revoluções e pragas têm consequências igualitárias ao fraturar a crosta da sociedade, abrindo fissuras através das quais aqueles que foram mantidos abaixo podem ascender. Scheidel diz que as guerras de mobilização em massa deram alavancagem às massas e exigiram o confisco, através de altos impostos, de muita riqueza dos que viviam de modo confortável. As revoluções frequentemente visam a categorias de pessoas consideradas impedimentos aos esforços das ordens inferiores, como os "proprietários" e a "burguesia". A peste negra também foi particularmente útil. Ao matar entre 25% e 45% dos europeus em meados do século XIV, a peste bubônica alterou radicalmente a proporção entre o valor das terras e o valor do trabalho, para vantagem do último. Os proprietários de terras não ficaram felizes. Scheidel diz que, na Inglaterra, a Crônica do Priorado de Rochester narrou tristemente que "os humildes torceram o nariz para o emprego e raramente podiam ser convencidos a servir os eminentes pelo triplo do salário". O rei decretou controle dos salários, mas o cônego de Leicester observou sombriamente que "os trabalhadores estavam tão teimosos e cheios de si que não obedeceram ao comando real". Eles se beneficiaram do robusto ataque à desigualdade realizado pelos ratos que carregavam as pulgas cujos intestinos portavam a cepa de bactérias que produziu a peste bubônica.[99]

Felizmente, seis séculos depois, o capitalismo forneceu um caminho mais agradável para os resultados igualitários. O capitalismo depende daquilo que torna possível: o consumo *em massa*. Consequentemente, seus principais beneficiários não são os abastados, para quem os bens posicionais, que precisam ser escassos, são particularmente importantes. Joseph Schumpeter ilustrou isso há 75 anos: "A eletricidade não é nenhuma grande dádiva para quem tem dinheiro suficiente para comprar muitas velas e pagar criados para cuidar delas. As façanhas típicas da produção capitalista são os tecidos baratos, como algodão e raiom, as botas e os automóveis, e não, como regra, melhorias que significariam muito para o homem rico. A rainha Elizabeth tinha meias de seda. Tipicamente, a façanha capitalista não consiste em fornecer mais meias de seda para a rainha, mas em colocá-las ao alcance das operárias, em troca de quantidades constantemente menores de esforço."[100] Similarmente, Schumpeter disse que a invenção do náilon reduziu a distância social, mensurada pelo consumo, entre as duquesas que usavam seda e as vendedoras que usavam algodão. Houve um tempo em que a alta sociedade andava de carruagem e as pessoas de classes inferiores andavam a pé. Não existe tal diferença dramática entre o motorista de um Mercedes e o motorista de um Chevrolet. Assim, o "consumo conspícuo" perdeu parte de sua importância como sinal de status.

É importante reconhecer que a lacuna de consumo entre os ricos e a classe média é menos dramática que as lacunas de renda e riqueza. John Cochrane observa: "As pessoas ricas majoritariamente legam ou reinvestem sua riqueza. É difícil ver como isso é um problema [...] Veja Versalhes. Ninguém, nem mesmo Bill Gates, vive como Maria Antonieta. E ninguém nos EUA vive como viviam seus camponeses." Alguns economistas da Standard & Poor's escreveram: "Quando a desigualdade de renda aumentou antes da crise [de 2008], domicílios menos abastados assumiram mais e mais dívidas para acompanhar — ou, nesse caso, alcançar — seus vizinhos." E o economista Joseph Stiglitz argumenta que a desigualdade de renda é um problema porque tem "documentado efeito no estilo de vida, com as pessoas fora dos 1% no topo vivendo cada vez mais para além de seus meios", o que ele chama de "gotejamento comportamental". Cochrane não está convencido: "Ah! Nosso colhedor de vegetais em Fresno ouve que o número de administradores de fundos hedge com jatos privados em Greenwich dobrou. Assim, ele sai e compra uma picape pela qual não pode pagar." Consequentemente, precisamos cobrar impostos sobre a riqueza a fim de encorajar a parcimônia entre as classes mais baixas? Espere um pouco. Os economistas da Standard & Poor's também dizem que a desigualdade é um problema porque as pessoas ricas poupam demais e as pessoas pobres poupam de menos, de modo que, ao redistribuir o dinheiro entre ricos e pobres, o consumo geral pode ser estimulado, evitando a "estagnação secular". Isso também deixa Cochrane rabugento: "Entendi. Agora o problema é poupança demais, não consumo demais. Precisamos forçosamente transferir a riqueza dos ricos para os pobres a fim de superar o profundo problema da parcimônia nacional."[101]

Parece haver um padrão na maneira como os igualitários decidem que resultado querem — expansão do governo redistributivista — e então definem problemas para justificá-lo. Isso às vezes requer severas contorções intelectuais, como quando eles localizam a raiz do mal da desigualdade no que assumem ser o nefasto nexo entre dinheiro e política. Seu argumento é que o dinheiro, na forma de contribuições de campanha, determina os resultados eleitorais (uma alegação empiricamente dúbia) e que, se purificarmos a política ao remover ou regular o dinheiro privado que pode ser empregado com o suposto propósito de corrompê-la, os ricos já não serão capazes de comprar a influência política que se traduz em *rent-seeking* bem-sucedido. Nesse ponto, o economista rabugento se torna o economista incrédulo: "Se o problema central é o *rent-seeking*, o abuso do poder governamental de entregar bens econômicos aos ricos e politicamente poderosos, como a resposta pode ser *mais governo*?"[102] Cochrane acredita que o problema dos Estados Unidos não é o fato de a riqueza ser o determinante primário do poder político, mas o fato de o poder político ser frequentemente demais o determinante da riqueza. Assim, a maneira de reduzir o papel do dinheiro na política é reduzir o papel da política na distribuição de dinheiro, diminuindo as apostas políticas e o incentivo para investir nelas.

Falar sobre desigualdade de renda é uma maneira de evitar falar sobre todas as maneiras pelas quais a suposta cura — um governo mais ambiciosamente assertivo — tem falhado em produzir crescimento econômico rápido, educação competente, infraestrutura adequada etc. "Reiniciar a briga centenária sobre a 'desigualdade' e a inveja de classe do tipo 'taxar os ricos' ressuscitada de um discurso de Huey Long na década de 1930", diz Cochrane, "é como soltar um cachorrinho em uma aula de matemática da terceira série que não está indo bem. Você sabe que conseguirá segurar as pontas até tocar o sinal."[103]

## SENDO MAIS RICO QUE ROCKEFELLER

Alguns historiadores estimam que, em 29 de setembro de 1916, um pico no preço das ações de John D. Rockefeller na Standard Oil Company de Nova Jersey fez dele o primeiro bilionário americano. Outros dizem que ele nunca chegou a esse patamar e que Henry Ford foi o primeiro. Não importa. Se Rockefeller foi o primeiro, seu bilhão valeria 23 bilhões em valores de hoje. Don Boudreaux, um economista do Mercatus Center da Universidade George Mason, pergunta se você aceitaria esta barganha: você poderia ser tão rico quanto Rockefeller era em 1916 se concordasse em viver em 1916. Boudreaux diz que, se tivesse a riqueza de Rockefeller na época, você poderia ter uma casa palaciana na Quinta Avenida, outra com vista para o Pacífico e mesmo uma ilha particular, se desejasse. É claro que ir e voltar da costa em seu vagão particular, mas sem ar-condicionado, levaria tempo e seria desconfortável. E se comunicar com alguém na outra costa seria uma tarefa demorada. O rádio comercial só chegou em 1920, e os fonógrafos e os filmes mudos de 1916 feririam as sensibilidades de 2017. Se, em 1916, você quisesse curry vermelho, vindalho de frango ou *pho* tailandês, poderia usar o telefone pendurado na parede e pedir que a operadora (a ligação direta só teve início na década de 1920) o conectasse a restaurantes que servissem esses pratos. O fato de não haver tais restaurantes em sua comunidade não o incomodaria porque, em 1916, você jamais teria ouvido falar desses pratos e não saberia o que estava perdendo. Se, em 1916, você sofresse de depressão, transtorno bipolar, gripe, DST, disfunção erétil ou inumeráveis outras aflições tratáveis em 2017, também não sentiria falta dos antibióticos e do restante da farmacologia moderna. E nem pense em ter dor de dente em 1916. Você poderia comprar as melhores dentaduras da época — e provavelmente precisaria delas. Artrite no quadril e nos joelhos? Claudique até não poder mais e então compre uma cadeira de rodas. O controle de natalidade em 1916 seria primitivo, não confiável e pouco propício ao prazer. Você poderia gozar de algumas noções primárias de jazz, mas o rock estaria a quatro décadas de distância e a Netflix e o Google estariam ainda mais longe. Seus passatempos seriam limitados, mas você poderia mensurar a passagem do tempo no melhor relógio suíço. Mas ele seria menos acurado que um Timex ou o relógio de seu smartphone atual.[104]

Assim, como bilionário em 1916, sua situação material seria pior que a de um americano de classe média em 2017. Um bilionário doente de 1916 estaria em condições muito piores que um americano doente de 2017. Intelectualmente, suas escolhas culturais em 1916 seriam irrisórias se comparadas às de hoje. E sua tranquilidade moral poderia ser perturbada pelo contraste entre sua vida de bilionário e a vida do americano normal. Em 1916, a expectativa de vida no nascimento era de 54,5 anos (hoje é de 78,8 anos) e menos de 5% dos americanos tinham 65 anos ou mais. Um a cada dez bebês morria no primeiro ano de vida (hoje, morre 1 a cada 168). A grande maioria dos partos não ocorria em hospitais (hoje, menos de 1% não ocorre). Somente cerca de 14% dos jovens entre 14 e 17 anos frequentavam o ensino médio e estimados 18% daqueles com 25 anos ou mais o haviam concluído. Quase 75% das mulheres trabalhando em fábricas haviam abandonado a escola antes da oitava série. Havia quatro locatários para cada locador, parcialmente porque as hipotecas (usualmente de apenas cinco a sete anos) requeriam entradas de 40% ou 50% do preço de compra. Menos de um terço das casas tinha luz elétrica. Pequenos motores elétricos — o primeiro aspirador de pó Hoover foi lançado em 1915 — ainda não aliviavam o fardo do trabalho doméstico. As caixas térmicas, que foram a norma até depois da Segunda Guerra Mundial, eram tudo o que havia disponível em 1916.[105]

Tais fatos do primeiro quarto do século XX deveriam servir como inoculação contra os recorrentes acessos de hipocondria social nos Estados Unidos. No primeiro quarto do século XXI, todavia, outra aflição americana é o consenso político. Sim, o consenso. Os Estados Unidos de hoje estão mais distantes do início do New Deal em março de 1933 que os Estados Unidos de então estavam do fim da Guerra Civil em abril de 1865. Ambos os episódios envolveram o entendimento de igualdade da nação: a guerra afirmou a igualdade de direitos naturais e o New Deal tratou da desigualdade de condições sociais. A redefinição da política americana e dos propósitos do governo pelo New Deal supostamente ainda define as diferenças entre os partidos. Mas, a despeito de toda a discórdia e vituperação entre eles, a classe política de hoje parece mais unida pelo interesse de classe que dividida por doutrinas.

Até meados do século XX, escreve Michael Barone, os republicanos eram "o partido nacional, ativista e mesmo intrometido", ao passo que os democratas, professando a defesa jeffersoniana dos localismos, respeitavam os costumes regionais, "da segregação no sul aos saloons no norte".[106] Nas décadas de 1920 e 1930, alguns republicanos — Robert La Follette, George Norris, Fiorello LaGuardia — estavam entre os maiores defensores congressionais das políticas de nacionalização e redistribuição do governo. Foi uma administração republicana — a de Dwight Eisenhower — que se encarregou da construção simultânea de duas das mais ambiciosas obras públicas modernas, o canal São Lourenço e o sistema interestadual de rodovias. Em seu apogeu após a Guerra Civil, os republicanos do século XIX eram o partido do governo ativista, usando o protecionismo para escolher ganhadores comerciais, fazendo doação de terras para subsidiar rodovias e outras formas de bem-estar corporativo e prometendo maravilhosos benefícios como resultado das hábeis intervenções governamentais na vida econômica. O que significa que o Partido Republicano, como a República, chegou ao presente através de um caminho sinuoso.

É indisputável que o Partido Republicano foi a grande força "nacionalizadora" e o arquiteto do moderno governo enérgico. Os fundadores aprenderam (com John Locke, entre outros) que o governo existe para o modesto propósito de proteger a liberdade, entendida primariamente como liberdade em relação ao governo. Mas o compromisso do Partido Republicano com o governo minimalista não sobreviveu à primeira presidência republicana. Quando a Guerra Civil deixou de ser uma guerra para restaurar a União e se tornou uma cruzada pelo "renascimento da liberdade", o governo federal passou a ser visto de forma diferente: menos como ameaça à liberdade e mais como seu provedor e amplificador. A causa mais próxima dessa mudança de percepção foi a proclamação de emancipação, tornada possível pela vitória da União em Antietam. Em certo sentido, John Locke morreu em Antietam.

Antes da Guerra Civil, o governo federal mal era visível para a maioria dos americanos. Ao fim da guerra, a burocracia civil federal, com 53 mil funcionários, era a maior empregadora da nação, e o Partido Republicano a empregaria vigorosamente. A guerra inaugurou uma era republicana. A reconstrução no sul e o desenvolvimento econômico impulsionado pelo governo no norte e no oeste refletiram uma redefinição da liberdade americana como algo proporcionado, e não ameaçado, pelo poder governamental. Como escreve Eric Foner em sua história da reconstrução, a proclamação de emancipação revestiu o poder federal de propósito moral, e uma nova classe colocou esse poder a serviço daquilo que considerava moral: seu interesse no crescimento econômico.[107]

A guerra estimulou a indústria, das ferrovias ao processamento de carne e à confecção de roupas, e, depois da guerra, o Partido Republicano se tornou o instrumento de uma classe comercial que exigia governo ativista para manter o crescimento. A administração republicana forneceu tarifas; uma moeda e um sistema bancário nacionais; dívida pública; encorajamento à imigração com a Lei da Propriedade Rural; a Lei de Concessão de Terras para as Faculdades a fim de disseminar o conhecimento científico agrícola e outros tipos de conhecimento remunerativo; concessão de terras e emissão de títulos para as ferrovias e outras "melhorias internas"; e guerras contra os nativos americanos que relutavam em reconhecer o romance das ferrovias e ranchos em suas terras. O século XIX pode ter sido um século de "individualismo", mas foi também um século de tarifas, subsídios e concessões monopólicas a empresas construtoras de canais e ferrovias. Dez por cento do domínio público foi cedido em concessões de terras para financiar as ferrovias transcontinentais. Só a Union Pacific recebeu 4.845.977 acres no Nebraska — um décimo do estado —, incluindo seções alternadas de 38 quilômetros dos dois lados dos trilhos.

No fim da década de 1880, houve intensa pressão para reduzir as tarifas, então a maior fonte de arrecadação federal. Como os Estados Unidos eram uma potência industrial, importavam primariamente materiais brutos, que estavam sujeitos a tarifas mais baixas que as mercadorias acabadas. Assim, as receitas estavam caindo. Além disso, a venda de terras federais, outra fonte de receita, estava em declínio. Mas os gastos aumentavam, especialmente com a Marinha, que, em 1905, recebeu 20% do orçamento federal. O Congresso, tendo passado a gostar de redistribuir renda, aumentou substancialmente a pensão dos veteranos, um lobby então quase tão poderoso quanto o dos idosos hoje em dia.

O Partido Republicano pós- Guerra Civil normalizou as vastas intervenções governamentais na vida econômica da nação. Franklin Roosevelt a levou a outro nível, tornando sistemática e rotineira a política de grupos de interesse. As políticas do New Deal eram calculadas não apenas para satisfazer eleitorados existentes, mas para *criar* eleitorados — trabalhadores, aposentados, fazendeiros, sindicalistas — dependentes do governo. Antes da década de 1930, o adjetivo "liberal" denotava políticas de individualismo e direitos individuais; desde Roosevelt, refere-se primariamente à política de grupos de interesse. A aposta de Roosevelt era que, ao usar assiduamente a legislação e as regulamentações para multiplicar os grupos favorecidos pelo governo federal e retoricamente colocar os favorecidos contra os desfavorecidos, ele poderia criar uma coalizão majoritária permanente.

Em 1913, com a ratificação da décima sexta emenda e a promulgação do imposto sobre a renda, a fundação do Estado moderno — o mecanismo para obter vastos fluxos de receita — estava no lugar. A mera existência desse mecanismo alterou a cultura política americana ao estimular o desejo da classe política de fornecer benefícios a clientes convencidos de que sairiam ganhando com as transferências de renda. Isso, com o tempo, apressou o crescimento da política da inveja, revestida da linguagem da "justiça". Hoje, tal política é praticada por uma classe que oferece um cardápio sempre maior de benefícios populares que ostensivamente serão pagos pelas minorias impopulares ("os ricos", "as corporações"). A ruptura do New Deal com o liberalismo do século XIX foi o abandono da premissa de que a sociedade, nitidamente distinta do governo, produz a maioria dos elementos da felicidade e de que a principal função do governo é manter uma estrutura de ordem na qual as pessoas *busquem* essa felicidade. O que tornou o New Deal realmente novo foi a noção de que o governo tem o dever de *fornecer* às pessoas cada vez mais elementos tangíveis da felicidade. Sobre isso, como vimos, Franklin Roosevelt foi claro em seu discurso radiofônico de 6 de outubro de 1932. Ele explicou que a expressão New Deal significava "um novo conceito de dever e responsabilidade do governo em relação à vida econômica".[108] Assim, a responsabilidade final seria removida da vida privada e entregue ao setor público. Desse modo, o "bem-estar" do cidadão foi definido exclusivamente com referência às condições materiais, sem mencionar como seu caráter poderia ser afetado por esse novo relacionamento com um governo assistencial e inevitavelmente controlador.

Em seu segundo discurso de posse, Franklin Roosevelt falou da responsabilidade do governo em relação "ao terço da nação que mora mal, veste-se mal e come mal".[109] Sete anos depois, na mensagem de 1944 sobre o estado da União, ele aumentou as apostas: o governo tinha o "dever" de elevar cada vez mais o padrão de vida e "não podemos ficar contentes, por maior que seja esse padrão de vida, se alguma fração de nosso povo — seja um terço, um quinto ou um décimo — estiver mal alimentada, mal abrigada e insegura".[110] A inserção da segurança na lista de condições intoleráveis é reveladora e problemática, por duas razões. A primeira é que expande essa lista das circunstâncias materiais para as condições mentais ou emocionais do cidadão, gerando um vasto e potencialmente ilimitado conjunto de "deveres" e "responsabilidades" do governo. A segunda é que esse novo direito a um estado mental ou emocional particular, o de se sentir seguro, está em tensão com as constantes modificações sociais de uma sociedade livre e dinâmica.

A ambiciosa agenda de Roosevelt foi uma incitação ao descontentamento permanente por parte dos cidadãos e do governo. Ela deu ao governo a vaga tarefa de ajustar o estado material e mental do público. Na mensagem de 1944, ele pediu uma "segunda carta de direitos" para retirar a nação do que considerava a limitada missão de assegurar "igualdade na busca da felicidade". Da ideia de que o governo é negligente se um terço (ou, presumivelmente, um quinquagésimo) do país estiver mal abrigado, "não importando quão alto seja" o padrão geral de vida, basta um curto passo para se assumir que um indivíduo estar ou não mal abrigado depende da situação de suas condições de moradia *em relação* ao padrão geral de vida.[111]

A eleição presidencial de 1936 revelara uma nova política, a busca de poder no contexto do Estado regulatório, administrativo. Roosevelt cultivara o apoio dos grupos autoconscientes que suas políticas haviam criado. Eles incluíam fazendeiros ligados ao governo federal pela Lei de Ajuste Agrícola de 1933 e pela Administração de Segurança Rural de 1935, sindicalistas assegurados pela Lei Wagner de 1935 e idosos beneficiados pela Lei de Previdência Social de 1935. Assim, cinquenta anos depois, o presidente Ronald Reagan, cujos anos politicamente formativos haviam sido sob o New Deal e que fora um ardente apoiador de Franklin Roosevelt, discursou durante a Feira Estadual de Illinois e afirmou: "Nenhuma área do orçamento, incluindo a defesa, cresce tão rapidamente quanto nosso apoio à agricultura."[112] Os aplausos dos fazendeiros interromperam quinze vezes seu discurso de onze minutos. A confissão, como disse Mark Twain, é boa para a alma, mas ruim para a reputação, o que talvez explique por que o Partido Republicano não confessa que já aceitou a política no estilo New Deal no contexto de um Estado regulatório e uma sociedade de benefícios. E com déficit permanente.

Durante os dois primeiros séculos desta nação, as despesas deficitárias se destinavam amplamente a investimentos — criar infraestrutura, vencer guerras — que beneficiariam as futuras gerações. Assim, o endividamento do governo era adequadamente partilhado com essas gerações. Agora, no entanto, há endividamento contínuo porque há déficits intermináveis, mesmo quando a economia cresce rapidamente e há pleno emprego. O endividamento e o déficit oneram as gerações futuras a fim de financiar o consumo atual de bens e serviços governamentais. Como diz Christopher DeMuth, passamos de investir no futuro para pegar empréstimo do futuro. Isso porque as promessas que fizemos para nós mesmos através do Estado de benefícios não podem, como questão política, ser custeadas por taxação suficiente para financiar o governo que a classe política gostou de criar e o público gostou de ter sido criado. E não existem eleitorados para tipos adicionais de impostos — sobre o consumo ou sobre o valor acrescentado — que possam financiar a arquitetura do Estado de benefícios. É insensato esperar que existam, visto que, na democracia decadente de hoje, nenhuma ética restringe o ônus dos que ainda não nasceram. O infantilismo — a recusa em aceitar os meios para os fins desejados — se tornou a norma nacional.

O conservadorismo moderno começou com a esplêndida recusa da Revolução Francesa por Edmund Burke, por causa não somente do terror, mas também do ataque à privacidade em nome das reivindicações cívicas. O conservadorismo sempre foi definido pela insistência nos limites das reivindicações que a coletividade — o setor público — pode fazer ao indivíduo. O conservadorismo americano contemporâneo nasceu como reação ao New Deal e aos subsequentes alargamentos excessivos do Estado. Hoje, esse conservadorismo é uma persuasão sem partido, um órfão no frio. Todavia, nos últimos cinquenta anos, a política americana mudou de maneira desvantajosa para os progressistas. Watergate e o Vietnã erodiram a confiança nos motivos do governo. A internacionalização da vida econômica enfraqueceu seu poder de controlar as forças econômicas. A mobilidade do dinheiro e dos negócios o inibe porque a riqueza pode fugir de moedas ameaçadas pela inflação ou de jurisdições nas quais o crescimento é lento em função de interferências governamentais. Além disso, as recessões recorrentes e o lento crescimento intensificaram as ansiedades individuais e enfraqueceram a solidariedade social, diminuindo o apoio da sociedade às ações coletivas através do governo. Talvez haja um paradoxo aqui. Se o governo fizer o que os conservadores querem que faça, se recuar e fizer menos para impedir o crescimento, ele pode experimentar um renascimento de seu prestígio e se posicionar para acelerar a agenda dos progressistas. Esse é um risco que os conservadores deveriam correr alegremente.

A visão de Lincoln e a essência da doutrina de livre trabalho do Partido Republicano eram que "o iniciante prudente e sem dinheiro trabalha algum tempo pelo salário, poupa o excedente para comprar ferramentas ou terras, trabalha um pouco para si mesmo e então contrata outro iniciante para ajudá-lo".[113] Lincoln insistiu que, nos Estados Unidos, "nenhum homem livre está fadado, durante toda a vida, à condição de trabalhador contratado".[114] A essência da aspiração americana, por mais imperfeitamente realizada que seja, é que ninguém deve estar "fadado, durante toda a vida". Daí a necessidade constante de renovar o compromisso da nação com uma vida de constantes mudanças sociais, promovidas por forças fora do controle da política e do governo, com seu viés pelo *status quo*.

As pessoas muitas vezes lamentam as forças econômicas "impessoais" que modelam a vida de indivíduos e comunidades. Mas forças pessoais, significando políticas, raramente são preferíveis. Frequentemente são mais amargamente ressentidas *porque* são vistas e sentidas como pessoais. Além disso, antes de celebrar muito entusiasticamente a vida orgânica das pequenas comunidades, deveríamos revisitar um gênero literário americano que nos deu a descrição de Gopher Prairie, no Minnesota, feita por Sinclair Lewis, e de Winesburg, em Ohio, feita por Sherwood Anderson. Antes de deplorar os efeitos perturbadores das novas tecnologias, considere que uma das melhores coisas que já aconteceram aos afro-americanos foi a mecanização da agricultura que destruiu tantos de seus empregos. Houve um tempo, em lugares como o Mississippi rural, no qual afro-americanos viviam em comunidades estáveis, tradicionais e orgânicas como as frequentemente admiradas pelos intelectuais que as elogiam de longe. Eles levavam vidas de pobreza, doença e opressão, experimentando a sombria segurança dos trabalhos forçados. Então vieram as máquinas que colhiam algodão mais eficientemente que pessoas agachadas, de modo que muitos afro-americanos se levantaram, fizeram as malas, embarcaram na estação central de Illinois, desembarcaram na estação da Twelfth Street em Chicago e foram para o vibrante South Side, onde a vida tampouco era um piquenique, mas era melhor que no Mississippi rural. A destruição de um "modo de vida" pelas forças econômicas "impessoais" pode ser uma coisa boa.

De qualquer modo, os americanos não têm alternativa senão adotar o dinamismo econômico, com seus atritos, perdas e incertezas. De outro modo, devem viver com a certeza da estagnação e de uma política de soma zero de conflitos distributivos causados pelo governo como alocador de riqueza e oportunidades. Os americanos devem escolher viver num *continuum* entre a estase e a agitação e fluidez da vida moderna: pessoas, ideias e capitais fluindo de um lado para o outro. Isso é inerentemente inquietante, pois testa e perturba ideias e arranjos estabelecidos. Theodore Roosevelt disse que a missão dos oficiais públicos era "olhar para a frente e planejar o tipo certo de civilização". Isso foi dito pelo homem que vislumbrou no futuro uma iminente "escassez de madeira", causada pela necessidade de dormentes para as ferrovias, que jamais ocorreu. Décadas depois, outro nova-iorquino, o planejador urbano Robert Moses, falou da "remoção limpa e cirúrgica de todas as favelas", algumas das quais, é claro, permanecem, assim como as mortes humanas como resultado de cirurgias. Ross Perot, um empresário bilionário, concorreu à presidência em 1992 dizendo que involuntariamente estivera treinando para o cargo porque passara "os últimos quarenta anos projetando, testando e implementando sistemas complexos". Hoje, a ideia de delegar poderes à classe política para projetar e organizar a sociedade perdeu a atratividade. A Bíblia, lembra Virginia Postrel, ensina que, assim que Deus criou o homem e a mulher, ele pareceu perder o controle sobre os eventos.[115] Para a sensibilidade conservadora, grande parte do prazer da vida está no fato de que, em uma sociedade aberta, os eventos e o futuro estão esplendidamente fora de controle.

CAPÍTULO 6

# CULTURA E OPORTUNIDADE

## A tesoura que picotou antigas convicções

> A verdade conservadora central é a de que a cultura, e não a política, determina o sucesso de uma sociedade. A verdade liberal central é a de que a política pode modificar a cultura e salvá-la de si mesma.
>
> Daniel Patrick Moynihan[1]

Ocorreu uma incomum tempestade de neve em 30 de março de 1964, quando começaram os prolongados debates e as manobras no Senado americano em relação à Lei de Direitos Civis. A temperatura em Washington era de 38 graus quando o Senado finalmente votou pelo encerramento que levou à aprovação, em 2 de julho, da legislação que, entre outras coisas, proibiu a discriminação racial em "acomodações públicas": estabelecimentos comerciais abertos ao público. Também em 2 de julho, a 1.500 quilômetros de distância, em Kansas City, Missouri, Eugene Young, um afro-americano de 13 anos, foi recusado como cliente na barbearia do Hotel Muehlebach, que se recusava a atender afro-americanos desde sua inauguração em 1915. Naquela tarde, em uma cerimônia na Casa Branca, o presidente Lyndon Johnson assinou a lei. Às 8 horas do dia seguinte, Young retornou ao Muehlebach e, por 2 dólares, cortou o cabelo com Lloyd Soper, que disse: "Não me importei de cortar o cabelo do garotinho."[2]

Conseguir aquele corte de cabelo para Eugene Young foi difícil. Exigiu um século de luta, culminando em meses de manobras legislativas. Mas colocar o menino na cadeira daquela barbearia foi a parte mais fácil do longo enfrentamento dos problemas raciais americanos. Em 1964, os americanos ainda não haviam começado a compreender o quanto os problemas raciais estavam, e permanecem, ligados aos problemas de classe, um assunto que os deixa profundamente desconfortáveis. Uma década antes, a Suprema Corte começara a confrontar o problema de classe, sem perceber que fazia isso.

O Hotel Muehlebach ficava 100 quilômetros a leste da Escola Elementar Monroe, em Topeka, Kansas. Em 1951, Oliver Brown, cuja esposa Leola frequentara a Monroe, decidiu que sua filha Linda, de 9 anos, não faria o mesmo. A Monroe, uma escola para crianças negras do segregado sistema educacional de Topeka, era separada e diferente das escolas para crianças brancas. O nome de Linda está associado ao caso da Suprema Corte *Brown v. Conselho de Educação*, que levou ao progresso em relação à Lei de Direitos Civis de 1964 e ao desmantelamento da segregação racial prevista em lei. O fato de que o conselho de educação sendo processado ficava no Kansas indica que a segregação era amplamente praticada e ainda mais amplamente aprovada. Em Montgomery, no Alabama, era ilegal que uma pessoa branca jogasse xadrez com uma pessoa negra em público. O Congresso administrava um sistema escolar segregado na capital da nação. Em 1948, o presidente Harry Truman não conseguira persuadir o Congresso a transformar o linchamento em crime federal. Quando as primeiras argumentações do caso *Brown* foram ouvidas em 1952, a Suprema Corte era composta inteiramente por indicados democratas de Roosevelt e Truman. Se essa composição não tivesse mudado inesperadamente em 1953, com a adição de um indicado republicano, a base legal da segregação — a doutrina de que instalações públicas "separadas, mas iguais" eram constitucionais — provavelmente teria sido reafirmada em 1954. Nenhum indicado republicano servira na Corte desde que Owen Roberts, indicado por Hoover, pedira demissão em 1945. Mas, oito meses após a posse de Dwight Eisenhower, ocorreu o mais fatídico infarto da história americana. Ele matou o presidente da Suprema Corte Fred Vinson, do Kentucky, que acreditava que a doutrina "separadas, mas iguais", enunciada na decisão do caso *Plessy v. Ferguson*, de 1896, devia ser mantida. Se ele tivesse sobrevivido, o precedente Plessy provavelmente também teria.

No caso Brown, a Corte afirmou que designar crianças brancas e negras para escolas separadas com base na raça violava a garantia de igual proteção das leis da décima quarta emenda. Infelizmente, a decisão foi insuficientemente radical. A Corte foi sociológica, citando dados como a preferência de algumas crianças negras por bonecas brancas, o que poderia estar relacionado a sentimentos de inferioridade causados pela segregação escolar. E citou estudos — mais problemáticos do que presumia — relacionados aos efeitos da segregação sobre a habilidade de aprendizado. Ao apoiar a dessegregação em teorias sobre o desenvolvimento infantil, o raciocínio da Corte limitou o princípio antidiscriminatório da decisão ao ensino fundamental e médio. Como disse Robert Bork, tornar a decisão contingente às descobertas sociológicas "empobreceu um grande momento do direito constitucional".[3] O raciocínio adequado e mais radical para o caso era simplesmente que o uso de classificações raciais nas decisões governamentais era incompatível com a garantia constitucional de igual proteção das leis. Se a Corte tivesse dito isso claramente em 1954 — se os juízes tivessem se contentado em aplicar não sociologia, mas um princípio legal abrangente —, muitos erros subsequentes teriam sido evitados. Em vez disso, antes que uma geração tivesse se passado, a Corte estava ordenando o transporte escolar: excluindo crianças das escolas de seus bairros e as transportando para escolas mais distantes, às quais eram designadas em função de sua raça.

A decisão Brown pressagiou a Lei de Direitos Civis de 1964, na qual o Congresso ordenou a não discriminação em grande parte da vida pública, proibindo a segregação pelo governo e por indivíduos em acomodações e empregos públicos. Ou foi o que pensou ter feito. Somente quatro anos depois, a Suprema Corte disse o contrário. A lei de 1964 definia "dessegregação" escolar como "designação de estudantes a escolas públicas [...] sem levar em conta sua raça". Mas, em 1968, a Corte afirmou que a conformidade ao caso Brown envolvia mais que pôr fim à segregação, até então entendida como separação das raças legalmente compelida pelo governo. A Corte disse que, nos casos em que escolas quase totalmente brancas ou quase totalmente negras — a chamada "segregação *de facto*" — ainda existiam, a discriminação ordenada pelo governo era requerida.

A expressão "segregação *de facto*" é um oximoro orwelliano. Propriamente entendida, a segregação é *de jure* — por lei — ou não é segregação. Mesmo assim, em pouco tempo começou o transporte escolar compulsório, que se tornou um dos mais custosos fracassos — em termos de dinheiro, má vontade, distorção educacional e abandono das escolas públicas — da história das políticas sociais americanas. Uma tragédia da política racial desde o caso Brown foi que a Lei de

Direitos Civis de 1964 acabou distorcida, contra as intenções legislativas, por pessoas cujo idealismo as tornou serenas em seu cinismo. Discriminação racial é qualquer ação baseada na raça. A lei de 1964 proibiu a discriminação no emprego. Mas a Suprema Corte afirmou que o espírito da lei requer aquilo que seu texto proíbe: que os empregadores frequentemente levem a raça em consideração para vários propósitos de "ação afirmativa". O caso Brown gerou a Lei de Direitos Civis de 1964, que impulsionou a nação na direção de um doloroso e ainda em curso acerto de contas com este fato: desmantelar as leis que impunham a desigualdade não a levou para mais perto da existência generalizada de oportunidades iguais. Em vez disso, o caminho até o presente atravessou uma tragédia de regressão social e desenvolvimentos econômicos e educacionais que produziriam novas formas de estratificação social e novos impedimentos à mobilidade social.

## RETIRANDO FARDOS

O credo americano diz que todos os indivíduos são criados iguais na posse da liberdade — a capacidade de agência humana — e no direito de exercê-la. O governo é instituído para dar aos cidadãos igual proteção no gozo dessa liberdade. Em uma sociedade aberta e democrática, as pessoas são igualmente livres para se tornarem social e politicamente desiguais. É indisputável que a igualdade de direitos gera desigualdade de condições. Pessoas com direitos iguais têm aptidões e habilidades desiguais e passam por situações diferentes e instâncias aleatórias de vantagens e desvantagens.

Há gerações, os conservadores vêm recusando as políticas governamentais de redistribuição de riqueza que consideram, com razão, insensatas, injustas e contraproducentes. Mas, ao fazer isso, agarraram-se a uma distinção cada vez mais difícil de estabelecer: eles dizem favorecer a igualdade de oportunidades, não de condições. Isso é irrelevante, porque as oportunidades são condicionadas pelas condições. O capítulo 4 argumentou que a retórica automática dos conservadores ao elogiar a "moderação" judicial permitiu a implementação da agenda progressista e impediu que o conservadorismo defendesse um fim político, a liberdade, e não um processo político, a regra da maioria. Este capítulo argumenta que os conservadores permitiram que sua inteligência fosse anestesiada pelo preguiçoso recurso à gasta fórmula "igualdade de oportunidades, não de resultados". A igualdade de resultados não é, como os conservadores argumentam com razão, nem possível, nem desejável. Mas a igualdade de oportunidades é muito mais complexa e elusiva do que eles conseguem confortavelmente reconhecer.

Em sua longa e sinuosa viagem de trem de sua casa em Springfield para a posse em Washington, Abraham Lincoln fez uma parada na Filadélfia, onde, no Independence Hall, foi incentivado a fazer o que chamou de "discurso totalmente improvisado". Nesse discurso, ele disse que a afirmação de igualdade da Declaração de Independência "prometeu que, no devido tempo, os fardos seriam retirados dos ombros de todos os homens e que todos deveriam ter chances iguais".[4] Antes que nós, no século XXI, possamos entender o que significaria todos terem chances iguais, os conservadores, especialmente, precisam pensar mais claramente sobre o que Lincoln chamou de "fardos" sobre os ombros dos indivíduos.

Lyndon Johnson, o maior benfeitor presidencial dos afro-americanos desde Lincoln, fez avançar o modo de pensar da nação em 4 de junho de 1965, na Universidade Howard, em Washington, D.C. Lá, ele fez o mais influente discurso sobre raça já feito por um presidente americano e, talvez, o mais importante já feito por um americano branco. Sua alegação crucial foi a de que "liberdade não é suficiente". Ele declarou: "Você não elimina séculos de cicatrizes ao dizer 'você agora está livre para ir aonde quiser, fazer o que quiser e escolher os líderes que quiser'. Você não pega uma pessoa que, durante anos, esteve presa a correntes, a liberta, a leva até a linha de partida de uma corrida, diz 'você é livre para competir com todos os outros' e acredita que foi completamente justo. Assim, não é suficiente abrir os portões da oportunidade. Todos os nossos cidadãos devem ter a habilidade de atravessá-los."[5] De modo geral, a subsequente busca por justiça, mesmo que incompleta — pois não pode haver outro tipo —, tem sido nobre e, de muitas maneiras, bem-sucedida. Também tem sido um árduo tutorial sobre a verdade do axioma de Michael Oakeshott, que diz que tentar o impossível é inerentemente corrompedor.

Teria sido útil — saudavelmente desconcertante e constrangedor — se Johnson tivesse dado um exemplo de como o próprio governo federal fechara "os portões da oportunidade" para os afro-americanos. Criada em 1934, a Administração Federal de Habitação [FHA em inglês] inventou e impôs o *redlining* [uma fita vermelha impedindo a passagem], explicitamente bloqueando as hipotecas para compradores negros, a fim de manter a homogeneidade racial dos bairros. Um manual de 1946 da FHA dizia: "Grupos raciais incompatíveis não devem viver nas mesmas comunidades." E: "As propriedades devem ser ocupadas pelas mesmas classes sociais e raciais." E: "Os avaliadores são instruídos a prever a probabilidade de que a locação seja invadida por [...] grupos raciais e sociais incompatíveis." *Invadida*. Durante a Segunda Guerra Mundial, quando um empreiteiro tentou obter garantias para a construção de uma área residencial nas últimas terras aráveis da cada vez maior cidade de Detroit, a FHA inicialmente se recusou porque o projeto seria contíguo a uma vizinhança negra. O empreiteiro propôs uma solução: construir um muro entre seu projeto habitacional e os incompatíveis. Ele realmente o construiu e o muro pode ser visto ainda hoje. Tranquilizada, a FHA garantiu as hipotecas do lado branco. Quase metade de todas as casas suburbanas construídas nos Estados Unidos no pós-guerra tinha garantias hipotecárias da FHA. De 1934 a 1962, os brancos receberam 98% dessas garantias.[6]

Johnson não foi o primeiro progressista nem o primeiro presidente a empregar o tropo retórico da vida como corrida. Em 1909, Herbert Croly dissera ser dever do governo fazer tudo o que pudesse para oferecer a todos "um início igual na corrida".[7] No ano seguinte, Theodore Roosevelt dissera: "Sei muito bem que, em uma corrida, os participantes correm em velocidades diferentes. Não quero que o prêmio vá para aquele que não é rápido o suficiente para vencer por seus próprios méritos, mas quero que todos tenham uma largada justa."[8] Barack Obama, em seu discurso sobre o estado da União de 2013, defendeu o jardim de infância universal como meio de "assegurar que nenhuma de nossas crianças fique para trás ao iniciar a corrida da vida".[9] Mas os muitos problemas com a metáfora da "corrida da vida" começam com o fato de que uma corrida é um evento simples e de soma zero. Ao contrário da vida, é simples porque está relacionado à capacidade de impulso dos músculos dos participantes. E é de soma zero porque todos os participantes sabem que um deles vencerá e todos os restantes perderão, e não se ressentem disso. Mas, na vida de um indivíduo, os sucessos são muitos e variados, e a maioria não é subtraída dos sucessos ou felicidades alheios. Assim, "a corrida da vida" é muito mais complexa — e satisfatória — que uma corrida comum. E designar ao governo a vaga tarefa de fazer com que todos tenham a oportunidade "justa" de "vencer" é assegurar que o tamanho, a intrusão e a frustração do governo aumentarão proporcionalmente. A essa altura, a expressão "corrida da vida" já se tornou nebulosa, obscurecendo muito e não elucidando nada. Mesmo assim, o discurso de 1965 de Johnson, de cuja elaboração Daniel Patrick Moynihan participou, foi uma tentativa séria de lidar com as muitas complexidades do conceito de oportunidades iguais.

O problema que Johnson abordou na Universidade Howard fora analisado quase um século antes por Frederick Douglass. Contemplando o "súbito desarranjo" da vida dos afro-americanos no sul após a Guerra Civil, ele dissera que o ex-escravo era "livre do mestre individual, mas escravo da sociedade. Ele não tinha dinheiro, propriedade ou amigos. Estava livre da antiga fazenda, mas nada tinha além da estrada poeirenta sob seus pés [...] Fora lançado ao léu, nu, faminto e destituído".[10] E então as coisas pioraram. As leis de Jim Crow criaram um sistema de castas imposto pela violência extrajudicial. O sistema de meeiros que substituiu a escravidão era uma nova escravidão imposta pelo terror. Era um regime de trabalhos forçados. Em 1965, Martin Luther King Jr. conheceu meeiros do Alabama que, tendo sido pagos a vida inteira com cupons das fazendas, jamais haviam visto o dinheiro americano. Na sociedade de envolvente desespero dos meeiros, frequentemente não existia dinheiro para os casamentos e tampouco existiam divórcios, pois não havia posses a dividir. Todas as futuras debilidades das subclasses urbanas estavam presentes: filhos fora do matrimônio, domicílios chefiados por mulheres, crimes violentos, uso de substâncias tóxicas (geralmente uísque caseiro, mas também outras drogas). E então, cem anos após Appomattox, houve sinais de que as coisas podiam piorar.

Em meados da década de 1960, Moynihan notou algo que era especialmente ominoso por ser tão contraintuitivo e que passou a ser chamado de "tesoura de Moynihan". Duas linhas em um gráfico haviam se cruzado, parecendo as lâminas de uma tesoura. A linha descendente descrevia o declínio da taxa de desemprego masculino entre a minoria, então esmagadoramente afro-americana. A linha ascendente descrevia o aumento simultâneo dos novos casos de previdência social. O fim da correlação entre o aumento do emprego e a diminuição da dependência previdenciária era não somente desconcertante, mas também assustador. Ele destruía a serena e antiga fé dos formuladores de políticas públicas na salvação social através de melhores incentivos econômicos e menos barreiras, legais ou outras, à iniciativa individual.

Sabemos o que estava acontecendo. Na década de 1960, quando o movimento pelos direitos civis e a legislação desmantelaram as barreiras à oportunidade, houve uma formidável aceleração de um desenvolvimento social que prejudicaria a capacidade de muitas pessoas, especialmente as mais jovens, de aproveitar as oportunidades expandidas. Foi a regressão social impulsionada pelo crescimento explosivo do número de crianças em famílias chefiadas por mulheres solteiras e sobrecarregadas. Isso significou, entre outras coisas, uma coorte continuamente renovada de adolescentes do sexo masculino — uma tribo inerentemente turbulenta — saídos de lares sem pais. Isso produziu escolas e vizinhanças caóticas nas quais a tarefa de manter a disciplina elementar eclipsava o ensino. Os formuladores de políticas públicas foram confrontados pela desconcertante possibilidade de os fatores decisivos do progresso social já não serem econômicos, mas culturais: hábitos, convenções morais, costumes e disposições. Isso era desanimador, por duas razões. Primeira, na década de 1960, os americanos em geral, e os economistas mais que a maioria, acreditavam ter finalmente dominado o gerenciamento da economia industrial moderna. O "ajuste" econômico, uma das expressões favoritas da época, supostamente abrandaria os ciclos comerciais e garantiria crescimento rápido e constante. Segunda, é mais fácil para o governo remover barreiras e alterar incentivos que manipular — ou "ajustar" — a estrutura familiar. Um lampejo de entendimento sobre a importância da estrutura familiar refutou a hipótese de que a condição dos pobres *deve* melhorar quando as condições macroeconômicas melhoram.

Em janeiro de 1964, o presidente Johnson, que assumira há apenas dois meses, proclamou, em seu primeiro discurso sobre o estado da União: "Esta administração declara, aqui e agora, guerra incondicional contra a pobreza nos Estados Unidos."[11] Que sentido os ouvintes deveriam dar à palavra "incondicional"? Em uma guerra real, ela significaria que não haveria limites às mobilizações materiais e às restrições à liberdade (convocação, censura etc.) que o governo poderia considerar urgentes. Em relação à pobreza, porém, a expressão "guerra incondicional" indicava um ominoso engano: o de que a pobreza persistia somente por falta de vontade governamental, ou seja, somente porque o governo não fora suficientemente rigoroso ao reunir os recursos materiais e realizar as modificações comportamentais necessárias.

A linguagem empregada por Johnson indicava que o principal aspecto da guerra contra a pobreza seria, como nas guerras reais, a utilização de recursos materiais. A premissa era a de que Ernest Hemingway estava certo: em seu conto "As neves do Kilimanjaro", o personagem Julian, baseado em F. Scott Fitzgerald, diz que "os muitos ricos são diferentes de nós", obtendo a resposta: "Sim, eles têm mais dinheiro."[12] A guerra contra a pobreza presumia que pobres e não pobres eram parecidos em todos os aspectos essenciais, com exceção de recursos e posses materiais. Se essa hipótese estivesse correta, a guerra teria sido vencida por algo que o governo faz o tempo todo, e frequentemente bem: a distribuição de dinheiro. Mas a hipótese seria picotada pela tesoura de Moynihan.

As políticas sociais implementadas naqueles anos foram modeladas por pessoas que, por sua vez, haviam sido modeladas pela causticante experiência da privação material na década de 1930, especialmente pelo desemprego. E a premissa dessas políticas era a de que a pobreza de longo prazo existia em nossa nação abastada somente porque não havíamos feito o que as pessoas espertas e generosas fazem: usar o governo para distribuir, equitativa e racionalmente, nossa abundância material. A hipótese era a de que a pobreza podia ser curada por decreto, por uma redistribuição de bens e serviços que o governo poderia orquestrar: dinheiro, casas, escolas, meios de transporte, empregos. Em 1966, Sargent Shriver, um homem bom e inteligente, estava encarregado da guerra contra a pobreza do presidente Johnson. Ao depor no Congresso, Shriver foi questionado sobre quanto tempo seria necessário para acabar com a pobreza. Ele respondeu claramente: dez anos. Não teria sido uma resposta tola se a premissa da política social adotada até então estivesse correta. Então chegou a tesoura de Moynihan, que significou que, em certa parcela da nação, o governo teve de lidar com uma pobreza encravada que era e é imune mesmo ao mais poderoso e prolongado crescimento econômico.

Essa parcela deveria ter sido definida e manejada como criando um problema de classe, do mesmo modo que os problemas da classe operária urbana e industrial da Europa haviam sido definidos e manejados. Não foi porque, embora a maioria dos americanos pobres fosse branca, um número desproporcional deles não era. E a raça foi emaranhada à mais tóxica e destrutiva ideia que já circulou e teve aceitação nos Estados Unidos. Essa ideia simplificou a administração da escravidão e, mais tarde, das leis de Jim Crow. Também permitiu pensar na raça sem o menor senso crítico ou distinções complexas sobre graus de identidade racial. Essa ideia era — e a loucura é tão duradoura que ainda é — a "regra de uma gota". Também conhecida como "regra do ancestral negro", ela afirma que qualquer um com um ancestral vindo da África subsaariana é considerado negro.

Booker T. Washington, Frederick Douglass, Jesse Owens, Roy Campanella e, é claro, Barack Obama têm pai ou mãe brancos. Martin Luther King Jr. (que tinha uma avó irlandesa e ancestrais indígenas), W. E. B. Du Bois e

Malcolm X tinham ancestrais caucasianos. A NAACP estima que 70% daqueles que se identificam como afro-americanos possuem legado racial misto. É impossível saber como teria sido a história americana se a regra de uma gota jamais tivesse infectado tão completamente nosso pensamento. Talvez a "peculiar instituição" da escravidão requeresse, para sua administração, essa regra peculiar. Se foi assim, tentar imaginar a história americana sem a regra de uma gota requer imaginá-la sem escravidão. Seja como for, a regra deu falsa compreensão e precisão a todas as conversas sobre raça. Essas conversas poderiam ter se beneficiado de um amplo elemento de indefinição.

Em vez disso, desenvolveu-se entre alguns adolescentes afro-americanos do sexo masculino um conjunto destrutivo de comportamentos que é uma afirmação perversa de identidade racial. O sociólogo afro-americano Elijah Anderson diz que a falta de confiança na polícia e no sistema de justiça criminal produz uma atitude defensiva de agressividade. Essa atitude expressa a tendência de autoajuda violenta em ambientes ameaçadores. A prontidão para recorrer à violência é comunicada "pelo modo de andar e pelas expressões faciais e verbais, que são ajustadas principalmente para desencorajar a agressão" e evitar que estranhos "sequer pensem em testar sua masculinidade". Os jovens do centro da cidade tendem a adquirir famílias falsas na forma de gangues e a construir identidades baseadas precariamente em posses: tênis, jaquetas, joias. A aquisição e defesa desses itens é parte de um ritual tenso e às vezes letal. Ele tem, como diz Anderson, uma "qualidade de soma zero" porque elevar a si mesmo requer rebaixar alguém. Daí o baixo limiar de violência entre pessoas que sentem não ter como obter ou manter seu status sem recorrer a demonstrações físicas. A rua é a fonte alternativa de autoestima porque as experiências profissionais frequentemente são insatisfatórias, em parte por causa de atitudes e comportamentos adquiridos nas ruas. A alta sensibilidade em relação ao "respeito" faz com que muitos jovens negros considerem degradantes os empregos de nível básico. Para eles, o trabalho se torna uma movimentação horizontal entre empregos dessa natureza. E sua "cultura antagônica" é reforçada pela tentação da economia clandestina das drogas. Além disso, diz Anderson, alguns deles desenvolvem "uma elaborada ideologia a fim de justificar a adaptação criminosa" à situação, uma ideologia "que retrata como virtuosa a sobrevivência sem trabalho".[13] Em um resultado especialmente cruel, o sistema de justiça criminal se torna a fonte de uma aceitação bem-vinda. No romance de Scott Turow *The Laws of Our Fathers* [As leis de nossos pais], uma juíza rumina sobre o interminável desfile de réus negros e jovens em seu tribunal, cada um deles um "átomo esperando para ser parte de uma molécula":

> Fiquei surpresa ao descobrir quão frequentemente o desejo simples e infantil por atenção responde pela presença de tantos desses jovens. A maioria cresceu se sentindo profundamente ignorada: por pais que foram embora; por mães sobrecarregadas; por professores com salas impossíveis de administrar; por um mundo no qual aprendem, com a televisão e o rap nas ruas, que nada valem. O crime reúne para eles, ainda que apenas momentaneamente, uma impressionante plateia: o juiz que sentencia, o advogado que visita, os policiais que perseguem e mesmo a vítima, que, por um interminável e aterrorizante momento nas ruas, não pode ignorá-los.[14]

A regra de uma gota foi, em certo sentido, recompensadora. Ela identificou sem ambiguidade uma categoria de americanos e concentrou a atenção na profunda singularidade da experiência afro-americana. Essa experiência deve ter *algo* a ver com a suscetibilidade especialmente intensa dos afro-americanos ao fenômeno da desintegração familiar, que atinge toda a sociedade. O problema, novamente, é o comportamento. O problema não é a pobreza material, mas a pobreza em termos de capital social intangível, de recursos internos, hábitos, convenções morais, valores, costumes e disposições necessários para que um indivíduo obtenha sucesso em uma sociedade complexa, urbana e industrial. Os atributos ausentes vão da diligência à continência sexual, da habilidade de adiar a gratificação à determinação de se abster do uso de substâncias tóxicas. Esse é um diagnóstico deprimente, porque o governo não sabe como reabastecer tal capital social intangível quando ele se dissipa.

Qualquer lista dos sucessos mais substanciais do governo no século XX tende a ser uma longa lista de realizações materiais: a Tennessee Valley Authority, os projetos Manhattan e Apollo, o sistema interestadual de rodovias. Outros sucessos incluem as leis de direitos civis, mas, nesse caso, o governo não foi solicitado a transmitir aptidões às pessoas. Poderia haver outros sucessos na lista, mas a maioria seria de programas como esses, que distribuíram bens duráveis e claramente definidos. Similarmente, os grandes sucessos de governança do século XIX foram a construção de canais e ferrovias e a distribuição de um recurso natural, as terras. Mas o governo fica desencorajado e se torna desencorajador quando tenta lidar com conceitos mais complicados que represas e autoestradas, quando tenta fornecer "empregos significativos" para adultos, "empurrão inicial" para crianças e "cidades-modelo" para todos. Contudo, cada vez mais ele é chamado a fornecer tais complicadas commodities. É por isso que, se o poder é a habilidade de produzir os efeitos pretendidos, o governo é cada vez menos poderoso. Essa ideia só parece perversa se você equipara tamanho a poder, o que, admitidamente, faria sentido se o governo fosse uma máquina. Mas, como exclamou cansadamente o presidente William Howard Taft quando um assessor zeloso começou a discursar sobre a "maquinaria" do governo, "o jovem realmente acha que se trata de uma máquina!"[15]

Ele é, na verdade, um amontoado de turbulentos centros de poder rivais através dos quais, às vezes, o governo realiza coisas maravilhosas. Considere os dois mais bem-sucedidos programas governamentais do século passado: a previdência social e a GI Bill, a lei de reinserção dos veteranos da Segunda Guerra Mundial. A previdência social eliminou amplamente a pobreza entre a parcela mais idosa da população. Mas esse ataque à pobreza não foi complicado. Não envolveu nada mais misterioso que enviar cheques pelo correio a um grupo populacional estável e facilmente identificável. O governo é bom em transferir pagamentos. Não é tão bom em fornecer serviços e menos ainda em provocar mudanças planejadas em atitudes e comportamentos. Há, todavia, um contraexemplo rico em lições que não foram aprendidas pelos autores do Niágara das políticas sociais, que ocorreu duas décadas depois.

A GI Bill foi parcialmente projetada como medida profilática contra possíveis descontentamentos: a ascensão do fascismo europeu fora alimentada pelas queixas de soldados desmobilizados da Primeira Guerra Mundial. Não é correto dizer que, até então, os veteranos americanos eram negligenciados. Longe disso. Em 1865, um quinto do orçamento estadual do Mississippi foi destinado a produzir membros artificiais para substituir os membros perdidos em locais como Shiloh e Cold Harbor. E, na década de 1890, mais de 40% do orçamento federal foi destinado às pensões para os veteranos da Guerra Civil. Entretanto, os veteranos da Primeira Guerra Mundial não haviam recebido cuidados, e esse erro não seria repetido.

O propósito primário da GI Bill era reiniciar o projeto social que a guerra interrompera, a finalização do programa de progresso social do New Deal. De importantes maneiras, esse propósito era diferente e melhor que o de algumas políticas sociais na década de 1960. A GI Bill, que subsidiou a educação e a compra de casas para veteranos, empregou meios liberais para produzir consequências profundamente conservadoras.[16] Ela encorajou um esforço de classe média para substituir o caminho para a mobilidade ascendente da classe operária. Em 1940, somente um em cada nove americanos tinha diploma de ensino médio, havia menos de 1,5 milhão de estudantes universitários e apenas um em cada vinte americanos possuía diploma de ensino superior. Na primavera de 1947, 1,6 milhão de veteranos representavam 49% de todos os estudantes matriculados nas faculdades. Sessenta por cento deles se matricularam em programas de ciências e engenharia, incluindo muitos entre os quatrocentos cujo dormitório na Universidade do Illinois era a pista de patinação. A universidade esperava 11 mil alunos, mas 15 mil se matricularam. Quando o programa nacional chegou ao fim em 1956, 2,2 milhões de veteranos haviam frequentado a faculdade, 3,5 milhões haviam estudado em escolas técnicas e 700 mil haviam recebido instrução agrícola fora do campus. Em 1990, havia 14 milhões de americanos nas faculdades e um em cada cinco tinha diploma. A GI Bill contribui poderosamente para tornar a faculdade uma expectativa da classe média. E, nos Estados Unidos modernos, as expectativas se transformaram em direitos.

Em 1940, dois terços dos americanos eram inquilinos. Em 1949, 60% dos americanos eram proprietários, parcialmente por causa dos empréstimos subsidiados aos veteranos. Um veterano dos Seabees da Marinha, Bill Levitt, comprou uma grande área de terra arável em Long Island e começou a vender casas básicas por 7.990 dólares, uma barganha em uma época na qual a renda familiar média era de 2.500 dólares. Um veterano entrevistado para um programa do PBS sobre a GI Bill lembrou: "Não era preciso dar entrada. Foi por isso que pude pagar. E recebi quatro cômodos e uma máquina de lavar. Naqueles dias, as pessoas não tinham máquinas de lavar em casa. Elas iam até a lavanderia da esquina. Mas as casas Levitt vinham com máquina de lavar! Era inacreditável!"[17] O próprio Levitt viu uma dimensão política em Levittown: "Nenhum homem que é dono de um terreno e de uma casa pode ser comunista. Ele tem coisas demais para fazer."[18] Ele tinha certa razão: o Palácio de Inverno teria sido invadido se mais pessoas em Leningrado tivessem folhas para varrer e grama para cortar?

O custo total da GI Bill foi de 14,5 bilhões de dólares, o que era bastante dinheiro na época. Entretanto, a lei não era parecida com as de hoje. Seus benefícios eram contingentes ao fato de o beneficiário ter prestado um dos mais sérios serviços sociais: o militar. E a lei era congruente com a estratégia social mais ampla descrita por Michael Barone em *Our Country* [Nosso país], sua história da política americana de Franklin Roosevelt a Reagan. Era a estratégia de honrar "aqueles que trabalharam para abrir caminho na sociedade" e colocar "o selo de aprovação da sociedade em sua prosperidade e seu sucesso". Essa estratégia "visava não a atender uma classe inferior, mas a construir uma classe média".[19] Com a GI Bill, a política social enviou uma mensagem aos jovens americanos, dizendo-lhes para permanecerem na escola, conseguirem boas notas, adiarem o casamento até depois da adolescência e os filhos até que a renda familiar começasse a aumentar.

Ao fim da guerra, a confiança americana estava no auge, parcialmente porque a sociedade americana de então era caracterizada pela homogeneidade social, promovida pela moralidade burguesa. As políticas sociais refletiam o amplo consenso sobre o comportamento adequado para facilitar aspirações socialmente úteis. Vinte anos mais tarde, no entanto, o liberalismo, como ainda preferia ser conhecido, bifurcou-se em liberais econômicos e liberais de estilo de vida. Os últimos desprezavam como "repressivas" todas as políticas sociais que promoviam comportamentos considerados dignos pelos "valores burgueses". Os liberais de estilo de vida buscavam desmoralizar as políticas sociais. No fim da década de 1960, o tom e o conteúdo do liberalismo foram profundamente influenciados pela base política do liberalismo nas chamadas "profissões assistenciais". Elas atendiam clientes da população urbana que haviam sido desorganizados por comportamentos, particularmente envolvendo drogas e sexo, que eram impedimentos insuperáveis às aspirações de maior igualdade de renda.

As patologias sociais americanas se multiplicaram durante uma explosão de criação de riqueza sem precedentes na história mundial. O problema da pobreza nos Estados Unidos não é de escassez material, mas de abundância de mau comportamento. Os dados mostram que três regras comportamentais simples evitam a pobreza: terminar o ensino médio, não ter filhos antes de se casar, não ter filhos antes de completar 20 anos. Somente 8% das famílias que seguem essas três regras são pobres; 79% das que não as seguem o são. O aprendizado social recente incluiu o fato de que a trajetória de vida de uma criança é amplamente determinada nos anos iniciais. "A personalidade humana emerge cedo", escreveu James Q. Wilson, "e precisa ser modelada cedo."[20] O melhor previsor do sucesso de uma criança é a devoção fervorosa dos dois pais. Para além dos anos iniciais, a presença dos dois pais também é crucial para o sucesso nos ensinos fundamental e médio, como se descobriu desconcertantemente há meio século, quando a desintegração familiar começou a acelerar.

## "ADIVINHE O QUE COLEMAN DESCOBRIU": O PROBLEMA DA VELOCIDADE DE ESCAPE

Apropriadamente, foi durante uma reunião do Harvard Faculty Club em 1966 que Daniel Patrick Moynihan foi saudado por seu amigo, o cientista político Seymour Martin Lipset, com a notícia que prenunciaria problemas para o consenso acadêmico sobre as políticas sociais: "Oi, Pat, adivinhe o que Coleman descobriu: escolas não fazem diferença; famílias fazem."[21] James Coleman não disse exatamente isso, é claro, mas o que ele descobriu foi dramático o suficiente para perturbar o pensamento convencional. Quando a geração do *baby boom* começou a se movimentar pelo sistema escolar público como um porco engolido por uma jiboia, os formuladores de políticas públicas de todas as escolas filosóficas concordaram que os *outputs* cognitivos seriam correlatos aos *inputs* financeiros, de modo que o melhor previsor de desempenho escolar era a quantidade de dinheiro investida. A política educacional do pós-guerra estava focada naquilo em que o lobby da educação pública queria que focasse: salário dos professores, investimento por aluno e proporções de alunos-professores.

Não obstante, um dos benefícios de os cientistas sociais estarem em ascensão em Washington na década de 1960 era a fome por dados. Em 1966, um ambicioso estudo governamental conduzido pelo sociólogo James Coleman chegara a uma conclusão tão "sísmica" — palavras de Moynihan — que a administração Johnson pensara em não publicá-lo, e só o fizera na sexta-feira do fim de semana de 4 de Julho, esperando que recebesse atenção mínima. A conclusão era a seguinte: "As escolas são notavelmente similares na maneira como relatam o desempenho de seus pupilos quando seu *background* socioeconômico é levado em consideração."[22] Ou seja, o previsor crucial de desempenho escolar é a qualidade das famílias. É verdade que algumas escolas são exceções heroicas a essa regra. Mesmo assim, essa é a regra.

Em 1989, um pesquisador relatou, confirmando a conclusão de Coleman, que "as variações nos gastos escolares não estão sistematicamente relacionadas às variações no desempenho dos alunos".[23] E mais tarde: "Os pesquisadores tentaram identificar *inputs* confiavelmente associados ao resultado e ao desempenho dos alunos. Não encontraram nenhum."[24] Paul Barton, do Educational Testing Service, estimou que cerca de 90% da diferença entre as escolas em termos de proficiência média pode ser explicada por cinco fatores: número de dias ausente na escola, número de horas assistindo a televisão, número de páginas lidas como tarefa, quantidade e qualidade do material de leitura em casa e presença dos dois pais. Esse quinto fator é o mais importante, inclusive porque tende a influenciar decisivamente os outros quatro. A importância dessas descobertas para a educação americana está no fator 9/91: entre o nascimento e o décimo nono aniversário, as crianças americanas passam 9% do tempo na escola e 91% em outros lugares. O destino da educação americana está sendo modelado não por atos legislativos, mas pelo fato de que, cada vez mais, "outros lugares" não incluem uma família intacta. Até que o governo encontre uma maneira de fazer com que as cinco variáveis de Barton mudem positiva e rapidamente, os vários objetivos anunciados sobre taxas de graduação e resultados em matemática e ciências são nuvens de algodão-doce legislativo.

Pare por um momento e se pergunte por que "a escola chega tarde demais para muitas crianças". As escolas devem fazer aquilo que os pais não podem fazer tão bem quanto elas, como ensinar álgebra. Elas não podem suplantar as famílias como transmissoras do capital social — hábitos, maneiras, convenções morais — necessário para se ter sucesso. Como os professores podem fazer o papel das famílias das crianças de 7 anos que chegam à escola sem conhecer números, formas ou cores porque vêm de uma cultura de silêncio na qual ninguém, ao preparar o jantar, diz: "Aqui estão três uvas verdes e redondas"?

Considere o que aprendemos sobre a importância vital das interações verbais entre os pais e seus filhos muito novos e as diferenças entre essas interações em domicílios pobres e de classe média. A mais importante preparação para o aprendizado escolar é o aprendizado em casa nos anos anteriores à escola, começando imediatamente após o nascimento e continuando até os 3 anos. E a influência mais importante no aprendizado inicial é a fala dos pais ou de outros cuidadores. No que foi chamado de "catástrofe inicial", a trajetória de vida das crianças pobres e de classe média começa a divergir radicalmente durante esses anos, em grande medida por causa do número de palavras a que são expostas e das diferenças entre os reforços positivos e negativos transmitidos por elas. Em termos de aptidão para o aprendizado, ao completar 1 ano a criança pobre já está significativamente atrás da criança de classe média. Crianças pobres tendem a ouvir 600 palavras por hora. Crianças da classe operária ouvem 1.200 e crianças de classe média alta ouvem 2.100. A questão não é a substância da conversa ("Vou colocar esses pratos sujos no lava-louças"; "Está vendo aquele caminhão amarelo?"), mas a torrente de estímulos verbais enquanto o cérebro da criança se desenvolve. Aos 3 anos, crianças de lares pobres ouviram em média 30 milhões menos palavras que crianças de lares de classe média alta. Não está claro por que pais mais abastados e educados falam mais com os filhos, embora a fadiga possa ser um fator no relativo silêncio dos lares pobres. E as pessoas tendem a criar os filhos como foram criadas, de modo que aqueles que chegaram ou permaneceram na classe média tendem a ter sido criados em lares com culturas verbais.

Mas não está claro como os formuladores de políticas públicas poderiam usar os dados sobre a importância da linguagem. Os pais podem ser encorajados a falar com seus filhos e ler para eles, mas os que mais precisam de tal encorajamento podem ser os menos propensos a recebê-lo ou responder a ele. A deprimente verdade é que a desigualdade é mais profunda e tem origens mais complexas do que pensávamos. E a promessa fundacional de igualdade de oportunidades é muito mais problemática e elusiva do que nós, particularmente os conservadores, achávamos. A igualdade de oportunidades permanece mais aspiracional que real, e o desafio de retificar isso está se tornando cada vez mais intimidador por causa do aumento do "acasalamento seletivo" — a tendência das pessoas educadas e com mobilidade ascendente de se casarem umas com as outras —, que aprofunda a "estratificação cognitiva" da sociedade.

Os físicos se referem à "velocidade de escape" de partículas em uma órbita. Algumas partículas giram, ou intervenções externas fazem com que girem, para longe da prisão da órbita, iniciando sua própria e longa trajetória. O desafio da sociedade é dar às crianças pobres velocidade suficiente para saírem da órbita que as aprisiona. A propensão a florescer de uma criança é estabelecida muito cedo. A variável crucial é a expectativa de que o mundo será consistentemente interessado, solidário e encorajador. A ausência da propensão a florescer pode ser "lida" na linguagem comportamental de um bebê de 9 meses. Os médicos podem ler tal linguagem em atividades simples e básicas como a brincadeira com blocos. A sombria mensagem de algumas brincadeiras é a de que os bebês esperam fracassar para o resto da vida. Ao receber dois blocos, um bebê que está à vontade no mundo — e provavelmente já acostumado ao elogio de adultos interessados — os manipulará vigorosamente, derrubando um para ver quem o recolhe e olhando atentamente para qualquer observador adulto, esperando elogios. Um bebê que espera fracassar terá um repertório menor de brincadeiras, limitado pela percepção de que ninguém se importa. As crianças pobres sentem e adquirem a desesperança de seus pais — ou, mais provavelmente, de um pai ou mãe solteiros.

A ascensão do progressismo nos primeiros três quartos do século XX refletiu a nova crença de que o governo podia e devia conferir capacidades a indivíduos mal equipados para lidar com as complexidades da vida moderna. O declínio do progressismo no quarto final daquele século refletiu as dúvidas sobre se o governo tinha competência para conferir capacidades e se um governo tutelar que era bom em tal atividade seria bom para o caráter da nação. Uma das acusações que o conservadorismo faz ao progressismo é dar coisas demais como garantidas. De acordo com o conservadorismo, o progressismo não entende como seus programas ameaçam os hábitos — parcimônia, diligência, adiamento da gratificação — que tornam as sociedades livres bem-sucedidas. Os conservadores temem que o mais severo custo do governo solícito seja não monetário, mas moral. Esse custo é mensurado na diminuição da responsabilidade pessoal e das formas privadas de provisão social. Essa preocupação tem origem nobre. Tocqueville advertiu contra o despotismo suave que "torna o exercício da livre escolha menos útil e mais raro, restringe a atividade do livre-arbítrio a um âmbito mais estrito e, pouco a pouco, rouba todo cidadão do uso adequado de suas próprias faculdades". As primeiras vítimas desse roubo são as crianças pobres. Hoje, como para o sr. Jarndyce em *A casa soturna*, de Charles Dickens, "os filhos dos verdadeiros pobres não são criados, mas vegetam".

Há três décadas, vi um vídeo quase sem diálogos tão cáustico quanto curto. À primeira vista, a cena parece doce: uma mãe alimenta o filho. Dez minutos depois, ao fim do vídeo, você entende: ela não sabe ser mãe. A câmara foca o tempo todo em uma mulher de 21 anos e seu bebê de 6 meses. Ela alimenta o bebê, que está sentado em seu joelho, com uma colher. A colher se move regularmente; o bebê não produz nenhum som, nem a mãe. O único ruído, a cada minuto, mais ou menos, é o som suave do bebê vomitando. Isso ocorre todas as vezes em que ele estende as mãos, tentando obter contato com o calor da mãe. A mãe, por reflexo — não cruelmente, mas de modo inflexível — segura o bebê a distância. Ele então regurgita a comida engolida desde a última rejeição. Vomitar é sua tática para, ao menos, prolongar a atenção recebida durante a alimentação.

Pediatras atendendo crianças desfavorecidas veem muitos bebês com áreas calvas no lado de trás da cabeça, evidência de que são deixados por longos períodos deitados de costas. Um produto de cuidados — na verdade, falta de cuidados — infantis é um travesseiro que segura a mamadeira para que o bebê possa se alimentar sem a presença de um adulto. Talvez seja natural pensar que a maternidade é um talento natural, uma habilidade espontaneamente adquirida. Não é. Ela é aprendida, assim como a linguagem, muito cedo e amplamente pelo exemplo parental. Conforme a mulher do vídeo alimentava seu bebê, ela fornecia a ele o tipo de estímulo verbal que provavelmente recebera da própria mãe: nenhum. Mães deprimidas, não estimulantes ou não disponíveis produzem em seus bebês a "síndrome da privação materna", que suprime o desenvolvimento infantil. Uma mãe criada na pobreza tende a possuir um árido "mundo interior" de imaginação e energia emocional, como consequência de suas próprias experiências iniciais empobrecidas. E tal mãe hoje em dia pode ser o único adulto na vida do bebê. Um estudo realizado em Massachusetts no início do século XX mostrou que 90% dos domicílios incluíam três ou mais adultos: dois pais e talvez uma avó e um tio ou uma tia solteiros. Hoje, muitas casas só têm um adulto, e os bebês são criados por vários cuidadores. Isso pode ser desorientador e prejudicial ao desenvolvimento no início da vida.

Até a década de 1940, acreditava-se amplamente que não importava quem criava os bebês, desde que houvesse competência básica. Um bom orfanato era suficiente. Não obstante, estudos subsequentes documentaram a confusão, a retração e a depressão de bebês que começaram a criar laços com suas mães, mas não os concluíram da maneira adequada. Em muitos lares atuais, diz um psiquiatra clínico, "as luzes estão acesas, mas ninguém está em casa". As pessoas estão lá, mas não estão presentes. Pais desatentos estão produzindo crianças que parecem normais, mas não são o que deveriam ser e não se tornarão o que poderiam ser se tivessem recebido uma criação inicial melhor. O estímulo verbal faz com que bebês de classe média balbuciem o alfabeto fonético muito antes que bebês das classes mais baixas. As crianças que crescem na pobreza conseguirão acompanhar os colegas na escola? Provavelmente não. Elas não somente ficaram para trás; em certo sentido, foram mutiladas. Animais criados em isolamento e sem estímulos têm cérebros mais leves que aqueles criados com o estímulo da companhia. Aqueles criados em ambientes estimulantes têm uma proporção mais alta de células cerebrais diferenciadas (com funcionamento especializado). A assustadora possibilidade é a de que um bebê possa não desenvolver algumas funções cerebrais iniciais como consequência da privação social. Há um período crítico no início do desenvolvimento de todo bebê: o carrossel gira apenas uma vez e o bebê obtém ou não o prêmio de desenvolver plenamente o potencial com que nasceu.

Isso deveria chocar as sensibilidades americanas porque refuta a hipótese de que a igualdade de oportunidades existe desde que não haja óbvios impedimentos formais, legais ou institucionais. Daí a vasta — e cada vez mais inapropriada — fé nas escolas como grandes equalizadoras de oportunidades de mobilidade ascendente em uma sociedade meritocrática. Estudos sobre o desenvolvimento infantil indicam que a escola chega tarde demais para muitas crianças. Antes que elas caminhem por seu primeiro pátio escolar, suas chances na vida já foram severamente prejudicadas. Mesmo escolas excelentes frequentemente não podem corrigir as consequências da privação inicial, e escolas excelentes não são frequentes nas vizinhanças nas quais as crianças são prejudicadas pelo ambiente social. Ao menos 15% dos pontos de QI são baseados na experiência, e não na genética, e as experiências pré-escolares podem custar uma quantidade significativa desses pontos. Estudos realizados com bebês de "desenvolvimento falho" e suas mães sugerem uma estratégia para combater a síndrome. A intervenção muito precoce, envolvendo supervisão atenta e prolongada das jovens mães, pode fazer com que suas habilidades maternas "peguem no tranco". Ainda assim, há mães solteiras demais precisando dessa atenção prolongada, trabalhosa e, consequentemente, dispendiosa. Um país no qual a maioria das mães com menos de 30 anos não vive com os pais de seus filhos simplesmente não será capaz de fornecer uma política social que possa compensar as falhas das famílias fragmentadas.

Na verdade, pode-se dizer que a palavra mais molecular no discurso político, o substantivo que denota algo do qual todo o restante depende e deriva, não é "justiça", "liberdade" ou "igualdade". É "família". Sem os cuidados e a disciplina das famílias, os indivíduos tendem a estar mal equipados para exercer a liberdade de se tornarem desiguais e, consequentemente, são prejudicados na busca de justiça para si mesmos e para os outros.

## OS CUSTOS DE DESESTIGMATIZAR A DEPENDÊNCIA

Nos casos em que a estrutura familiar despedaçada não foi o determinante negativo das chances na vida, os Estados Unidos fizeram um progresso notavelmente rápido na redução do poder maligno da raça para distorcer a busca por mais igualdade de oportunidades. As atitudes passaram por mudanças abrangentes que foram precursoras de mudanças comportamentais. Isso não foi boa notícia para aqueles investidos profissional ou politicamente nas más notícias.

A Grande Depressão aprofundou os sentimentos de dependência dos americanos, mas, quando o boom do pós-guerra e a democratização do acesso ao ensino superior aumentaram sua confiança em sua competência social, o movimento pelos direitos civis deu aos progressistas renovada relevância ao dar ao governo uma nova missão. A missão era melhorar o comportamento e, ao fazer isso, melhorar o caráter dos americanos em relação à raça. Ela foi um retumbante sucesso e o melhor serviço prestado pelo progressismo à nação. Mas então a missão foi redefinida para dar ao progressismo o interminável propósito de orquestrar a política identitária.

A premissa de tal política é a de que identidades e direitos devem derivar do pertencimento a um grupo, e direitos especiais são devidos a grupos queixosos compostos pela miríade sempre crescente de vítimas americanas. Um corolário dessa teoria é a "representação categórica", a ideia de que os interesses dos grupos particulares só podem ser entendidos e articulados por seus membros. Tal pensamento produziu o *gerrymandering* racial e outras facetas de um sistema de espólios raciais, um desvio da rota para uma igualdade de oportunidades mais genuína. Os progressistas envolvidos com a política identitária não estão convencidos de que as pessoas podem ser facilmente persuadidas pela razão. Eles as veem como definidas e delimitadas por sua raça, etnia, classe ou gênero. Isso leva a uma contração do âmbito da política democrática da persuasão. O espaço social esvaziado é preenchido pela corretagem de interesses de grupos identitários em nome de uma espúria igualdade de oportunidades.

A criação de distritos congressionais de "minorias majoritárias" expressa a ideologia da política identitária: você *é* o que seu grupo racial ou étnico é. Mas essa ideologia, promulgada por empreendedores políticos interessados no sistema de espólios raciais e étnicos, é falsa em relação aos fatos das diferenças humanas e ruim como aspiração e exortação. Além disso, tais distritos congressionais são ruins para a saúde cívica porque reduzem o incentivo para que os políticos formem coalizões para cruzar as linhas raciais. Tal *gerrymandering* é a quintessencial política racial "baseada em resultados". E é um provocativo direito político. O propósito de traçar linhas para criar distritos nos quais as minorias constituem a maioria dos eleitores é auxiliar, praticamente ao ponto de assegurar, a eleição de minorias para os cargos aos quais elas têm direito em função de sua raça ou etnia. O resultado é o "apartheid político", para usar a expressão do juiz O'Connor em uma decisão de 1993 invalidando o esquema distrital da Carolina do Norte, que produziu um distrito de 260 quilômetros de comprimento ao longo da Interestadual 85 e que, na maior parte, tinha a mesma largura da rodovia.[25] Outros distritos racialmente fabricados têm a forma de animais mortos na estrada, como guaxinins que foram atropelados por carretas. Todos esses distritos se apoiam na hipótese de que pessoas de uma raça particular pensam e agem da mesma forma. Essa hipótese reforça a doutrina de representação categórica.

Embora o *gerrymandering* racial seja outro exemplo de cura que exacerba a doença, a mais importante notícia sobre o problema racial nos Estados Unidos é haver tantas boas notícias. Para apreciar o quanto e quão rapidamente os Estados Unidos se transformaram no século XX, considere alguns eventos ocorridos durante a vida de nossos avós. A Exposição Colombiana Mundial de 1893, geralmente conhecida como Feira Mundial de Chicago, escolheu como poeta laureado um renomado filho do Mississippi, James D. Lynch, cujo poema mais conhecido celebrava a Ku Klux Klan. No "Dia dos Americanos de Cor" da exposição, 2.500 melancias foram distribuídas aos frequentadores. No mesmo ano, no terreno de um parque de diversões em Paris, Texas, um negro de 17 anos acusado de um crime foi queimado em frente a uma multidão de talvez 15 mil pessoas, reunidas com a assistência de companhias ferroviárias que disponibilizaram trens especiais para acomodar aqueles ávidos para apreciar o espetáculo. Um ano antes, uma multidão retirara da cadeia de Texarkana um homem negro acusado de estuprar uma mulher branca. Ele fora esfolado antes de ser queimado vivo. Em 1894, um homem negro acusado de estuprar uma mulher branca de St. Louis foi enforcado em uma ponte sobre o rio Meramec. Cem testemunhas estavam presentes. O legista declarou que a morte fora suicídio.[26]

Os Estados Unidos de então frequentemente eram bárbaros. Já não são. A velocidade da mudança moral foi igual à velocidade da mudança das condições materiais, e ambos os tipos de mudança influenciaram a maneira como pensamos em aumentar a igualdade de oportunidades.

Estamos cercados por produtos, de computadores e smartphones (que são computadores em nossos bolsos) a maravilhas farmacológicas que seriam inimagináveis cinquenta anos atrás. Há cem anos, um telefonema de três minutos de Nova York para a Califórnia custava noventa horas de trabalho do trabalhador médio; hoje, custa noventa segundos. Como escreve Deirdre McCloskey, "Andrew Carnegie, a despeito de sua fortuna, não pôde comprar uma cura para a pneumonia que matou sua mãe". E Lewis Thomas, decano das faculdades de medicina de Yale e da Universidade de Nova York, conhecido como "pai da imunologia moderna", estimou que "até a década de 1920, ir ao médico diminuía as chances de sobrevivência".[27] Porém, a mais notável mudança nas circunstâncias americanas nada teve a ver com a ciência aplicada à tecnologia ou à medicina. Teve a ver com as atitudes americanas, que provaram ser surpreendentemente impermanentes e improváveis.

Em 1955, Adlai Stevenson, considerado um pensador avançado mesmo pelos pensadores avançados, fez o discurso inaugural para as "moças galantes" da Smith College. Ele disse que elas tinham "a oportunidade única de nos influenciar, homens e meninos". E as urgiu a "restaurar o propósito válido e significativo da vida doméstica" e lidar com "a crise no humilde papel de donas de casa". Elas poderiam fazer isso "na sala de estar, com um bebê no colo, ou na cozinha, com um abridor de latas nas mãos", e "talvez até mesmo possam praticar suas artes salvadoras naquele homem desavisado enquanto ele assiste à televisão".[28] Qualquer um que falasse assim quinze anos depois seria enforcado em um dos majestosos olmos do campus por um enraivecido regimento de mulheres. Quinze anos podem ser um longo tempo nos Estados Unidos modernos. Assista a um jogo de futebol americano da conferência do sudeste — Alabama contra Mississippi, por exemplo — e veja um juiz afro-americano impor penalidades e, de modo geral, mandar em todo mundo. Para os americanos de uma geração agora saindo de cena, uma geração que se lembra de quando isso era inimaginável, o jogo é um lembrete de que, como os Estados Unidos são uma nação baseada no credo, quando os americanos se convencem de que certas práticas e as atitudes que as sustentam discordam do credo, eles mudam ambos.

O problema americano de aumentar a igualdade de oportunidades começa necessariamente com a raça, mas dificilmente termina com ela. Hoje, o problema envolve as longas reverberações do que começou em 1964.

Em pé sobre — sim, sobre — a limusine presidencial, Lyndon Johnson, fazendo campanha em Providence, Rhode Island, em setembro de 1964, berrou no megafone: "Somos a favor de muitas coisas e contrários a muito poucas."[29] Isso foi uma sinopse do que ele dissera quatro meses antes na Universidade de Michigan. Lá, Johnson propusera a legislação que criaria a Grande Sociedade. Ela "reconstruiria a totalidade dos Estados Unidos urbanos" enquanto afastava "o tédio e a inquietude", saciava "a fome por comunidade" e aprimorava "o sentido de nossas vidas" ao reunir "as melhores ideias e os mais amplos conhecimentos".[30] Em 1964, 76% dos americanos confiavam no governo para fazer a coisa certa "sempre ou na maior parte do tempo". Hoje, menos de 20% o fazem. A primeira porcentagem é uma das razões para Johnson ter feito tanto; a última é consequência de ele ter feito.

Em 1964, Johnson teve uma vitória esmagadora que também remodelou o Congresso. Depois que os eleitores censuraram Franklin Roosevelt em 1938 por sua tentativa de "abarrotar" a Suprema Corte, os republicanos e os democratas sulistas evitaram qualquer maioria legislativa liberal no Congresso até 1965. Naquele ano, porém, quando 68 senadores e 295 representantes eram democratas, Johnson foi liberado. Como resultado, permanece sendo, em relação ao papel do governo, o mais consequente presidente do século XX. Nicholas Eberstadt diz corretamente que Lyndon Johnson, mais que Franklin Roosevelt, "alterou profundamente o entendimento comum sobre os fins da governança". Quando Johnson se tornou presidente em 1963, a previdência social era o único programa social de âmbito nacional dos Estados Unidos. Seus programas, e aqueles que eles subsequentemente legitimaram, colocaram a nação no caminho para o presente, no qual normas sociais modificadas — uma vez que a dependência do governo deixou de ser estigmatizada — mudaram o caráter nacional americano.

Entre 1959 e 1966 — antes de a guerra contra a pobreza ser implementada —, a porcentagem de americanos vivendo na pobreza, mensurada pelo governo, despencou cerca de um terço, de 22,4% para 14,7%, sendo apenas ligeiramente mais alta que em 2018 (12,7%). Nicholas Eberstadt adverte, contudo, que a taxa de pobreza é "incorrigivelmente enganosa", porque as transferências do governo fizeram com que os níveis de renda e de consumo divergissem significativamente. Medicare, Medicaid, cupons de alimentação, pensões por invalidez, auxílio-aquecimento e outros benefícios tornaram a renda "um previsor ruim do poder de consumo dos grupos de baixa renda". A extrema privação material agora é rara: "Em 2011 [...] o espaço habitacional *per capita* médio das pessoas na pobreza era maior que a média americana em 1980 [...] [Muitos] aparelhos eram mais comuns em casas oficialmente pobres em 2011 que na típica casa americana de 1980 [...] DVD players, computadores pessoais e acesso à internet agora são comodidades básicas das quais nem mesmo os domicílios americanos mais ricos podiam dispor no início da guerra contra a pobreza."[31]

A nação precisa urgentemente de uma mensuração sensata da taxa de pobreza. Isso requer reconhecer os benefícios governamentais não monetários (para alimentação, habitação, assistência médica e outras necessidades), incluir os efeitos dos créditos fiscais, revisar o índice de preços ao consumidor para conseguir uma mensuração mais acurada da inflação e dar um tratamento mais realista aos domicílios compostos por casais em coabitação. Uma medida mais realista da pobreza como privação real forneceria um retrato melhor do bem-estar e poderia reduzir a taxa de pobreza em dois terços. Isso, é claro, encontraria a resistência daqueles que se situam nas redes interligadas e sobrepostas das instituições e programas antipobreza, pessoas que têm interesse em uma mensuração que maximize o número estimado de pessoas pobres. Esses oficiais antipobreza são a razão pela qual Moynihan disse que, se um terço do dinheiro que flui para tais instituições e programas, mas nem sempre através delas, fosse dado diretamente às pessoas pobres, ninguém estaria na pobreza. Mas a institucionalização da política antipobreza tem sido, como diz Eberstadt cuidadosamente, "assistida" pela dramática disseminação de um "emaranhado de patologias". Moynihan cunhou essa expressão em 1965, em um relatório que chamava a atenção para a desintegração familiar entre afro-americanos. Esse emaranhado, que agora envolve todas as raças e etnias, inclui a dependência das medidas de bem-estar social e a "fuga do trabalho".[32]

Trinta e cinco por cento dos americanos — cerca de 47% dos negros e 48% dos hispânicos — vivem em domicílios que recebem benefícios condicionados à renda. E, diz Eberstadt, "a proporção de homens com 20 anos ou mais que estão empregados despencou dramática e quase constantemente desde o início da guerra contra a pobreza, caindo de 80,6% em janeiro de 1964 para 67,6% cinquenta anos depois". O trabalho, que requer independência e autossuficiência, é essencial para a cultura de liberdade. Assim, desenvolvimentos ominosos coincidiram com as políticas da Grande Sociedade: para cada homem adulto entre 20 e 64 anos que está desempregado e procurando emprego, mais de três não estão empregados nem procurando emprego, uma tendência que começou com a Grande Sociedade. E o que Eberstadt chama de "terremoto que sacudiu a estrutura familiar na era da expansão das políticas antipobreza" fez com que os nascimentos fora do casamento aumentassem de 7,7% em 1965 para mais de 40% em 2012, incluindo 72% de bebês negros. O legado bifurcado de Lyndon Johnson inclui a triunfante Lei de Direitos Civis de 1964 e a Lei de Direito ao Voto de 1965 — e as trágicas consequências de muitas de suas outras obras. Eberstadt pergunta: é "simplesmente coincidência" que a fuga masculina do trabalho e o colapso da família tenham ocorrido paralelamente às políticas da Grande Sociedade e que a dependência do governo seja mais disseminada e talvez mais habitual que nunca?[33] A insistente pergunta de Barry Goldwater em 1964 é cada vez mais pertinente: "O que está acontecendo com nosso país?"[34]

Já há meio século, o humor da nação está tomado pela tristeza surgida do fundamentado medo de que, após a Grande Sociedade, o novo governo dos Estados Unidos esteja subvertendo o antigo caráter americano. A agenda desse governo é um cardápio de tentações que pretendem modificar as normas sociais da nação ao tornar os americanos confortáveis com a dependência. E com a degradação da democracia pela prática de financiar a dependência ao empilhar dívidas públicas que forçam as não consencientes futuras gerações a financiar o consumo atual. O caráter nacional dos Estados Unidos precisa ser modificado para que os progressistas possam implementar sua agenda. Para entender o quanto essa modificação está avançada e quão difícil será reverter a inculcação da dependência, considere os dados reunidos por Eberstadt.

Começando duas décadas depois da morte de Franklin Roosevelt — que acharia o governo atual irreconhecível —, o governo se tornou um gêiser de benefícios. Em 2010, o governo em todos os níveis transferiu mais de 2,2 trilhões de dólares em dinheiro, bens e serviços para os beneficiários: 7.500 dólares por indivíduo e cerca de 30 mil dólares por família de quatro pessoas. Antes de 1960, somente em dois anos da Grande Depressão, 1931 e 1935, as transferências excederam as outras despesas federais. Durante a maior parte dos doze anos de Franklin Roosevelt na presidência, as transferências de renda foram um terço ou menos das despesas federais. Mas, entre 1960 e 2010, os benefícios explodiram de 28% para 67% das despesas federais. Em 2010, mais de 34% dos domicílios recebiam benefícios *condicionados à renda*. Os republicanos foram mais que apenas cúmplices, diz Eberstadt: "O crescimento do gasto com benefícios no último meio século tem sido distintamente maior sob administrações republicanas que sob administrações democratas. Entre

1960 e 2010, o crescimento dos benefícios foi exponencial, mas, em qualquer ano dado, foi 8% maior quando o presidente era republicano, e não democrata [...] As administrações de Richard Nixon, Gerald Ford e George W. Bush promoveram expansões especialmente extravagantes do Estado de benefícios."[35]

Como evidência dos custos morais disso tudo, Eberstadt cita o fato de que receber benefícios condicionados à renda não foi meramente desestigmatizado, mas passou a ser celebrado como direito cívico básico. Daí o espantoso crescimento da suposta invalidez. A normalização e então celebração da dependência ajudam a explicar o "abandono sem precedentes do trabalho remunerado por homens adultos". Desde 1948, a participação dos homens na força de trabalho despencou de 89% para 73%. Hoje, 27% dos homens adultos não se consideram parte da força de trabalho: "Grande parte do problema do emprego para os homens americanos de hoje é não querer um." E é por isso que "as taxas de participação na força de trabalho dos homens em idade produtiva são demonstravelmente *menores* nos Estados Unidos que na Europa". Uma razão pela qual o trabalho não é visto nem como dever, nem como necessidade é a exploração — ou, sem meias palavras, a fraude — dos programas de benefícios por invalidez. Em 1960, uma média de 455 mil trabalhadores recebia pagamentos por invalidez; em 2011, eles eram 8,6 milhões. Isso representou mais de quatro vezes o número de pessoas recebendo benefícios básicos sob o programa de assistência temporária às famílias necessitadas. Quase metade dos 8,6 milhões eram "inválidos" em razão de "transtornos do humor" ou aflições do "sistema musculoesquelético e do tecido conjuntivo". Eberstadt diz ser essencialmente impossível refutar alguém que alega sofrer de tristeza ou dor nas costas.[36]

"Em 1960", diz ele, "havia cerca de 134 americanos envolvidos em trabalho remunerado para cada trabalhador oficialmente incapacitado; em dezembro de 2010, havia pouco mais de 16". Isso a despeito de a saúde pública ter melhorado muito e a automação e o crescimento da economia de serviços e de informação terem tornado o trabalho menos fisicamente exigente. Receber o benefício por invalidez é uma "profissão" americana cada vez mais importante. Para cada 100 trabalhadores industriais em dezembro de 2010, havia 73 que já não trabalhavam e recebiam pagamentos por invalidez. Entre janeiro de 2010 e dezembro de 2011, a economia americana criou 1,73 milhão de empregos não agrícolas, mas 790 mil trabalhadores se tornaram beneficiários de pensões por invalidez. Essa tendência não é produto da Grande Recessão de 2008-2009: nos quinze anos até dezembro de 2011, os Estados Unidos acrescentaram 8,8 milhões de empregos ao setor privado não agrícola, e 4,1 milhões de trabalhadores foram para as listas de inválidos. A irradiante corrupção desse benefício envolve a colaboração de médicos e profissionais de saúde que certificam alegações dúbias de invalidez. O sistema judiciário também está comprometido no processo de estabelecer padrões de invalidez que permitam tudo isso. O etos americano já foi o que Eberstadt chama de "puritanismo otimista", combinando a afinidade pelo empreendedorismo pessoal com o horror à dependência.[37] Já não é assim.

Aquilo que Eberstadt chama de "catástrofe silenciosa" é particularmente desanimador porque é tão silencioso, sem tumulto social ou mesmo debate. A catástrofe é a seguinte: a porcentagem de homens em idade produtiva (25 a 54 anos) que estão trabalhando é menor que perto do fim da Grande Depressão, em 1940, quando a taxa de desemprego ainda estava acima dos 14%. A taxa de emprego para homens adultos despencou treze pontos percentuais em meio século. Esse é um déficit no "nível de subutilização da Grande Depressão" em termos de potenciais trabalhadores do sexo masculino. Desde 1948, a proporção de homens com 20 anos ou mais sem trabalho remunerado mais que dobrou, chegando a quase 32%. Essa "transformação misteriosa e radical" — homens criando um "estilo de vida alternativo à multissecular busca masculina por trabalho remunerado" — é amplamente voluntária. Os homens que *escolheram* não procurar emprego são 2,5 vezes mais numerosos que os homens que as estatísticas governamentais contam como desempregados porque estão procurando emprego. O que Eberstadt chama de "radical mudança normativa" transformou em "opção viável" para "homens robustos" que não estão trabalhando nem procurando emprego "ficarem à margem da economia, vivendo do trabalho ou da generosidade de outros". Somente cerca de 15% dos homens entre 25 e 54 anos que não trabalharam em 2014 disseram estar desempregados porque não conseguiam encontrar emprego.[38]

Durante cinquenta anos, o número de homens nessa coorte etária que não estavam trabalhando nem procurando emprego cresceu quase quatro vezes mais rápido que o número dos que estavam trabalhando ou procurando emprego. E esse ritmo praticamente não tem sido "influenciado pelos ciclos comerciais". Os "economicamente inativos" eclipsaram os desempregados, como mensurados pelas estatísticas governamentais, como "principal categoria de homens sem emprego". Essas categorias estatísticas foram criadas antes que as políticas governamentais e as atitudes sociais tornassem possível ser economicamente inativo. Eberstadt não diz que a assistência governamental causa essa situação, mas, obviamente, a financia. Em certa extensão, todavia, essa é uma distinção sem diferença. Amplamente por causa de benefícios governamentais e apoio financeiro de outros membros da família, os homens entre 25 e 54 anos que não trabalham têm despesas domiciliares um terço *mais altas* que a média dos que estão no quintil inferior. Assim, diz Eberstadt, "eles parecem estar em melhor situação que dezenas de milhões de outros americanos hoje, incluindo os milhões de mães solteiras que estão trabalhando ou procurando emprego". A economia americana não é menos robusta e suas provisões de bem-estar social não são menos generosas que as das outras 22 nações ricas da Organização para a Cooperação e o Desenvolvimento Econômico (OCDE). Entretanto, os Estados Unidos estão em 22º lugar, atrás somente da Itália, na participação de homens entre 25 e 54 anos na força de trabalho. Esse, diz Eberstadt, é o "excepcionalismo americano indesejado".[39]

Em 1965, mesmo aqueles que haviam abandonado o ensino médio tinham mais probabilidade de estar na força de trabalho que os homens entre 25 e 54 anos de hoje. E "o colapso do trabalho para os homens americanos modernos aconteceu *a despeito* de consideráveis aumentos de escolaridade". O colapso coincidiu com a diminuição dos casamentos ("a proporção de homens que nunca se casaram era três vezes maior em 2015 que em 1965"), que sugere uma infantilização mais ampla. Assim como o uso que os voluntariamente ociosos fazem de seu tempo: assistir a filmes e programas de TV por cinco horas e meia ao dia, duas horas a mais que os homens que são contados como desempregados porque estão procurando emprego. Notando que a reforma de 1996 "tirou milhões de mães solteiras do sistema de bem-estar social e as colocou na força de trabalho", Eberstadt sugere que as inovações políticas que alteram incentivos podem reverter a "emasculação social" de milhões de homens ociosos.[40] Talvez. Reverter a regressão social, no entanto, é muito mais difícil que causá-la.

O Estado americano de bem-estar social transfere mais de 14% do PIB para beneficiários, com mais de um terço dos americanos recebendo pagamentos "baseados na necessidade". Em nossa rica sociedade, o governo oficialmente trata uma parcela sem precedentes da população como "necessitada". As transferências de benefícios para indivíduos através dos programas de bem-estar social aumentaram de menos de 1 em cada 4 dólares federais (24%) em 1963 para quase 3 em cada 5 dólares federais (59%) em 2013. Desde meados da década de 1960, os pagamentos de benefícios têm sido "a fonte de renda pessoal que cresce mais rapidamente", no dobro da velocidade de todas as outras rendas reais *per capita*. Em 2018, a maioria dos americanos recebeu pagamentos. Isso não se deveu primariamente a transferências da previdência social e do Medicare para a população idosa. O crescimento foi esmagadoramente nos benefícios condicionados à renda. Os domicílios que recebem pagamentos "antipobreza" são mais que o dobro dos que recebem previdência social ou Medicare. Entre 1983 e 2012, a população aumentou em quase 83 milhões de pessoas, e aquelas aceitando benefícios condicionados à renda aumentaram em 67 milhões. Assim, para cada aumento de cem pessoas na população, há um aumento de oitenta pessoas recebendo benefícios condicionados à renda. Os beneficiários dos cupons de alimentação aumentaram de 19 milhões para 51 milhões de pessoas, mais que a população combinada de 24 estados.[41]

O que mudou? Não a parcela da população abaixo da linha de pobreza. Os programas antipobreza se desassociaram da designação oficial de pobreza: em 2012, mais da metade dos beneficiários não eram classificados como pobres, mas aceitavam ser tratados como necessitados. Expandir a dependência requer apagar a tradicional distinção americana entre pobres merecedores e não merecedores. Essa distinção estava enraizada na excepcional concepção desta nação de que a pobreza não é um acidente inalterável de nascimento e relacionada a tradições de generosidade surgidas das experiências dos imigrantes e colonos. Eberstadt argumenta que o Estado de benefícios está extinguindo essa concepção e essas tradições.[42]

Os Estados Unidos "chegaram tarde à festa de benefícios do século XX". A origem do Estado de bem-estar social europeu remonta à Inglaterra pós-1945, à "social-democracia" sueca no entreguerras e à seguridade social de Bismarck no século XIX. Os Estados de bem-estar social europeus refletem as crenças europeias sobre a pobreza: rígidas estruturas de classe enraizadas em um passado feudal significavam poucas oportunidades de mobilidade ascendente baseada no mérito. Acreditava-se que as pessoas estavam presas à necessidade, embora não por sua culpa, e que os Estados de bem-estar social as reconciliariam a estruturas sociais insolúveis. Eberstadt comenta que a estrutura dos gastos governamentais americanos "foi completamente invertida em anos recentes", resultando na "remodelação da vida cotidiana para os americanos comuns sob a sombra do Estado de benefícios". Em duas gerações, o orçamento da família americana foi reformulado: em 1963, as transferências de benefícios representavam menos de 1 dólar a cada 15; hoje, representam mais de 1 dólar a cada 6.[43]

A causação funciona dos dois lados entre o rápido aumento da desintegração familiar e o fato de que, para muitas mulheres, crianças e mesmo homens em idade produtiva, "o Estado de benefícios é quem põe o pão na mesa". Eberstadt acredita que o Estado de benefícios apresenta "desafios ao caráter" por promover poderosamente certos hábitos, incluindo mentais. Repetindo, esses hábitos incluem a corrupção. Moynihan avisou que "a questão dos benefícios sociais não são os custos para quem os fornece, mas para quem os recebe". Conforme uma parcela crescente da população sucumbe ao sempre crescente cardápio de tentações do Estado de benefícios, os custos, conclui Eberstadt, incluem a transformação "da cultura política, das sensibilidades e da tradição" da nação, o enfraquecimento de suas distintivas "concepções de autossuficiência, responsabilidade pessoal e progresso pessoal" e "a ruptura do tecido nacional". Como resultado, "os Estados Unidos de hoje não parecem de modo algum excepcionais".[44]

A agora normal prática de manter enormes déficits em todas as condições econômicas é evidência adicional de que a democracia americana é totalmente suscetível à transformação da democracia em pilhagem. Ela está pilhando as gerações futuras. Não há nada novo em grupos (incluindo gerações inteiras) maximizarem seus interesses aprovando benefícios que serão pagos por empréstimos, pela transferência de riqueza das gerações futuras para as atuais. Essa tentação sempre foi inerente à democracia. Por que, então, os grandes déficits em tempos de paz só se tornaram normais recentemente? Uma razão, disse James Q. Wilson, é a declinante força moral da ideia de autodomínio. A indisposição para adiar o consumo a fim de facilitar os benefícios futuros se tornou a disposição, e mesmo a ânsia, dos eleitores de "empobrecer seus filhos".

Entre 1789 e a década de 1960, debates sobre as novas atividades governamentais eram sobre se era adequado ao governo fazer isso ou aquilo, como gerenciar a previdência social ou os sistemas Medicare. Desde a década de 1960, os debates têm sido somente sobre como pagar por tais coisas ou evitar pagar por elas impondo os custos aos futuros cidadãos. A ascensão do conservadorismo não mudou isso e sequer desacelerou o processo. Essa prática política é sintomática de uma mudança cultural, a suplantação da ética de autocontrole pela ética de egocentrismo. Como explicam os economistas Glenn Hubbard e Tim Kane, o sistema político americano "não pode governar o Estado de benefícios" que "existe amplamente para fornecer benefícios materiais aos indivíduos". Fazer promessas insustentáveis de benefícios — particularmente o Medicare em 1965 e a ampliação dos benefícios de previdência social em 1972 — foi imprevidente para a nação, mas racional para a classe política. Os gastos prometidos, muito maiores que a receita, serão cobrados "para além do horizonte das consequências políticas". "Nossos políticos estão agindo racionalmente", mas "o comportamento politicamente racional é agora fiscalmente perverso". Ambos os partidos estão respondendo a poderosos incentivos eleitorais para não aumentar os impostos nem reduzir as despesas. Assim, os perigos do Estado de benefícios estão "seguramente para além do horizonte das carreiras dos políticos".[45]

## "REALIZAÇÃO PESSOAL" É UM OXIMORO?

Como os problemas entrelaçados de raça e dependência demonstram, é exasperantemente difícil esclarecer o que poderia constituir igualdade de oportunidades para indivíduos situados socialmente em estruturas, familiares e outras, amplamente diferentes. Para os progressistas, essa dificuldade se torna uma oportunidade para defender que, como todos estão socialmente situados, a igualdade de oportunidades para que os indivíduos se esforcem e obtenham sucesso é inatingível. Consequentemente, a maneira sensata e equitativa de maximizar a igualdade de oportunidades é minimizar o grau em que as realizações devem ser atribuídas aos indivíduos. Em vez disso, devemos pensar que as realizações de todos são mais ou menos realizações da sociedade e os indivíduos devem aprender que a igualdade de oportunidades significa tanta igualdade quanto possível ao colher os frutos do sucesso da sociedade. Como o governo é o organizador da sociedade e como a sociedade é a modeladora do indivíduo, o governo é o possibilitador do esforço e, assim, o árbitro correto para a distribuição equitativa do produto social, a riqueza.

Por exemplo, o teórico progressista Edwin C. Hettinger atacou a ideia de direitos de propriedade intelectual ao atacar a própria ideia de realização individual: "A invenção, a escrita e o pensamento em geral não operam em um vácuo: a criação intelectual não é criação *ex nihilo*. Dada essa vital dependência do pensamento de uma pessoa em relação às ideias daqueles que vieram antes dela, os produtos intelectuais são fundamentalmente sociais. Assim, mesmo que assumamos que o valor desses produtos é inteiramente resultado do trabalho humano, ele não é inteiramente atribuível a *nenhum trabalhador em particular* (ou pequeno grupo de trabalhadores)."[46]

Algo muito sinistro está sendo feito aqui. O fato banal de que nenhuma pessoa vive, pensa ou trabalha em um "vácuo" — o fato de que todo mundo está situado em uma sociedade — se torna a base para afirmar uma "dependência vital" do indivíduo em relação à sociedade. Isso, por sua vez, justificaria declarar que não pode haver direito individual de propriedade em relação ao trabalho intelectual. Como o indivíduo está imerso na sociedade, os produtos de tal trabalho são vistos como inerentemente socializados. Assim, o individualismo é atenuado a ponto de desaparecer, e a sociedade pode reivindicar a posse de qualquer quantidade a que sinta ter direito naquilo que os indivíduos produzem.

Na União Soviética, a "sociedade" reivindicou a posse do indivíduo: as pessoas que desejavam emigrar não recebiam permissão porque estariam levando embora a educação fornecida pelo Estado. Como a educação não podia ser deixada para trás, o indivíduo não podia se dissociar da sociedade. Na verdade, o indivíduo não podia se distinguir da sociedade. É a isso que leva o ataque ao individualismo. Ele começa com a afirmação de que o conceito de democracia "exagera a parte desempenhada pela escolha humana".[47] Assim escreveu o professor Woodrow Wilson em 1889. É possível simpatizar com a exasperação que fez com que Margaret Thatcher exclamasse: "Não existe sociedade."[48] Ela existe, claro, mas sua existência não deveria ser vista como desculpa para dissolver o indivíduo em um caldo de dependências ou ver a ideia de realização individual como um oximoro sociologicamente pouco sofisticado. Essa dissolução e o menoscabo da ideia de realização individual permanecem parte da vibração do progressismo. Durante a eleição presidencial de 2012, ocorreu um daqueles notavelmente raros momentos nos quais a retórica de campanha realmente esclarece uma grande questão. Isso aconteceu quando Barack Obama, falando sem um roteiro escrito, revelou o que ia em seu coração e sua mente:

> Se você teve sucesso, não chegou até ele sozinho. Não chegou até ele sozinho. Sempre fico surpreso com aqueles que pensam "Isso deve ter acontecido porque sou muito esperto". Há muita gente esperta por aí. "Deve ser porque trabalho mais duro que qualquer um." Deixe-me dizer uma coisa: há

> muita gente trabalhadora por aí. Se você teve sucesso, alguém ao longo do caminho o ajudou. Houve um grande professor em algum momento de sua vida. Alguém ajudou a criar o inacreditável sistema americano que permitiu que você tivesse sucesso. Alguém investiu em estradas e pontes. *Se você tem um negócio, você não o construiu. Outra pessoa o fez acontecer.* A internet não foi inventada sozinha. A pesquisa governamental criou a internet, para que todas as empresas pudessem ganhar dinheiro na internet. O ponto é que temos sucesso em função de nossa iniciativa individual, mas também porque fazemos as coisas juntos. Algumas coisas, como combater incêndios, não podemos fazer sozinhos. Imagine se todo mundo tivesse seu próprio corpo de bombeiros. Seria difícil organizar o combate a incêndios [ênfase minha].[49]

As palavras em itálico geraram um debate acalorado e os assessores de Obama insistiram que seu significado fora distorcido quando elas foram "tiradas do contexto". Mas Obama estava apenas reprisando algo dito alguns meses antes por Elizabeth Warren, ex-funcionária de sua administração que fazia campanha para se tornar senadora por Massachusetts. Ela dissera: "Não há ninguém neste país que tenha enriquecido sozinho. Ninguém. Você construiu uma fábrica; bom para você. Mas sejamos claros. Você transportou suas mercadorias para o mercado por estradas pagas pelo restante de nós. Você contratou trabalhadores que o restante de nós pagou para educar. Você esteve seguro em sua fábrica por causa da polícia e dos bombeiros pagos pelo restante de nós [...] Você construiu uma fábrica e ela se transformou em algo incrível ou uma grande ideia. Por Deus, fique com uma parte grande. Mas parte do contrato social subjacente é que você pegue uma parte e pague adiantado para o jovem seguinte na fila."[50]

Warren, que era então professora de Harvard, estava sendo com sua declaração, assim como Obama com a dele, uma piromaníaca em um campo cheio de homens de palha (como William F. Buckley caracterizou seu amigo John Kenneth Galbraith, um economista de Harvard). Warren, como Obama, estava refutando energicamente proposições que ninguém defende. Todo mundo sabe que todo empenho ocorre em um contexto social e todas as vitórias são, em certa extensão, permitidas e condicionadas por contextos modelados pelo governo. O que tornou o refrão de Warren interessante e o eco de Obama importante foi que ambos falaram a fim de defender o projeto progressista de diluir o conceito de individualismo. A diluição é um pré-requisito para o avanço da agenda política progressista. Quanto mais o individualismo puder ser retratado como quimera, quanto mais as realizações de qualquer indivíduo puderem ser consideradas derivadas da sociedade, menos essas realizações merecerão respeito. E mais a sociedade estará autorizada a recrutar — ou seja, socializar — qualquer quantia da riqueza individual que considere sua justa parte. A sociedade pode, em um ato opcional de graciosidade política, permitir que o indivíduo mantenha o restante do que a sociedade acha ser erroneamente chamado de posses individuais. Note que "sociedade" necessariamente significa a expressão coletiva da sociedade. Note também que o governo não será um juiz desinteressado na decisão sobre qual é sua justa parte na riqueza alheia.

A agenda coletivista é antitética à premissa americana, que diz que o governo — incluindo bens públicos como estradas, escolas e forças policiais — é instituído para facilitar o empenho *individual*, ou seja, a busca da felicidade. É claro que os indivíduos frequentemente colaboram, muitas vezes através do governo, para fazer escolhas coletivas que facilitam o empenho individual. Isso, no entanto, não compele à conclusão de que a coletividade ("o restante de nós" de Warren) tem o direito de tomar o quanto julgar ter direito dos resultados do empenho.

As declarações de Warren e Obama foram notas de rodapé no abrangente menoscabo do individualismo e da autonomia individual. O progressismo assiduamente defende a autonomia do indivíduo ao fazer escolhas de estilo de vida. Ainda assim, lembre-se de que, em um dos textos sintomáticos do progressismo, *A sociedade da abundância*, John Kenneth Galbraith afirmou — sem oferecer nenhuma evidência empírica — que o poder de marketing das corporações é tão grande que elas podem fabricar demanda para quaisquer bens e serviços que queiram ofertar. Se as corporações podem anular a soberania do consumidor e viciar a lei de oferta e demanda, isso também licencia a "sociedade", significando o governo, a suplantar o setor privado como distribuidor de recursos. Se as massas de americanos forem um rebanho maleável e, portanto, vulnerável, esse rebanho precisará da supervisão paternal de um pastor.

Warren e Obama afirmaram algo banal: que o indivíduo depende do comportamento cooperativo de outros. Mas obscureceram este ponto: é o conservadorismo, e não o progressismo, que leva a sociedade a sério. O conservadorismo entende a sociedade não como manifestação do governo, mas como ordem espontânea de indivíduos cooperando em relações consensuais e contratuais de mercado. O progressismo prega confiante engenharia social pelo Estado regulatório. O conservadorismo urge à humildade governamental em face da extraordinária e criativa complexidade da sociedade. A sociedade americana, entendida como centenas de milhões de pessoas tomando bilhões de decisões diariamente, é uma maravilha da cooperação espontânea. O governo sensato facilita essa ordem cooperativa ao fornecer bens públicos (estradas, escolas, polícia etc.) e ao sair do caminho da criatividade espontânea. *Esse* é o "contrato social subjacente" de uma sociedade dinâmica e próspera.

Apesar disso, muitos éticos contemporâneos acreditam que as desigualdades de riqueza que são produzidas pela produtividade individual excepcional que surge de aptidões naturais excepcionais não merecem deferência ou proteção da sociedade. O economista Arthur Okun argumentou que "a sociedade deveria visar a melhorar, e certamente não a agravar, as falhas do universo".[51] Mas a distribuição desigual de habilidades é uma "falha" do "universo", ou seja, da realidade? Uma falha é um defeito, uma detração da perfeição. Mas como seria, então, o universo perfeito? Uma igualdade absoluta não somente de condições, mas também de habilidades?

Antes que alguém possa razoavelmente — ou responsavelmente — declarar que temos o dever de "melhorar" alguma condição social, esse alguém deveria tentar calcular as consequências de tentar. Melhorar significa tornar melhor, de modo que Okun tentou vencer a argumentação através de um decreto semântico, e não de evidências. Ele estava assumindo que aquilo que ele prefere tornaria as coisas melhores. Mas tornaria? Essa é, em grande extensão, uma pergunta empírica, a menos que se estipule, como verdade autoevidente, que todas as desigualdades derivadas da distribuição desigual de capacidades são injustas, independentemente de suas consequências sociais. Quais seriam os resultados das políticas igualitárias de Okun? E se tolerar recompensas extraordinárias para aqueles que possuem dons naturais extraordinários tornasse toda a sociedade mais abastada? Henry Sidgwick, filósofo e economista inglês do século XIX, foi validado pela experiência subsequente: "Eu objeto ao socialismo não porque ele dividiria mal os produtos da diligência, mas porque haveria muito menos para dividir."[52]

As pessoas que recebem grandes dons naturais na loteria da vida podem não tê-los "merecido" em nenhum sentido óbvio. Mas alguém que nasceu com um defeito no coração ou suscetibilidade à artrite não "mereceu", em nenhum sentido significativo, essas falhas. Há dois argumentos para permitir que as pessoas sejam livres para exercer e colher os frutos de suas (talvez superiores) capacidades. Um é utilitário: essa liberdade conduz à abundância *social* e a maior felicidade para o maior número. Releia o comentário de Sidgwick. Ou o de John Stuart Mill sobre diligência e frugalidade, das quais a sociedade, assim como os indivíduos diligentes e frugais, se beneficiam: "Diligência e frugalidade não podem existir onde não há probabilidade preponderante de que aqueles que trabalham e poupam terão permissão para gozar de seus frutos."[53] A segunda razão para respeitar o direito ao livre exercício das capacidades herdadas é a liberdade individual: deve haver um pressuposto a favor de proteger o direito dos indivíduos de desenvolverem e exercitarem suas capacidades e gozarem dos frutos que elas produzem e um pressuposto contra convocar o indivíduo à subordinação a fim de servir a noções de equidade politicamente determinadas.

Quanto mais a ciência estabelecer as bases genéticas para a diferença de aptidões e mesmo atitudes e desejos, mais pressão haverá por ações governamentais que consigam remediar as injustiças da loteria da vida. Muitas dessas pressões, porém, serão oportunistas: antigas agendas buscando, através da ciência, um novo *momentum* por respeito. E não é óbvio por que o poder político deveria ser colocado a serviço de eliminar diferenças que são, estritamente falando, naturais. Mesmo assim, a genética está se unindo às ciências sociais para complicar nosso entendimento do que significa igualdade de oportunidades. Por exemplo, conforme a aquisição e manipulação de informações se tornam mais importantes para a prosperidade dos indivíduos, a vida se torna mais regressiva. Isso porque os benefícios se acumulam desproporcionalmente entre aqueles que já são favorecidos por aptidões naturais ou adquiridas através da educação e de outras formas de socialização. Todavia, não é necessariamente desafortunado que a sociedade experimente considerável estratificação cognitiva. Afinal, queremos que os talentosos e habilidosos ascendam a posições que deem escopo a seus talentos. Como disse Robert Frost, "Sou contrário a uma sociedade homogeneizada porque quero que a nata suba até a superfície."[54] Desafortunado é quando a transmissão de aptidões e habilidades cognitivas se torna tão intensamente uma questão de transmissão de vantagens familiares que as perspectivas de uma criança podem ser amplamente previstas por informações sobre seus pais.

Os americanos há muito imaginam que a nossa é uma sociedade de classe média sem distinções significativas e calcificadas de classe, uma sociedade aberta à mobilidade ascendente. Eles se mostraram relutantes e, consequentemente, lentos em reconhecer o que o sociólogo Richard Sennett chamou de "danos ocultos de classe".[55] Mas essa relutância está diminuindo, por ao menos duas razões. Uma é aparente para a classe média quando ela olha para baixo com alarme; a outra é aparente quando olha para cima com inveja e ressentimento. Após mais de meio século de tentativas de melhorar as políticas sociais, é inegável que existe uma subclasse presa na transmissão intergeracional de pobreza. Além disso, a classe média acredita, e não está enganada, que, conforme a sociedade se torna mais tecnocrática e complexa e mais inclinada a recompensar as elites cognitivas, mais hábeis se tornam essas elites em se entrincheirar ao passar vantagens para seus filhos.

Quando a sociedade moderna deixou — mais ou menos — de atribuir status e oportunidades com base no parentesco, no patronato ou na classe, ela buscou mensurações quantitativas para possibilitar o que Napoleão chamou de "carreiras abertas a talentos".[56] Mas, no próprio momento em que uma sociedade meritocrática busca atribuir recompensas com base em padrões impessoais e objetivos, o parentesco, o patronato e, especialmente, a classe retornam a passos miúdos. Como avisou o sociólogo Daniel Bell há quase cinquenta anos, "jamais existirá uma meritocracia pura porque os pais de status elevado invariavelmente buscam passar adiante suas posições, seja através do uso da influência, seja simplesmente pelas vantagens culturais que seus filhos inevitavelmente possuem. Assim, após uma geração, a meritocracia se torna simplesmente uma classe fechada".[57] As vantagens culturais são tão potentes que o recurso à crassa influência se torna de menor importância.

Na extensão em que uma sociedade meritocrática mensura e recompensa a inteligência e na extensão em que as diferenças em inteligência resultam de heranças genéticas, uma sociedade de oportunidades realmente iguais é uma quimera prestes a desaparecer. Em teoria, a meritocracia parece uma tradução das condições da modernidade para o espírito da democracia. Na prática, as aspirações meritocráticas tendem a resultar em uma sociedade hierárquica que parece especialmente brutal porque é produzida por processos impessoais e supostamente científicos. É uma sociedade na qual a posição social supostamente é resultado da qualificação objetiva. Assim, aqueles que não florescem tendem a sentir especial amargura: a eles é negado o consolo de concluir que a competição foi inerentemente injusta.

Em *Uma teoria da justiça*, John Rawls argumentou que "desigualdades de nascimento e dotes naturais são imerecidos".[58] Consequentemente, os benefícios sociais acumulados pelas pessoas por causa de tais dotes são justificados se, e somente se, a prosperidade dos afortunados também melhorar as condições dos que têm menos sorte. Esse imperativo moral é abrangente porque Rawls tinha uma concepção ampla sobre o que conta como dote "natural". Ele incluía não só a inteligência, a beleza física e as aptidões inatas para a música ou a matemática, mas também as vantagens resultantes de um ambiente familiar mais propício. O imperativo de Rawls requer um governo que busque incansavelmente uma distribuição "justa" das recompensas sociais. Isso, é claro, garante uma política exaustiva de constante conflito distributivo. E como o governo equalizaria a influência das facções que tentam usar as medidas democráticas — persuasão, mobilização das massas — para influenciar as decisões governamentais? Se alguns participantes políticos são mais habilidosos e articulados do que outros, o que se deve fazer?

Devemos evitar brandir promiscuamente acusações de incipiente "totalitarismo". Mas está claro que qualquer governo leal ao imperativo de Rawls teria de monitorar e microgerenciar intensamente não somente as transações econômicas, mas até mesmo as interações sociais. E a família, a transmissora primária de capital social, teria de ser considerada rival inerente ou impedimento ao governo determinadamente igualitário. É por isso que, aparentemente, clichês anódinos sobre "nivelar o campo de jogo" podem gerar tantos danos. O governo deveria avançar com cuidado quando se aventura no tenso debate sobre como as transmissões de vantagens familiares devem ser reguladas ou impedidas — se é que devem.

Além disso, embora, de algumas maneiras, a estratificação cognitiva e outras causas de desigualdade de renda tornem os Estados Unidos menos igualitários, não podemos ignorar alguns aspectos imensamente igualitários da modernidade. Qualquer um pode ter tanto acesso à internet quanto Bill Gates; Jeff Bezos e você têm o mesmo acesso a uma das maiores bênçãos do século XX, os antibióticos. Os mecanismos e medicamentos que tiveram vastos efeitos niveladores na distribuição de bem-estar foram produzidos por elites cognitivas cujas capacidades não causam ressentimento nas multidões que se beneficiam de seus resultados. Isso acontece a despeito de, conforme a aquisição e a manipulação de informações se tornam mais importantes para a prosperidade dos indivíduos, a vida se tornar mais regressiva: os benefícios da informação vão desproporcionalmente para aqueles que já são favorecidos por aptidões naturais e outras características adquiridas através da educação e da socialização.

Dois séculos atrás, a grande fonte de riqueza nos Estados Unidos era a terra. Ela era tão abundante que, finalmente, com a Lei da Propriedade Rural de 1862, foi essencialmente distribuída de graça. Um século atrás, a fonte distintiva de riqueza era o capital rigorosamente fixo: pense nas aciarias de Andrew Carnegie, na ferrovia New York Central de Cornelius Vanderbilt e na montadora River Rouge de Henry Ford. Hoje, a fonte distintiva de riqueza é o chamado capital humano: conhecimento, informação, habilidade cognitiva. Embora ele seja amplamente distribuído pela natureza e aumentado pela educação gratuita universal, há limites a quanto a educação — mesmo que competentemente conduzida, o que nem sempre é o caso — pode fazer para equalizar a habilidade dos indivíduos de terem sucesso em uma sociedade competitiva.

Em uma sociedade na qual o bem-estar material se tornou mais ou menos universal ou, ao menos, na qual a privação material severa se tornou rara, a competição por vantagens culturais se intensificou. Isso ocorre só parcialmente porque muitas dessas vantagens, como educação e instituições de elite, possuem considerável valor monetário efetivo sobre uma vida de rendimentos. Quando as sociedades se tornam mais ricas, as necessidades básicas são atendidas e as inseguranças são atenuadas, as mensurações monetárias se tornam menos úteis como medidas do bem-estar individual. Hoje, observa Christopher DeMuth, a principal atividade do governo consiste em transferir renda de trabalhadores para não trabalhadores a fim de subsidiar duas coisas que eram praticamente desconhecidas há apenas algumas gerações: não trabalho (aposentadoria, escolarização prolongada, pensões por invalidez) e ambiciosa assistência médica (substituição de partes do corpo, diagnósticos exóticos e tecnologias farmacológicas). Brink Lindsey, do Cato Institute, está certa ao dizer que "o triunfo sobre a escassez moveu o foco do igualitarismo liberal da falta de recursos materiais para a falta de aceitação cultural".[59] Em 1943, o cientista comportamental Abraham Maslow introduziu a ideia de que os seres humanos têm uma "hierarquia de necessidades". Na base da "pirâmide de Maslow" estão os imperativos fisiológicos: necessidades de bebida, comida, abrigo, segurança e sexo. Em sociedades avançadas, as pessoas têm necessidades avançadas. Elas incluem o que Maslow chamou de "necessidades de pertencimento", como aceitação e filiações. Então vêm as "necessidades de estima", como o respeito próprio e o status social. No ápice da pirâmide, está o que ele chamou de "autorrealização", significando a sensação de satisfação pessoal. Em sociedades desenvolvidas, nas quais a satisfação das necessidades fisiológicas está garantida, as necessidades mais "elevadas" se tornam temas políticos, e sua satisfação se torna uma agenda política. A política segue a ascensão da sociedade pela pirâmide.

Quando as considerações mais amplas sobre a classe econômica perdem importância política, considerações sobre etnia, sexo, cultura e religião se tornam mais salientes. É por isso que as respostas do Estado de bem-estar social às questões básicas sobre justiça material distributiva não acalmaram nossa política. Preocupações bastante diferentes e mesmo mais passionalmente disputadas ampliaram o alcance da discussão política. Os americanos sempre estiveram divididos entre dois desejos: ausência de restrições e senso de comunidade. Conforme a pirâmide social da nação se torna mais íngreme, aqueles mais perto da base que do ápice se sentem cada vez mais à mercê das elites governantes e midiáticas que não parecem ser elites de caráter, assim como são de realizações. As pessoas mensuram o caráter em parte pelos valores partilhados. Na maioria das sociedades, na maior parte do tempo, ninguém pensa muito sobre os valores mais básicos. Se questionadas, as pessoas respondem com o que os sociólogos chamam de declarações "é claro", que expressam o "mundo dado como certo" da comunidade. Uma dúbia realização da cultura modelada pelas elites de hoje tem sido diminuir o "mundo dado como certo". Questões que tocam o âmago de nossa existência, como a natureza da vida bem vivida e o significado do sexo, que há pouco tempo geravam respostas "é claro", já não o fazem.

Nesse contexto de desorientação cultural, o governo tentou produzir resultados menos tangíveis e mais complicados que a infraestrutura física. Ele decidiu que podia fornecer formas mais ambiciosas de assistência. Como o jornalista Max Ways escreveu certa vez: "Quando São Francisco impulsivamente doou suas finas roupas ao mendigo, ninguém pareceu se interessar muito pelo que aconteceu ao mendigo. Ele foi reabilitado? Ele abriu uma lojinha? Ou foi encontrado no dia seguinte, novamente nu, em uma sarjeta de Assis, tendo trocado as roupas por um garrafão de Orvieto? Esse tipo de pergunta não interessava à mente medieval. O século XX desenvolveu uma definição mais ambiciosa do que significa ajudar alguém."[60]

Como disse Moynihan na epígrafe deste capítulo, a política pode modificar a cultura, da qual o sucesso da sociedade depende. Mas, embora a política possa salvar a cultura de si mesma, também pode prejudicá-la. E fez isso ao desestigmatizar a dependência com o propósito de universalizá-la. Nesse contexto cultural, pode até mesmo haver uma contradição cultural na educação, que deveria equipar os indivíduos para vidas de confiante independência. Quanto mais educada uma nação se torna, mais benefícios seu governo pode dispensar aos cidadãos. Quanto mais ricos os cidadãos se tornam, mais impostos pagam e mais benefícios esperam do governo. Embora a prosperidade torne as pessoas confiantes e assertivas e lhes dê os meios para serem autossuficientes, ela não conduz ao governo pequeno ou à autossuficiência. Assim, a vida democrática talvez mine os pré-requisitos da democracia. Ela produz primeiro a tolerância pela dependência, depois a fome por ela e, por fim, a insistência de que a dependência é um direito natural.

Quando cresceu a dependência por vários benefícios governamentais, cresceu também outro tipo de dependência. Uma perversa forma de empreendedorismo é gerada quando os interesses econômicos se tornam dependentes das oportunidades fornecidas pelo governo. Quando as pessoas se tornam mais hábeis em fazer isso, o governo se torna um motor de desigualdades imerecidas. Esse é um perigo presente especialmente em sociedades bem-sucedidas. Mancur Olson avisou que, quanto mais longamente uma sociedade é estável, mais numerosas são as facções bem-sucedidas — *não* os pobres, os desempregados ou os novos e ousados empreendedores que tentam obter alguma vantagem contra competidores estabelecidos — que se tornam hábeis na obtenção de vantagens no sistema político.[61] Elas incluem o protecionismo doméstico na forma de licenças ocupacionais; regulamentações que são mais onerosas para os participantes novos e menores de um mercado que para as corporações grandes e ricas; ou proteção internacional na forma de tarifas e cotas de importação. Mais e mais facções descobrem como prosperar ao conseguir vantagens distributivas através da política. E a sociedade sucumbe lentamente à esclerose roubadora de energias. Evitar isso requer uma ética política que estigmatize o *rent-seeking* e um Judiciário engajado que não seja tímido demais para declarar que algumas dessas práticas são inconstitucionais porque violam os direitos enumerados ao devido processo legal e à igual proteção das leis e direitos não enumerados como o de empregar seus talentos para ganhar a vida.

## "A MAIORIA DAS COISAS NÃO É INTENCIONAL"

A instrução fundacional do conservadorismo é que devemos ser conscientes, confortáveis e respeitosos em relação à complexidade. "A natureza do homem", disse Burke, "é intrincada e os objetos da sociedade são da maior complexidade possível. Consequentemente, nenhuma simples disposição ou direção do poder pode ser adequada à natureza do homem ou à qualidade de seus afazeres".[62] É por isso que a máxima formulada pelo cientista e analista de sistemas Jay W. Forrester e frequentemente citada por Moynihan é verdadeira: "Podemos dizer com alto grau de confiança que a solução intuitiva para os problemas de sistemas sociais complexos estará errada na maior parte do tempo."[63] Daí a reclamação de Moynihan quando um depoimento perante um comitê do Congresso teve "toda a clareza da lógica, mas nada da imprecisão, do atrito, da sujeira e dos detalhes da realidade".[64] Moynihan trabalhou no governo durante as desmedidas ambições associadas à Nova Fronteira de John Kennedy e, ainda mais, à Grande Sociedade de Lyndon Johnson. Em um decepcionado retrospecto, ele lembrou que as eleições de 1964 pareciam prometer a "direta transmissão das ciências sociais para as políticas governamentais".[65] As ciências sociais sabiam, ou pensavam saber, como "gerenciar" a economia para maximizar o emprego, que presumiam ser um previsor confiável de estruturas familiares saudáveis. Se as tendências macroeconômicas não são uma influência decisiva, o que são? Muitas coisas que foram descartadas quando a sociedade americana embarcou na grande aventura da liberação, buscando o que pode ser chamado de êxtase de Shelley:

*O véu pintado foi [...] rasgado;*
*A máscara repugnante caiu, o homem permanece*
*Sem cetro, livre, irrestrito, mas homem*
*Igual, sem classe, tribo ou nação,*
*Isento de reverência, veneração, hierarquia, rei*
*De si mesmo.*[66]

A cultura de hoje é a razão para pensarmos que talvez as pessoas devessem ser um pouco mais restritas por costumes e convenções morais e sujeitadas a uma pitada de reverência por algo além de seu próprio esplendor. A disposição normalmente ensolarada dos Estados Unidos foi nublada pelas ansiedades sobre os usos dados à liberdade. Os conservadores libertários e os conservadores sociais ocasionalmente se digladiam, mas os libertários precisam dos sociais. Eles estão preocupados com a ecologia moral da sociedade e com as famílias, escolas, igrejas e outras instituições mediadoras que a sustentam. Há pré-requisitos para que a liberdade seja empregada de modo digno, ou seja, para o que o preâmbulo da Constituição chama de "bênçãos" da liberdade.

Lembre-se de Walter Lippmann proclamando, em 1914, a determinação do progressismo de "colocar intenção onde antes reinava o costume".[67] Os Estados Unidos de hoje têm amplas evidências de que, quando se livra dos costumes, você obtém regressão social cada vez mais rápida. Os costumes são normativos, eles afirmam alguns comportamentos e estigmatizam outros. Quando as normas passam a ser consideradas opcionais ou pior, repressivas, a liberdade se degenera em licenciosidade, que não é uma bênção.

"A maioria das coisas não é intencional." Essa é a primeira linha da última estrofe do melancólico e quase desesperado poema de Philip Larkin "Going, Going" [Indo, indo], escrito em 1972, no qual ele diz adeus a tudo que fora a Inglaterra antes que a modernidade a soterrasse: "Inglaterra desaparecida / As sombras, os prados, as travessas / Os salões das guildas, as saletas entalhadas dos coros."[68] O poema talvez seja, como ele mesmo diz, o poeta sentindo "a idade, simplesmente". Ele tinha 49 anos e morreria aos 63. Mas há uma implicação mais alegre na grande verdade de que "a maioria das coisas não é intencional". Um dos insights centrais do conservadorismo é o fato de que a maioria dos arranjos sociais, das famílias às comunidades e sistemas comerciais, não é intencional. Eles não são resultado da intenção consciente, da premeditação, do projeto. São resultado de enxames de variáveis independentes que desafiam a subordinação à supervisão. O aspecto triste disso é que, quando arranjos involuntários, como famílias, são involuntariamente enfraquecidos a ponto de se desintegrarem, ninguém sabe como refazê-los. O que tornou tão chocante a desolação de South Bronx nas décadas de 1970 e 1980 não foi sua transformação em favela, mas a memória do que ele fora. Como disse Moynihan, "Na década de 1930, o Bronx era conhecido como 'a cidade sem favela'" e era "o único lugar, em toda a nação, no qual se construíram habitações durante a Grande Depressão". Então veio a regressão social, "um colapso apocalíptico que acredito não ter igual na história da urbanização".[69] Reverter a regressão social usando políticas públicas que criam ou recriam uma cultura saudável é um desafio doméstico similar à "construção da nação" no exterior. Teoricamente, não é impossível, mas está além de nossas habilidades atuais.

Entrementes, precisamos que o governo faça uma versão do juramento de Hipócrates: "Não causar dano." O governo precisa voltar ao básico. A classe política, definida amplamente para incluir pessoas ativamente engajadas na política eleitoral e nas decisões políticas, assim como aqueles que relatam e comentam a vida cívica, é mais unida por uma característica de classe do que é dividida por diferenças filosóficas. A característica é a tendência de superestimar a importância das políticas públicas, das quais a classe política deriva seu senso de importância. É assim especialmente em relação às desigualdades econômicas e sociais. A classe política tende a acreditar que elas são amplamente o resultado de políticas públicas e, logo, suscetíveis a aprimoramentos decisivos através de melhores ações governamentais. Na discussão sobre o que é primário, natureza ou criação, a primeira recebe uma enfática afirmação da filosofia dos fundadores. Por baixo da miríade de pátinas culturais, há uma natureza humana fixa que não se aperfeiçoa nem regride. O que muda para melhor é a capacidade de certas porções da humanidade de aperfeiçoarem as estruturas legais, institucionais e sociais para lidar com as constantes da natureza humana.

Fundar esta República com base amplamente em interesses, e não virtudes, foi prudente porque, ao contrário das virtudes, os interesses estão sempre conosco. Eles são espontâneos e todo mundo os possui. Imaginar não os ter é imaginar ser algo de outro mundo. As virtudes são difíceis de adquirir e, consequentemente, muito mais raras que os interesses. É por isso que as pessoas prudentes que buscam criar uma fundação firme para uma politeia sob soberania popular não contarão primariamente com as virtudes.

Apesar disso, uma das funções das leis é usar incentivos para encaminhar as pessoas na direção de modos dignos de vida, fortalecendo as virtudes que a politeia considera essenciais. A afirmação de que as virtudes não precisam da ajuda das leis é empírica, talvez correta, talvez não, mas, de todo modo, discutível. A afirmação de que *não há* virtudes essenciais ou nenhuma que seja uma preocupação adequada para as leis é tão absurda quanto seria a ideia de uma politeia sem noções de bem público. Em uma sociedade aberta e pluralista, o governo se preocupa com um mínimo do que se pode chamar de questões morais essenciais. A família é uma delas porque muito depende dela. O governo pode ao menos não encorajar ou facilitar os hábitos dissolutos. Ele causou muitos danos ao desestigmatizar e encorajar a dependência.

O bom caráter e as configurações sociais que o influenciam são cruciais para a igualdade de oportunidades, e não estamos livres da influência das políticas públicas em uma sociedade livre. A definição de bom caráter de James Q. Wilson inclui duas qualidades. Uma é a empatia, significando consideração pelas necessidades, direitos e sentimentos alheios. A segunda é o autocontrole, significando a habilidade de agir tendo como referência as consequências mais distantes do comportamento atual. O caráter é modelado pelas forças públicas: pela opinião geral, pelas expectativas dos vizinhos, pelas convenções artísticas, pelos entendimentos da elite, "em resumo, pelo etos dos tempos".[70] As políticas públicas primariamente refletem esse etos, mas também podem modelá-lo um pouco e talvez até mesmo, como disse Moynihan, o colega de Wilson, "salvá-lo de si mesmo".

CAPÍTULO 7

# OS OBJETIVOS DA EDUCAÇÃO

## Talento para o louvor e para o pessimismo

> Contudo, às vezes é necessário repetir o que todos sabem. Todos os cartógrafos deveriam colocar o Mississippi no mesmo lugar e evitar a originalidade. Pode ser tedioso, mas precisamos saber onde ele está. Não podemos ter o Mississippi deslizando até as Montanhas Rochosas, só para variar um pouco.
>
> Saul Bellow, *Mr. Sammler's Planet*[1]

"Somos uma nação jovem", escreveu George Washington quando a nação tinha 7 anos, em 1783, "e temos um caráter a estabelecer".[2] A nação agora tem quase 250 anos e precisa restabelecer seu caráter e cuidar para que as primeiras palavras do preâmbulo da Constituição — "nós, o povo" — realmente denotem algo real.

A Declaração de Independência começa de maneira vigorosa, mas problemática: "Quando, no curso dos eventos humanos, torna-se necessário que um povo..." Em que sentido os habitantes das treze colônias eram "um povo"? Eles professavam muitas fés. Falavam várias línguas: Benjamin Franklin, sensível às peculiaridades da Pensilvânia, sugeriu que o Congresso publicasse leis em alemão e, na década de 1850, Abraham Lincoln investiria em vários jornais de língua alemã para aumentar o alcance de sua campanha. Os residentes das áreas que subitamente, em 4 de julho de 1776, deixaram de ser colônias tinham poderosas ligações locais: mesmo 85 anos depois, Robert E. Lee, um oficial de carreira no Exército americano, escolheria se demitir a sacar a espada contra "meu país", a Virgínia.[3]

No Artigo Federalista nº 2, John Jay descreveu os americanos como "um povo unido, descendente dos mesmos ancestrais, falando a mesma língua, professando a mesma religião, ligado aos mesmos princípios de governo, muito similar em suas maneiras e costumes".[4] Isso era mais ou menos verdade. É fato que, em uma era na qual as diferenças religiosas eram muito sérias, católicos, quacres e membros de várias seitas protestantes teriam discordado vigorosamente da ideia de que todos professavam a mesma religião. Mas, após a independência, a Constituição nova-iorquina de 1777 proibia católicos de ocuparem cargos públicos, e os católicos de Massachusetts só podiam ocupá-los se renunciassem à autoridade papal. Os católicos de Maryland tinham direitos civis plenos, mas não os judeus, e Delaware requeria um juramento afirmando a crença na doutrina da Trindade.

Mesmo assim, Jay tinha razão: os americanos, descendendo amplamente de norte-europeus e tendo sido fundidos na fornalha de "uma longa e sangrenta guerra", eram um povo mais ou menos unido.[5] Mas, como Edward C. Banfield escreveu dois séculos depois, "o fato é que a sociedade americana — qualquer sociedade — não é uma irmandade, mas um grupo de competidores".[6] E, como notou com aspereza o colaborador de Jay, James Madison, no Artigo Federalista nº 37, as pessoas não são competidoras gentis, sendo humanas e, portanto, cheias de "opiniões discordantes", "ciúmes mútuos" e outras "enfermidades e depravações". E "se, em alguns dispersos exemplos, um aspecto mais promissor é apresentado, ele serve apenas como exceção que nos adverte sobre a verdade geral e, com seu brilho, aumenta a escuridão das perspectivas adversas com as quais é contrastado".[7] Então o que pode ser feito para transformar competidores se não em irmãos, ao menos em compatriotas amigáveis? A estada de Tocqueville em uma América turbulenta, regionalmente dividida e jacksoniana o convenceu de que, "a fim de que uma sociedade possa existir [...] requer-se que as mentes de todos os cidadãos sejam reunidas e então mantidas juntas por certas ideias predominantes".[8] Sete décadas depois, no auge da imigração anterior à Primeira Guerra Mundial, Theodore Roosevelt temeu que a nação estivesse se tornando "uma pensão poliglota", uma associação transitória de estrangeiros.[9] Ou algo parecido com o barco de Teseu.

Na lenda grega, o marinheiro Teseu navegou durante anos, substituindo as pranchas de seu barco uma a uma, conforme exigido pelo desgaste, até que não restava nenhuma prancha original. A essa altura, tratava-se do mesmo barco? Os seres humanos não sentem que sua identidade é atenuada ou de algum modo problemática somente porque, com o passar dos anos, as células de seus corpos são gradualmente substituídas por outras. Mas e quanto à identidade da nação? Essa era uma questão de urgência existencial em março de 1861, expressada na estrondosa cadência do último parágrafo do primeiro discurso de posse de Lincoln: "Hesito em encerrar. Não somos inimigos, mas amigos. Embora a paixão possa ter estirado nossos laços de afeto, ela não deve rompê-los. Os místicos acordes da memória, ressoando de cada campo de batalha e sepultura patriótica até alcançar cada coração e cada lar desta vasta terra, ainda participarão do coro da União quando forem novamente tocados, como certamente serão, pelos anjos bons de nossa natureza."[10] Naquele momento de desespero, com sete estados já tendo votado pela secessão, a memória nacional era um instrumento vital de governança.

Mas a memória da nação precisa de cuidados; ela não se nutre e se transmite sozinha; deve ser ensinada. Há cinquenta anos, Ronald Knox, capelão católico de Oxford, comentou que, no século XX, talvez pela primeira vez na história humana, isto é verdade: "Você não acredita no que seus avós acreditavam e não tem razão para esperar que seus netos acreditem no que você acredita."[11] Nenhuma comunidade pode aceitar passivamente essa proposição, a menos que tenha aceitado desaparecer ou — o que dá na mesma — ser irreconhecivelmente transformada a cada geração.

A democracia requer um *demos*. O governo do, para o e pelo povo requer um povo, entendido como coletividade definida por mais que pela mera proximidade. Ela deve ser definida por uma ecologia moral, uma identidade partilhada que é construída — conscientemente *criada* — pela educação e pelas liturgias cívicas que alimentam as memórias partilhadas. Ralph Waldo Emerson reclamou em 1836 que "nossa era é retrospectiva". Ela "constrói os sepulcros dos pais", limitando a si mesma: "Por que não deveríamos, nós também, gozar de uma relação original com o universo?"[12] Eis por que: uma relação original requereria que negássemos o fato de que somos criaturas situadas, que estamos enraizados na estrutura moral em que fomos colocados como cidadãos. Os Estados Unidos de hoje são insuficientemente retrospectivos. Emerson lamentou o fato de o ensino superior frequentemente ser um navio "feito de madeira podre e cheia de furos, tradicional, sem um centímetro de uma prancha nova no casco".[13] Mas a educação deveria estar mais carregada de madeira intelectual tradicional que de novas ideias. Afinal, quase todo novo conhecimento é falso.

Como presidente de Princeton, Woodrow Wilson escreveu frequentemente, e bem, sobre a sociedade como "sede da memória vital" da sociedade, um "órgão de recordação" para a transmissão das melhores tradições. Ele via a educação como empreitada de conservação, uma maneira de tornar os jovens artificialmente "velhos" ao infundir-lhes ideias maduras. "Tentamos colocá-los seguramente no ponto ao qual a mente da raça chegou definitivamente e poupá-los do esforço de tentar a jornada novamente", disse Wilson. "Corremos o risco de perder nossa identidade e nos tornarmos infantis a cada geração [...] Ficamos desalentados ao constatar que não envelhecemos, somos sempre tão jovens quanto a informação de nossos eleitores mais numerosos [...] O passado é desacreditado entre eles, porque não participaram de sua escolha."[14] Por isso, a sociedade americana precisa levar a sério a interminável tarefa de recapturar o passado através do cultivo das memórias. As nações são naturalmente esquecidiças, e a democracia faz com que o sejam ainda mais. A insistente mensagem da democracia é que todos os arranjos repousam sobre a opinião, de modo que as democracias estão dispostas a focar na fluidez do presente. A capital da democracia americana, Washington, é uma cidade de frequentes idas e vindas e muitos aluguéis de curto prazo e, desse modo, está tão ocupada tentando projetar o futuro que tem pouca energia para aprender sobre, ou com, seu passado.

Uma tendência utópica ou, ao menos, uma propensão ao perfeccionismo esteve presente na criação da filosofia política ocidental. Em *A República*, Platão apresentou a esperança de que gerações futuras mais perfeitamente educadas resultassem em vidas mais perfeitas. Os fundadores dos Estados Unidos visavam não à perfeição, mas ao humilde atributo da felicidade. É válido distinguir, como fizeram os fundadores, entre *freedom* e *liberty* [ambas traduzidas como "liberdade"]. O falcão é *free*, assim como o salmão, no sentido de que pode ir e vir de acordo com suas inclinações. *Liberty*, no entanto, é reservada aos seres humanos, criaturas pensantes que podem escolher suas inclinações. A reflexão sobre o uso adequado de *freedom* é *liberty* na prática. Em relação ao comportamento individual, os fundadores eram realistas morais, no sentido de que achavam que as verdades morais eram realidades objetivas. Eles acreditavam que tais verdades podiam ser apreendidas por mentes comuns que não estivessem nem enevoadas pela superstição, nem aturdidas pela paixão, e que a rota mais certa para a felicidade era viver em conformidade com essas verdades. Se, perguntou Locke, a mente é um "papel em branco sem quaisquer caracteres, sem nenhuma ideia", como ela é "mobiliada"? "A isso respondo, em uma palavra, pela experiência."[15] Da pergunta de Locke e de sua epistemologia veio a resposta de uma palavra dos Estados Unidos: educação.

Em um ensaio de 1790 intitulado "Sobre a educação da juventude nos Estados Unidos", Noah Webster disse: "Assim que [uma criança] entreabre os lábios [...] ela deve balbuciar o louvor à liberdade."[16] Quarenta e oito anos depois, Lincoln, em seu discurso no Liceu de Jovens de Springfield, Illinois, disse: "Que a reverência pelas leis seja exalada por cada mãe americana para o bebê balbuciante em seu colo."[17] Nada é mais americano que a crença de que a segurança da República depende de iniciar cedo a potente missão da educação. Em sua curta existência após a revolução, o congresso continental foi, por causa das limitações impostas pelos artigos da confederação, amplamente condenado à futilidade. Mas conseguiu uma grande realização: a Ordenança do Noroeste, que incluiu um subsídio federal para o ensino fundamental e médio. O subsídio requeria que uma parcela de cada municipalidade fosse reservada à manutenção de escolas públicas. Horace Mann era um inocente impressionável no exterior quando, como muitos progressistas fariam mais tarde, apaixonou-se pelas coisas alemãs. A abordagem prussiana dos ensinos fundamental e médio intensificou sua muito americana confiança nos poderes que aprimoram a educação: "Os homens são ferro fundido, mas as crianças são cera."[18] Presumivelmente, os adultos são versões duráveis ("ferro fundido") daquilo em que o sistema educacional os transformou quando eram jovens e maleáveis.

## A VIRTUDE DA INÉRCIA SOCIAL

A política, propriamente entendida, é um vasto campo de estudo e reflexão. Ela diz respeito a como deveríamos viver em nossas capacidades sociais e coletivas. Logo, é sempre verdadeiro que tudo que é importante, da literatura à recreação, é, em algum sentido, pertinente à política. Mas é um *non sequitur* concluir que a política é, sempre e em toda parte, de importância fundamental e que tudo, incluindo a educação, deve ser refratado pelo prisma da política.

O objetivo da política é a promoção do florescimento humano. A excitação da filosofia política e da política de Platão até o presente está no choque entre diferentes convicções sobre o que é o florescimento e como chegar a ele. A política americana está baseada na crença de que a liberdade é o valor fundamental e consiste em esferas protegidas para a livre escolha dos indivíduos. O problema, porém, é que os indivíduos podem escolher satisfazer seus apetites, mas esses apetites podem restringir sua liberdade de escolha. Se a liberdade é, entre outras coisas, liberdade das amarras dos apetites e paixões — o que Yuval Levin chama de "anarquia interior" —, então o projeto americano depende de arranjos pré- ou extrapolíticos para disciplinar a vida.[19] Logo, embora o direito à liberdade exista anteriormente ao governo, seu gozo depende das instituições da sociedade civil e do governo. Daí o estadismo ser, inescapavelmente, influência espiritual, porque a educação também o é.

A função fundamental da educação liberal ainda deveria ser a transmissão de verdades básicas das artes e ciências a fim de permitir que os estudantes se tornem pensadores críticos e independentes. Mas, se você acredita, como muitos progressistas, que a trajetória da história é conhecível e conhecida por um clero identificável, então tende a acreditar que os meios para facilitar o desdobramento da história são conhecidos ou conhecíveis. Se é assim, o propósito do ensino superior é produzir estudantes que possam assumir seu lugar na vanguarda da história, permitindo que ela chegue mais rápida e suavemente a seu destino predeterminado. Por isso John Dewey, o principal teórico da educação progressista, disse que "todo professor" deveria ser considerado "um servidor público destinado a manter a ordem social apropriada e garantir o crescimento social correto". O demônio está nos adjetivos: "apropriada" e "correto". Se você postula que os professores são guardiões da política correta, então é natural definir a educação como fez Dewey, como "regulamentação do processo de partilhar a consciência social".[20] Quando o cultivo de uma consciência apropriada e correta é declarado tarefa do governo, a ser administrada através da educação pública, uma uniformidade de pensamento particular se torna prescritiva.

O ensino fundamental e médio deveria ter, contudo, o mais básico e útil objetivo de equipar todos com alfabetização, habilidades matemáticas e as informações cívicas e históricas necessárias para o trabalho remunerado e a cidadania responsável. E a K-12 teria que preparar alguns — talvez a maioria, talvez não — para o ensino superior, que deveria ter entre seus muitos objetivos os três mais importantes: ensinar os estudantes a louvar, apontando-lhes os padrões pelos quais decidimos que algumas coisas são especialmente louváveis e a maioria, não; dar aos estudantes uma vívida noção de contingências históricas; e ajudá-los a desenvolver o talento para o pessimismo.

Um princípio cardinal do conservadorismo é que a inércia social é e deveria ser forte. Ela desencoraja e, se necessário, derrota a grandiosidade política daqueles que tentam arquitetar o futuro rompendo as conexões com o passado. A República americana é uma figura bordada que não deveria estar inclinada a desfazer as tramas que a conectam a seus antecedentes. Houve um tempo no qual o ensino — inclusive e especialmente o que se chama complacentemente demais de ensino superior — era considerado principalmente um exercício de transmissão. Seu propósito essencial era transmitir do passado para o futuro o resíduo criativo dos séculos, o que Matthew Arnold chamou de "o melhor que já foi pensado e dito no mundo".[21] A revolução moderna do ensino superior tem sido a adoção de uma missão contrária de liberação. Trata-se da missão de emancipar os jovens das ideias e normas formadas em e por um passado imperfeito. Isso deve ser realizado, em parte, ao se inocular os estudantes com historicismo, que é o princípio de que cada princípio é produto de um contexto histórico e não mais durável ou valioso do que era ou é esse contexto.

Um resultado dessa inoculação é uma coorte constantemente renovada de jovens para a qual a tolerância é a virtude soberana, uma vez que todas as outras coisas consideradas virtudes são produtos de condições contingentes e, portanto, não possuem fundações filosóficas sólidas. Mas essa tolerância tende a se tornar virulenta intolerância às tentativas de afirmar que tais fundações existem. O resultado é uma classe educada, mas inarticulada, porque não convencida, sobre as premissas fundacionais do governo limitado, essenciais para uma sociedade aberta.

Aristóteles disse que o objetivo da educação é fazer com que o estudante goste ou desgoste do que deveria gostar ou desgostar. John Henry Newman disse que o objetivo da educação não é simplesmente satisfazer a curiosidade, mas suscitar o tipo certo de curiosidade. Ele acreditava que a educação é o fio a partir do qual o conhecimento recebido, as joias da grande tradição, pode ser encordoado. Uma universidade deveria ser, não inteiramente, mas para a maioria dos estudantes, primeiramente um lugar que impede que eles se percam, em vez de um lugar no qual encontram coisas até então desconhecidas na experiência humana. Isso envolve um currículo rico em cursos requeridos. Sim, isso restringe a liberdade dos estudantes, se ela for definida apenas como ausência de restrições impostas por outrem. Mas a verdadeira liberdade é impossível sem compreensão das, e submissão às, coisas *conhecidas*. O caminho mais direto para tal compreensão é o corpo de conhecimentos que forma o patrimônio da civilização. O que estamos perdendo hoje é a compreensão de que a educação consiste amplamente em argumentar a partir desse patrimônio, e não contra ele.

Em certo ponto, o "pluralismo" no currículo universitário se torna abdicação da responsabilidade. A tentativa de fazer das universidades todas as coisas para todas as pessoas ignora o fato de que nem todas as coisas boas são boas para todos. As sociedades modernas recuam desse fato porque muito flui dele. As universidades são elitistas, claro: uma sociedade é julgada, em parte, pelo calibre das elites que produz. Uma universidade séria é inerentemente hierárquica e autoritária: os poucos que estão qualificados para ser estudantes vão até lá para se beneficiar da supervisão de alguns poucos que sabem mais que eles, especialmente sobre o que é bom para eles. Àqueles que dizem que isso é antidemocrático, a resposta correta é que a ideia de democracia é irrelevante para o propósito de uma universidade. A democracia é um conceito político, não social. Ela trata dos arranjos constitucionais, da fonte de soberania, e não de um "estilo de vida" ou de uma sociedade sem hierarquias. É o oposto da verdade dizer que, como uma democracia é um *regime* politicamente igualitário, a democracia pressupõe uma sociedade igualitária. É sentimentalidade democrática esperar que o processo político, e não o sistema social, produza uma classe de líderes. É mistificação votar na esperança de que os votos possam gerar, em vez de elevar, a excelência. Gerar excelência é tarefa de muitas instituições, incluindo as universidades, que servem melhor a um sistema político igualitário quando fornecem padrões, e elites à altura desses padrões, para todos os setores da sociedade.

Contudo, um espectro assombra nossa ordem democrática. É a possibilidade, que cada vez mais parece uma probabilidade, de que o etos democrático encoraje ideias e hábitos mentais que subvertem os pré-requisitos intelectuais e morais de um regime de liberdade estável e durável. O regime americano foi fundado sobre o princípio de que os seres humanos são criaturas portadoras de direitos. Mas se isso é tudo o que são, teria sido melhor fechar os postigos. Indivíduos repletos de direitos, mas com um débil entendimento das maneiras e morais da vida em comunidade, produzirão uma comunidade irritável e pouco hospitaleira. O problema político primário do quarto de milênio desde o Iluminismo tem sido a tensão entre a autoafirmação e o autocontrole. A educação é a atividade de ampliar, fortalecer, mobiliar e remobiliar as mentes com o propósito de aperfeiçoá-las, parcialmente ao ampliar sua capacidade de autocontrole.

Embora Lincoln estimasse ter passado menos de um ano na escola, ele tinha uma sede pelo aprendizado que garantiu vitalícia receptividade às informações e aptidão para o raciocínio. Lincoln foi um milagre de autocriação. Contudo, não podemos contar com milagres; a sociedade precisa tomar precauções adicionais. A religião dá aos indivíduos injunções e outras motivações para se controlar. Mas, quando o impulso religioso retrocede, outras fontes de autocontrole devem ser encontradas. À educação foi designado o grande e aparentemente sempre em expansão papel de manter o equilíbrio social ao gerar autocontrole. E de fertilizar o solo do patriotismo, o que pressupõe um propósito para além do indivíduo e, às vezes, mais elevado que ele. Assim, o patriotismo envolve transcender ou circunscrever o valor da autonomia individual.

Embora a palavra "educação" não esteja na Constituição, sua importância está implícita na filosofia política que produziu a Constituição. A própria ideia de cidadania americana é exigente de uma maneira única a esta nação. Ela requer o contínuo esforço intelectual de membros da relativamente pequena coorte que participa constantemente dos debates cívicos. Os Estados Unidos significam, no fim das contas, liberdade individual, e não se pode amar profundamente a liberdade americana ou defendê-la com sucesso sem entender sua base na filosofia dos fundadores. O acadêmico constitucional Walter Berns observou que outras nações não possuem locuções comparáveis a "antiamericano". Poucos dizem que esta ou aquela pessoa ou princípio é "antifrancês" ou "antidinamarquês".[22] Os americanos são excepcionais porque são um povo baseado em um credo. São "um povo" porque têm um credo.

Em 1938, quando o mundo se tornou a arena de fés conflitantes, a Câmara dos Representantes criou o Comitê de Atividades Antiamericanas (HUAC), que em 1969 mudou seu nome para Comitê de Segurança Interna e encerrou suas operações em 1975. Embora o HUAC tenha feito algumas coisas boas (como denunciar a traição de Alger Hiss), os erros que cometeu quando foi usado por demagogos para investigações não supervisionadas sugerem que os oficiais eleitos não deveriam ser habilitados para designar quais atividades são "antiamericanas". Mesmo assim, tais atividades existem, porque existem princípios antiamericanos. Berns argumentou que, "no sentido tradicional ou espartano, patriotas são cidadãos que amam seu país simplesmente porque é seu país". Tal patriotismo é "um sentimento ou mentalidade, a consciência de partilhar uma identidade com outros".[23] Esse é, claro, um componente do patriotismo americano. Mas há algo mais, algo excepcional no patriotismo americano, algo complexo e exigente porque envolve aceder a um credo que diz que os direitos são naturais, ou seja, inerentes a nossa humanidade. Mas uma sociedade centrada em direitos deve levar a sério o fato de que os deveres não são naturais. Eles precisam ser ensinados. O interesse próprio é comum e constante; a virtude é rara e imprevisível. Uma sociedade devotada a garantir um amplo escopo para o comportamento autocentrado deve ser abrandada pela virtude. Assim, devem ser tomadas medidas para tornar a virtude menos rara e mais previsível. Entre essas medidas, os americanos sempre consideraram a educação crucial.

John Adams, o mais austero dos fundadores, expressou o típico otimismo americano sobre uma coisa: "As virtudes e poderes aos quais os homens podem ser treinados pela educação precoce e pela disciplina constante são verdadeiramente sublimes e assombrosos." Mas ele também disse algo que revela por que educação e igualdade são valores americanos em tensão: "A educação produz uma diferença maior entre homem e homem que a natureza entre homem e fera."[24] Se é assim, quanto mais recursos forem investidos na educação, mais estratificada se tornará a sociedade. Se a educação cria e amplia disparidades entre os cidadãos, ela deve cuidar para inculcar algumas coisas comuns. De outro modo, os elos de valores e entendimentos partilhados serão perigosamente enfraquecidos.

No imaginado estado natural de Locke, os seres humanos são da mesma "espécie e patente" e têm "todas as mesmas vantagens naturais", significando as mesmas "faculdades". Consequentemente, devem "ser iguais entre si, sem subordinação".[25] Em outro trecho de *Conduct of the Understanding*, Locke reconheceu que há "grande variedade no entendimento dos homens" e "entre homens de igual educação, há grande desigualdade de partes". Essa desigualdade é inerente a "suas próprias naturezas".[26] Em relação ao entendimento, "há maior distância entre alguns homens e outros homens que entre alguns homens e algumas feras". Todas as pessoas trazem em si as "sementes" da racionalidade, mas muitas possuem "educação baixa ou mediana" e nunca são mentalmente elevadas "acima da espada e do arado". Assim, "de sua própria e amena maneira, Locke é tão 'elitista' quanto Platão ou Aristóteles".[27] Mas sua maneira era amena porque permitia que a educação desse a todos a possibilidade de chegar à racionalidade requerida para participar como iguais na governança da sociedade.

Benjamin Rush, um médico do século XVIII na Filadélfia que foi amigo de muitos autores da Constituição, disse: "A natureza humana é a mesma em todas as eras e países, e toda a diferença que percebemos em seu caráter em relação à virtude e ao vício, ao conhecimento e à ignorância, se deve ao clima, país, grau de civilização, forma de governo ou causas acidentais." A educação estaria entre as causas acidentais, e não naturais. Rush defendia que o homem "não pode alterar sua natureza; só cultivá-la". Mas há mais do que a mente para cultivar — mais do que a mente quer dizer, no nascimento, a tábula rasa postulada pela epistemologia lockiana. Há também um natural senso ou aptidão moral. "Exponha um caso moral a um lavrador e a um professor", escreveu Jefferson, e "o primeiro decidirá tão bem e muitas vezes melhor que o segundo, porque não se deixa levar por regras artificiais". O oposto das regras artificiais são as regras naturais ou inatas. Aqui Jefferson fornece uma concepção mais robusta da igualdade humana que ele derivou da epistemologia de Locke. As pessoas nascem iguais, não somente como tábulas igualmente rasas, mas também na igual posse de "regras" que constituem um senso moral. Como diz Gordon Wood, "quando os homens passaram a acreditar que podiam controlar seu ambiente e educar o vulgar e o baixo para se tornarem algo mais que aquilo a que a sociedade monárquica tradicional presumia que estavam destinados, eles começaram a expandir seu senso de responsabilidade moral pelo vício e pela ignorância que viam em outros e experimentar um senso de humanidade comum com eles".[28]

## PRIVAÇÃO HISTÓRICA

Assim, na aurora da viagem da República pelos mares agitados da democracia, contava-se com a educação para fornecer um lastro de responsabilidade moral. "O objetivo do governo", escreveu Madison no Artigo Federalista nº 62, é "a felicidade do povo".[29] Ele e seus colegas fundadores conceberam a felicidade como Aristóteles, como um estado constante e durável de digna satisfação com a vida. Para ser digna, a satisfação deve fluir do emprego vigoroso das faculdades que nos tornam humanos: o raciocínio individual e a participação social. A felicidade, portanto, é uma *atividade*. Da filosofia e da literatura, de Aristóteles a George Eliot, aprendemos que a vida ética é vivida por pessoas de bom caráter e que tal caráter é adquirido lentamente e mais ou menos arduamente através das disciplinas da imitação e do hábito. E pelo estudo da história, que fornece um registro das experiências humanas com a imitação e o hábito. Em sua breve biografia de Frederick Douglass, Timothy Sandefur observa que a "privação histórica" foi um dos instrumentos de controle que tornaram a escravidão americana especialmente meticulosa e brutal. "A história é uma tradição partilhada sobre as origens de alguém e a glorificação das realizações de seus ancestrais, que fornece um senso de propósito e um papel no progresso do mundo. A história pode gerar orgulho e solidariedade entre um povo." E foi por isso, claro, que a privação histórica foi infligida aos escravos. "Não tendo uma concepção de sua participação no progresso de uma nação ou povo", diz Sandefur, "as pessoas escravizadas eram encorajadas a se verem não como dinâmicas e cheias de potencial, mas como estáticas e fixas no cenário. Se o escravo pudesse ser privado de um passado, ele não podia imaginar um futuro".[30] Os Estados Unidos estão fazendo a si mesmos, distraidamente, o que foi feito aos escravos malevolamente.

Os Estados Unidos contemporâneos fazem isso ao se entregar ao prazer conhecido como presentismo, que é a prática de julgar o passado pelos padrões do presente. Esse amálgama de ignorância e arrogância invariavelmente leva as pessoas complacentes que realizam tais julgamentos a se considerarem muito mais sagazes, sensíveis e melhores que, digamos, George Washington, que não libertou seus escravos, ou Abraham Lincoln, que nunca se aliou aos abolicionistas. É peculiar. Os praticantes da política identitária insistem para que seus contemporâneos sejam entendidos inteiramente como produtos situados de sua raça, etnia, gênero ou classe. Mas não podem dar o salto imaginativo necessário para se colocar na situação histórica de gerações anteriores que tentaram, como todas as gerações, reconciliar princípios morais universais com a inércia das instituições e dos costumes na sociedade que herdaram das gerações anteriores. O presentismo é um fracasso intelectual ao qual os progressistas são especialmente suscetíveis porque, confiando no desdobramento ascendente da história, eles acreditam ser o pináculo do entendimento humano até agora. Mas, ao validar a vaidade de cada geração, o presentismo atrofia a imaginação histórica que nos permite retirar prazer e instrução de nosso lugar no contínuo que nos une a nossos distintos predecessores. As pessoas que enaltecem a própria vaidade participando do presentismo deveriam lembrar que são o passado do amanhã. Ao serem condescendentes com o passado, elas se tornam reféns da condescendência do futuro.

Estudar história é mergulhar nas particularidades humanas. Filosofar é, entre outras coisas, tentar levantar o véu das particularidades e chegar ao que é comum a todos. Mas é um pré-julgamento assumir que o que é comum a todos existe. As únicas pessoas que encontramos são formadas por histórias e regimes particulares e diferentes. Podemos assumir ou demonstrar que, por baixo do verniz cultural, há algo constante e universal? E se os seres humanos forem compostos somente do verniz cultural? E se, ao conhecermos a história, ficarmos sabendo de tudo o que há para saber sobre os seres humanos? E se a historicidade for tudo e o homem não for *essencialmente* nada além de maleabilidade, com certa habilidade — não muita — de dirigir sua própria transformação? E se mesmo as paixões supostamente mais elementares não forem universais? Nesse caso, a filosofia é uma perda de tempo e a história é antropologia em larga escala, suplantando a busca da filosofia por padrões naturais para avaliar o empenho humano.

Muitos historiadores, especialmente americanos, afirmaram ter o dever profissional de "dessacralizar" seu tema de tudo, livrando-se do que consideravam uma antiga recusa em reconhecer fatos desagradáveis sobre o passado da nação; fatos que, supostamente, foram obscurecidos por uma névoa de sentimento sobre o heroísmo e a falsa nobreza a serviço dos ideais. "Há não muito tempo", escreveu o historiador David Harlan em seu estudo do que ele considera a "degradação" da história americana, "a história era uma de nossas formas primárias de reflexão moral". Os americanos criticavam sua sociedade "assim como criticavam seus amigos: partindo da hipótese de que partilhavam um conjunto comum de referências morais". Os escritores e historiadores americanos se engajaram em "uma conversa centenária e transgeracional" ao tentarem nos ajudar a "nos localizar no tempo" e "transformar os fios da história americana em um tecido de possibilidades". Eles nos ajudaram a "nos colocar no tempo" porque "há um distintivo conjunto de valores morais e políticos escondido na base da história americana".[31]

Ultimamente, no entanto, "a história como reflexão moral" deu lugar à "história como desmascaramento cultural". O "poder redentor do passado" evapora quando os atores históricos passam a ser vistos não como socialmente situados, mas como socialmente saturados. Logo, "a própria ideia de um eu singular e autêntico, com um conjunto estável e claramente definido de traços de caráter, passou a parecer extremamente anacrônico". Assim, algumas pessoas se tornaram cada vez mais inclinadas a acreditar, como Jay Gatsby, que a identidade é e deve ser instável e caleidoscópica, "uma série ininterrupta de gestos bem-sucedidos".[32]

O que mais a identidade pode ser, se a sabedoria convencional está correta e não existe conhecimento, apenas opinião, sobre a moralidade, e os seres humanos não possuem nenhuma outra natureza além de sua capacidade de adquirir cultura? Mas devemos ser cuidadosos com o que pensamos ser, para não nos transformarmos nisso. A natureza humana não é infinitamente plástica; não podemos ser socializados para aceitar qualquer coisa. Não nos encolhemos à visão de Auschwitz somente porque nossa cultura nos dispôs a isso. O fato de que grande parte do que acontece nos Estados Unidos hoje é chocante, da violência aleatória à desintegração familiar e ao entretenimento escabroso, é uma evidência a favor, e não contra, o senso moral. É esse senso que fica chocado.

Os estudos produziram poderosas evidências empíricas de um senso moral que é componente de uma natureza humana universal. Esse senso moral é a explicação mais plausível para grande parte de nosso comportamento. O desafio político é encorajar o florescimento de uma cultura que estimule, em vez de enfraquecer, as sugestões do senso moral. No interior de cada pessoa há (na expressão de Konrad Lorenz) um "parlamento de instintos".[33] O senso moral, escreve James Q. Wilson, está entre as paixões mais calmas; ele precisa de ajuda contra seus rivais mais tempestuosos. Temos interesses egoístas, mas também a capacidade — e a inclinação — de julgar desinteressadamente, mesmo nossas próprias ações. Wilson perguntou: a humanidade poderia sobreviver se os pais tivessem de ter a habilidade, a perseverança e a boa sorte de ensinar cada regra de conduta da mesma maneira que ensinam a tabuada? A conduta correta é tão importante que a tendência de se engajar nela é rapidamente adquirida. Isso sugere que as crianças estão biologicamente dispostas a imitar comportamentos e aprender as regras subjacentes através da observação. As crianças são moralistas intuitivas, equipadas pela natureza para fazer distinções e julgamentos. Os instintos encontrados na natureza são desenvolvidos na família, fortalecidos pelos hábitos diários — particularmente o trabalho — e reforçados pelo medo da punição e do ostracismo social. Adquirimos virtudes como adquirimos habilidades manuais: praticando.

Acima de tudo, a família transforma a sociabilidade natural da criança em senso moral. A maioria das coisas que tendem a produzir felicidade duradoura — educação, emprego, família estável — requer que desistamos dos prazeres imediatos. Hoje, infelizmente, a gratificação instantânea é prometida e entregue por enxurradas de entretenimento, fornecidas pelo adequado nome de *streaming*. Além disso, à nova geração está sendo ensinado — sim, ensinado — que tudo o que podemos saber com certeza é aquilo que é instantâneo e, portanto, não pode ser altamente valorizado porque pertence somente a nosso instante.

A parcela educada e equilibrada do público americano está certa em questionar o equilíbrio de muitos educadores. É razoável nos perguntarmos se muitos deles permanecem fiéis à missão tradicional do educador. Essa missão é a conservação, a ampliação e a transmissão das ideias, dos entendimentos e das virtudes dos quais depende uma sociedade como a nossa, baseada na persuasão e no consentimento. Um conjunto particular de ideias e uma sensibilidade concomitante ganharam aceitação nos círculos acadêmicos. O que acontece nos campi não permanece por lá, de modo que, se as ideias não forem identificadas, entendidas e refutadas, elas vazarão como toxinas lentas e cumulativas para a sociedade mais ampla, com amplas e duradouras consequências para nossa política, nossa governança e nossas tradições de civilidade.

Por algum tempo, essas ideias foram defendidas sob uma bandeira de batalha que agora foi recolhida porque a batalha foi praticamente vencida: o "pós-modernismo". O pós-modernismo foi uma fé partilhada por muitas facções, mas teve um profeta fundador. Friedrich Nietzsche proclamou o princípio central do pós-modernismo quando disse que não existem fatos, somente interpretações. Mas existem fatos, e ignorá-los pode ser constrangedor. Durante as convulsões nos campi no fim da década de 1960, quando a rebelião contra qualquer autoridade era considerada obediência a toda virtude, o filme *Morrer em Madri*, um documentário sobre a Guerra Civil Espanhola, foi exibido em uma pequena faculdade de artes liberais famosa por sua dedicação a todas as coisas progressistas e orgulhosa de sua fama. Quando o narrador do filme entoou "Os rebeldes avançam em Madri", os estudantes, que adoravam rebeldes e careciam de informações, comemoraram. A faculdade estava tão ocupada transformando estudantes em recipientes do progressismo e apóstolos do progresso social que não encontrara tempo para a mundana tarefa de ensinar fatos como o de que os rebeldes da Espanha eram os fascistas de Franco.

No momento em que a expressão "ensino superior" suscita a pergunta "superior a quê?", é bom lembrar do conselho do poeta Robert Frost: "Não participe de muitas gangues. Participe de poucas, se alguma. Dos Estados Unidos e da família, mas pouca coisa mais, com exceção de uma faculdade."[34] Esse conselho, como o homem que o ofereceu, é quintessencialmente americano. É especialmente americano em sua injunção geral em favor do individualismo e contra a participação excessiva, contra definir-se demais pelas afiliações grupais. Mas também é muito americano em sua inclusão de uma instituição de ensino superior, juntamente com a família e a nação, como trindade de afiliações essenciais. As universidades americanas receberam uma tarefa central para a identidade e o sucesso da nação. A tarefa é transmitir o melhor do Ocidente — a cultura de nossa civilização — para sucessivas gerações que liderarão os Estados Unidos, a mais bem-sucedida expressão dessa civilização. Como há um alto conteúdo de ideias na cidadania americana, ser americano é complicado. Não somos feitos de materiais morais e intelectuais aleatoriamente agregados. Somos feitos de recursos morais e intelectuais que foram selecionados pelo tempo e deveriam ser administrados pelas universidades. Definimos nossa politeia através de decisões sobre o que as escolas devem fazer, sobre o que a nova geração deve ler e aprender. É por isso que as escolas de ensinos fundamental e médio sempre foram arenas de conflitos religiosos e étnicos. E o que acontece agora nos campi é um episódio do infinito drama americano de ajustar a tensão entre os direitos do indivíduo e os direitos da comunidade.

Os indivíduos têm o amplo direito de estudar e ensinar o que quiserem — até certo ponto. Esse ponto é estabelecido, em parte, pelo direito da comunidade de se perpetuar. Lincoln disse que uma casa dividida contra si mesma não pode perdurar. É igualmente verdadeiro que uma sociedade inconsciente de si mesma — sem consenso sobre suas premissas e propósitos — não pode perdurar por muito tempo. Na época de Lincoln, a colisão de duas premissas clara e diametralmente opostas quase se provou fatal para os Estados Unidos. Hoje, há uma ideia potencialmente fatal em circulação: a de que essa sociedade pluralista não deveria querer nem obter permissão para ter qualquer cultura essencial transmitida de geração para geração.

Àqueles que dizem que somos ameaçados por uma sufocante "hegemonia" de obras clássicas da civilização ocidental, a resposta correta é que esse não é o problema. O perigo não é a hegemonia cultural, mas a amnésia cultural e a concomitante balcanização da vida mental. Ela começa com a afirmação de que qualquer currículo composto por obras clássicas da civilização ocidental irá "sub-representar" certos grupos raciais, sexuais, étnicos ou de classe. As grandes obras da civilização ocidental são produtos primariamente das elites? Claro que sim, por muitas razões, incluindo o fato de que chegaram até nós vindas de séculos nos quais a alfabetização era uma conquista das elites. Mas é um *non sequitur* argumentar que, por isso, elas perpetuam uma opressão que, supostamente, é a essência da civilização ocidental.

Algumas pessoas que se consideram intelectualmente emancipadas — que pensam em si mesmas como liberadas do que chamam de legado cultural entorpecedor — na verdade vivem no que G. K. Chesterton chamou de "prisão limpa e iluminada da ideia única".[35] A ideia aprisionante de hoje é filosoficamente primitiva e empiricamente insuportável. Ela diz que qualquer texto de ciências humanas "reflete" apenas seu contexto social e deveria ser lido como documento político, um sintoma das "relações de poder" de onde e quando foi produzido. De modo muito frequente, o significado da palavra "refletir" desaparece em uma névoa de imprecisão. Normalmente, a afirmação de que um texto "reflete" seu contexto é trivialmente verdadeira ou flagrantemente falsa. Ela é trivialmente verdadeira se significa somente que texto e autor têm alguma relação com o cenário no qual o autor escreveu. Mas é falsa se significa que qualquer texto deveria ser construído politicamente, com a política entendida cruamente como as meras relações de dominação e subordinação na era do autor. Tal modo de pensar faz com que a literatura se torne uma subdivisão da história política e seja estudada como sociologia. Essa redução das artes às ciências sociais é alquimia reversa, transformando ouro em chumbo.

Esse é o resultado da ideia aprisionante de que a natureza de tudo, das obras intelectuais aos atos políticos, é determinada por raça, gênero e classe. Qualquer ideia que se pretenda uma explicação universal — um simplificador abrangente das complexidades sociais — requer que seus aderentes sejam simplistas. Isso os torna simplórios. A ideia dúbia de hoje também torna seus aderentes condescendentes, e pior. É condescendente e profundamente antidemocrático que intelectuais consignem negros, mulheres, etnias, classe trabalhadora ou quem quer que seja a categorias confinantes, afirmando que podem ser totalmente compreendidos como meros "reflexos" de sua raça, gênero ou classe, e que os membros desses grupos possuem a "consciência" supostamente característica desses grupos.

A raiz de tal erro é a afirmação de que tudo é "político". Se a palavra "político" é usada para descrever qualquer escolha ou julgamento sobre o que é ou deveria ser valorizado, então, de fato, tudo é "político". Mas então essa se torna uma classificação que não classifica. Afirmo, com toda ênfase possível, que nem todos os julgamentos sobre o que é valioso são julgamentos políticos. Não é um julgamento político afirmar que certas obras contribuíram poderosamente para a criação de nossa civilização e devem ser conhecidas se quisermos conhecer a nós mesmos. Não é um julgamento político afirmar que certos livros demonstraram ter o poder, através das gerações, de nos instruir em história, ironia, espirituosidade, tragédia, páthos e deleite. A educação é um aprendizado sobre as coisas civilizadas e civilizantes, e nem todos os textos são professores igualmente bons.

Os inimigos da civilização atacam sua ideia fundacional, a afirmação de que a natureza humana não é infinitamente plástica e, consequentemente, as pessoas não podem ser socializadas para aceitar ou fazer qualquer coisa que os encarregados da socialização desejem. Esses inimigos acreditam que os seres humanos não possuem natureza comum, nenhum senso moral compartilhado que seja componente da natureza humana universal. Eles dizem que o que temos em comum é a capacidade de adquirir uma variedade infinita de culturas. O culto à diversidade cultural no ensino superior contém uma agressiva ideologia relacionada ao significado da cultura, aos objetivos da educação e aos méritos dos Estados Unidos. O multiculturalismo é um fato: os americanos possuem vários backgrounds e experiências raciais e étnicas. Mas o multiculturalismo como política não é primariamente uma resposta a esse fato. É uma ideologia cujo princípio essencial é que, como todos os padrões para julgar as culturas são culturais, é errado "privilegiar" a cultura ocidental e é correto modelar os currículos universitários para retificar essa falha em conceder "reconhecimento" e "validação" a outras culturas. O multiculturalismo ataca o individualismo ao definir as pessoas como meras manifestações de grupos (raciais, étnicos, sexuais), em vez de participantes autodeclarados de uma sociedade livre. E uma maneira de tornar a identidade racial, étnica ou sexual primária é destruir as fontes alternativas de individualidade e coesão social, como a história partilhada, a cultura comum e valores e virtudes unificadores. Isso explica as tentativas do multiculturalismo de politizar e purgar o currículo do ensino superior. Quando as universidades são reduzidas a instituições terapêuticas trabalhando para curar grupos vitimizados e reformar a sociedade vitimizadora, nossa cultura de gotejamento produz distorções similares nos ensinos fundamental e médio.

O legado adequado do pensamento ocidental é uma mente capaz de compreender e valorizar outras culturas, ao mesmo tempo que evita o niilismo de dizer que todas as culturas são incomensuráveis e, portanto, possuem o mesmo mérito. As pessoas sensatas adoram qualquer chance de estudar o Rousseau, o Cervantes ou o Dickens de outras culturas. Mas a educação é uma questão séria demais para se tornar um jogo de faz de conta, um ritual de fingir que as obras duradouras das ciências humanas estão distribuídas de modo nivelado entre todas as culturas do mundo. Queremos ser capazes de entrar, através da imaginação, em outras culturas e sentir empatia por elas. Mas devemos viver nossa própria cultura, que está sendo prejudicada por alguns desenvolvimentos acadêmicos que impedem o entendimento.

Vemos nos campi o venenoso hábito de se filiar ao que Robert Frost teria considerado gangues demais, e do tipo errado. Vemos a disseminação do *gerrymandering* intelectual, transformando os currículos em enclaves protegidos para facções raciais, étnicas e de gênero. Frequentemente, isso é feito com base na insultante pressuposição de que os membros desses grupos só possuem identidades diluídas e derivadas da filiação a grupos vitimizados. A premissa dessa análise é a de que a civilização ocidental tem um histórico pouco respeitável que consiste primariamente em opressão e exploração, que tem sido prolífica somente em produzir vítimas. Essa ideia leva à condescendente noção de que os membros de um grupo vitimizado estão em desvantagem, a menos que sejam ensinados por membros de seu próprio grupo, usando obras de seu próprio grupo. De outro modo (diz a teoria), não terão autoestima, que se presume ser condição para a realização, não resultado dela. Tal modo de pensar promove a inveja, o ressentimento, a suspeita, a agressão, o egocentrismo, a autopiedade e, por fim, o separatismo.

É um *non sequitur* dizer que, como os Estados Unidos estão se tornando mais diversos, os currículos universitários devem ser balcanizados. Na verdade, a crescente diversidade americana aumenta a importância das universidades como transmissoras do legado cultural que define e preserva a unidade nacional. Algumas políticas defendidas atualmente em nome da "diversidade" podem ser chamadas mais adequadamente de instrumentos de fragmentação. Algumas políticas instituídas em nome do "multiculturalismo" não são celebrações do pluralismo a partir do qual a unidade americana é tecida, mas capitulações: elas envolvem a fuga do desafio de encontrar e ensinar um terreno comum no qual os americanos possam permanecer juntos. Em vez disso, as pessoas cada vez mais se situam em territórios murados para grupos irritáveis.

Muitas das políticas fragmentadoras são motivadas pelo desejo de demonstrar "sensibilidade" pelos sentimentos de grupos particulares. A sensibilidade é admirável, mas lembre-se: as três palavras mais importantes do discurso político são "até certo ponto". Exército, polícia, impostos e mesmo liberdade e igualdade são bons até certo ponto. No contexto das disputas atuais nos campi, a "sensibilidade" também só é boa até certo ponto. Não é boa a noção de que a "sensibilidade" sobre as próprias opiniões gera o direito de não ouvir discordâncias ou se sentir de algum modo ofendido. Ou de que a única maneira de provar tal "sensibilidade" é subscrever uma agenda política particular.

Alguns críticos reclamam que o currículo tradicional construído em torno do cânone de grandes obras da mente ocidental necessariamente reforça a autoridade e encoraja a dócil aceitação dos arranjos existentes. Mas esses críticos, alguns dos quais se imaginam radicais, poderiam aprender algumas lições com o real radicalismo dos autores de muitas dessas obras clássicas. Praticamente todo radicalismo subsequente foi antecipado pelas investigações de Platão. Nenhuma pessoa mais radical que Maquiavel já colocou pena sobre papel; Maquiavel, cujo *O príncipe* se tornou o manual dos modernos homens e das mulheres sem mestre, que obedecem somente às regras que eles mesmos criaram. Quatro anos depois de *O príncipe* ser escrito, Martinho Lutero pregou suas 95 Teses na porta de uma igreja, afirmando a primazia do julgamento privado, da consciência. Há um fio dourado de magnífico radicalismo conectando o teólogo alemão a seu homônimo, o pastor negro americano, conectando as 95 Teses de Lutero à "Carta de uma prisão em Birmingham" do dr. King. As revoluções europeias contra a tirania no fim do século XX foram impulsionadas pelas palavras de dois presidentes americanos, o terceiro e o décimo sexto, Jefferson e Lincoln.

Existe hoje a cálida ideia de que toda atividade acadêmica deve contribuir para reformar a sociedade ao mitigar as queixas deste ou daquele grupo. Essa ideia leva ao fraturamento da comunidade em grupos antagônicos; à submersão da individualidade no pensamento de grupo; ao cultivo competitivo de queixas grupais; à subordinação da educação à doutrinação política. Energia educacional demais está sendo investida na busca por objetivos sociais que são periféricos à missão principal da educação. Uma universidade não pode ser uma democracia, ser somente velas desfraldadas, sem nenhuma âncora, impulsionadas por lufadas de opiniões e modismos. Ela deve estar ancorada nas convicções de líderes intelectuais que confiam em sua autoridade porque sabem que estão sobre os ombros de gigantes, os grandes pensadores de cujos legados os professores atuais são guardiões e transmissores.

As discussões sobre os currículos universitários não deveriam ser estrita e cruamente políticas. Mas, em um sentido importante, são discussões constitucionais, pois estão relacionadas ao modo como a mente americana deve ser constituída. E, em uma democracia, a mente é o que mais importa, porque tudo repousa sobre a opinião. É por isso que as democracias estão em permanente perigo e é prudente manter aguçada nossa capacidade para o pessimismo. Não devemos ser paralisados pelo fatalismo, mas estar alertas para o perpétuo perigo que ameaça a mente da democracia com a amnésia. A moral da história humana é que as coisas dão errado mais frequentemente do que dão certo, uma vez que há muito mais maneiras de as coisas darem errado. As verdades aumentam aritmeticamente; as falsidades, exponencialmente. A maioria das novas ideias é falsa; logo, a maioria dos "aperfeiçoamentos" piora as coisas. É por isso que as pessoas sábias desconfiam dos modismos intelectuais e respeitam a grandiosidade recebida que, no contexto acadêmico, é chamada — frequentemente como insulto — de cânone.

Nenhum modismo acadêmico de décadas recentes foi tão consequente quanto o ceticismo dogmático que o pós-modernismo rotulou de "desconstrução". O romancista Walker Percy definiu um "desconstrucionista" como alguém, normalmente um acadêmico, que alega que o significado de todas as comunicações é radicalmente indeterminado, mas deixa uma mensagem na secretária eletrônica da esposa pedindo pizza de pepperoni para o jantar.[36] Os indeterministas iniciam um *non sequitur* a partir de um truísmo. O truísmo é o de que, como nosso conhecimento dos fatos é condicionado, de maneiras complexas, pelos contextos nos quais os fatos são definidos e encontrados, a aquisição de conhecimento não é simples, nem imediata, nem infalível. O *non sequitur* é que, consequentemente, todas as afirmações são igualmente indeterminadas e respeitáveis e todas as atribuições de verdade são arbitrárias, fazendo com que não haja padrões de consciência intelectual. Assim, quem detém o poder pode decretar a verdade. O pós-modernismo foi erigido sobre um andaime bambo que é menos um paradoxo que um absurdo, a afirmação de que não existem fatos. Infelizmente, ser absurdo não significa ser inconsequente. De fato, grande parte da história moderna é uma triste sucessão de absurdos que se revestiram de poder.

O pós-modernismo está preocupado com o poder porque seu único conteúdo é a afirmação de que o conteúdo de qualquer proposição, livro ou mente é arbitrário. Todo conteúdo é resultado da raça, da etnia, do sexo ou da classe e não merece menos ou mais respeito que qualquer outro conteúdo de qualquer outra proposição, livro ou mente. As pessoas sensatas podem suspeitar de que essa é uma caricatura da ideia pós-moderna. Como evidência em contrário, considere um panfleto publicado em 1989 pelo Conselho Americano de Sociedades Eruditas. Ele afirmava ousadamente que "as mais poderosas filosofias e teorias modernas demonstram" que "alegações de desinteresse, objetividade e universalidade não são confiáveis e tendem a refletir condições históricas locais".[37] Mas como alguma coisa pode ser "demonstrada" quando o desinteresse e a objetividade não são confiáveis?

O ponto crucial do pós-modernismo é o postulado — afirmado, mas não "demonstrado" — de que qualquer deliberação supostamente desinteressada na verdade é mero interesse próprio disfarçado. E, dizem os pós-modernistas, é nosso dever "desmascarar" os "conflitos de poder" que são a realidade sob toda pretensão de persuasão pela argumentação. Essas ideias subvertem a civilização ao negar a verdade que é encontrada por tentativas conscienciosas de retratar acuradamente uma realidade que existe independentemente de nossas percepções, atitudes ou outros atributos como raça, etnia, sexo ou classe. Quando a fundação do realismo é negada, a fundação de uma sociedade baseada na persuasão se desfaz. Todos os argumentos necessariamente se tornam *ad hominem*. Eles se transformam em argumentos sobre as características da pessoa apresentando um pensamento, não sobre o pensamento. Quando uma sociedade abandona sua crença em fatos e verdades e em padrões para distinguir fatos e verdades de ficções e falsidades, quando os intelectuais afirmam "Somos todos nietzscheanos e não existem fatos, somente interpretações", parece arbitrário, elitista e "criticista" afirmar que alguns livros são intelectualmente superiores a outros, que algumas teorias são mais verdadeiras que outras e que algumas culturas são superiores a outras. Se não há padrões enraizados na razão, se há somente preferências e apetites surgindo da "solidariedade" e dos interesses de grupo, então não pode haver educação como tradicionalmente entendida.

Até recentemente, acreditava-se que o estudo dos clássicos literários dava ao leitor insights sobre a natureza e a condição humanas. Atualmente, no entanto, muitos intelectuais consideram uma arrogante tolice falar de "clássicos" ou, aliás, da natureza humana. Ser "subversivo" é uma aspiração pós-moderna e, a fim de subverter o "privilégio" dos clássicos, eles são chamados de "textos".

As palavras de Walt Whitman ou Walt Disney são igual e meramente textos. Infundir a vida acadêmica de tais caixas de areia políticas e frivolidades subverte a função das faculdades e universidades e dissipa o apoio a elas. E, quando o relacionamento de tais instituições com a sociedade circundante, que as suporta, torna-se problemático, essas instituições rapidamente aprendem uma dolorosa lição sobre a natureza perecível do prestígio.

Certa vez fiquei ao lado de um amigo, professor de Oxford, olhando, através da janela de seu escritório, para as "espirais de sonho". Ele estava preocupado com o declínio do apoio público à universidade. "Esta é a vista mais bonita de Oxford. Logo, é a vista mais bonita do sul da Inglaterra. Logo, é a vista mais bonita da Europa. Logo, é a vista mais bonita do mundo. E, mesmo assim, pode chegar um tempo no qual os jovens e os acadêmicos já não criarão uma trilha para nossas muitas portas. Lembre-se de que, três séculos atrás, todo mundo queria ir para a Universidade de Pádua." Quem, em um futuro modelado pela sensibilidade pós-moderna, quererá frequentar qualquer faculdade ou universidade saturada da ideia de que "não existem fatos, somente interpretações"? Que sociedade devotará seus escassos recursos para apoiar instituições que veem a vida intelectual como meros conflitos de poder sublimados sobre agendas políticas de grupos raciais, étnicos ou sexuais afirmando solidariedade uns contra os outros?

Estamos testemunhando, nos campi e em toda a sociedade, o deslocamento do aprendizado — da cultura de razão e persuasão — pela política de um tipo peculiar e insalubre, a "política identitária". Sua premissa é a de que o indivíduo é decisivamente modelado e irrevogavelmente definido não por escolhas conscientes, mas por acidentes; que as pessoas são definidas não por convicções adquiridas através do raciocínio ou da persuasão, mas por acidentes de nascimento e socialização. A teoria é a de que *somos* o que nosso grupo é, em sua circunscrita composição. Embora essa teoria seja incompatível com as premissas da democracia americana, muitos intelectuais são receptivos à ideia de que toda a política é ou deveria ser "identitária" e que toda a vida intelectual é, na verdade, política. A ideia é que a vida intelectual pode ser política inconsciente, mas, mesmo assim, é política — um conflito por poder — e deveria se tornar autoconsciente. Nos dizem que é simples honestidade manter esse conflito às claras, na frente e no centro do palco, ao chamar toda distinção intelectual e disputa por seu nome real: uma manobra política em um jogo de poder.

Frequentemente ouvimos uma pergunta que não é realmente uma pergunta. É uma afirmação oblíqua do que aquele que pergunta considera uma verdade autoevidente. A pergunta é: não deveríamos honrar as diferenças uns dos outros? Mas em que sentido a "honra" deveria resultar de acidentes de nascimento? Dado que são acidentes, o que, precisamente, há neles para honrar? Certamente devemos respeito aos *indivíduos*, mas por causa de sua humanidade, não de seu pertencimento a qualquer grupo. Certamente a honra deveria fluir para os *indivíduos* por causa de suas conquistas de excelência intelectual e moral, não só por causa do pertencimento a qualquer grupo.

Se a política identitária é válida, então a ideia de que a educação deveria tornar os educandos membros de uma cultura intelectual mais ampla é inválida. Se a premissa da política identitária é verdadeira, então a ideia sobre a qual os Estados Unidos repousam é falsa. Se a premissa da política identitária é verdadeira, então não existe, em nenhum sentido significativo, uma natureza humana universal, padrões gerais de discurso intelectual, ética para enobrecer as disputas, processo de persuasão civilizada na direção do consenso amigável ou fonte de legitimidade além do poder, e vivemos todos imersos em nossas tribos, observando desconfiadamente as outras tribos através dos abismos de nossas "diferenças". Nenhuma pessoa sensata quer viver em tal sociedade.

Hoje, portanto, as pessoas sensatas deveriam estar preocupadas. A política identitária tende na direção da crueldade que advém da sombria crença de que não pode haver outro tipo de política, nenhuma política de ideias e persuasão. Quando os grupos presumem que estão presos em suas diferenças mutuamente ininteligíveis, a sensibilidade pós-moderna produz o tribalismo pré-moderno. Uma sociedade mergulhada na sensibilidade pós-moderna ficará inquieta sobre ensinar certas grandes verdades, valores ou obras porque se perguntará: quem somos nós — ou qualquer um — para dizer que uma coisa é maior que outra? E uma comunidade pós-moderna já não pode ser uma comunidade. Ela perderá a confiança necessária para a transmissão de coisas preciosas — ideias testadas e virtudes celebradas — que são comuns a todos.

As virtudes, contudo, não podem ser celebradas quando a discussão sobre elas foi deslocada em nome da discussão sobre "valores". A esse respeito, percorremos um longo caminho, na direção errada, desde que o marquês de Lafayette retornou à América para ser aclamado como herói em 1824. Sua visita catalisou o desconforto da jovem República sobre o que ela sentia ser um declínio em relação ao pináculo conquistado pela geração da revolução, que então já saíra amplamente de cena. A nação se sentia economicamente poderosa, mas se perguntava se seu caráter era tão forte quanto sua economia. Ela temia que o processo pelo qual enriquecia — o sistema bancário, a industrialização, a especulação e a urbanização do capitalismo inicial — a estivesse afastando das robustas virtudes da República de um *yeoman*. A ansiedade daquela época, no entanto, não era vocalizada em conversas sobre valores. Os americanos falavam como os fundadores haviam falado: sobre virtudes.

Você pode estar se perguntando qual a diferença entre valores e virtudes. Hoje, a discussão sobre "valores" é tão incessante que é difícil reconhecer que se trata de um novo e lamentável afastamento de nosso tradicional vocabulário de aspirações morais. Houve um tempo no qual a palavra "valor" era usada mais frequentemente como verbo, significando "estimar", como em "Eu valorizo sua amizade". Também era um substantivo singular, como em "A inflação deprecia o valor da moeda". Todavia, no discurso político de hoje, valor é usado mais como substantivo plural denotando crenças e atitudes de indivíduos e sociedades. Isso é evidência da desmoralização da sociedade. A desmoralização avança quando as categorias *virtude* e *vício* são "transcendidas", e somos deixados com o ralo mingau da discussão sobre valores enquanto deslizamos para longe da discussão sobre o bem e o mal.

Como é democrática a discussão sobre valores! Ao contrário das virtudes, todo mundo tem valores; tantos quantos escolher. Hitler tinha montes de valores. George Washington tinha virtudes. Quem, entre aqueles que o conheciam — certamente não o marquês de Lafayette — teria falado dos "valores" de George Washington? Mas, infelizmente, a discussão sobre valores é adequada ao *zeitgeist* atual. É a discussão da era acrítica. A nossa era é crítica somente sobre o pecado de ser crítico. Hoje, é marca de uma mente aberta dizer: "Ah, os valores de uma pessoa são tão bons quanto os valores de qualquer outra." É nonsense, claro, dizer que "as virtudes de uma pessoa são tão boas quanto as de qualquer outra". Os valores estão no ramo das oportunidades iguais; eles são meras escolhas. Ao contrário, virtudes são hábitos, difíceis de desenvolver e, portanto, não acessíveis a todos. Falar de virtudes, e não de valores, é elitista e ofende o etos igualitário e nivelador da democracia, e é precisamente por isso que a discussão sobre as virtudes deve ser reavivada e a discussão sobre valores deve ser desvalorizada.

## VIRTUDES PREVENTIVAS

Alexis de Tocqueville, que fez um tour pelos Estados Unidos não muito depois de Lafayette, notou que, embora muito tivesse sido ganho ao se substituir a aristocracia pelas instituições e suposições democráticas, algo valioso frequentemente se perdera: a habilidade de reconhecer e a ânsia de honrar as hierarquias de realizações e caráter. Logo, a democracia requer o cultivo de virtudes preventivas que possam contrabalançar certas tendências insalubres. As pessoas, particularmente as jovens, precisam ser ensinadas a louvar. Elas precisam aprender, especialmente na escola, a olhar para cima — para o elevado e o heroico em pensamentos e atos, na história, na política, na literatura, nas ciências e na fé. Afinal, parte da cintilante minoria de homens e mulheres que se tornaram heróis frequentemente foi elevada à grandeza por visões de nobreza encontradas na história e na literatura. O propósito adequado da educação na democracia americana não é servir como cafeteria de valores, na qual os jovens são encorajados a escolher aqueles que mais lhes agradam. O propósito da educação, especialmente da de nível superior, em uma democracia é ajudar os jovens a identificarem uma raridade — a excelência — em vários domínios e a estudarem quais virtudes a possibilitam e a tornam excelente.

Negar que grandes indivíduos são grandes criadores de história é um impulso democrático no ramo dos historiadores: "história de baixo para cima" ou "história sem política". A história "elitista" que enfatiza grandes indivíduos e eventos — políticos, militares, diplomáticos, intelectuais — supostamente insulta as pessoas comuns. O suposto corretivo é "a história de ação afirmativa", que dá muito mais atenção às atividades comuns de muitos que às atividades extraordinárias de poucos. Isso envolve pintar a história da humanidade sem as brilhantes cores primárias da grandeza pessoal. O que tem duas consequências ruins. A história de tons pastel ensina que a maestria dos eventos é uma quimera, então por que se importar com política? E torna a ideia de "liderança" suspeita, então por que se importar com o caráter e o calibre dos líderes?

A nossa é uma era na qual as crianças são ensinadas não a descobrir o bom, mas a fabricar "valores", não para viverem vidas nobres, mas para criarem "estilos de vida" prazerosos. É uma era na qual o objetivo da vida não é a autonomia, no sentido de vida regulada por padrões exigentes, mas a "autenticidade" ao seguir sentimentos fortes. É uma era de distribuição igualitária de autoestima, de modo que a falta de habilidade discriminatória é um imperativo moral. E isso se estende ao mundo todo. Em 1991, a legislatura da Flórida promulgou uma lei exigindo que as escolas públicas ensinassem que "nenhuma cultura é intrinsecamente superior ou inferior a outra". A palavra "intrinsecamente" parece tornar a afirmação nebulosa de propósito. A lei deve ter parecido especialmente confusa para os muitos habitantes da Flórida que são refugiados da Cuba comunista e sabem, por experiência própria, que ela é absurda.[38]

Provavelmente toda geração diz que o problema com a geração mais jovem é que ela não leu a ata da última reunião. Hoje, no entanto, as novas gerações não aprendem as premissas dos fundadores na escola. Talvez isso ajude a explicar o ávido apetite, na parcela relativamente pequena do público que lê tais coisas, por biografias dos fundadores. Suas premissas têm poucos aderentes no ensino superior, no qual nossa cultura intelectual homogeneizada estabelece o tom e a agenda para toda a educação. Hoje, os estudantes não aprendem que, como os fundadores acreditavam, uma hierarquia de escolhas morais e políticas pode ser estabelecida pela razão. Em vez disso, as ciências sociais ensinam que o mundo é um bazar de culturas, sem que nenhuma seja demonstravelmente superior às outras. Algumas culturas valorizam muito a tolerância, mas o relativismo ensina que a preferência pela tolerância é tão arbitrária quanto qualquer outra. A abertura intelectual — para experimentar, para argumentar — costumava ser uma virtude instrumental porque tornava possível a busca, através da razão, do conhecimento sobre o que é objetivamente bom. Agora a abertura não é instrumental para fins importantes, ela *é* um fim. É o único valor universal porque a razão foi declarada impotente para discernir o que é bom. Há, no entanto, vaidade por baixo dessa suposta humildade intelectual: a abertura faz com que a ausência de princípios pareça um princípio. A mente americana está sendo fechada em nome da abertura; fechada à ideia de discriminação racional entre maneiras de viver.

A sociologia da virtude seria um fértil campo de pesquisa, se mais sociólogos acreditassem em virtudes. Jefferson, que escreveu a essência destilada do credo americano, foi um sociólogo da virtude. Ele às vezes é caricaturado como otimista a ponto de ser simplório. E, de fato, ele tinha a confiança de um aristocrata natural e a expansiva expectativa intelectual de progresso que caracterizou o Iluminismo do século XVIII, do qual foi exemplar. Mas considere o que ele realmente disse sobre os problemas da governança e sobre a miríade de ameaças às coisas boas dos Estados Unidos. A democracia, disse ele, depende de nutrir certas virtudes nos cidadãos. A independência pessoal depende dessas virtudes. Mas elas e, portanto, a força de caráter que reconhecemos como verdadeira independência nos indivíduos dependem de um tipo muito particular de ordem social. Elas dependem, segundo Jefferson, de uma sociedade rural que produza robustos *yeomen*. Por isso sua advertência contra empilhar pessoas nas cidades. Ele não permitiu que seu prazer em Paris atrapalhasse sua teoria de que as cidades são, inerentemente e por toda parte, "pestilentas".[39] Ele exortou os americanos a deixarem que a Europa ficasse com as cidades e, consequentemente, com as oficinas. Jefferson viveu com seu costumeiro estilo e entusiasmo na Paris da década de 1780, uma cidade fervilhando de tumultos culturais e políticos. E, tendo visto as multidões urbanas no exterior e em solo doméstico, mesmo assim disse: "Não estou entre aqueles que temem o povo".[40] Mas separe o povo da conexão com a terra, com a vida rural, e a confiança de Jefferson se atenuava, assim como, segundo ele, as virtudes desse povo. Ele acreditava que a natureza humana apresentava problemas políticos, mas esses problemas podiam ser abrandados pela própria natureza, pela educação no trabalho duro e na independência que vem de uma vida engajada no trabalho com a terra.

O contraste entre a filosofia política de Jefferson e as filosofias antigas é nítida. As palavras "cívico", "cidadão" e "cidade" têm raiz comum. A filosofia política clássica ensinava que o homem só podia se tornar civilizado — adequado para a vida na cidade e para a cidadania — pela proximidade e pelo envolvimento com outras pessoas, requeridos pela vida em uma politeia compacta o bastante para ser atravessada em um dia de caminhada. Ser compacta era uma condição necessária para o florescimento de uma comunidade política. Assim disseram quase todos os filósofos políticos anteriores aos fundadores americanos. O rompimento de Jefferson e dos Estados Unidos com essa tradição clássica foi total. Ele queria espaço não somente entre os cidadãos e o governo, mas também entre os cidadãos. Daí a alacridade com que aproveitou a oportunidade de realizar a compra da Louisiana para a subitamente muito "extensa República" americana.[41] Desde o início, as virtudes americanas estiveram ligadas ao espaço, significando espaço suficiente para os americanos desenvolverem as virtudes que fortalecem a independência pessoal.

A filosofia política clássica ensinava que a realização da vida humana dependia do engajamento ativo na vida civil e política do país. Jefferson viveu tal vida, mas não se sentia contente ou feliz com ela e não a recomendava. Para ele, o engajamento político era um dever a ser cumprido, mas não uma carreira a ser perseguida e, muito menos, um prazer a ser gozado. Ele adorava sacudir a poeira de Washington de seus sapatos. E achava que o governo não devia ser o centro da vida americana nem estar no centro da vida de qualquer americano que pudesse honradamente evitar isso. Em 1813, falando após o que chamou de "intimidade de quarenta anos com os conselhos e personagens públicos", ele disse: "Um homem honesto não pode sentir prazer no exercício do poder sobre seus concidadãos".[42] No pensamento político americano, e especialmente no pensamento de Jefferson, é o trabalho, que ocorre na esfera privada da vida, e não a política, que ocorre na esfera pública, a fonte primária da dignidade. Nesse sentido, Lincoln estava totalmente inserido na tradição jeffersoniana. Lincoln saiu (nas palavras de sua canção de campanha) "das florestas do Illinois" quando as pessoas ainda falavam da "fronteira do Illinois".[43] Lincoln saiu de um lugar no qual as pessoas lutavam contra a natureza e a subjugavam, realizando seu destino manifesto (e da nação) no trabalho.

A literatura americana reflete — e reforça — esse anseio nacional por um espaço privado no qual o trabalho é o destino pessoal. James Fenimore Cooper na floresta, Herman Melville no mar, Mark Twain no rio Mississippi, Henry David Thoreau em sua lagoa: todos expressavam uma fé americana — jeffersoniana — na virtude desenvolvida independentemente do engajamento político ou mesmo da "sociedade". Poucas pessoas nos Estados Unidos contemporâneos possuem sequer um vislumbre do que aquele caubói de Manhattan, Teddy Roosevelt, chamou de "desolação férrea" das Grandes Planícies. O que Willa Cather, a escritora de Red Cloud, Nebraska, chamou de "silêncio inconcebível das planícies" realmente é inconcebível para a maioria dos americanos modernos, envolvidos na cacofonia da vida metropolitana.[44] Por essa razão, os Estados Unidos precisam se tornar novamente o que já foram: mais lockianos e menos hobbesianos.

Locke, tão importante para os fundadores americanos, moderou seu individualismo filosófico ao enfatizar normas partilháveis que nos chegam da natureza e da experiência comum e requerem que levemos em consideração coisas além de nossos desejos. O precursor intelectual de Locke, Thomas Hobbes, retratou os seres humanos quase como não possuindo verdadeira personalidade; como não racionais, responsáveis ou livres para além de alguns cálculos elementares. Hobbes disse que as pessoas estão sujeitas a estímulos irresistíveis e, portanto, são tão determinadas quanto objetos físicos, como bolas de bilhar atingidas pelo taco ou por outras bolas. Os direitos humanos surgiam e eram definidos por impulsos irresistíveis, como o medo e o desejo por segurança contra a morte violenta. As pessoas que se tornam confortáveis com tal caracterização dos seres humanos perdem a habilidade de assumir responsabilidade por sua autocriação através de escolhas morais. E uma sociedade moralmente anestesiada pela redução das pessoas a feixes de impulsos e pela definição de direitos em termos de desejos poderosos não deveria ficar surpresa com o embrutecimento da cultura. Hobbes notoriamente disse que a vida no estado natural é completamente pré-social ("solitária"). Mas uma sociedade que descreve, como ele fez, um mundo desprovido de normas naturais se tornará praticamente associal. O vácuo em seu centro será preenchido inteiramente pelos interesses e impulsos do indivíduo. O homem, disse a filósofa e romancista Iris Murdoch, é uma criatura que faz retratos de si mesma e passa a se parecer com eles. O retrato desmoralizado e desmoralizante da humanidade pintado por Hobbes pode ser autorrealizador, e é isso que está acontecendo nos campi.

Deixe de lado a infantilização pandêmica dos estudantes, professores e administradores conforme as faculdades e universidades caem na perpétua histeria sobre "microagressões" que são "gatilhos" para a fuga para "espaços seguros" nos quais os estudantes, traumatizados por encontros com — ou rumores de — ideias incompatíveis, recuperam o equilíbrio emocional com a ajuda de livros de colorir e vídeos de cachorrinhos brincando. Mas demore-se no seguinte: por meio de oito séculos de interferências eclesiásticas e políticas, o Ocidente desenvolveu suas grandes universidades e agora, em uma geração, algumas delas estão destruindo seu prestígio e abrindo mão de sua reputação de seriedade. Note a verdade desta mordaz definição: "Faculdade — aqueles mágicos sete anos entre o ensino médio e seu primeiro emprego em um armazém".[45] Os alunos estudam menos horas por semana que há duas gerações, um fato mascarado pelas notas mais altas dadas a jovens que, quando crianças, receberam troféus de participação somente por comparecerem ao treino de futebol. As taxas de graduação em centenas de faculdades e universidades públicas não chegam a 25%, e pouco mais da metade dos que se matriculam se formam em seis anos. De acordo com a Reserva Federal e o Gabinete de Estatísticas Trabalhistas, 40% dos recém-formados têm empregos que não requerem diploma universitário — o que talvez seja bom, considerando-se que, frequentemente, esses diplomas não denotam encontros sérios com um currículo exigente.

Novas tecnologias exacerbaram certas perturbações na atmosfera intelectual. Em 2005, Lynne Truss avisou, com presciência, que estávamos nos arrastando para uma "era de autismo social" com um "reflexo 'foda-se' universal". Antes que o *streaming* de vídeo nos trouxesse as maratonas de séries, ela previu que as pessoas se entreteriam até a inanição com tecnologias portáteis que permitiriam "o egocentrismo ilimitado" e as tornariam solipsistas e rudes. Truss anteviu a era da "sensibilidade exacerbada" e do "descuidado relativismo moral combinado à agressiva insolência social".[46] Isso aconteceu doze anos antes de alguns professores da Faculdade Wellesley dizerem que convidar palestrantes controversos, ou seja, conservadores, para o campus fere os estudantes ao forçá-los a "investir tempo e energia em refutar os argumentos do palestrante".[47]

As consequências da crescente intolerância são enumeradas por Tom Nichols, que diz que nossos dispositivos e mídias sociais estão produzindo pessoas que confundem "navegar pela internet" com pesquisa e igualam essa falsa pesquisa ao ensino superior. Hoje, os estudantes exigem concorrer a instituições que os tratem como crianças frágeis. "É uma nova Declaração de Independência", escreve Nichols. "Já não consideramos essas verdades autoevidentes, consideramos todas as verdades autoevidentes, mesmo as que não são verdades. Todas as coisas são conhecíveis e toda opinião, sobre qualquer assunto, é tão boa quanto qualquer outra." Na cultura terapêutica de hoje, que parece projetada para validar toda opinião e sentimento, raramente há discordância sem raiva entre pessoas ultrassensíveis que não conseguem distinguir entre "Você está errado" e "Você é estúpido". Igualar "pensamento crítico" a "criticismo incessante" resulta em coisas piores que a rejeição indiscriminada deste ou daquele especialista real. Essa equação produz o que Nichols chama de desdém "alimentado pelo Google, baseado na Wikipédia e saturado de blogs" até mesmo pelo ideal de especialização. Esse ideal é uma afronta em uma cultura que "não consegue suportar o menor traço de desigualdade de qualquer tipo". Infelizmente, "a especialização é necessariamente exclusiva". Ainda bem: "Quando você pega um elevador para o último andar de um edifício alto, o certificado no elevador não diz 'Boa sorte lá em cima'; ele diz que uma autoridade cívica, baseando-se no parecer de engenheiros educados e testados por outros engenheiros, olhou para aquela caixa e soube, com toda certeza, que você estaria seguro".[48]

A "epidemia de desinformação em expansão" dá origem a um corolário à lei de Gresham ("dinheiro ruim afasta dinheiro bom"): "desinformação afasta conhecimento." Todo mundo tem em seu smartphone mais informação "que em toda a Biblioteca de Alexandria". Mas isso pode produzir um verniz ilusório de erudição e uma sensação de sucesso barato. Nichols conta uma antiga piada sobre um oficial do Foreign Office britânico que se aposentou após quarenta anos: "Todas as manhãs, eu garantia ao primeiro-ministro que não haveria guerra mundial naquele dia. E tenho a satisfação de dizer que, durante quarenta anos de carreira, só estive errado duas vezes".[49] Esse oficial receberia nota A, como todo mundo.

Ajudaria se as pessoas tirassem seus dispositivos eletrônicos do centro de suas existências e pegassem um livro. A prensa móvel de Johannes Gutenberg foi a precursora necessária da alfabetização em massa e, portanto, nas palavras do senador Ben Sasse, "provavelmente o evento mais radicalmente nivelador da história".[50] Democratizar o acesso à informação foi um solvente necessário das hierarquias baseadas no acesso privilegiado ao conhecimento e precondição necessária para a mobilidade social. Houve épocas nas quais ler era visto com suspeita. Alguns entre os antigos gregos viram a ascensão da leitura como declínio cultural: eles consideravam o diálogo oral, que envolve a constante interpolação de perguntas esclarecedoras, mais conducente à verdade. Mas a transição da cultura oral para a impressa foi, de modo geral, a transição da sociedade tribal para uma sociedade de indivíduos conscientemente separados. Na Europa, essa transição alarmou as elites governantes, para quem a "crise da alfabetização" consistiu no fato de que havia alfabetização demais: os leitores tinham, inconvenientemente, opiniões próprias. Ler é um ato inerentemente privado; logo, o leitor está potencialmente além da supervisão do Estado ou da psicologia das massas. Isso sugere por que há perigos na transição da cultura impressa para a eletrônica. Houve um tempo no qual os livros eram o modo primário de saber das coisas. Agora muitas pessoas aprendem a maioria das coisas visualmente, através da apresentação gráfica de imagens imediata e facilmente acessíveis. Elas se acostumaram ao efeito narcótico de sua própria recepção passiva ao *blitzkrieg* sensorial de superfícies. E recuam da natureza mais exigente do engajamento ativo com livros, que apresentam nuances codificadas nas ilimitadas permutações dos sinais alfabéticos nas páginas. Além disso, ler requer duas coisas incrivelmente escassas e às quais um número crescente de americanos parece ter alergia: solidão e silêncio.

## "E, SE NÃO"

Ler livros que fazem parte da experiência partilhada de uma comunidade é uma maneira de assegurar a realidade dessa comunidade. Em 1872, Theodore Roosevelt levou sua família para uma longa viagem pela Europa, durante a qual seu filho Teddy fez o que garotos de 14 anos frequentemente fazem: cresceu. Seus pais tiveram de comprar um terno novo porque seus punhos e tornozelos ficavam comicamente expostos no terno que ele havia levado de Nova York. Ele e a família chamaram o terno que já não servia de "meu 'terno Smike', porque ele deixava meus punhos e tornozelos de fora, como os do pobre Smike".[51] Smike é um dos quarenta órfãos maltratados por Wackford Squeers em Dotheboys Hall, a escola em Yorkshire que Charles Dickens descreveu tão sombriamente em *Nicholas Nickleby*. Para Teddy e sua família, o personagem secundário de um romance de Dickens — publicado 33 anos antes da viagem à Europa — era familiar o bastante para fornecer referências culturais. Smike fazia parte de um vocabulário partilhado, do discurso casual da família.

Em 1910, Teddy Roosevelt deixara de ser presidente havia dois anos e não estava feliz. As convenções políticas da época exigiam que os candidatos presidenciais manifestassem timidez, senão relutância, sobre o cargo. Durante uma viagem a Boston, Theodore Roosevelt ficou hospedado na casa de um apoiador e, quando jornalistas perguntaram ao apoiador se Roosevelt seria candidato em 1912, ele respondeu simplesmente: "Barkis está disposto." Barkis é o cocheiro de *David Copperfield* que incansavelmente corteja Clara Peggotty, a babá de Copperfield. Os leitores de Dickens se lembravam de Barkis por sua reiteração da frase "Barkis está disposto". Onze décadas depois, é improvável que encontraremos essa fácil e desafetada inserção de referências literárias nas conversas.[52]

Em junho de 1940, um oficial britânico em circunstâncias desesperadas na praia de Dunquerque usou sua lanterna para enviar a Londres uma mensagem de três palavras: "E, se não." Que significado, se há algum, encontraríamos hoje em tal mensagem, para nós opaca? Longe de ser opaca em 1940, ela foi instantaneamente reconhecida, como o oficial sabia que seria, como citação bíblica. Ela vem do Livro de Daniel, da passagem na qual Nabucodonosor ordena que Hananias, Misael e Azarias adorem a estátua de ouro ou serão jogados na fornalha de fogo ardente. Os três homens ameaçados respondem desafiadoramente: "Eis que nosso Deus, a quem servimos, é quem nos pode livrar; ele nos livrará da fornalha de fogo ardente e da tua mão, ó rei. E, se não, fica sabendo, ó rei, que não serviremos a teus deuses nem adoraremos a estátua de ouro."[53] Um oficial britânico, com o canal inglês às costas e a Wehrmacht à frente, expressou heroico desafio com elegante economia. Ele destilou sua situação e sua posição moral em três monossílabos. Na cacofonia da guerra, na letal confusão de uma evacuação sob ataque, ele habilmente retirou da cultura então comum um fragmento quase universalmente familiar da passagem de um livro. Com o fragmento, ele se conectou, e a seus interlocutores, à ressonante história do cânone ocidental.

Hoje, os poucos americanos que o conhecem provavelmente olham para o fenômeno da "prateleira de 1,5 metro" com perplexa condescendência. Charles W. Eliot, que fora presidente de Harvard durante quarenta anos antes de se aposentar em 1909, certa vez disse a um grupo de trabalhadores que, embora nem todo mundo pudesse frequentar Harvard, qualquer um podia ler como "um homem de Harvard". Bastava uma prateleira de 1,5 metro com os livros que definiam a cultura comum. A editora P. F. Collier and Son então publicou 51 volumes da coleção Clássicos de Harvard, vendendo 350 mil coleções em vinte anos.[54] Hoje, seria temerário presumir que Harvard familiariza seus estudantes com tal cânone.

O estoque partilhado de conhecimento literário e histórico não é tão abundante quanto costumava ser. Quando, em 1840 e 1841, Dickens publicou *A loja de antiguidades* em série nos jornais, alguns de seus ardorosos leitores em Nova York iam até as docas, quando os navios transatlânticos chegavam com jornais ingleses, e perguntavam ansiosamente aos membros da tripulação: "A pequena Nell morreu?" Tempos e sensibilidades mudam e, anos depois, Oscar Wilde disse que qualquer um que consiga ler a morte da pequena Nell sem rir deve ter coração de pedra. Mas, sem lamentar o fim da fome pelo melodrama *à la* Dickens, devemos realmente lamentar o fim de um público leitor passional.

É simplesmente impossível imaginar um livro — qualquer livro, sobre qualquer tema — tendo o impacto que teve *A cabana do Pai Tomás*, de Harriet Beecher Stowe, ao ser publicado em 1852. O romance vendeu 300 mil exemplares nos Estados Unidos no primeiro ano de publicação. Em relação à população, isso é comparável a vender 4 milhões de exemplares em um ano hoje. E a porção alfabetizada da população era muito menor na época. Em uma década, o romance de Stowe vendeu mais de 2 milhões de exemplares nos Estados Unidos. É até hoje o maior best-seller de todos os tempos em relação à população. Lincoln pode ou não ter dito a Stowe, quando ela visitou a Casa Branca: "Então você é a pequena mulher que começou essa grande guerra".[55] Mas, como a opinião gera eventos em uma democracia, o livro dela realmente foi um precipitador da guerra. Ela colocou a caneta sobre o papel e mudou o mundo.

Karl Marx, contemporâneo de Stowe, poderia ter tido problemas para encaixar essa realização em sua história da filosofia. Sua sepultura no Cemitério Highgate, em Londres, traz as seguintes palavras: "Os filósofos apenas interpretaram o mundo, de várias maneiras. Mas o que importa é mudá-lo".[56] Marx interpretou mal o mundo, de várias maneiras, e o mudou para pior, porque interpretações têm consequências. Ele desvalorizou a história intelectual da humanidade ao argumentar que a consciência humana é não somente condicionada, mas controlada pelo sistema de produção de uma sociedade. Como observou H. Stuart Hughes, Marx e os marxistas adoravam as "metáforas obstétricas" sobre o presente estar grávido do futuro, que deve ser trazido à luz por esta ou aquela força ou partido político. Tais categorias biológicas encorajam pensar sobre as mudanças sociais como processo involuntário com uma lógica interna progressiva. Logo após Marx, Freud enfatizou o lado instintivo da vida, irracional ou não racional. Marx focou na limitada liberdade da consciência humana circunscrita por arranjos sociais. Freud viu a liberdade limitada por "pulsões" internas. Marx, Freud e outros intelectuais estavam convencidos de ter aberto uma fenda no véu das aparências, desmascarado ilusões e encontrado um substrato que supostamente é a base real das coisas, assim solucionando o problema de observar e analisar a sociedade.[57]

Mas havia um aspecto anti-intelectual no pensamento de tais pensadores. Todos eles disseram, de uma maneira ou de outra, que as ideias derivavam de outras coisas ou as refletiam. De uma maneira ou de outra, isso tornou a ideia de agência humana problemática, o que, por sua vez, complicou o estudo da história e a avaliação do autogoverno. O indivíduo motivado supostamente é o ponto crucial do estudo histórico. Mas em que sentido o indivíduo é mestre de seus motivos e, portanto, realmente criador da história? Se Marx estava certo, são as classes, e não os indivíduos, os motores da história. E quando as categorias darwinianas se infundiram no pensamento social, a ideia de consciência se entrelaçou a ideias de causa ambiental e hereditária. Um resultado foi o "fatalismo científico", um recuo não necessariamente da ideia de progresso, mas da ideia iluminista dos séculos XVII e XVIII de que o progresso podia ser produzido por escolhas amplamente não circunscritas, feitas conscientemente e por motivos claros, com base em ideias sociais objetivamente verificáveis.[58] A ideia do Iluminismo era de que a humanidade podia entender e manipular o mundo social, porque o criara. Essa ideia foi desafiada por um novo campo intelectual, a sociologia do conhecimento. O interesse no condicionamento social do pensamento de indivíduos, classes ou sociedades inteiras foi consequência da nova insistência na historicidade de *tudo*.

A humanidade foi questionada e criticada por vários historicismos que pretendiam provar que o que aconteceu tinha de acontecer, que a história é um relato seco sobre o trabalho inevitável de forças vastas e impessoais que se desdobram de acordo com as leis de ferro da evolução social. No prefácio de *O capital*, Marx disse que "as leis econômicas do movimento na sociedade moderna" — as "leis naturais da produção capitalista" — "trabalham com necessidade férrea na direção de resultados inevitáveis".[59] Essa teoria da história era uma parte de sua teoria de que a natureza humana não era uma essência permanente (*wesen*), mas algo criado constantemente pelo desdobramento da história teológica, de acordo com aquelas leis "férreas". Se Marx estava certo, a tarefa de entender o passado se torna difícil, talvez impossível. Além disso, por que se dar ao trabalho? Se os antigos gregos e romanos ou as pessoas da Idade Média tinham naturezas que não eram naturais, mas "reflexos" das relações de classe em seu sistema social, entendê-los não é pertinente para nossa situação. Se não existe natureza humana e, consequentemente, nenhuma categoria constante — se não é a consciência que determina a existência, mas a existência que determina a consciência —, então o entendimento das eras prévias é difícil e os julgamentos morais sobre elas são inúteis e irrelevantes para a atual história humana.

Quando tal pensamento se dissemina, o mesmo se dá com o perigo de que a vida seja engolida pela política da consciência. Se as pessoas são ensinadas que são meras rolhas boiando em uma maré de irresistível causalidade, elas são tentadas pela passividade e atormentadas pelo fato de que sua consciência não é realmente sua. Certamente há conexão entre as várias teorias sobre a agência humana que a mostram atenuada ou quimérica e a emergência de uma tímida e amedrontada geração de estudantes que adotou o culto da fragilidade e exigiu ser colocada em "segurança" contra quase tudo. Além disso, negar a autonomia da cultura ao explicá-la como "epifenômeno", como "reflexo" de outras forças, é roubar sua dignidade. A redução do estudo da literatura à sociologia e da sociologia à mera afirmação ideológica tem um princípio central: os escritores são cativos do condicionamento de sua classe, sexo, raça. Toda literatura à qual é conferido status canônico só representa as hipóteses e os interesses disfarçados ou não examinados da classe, sexo ou raça dominante. Críticos, armados com o que foi chamado de "hermenêutica da suspeita", desvalorizaram radicalmente os autores e elevaram os ideólogos — os próprios críticos — como decodificadores indispensáveis da literatura, que é, por definição, irredutivelmente política.

*A tempestade* de Shakespeare reflete o estupro imperialista do Terceiro Mundo. As referências poéticas de Emily Dickinson a ervilhas e botões de flor são mensagens codificadas da raiva feminista, exaltando a masturbação do clitóris para protestar contra a prisão dos papéis sexuais patriarcais. A suposta serenidade de Jane Austen mascara sua raiva fervilhante contra a dominação masculina, expressada no caráter desagradável de personagens menores que não são "realmente" menores. Em *O morro dos ventos uivantes*, Emily Brontë, uma subversiva sutil, faz com que Catherine seja mordida por um buldogue macho. A suplantação das respostas estéticas pelas respostas políticas torna a literatura primariamente interessante como mero índice de quem tinha poder e quem era vitimizado por ele. A agenda da esquerda libera a literatura dos padrões estéticos, definidos como meras asserções sublimadas de poder pelo grupo dominante da sociedade. Segue-se que todos os críticos e autores de grupos particularmente vitimizados devem seguir apenas os padrões políticos de seu grupo. A administração desses padrões e do resultante sistema de espólios raciais e sexuais na academia "requer" grupos políticos: sob o castanheiro cada vez maior, eu lhe concedo estabilidade e você a concede a mim.

Conforme os julgamentos estéticos são politizados, os julgamentos políticos são estetizados: a adoção de poses e o gozo da catarse são centrais no teatro de vitimização da vida acadêmica. Tudo isso, embora infantil, não é trivial. Ao "desconstruir", decodificar politicamente ou atacar de algum outro modo o significado das obras literárias, os críticos despem a literatura de sua autoridade. O criticismo desloca a literatura e os críticos deslocam os autores como concessores de sentido. Na escrita da história também há um estilo artificial que transforma o escritor no centro das atenções. Ele faz isso ao — para usar um verbo muito apreciado na academia — privilegiar um vocabulário estranho. Para selecionar aleatoriamente somente um de incontáveis exemplos, quando uma historiadora americana diz que a Espanha de Franco era "tão selvagemente hierarquizante" quanto a Alemanha de Hitler, ela está escrevendo de uma maneira que ninguém, fora da academia, escreve. Quando, de maneira ostensivamente polida, ela diz que o catolicismo "problematizou" a aproximação ideológica entre o franquismo e o nazismo ou que o liberalismo, o constitucionalismo e a democracia são conceitos que devem ser "interrogados" em contextos específicos, seu vocabulário assinala agressivamente sua afiliação a um clero restrito que possui um jargão privado.[60] Se alguém acredita que toda a literatura, propriamente "contextualizada", deve ser vista através das lentes da política; que, como a história é opaca, ela deve ser discutida em jargão opaco; que as coisas julgadas verdadeiras, boas e belas são, em qualquer tempo e por toda parte, julgadas por padrões que são apenas opiniões e estão além da defesa racional; se alguém acredita em todas essas coisas, elas têm consequências para nosso entendimento sobre o que a educação deve ou pode ser.

Muitos educadores nas ciências humanas — não na engenharia, porque pontes e represas ruiriam — adotaram o ceticismo epistemológico, e mesmo o niilismo epistemológico, acreditando que o passado é inacessível porque é impossível sermos objetivos sobre ele ou sobre qualquer outra coisa. Se nosso entendimento do presente também é um "constructo cultural", somente um reflexo das forças e dominâncias sociais contemporâneas, então nosso entendimento do passado deve ser ainda mais atenuado. A revolução pós-modernista na historiografia tem sido insistir que o passado também é "construído". Na verdade, o passado merece respeito, não porque é um registro de sucessos que condena nosso presente imperfeito, mas porque é um registro de tentativas de fazer o que também tentamos fazer: responder razoavelmente a circunstâncias mais ou menos intratáveis da condição humana.

Infelizmente, os novos historiadores se parecem com críticos literários que deslocam os autores a fim de explicar o que autores particulares "realmente" estão fazendo quando escrevem, saibam ou não. A nova história eleva o historiador ao papel — meio padre, meio artista — de explicar o significado da história àqueles que obstinadamente persistem em pensar que a política é muito importante. Se os eventos políticos são meros "epifenômenos", a política perde sua grandiosidade modeladora da história, e as pessoas comuns perdem a dignidade ligada à participação no espetáculo humano. Se, como os novos historiadores insistem, as "estruturas" sociais e as "forças" impessoais modelam tanto o indivíduo quanto a história, então a individualidade e a liberdade são descontadas. Quando os historiadores negam que algumas poucas pessoas proeminentes têm impacto desproporcional no destino de muitos, eles também negam a habilidade das pessoas de se elevarem acima do determinismo e modificarem a trajetória de suas vidas. É assim que o antielitismo dos novos historiadores gera fatalismo sobre a própria possibilidade de liderança. Esse estilo de história abole o homem como animal político que usa a razão e responde à retórica para buscar realização na vida cívica. Se você desconta a importância do indivíduo e suas declarações — suas escolhas e a retórica que justifica e gera apoio a elas —, você desconta a importância, e talvez mesmo a possibilidade, da democracia, que é um regime de persuasão.

Duas tendências intelectuais convergentes e mutuamente reforçadores tiveram efeitos desmoralizantes e amoralizantes na maneira como entendemos a história. Isso é importante porque a maneira como pensamos sobre o passado condiciona a maneira como agimos — ou não — para modelar o futuro. A primeira tendência borrou o retrato dos seres humanos como atores responsáveis e consequentes na história. A segunda tendência envolve pintar a história da humanidade sem as brilhantes cores primárias da grandeza pessoal. Alguns dizem que as pessoas deveriam superar o desejo ou a crença em heróis, porque somente uma nação infeliz precisa de heróis. Mas somente uma nação incomumente afortunada pode ficar sem eles. Nenhuma democracia, e muito menos uma democracia diversa e continental, deveria querer se abster das raras figuras que capturam e condensam em suas carreiras um momento, um movimento, uma ideia. A ideia de heróis deixa as democracias inquietas. Elas querem dispersar o crédito pelas realizações e acreditar que virtudes e visões surgem espontânea e amplamente das pessoas comuns. Ainda assim, mesmo as democracias não fascinadas por eles deveriam ter heróis. Um dos aspectos menos atraentes da situação atual é a ausência de simpatia, afeição e respeito pelas pessoas que lutaram contra os problemas do passado recente. E há algo terrivelmente pequeno sobre alguém que não consegue admitir que ninguém mais seja excepcionalmente grande. Como já se disse, se nenhum homem é um herói para seu valete, não é porque nenhum homem seja herói, mas porque todos os valetes são valetes.

As pessoas comuns acham que príncipes e presidentes, heróis e vilões extraordinários foram indivíduos criadores de eventos. Mas, nas mãos da nova história, tais indivíduos se dissolvem em meras manifestações de forças "mais profundas". É perverso que tal escrita da história floresça após um século tão modelado por criadores de eventos: Hitler, Stalin, Mao, Churchill, Roosevelt, De Gaulle, Reagan. Mas a implausibilidade é o preço que os novos historiadores pagam alegremente pela correção ideológica que, não por coincidência, aumenta seu status como decifradores de coisas que, supostamente, estão além da compreensão de pessoas fora do clero. Se, como os novos historiadores insistem, as "estruturas" sociais e as "forças impessoais" fazem a história, então não surpreende que os estudantes virem as costas para a história ensinada sem o drama de indivíduos autônomos movidos pela razão e pela convicção e sem a retórica que apela aos anjos bons de nossas naturezas. A retórica é uma eloquência sistemática que, em suas melhores manifestações, não induz à irracionalidade; ela serve como fermento para a razão ao fundir paixão e persuasão. E influencia a maneira como a história é feita.

Uma nação precisa de muitos heróis, e os Estados Unidos os tiveram. Também tiveram vilões, e é construtivo examinar a história de sua vilania à luz dos princípios nacionais que a definem. Assim, deveria haver foco nas falhas da nação para estarmos à altura de seus compromissos. Nesse sentido e neste momento, é necessário, particularmente após a série de decepções com os projetos de construção da nação no exterior, distinguir entre construção da nação e construção do Estado. Como diz Francis Fukuyama, a construção do Estado requer a criação de instituições — agências, Forças Armadas, burocracias — tão tangíveis quanto os edifícios que as abrigam. A construção da nação requer a criação de uma identidade nacional, que é tão intangível quanto as tradições, as memórias e os patrimônios culturais como literatura, poesia, música e arquitetura. A construção do Estado é necessariamente feita no topo; a construção da nação frequentemente é uma questão de adubar o solo da sociedade. Um senso de identidade nacional é pré-requisito para a coesão social, e um senso de identidade nacional se torna mais urgente e mais elusivo por causa das forças liberadas pela modernidade, como mobilidade geográfica e social, ligações familiares e comunitárias atenuadas, identidades religiosas diluídas, mobilidade ocupacional e diferentes níveis de educação. O mesmo é verdadeiro para a identidade pessoal. Como diz Fukuyama, "Nas sociedades agrárias, as escolhas importantes na vida de uma pessoa — onde viver, como ganhar a vida, que religião praticar, com quem se casar — são determinadas, em sua maioria, pela tribo, vilarejo ou casta. Consequentemente, os indivíduos não passam muito tempo se perguntando 'Quem sou eu, na verdade?'".[61] Logo, em sociedades urbanizadas modernas, as identidades nacionais se tornam componentes das identidades pessoais, mais do que eram nas sociedades agrárias.

Em certa extensão — a extensão varia amplamente de acordo com as histórias nacionais —, a identidade nacional é algo deliberadamente cultivado. Ernest Renan, um dos primeiros estudiosos do nacionalismo, disse que esse cultivo requer amnésia histórica ou mesmo a promoção deliberada do mal-entendido. A construção do Estado sempre envolve coisas desagradáveis, incluindo a violência. Como diz Fukuyama, os Estados Unidos não foram construídos em um continente despovoado. O Estado, cuja identidade "é baseada nos princípios da igualdade, dos direitos individuais e da democracia", foi construído em parte pelo violento deslocamento dos habitantes indígenas.[62] A construção da nação, que nunca termina, não requer nem deveria encorajar a amnésia em relação à opressão, à ilegalidade e à violência da construção do Estado. Isso é especialmente verdadeiro nos Estados Unidos, onde o processo de construção do Estado deveria ser julgado pelos severos princípios que definem a identidade desta nação baseada em um credo. Os brutais afastamentos desses princípios — escravidão, semigenocídio dos nativos americanos, imperialismo — não foram somente comportamentos grotescos; eles foram particularmente horrendos porque foram apostasias. Os Estados Unidos não somente sabiam que não deveriam fazer o que estavam fazendo, como simultaneamente proclamavam estar acima do que faziam. Assim, dar impiedosa atenção às falhas em seguir esses princípios serve para reafirmá-los com nova relevância e vitalidade.

## SABOREANDO A CONTINGÊNCIA E TALENTO PARA O PESSIMISMO

Edna St. Vincent Millay estava certa sobre o que ler, mas errada sobre o que pensar a respeito:

*Leia história e aprenda seu lugar no tempo;*
*E vá dormir; tudo isso já foi feito antes.*[63]

Na verdade, uma das razões para ler história é saber quão pouco geralmente se sabia sobre o que estava por vir. O que significa que ler história é uma cura para o historicismo. Nada é tão distintivamente moderno e desmoralizante quanto achar que a mudança é autônoma. Assim, nada é tão divertido quanto demonstrar que uma figura solitária pode fazer a diferença, que a história é o domínio das surpresas, e não da necessidade. Daí vem o júbilo da história bem ensinada, que é uma educação sobre a contingência.

Suponha que o carro tivesse atingido o pedestre com um pouco mais de força. Que carro? Aquele na Quinta Avenida na noite de 13 de dezembro de 1931, quando um político inglês fazendo uma série de palestras esqueceu momentaneamente das regras americanas de trânsito e olhou para o lado errado ao atravessar a rua. Winston Churchill poderia ter morrido. Então talvez, em 1940 ou 1941, um primeiro-ministro menos resoluto e inspirador pudesse ter escolhido fazer um acordo com a Alemanha antes que Hitler atacasse a União Soviética. Imagine a hegemonia da Alemanha nacional-socialista se estendendo pelas terras eurasianas da Coreia até Calais. Ou suponha que Robert E. Lee tivesse ocupado Cemetery Hill na primeira noite em Gettysburg, o que poderia ter feito se Stonewall Jackson não tivesse sido acidentalmente morto dois meses antes pelo fogo amigo de confusos soldados confederados em Chancellorsville. A dinâmica dos três primeiros dias de julho de 1863 no centro-sul da Pensilvânia teria sido diferentes. Lee poderia ter prevalecido e os Estados Unidos poderiam ser duas nações. Na verdade, poderia haver muitas nações no território que era a Confederação, porque aqueles rebeldes teriam imprevidentemente estabelecido um fraco governo central e endossado o direito à secessão. Ou suponha que o vento nordeste soprando pelo porto de Nova York não tivesse se transformado subitamente em vento sudoeste na noite de 29 de agosto de 1776 e não houvesse névoa espessa no dia seguinte. Poderia jamais ter havido Estados Unidos independentes para Lee tentar desmembrar. Essas mudanças climáticas facilitaram a evacuação durante a qual George Washington e 10 mil soldados — cerca de metade de todo o exército continental — evitaram a captura pelos britânicos após a batalha de Long Island.

O estudo da história deveria ser uma imersão na realidade das contingências. Essa imersão deveria levar ao talento para o pessimismo: as coisas podem dar e frequentemente dão errado. O pessimismo pode, mas não precisa ser, uma consequência do niilismo. O pessimismo pode estar associado, mas não necessariamente, a uma teoria de declínio social. Ele não acarreta fatalismo. Ao contrário, é uma forma de ativismo, de perpétua cautela nascida do realismo historicamente informado. O pessimismo, longe de promover a passividade, deveria ser um estímulo constante ao engajamento político. E, longe de ser uma receita para a infelicidade, é uma inoculação contra inumeráveis otimismos que expõem os aderentes a esperanças frustradas, perplexidade, desilusão e inércia.

Quando fundamentado na filosofia, o pessimismo é muito mais que um estado de espírito. Isso foi demonstrado pelo filósofo Joshua Foa Dienstag, que traçou a longa origem do pessimismo na filosofia política ocidental. "No século XX", escreve ele, "o pessimismo tem sido a filosofia que não ousa dizer seu nome", em função do "imperialismo do otimismo". O "princípio animador" do pessimismo é o de que "o tempo é um fardo inamovível para os seres humanos, porque leva à destruição final de todas as coisas". Ele argumenta que a disseminada recusa de levar o pessimismo a sério como importante fio no tecido da história intelectual "reflete o continuado domínio que as ideias de progresso retêm sobre a consciência contemporânea".[64] Isso não significa que o pessimismo filosófico negue o progresso. Mas o pessimismo como fundação da cautela política deveria apontar para certas conclusões prudentes sobre as instituições.

A "súbita ubiquidade dos relógios mecânicos no século XIV" pressagiou a consciência moderna de tempo linear e a emancipação do senso de aprisionamento à história cíclica. Assim, a ideia de linearidade, combinada ao simultâneo despertar da apreciação dos intelectuais pela natureza cumulativa da pesquisa científica, preparou a humanidade para adotar a ideia de progresso. Como as filosofias modernas do pessimismo são, nas palavras de Dienstag, críticas em relação à ideia de progresso, "o pessimismo, como o progresso, é uma ideia moderna". Uma descrição da condição humana que separa o entendimento linear da história da ideia de progresso é "desconcertante" para os seres humanos. Eles, ao contrário dos outros animais, têm senso de tempo e, portanto, consciência da morte. Ninguém dura, e é improvável que qualquer arranjo social possa durar. A capacidade humana de raciocínio nos dá o poder de manipular aspectos do mundo, e esse poder resultou em maravilhosos efeitos benéficos. Mas os seres humanos, sempre sob o domínio de desejos não realizados e sempre destinados à morte, devem aceitar suas limitações. Os otimistas, dispostos a esperar melhoras contínuas, estão fadados à decepção. Como diz Dienstag: "*O pessimista nada espera*". Livre do que um pessimista chamou de "idolatria do amanhã", o pessimista tem uma "abertura para a música do acaso" que pode lhe dar um tipo de "equanimidade". E experimenta "o revigoramento da vida que vem da aceitação da incerteza".[65] O turbilhão é rei? Excelente.

Nietzsche achava que o ateu pessimista, já não buscando "justificativa" para os males do mundo, "agora se delicia em uma desordem mundial sem Deus, um mundo de acasos". Para ele, como interpretado por Dienstag, "o pessimismo promove o exame desimpedido do mundo e do eu sem suposições morais intrínsecas. Dessa perspectiva, é na verdade o otimismo, que se baseia em tais suposições, que inibe a pesquisa realmente livre". Tal pessimismo "olha para o futuro não com a expectativa de que coisas melhores estejam predestinadas, mas com uma esperança fundada somente na alegria sentida com o constante processo de transformação e destruição que marca a condição humana". Estamos fadados a viver em uma condição de radical insegurança, mas também de radicais possibilidades. Assim, "o pessimismo visa a uma democracia de momentos", pois os indivíduos não podem nem escapar do tempo, nem serem aprisionados por ele.[66] O pessimismo é a imunização contra a passividade nascida da sensação de que somos objetos dos eventos. Ele esclarece onde satisfações podem ser encontradas na real zona de soberania possuída pelos indivíduos.

Tal pessimismo informa a sensibilidade conservadora ao rejeitar "tanto o progresso quanto a circularidade como quadros temporais orientadores". O pessimismo "simplesmente não vê a filosofia como técnica para remover a escuridão do universo e substituí-la pela luz. Seu objetivo é nos ensinar como viver com o que não podemos erradicar, as limitações da morte e do tempo que o universo nos impõe". Dienstag encerra com o julgamento de Albert Camus em *O mito de Sísifo*: "Devemos imaginar que Sísifo era feliz". Feliz porque obteve a dignidade de tentar. Como diz Camus em seu ensaio, "A coisa importante [...] não é ser curado, mas viver com os próprios males".[67] Os males da condição humana são crônicos e devem ser constantemente contrabalançados por profiláticas instituições e medidas políticas e culturais. De outro modo, a regressão social é não somente possível, como também provável.

Houve estupendo progresso, moral e material, em nosso tempo. Já se comentou que, até cerca de 1900, a maioria das pessoas passava metade da vida com dor de dente, mas poucas pessoas nascidas depois de 1960 conhecem essa dor. De certa maneira, o progresso moral foi igualmente espetacular: tente explicar ônibus segregados para alguém nascido após 1970. Uma razão para a política ter perdido parte do fervilhar de antigamente é o fato de muitas injustiças terem sido não apenas corrigidas, mas relegadas ao reino do passado incompreensível. Mas tome cuidado com uma engrenagem histórica que só se move na direção do aperfeiçoamento.

A filosofia política ocidental começou com a busca de Platão por maneiras de evitar que a história fosse uma sucessão de ciclos, com a virtude decaindo para a tirania. Um aspecto admirável da modernidade é a preocupação com a história como narrativa linear imbuída do drama das possibilidades. A história, propriamente ensinada, imbui as pessoas de um pré-requisito para a vida democrática: o desrespeito despreocupado pelas falsas inevitabilidades. Amanhã o presente será história, cujo estudo é uma longa advertência: nada é inevitável com exceção da mudança, e as permutações de resultados possivelmente desagradáveis são infinitas. Assim, a prudência exige precauções auxiliares, começando com o que deveria ser a restauração da educação como processo de aprender como louvar e como escavar o conhecimento histórico em busca de coisas louváveis e admonitórias na história humana.

Marx fez um retrato não sentimental de nossa espécie enredada na dialética da história. Darwin fez um retrato não sentimental da infância de nossa espécie. Freud fez um retrato não sentimental de nossa infância. Cada um deles influenciou o pensamento sobre a natureza e o significado da política e da vocação política. Algumas pessoas temem que a genética faça o mesmo. Elas argumentam que a autonomia individual é uma ilusão que será constantemente desfeita pela decifração de códigos genéticos supostamente controladores, entendidos como o motor químico da existência. Se tal materialismo científico reduz o eu à química, o que acontece à aspiração das sociedades liberais, o autogoverno através do consentimento? Se a humanidade está irredutivelmente embebida nas necessidades da natureza, quem, exatamente, está consentindo? E qual é o valor, o imperativo moral, do consentimento?

A premissa fundacional da modernidade e das sociedades democráticas liberais é a de que os indivíduos são criaturas autoconstituintes que se constroem no processo de fazer escolhas livres, escolhendo seus propósitos em uma vasta cafeteria de possibilidades. Um dos maiores romances escritos na mais moderna das nações fala da pessoa como obra de arte. É a história admonitória da autocriação de Jay Gatsby. A resposta desta nação aos determinismos de todas as estirpes sempre foi que a educação pode permitir que indivíduos autoconstituintes escolham livremente o que é louvável. É uma piada favorita dos filósofos: "É claro que eu acredito em livre-arbítrio; que escolha eu tenho?" Quanto mais uma pessoa é educada sobre as boas coisas e os comportamentos nobres, mais está equipada para os prazeres do louvor e do pessimismo inteligentes, pré-requisitos para a defesa da liberdade.

CAPÍTULO 8

# NO EXTERIOR

## Uma nação de credo em um mundo em período de experiência

Afinal, os homens de modo algum são todos iguais: exige muito deles serem americanos, franceses etc.

Henry James[1]

Em 1910, um morador de 25 anos do Missouri trabalhando na fazenda da família, em um arado puxado a cavalo, colocou no bolso uma cópia do poema de Alfred Tennyson "Locksley Hall", que antecipava um mundo sem guerras, um mundo domado pelas leis:

*Até que os tambores de guerra já não soem e as bandeiras de batalha sejam dobradas*
*No Parlamento dos homens, na Federação do mundo.*
*Lá, o bom senso da maioria manterá fascinado um reino irascível*
*E a gentil terra adormecerá, embalada pela lei universal.*[2]

O morador do Missouri levou o poema consigo, como capitão de artilharia, quando os tambores de guerra ressoaram na França. E o levava consigo em 12 de abril de 1945, quando a morte de Franklin Roosevelt o elevou à presidência, treze dias antes do início da conferência de São Francisco, na qual as Nações Unidas foram criadas.[3] A ONU tem sido menos um parlamento de homens que uma reunião de regimes, menos uma federação para um mundo gentil que uma arena para a competição entre nações. Mas a Estela dos Abutres, o mais antigo documento histórico conhecido do mundo, é um pedaço entalhado de calcário que conta, em língua suméria, a história de uma batalha no que agora é o Iraque, há 25 séculos. Assim, o mais antigo documento da humanidade fala da guerra. E, nas onze décadas desde que Harry Truman colocou aquele poema no bolso, a guerra esteve conosco. A humanidade jamais ficou sem ela. Contudo, nove anos depois de o fazendeiro Truman arar aquele campo e um ano depois de o capitão Truman ter comandado o 129º regimento de artilharia do Exército americano na França, um americano estava determinado a pôr fim à guerra. Woodrow Wilson estava insone em Paris.

O presidente ficou acordado a noite inteira em 1919 porque, como disse a seu médico na manhã seguinte, "minha mente estava tomada pela controvérsia Japão-China". Um presidente americano estava presente a uma conferência para pôr fim a uma guerra iniciada na Bélgica e disputada majoritariamente a 350 quilômetros do canal inglês. E, mesmo assim, seu sono foi perturbado pelas relações sino-japonesas. De acordo com a historiadora Margaret MacMillan, Wilson estava preocupado "com o que o Japão estava fazendo na China, incluindo a composição da política ferroviária em Shandong. (Haveria chineses com instrutores japoneses, se necessário)".[4] Se "necessário"? O presidente dos Estados Unidos estava tendo dificuldade para mensurar a necessidade do componente japonês na política ferroviária chinesa. Tais preocupações granulares eram suficientes para causar um derrame. E podem ter causado.

Enquanto navegava até Paris, Wilson disse a seu jovem secretário da Marinha, Franklin Roosevelt, de 37 anos, que os Estados Unidos eram "a única nação que todos sentem ser desinteressada e na qual todos confiam".[5] A ideia de uma nação desinteressada deve ter sido sombriamente divertida para os líderes do ensanguentado continente europeu. Como Wilson, ao contrário de suas contrapartes francesa, britânica e italiana na conferência de paz de Versalhes, era chefe de Estado, ele recebeu uma cadeira alguns centímetros mais alta que a de Georges Clemenceau, da França; David Lloyd George, da Grã-Bretanha; e Vittorio Orlando, da Itália. Não que Wilson precisasse desse leve aumento físico para sua autoconfiança moral. Potenciais pupilos desse ex-professor chegaram de longe a Paris. Ou tentaram chegar. MacMillan escreve que "os coreanos da Sibéria partiram a pé em fevereiro de 1919 e, quando a parte principal da conferência de paz terminou em junho, tinham chegado apenas ao porto ártico de Arcanjo". No entanto, alguns alunos já estavam em Paris quando a conferência se reuniu — como um vietnamita de 29 anos de idade que trabalhava na cozinha de um hotel: Ho Chi Minh. Muitos defensores dos povos subjugados e das nações nascentes foram para Paris, atraídos pelo magnetismo do princípio central de Wilson: a autodeterminação. O que exatamente Wilson queria dizer com isso era um mistério para, entre outros, seu secretário de Estado, Robert Lansing, que se perguntou: "Quando o presidente fala de 'autodeterminação', que unidade ele tem em mente? Será que quer dizer uma raça, uma área territorial, uma comunidade?"[6]

A etnicidade faz o mundo girar. E sangrar. Essa é uma surpresa desagradável, sobretudo para todos os pensadores avançados que se convenceram de que a modernidade significaria o eclipse da etnicidade, entre outras fontes de conflito. O que Daniel Patrick Moynihan chamou de "expectativa liberal" era de que as afeições étnicas enfraquecessem ou mesmo desaparecessem.[7] Tais afeições são anacrônicas (ou assim diz a teoria), ecos primitivos e transitórios da infância da humanidade. Igualmente equivocada foi a previsão marxista de que todos os componentes pré-industriais da identidade — culturais, religiosos, raciais — seriam substituídos por componentes de classe social. Isso não aconteceu: a ruptura das nações pela fragmentação étnica hoje domina as políticas mundiais. Muitos grupos étnicos pensam ser um "eu" com direito a "autodeterminação".

O século XIX foi um século de consolidações. Os Estados Unidos uniram um continente com trilhos de aço e um governo central forte. A Alemanha se unificou, assim como a Itália. Os americanos, no entanto, injetaram no discurso da diplomacia a ideia de "autodeterminação" como "direito" universal. Antes que a Primeira Guerra Mundial terminasse, Woodrow Wilson disse a uma animada sessão do Congresso que a "autodeterminação" era "um princípio imperativo de ação". Mas a autodeterminação por que tipo de entidade? Wilson disse: "As aspirações nacionais devem ser respeitadas; os povos agora só podem ser dominados e governados com seu consentimento."[8] Ele estava procurando problemas. E parecia assumir que os substantivos "nações" e "povos" eram sinônimos ou que essas entidades eram coextensivas. Mas, em muitos casos, não eram e ainda não são.

Seis dos quatorze pontos de Wilson falavam de autodeterminação. Deveria haver, por exemplo, "desenvolvimento autônomo" dos "povos da Áustria-Hungria" e também de "outras nacionalidades [...] sob domínio turco".[9] "Povos."

"Nacionalidades." E etnias, que não são a mesma coisa que nacionalidades. A etnia ainda atrapalha o jogo das nações. O mundo seria muito mais calmo se a história tivesse feito com que os grupos étnicos coincidissem organizadamente com as fronteiras nacionais. Mas a distribuição de povos nem sempre segue as fronteiras políticas, particularmente quando essas fronteiras foram criadas por diplomatas confiantes em sua habilidade de organizar e racionalizar o mundo. Na política, o racionalismo é perigoso; quando combinado, como no estadismo de Wilson, com moralismo, é explosivo.

O secretário Lansing disse que Wilson era "um frasista por excelência", mas avisou que "certas frases não foram bem pensadas". Enquanto Wilson anunciava seu princípio "imperativo", um cabo alemão que se recuperava de um ataque com gás planejava uma carreira política. E, em 26 de setembro de 1938, o ex-cabo disse que "finalmente, quase vinte anos após a declaração do presidente Wilson, o direito de autodeterminação desses 3,5 milhões [de alemães] deve ser imposto".[10] Foi o que disse Hitler quando a Tchecoslováquia foi desmembrada. Uma nação foi sacrificada pela "autodeterminação" de um "povo": os alemães sudetas.

Lansing vira a chegada dos problemas. A "indigesta" expressão "autodeterminação" estava "simplesmente carregada de dinamite [...] Temo que ela custe milhares de vidas [...] Que calamidade essa expressão jamais ter sido usada!"[11] Resolutos, Franklin Roosevelt e Churchill afirmaram, em sua Carta do Atlântico de agosto de 1941, os direitos dos "povos". E a Carta da ONU endossou a autodeterminação dos "povos". Em 1915, Walter Lippmann escreveu: "Quando você considera o mistério que o East Side de Nova York é para o West Side, esse negócio de organizar o mundo de modo satisfatório para os povos pode ser visto em sua verdadeira proporção."[12] Mas somente dois anos depois, Lippmann, com somente 28 anos, foi um ávido organizador do Inquérito, um pequeno grupo secreto que servia a Wilson. Dos escritórios da Sociedade Geográfica Americana em Nova York, o Inquérito planejou uma reorganização do mundo que tornaria o século XX racional. Ronald Steel, o biógrafo de Lippmann, escreve:

> O Inquérito, trabalhando com mapas e pilhas de estatísticas, atacou a questão das fronteiras ao desenhar mapas mostrando a concentração de grupos nacionais no interior da Europa. Lippmann então coordenou esses mapas e listas com os movimentos políticos nacionais, a fim de determinar como essas entidades étnicas podiam receber autodeterminação sem

> gerar novas rivalidades na Europa. Então relacionou esses mapas com os tratados secretos, decidindo quais mudanças territoriais seriam aceitáveis e quais desafiariam a justiça e a lógica. Quando a equipe do Inquérito [...] terminou de relacionar as aspirações dos grupos étnicos com a geografia e a economia de cada região, Lippmann organizou as conclusões...[13]

Basta. Será que jamais houve um espetáculo tão impressionante de ingenuidade e húbris? Em breve, Wilson partiu para a conferência de paz de Versalhes, da qual um membro de sua delegação enviou uma carta contendo uma das mais reveladoras vinhetas do século XX: "Fomos para a sala ao lado, na qual o piso estava livre, e Wilson abriu um grande mapa (feito em seu gabinete) e se ajoelhou para mostrar o que fora feito; quase todos nós ficamos de joelhos também. Eu estava na primeira fila e senti alguém me empurrando; quando olhei em torno, zangado, vi que era Orlando, de joelhos e se arrastando como um urso na direção do mapa".[14] No que eles estavam trabalhando? Talvez no Estado da Iugoslávia, que nasceria em breve e duraria até que conflitos étnicos o desmembrassem em 1992. Harold Nicolson, um diplomata britânico presente à conferência, escreveu à esposa dizendo: "Querida, é desanimador ver esses três homens ignorantes e irresponsáveis [Wilson, Lloyd George, Clemenceau] cortarem a Ásia Menor em pedaços, como se estivessem dividindo um bolo".[15] E assim a racionalidade foi imposta ao Oriente Médio. Com mãos firmes, aqueles homens redesenhariam mapas com base em dados étnicos. Mas o princípio da etnia saiu de controle. Novamente, Moynihan: "O fascismo, primeiro italiano e então alemão, se deveu em grande parte ao 'sangue'. A Segunda Guerra Mundial foi em grande parte um *pogrom* e, de longe, os maiores índices de violência desde então têm sido étnicos em natureza e origem".[16]

Houve grande descuido — ávido descuido — na maneira como a conferência de Versalhes reorganizou o mundo. MacMillan, que é bisneta de Lloyd George, disse que, em 1916, ele se perguntou: "Quem são os eslovacos? Não consigo localizá-los." Três anos depois, ele ajudou a colocá-los em uma nova — e perecível — nação, a Tchecoslováquia. Foi somente em 1918 que Lloyd George descobriu que a Nova Zelândia ficava a leste da Austrália. Quando, em Paris, ele falou dramaticamente sobre os turcos se retirando para leste na direção de Meca, lorde Curzon o corrigiu severamente: o recuo seria na direção de Ancara, não Meca. Lloyd George descontraidamente replicou: "Lord de Curzon teve a bondade de me corrigir nessa trivialidade". Arthur

Balfour, um lacônico aristocrata que raramente parecia agitado, ficou furioso com o espetáculo de "homens poderosos e ignorante sentados lá, repartindo continentes". Harold Nicolson escreveu em seu diário: "Como nos sentimos falíveis aqui! Um mapa e um lápis riscando o papel. Minha coragem falha à ideia dos povos que nossas linhas errantes cercam ou excluem, da felicidade de vários milhares de pessoas".[17]

Vários milhares? Muitos milhões, na verdade. Os mapas eram grandes e os lápis permaneceram ocupados. A Turquia estava na agenda da conferência, mas não era uma argila auspiciosa para os especialistas moldarem. Seus governantes recentes haviam incluído um que ficara louco e outro que tinha tanto medo dos inimigos que, quando queria um cigarro, fazia com que um eunuco desse a primeira tragada. Na poliglota Turquia, os trabalhadores das docas em Tessalônica tinham de falar meia dúzia de línguas. Mas não importava. Aqueles especialistas em Paris, rastejando sobre as mãos e os joelhos em torno daqueles grandes mapas, consertariam a Turquia no tempo devido. Quando oficiais franceses convidaram Wilson para um passeio pelo esburacado cenário dos campos de batalha de Flandres, ele se recusou e ficou furioso, dizendo que os franceses estavam tentando mexer com suas emoções. Ele achava que a pura razão devia prevalecer. E, no entanto, talvez tenha incluído a restauração da independência da Polônia em seus quatorze pontos porque, durante uma festa na Casa Branca em 1916, ficara comovido com uma interpretação de Chopin feita pelo pianista Paderewski.

Falando com a amante de Lloyd George, Frances Stevenson, por sobre seu prato de frango, Clemenceau disse: "Cheguei à conclusão de que força é direito. Por que esse frango está aqui? Porque não foi forte o bastante para resistir àqueles que queriam matá-lo. E isso é uma boa coisa!"[18] O que modelou o sombrio realismo de Clemenceau foi a vida em um continente que incluía países como a Albânia, em certas partes da qual um em cada cinco homens morria em feudos familiares. Uma história, talvez apócrifa, mas certamente plausível, diz que, quando Wilson perguntou a Clemenceau se ele não acreditava que todos os homens eram irmãos, Clemenceau exclamou: "Sim, todos os homens são irmãos, Caim e Abel! Caim e Abel!" Ele com certeza disse a Wilson: "Nós [os europeus] também viemos ao mundo com os nobres instintos e as elevadas aspirações que você expressa tão frequente e eloquentemente. Tornamo-nos o que somos porque fomos moldados pela rude mão do mundo em que temos de viver e sobrevivemos somente porque somos resistentes".[19]

A maioria das calamidades políticas pelas quais o mundo se arrastou desde 1919 resultou da distintivamente moderna crença de que as coisas — incluindo as nações e a natureza humana — são muito mais maleáveis do que realmente são. É a crença de que as nações são como jogos de encaixar, que podem ser separadas e remontadas à verdade. É a crença de que os seres humanos são um material que pode ser esculpido pelas ferramentas dos artistas políticos. Nos cem anos desde 1919, muito mais que 100 milhões de pessoas pereceram graças à violência que pretendia forçar o mundo a novas configurações. A violência serviu a ambiciosas tentativas de engenharia social, tentativas de criar pureza racial, uma sociedade sem classes ou o novo homem soviético.

Quando Lenin e Wilson morreram com dez dias de diferença em 1924, a estrutura do conflito do século XX estava no lugar. Vinte e oito anos depois, em 2 de junho de 1952, em Fulton, Missouri, onde, seis anos antes, na Faculdade Westminster, Winston Churchill dera o tiro inicial retórico da Guerra Fria com seu discurso da "cortina de ferro" ("De Estetino, no mar Báltico, até Trieste, no Adriático, uma cortina de ferro caiu sobre o continente!), um ator de Hollywood politicamente engajado fez o discurso inaugural da Faculdade William Woods. Ele disse aos pós-graduandos: "Os Estados Unidos são menos um lugar que uma ideia [...] a ideia da dignidade do homem, a ideia de que, no coração de cada um de nós, há algo divino e tão precioso que nenhum indivíduo ou grupo tem o direito de impor sua vontade sobre as pessoas".[20] Vinte e oito anos depois, o palestrante, Ronald Reagan, seria eleito presidente e implementaria políticas que levariam ao fim da Guerra Fria, sem tiros militares disparados. A noção de que os Estados Unidos "são uma ideia" e que essa ideia trata de princípios de validade universal sempre teve efeitos sobre a política externa.

"Às vezes, as pessoas me chamam de idealista", disse Wilson. "Bem, é por isso que sei que sou americano. Os Estados Unidos são a única nação idealista do mundo".[21] Wilson tinha uma ponta de razão. Mas teria sido muito mais acurado dizer que os Estados Unidos são a única nação cujas relações com o restante do mundo são modeladas pelo universalismo de seu credo. Como escreveu Walter Berns, como o patriotismo americano está inextricavelmente ligado a esses princípios, "o nosso não é um patriotismo paroquial".[22] Isso tem e deve ter efeito profundo e contínuo sobre a condução da política externa americana. Quando Henry James escreveu, em uma carta a seu colega romancista William Dean Howell, "Afinal, os homens de modo algum são todos iguais: exige muito deles serem americanos, franceses etc.", ele estava afirmando um truísmo: a humanidade jamais teve e provavelmente jamais terá uma cultura comum.[23] Consequentemente, as diferenças nacionais devem ser reconhecidas e prudentemente acomodadas. Mas isso não refuta a premissa americana de que a humanidade é una no sentido de que, em sociedades justas, sob governos legítimos, todas as pessoas têm certos direitos e esses direitos são respeitados. A questão, de particular urgência para a condução da política externa americana, é como essa premissa deveria condicionar nosso intercurso com outras nações. Esse intercurso sempre teve e sempre deve ter a cor indelével do idealismo. O conservadorismo deveria aceitar esse idealismo, mas temperá-lo com um realismo não sentimental, quase desolador.

A reflexão sobre a política externa, como a reflexão sobre todas as outras esferas da política, deve começar com esta questão básica: qual é a natureza essencial e imutável dos seres humanos? A resposta conservadora é: os seres humanos são desejantes e competitivos e, portanto, frequentemente se sentem ansiosos e tendem ao conflito. O homem realmente "nasce para a tribulação, como as faíscas se levantam para voar".[24]

Na política externa, como em outros assuntos, uma das funções do conservadorismo é dizer coisas que as pessoas não querem ouvir: a guerra sempre foi e sempre será parte da história humana. Há mais de noventa anos, muitas guerras atrás, os Estados Unidos assumiram a liderança em um esforço para transformar a guerra em coisa do passado. Em 27 de agosto de 1928, representantes de quinze nações se reuniram em Paris para assinar o Pacto Kellogg-Briand, renunciando ao uso da guerra como instrumento de política nacional. Hoje, esse pacto parece algo escrito sobre a água com uma tinta de fumaça. Mas é errado ver o pacto que baniu a guerra como somente outro exemplo da típica tolice da nação americana que, na época, também se esforçava para banir o álcool. O pacto foi mais que uma chama pálida de idealismo no crepúsculo da inocência americana. Ele expressava um aspecto do temperamento americano que ainda existe. Especificamente, os americanos são otimistas em relação ao poder do entendimento para desarmar conflitos. Mas é quando adquirimos real entendimento do mundo que compreendemos que ele sempre será um lugar perigoso e cheio de conflitos. Nem as câmeras, nem o comércio, nem mesmo mais armas de intimidação mudarão isso.

## VÁRIAS ILUSÕES GRANDIOSAS

Em setembro de 1862, dois homens tentavam atravessar um campo escuro e ensanguentado no norte de Maryland. Eles estavam armados com dispositivos profundamente importantes para o futuro da guerra e, logo, da política: câmeras. Haviam sido enviados por Mathew Brady, em cujo estúdio de Manhattan em breve seria inaugurada uma exposição chamada "The Dead of Antietam" ["A morte de Antietam"]. O *The New York Times* relatou: "A morte no campo de batalha nos chega muito raramente, mesmo em sonhos [...] O sr. Brady fez algo para nos mostrar a terrível realidade e seriedade da guerra. Ele não apanhou corpos e os depositou nas soleiras e ao longo das ruas, mas fez algo muito parecido".[25] Mas o mundo civil ainda não olharia para o rosto da guerra. Durante a Primeira Guerra Mundial, nenhuma foto de cadáveres foi publicada em jornais britânicos, franceses ou alemães. Foi somente em 1943 que a revista *Life* criou controvérsia e uma nova era de jornalismo (e, com o tempo, de conflito entre as nações), quando publicou uma fotografia, que ficara engavetada durante meses, de três americanos mortos em uma praia da Nova Guiné. Na época do Vietnã, o jornalismo gráfico estava em ascensão em um mundo conectado, assim como a esperança de que o impacto de tal jornalismo desse à guerra uma proximidade tão perturbadora que o mundo recuaria da violência. Mas o século XX foi repleto de amargas surpresas para otimistas como os editores da renovada décima primeira edição da *Enciclopédia Britânica*, publicada em 1910-1911. A entrada sobre "tortura" dizia que "todo esse tema tem somente interesse histórico no que diz respeito à Europa".[26]

Em 1910, quarenta notáveis anos de paz após a guerra franco-prussiana, Norman Angell, um economista britânico, escreveu e pagou pela publicação de um livro que se tornaria um dos primeiros best-sellers internacionais. Sua análise de custo-benefício em *A grande ilusão* era de que as nações já não se beneficiavam com a guerra, de modo que não haveria outra. Os desejos são os poderosos pais do pensamento, e o pensamento de Angell virou moda. Em 1913, o presidente da Universidade de Stanford disse: "A grande guerra da Europa, sempre ameaçadora [...] jamais ocorrerá [...] Os banqueiros não encontrarão dinheiro para tal conflito e as indústrias não o manterão".[27] Essa foi uma versão de uma teoria colocada em decepcionante prática pelo presidente Jefferson, que tentou usar um embargo comercial para domar os cães de guerra. As repúblicas, esperavam ele e outros, teriam uma diplomacia distintiva baseada não nas espadas, mas nos livros-razão. A hipótese era a de que, quando as mercadorias são livres para cruzar fronteiras, os exércitos não as cruzam, porque os interesses comerciais garantem o acordo de interesses em clima de tranquilidade. O comércio, outrora considerado inimigo da virtude, passou a ser considerado indispensável para a virtude moderna. Mas o livro-razão provou não estar à altura do atavismo humano.

Em 1914, Rupert Brooke falou por muitos quando agradeceu a Deus pelo início da guerra, celebrando-o como o despertar de "um mundo que ficou velho, frio e cansado". Ele considerava a guerra uma experiência revigorante para os jovens, "como um mergulho para os nadadores".[28] Contudo, as nações que se voltaram cansadamente para a Segunda Guerra Mundial haviam lido *All Quiet on the Western Front*, de 1929, e visto o filme [no Brasil, com o título de *Sem novidade no Front*]. Elas haviam lido *Three Soldiers* [Três soldados], de Dos Passos; *Adeus às armas*, de Hemingway; *Good-bye to All That* [Adeus a tudo isso], de Robert Graves; e outras obras literárias que relatavam o gosto de cinzas da última guerra. Os aviões deveriam tornar a guerra obsoleta ao encorajar as viagens e, logo (alerta de *non sequitur*), o entendimento. A difusão — por rádio, depois por televisão e em seguida por satélite — supostamente transformaria todo mundo em cosmopolitas agradáveis. Um guru americano da mídia disse que, por causa da internet, as crianças do futuro "não saberão o que é nacionalismo".[29]

O estudo da medicina começa, em certo sentido, com o estudo da morte. O estudo da política moderna deveria começar com o estudo de Hitler. O interesse sério em Hitler está relacionado ao fato de que seu regime foi fundado, ao menos em parte, no coração e no pescoço de uma grande nação civilizada. O regime era administrado, como são todos os grandes Estados, por funcionários públicos cujos principais atributos normalmente são chamados de virtudes: patriotismo, senso de dever, regularidade. Homens que jamais roubariam nas cartas ou aprovariam o adultério cometido por um colega aprovaram maldades até então inimagináveis. Como Thomas, o Cínico diz em *The School for Dictators* [A escola para ditadores], de Ignazio Silone: "Nenhum ditador jamais teve problemas para encontrar funcionários públicos".[30] Hitler foi o fundador de uma religião secular e era incansável no cumprimento de funções sacerdotais durante eventos como os comícios de Nuremberg, com relíquias sagradas como a "bandeira ensanguentada" do fracassado putsch de Munique em 1923. Sua ascensão ao poder foi o encontro entre o homem e o momento, mas sua genialidade perversa foi enxergar nas pessoas um vazio doloroso que sua paixão poderia preencher. E, se você aceita a noção de que a liberdade é somente a ausência de restrições, então Hitler foi um homem radicalmente livre, um homem operando em uma sociedade a partir do exterior, irrestrito por quaisquer escrúpulos ou laços de afeto. Ele é uma evidência contra a teoria de que somente forças vastas e impessoais, e não indivíduos, podem sacudir o mundo.

Hitler, que não era alemão, foi como Stalin, que não era russo, e Napoleão, que não era francês. Hitler era um completo outsider, externo a todas as restrições embasadas em princípios ou afeições. Ele fazia uma estimativa megalomaníaca da importância de suas realizações. Ao planejar invadir a Inglaterra, disse: "Oito horas de clima favorável durante a noite decidiriam o destino do universo".[31] E ele fundia essa megalomania com superstições dementes. Quando enviou o ministro do Exterior Joachim von Ribbentrop para Moscou em agosto de 1939 para assinar o pacto de não agressão com a União Soviética, ele enviou junto seu fotógrafo pessoal, com instruções para obter closes dos lóbulos das orelhas de Stalin, porque Hitler se perguntava se Stalin era judeu e queria ver se os lóbulos de suas orelhas eram "grudados e judeus ou soltos e arianos".[32]

Tentativas de explicar Hitler começam com a ideia de que ele era incompreensível, um lunático *Teppichfresser* (mordedor de tapete). A teoria reconfortante é a de que não havia teoria que pudesse explicar Hitler porque ele era inexplicável, um monstro, um fenômeno sem precedentes ou portentos. Em 1996, no entanto, o livro de Daniel Goldhagen, *Hitler's Willing Executioners: Ordinary Germans and the Holocaust* [*Os carrascos voluntários de Hitler: o povo alemão e o Holocausto*], argumentou que a explicação para o genocídio era a aculturação: séculos de condicionamento alemão pela ideia de "antissemitismo eliminacionista".[33] O determinismo cognitivo de Goldhagen reduziu Hitler a mero catalisador que liberou a latência cultural de uma sociedade doente. Isso gerou uma réplica de Christopher Browning, autor de *Ordinary Men* [Homens comuns], um estudo de 1992 sobre alemães conscritos de meia-idade que se tornaram participantes consencientes dos batalhões policiais de assassinato em massa na Polônia. Browning observou que a socialização prolongada — séculos de condicionamento — não explicava o assassinato de milhões de cambojanos pelo Khmer Vermelho ou de milhões de chineses durante a Revolução Cultural de Mao. Como escreveu o filósofo John Doris, "É preciso muita gente para matar [...] 6 milhões [...] de seres humanos, e não há monstros o suficiente. Infelizmente, não é preciso um monstro para fazer coisas monstruosas".[34]

O cabo Hitler foi condecorado por bravura por recomendação de um oficial judeu, mas jamais foi promovido porque outro oficial disse que "não descobrimos nenhuma qualidade de liderança nele".[35] Até fazer 30 anos, ele nunca fez um discurso ou se filiou a um partido e, quando se filiou, o partido era tão pequeno que os membros se reuniam em uma cervejaria. Treze anos depois, Hitler liderou seu partido na conquista do Estado mais moderno da Europa. Seu primeiro cargo público foi a chancelaria alemã. Ele era um populista antidemocrático. Alguns políticos navegam com o vento. Outros emborcam. Hitler foi o vento que soprou as massas como se fossem poeira. Como outros quatro líderes da guerra no teatro europeu — Stalin, Franklin Roosevelt, Churchill e De Gaulle —, Hitler não conhecia e nem se importava com economia. O que ajuda a explicar por que eles eram líderes: porque não acreditavam na realidade do *homo economicus*, o homem econômico, uma criatura movida primariamente por cálculos sobre questões materiais.

Há muita verdade, mas falta algo vital, no entendimento do nazismo de Modris Eksteins: "Não foi a substância — não havia substância nas desvairadas tiradas neuróticas — que permitiu que o partido sobrevivesse e mais tarde crescesse. Foram o estilo e o clima. Foi o teatro, a 'arte' vulgar, as produções *à la* Grand Guignol nas cervejarias e nas ruas. Foi a provocação, a excitação, o *frisson* que o nazismo era capaz de fornecer nas brigas, no suor, nas canções, nas saudações. O nazismo, quer se usasse soco-inglês e se carregasse um torniquete ou só se participasse indiretamente, espancando comunistas e judeus na própria mente, era ação. O nazismo era envolvimento. O nazismo não era um partido; o nazismo era um evento".[36] William James, que morreu em 1910, teria entendido. "O homem de fato vive de hábitos", escreveu James, "mas vive para a emoção e a excitação. O único alívio do tédio dos hábitos é a excitação periódica".[37] E a única participação excitante mais disponível que a imersão em um movimento de massa em uma marcha pelas ruas da cidade é a marcha para a guerra.

A história política moderna da humanidade pode ser um paradoxo sombrio: as tentativas, de Locke aos fundadores americanos, de tornar a política segura podem tê-la tornado perigosa. As tentativas de esvaziar a política do que a tornava volátil pode tê-la tornado suscetível a novas formas de descontentamentos desestabilizadores. A homogeneização da humanidade pelas muitas forças da modernidade pode ter gerado uma preocupante reação de particularidades assertivas. A humanidade retém o anseio pela filiação a tribos, nações ou nações tribais. O desejo de identidade coletiva, de sentido e de excitação é o desejo de escapar da "jaula de ferro" que Max Weber anteviu aprisionando as pessoas modernas em um mundo desencantado: "Com o progresso da ciência e da tecnologia, o homem deixou de acreditar em poderes mágicos, em espíritos e demônios; ele perdeu seu senso de profecia e, acima de tudo, seu senso de sagrado. A realidade se tornou melancólica, monótona e utilitária, deixando um grande vazio nas almas dos homens, que eles buscam preencher com atividade furiosa e através de vários dispositivos e substitutos".[38] Como a natureza abomina o vácuo, algumas almas abominam a ausência de um conflito — *kampf* em alemão — no qual possam se imergir.

O sociólogo Robert Nisbet entendeu isso. "Entre as forças que modelaram o comportamento humano, o tédio é uma das mais insistentes e universais." Guerras, fomes, doenças e convulsões econômicas são fáceis de quantificar, o que é uma importante razão para receberem mais atenção dos historiadores e cientistas sociais. Aristóteles definiu o homem como criatura que usa linguagem, mas Nisbet enfatizou um atributo diferente: "O homem aparentemente é único em sua capacidade para o tédio". Talvez isso aconteça porque seu sistema nervoso central evoluiu para aumentar as chances de sobrevivência de seres que precisavam ser vigilantes e agressivos. Se foi assim, não surpreende que as pessoas sejam suscetíveis à monotonia e ao tédio de sociedades ordeiras e pacíficas e das rotinas repetitivas do trabalho. Nisbet observa que, embora a Guerra Civil Americana tenha sido medonha em sua carnificina, medicina primitiva e doenças epidêmicas, "não havia fim para as linhas de jovens fugindo da monotonia mortal da fazenda e do vilarejo para se alistarem sob uma bandeira ou outra". Muitos dos homens que foram dispensados do Exército alemão em 1919 não sentiam falta da lama, dos piolhos e dos ratos das trincheiras, mas eram nostálgicos em relação à fraternidade e à sensação de grande empreitada. Dada a contínua atração da excitação política e religiosa, o mundo poderia se beneficiar do que Nisbet chamou de "sociologia do tédio".[39]

O tédio pode ser combatido pela embriaguez intelectual, pela excitação de adotar uma explicação abrangente e universalmente válida de *tudo*. As maiores e mais letais erupções de irracionalidade ocorreram em nome da razão. A União Soviética destruiu dezenas de milhões de vidas em nome do "socialismo científico", que pretendia explicar o motor econômico da trajetória da história. Os nacional-socialistas iniciaram sua expansão militar e seu assassinato industrializado em nome de elaboradas teorias raciais que pretendiam explicar o que eles acreditavam ser as dinâmicas biológicas da história. As montanhas de corpos do gulag e da Solução Final (essa locução exsudava calmo raciocínio: o projeto tratava de um problema a ser resolvido) foram monumentos às extravagantes aspirações de pessoas cuja limitada educação era suficiente apenas para torná-las suscetíveis ao radicalismo de pessoas com uma grande ideia. Exércitos a serviço dessas duas ideias colidiram em Stalingrado, Kursk e outros lugares, causando a morte do nacional-socialismo e atrasando em quase meio século a morte do "socialismo científico".

No entanto, na esteira repleta de escombros de tudo isso, persiste uma cepa de invencível inocência na abordagem americana do mundo. Quando os sérvios usaram funcionários da ONU na Bósnia como reféns e os acorrentaram a alvos militares como escudos humanos, o secretário de Estado Warren Christopher ficou confuso: "Isso não faz parte de nenhum conflito razoável que possa estar ocorrendo por lá".[40] Os Estados Unidos são uma República comercial na qual os modos de raciocínio usados pelos executivos e advogados, como Warren Christopher, são considerados normais e suficientes. Mas os executivos, como os economistas, pensam em termos de modelos de comportamento racional. Nas relações internacionais, as análises de custo-benefício são difíceis e, mesmo quando são possíveis, frequentemente são tornadas irrelevantes por espíritos animais, atavismos nacionais e frenesis ideológicos. Advogados veem um resultado negociado como forma normal de resolução de conflitos, e a vitória é mensurada em ajustes às margens das disputas. As relações entre nações adversárias raramente são tão brandas. Um país capitalista, no qual o ganho de uma pessoa normalmente resulta em lucro para outra, tende a subestimar a extensão em que o jogo das nações pode ser um jogo de soma zero no qual o ganho de uma nação é a perda simétrica de outra.

Era possível esperar, e muitas pessoas inteligentes realmente esperaram, que, quando as armas ficaram piores, o mundo se tornasse, por necessidade, mais ameno. Em certo sentido, ele se tornou. Desde que a mais destrutiva guerra da história terminou com uma trovoada atômica, não houve guerra global nem guerra entre grandes potências. Mas a guerra evolui e persiste. Observadores da batalha de Ravenna em 1512, a primeira batalha decidida por uma barragem de artilharia, consideraram destruição em massa quando uma bala de canhão matou 33 pessoas. Um ano depois, em Novara, também na Itália, canhões mataram setecentas pessoas em três minutos. Quando, em 1784, o general Henry Shrapnel desenvolveu a primeira granada de fragmentação contendo subprojéteis, a "destruição em massa" se tornou rotineira. Ao menos era em massa comparada às mortes do combate homérico, que matavam com armas pontiagudas e força muscular, antes de a guerra ser dominada pela energia química dos explosivos. Em 5 de abril de 1585, um navio holandês chamado *Hope*, com as muradas carregadas de explosivos, foi deixado à deriva para colidir com uma ponte flutuante cheia de soldados espanhóis. Os espanhóis achavam que era somente um brulote. Era uma bomba-relógio. Ele pode ter causado 2 mil mortes quando explodiu com o mais alto ruído produzido pelo homem até então. Certamente produziu o maior número de baixas infligidas por uma única arma até então. Mas, em 1864, sob o general William Tecumseh Sherman, a guerra total significou industrialismo, conscrição e táticas que borraram a distinção entre combatentes e não combatentes ao atacar as fazendas, fábricas e transportes de que os exércitos modernos dependem. Na década de 1940, a fúria da guerra total havia crescido exponencialmente em função de três ingredientes adicionais: o uso, pelo Estado moderno, da burocracia, da propaganda e, especialmente, da ciência do recrutamento militar obrigatório.

Em 1918, o físico Ernest Rutherford faltou a uma reunião de especialistas que aconselhavam o governo britânico sobre combate antissubmarinos. Ao ser criticado, respondeu: "Estive envolvido em experimentos que sugerem que o átomo pode ser artificialmente desintegrado. Se isso for verdade, é de muito mais importância que uma guerra".[41] Em apenas poucos anos, enquanto a maioria dos homens estava preocupada com moedas, sociedades e políticos instáveis, algumas dezenas de cientistas demonstraram a aniquiladora instabilidade da própria matéria. Einstein postulara a equivalência entre matéria e energia; outros cientistas provaram isso ao transformar matéria em energia. Os cientistas que construíram a bomba tinham compreensível afeição pelo aforismo de Einstein que dizia que o mundo tinha mais a temer dos políticos maus que dos físicos maus. Mas é importante notar que a ciência normalmente é a parceira subserviente em seu casamento com o Estado moderno. Esse relacionamento foi bem sumarizado em um incidente no deserto do Novo México na aurora da era atômica. Um cientista lamentou que a inesperada violência da explosão tivesse destruído seus instrumentos de mensuração. Um general o consolou: "Se os instrumentos não conseguiram aguentar, a explosão deve ter sido enorme. E era isso que queríamos saber".[42]

A era atômica, que começou em segredo naquele deserto no alvorecer de 16 de julho de 1945, foi anunciada 21 dias depois, quando se abriu a porta do compartimento de bombas. O detonador da bomba — incorporando as lentes que David Greenglass esboçara para o círculo de espiões de Rosenberg — liberou nêutrons que transformaram 10 quilos de urânio em uma explosão de um décimo de milionésimo de segundo. O voo do *Enola Gay* começou, em certo sentido, em 1932, em Cambridge, Inglaterra, no Laboratório Cavendish, quando James Chadwick descobriu o nêutron, a chave para penetrar o núcleo do átomo e liberar energia da matéria. Quando o *Enola Gay* se aproximava do Japão, o copiloto escreveu uma carta aos pais. E comentou: "Haverá um breve intervalo enquanto bombardeamos nosso alvo". Em seguida, escreveu, com a mão trêmula: "Meu Deus".[43]

O comitê governamental que mantivera segredo sobre o projeto da bomba (tanto o almirante Chester Nimitz quanto o general Douglas MacArthur, os comandantes da Marinha e do Exército no teatro do Pacífico, só souberam da bomba em julho) disse que ela devia ser considerada não somente uma arma, mas "em termos de um novo relacionamento com o universo".[44] Seria extravagante dizer que a nova tecnologia de destruição em massa teve tal efeito transformador, em termos espirituais ou práticos. Por que teria? As munições convencionais no solo em Verdun mataram muito mais pessoas que as armas nucleares. O mesmo foi verdade no Somme, dezessete anos antes de o nêutron ser descoberto.

## FILOSOFIA PÚBLICA E POLÍTICA EXTERNA DOS ESTADOS UNIDOS

A primeira nação a possuir armas nucleares e a única a usá-las é única de outras maneiras, muito mais fundamentalmente importantes para sua conduta na política externa. A tecnologia é secundária à filosofia política. Os Estados Unidos, únicos na clareza sobre seu momento de fundação e sobre os propósitos desse momento, inevitavelmente são únicos em sua abordagem das relações internacionais. A peça *Cato*, de Joseph Addison, lançada em 1713 e que foi notavelmente popular nas colônias americanas — George Washington a assistiu várias vezes —, expressa uma aspiração iluminista:

*Uma alma romana está inclinada a visões mais elevadas:*
*Para civilizar o mundo rude e grosseiro,*
*E colocá-lo sob a restrição das leis;*
*Para tornar o homem brando e sociável ao homem;*
*Para cultivar o selvagem indomitamente licencioso*
*Com sabedoria, disciplina e artes liberais —*
*Os adornos da vida; virtudes como essas*
*Fazem brilhar a natureza humana, reformam a alma,*
*E transformam nossos bárbaros ferozes em homens.* [45]

Addison estava exortando os britânicos a terem "uma alma romana". Os britânicos que colonizaram a América do Norte não tinham de olhar para muito além de suas portas — a fronteira americana ficava bem a leste dos montes Allegheny — para encontrar "um mundo rude e grosseiro" repleto de selvagens "indomitamente licenciosos". Mas Addison estava conectando o impulso imperial britânico à missão iluminista de levar valores universais aos quatro cantos do mundo. E, quando os Estados Unidos se tornaram uma potência independente, tinham elementos de *Cato* em seu temperamento. Coube ao homem que em 1825 se tornaria o sexto presidente tentar expressar os limites desses elementos. Em 1821, no quadragésimo sexto Dia da Independência, John Quincy Adams, então secretário de Estado, fez uma das mais lúcidas e comedidas declarações sobre a posição americana em relação ao mundo:

> Onde quer que o estandarte da liberdade e da independência seja desfraldado, lá estarão seu coração, suas bênçãos e suas orações. Mas ela não vai ao exterior em busca de monstros para destruir. Ela deseja liberdade e independência para todos. Mas defende e vindica somente sua própria liberdade e independência. Ela recomenda a causa geral pela aceitação de sua voz e pela simpatia benigna de seu exemplo. Ela sabe que se alistar sob bandeiras que não a sua, mesmo que sejam bandeiras pela independência estrangeira, seria se envolver, sem o poder de se retirar, em todas as guerras do interesse e da intriga, da avareza individual, da inveja e da ambição, que assumem

> as cores e usurpam o estandarte da liberdade. As máximas fundamentais de sua política mudariam, sem que se notasse, da liberdade para a força.[46]

Essa é uma política pela qual a maioria dos americanos do século XXI gostaria de viver, uma política que gostariam de ter em um mundo que a tornasse prudente. Em 1821, era a política adequada para uma nação com capacidades militares modestas, protegida pela existência de dois vizinhos fracos e plácidos e por dois vastos oceanos atravessáveis somente por embarcações a vela e preocupada com a tarefa inacabada da expansão para oeste. Dois séculos depois, no entanto, o desafio do estadismo americano é, e tem sido por ao menos oito décadas, afastar-se com prudência do ideal de Adams. Mas a prudência frequentemente é escassa.

Qualquer nova República, escreveu Maquiavel, precisa decidir se irá expandir seu domínio pela força, como Roma, ou se adotará o caminho de Veneza, estabelecendo-se "em local forte" que a proteja enquanto cuida dos seus interesses — que, no caso de Veneza, eram os negócios.

Durante o primeiro século dos Estados Unidos, a geografia permitiu que eles fossem venezianos — em um lugar forte, praticando o comércio. Mas já naquele momento havia uma comichão para serem romanos também, com uma diferença. Os Estados Unidos buscariam, nas palavras de Jefferson, um "império da liberdade", mas sem se tornarem imperiais.[47] Porém, em outubro de 1915, a *The New Republic*, que era então a sede do progressismo americano, sentiu-se excluída do drama mundial: "Aquela calma grandeza moral que gozamos há um ano, quando parecia que estávamos destinados a ser o árbitro das nações, já não existe [...] Em vez da gratidão por termos providencialmente escapado da tempestade, encontramos a cada passo a sensação de estarmos perdendo algo".[48] Em 1915, a Europa foi engolfada pela guerra, e os Estados Unidos eram observadores. O progressismo, do qual a *The New Republic* era um expoente, transbordava uma confiança do tipo que caracterizou o primeiro grande progressista, Theodore Roosevelt, que detestava ser apenas observador.

A maior paixão intelectual de Theodore Roosevelt era Darwin, cuja influência cresceu não somente nas ciências naturais, mas também no pensamento social, incluindo as ciências sociais e a ciência política. Essa influência foi ubíqua. E imediatamente perturbou a paz de espírito da humanidade. Não foi nem a primeira nem a última perturbação causada por uma ideia, mas foi a mais profundamente inquietante. Mas não para Theodore Roosevelt, que a achou inspiradora. A natureza, como decifrada por Darwin, é uma competição constante, resultando na sobrevivência do mais forte. No fim do século XIX, parecia natural ter um entendimento análogo da política nas nações e entre as nações: a dinâmica natural das sociedades humanas é a conquista de territórios e o domínio das raças mais fortes. Para os progressistas na virada do século XX, a complexidade do mundo, como a complexidade da sociedade americana em rápida urbanização e industrialização, era uma razão não para cautela, mas para ambição, para enrolar as mangas da camisa do governo e começar a trabalhar em grandes projetos.

"Cada vez mais, a crescente interdependência e complexidade das relações internacionais, políticas e econômicas exige que todas as potências civilizadas e ordeiras insistam no policiamento adequado do mundo". Assim escreveu o ex-comissário de polícia da cidade de Nova York, Theodore Roosevelt.[49] Em junho de 1896, provavelmente antes que Roosevelt tivesse ouvido falar de San Juan Hill, o *Washington Post* escreveu: "Uma nova consciência parece pairar sobre nós — a consciência da força — e, com ela, um novo apetite, a ânsia de demonstrar nossa força [...]. Ambição, interesse, fome por terras, orgulho, a mera alegria de lutar, o que quer que seja, estamos animados por uma nova sensação. Estamos face a face com um estranho destino. O gosto do império está na boca das pessoas tanto quanto o gosto de sangue na selva. Significa uma política imperial; a República renascente tomando seu lugar entre as nações armadas." Albert J. Beveridge, historiador (biógrafo de John Marshall e Abraham Lincoln) e senador por Indiana, foi um líder progressista que queria exportar progresso para as pessoas e nações retrógradas: "Deus não preparou os povos falantes de inglês e teutônicos para nada além da autocontemplação e da autoadmiração vã e ociosa. Não! Ele nos tornou os mestres organizadores do mundo." Deus, sobre cujas intenções o senador estava confiante, selecionara "o povo americano como Sua nação escolhida para finalmente liderar a regeneração do mundo".[50]

Quando o ex-presidente Grover Cleveland falou sobre "a fatal e antiamericana ideia de imperialismo", ele se colocou entre aqueles que Theodore Roosevelt considerava "homens de tempos passados".[51] Com a guerra dos bôeres em curso na África do Sul, Mark Twain, então com 65 anos e contrário à guerra, viu-se nos bastidores do Hotel Waldorf-Astoria, onde deveria fazer a introdução do discurso de um inglês que apoiava ardentemente a guerra. Quando Winston Churchill, de 26 anos, pediu que Twain autografasse um livro, ele escreveu: "Fazer o bem é nobre; ensinar os outros a fazerem o bem é mais nobre e causa menos problemas."[52] Theodore Roosevelt estava do lado de Churchill. Roosevelt era um individualista assertivo que considerava o individualismo dos outros um impedimento à coesão social requerida pela grandeza nacional. Pregando o que chamava de "republicanismo guerreiro", ele antevia a virtude emergindo da subordinação — da imersão — do indivíduo aos extenuantes esforços coletivos da nação.[53] William Graham Sumner, o cientista social e liberal clássico de Yale, detestava a guerra hispano-americana porque achava que, ao tornar os Estados Unidos parecidos com as nações imperiais europeias, a guerra refutava o excepcionalismo americano. Theodore Roosevelt leu na revista *McClure's* um poema de Rudyard Kipling urgindo os Estados Unidos a "aceitarem o fardo do homem branco", a começar pelos filipinos, que Kipling descreveu como:

*Seus amuados povos recém-apanhados,*
*Metade demônios, metade crianças.*

"Poesia ruim", escreveu Theodore Roosevelt, então governador de Nova York, "mas bom senso do ponto de vista da expansão." Quando, várias décadas depois, os Estados Unidos se livraram do fardo da guerra de guerrilha nas Filipinas, as palavras de Kipling demonstraram ser melhor poesia que política externa.[54]

Os Estados Unidos estiveram em oito guerras significativas desde que o couraçado *Maine* explodiu (por acidente, como agora parece provável) no porto de Havana em 1898. A explosão cobriu de faíscas a madeira seca do nacionalismo americano e detonou a "esplêndida guerrinha" que transformou em presidente o Rough Rider de San Juan Hill.[55] Um dos primeiros gestos de George H. W. Bush como presidente foi colocar o retrato de Theodore Roosevelt no Salão do Gabinete, no lugar em que seu antecessor colocara um retrato de Coolidge. A vitória sobre a Espanha levou a quatorze anos de combate de contrainsurgência nas Filipinas. Também houve uma intervenção na China durante o levante dos boxers e a expedição mexicana de Black Jack Pershing. Tudo somado, alguns americanos estiveram envolvidos em combate durante mais da metade dos 121 anos desde que a quilha do *Maine* se assentou na lama do porto de Havana.

A antipatia por Theodore Roosevelt sentida por Woodrow Wilson teria sido retribuída mesmo que Wilson não tivesse selecionado para secretário de Estado um pacifista moralizante, William Jennings Bryan. Após fazer isso, Wilson ficou ocupado, voltando seu impulso de aperfeiçoamento para o México, onde o general Victoriano Huerta, a mando dos interesses petrolíferos britânicos, se estabelecera como ditador. Wilson anunciou que iria "exigir a aposentadoria de Huerta" por "quaisquer meios necessários". Referindo-se ao México como "República distraída", Wilson ordenou que a Marinha americana tomasse a cidade de Veracruz para impedir que um navio mercante alemão descarregasse suprimentos para Huerta.[56] Então se ofereceu para interferir em favor de um revolucionário chamado Carranza, contra Huerta, se Carranza prometesse ser um revolucionário cavalheiresco. Carranza desdenhou a oferta e derrubou Huerta sozinho. Então um subordinado de Carranza convenceu os agentes de Wilson de que ele era um revolucionário submisso e decoroso que merecia o apoio de Wilson contra Carranza. O subordinado era Pancho Villa. A lua de mel foi breve. Carranza obrigou Villa a recuar para sua região nativa, no norte do México, onde, em janeiro de 1916, Villa, em uma tentativa de provocar Wilson, invadiu o Novo México e matou dezenove americanos. Wilson então enviou uma expedição para o México. Antes que sua presidência chegasse ao fim, ele também enviou tropas para o Haiti, a República Dominicana, Cuba e a União Soviética. Não surpreende que, em 1920, a nação tenha votado para substituí-lo por um presidente que prometia "normalidade."[57] Como veremos, várias décadas depois, houve outra ocasião para considerar o que significa, para os Estados Unidos, ser uma nação normal. A caminho desse horizonte, no entanto, a nação passaria por um duro aprendizado.

## ANTES E DEPOIS DA GUERRA DOS PROFESSORES

Voando sobre Nebraska no verão de 1943, um inglês ficou surpreso com "a normalidade — centenas de quilômetros sem nenhum sinal ou som para me lembrar que aquele era um país em guerra". Então sua bandeja de almoço chegou e, escrita na manteiga, estava a seguinte injunção: "Lembre-se de Pearl Harbor".[58] O fato de que havia manteiga disponível era espantoso; e ainda mais o fato de que as pessoas talvez precisassem ser lembradas de como a guerra começara. Cinco anos após Pearl Harbor, o senador Arthur Vandenberg, um republicano de Michigan que ajudara a tirar seu partido do isolacionismo, disse que o ataque "levou a maioria de nós à irresistível conclusão de que a paz do mundo é indivisível. Aprendemos que os oceanos já não são fossos em torno de nossas muralhas. Aprendemos que a destruição em massa é uma ciência progressiva que desafia tanto o tempo quanto o espaço".[59] A era de (na expressão de Walter Lippmann) "segurança sem esforço" chegara ao fim.[60] A "ciência progressiva" significou o fim da segurança, como tradicionalmente entendida, para sempre. E agora devemos torcer para que, em uma era de constantes conflitos regionais, a paz possa ser divisível.

Quatro dias após Pearl Harbor, Hitler declarou guerra aos Estados Unidos e, imediatamente, as fotografias de Franklin Roosevelt substituíram as de Mussolini em muitas vitrines da rua Mulberry, na Little Italy de Manhattan. O ataque pontuou sombrios doze anos. Um menino com 8 anos em 1941 tinha 6 quando o mercado de ações entrou em colapso. Subitamente, jovens de 18 anos tinham empregos, alguns perigosos. Mas permanece verdade que, em número de fatalidades como proporção da população, a guerra mais letal da história americana ocorreu no século XVII, a guerra do rei Filipe em 1675-1676. Hoje, sem a mobilização de massa requerida por prolongados conflitos globais, o serviço militar se tornou a experiência de uma pequena minoria. As fatalidades da Segunda Guerra Mundial incluíram 691 alunos de Harvard. No Vietnã, as classes de Harvard entre 1962 e 1972 perderam somente doze membros. Durante os 43 dias da Tempestade no Deserto em 1991, a violência nos Estados Unidos matou muito mais que os 148 soldados mortos por ação hostil. Os Estados Unidos se tornaram uma grande potência através da participação tardia em guerras que custaram muito mais aos outros participantes.

Na Primeira Guerra Mundial, os Estados Unidos tiveram 116.516 mortes relacionadas à guerra, em um total de um décimo de 1% da população. A Grã-Bretanha perdeu um terço de 1% de sua população entre as sete da manhã e as sete da noite de 1º de julho de 1916, no Somme, onde uma batalha de quatro meses já lhe custara 100 mil mortos. Nos quatro anos da guerra, a Grã-Bretanha perdeu três quartos de 1% de sua população. A França perdeu 5%. Na Segunda Guerra Mundial, as mortes americanas relacionadas à guerra totalizaram um quarto de 1%, com quatro civis mortos em um bombardeio no front doméstico (uma bomba-balão japonesa lançada de um submarino explodiu durante um piquenique no Oregon). A URSS perdeu ao menos 8% de sua população. Mais de 7 milhões de soldados participaram da batalha de Moscou, que durou seis meses e cobriu um território do tamanho da França. A União Soviética perdeu mais soldados nessa batalha — 926 mil — que o Reino Unido na Primeira Guerra Mundial e mais que britânicos e americanos perderam na Segunda. Quatro milhões de homens lutaram em Stalingrado em 1943; 2 milhões em Kursk em 1943; 3,5 milhões na batalha de Berlim em 1945. Dois terços dos estimados 26 milhões de mortos soviéticos, civis e militares, não têm sepultura conhecida.[61] A OTAN foi criada em 1949 para enfrentar a União Soviética, mas, em quase 53 anos, a única invasão de um território membro da OTAN ocorreu no Atlântico Sul, quando a Argentina atacou as ilhas Malvinas. A guerra da Coreia, que começou em 1950, prejudicou severamente a tradição de deferência do público americano em relação à elite da política externa. Esse grupo autorrenovador servia ao ramo executivo e, não sem razão, acreditava em si mesmo e tinha a confiança de um público deferente. A guerra da Coreia minou o apoio público ao presidente Truman e transformou o secretário Dean Acheson, símbolo da elite tradicional da política externa, em tema de amarga controvérsia. A guerra foi encerrada por um presidente cuja única promessa eleitoral memorável fora "Eu irei até a Coreia", significando "Eu porei fim à guerra".[62]

Uma das lições dessa longa história é que uma política externa nacionalista tem sido possível somente quando os americanos subordinam seu isolacionismo natural — significando sua disposição de pensar o mínimo possível no restante do mundo — a sua tradição de deferência a uma elite de política externa. O Vietnã, no entanto, destruiu essa tradição. O Vietnã foi menos uma guerra presidencial que uma guerra de professores. Ela foi esperta demais, com violência cuidadosamente calibrada — lembra-se dos "níveis de escalada"? —, enviando "sinais" para um inimigo que não os entendia. David Halberstam usou o título de seu best-seller sobre o Vietnã, *The Best and the Brightest* [Os melhores e mais brilhantes], para expressar a autoimagem dos professores, soldados-acadêmicos, analistas de sistema e outros que presidiram a escalada no Vietnã. Mais interessante que o livro de Halberstam é o fato de que a expressão "os melhores e mais brilhantes" entrou no léxico político da nação como marca de sarcasmo para expressar desdém não somente pelos "intelectuais Kennedy-Johnson", que Halberstam detestava, mas pelas elites em geral.[63] Desde então, a própria ideia de uma elite de política externa parece suspeita.

Nos Estados Unidos, a suspeita generalizada em relação às elites pôs fim à deferência por um internacionalismo artificial e contribuiu para o renascimento do isolacionismo natural da nação. Os seres humanos, na Toscana ou no Tennessee, são isolacionistas "naturais", no sentido de que, sensatamente, não querem que seus filhos ou seu tesouro sejam conscritos e não aceitarão isso a menos que seu governo seja persuasivo ou coercivo. Durante muitos anos, os Estados Unidos pensaram ter começado do zero, concebidos de maneira imaculada, nascidos sem pecado e protegidos pelos oceanos de Deus das nações não regeneradas. Os Estados Unidos podiam dispensar o mundo porque o mundo já servira a seu propósito, o de ser um prólogo para a história americana.

Essa atitude foi caricaturada, mas também capturada, por um romancista do coração dos Estados Unidos: "Main Street é o clímax da civilização. Para que esse carro Ford pudesse ficar estacionado na frente da loja Bon Ton, Aníbal invadiu Roma e Erasmo escreveu no claustro em Oxford. O que o velho Jensen da mercearia diz para o banqueiro Ezra Stowbody é a nova lei para Londres, para Praga e para as ilhas improfícuas no mar."[64] Sinclair Lewis publicou *Main Street* em 1920, o último triste ano de governo por um dos "melhores e mais brilhantes" de Princeton, o professor Wilson. Durante vinte anos depois disso, os americanos retornaram a um traço que James Bryce detectara em seu livro de 1888, *The American Commonwealth* [A comunidade americana]: "O princípio ao qual as pessoas aprenderam a se ater em política externa é quanto menos tiverem dela, melhor."[65] Foi por isso que, após a breve embriaguez do envolvimento na Primeira Guerra Mundial e a longa ressaca da decepção com as consequências da guerra, os Estados Unidos tentaram tirar um feriado de vinte anos da história. Em 1º de setembro de 1939, o dia em que a Alemanha atacou a Polônia, dezoito nações tinham exércitos maiores que o americano, que possuía somente quarenta tanques na época em que George C. Marshall se tornou chefe do estado-maior do Exército. Menos de quatro meses antes de Pearl Harbor, o Congresso estivera a um voto de praticamente desmantelar o Exército: a Câmara votou por 203 a 202 para estender a convocação. A maneira como a Segunda Guerra Mundial começou para os Estados Unidos e a bem-sucedida mobilização de recursos econômicos para vencê-la deixaram a nação explodindo de confiança. Os eventos cuidariam disso.

O inferno, disse Hobbes, é a verdade vista tarde demais. A política externa americana desde a guerra do Vietnã tem sido repetidamente infernal: fazendo campanha em 1960 para se tornar sucessor do presidente Dwight Eisenhower, o senador John Kennedy descreveu o mandato notavelmente pacífico e próspero de Ike como "oito anos de sono agitado e induzido por drogas".[66] Sob Kennedy, os anos seguintes — a baía dos Porcos, a crise dos mísseis de Cuba, o maior envolvimento americano no Vietnã — seriam mais estimulantes. Também tornariam a letargia ou, ao menos, a ausência de agitação e elã parecerem atraentes. Em novembro de 1963, a administração Kennedy foi cúmplice do golpe que modificou o regime (e assassinou o presidente Diem), selando a imersão americana na agonia vietnamita. Em abril de 1965, o presidente Lyndon Johnson, que entrara na política de Washington quando a cidade estava dominada pelo *new dealer* que produziu a Tennessee Valley Authority, prometeu transformar o rio Mekong, no Vietnã do Sul, em uma maravilha que "fornecerá água, comida e energia em uma escala maior até mesmo que nossa TVA".[67] Havia dois problemas nessa promessa. A TVA não fora construída no meio de uma guerra civil. E a guerra no Vietnã não era sobre comida, água ou energia elétrica. Era sobre nacionalismo e ideias muito diferentes sobre qual deveria ser o regime vietnamita. "Essa nação", disse o presidente Lyndon Johnson, "é poderosa o bastante, sua sociedade é saudável o bastante e seu povo é forte o bastante para perseguirmos nossos objetivos no restante do mundo enquanto construímos a Grande Sociedade aqui em casa".[68] Nossa produtividade superaria os problemas. Assim, quando os militares pensaram em construir uma barreira física entre o Vietnã do Norte e o do Sul, eles compraram "5 milhões de postes de aço para cercas e arame farpado suficiente para circular o globo duas vezes".[69]

O vice-presidente de Johnson, Hubert Humphrey, um líder do liberalismo do pós-guerra, primeiro como prefeito de Mineápolis e depois como senador, achou o Vietnã estimulante: "Estamos excitados com esse desafio, porque aqui podemos colocar em prática algumas ideias sobre [...] construção da nação, novos conceitos de educação, desenvolvimento do governo local, melhoria dos padrões de saúde para as pessoas e a realização da justiça social integral."[70] Em *O americano tranquilo*, o romance de Graham Greene sobre o Vietnã, um personagem diz, falando sobre o personagem-título: "Nunca conheci um homem com melhores motivos para ter causado todos os problemas que causou."[71]

O Vietnã se tornou uma história desoladora — que seria cômica, se não fosse tão trágica — de sinceridade mergulhada na incompreensão mútua. Em 1954, quando o Vietnã do Norte e o do Sul estavam sendo separados, os refugiados do Norte foram saudados no Sul por americanos que lhes davam presentes, inclusive, escreve Max Boot, grandes blocos de queijo americano enrolados em papel celofane. Os vietnamitas os receberam polidamente, mas logo vieram as queixas: os sabonetes enrolados em celofane não faziam espuma. Informados de que aquilo era queijo, eles o venderam para os mercadores de rua, que os venderam de volta para os americanos. McNamara, em uma visita a Saigon em 1964, tentou dizer a uma multidão, em vietnamita, "vida longa ao Vietnã", mas "sua pronúncia era tão atroz que muitos ouvintes acharam que ele dissera 'Pato rompido quer se deitar'". Também em 1964, o general William Westmoreland, o principal oficial militar no Vietnã, recebeu um jovem professor de Harvard a quem disse que os americanos eram muito mais queridos que os franceses porque "quando os franceses queriam uma mulher, eles simplesmente a agarravam nas ruas e dormiam com ela", mas "quando um soldado americano quer uma mulher, ele paga por ela". O jovem professor, Henry Kissinger, escreveu em seu diário: "Eu achei que ele estava brincando, mas então descobri que falava absolutamente sério."[72] Assim como era séria a situação dos Estados Unidos, tendo embarcado com oficiais como Westmoreland em um profundo e demorado mergulho no atoleiro da história e da cultura de outra nação.

A perícia militar supostamente permitiria que os Estados Unidos economizassem violência ao administrar força finamente calibrada, "flexível" e "gradual". Ao ajustar a intensidade dos bombardeios, os Estados Unidos comunicariam as nuances de suas intenções e ajustariam, como um reostato, os incentivos para que os norte-vietnamitas se comportassem melhor. Quando, em 1966, perguntaram a McNamara se o aumento de soldados americanos constituía uma escalada da guerra, ele respondeu em uma linguagem adequada a um experimento em laboratório: "De modo algum. Trata-se meramente de um ajuste incremental para responder a um novo nível de estímulo." Os Estados Unidos usaram quantidades prodigiosas de artilharia para se comunicar com o Vietnã do Norte — para "fazê-los entender nosso ponto", nas palavras de McNamara. Mesmo antes do início da ofensiva do Tet em 30 de janeiro de 1968, a tonelagem de bombas americanas lançadas naquele teatro excedia as lançadas nos teatros europeu e Pacífico durante toda a Segunda Guerra Mundial. Em 1967, Daniel Patrick Moynihan disse que a guerra do Vietnã "seguramente deve ser considerada obra nossa". Com "nossa" ele queria dizer os progressistas e, particularmente, os intelectuais progressistas cheios de confiança em sua habilidade de controlar um mundo que eles achavam que seria, no exterior e em casa, maleável em suas mãos habilidosas.[73]

O filósofo Michael Oakeshott advertiu que "a conjunção entre sonhos e governo gera tirania".[74] Ou, em política externa, gera extrapolação. Karl Marlantes, um condecorado fuzileiro naval combatendo no Vietnã antes de escrever um dos maiores romances sobre aquela guerra, *Matterhorn*, lamenta que "a prudência que aprendemos com nosso envolvimento na Indochina foi amplamente desdenhada como 'síndrome do Vietnã'". "Se, com síndrome do Vietnã, eles querem dizer a crença de que os EUA jamais deveriam se engajar novamente em a) intervenções militares em guerras civis estrangeiras sem objetivos claros e uma estratégia de saída estabelecida, b) 'construção de nação' em países cuja história e cultura ignoramos e c) sacrifício de nossas crianças quando nossas vidas, nosso modo de vida, nosso 'governo do, pelo e para o povo' não são diretamente ameaçados, então jamais devemos superar a síndrome do Vietnã. Não é uma doença, é uma vacina."[75]

A vacina logo deixou de fazer efeito. Em dezembro de 1989, a invasão do Panamá, ordenada pelo presidente George H. W. Bush um mês após a queda do Muro de Berlim, foi para os Estados Unidos a aurora do mundo pós-Guerra Fria, o uso da força para impor a etiqueta internacional, sem referência a uma ameaça, existencial ou não, aos Estados Unidos. Era de volta para o futuro, um eco do juramento de Woodrow Wilson de "ensinar as repúblicas sul-americanas a elegerem bons homens", uma aplicação de sua fé de que, "quando propriamente orientado, nenhum povo se mostra inadequado para o autogoverno".[76] Cedemos a esse impulso após o 11 de Setembro. Em outubro de 2001, o secretário da Defesa Donald Rumsfeld disse, falando dos terroristas e das nações que os apoiam: "Tínhamos duas escolhas. Mudar a maneira como vivemos ou mudar a maneira como eles vivem. Escolhemos a última."[77] Mudar a maneira como as pessoas vivem se revelou uma tarefa muito abrangente e indefinida.

Em 1946, durante os julgamentos em Nuremberg de grandes criminosos de guerra nazistas, o tribunal declarou: "Iniciar uma guerra de agressão [...] é o crime internacional supremo, diferindo dos outros crimes de guerra somente por conter em si mesmo o mal acumulado do todo."[78] Em 1º de junho de 2002, na Academia Militar de West Point, o presidente George W. Bush anunciou a guerra de agressão como política americana. A tecnologia moderna, disse ele, chegara às mãos de pessoas cujas crenças pré-modernas e antimodernas as tornavam impermeáveis ao tipo de raciocínio prudente do qual depende a dissuasão. Assim, "devemos levar a batalha ao inimigo, interromper seus planos e enfrentar as piores ameaças antes que possam emergir". Assim, ele endossou o que sua administração chamaria de "autodefesa antecipatória": "No mundo no qual entramos, o único caminho para a segurança é o caminho da ação."[79]

Em 1949, com a filiação à OTAN, que obrigava os Estados Unidos a entrar em guerra se outras nações fossem atacadas, algo fundamental mudou.

Como disse Daniel Patrick Moynihan, "a política externa começou a antecipar os conflitos, em vez de só reagir a eles".[80] A função primária da OTAN — a potente antecipação de uma ameaça à Europa Ocidental vinda das forças soviéticas convencionais — foi um sucesso retumbante. Mas a tarefa de antecipar conflitos não tem sido tão bem-sucedida. Três semanas antes de 20 de março de 2003, o dia da invasão do Iraque, o presidente Bush disse: "As culturas humanas podem ser vastamente diferentes, mas o coração humano deseja as mesmas coisas boas em todo lugar da Terra [...] liberdade e democracia sempre terão, em toda parte, mais apelo que os slogans do ódio e as táticas do terror."[81] Essa declaração é falsa ou não falseável. Ou seja, é refutada pela história ensanguentada de muitos fanatismos, políticos e religiosos, incluindo a história sendo escrita agora, ou necessariamente significa que, sempre que a liberdade e a democracia não são preferidas, o "coração humano" não está sendo expressado, ouvido ou obedecido.

A hipótese de que o "coração humano" é o mesmo por toda parte e, portanto, todo mundo é mais ou menos parecido, com algumas poucas diferenças culturais, pode levar a interessantes erros de avaliação. Patrick Hurley, o representante pessoal de Franklin Roosevelt na China em 1944, relatou que Mao Zedong era um populista agrário: "A única diferença entre os comunistas chineses e os republicanos de Oklahoma é que os republicanos de Oklahoma não estão armados." O primeiro secretário de Estado de Woodrow Wilson, William Jennings Bryan, achava que Pancho Villa era um "idealista" porque não fumava nem bebia. Mas ele tinha pavio curto, como relatado por Barbara Tuchman: "Em certa ocasião, enraivecido com os gritos de um soldado bêbado enquanto ele era entrevistado por um jornalista americano, Villa casualmente sacou sua pistola e matou o homem pela janela, sem interromper a conversa."[82]

A "teoria do coração humano" nas relações externas morreu no Iraque. Em abril de 2004, quando a guerra do Iraque entrou em seu segundo ano, Bush disse: "Tenho essa crença, essa forte crença, de que a liberdade não é o presente deste país para o mundo; a liberdade é o presente do Todo-Poderoso para todo homem e mulher do mundo. E, como maior potência da face da Terra, temos a obrigação de ajudar na disseminação da liberdade."[83] Essa foi a justificativa para uma invasão bastante independente da justificativa da prudência, da teoria de que algo específico, a "sobrevivência" da liberdade americana, dependia dela. Em seu segundo discurso de posse, em 20 de janeiro de 2005, Bush disse: "A sobrevivência da liberdade em nossas terras depende cada vez mais do sucesso da liberdade em outras terras."[84] Note a palavra "sobrevivência", que torna a disseminação da liberdade uma questão de urgência existencial para os Estados Unidos. Bush começou com a ideia de que a liberdade americana é ameaçada pelas privações de liberdade em outros lugares: "A defesa da liberdade requer o avanço da liberdade."[85] Bush estava muito perto da fome insaciável de Woodrow Wilson pelo aperfeiçoamento mundial. Wilson dissera: "Não gritarei 'paz' enquanto houver pecado e erro no mundo."[86] Bush poderia ter aprendido uma moderação salvadora com uma fonte improvável, Robespierre: "A mais extravagante ideia que pode nascer na cabeça de um pensador político é acreditar que basta que um povo entre, de armas na mão, nas terras de um povo estrangeiro e suas leis e sua Constituição serão adotadas. Ninguém ama missionários armados."[87]

Os Estados Unidos invadiram o Iraque para desarmar um regime não autorizado que se acreditava estar acumulando armas de destruição em massa. Quando essas armas não foram encontradas, a reação apropriada teria sido consternação e indignação com as falhas da inteligência. Em vez disso, a reação de Washington foi wilsoniana. Esqueça as armas de destruição em massa; uma justificativa suficiente para a guerra era o fato de o Iraque ter desobedecido a várias resoluções da ONU. Assim, uma administração americana conservadora disse que a guerra era justificada pela necessidade — pela oportunidade — de fortalecer a ONU, ou seja, a "comunidade internacional", como árbitro do comportamento internacional. Passou por realismo em Washington dizer que criar um novo regime iraquiano poderia requerer dois anos. Washington não lembrou que foram necessários 110 anos, de 1865 a 1975, para realizar uma mudança de regime — uma mudança nas instituições e convenções morais de Jim Crow — no sul americano. Será que uma nação do Oriente Médio se provaria mais plástica ao toque de Washington que o Mississippi? Dois anos seriam suficientes para que os Estados Unidos ensinassem o Iraque a eleger bons homens?

Uma das teorias mais animadoras envolvidas na justificativa da invasão do Iraque foi esposada por, entre outros, Condoleezza Rice, a conselheira de segurança nacional do presidente Bush. A teoria era a de que as instituições democráticas nem sempre precisam surgir de uma cultura hospitaleira; elas também podem ajudar a criar tal cultura. Certamente *podem*. E o fizeram, como ela disse corretamente, nos Estados Unidos. Benjamin Rush, o físico da Filadélfia, falou em primeiro estabelecer instituições de governo e então preparar "os princípios, morais e maneiras de nossos cidadãos para essas formas de governo".[88] Mas o Iraque era diferente, de uma maneira que os defensores da guerra estavam ideologicamente cegos demais para ver.

Talvez seja injusto dizer que os construtores de nação americanos foram incompetentes em seu trabalho. Isso sugere que há, em algum lugar, um reservatório de competência em construir nações. Mas muitas desventuras no Iraque, no Afeganistão e em outros lugares teriam sido mais perdoáveis se não tivessem sido impulsionadas por uma ideologia. Elas vieram da poesia jeffersoniana sobre o universalismo democrático. Se todo mundo anseia pela liberdade e a liberdade é entendida identicamente em toda parte, quão difícil pode ser construir uma nação democrática? Por que muitas forças americanas ou muito tempo e dinheiro seriam necessários? Se um consenso moral natural — quase espontâneo —, e não o poder, é o regulador das pessoas e das relações entre as nações, então é claro que a política internacional será pouco exigente.

Um cético inglês certa vez disse que queria entalhar em todas as igrejas da Inglaterra três palavras admonitórias: "Importante se verdadeiro."[89] Essas palavras foram pertinentes em julho de 2003, quando, com a invasão do Iraque tendo ocorrido há somente quatro meses, o primeiro-ministro britânico Tony Blair disse a uma sessão conjunta do Congresso americano: é um "mito" que "nossa ligação com a liberdade é produto de nossa cultura". "Nossos valores não são ocidentais. Eles são valores universais do espírito humano e sempre que as pessoas comuns têm a chance de escolher, a escolha é a mesma. Liberdade, não tirania. Democracia, não ditadura. O estado de direito, não a polícia secreta." Essa declaração é importante. Mas é verdadeira? Nem sempre as pessoas partilham de "nossa ligação com a liberdade". A liberdade não é definida da mesma maneira em todos os lugares, quanto mais valorizada da mesma maneira em relação a outros bens políticos, como igualdade, segurança, coesão social e devoção. Blair realmente acreditava que nossa ligação com a liberdade não era produto da complexa e prolongada aculturação por instituições e convenções sociais que evoluíram ao longo de séculos — os séculos que foram necessários para preparar o petrificado solo social para as sementes da democracia? Quando ele disse que a liberdade como a entendemos, a democracia e o estado de direito como os administramos, são "os valores universais do espírito humano", não estava falando como os fundadores americanos fizeram ao falar de verdades "autoevidentes".[90] Os fundadores queriam dizer verdades óbvias não para todo mundo, em toda parte, mas para as mentes não anuviadas pela superstição e outras ignorâncias; mentes como as deles. Blair parecia pensar que não havia diferença entre Boston, Bagdá, Manchester e Meca.

No início da desventura iraquiana, Bush disse algo que também é importante — se for verdadeiro. Na verdade, é ainda mais importante se não for verdadeiro. Ele denunciou a "condescendência cultural", a crença de que algumas culturas não possuem as aptidões requeridas pela democracia: "Uma vez após a outra, os observadores questionaram se esse país ou aquele povo ou grupo estão prontos para a democracia, como se a liberdade fosse um prêmio que você ganha por atender aos padrões ocidentais de progresso."[91] Os multiculturalistas provavelmente ronronaram de prazer com a delicada evasiva presidencial do chauvinismo grosseiro sobre "os padrões ocidentais de progresso". Sua ideia — a de que não existe conexão necessária entre as tradições políticas ocidentais e o sucesso da democracia — é importante. Mas é verdadeira? Sua hipótese foi testada no Iraque, onde uma antiga piada de beisebol era pertinente. Durante o treinamento da primavera, um gerente diz "Nosso time precisa de apenas dois jogadores para ser campeão. Infelizmente, esses dois jogadores são Babe Ruth e Lou Gehrig". O Iraque precisava de apenas três pessoas para o sucesso democrático. Infelizmente, essas pessoas eram George Washington, James Madison e John Marshall.

O Iraque não tinha um Washington, um herói universalmente reverenciado e emblemático da unidade e da identidade nacionais. O Iraque não tinha um Madison, um gênio da arquitetura constitucional, um profundo estudioso do que o presidente chamou de "padrões ocidentais de progresso" e um analista sutil do problema das facções e de suas possibilidades centrífugas e desintegradoras. O Iraque não tinha um Marshall, alguém que pudesse interpretar tão persuasivamente o texto da Constituição que o prestígio de um tribunal e do próprio direito asseguraria a observância nacional. O Iraque não tinha um Washington, um Madison, um Marshall, e não tinha o solo social e cultural espantosamente rico no qual tais pessoas podem brotar. Do solo social dos Estados Unidos no século XVIII brotaram todos os membros da convenção constitucional e das legislaturas estaduais que criaram todas as convenções que ratificaram a Constituição. Assim, o Iraque, em sua busca pela democracia, precisava apenas do que os Estados Unidos tinham em 1776: uma cultura democrática.

É um truísmo histórico dizer que a Declaração de Independência foi menos a criadora da independência que a afirmação de que os americanos já haviam se tornado independentes. Nas décadas anteriores a 1776, eles haviam se tornado um povo distinto, um *demos*, uma nação unida pela cola de memórias partilhadas, esforços comuns e ideais compartilhados. Em seu discurso de Westminster ao Parlamento britânico de 1982, Ronald Reagan disse que o objetivo americano era "fomentar a infraestrutura da democracia", incluindo imprensa livre, partidos políticos, sindicatos e outros meios de chegar à resolução pacífica dos conflitos domésticos. Então Reagan usou a frase da qual George W. Bush se apropriaria várias vezes. Ele disse que seria "condescendência cultural" dizer que "qualquer povo prefere a ditadura à democracia".[92]

Mas as pessoas raramente são confrontadas com tal escolha binária. Elas são confrontadas com a opção de seguirem de um presente confuso para um futuro opaco no qual podem ser chamadas a fazer coisas às quais não estão acostumadas e aceitar resultados desconcertantes: tolerar o pluralismo religioso e político, abrir mão de convicções sociais profundamente arraigadas, abandonar aspirações nacionais importantes. Assim, quer as pessoas avancem na ponta dos pés quer caminhando de lado, uma sociedade aberta raramente tem preferências organizadas ou expectativas claras. Ela possui um presente concreto para pesar contra um futuro hipotético. Em fevereiro de 2004, Condoleezza Rice disse: "Rejeitamos a condescendência cultural que alega que árabes ou muçulmanos não estão interessados na liberdade ou não estão prontos para as responsabilidades da liberdade."[93] Mas estar "interessado" em um sistema social exigente e estar pronto para ele são duas coisas muito diferentes. Em dezembro de 2004, o presidente Bush disse: "É condescendência cultural alegar que alguns povos, algumas culturas ou algumas religiões estão destinados ao despotismo e são inadequados para o autogoverno."[94] Talvez seja necessário — talvez, no melhor sentido da palavra, seja político — que um presidente fale dessa maneira. Mas estar "destinado" ou ser "inadequado" para algo não é uma descrição informativa. A verdade é que a vida em uma sociedade aberta — uma sociedade cuja governança é democrática a fim de que ela possa permanecer aberta — requer talentos e aptidões que não surgem espontaneamente e não são distribuídas democraticamente, ou seja, uniformemente pelo globo.

A questão é o que os Estados Unidos deveriam fazer para encorajar, nas palavras do discurso de posse do presidente John F. Kennedy, "a sobrevivência e o sucesso da liberdade"?[95] O que a política externa americana pode fazer para expandir o reconhecimento e o usufruto dos direitos naturais essenciais para o florescimento humano e, consequentemente, propiciadores da paz entre as nações? No raciocínio moral, "deve" implica "pode": não existe o dever de fazer o impossível. Os últimos cinquenta anos foram um doloroso tutorial sobre os limites do possível. Foi uma instrução sobre a relevância, para a política externa, da ideia de Friedrich Hayek sobre a arrogância fatal, a perigosa crença de que podemos saber e controlar mais do que realmente sabemos e controlamos. A boa notícia do século XX é que, como a natureza humana é real, os seres humanos não são tão maleáveis quanto pressuposto pelos autores das piores práticas políticas.

Aspirações políticas extravagantes geram práticas políticas perigosas: o Holocausto de Hitler, o Arquipélago Gulag de Stalin, a Revolução Cultural de Mao. E geram aspirações como estas: em 1924, Leon Trotski concluiu seu livro *Literatura e revolução* com a profecia de que, sob o comunismo, "o homem se tornará mais forte, sábio e sutil; seu corpo se tornará mais harmônico; seus movimentos, mais rítmicos; sua voz, mais musical. As formas de vida se tornarão dinamicamente dramáticas. O tipo humano médio chegará às alturas de um Aristóteles, um Goethe ou um Marx".[96] É importante levar a sério o fato de que um homem de indubitável inteligência e substanciais talentos políticos pôde pensar assim. Há muito mais formas de embriaguez política do que as abrangidas pela relativamente branda experiência política americana. Na peça de Tom Stoppard *Travesties*, situada em 1917, um personagem ouve que uma "revolução social" irrompeu na Rússia. Ele pergunta: "Uma revolução social? Mulheres desacompanhadas fumando na Ópera e coisas assim?" E lhe respondem: "Não exatamente assim, meu senhor."[97] O distintivo radicalismo das revoluções do século XX era incompreensível para pessoas que, sendo sensatas, não entendiam a nova totalidade das aspirações revolucionárias — o objetivo de assumir o controle da própria consciência.

As duas mais pavorosas invenções do século XX foram as armas nucleares e o totalitarismo. Na física e na política de ambos, um conceito crucial é a "massa crítica". Na física, ela pode ser a chave para enormes explosões. Na política, o princípio essencial do totalitarismo é o de que as massas não devem se reunir por iniciativa própria, espontaneamente. O totalitarismo é um almofariz, reduzindo a sociedade a pó, atomizando os indivíduos e os reunindo somente em compostos controlados pelo Estado. A arte, a literatura e a moral do século XX refletem a dominante ansiedade sobre a impermanência: tudo, de império a átomos, foi estraçalhado. Porém, em meio a todo esse fluxo desorientador, o totalitarismo sugeria a possibilidade de uma horrível permanência. Armados com as comunicações modernas e outras tecnologias de controle social, os totalitaristas tentaram se imunizar contra mudanças internas que pudessem desafiar a total soberania do Estado sobre a sociedade. Imagine, disse Orwell, uma bota sobre seu rosto — para sempre. O pesadelo dele é o sonho dos totalitaristas, a aterrorizante promessa de permanência.

A pretensão do totalitarismo era a alegação de ter subjugado a história e toda espontaneidade humana à vontade do partido político. Platão, que tentou encontrar maneiras de evitar que ciclos de virtudes cívicas se transformassem em tirania, fez prescrições abrangentes para educação, poesia, retórica. A modernidade significou preocupação com a história como linear, não cíclica. Ou seja, a história como narrativa infundida do drama da possibilidade de progresso. Os dois últimos séculos deram nascimento a vários historicismos, teorias estipulando que a história é uma série de inevitabilidades independentes das vontades e escolhas políticas dos indivíduos. O impulso totalitarista surge da alegação de que um partido particular tem o monopólio do entendimento da dinâmica da história e, consequentemente, tem o direito de administrar irrestritamente seu insight, por mais brutal que essa administração possa ser para aqueles que contestam o monopólio da interpretação. Paradoxalmente, no século XX, quando a história acelerou às tontas, a grande invenção política, o totalitarismo, prometeu regimes que se perpetuariam para sempre. O mundo foi assombrado pelo espectro da permanência, a permanente bota no rosto.

Em 1951, Hannah Arendt, uma refugiada da Europa de Hitler, publicou *As origens do totalitarismo*. Sua tese era a de que a embriaguez ideológica induzida, combinada a instrumentos modernos de controle social, como burocracia e mídia de massa, pode transformar o totalitarismo em uma tirania inexpugnável, imune a todas as dinâmicas de mudanças a partir de dentro. O terrorismo — o fim da legalidade, a violência aleatória — é somente um dos instrumentos do totalitarismo. Outro é a burocracia cinzenta controlando todas as instituições culturais. O totalitarismo visa à conscrição da consciência dos cidadãos, à posse estatal não apenas das indústrias, mas das mentes. Assim, requer o controle do fluxo de informações, a roteirização central de todos os argumentos públicos, o que significa nenhum argumento público verdadeiro. As instituições intermediárias entre o indivíduo e o Estado — escolas, igrejas, clubes, sindicatos e mesmo famílias — devem ser pulverizadas ou permeadas pelo Estado. O totalitarismo visa à atomização da sociedade em uma poeira de indivíduos, uma poeira soprada pelos ventos da ideologia, que são emitidos pelo partido tutelar. O projeto totalitarista é a extirpação de todas as instituições autônomas e, logo, dos impulsos autônomos da sociedade. Em vez do atrofiamento do Estado de Marx, há o atrofiamento da sociedade, através da ilimitada penetração da vida pelo Estado — pela política.

Mas, em 1956, nas ruas de Budapeste, a teoria profundamente pessimista de Arendt foi destruída por um fato luminoso. Durante doze dias, a Hungria jogou sua inconquistada consciência na cara do Estado totalitário. Não houve guerra civil, porque a nação não estava dividida: a doutrinação ideológica não deixara marcas no público. Em Budapeste, os tanques prevaleceram, mas Arendt celebrou a refutação de sua hipótese. No epílogo à edição de 1958 de seu livro, ela escreveu: "As vozes da Europa Oriental, falando tão clara e simplesmente de liberdade e verdade, soaram como a afirmação suprema de que a natureza humana é imutável; de que o niilismo é fútil; de que, mesmo na ausência de qualquer ensino e na presença de uma doutrinação esmagadora, o anseio pela liberdade e pela verdade surgirá para sempre no coração e na mente dos homens." Arendt viu nisso uma espontaneidade que era "a afirmação suprema de que a natureza humana é imutável", de que nenhum Estado consegue "interromper todos os canais de comunicação" e de que "a habilidade das pessoas de distinguir entre verdade e mentira no nível factual elementar permanece intacta; a opressão, portanto, é sentida pelo que é, e a liberdade é exigida".[98]

A natureza humana é real e imutável; o caráter nacional, todavia, é real, mas, em um período prolongado, mutável. A história é, em significativa extensão, uma história de hostilidade entre grupos — tribos, clãs, cidades, nações. Eles são hostis porque têm diferentes caracteres. Daí a ideia de caráter nacional, que se tornou de intenso interesse prático durante e depois da Segunda Guerra Mundial, quando os formuladores de políticas públicas se voltaram para os acadêmicos na esperança de encontrar orientação preditiva para lidar primeiro com os alemães e japoneses e, depois, com os russos. A ideia de caráter nacional deveria nos resgatar do encanto de nossa inteligência pela linguagem anestesiante da "comunidade de nações". Nada pode ser propriamente chamado de "comunidade" se mistura entidades tão diferentes quanto a Arábia Saudita e a Nova Zelândia, o Japão e o Sudão, a Itália e o Irã, a Noruega e a Coreia do Norte. A expressão "comunidade de nações" pode parecer inofensiva, quando banalizada, mas é sintoma de um sentimentalismo cegante. Diferentes nações envolvem diferentes noções de justiça. Uma "comunidade" consiste em pessoas reunidas por um consenso abrangente e profundo sobre justiça sob uma soberania comum.

A teimosa persistência das nações e dos nacionalismos é uma redundante refutação da alegação central de Marx: o determinismo econômico. A crença de Marx na soberania das forças econômicas sobre a etnia e outros fatores culturais é somente outra profecia fracassada do "socialismo científico". Como o marxismo se gabava tanto de seus poderes preditivos, os marxistas sofreram traumas quando os eventos a refutaram, como em agosto de 1914, quando deputados do Reichstag representando partidos da classe operária, supostamente os mais "progressistas" da Europa, aprovaram o financiamento do esforço de guerra da Alemanha. Esse comportamento nacionalista chocou aqueles que acreditavam, como Marx, que o proletariado não tinha pátria. Quando Stalin, que era comissário para as nacionalidades de Lenin, disse que "o marxismo substitui qualquer tipo de nacionalismo", ele estava ecoando Lenin, que dissera que o socialismo "abole" e "funde" nações.[99] Lenin representara Marx corretamente: "Não há um único marxista que, sem romper totalmente com as fundações do marxismo e do socialismo, possa negar que os interesses do socialismo estão acima dos interesses do direito das nações à autodeterminação."[100] Marx disse, em *O manifesto comunista*, que os ácidos do capitalismo internacional dissolveriam "todo traço de caráter nacional".[101]

Um objetivo constante do engajamento dos Estados Unidos com o mundo deveria ser criar incentivos para a lenta e incremental modificação do caráter de certas nações, a fim de trazê-las mais para perto da conformidade ao universalismo do credo americano. A pressão pode vir do constante apoio — retórico, financeiro, diplomático — das pessoas que, nesses países, afirmam direitos naturais que não recebem reconhecimento. Isso pode aumentar prudentemente as pressões internas sobre os regimes repressivos. E coloca os Estados Unidos no lugar a que eles pertencem, na vanguarda da mais poderosa força do mundo moderno, a demanda pelo reconhecimento da dignidade.

Os seres humanos diferem dos outros animais por ter o senso de sua própria dignidade e o desejo de que ela seja reconhecida por outros. Isso, uma manifestação do que Platão chamou de parte "espiritual" da alma, é tão importante para a política quanto a parte lógica. Francis Fukuyama credita Hegel como o primeiro a entender que "o motor primário da história humana não são as ciências naturais modernas ou o sempre crescente horizonte de desejo que a empodera, mas um impulso totalmente não econômico, a *busca por reconhecimento*". A hipótese de "fim da história" de Fukuyama dizia que, com o fim da União Soviética e a exaustão da confiança intelectual do socialismo como fé combativa, a evolução ideológica da humanidade poderia ter chegado ao fim. Seria assim se as sociedades democráticas liberais satisfizessem as necessidades materiais dos cidadãos e seu desejo por reconhecimento. Se o fizessem, a história, com toda sua violência, irracionalidade e desvios, se revelaria não "uma concatenação cega de eventos", mas uma vindicação *fundamentalmente* direcional, universal e coerente da ideia de progresso.[102]

A maior parte do século XX foi contrária a essa hipótese. O século, diz Fukuyama, "nos transformou em grandes pessimistas históricos".[103] Ele começou cheio de confiança de que a ciência transformaria a natureza, de adversária da humanidade em sua serva. O mal supostamente era uma manifestação de atraso, que estava a caminho de ser banido pela educação pública universal e pela aplicação da ciência à sociedade. A natureza cumulativa das descobertas científicas parecia refutar a antiga crença de que a história é cíclica, uma repetição interminável. A ciência certamente nutriu as esperanças de progresso social. E Maquiavel fornecera a fundação da confiança política moderna — significando a política moderna — ao afirmar que a humanidade, propriamente liderada por políticos adequadamente livres das restrições morais inapropriadas à política, poderia vencer a *fortuna*, ou seja, as contingências da história. Assim, o século XX terminou com os americanos esperando que a política externa pudesse sair do centro da consciência nacional.

## UM PAÍS NORMAL?

Depois que o colapso da União Soviética selou a vitória americana na Guerra Fria, Jeane Kirkpatrick, que, como embaixadora de Ronald Reagan na ONU, foi uma das arquitetas dessa vitória, escreveu um ensaio no qual deu boas-vindas a uma nova era na qual os Estados Unidos poderiam se tornar (como dizia o título de seu ensaio) "um país normal em tempos normais".[104] Durante a Guerra Fria — que John Kennedy, em seu discurso de posse, chamou de "longo conflito crepuscular" —, a política assumira "importância não natural", nas palavras de Kirkpatrick.[105] Não natural porque parecia não haver limites para o que envolvia interesses nacionais americanos importantes o bastante para requerer no mínimo a ameaça de força militar. Ela disse: "Não há nenhuma mística 'missão' ou propósito americano a ser encontrado independentemente da Constituição americana [...] Não há 'imperativo' inerente ou histórico para que o governo americano busque atingir qualquer outro objetivo — por mais grandioso que seja — que não os ordenados na Constituição ou adotados pelo povo através de oficiais eleitos." Kirkpatrick estava demonstrando compreensível alívio, tingido de fadiga, após mais de quatro décadas de tensões da Guerra Fria. Seus desejos, no entanto, deram origem a um pensamento não muito correto. Ela corretamente observou que "uma boa sociedade é definida não por sua política externa, mas por suas qualidades internas".[106] Mas o que é normalidade para essa nação em relação ao restante do mundo? Kirkpatrick estava correta ao afirmar que "os propósitos americanos são principalmente domésticos".[107] Principalmente. Mas não inteiramente. Eis o senão:

A Declaração de Independência é a continuada "consciência da Constituição" e, logo, do regime americano. Pessoas inteligentes e de boa vontade podem e devem debater o que isso significa para o engajamento americano com o mundo. Mas certamente significa algo. Desde o início da nação, com variável intensidade e especificidade, a maioria dos americanos sente que a nação tem algum tipo de missão. Ela é independente da Constituição no sentido de que o documento aloca poderes, mas não diz para que propósitos devem ser empregados, com exceção dos mencionados no preâmbulo, entre os quais somente um ("fornecer a defesa comum") é pertinente à política externa. Mas a missão nacional não é independente da consciência da Constituição. A afirmação da Declaração de Independência de que os direitos, sendo naturais, são universais deve informar de *alguma* maneira a política externa da nação.

Enquanto era presidente, o autor da Declaração de Independência escreveu: "Sentimos estar agindo sob obrigações não confinadas aos limites de nossa sociedade. É impossível não sentir que agimos para toda a humanidade."[108] Dois séculos depois, Henry Kissinger, não jeffersoniano, argumentou que a crença dos americanos de que seus princípios são universais implica que governos com outros princípios são "menos que totalmente legítimos" e que grande parte do mundo "vive sob um tipo de arranjo insatisfatório e experimental".[109] O universalismo americano, combinado à geografia e à geologia — a localização dos Estados Unidos entre dois vastos oceanos e seus recursos naturais —, tornou os americanos "desconfortáveis com a perspectiva de política externa como esforço permanente para objetivos continentais". Até a

Segunda Guerra Mundial, os americanos frequentemente "tratavam a política externa" como "atividade opcional". Opcional e, portanto, intermitente. E, no fim das contas, com sorte, desnecessária.

A crença de que os princípios americanos *deveriam* ser universais gera a crença de que o ambicioso propósito americano deveria modelar o mundo de maneira que os Estados Unidos já não precisem ter propósitos ambiciosos. A lockiana crença na sociabilidade natural da humanidade dispôs os Estados Unidos a acreditar que a paz entre as nações é natural e espontânea, ou seria, se as outras nações pudessem se livrar das superstições que as impedem de reconhecer a universal validade e a demonstrável utilidade de nossas verdades autoevidentes. Assim, não surpreende que, em 1890, na aurora da década que terminaria com uma explosão de imperialismo americano, o Exército americano fosse somente o décimo quarto do mundo em termos de tamanho, atrás da Bulgária.[110]

Vinte anos após a guerra hispano-americana e a aquisição das Filipinas em 1898, os Estados Unidos tiveram um presidente, Woodrow Wilson, que proclamou que a Primeira Guerra Mundial seria "a guerra culminante e final pela liberdade humana" e que viajou para Paris a fim de implementar princípios universais *imediatamente*. Isso podia ser feito porque os princípios americanos eram também "os princípios e políticas de homens e mulheres com visão de futuro em toda parte, de toda nação moderna e toda comunidade esclarecida". Tudo o que se requeria era codificar o comprometimento de todos os restantes com a modernidade e o esclarecimento. Um quarto de século depois, quando Franklin Roosevelt, um protegido de Wilson, era presidente, ele supostamente disse a seu ex-embaixador na União Soviética, William C. Bullitt, que tinha o "palpite" de que Joseph Stalin não seria um problema no pós-guerra: "Acho que se eu der a ele tudo que puder e nada pedir em retorno, *noblesse oblige*, ele não tentará anexar nada e trabalhará para um mundo de democracia e paz."[111] Franklin Roosevelt não possuía o senso trágico da vida que é uma faceta do talento para o pessimismo, o qual, por sua vez, é uma faceta da sensibilidade conservadora.

Kissinger, refletindo sobre a longa paz entre o Congresso de Viena em 1815 e o cataclismo de 1914, perguntou-se se o século de calma "não pode ter contribuído para o desastre. Pois, no longo intervalo de paz, o senso de trágico se perdeu".[112] Mas os americanos que acham que a natureza humana inclina a humanidade na direção de objetivos comuns não possuem realmente nenhum senso trágico para perder. "Qualquer sociedade", escreveu Kissinger como acadêmico de 34 anos, "enfrenta um ponto de seu desenvolvimento no qual precisa se perguntar se exauriu todas as possibilidades de inovação inerentes a sua estrutura. Quando esse ponto é atingido, ela passou de seu zênite. Daí em diante, deve declinar, rápida ou lentamente, mas de maneira inevitável".[113] Esse era o Kissinger europeu, um historicista confortável com teorias de inevitabilidade e com as ideias hegelianas de possibilidades ditadas e limitadas pelas estruturas sociais. Duas décadas depois, ele trabalhou para um líder que era suscetível a pensamentos similares.

Em certa ocasião, o presidente Richard Nixon refletiu sobre pensamentos que tinha ocasionalmente ao ver as altas colunas que flanqueiam a entrada do edifício dos Arquivos Nacionais, na Avenida da Constituição: "Penso no que aconteceu com a Grécia e com Roma e no que sobrou, somente os pilares. O que aconteceu, claro, é que grandes civilizações do passado, ao se tornarem ricas, perderam a vontade de viver, de melhorar, e foram sujeitadas à decadência que finalmente destruiu sua civilização. Os Estados Unidos estão chegando a esse período."[114] Isso foi diferente de qualquer outra coisa já dita publicamente por um presidente americano. É claro, a tradição intelectual ocidental está repleta de filósofos, historiadores e outros que já se perguntaram se a história é cíclica, impulsionada por sementes de declínio social que são semeadas pelos processos de ascensão social. Os pensamentos despertados em Nixon pelos pilares dos Arquivos Nacionais foram vocalizados pelo mais elevado oficial eleito de uma nação fundada e ainda imersa na crença iluminista na habilidade humana de fazer escolhas informadas e racionais — iluminadas — que podem dominar as forças impessoais.

O pessimismo histórico do tipo cultivado por Nixon e Kissinger deve ter profunda influência sobre a agenda da política externa. Mais tarde, Kissinger deploraria a suscetibilidade de Woodrow Wilson "à irreprimível convicção americana de que o entendimento entre as pessoas é normal, que a tensão é uma aberração, e que a confiança pode ser gerada por estrênuas demonstrações de boa vontade".[115] Daniel Patrick Moynihan tinha Kissinger em mente quando descreveu acidamente aqueles que gostariam de purgar completamente a política externa americana de aspectos wilsonianos como "homens que sabem demais para acreditar em qualquer coisa em particular e, em vez disso, optam por acomodações de razoabilidade e urbanidade que esvaziam nossa posição mundial de propósito moral".[116] Esse propósito moral é, falando estritamente, congênito: vem do nascimento. Ele está codificado no DNA nacional americano. E é admirável. E problemático.

Em 1989, na ONU, Mikhail Gorbachev disse, de modo impertinente: "Duas grandes revoluções, a Revolução Francesa de 1789 e a Revolução Russa de 1917, tiveram poderoso impacto na própria natureza da história [...] essas duas revoluções modelaram o modo de pensar ainda prevalente."[117] *Duas* grandes revoluções? É típico de um historicista perder uma das maiores lições da história. Essa lição é a de que a Revolução Americana liberou a mais potente força surgida nos dois últimos séculos, a paixão pela liberdade fundamentada no respeito aos direitos naturais. O homem que levaria Gorbachev ao fim da Guerra Fria entendia essa força, embora não sua proveniência. "Você pode chamar de misticismo, se quiser", disse Ronald Reagan amigavelmente, mas misticamente, "mas sempre acredite que algum plano divino colocou este grande continente entre dois oceanos, para ser buscado por aqueles que estavam possuídos pelo duradouro amor pela liberdade e por um tipo especial de coragem".[118]

Quando se postula orientação divina para a movimentação das placas tectônicas do planeta, é natural assumir o continuado interesse divino na nação que domina o continente. A Revolução Americana esteve relacionada, no fundo, ao direito de um povo distinto, consciente de si mesmo como povo único, de governar a si mesmo de sua maneira distinta, em uma nação. Eis aqui o grande insight do século XVIII: a soberania popular está inextricavelmente entrelaçada à nacionalidade. O Estado-nação tem sido um grande instrumento de emancipação. Ele libertou as pessoas da ideia de que seu autogoverno está sujeito a restrições extranacionais, como o direito divino dos reis, as prerrogativas imperiais ou os privilégios tradicionais de classes sociais particulares. Certamente os americanos não observarão passivamente as distintas ideias de justiça de sua nação serem subordinadas a quaisquer outros padrões. A maioria dos americanos é não só patriota, mas também nacionalista. Eles não só amam seu país, mas acreditam, corretamente, que seus arranjos políticos, suas verdades universais e o entendimento da condição humana que esses arranjos refletem são superiores aos arranjos de outras nações. Eles acreditam, mas usualmente são polidos demais para dizer, que os arranjos americanos não são adequados para todo mundo neste momento. Esses arranjos americanos superiores são adequados a povos culturalmente superiores, aqueles à altura das demandas feitas pelo autogoverno.

Lincoln disse, com razão, que nossa nação foi fundada sobre verdades permanentes e "aplicáveis a todos os homens em todas as épocas".[119] Assim, o enigma para a política externa da nação é: como essas verdades são "aplicáveis"?

A resposta é: pela implacável, mas delicada insistência no fato de que a fidelidade a essas verdades demanda a fidelidade americana ao meticuloso processo de preparar o solo social de outras nações para receberem e expressarem essas verdades em instituições e práticas. Entre as mais frequentemente citadas linhas da poesia de língua inglesa, estão as de William Butler Yeats em "The Second Coming" [O segundo advento]:

*Os melhores não têm nenhuma convicção, ao passo que os piores*
*Estão repletos de passional intensidade.* [120]

O mundo sofreu muito em função de nações com perigosas convicções, que alimentam impulsos missionários de conquistar os atrasados e recalcitrantes e coagi-los à obediência e à virtude. Daí a peculiar delicadeza requerida daqueles que formulam e conduzem a política externa dos Estados Unidos, uma nação cuja identidade é inseparável de sua convicção — sua *correta* convicção — de ser pioneira em e portadora de certas verdades universais.

Nada seria mais gratificante que os Estados Unidos perderem muito de seu excepcionalismo porque suas premissas foram universalmente adotadas, como Jefferson esperou que acontecesse. Em uma carta escrita em 24 de junho de 1826, onze dias antes de sua morte, no quinquagésimo aniversário da Declaração de Independência, ele disse, sobre o documento: "Que ele possa ser para o mundo o que eu acredito que será (em algumas partes mais cedo, em outras mais tarde, mas, finalmente, em todas as partes), o sinal para estimular os homens a arrebentarem as correntes com as quais a ignorância e a superstição monacais os persuadiram a se amarrar e assumir as bênçãos e a segurança do autogoverno [...] Todos os olhos estão abertos ou estão se abrindo para os direitos do homem."[121]

Hoje, no entanto, o perigo imediato é uma apostasia americana, um longo e desordenado afastamento de suas premissas excepcionais em políticas externas e internas. Os americanos não deveriam lamentar o fato de que sua política externa sempre terá uma dimensão meliorista. Ela flui de duas premissas. Primeira, os Estados Unidos têm a missão de tornar o mundo melhor porque o modelo americano de República comercial pluralista é uma aspiração universalmente válida. E segunda, exportar esse modelo serve aos interesses nacionais, porque disseminar a civilização burguesa, com suas preocupações com o pluralismo e a prosperidade, é uma maneira de tranquilizar um mundo frequentemente homicida.

O que Bismarck disse no século XIX é ainda mais verdadeiro no século XXI: "Vivemos em uma época prodigiosa na qual o forte é fraco por causa de seus escrúpulos morais e o fraco se torna forte por causa de sua audácia."[122] Conforme a Segunda Guerra Mundial se aproximava e então tinha início, quase pareceu que os civilizados eram civilizados demais para proteger sua civilização. Em suas memórias publicadas em 1946, *Not So Wild a Dream* [Um sonho não tão desvairado], talvez o melhor livro de não ficção sobre a guerra, o jornalista Eric Sevareid narrou um pequeno episódio durante a "guerra falsa" de 1939-1940, antes que a Alemanha marchasse para oeste em maio de 1940. Durante uma noite que Sevareid passou com as forças francesas perto do Reno, um jovem cabo que estivera trabalhando com uma pá foi morto por um franco-atirador alemão do outro lado do rio:

> Somente um homem, um soldado entre milhões de soldados que presumivelmente se esperava que morressem. O tenente encarregado quase chorou ao descrever a terrível tragédia: como o garoto caíra, o que ele dissera para escrever a seus pais antes de morrer. Os outros homens na casamata mal falaram durante toda a noite, olhando para o chão e pensando na coisa assustadora que acabara de acontecer. Foi horrível; foi assassinato [...] Não é que os franceses não fossem corajosos [...] Eles não estavam *com medo* de morrer, eles não estavam *preparados* para morrer. Não é verdade que não achavam valer a pena lutar por seu país; eles desejavam evitar a derrota, mas não tinham nenhum desejo particular de vencer a guerra. Sua última experiência os ensinara que não existe verdadeira vitória para homens civilizados que não têm o desejo de conquistar outros. Sua tragédia era terem chegado cedo demais a um ponto elevado do progresso humano; eles viviam antes de seu tempo. Eram o último povo da Terra que deveria ter a Alemanha como vizinha.[123]

Mas é realmente progresso ficar paralisado perante o desafio da barbárie? Uma nação vivendo antes de seu tempo pode não viver para ver seu tempo. Somente uma geração antes, essas duas nações contíguas haviam sofrido massacres até então inimagináveis durante a primeira guerra industrial. Em 1939, uma dessas nações recuou de outra guerra, para a qual a outra havia se preparado. A divisão cultural entre a França e a Alemanha era então muito mais vasta que o Reno. As nações não podem escolher nem seus vizinhos, nem o tempo em que vivem. No mundo de mísseis balísticos, ameaças virtuais e viagens aéreas democratizadas que facilitam o deslocamento de pequenos grupos de terroristas, toda nação é vizinha das outras, e há conflitos entre civilizações mais diferentes e mutuamente ininteligíveis que a França e a Alemanha em 1939.

"Esta nação", disse Woodrow Wilson, falando dos Estados Unidos, "foi criada para ser a mediadora entre os povos, porque seu sangue veio de cada linhagem civilizada do mundo e está pronta, pela simpatia e pela compreensão, para entender os povos do mundo".[124] Encontramos novamente a alegre premissa progressista: os conflitos surgem de mal-entendidos e, portanto, podem ser evitados ou encerrados pela disseminação de esclarecimentos. Maquiavel sabia não ser assim. Ele se tornou um tormento permanente para a mente ocidental ao dizer algo que, uma vez dito, forçou-nos a enfrentar uma dificuldade permanente. Ele disse que a questão sobre como as pessoas devem viver — que objetivos humanos devem ser exaltados — jamais resultará em uma única e universalmente satisfatória resposta. Como escreveu Isaiah Berlin, Maquiavel ainda perturba nossa paz ao "colocar um ponto de interrogação permanente" sobre a sociedade, ou seja, pelo frio e pragmático reconhecimento "de que fins igualmente principais e sagrados podem se contradizer, de que sistemas de valor inteiros podem entrar em colisão, sem possibilidade de arbitragem racional".[125] Assim, as pessoas devem estar preparadas para lutar perpetuamente contra visões divergentes ou encontrar caminhos para o meio-termo.

O progressismo mantém a esperança de que o material humano seja maleável, o presente infinitamente manipulável e o futuro previsível. Disso flui a recorrente crença — que ressurge logo depois que os eventos a refutam — de que a paz é a relação natural entre as nações e a guerra é uma aberração explicável pelo mau caráter de governantes e por tradições e instituições pouco civilizadas. Há dois séculos, os progressistas vêm explicando a obsolescência da guerra — suas explicações frequentemente são difíceis de ouvir acima do rugir dos canhões — em termos da disseminação da democracia. Ou do desaparecimento do fervor religioso, étnico e nacionalista. Ou da revolução nas comunicações. Mas, como nota o classicista e historiador de Yale Donald Kagan, "nos últimos dois séculos, a única coisa mais comum que as predições sobre o fim da guerra foi a própria guerra". Kagan diz que, "estatisticamente, a guerra tem sido mais comum que a paz, e períodos extensos de paz têm sido raros em um mundo dividido em múltiplos Estados". Dado o que ele chama de "ubiquidade e perpetuidade" da guerra, o primeiro dever da liderança política é agir com base no axioma de que "a paz não se mantém sozinha".[126]

Os líderes também devem agir com base na probabilidade, da qual há cada vez mais evidências, de que as nações que respeitam os direitos naturais domesticamente estejam dispostas à paz no relacionamento com as outras nações. Isso é somente uma probabilidade. Mas a vida é, em quase toda questão, uma aposta com base em evidências inconclusivas. Pensar de outro modo é demonstrar uma arrogância que pode ser verdadeiramente fatal.

CAPÍTULO 9

# ACOLHENDO O TURBILHÃO

## Conservadorismo sem teísmo

O turbilhão é Deus, tendo destronado Zeus.

Aristófanes[1]

Enquanto Huck Finn e Jim boiavam sobre o rio Mississippi em sua jangada, eles ocasionalmente se deixavam levar por ruminações teológicas ou, mais precisamente, deístas. "O céu estava acima de nós", lembrou Huck, "todo pontilhado de estrelas, e costumávamos nos deitar de costas e olhar para elas, discutindo se foram criadas ou simplesmente aconteceram".[2] Essa pergunta vem sendo feita desde o despertar da curiosidade humana, o que significa desde a emergência de seres reconhecidamente humanos. Mas talvez a resposta mais pertinente a essa pergunta seja outra: sem revelações divinas, que diferença a resposta — "foram criadas" ou "simplesmente aconteceram" — realmente faz?

Aqueles cuja resposta em relação às estrelas — e todo o restante — é "foram criadas" são teístas. O contingente "simplesmente aconteceram" consiste naqueles que pensam que evocar a transcendência como explicação para tudo o que existe não é necessário nem persuasivo. Perguntar por que a disputa entre as escolas "foram criadas" e "simplesmente aconteceram" importa não é duvidar da saliência modeladora da história das religiões ou depreciá-la. Elas infundem as vidas dos indivíduos e animam as nações e outras coletividades. Aqueles que desdenham da religião por ser filosofia fossilizada negligenciam o óbvio fato de que as religiões frequentemente fazem o que a filosofia raramente faz: iniciam eventos em cascata. Afinal, a vida mais consequente da história humana foi vivida há 21 séculos na porção oriental do Império Romano, por uma pessoa que jamais viajou a mais de 160 quilômetros de seu local de nascimento, jamais ocupou cargo público, jamais escreveu um livro e morreu nas mãos do Estado com trinta e poucos anos. A segunda vida mais potente foi a de Maomé. Ele nasceu na segunda metade do século VI e morreu na primeira metade do século VII, sem jamais ter governado um Estado, mas seus efeitos não só ainda se irradiam como são cada vez mais importantes no século XXI. As religiões modelaram a política e a cultura mundiais de maneira mais ampla e duradoura que qualquer filosofia política. Essa lição da experiência humana é clara: fatores intangíveis, como a fé religiosa, têm peso histórico. "Uma chama resgatada da madeira seca não tem peso, mas seu voo luminoso ergue a tampa pesada da noite."[3] Assim escreveu o poeta que se tornaria o papa João Paulo II, cujo grande papel no fim da Guerra Fria foi a resposta à pergunta desdenhosa de um materialista — Stalin — sobre "quantas divisões tem um papa?"[4]

Para os propósitos deste livro, no entanto, a pergunta não é se a religião deveria ou não importar, mas se a fé religiosa é ou já foi necessariamente integral para o conservadorismo americano ou um pré-requisito para a sensibilidade conservadora. O argumento deste capítulo é o de que não só os conservadores podem ser totalmente seculares, como também o entendimento secular da cosmologia e do lugar da humanidade no cosmos está de acordo com uma sensibilidade distintamente conservadora. A filosofia vem depois da sensibilidade, que não pode ser desenredada da filosofia porque dispõe uma pessoa a ver o mundo e experimentar a vida de maneiras particulares.

O criador de Huck Finn, Mark Twain, disse: "O que Deus não tem são convicções — estabilidade de caráter. Ele deveria ser presbiteriano, católico ou alguma outra coisa, não tentar ser tudo."[5] E aí está o impasse. "Tentar ser religioso sem praticar uma religião específica", escreveu George Santayana, "é tão possível quanto tentar falar sem uma língua específica".[6] É claro, muitas pessoas tentam fazer isso, apresentando qualquer anseio por "sentido" ou qualquer esperança de eternidade como episódio religioso, de modo que qualquer um que seja ocasionalmente "espiritual" pode se considerar episodicamente religioso. Mas vá além da conversa sobre religião em geral, além da teologia natural de Huck, chegando a religiões particulares que envolvem revelações divinas, e a religião se torna sujeita a interpretações. Ela se torna mais que uma explicação (das estrelas de Huck, por exemplo), mas menos que uma fonte de imperativos morais universalmente reconhecidos.

Se Deus não está interessado nas empreitadas ou nas preces da humanidade, Ele não é interessante e não precisa impingir à humanidade um pensamento político ou ético. A religião se torna politicamente relevante e problemática quando a revelação divina entra na figura, com Deus tendo interesse ativo e interferindo nos assuntos humanos e fornecendo restrições à maneira como as pessoas devem se comportar. As pessoas discordam sobre o que tudo isso significa, e essas diferenças não são facilmente solucionadas. Virginia Woolf escreveu em uma carta: "Li o Livro de Jó na noite passada — não acho que Deus faça boa figura nele."[7] Woolf estava canalizando seu Huck interno, o empírico. Deixemos que as pessoas teologicamente fundamentadas decidam se, ou como, a doutrina progressiva de uma natureza humana modificável pode ser adequada aos ensinamentos das várias religiões. O que está claro é que uma nação como a nossa, imersa em uma religião bíblica e modelada por ela, não pode acomodar confortavelmente políticas que se orientam pela proposição de que a natureza humana é um produto maleável das forças sociais e que melhorar a natureza humana, talvez até a perfeição, é um propósito adequado para a política. As religiões bíblicas estão preocupadas em afirmar e defender a dignidade do indivíduo. Elas ensinam que a dignidade está ligada à responsabilidade e à agência moral. Consequentemente, devem temer as consequências de um governo descompromissado com o limitado (e limitante) propósito de assegurar os direitos naturais.

Alguns observadores atentos viram isso muito antes do advento do progressismo moderno. Alexis de Tocqueville escreveu *A democracia na América* somente duas gerações após a fundação; duas gerações depois de Madison ter identificado a tirania da maioria como mal político distinto que a democracia podia produzir. Tocqueville tinha uma resposta diferente à pergunta sobre que tipo de despotismo as nações democráticas mais deviam temer. Sua advertência é justamente famosa, e agora mais pertinente que nunca. Esse despotismo, disse ele, seria mais "brando" que os tradicionais, mas degradaria os homens sem atormentá-los [...] Aquele poder é absoluto, trivial, regular, providente e brando. Seria como a autoridade de um pai se, como aquela autoridade, seu objeto fosse preparar os homens para a maturidade, mas ele busca, ao contrário, mantê-los em perpétua infância [...] Tal governo trabalhava voluntariamente para sua felicidade, mas escolhe ser o único agente e árbitro de tal felicidade; ele fornece segurança, antecipa e atende às necessidades, facilita os prazeres, gerencia as principais preocupações, dirige a indústria, regula a cessão de propriedades e subdivide as heranças: o que permanece, além de poupá-los da preocupação de pensar e viver?

> Assim, a cada dia, ele torna o exercício da livre agência do homem menos útil e frequente; ele circunscreve a vontade a um âmbito mais estrito e, gradualmente, rouba o homem de todos os usos de si mesmo [...] Cada nação é reduzida a não ser nada melhor que um rebanho de animais tímidos e operosos dos quais o governo é o pastor.[8]

Cada um de nós deve decidir em que extensão o vaticínio de Tocqueville vem se mostrando verdadeiro. As pessoas de fé, contudo, deveriam se perguntar se a tendência da política moderna de assumir mais e mais tarefas a fim de melhorar a condição humana não tende a emudecer a mensagem religiosa sobre nossa reconciliação com essa condição. E se as instituições religiosas podem florescer à sombra de um governo que pretende atender a todas as necessidades e satisfazer todos os desejos humanos. Os secularistas devem enfrentar o outro lado da mesma pergunta: nosso governo limitado e nossa sociedade livre podem durar se o trabalho da sociedade civil, que frequentemente é o trabalho de nossas instituições religiosas, for assumido pelo governo? Na extensão em que a política da modernidade reduz o papel da religião na sociedade, ele ameaça a vitalidade, a prosperidade e a felicidade da sociedade. Irving Kristol entendeu isso. Embora não fosse judeu observante, ele se descreveu como "teotrópico", ou seja, orientado para o divino. E explicou o porquê dessas palavras.

> Uma sociedade precisa mais do que apenas homens e mulheres sensatos para prosperar: ela precisa das energias da imaginação criativa como expressadas na religião e nas artes. É crucial para as vidas de todos os nossos cidadãos, assim como para todos os seres humanos de todas as épocas, encontrar um mundo que possua significado transcendental, um mundo no qual a experiência humana faça sentido. Nada é mais desumanizante, mais capaz de gerar uma crise, que experimentar a vida como um evento sem sentido em um mundo sem sentido.[9]

Podemos estar nos aproximando do que é, para nossa nação, um território social inexplorado e talvez perigoso. A Europa experimenta o declínio disseminado do impulso religioso, e os resultados não são atraentes. Parece que quando a maioria das pessoas internaliza a teoria do Big Bang sobre a origem do universo e pergunta "E isso é tudo que há?"; quando decidem que o universo é apenas o resultado de um espirro cósmico, sem sentido transcendental; quando concluem que, consequentemente, a vida deve ser preenchida com um excesso de distrações, confortos e entretenimentos para aliviar o tédio; elas podem se tornar suscetíveis às excitações da política, que promete um arremedo de sentido e salvação espúria da condição humana, sem o conforto da crença na transcendência.

Conhecemos, das amargas experiências dos fanatismos do século XX, as consequências políticas da falta de sentido. A natureza humana abomina o vácuo, e um vácuo de sentido foi preenchido por fés seculares combativas, como fascismo e comunismo. O fascismo dava a seus aderentes uma vida significativa de destino racial. O comunismo ensinava seus aderentes a derivarem sentido de sua participação no drama escatológico do destino em desdobramento da história. O excruciante paradoxo político da modernidade é que o secularismo avançou em parte como repulsa pela sangrenta história do conflito religioso, mas não há precedentes para o derramamento de sangue na escala produzida no século XX pelas fés políticas seculares. Nesse sentido, os Estados Unidos têm sido excepcionais — excepcionalmente afortunados. Mas não tiveram simplesmente sorte. Sorte, disse um homem sábio certa vez, é o resíduo do planejamento. Em relação à religião, a sorte dos Estados Unidos foi o resíduo da filosofia, incluindo a filosofia política.

Há 250 anos, os americanos eram um povo religioso. Os fundadores eram marcadamente menos.

A Constituição de Massachusetts, cujo principal autor foi John Adams, foi concluída em 1780. Ela declarava que "a felicidade de um povo e a boa ordem e a preservação do governo civil dependem essencialmente da devoção, da religião e da moralidade, e elas só podem ser difundidas em uma comunidade pela instituição da veneração pública de DEUS e pelas instruções públicas em devoção, religião e moralidade". Consequentemente, o povo "tem o direito de investir sua legislatura com o poder de autorizar e requerer" provisão para "a veneração pública de DEUS e para o sustento e manutenção de professores, públicos e protestantes, de devoção, religião e moralidade, em todos os casos nos quais tal provisão não seja feita voluntariamente". E a legislatura podia requerer "comparecimento às instruções dos professores públicos". A Constituição acrescentava que "nenhuma subordinação de uma seita ou denominação a outra jamais deve ser estabelecida pela lei".[10] A menos, é claro, que a seita ou denominação não seja uma variante protestante do cristianismo. Os mais agudos conflitos religiosos nas eras pré-revolucionária e da fundação foram entre facções cristãs — especialmente entre protestantes e católicos —, enviesados por considerações políticas importantes para uma nova e compreensivelmente insegura República. Os puritanos e outros imigrantes iniciais levaram consigo para os Estados Unidos memórias do conflito religioso europeu, particularmente o que atingia a Inglaterra desde a Reforma. "Antes da guerra revolucionária", escreve Edward J. Larson, "os católicos eram perseguidos em todas as colônias".[11] Eles não podiam votar nem ter cargos públicos, nem mesmo em Maryland, que foi fundada para ser receptiva aos católicos. Nem mesmo em Rhode Island, cuja famosa tolerância se estendia aos ateus, mas não aos católicos. Massachusetts considerou ofensa capital um padre pregar ou rezar a missa.

Mas os fundadores não eram assim. Como grupo, eles não fervilhavam com fortes sentimentos sobre diferenças religiosas, com exceção do sentimento de que as diferenças deviam ser acomodadas. O fato de que duas colônias americanas, a Pensilvânia e Rhode Island, foram concebidas como experimentos de liberdade religiosa talvez seja mais importante que o fato de que onze colônias não foram. As onze finalmente aceitaram o desafio de chegar à conformidade com as outras duas. As duas foram fundadas, mais ou menos explicitamente, sobre o princípio de liberdade religiosa, de tolerância pelo que a primeira emenda chamaria de "livre exercício" da religião.

Os arranjos políticos dos Estados Unidos são afirmações do pensamento político que visava à subordinação da religião à ordem política, o que significa, no contexto americano, a primazia da democracia. Os fundadores, como Locke antes deles, desejavam domar e domesticar as paixões religiosas que haviam convulsionado a Europa. E pretendiam fazer isso estabelecendo não uma religião, mas uma República comercial. Queriam submergir as energias turbulentas do povo na busca autointeressada de objetivos materiais. Assim, a religião seria perfeitamente livre, desde que fosse perfeitamente privada, mera crença. Mas deveria se curvar à vontade política (à lei) em relação à conduta. Desse modo, Jefferson afirmou que as "operações da mente" não estão sujeitas à coerção legal, mas os "atos do corpo" estão.[12] Não importa, disse ele, se o vizinho acredita em um deus, vinte deuses ou nenhum, desde que não roube a carteira nem quebre as pernas de ninguém.

A distinção de Jefferson repousa sobre o princípio de Locke — Jefferson o considerava um dos três maiores homens de todos os tempos — de que a religião pode ser útil ou desestabilizadora, mas sua verdade não pode ser estabelecida pela razão. Assim, os americanos não "estabeleceriam" uma religião. Ao garantir o livre exercício das religiões, eles as tornariam privadas. Os autores da Constituição incluíram "uma garantia para todo estado" de uma forma republicana de governo (artigo IV, seção 4) porque achavam ser conhecida a verdade sobre a melhor forma de governo. Tratava-se de uma questão fechada para os proponentes de uma sociedade aberta. Mas o 1º Congresso, que incluía o mais importante autor da Constituição, Madison, rapidamente acrescentou a primeira emenda para proibir o "estabelecimento da religião", porque ele e o Congresso achavam que a verdade sobre a religião era incognoscível e devia permanecer para sempre uma questão em aberto.

Alguns fundadores leram David Hume, um contemporâneo que morreu no agitado ano de 1776. A maioria teria subscrito sua crença de que, "falando de modo geral, os erros da religião são perigosos; os da filosofia são somente ridículos".[13] Isso acontece porque as disputas sobre alegações religiosas, especialmente as derivadas de supostas revelações, não podem ser solucionadas pela razão. Muitos fundadores leram John Locke, que tratou de um problema que começara a ser entendido como problema dezessete séculos antes. Quando Jesus ordenou a seus seguidores para "dar a César o que é de César e a Deus o que é de Deus", o pensamento político ocidental começou a desenvolver a distinção entre esferas privada e pública e entre virtudes privadas e públicas, com as primeiras obtendo primazia.[14] Embora a separação entre Igreja e Estado ainda fosse demorar, ela estava implícita e finalmente foi entendida como vinculada ao que Walter Berns chamou de "fórmula da unidade de Locke". Essa fórmula dizia que "a religião não teria Estado e o Estado não teria religião". Os Estados confessionais, aqueles preocupados em controlar as consciências, desapareceram do Ocidente. Madison insistiu que os Estados Unidos haviam atingido "uma separação perfeita entre questões eclesiásticas e civis".[15] Uma separação "perfeita" significa um Estado perfeitamente — completamente — secular.

Isso foi prefigurado pela linguagem do primeiro parágrafo da Declaração de Independência. O parágrafo diz que as pessoas têm direito à independência "pelas leis da natureza e pelo Deus da natureza". Não está claro o que queriam dizer com "o Deus da natureza", mas é razoável supor que não se tratava do Deus da

Bíblia. "O Deus da natureza", observou Berns, "não emite comandos, ninguém pode perder sua graça e, consequentemente, ninguém tem razão para rezar a ele pedindo perdão; ele não faz promessas". Ele nos dota de direitos, incluindo o direito de venerar outros deuses ou nenhum deus, e então se retira, para nunca mais intervir na história humana. Nos Estados Unidos, a tranquilidade doméstica, tão elusiva na Europa dos Estados confessionais, seria assegurada — ou, ao menos, não seria ameaçada — por um regime secular. Assim, a Constituição, cujo preâmbulo enumera a tranquilidade doméstica entre seus objetivos, deixa a religião "sem provisão". Novamente Berns: "Quero dizer com isso que, ao passo (para usar um exemplo revelador) em que concede ao Congresso o poder 'de promover o progresso da ciência e das artes úteis', em nenhum lugar lhe dá o poder de promover a crença religiosa."[16] Os governos estaduais, desde o início e por muito tempo, promoveram a religião ao ordenar ou tolerar currículos escolares públicos permeados por ela. As várias decisões da Suprema Corte no século XX que puseram fim a essa prática foram intensamente controversas, mas claramente congruentes com as intenções dos fundadores.

Essas intenções foram agressivamente mal interpretadas em nosso tempo por pessoas com interesses religiosos próprios. Desde que a Igreja medieval batizou, por assim dizer, Aristóteles como uma espécie de pai primordial — *muito* primordial — da Igreja, nunca mais houve um sequestro intelectual tão audacioso quanto a tentativa de apresentar os mais importantes fundadores americanos como cristãos devotos. O argumento é de que eles eram assemelhados aos evangélicos de hoje e fundaram uma "nação cristã". Isso irritou profundamente o autor e crítico Brooke Allen, que argumenta robustamente que Franklin, Washington, Adams, Jefferson, Madison e Hamilton subscreviam, de diferentes maneiras, a diluída e pouco exigente fé iluminista chamada deísmo. Essa doutrina atraía os racionalistas por ser explicativa sem ser incitadora; ela torna o universo compreensível sem excitar um zelo perigoso.

Os deístas do século XVIII acreditavam que havia um Deus, mas, de modo revelador, frequentemente preferiam sinônimos, como "ser todo-poderoso" e "autor divino" (Washington) ou "agente superior" (Jefferson). Se esse agente somente coloca o universo em movimento, como um relojoeiro, ele é, como descreveu um aforista do século XVIII, "o Deus que dá corda a nossos relógios de sol".[17] Mas esse Deus não é muito interessante se tudo que fez foi dar corda no universo e então virar as costas para ele. Podemos ser gratos por ele ter dado corda; podemos desejar que, no início, antes de desaparecer, ele tivesse feito provisões para que a passagem do tempo não incluísse algumas coisas (como a Primeira Guerra Mundial e as alas infantis de oncologia). Mas, seja como for, ele não atrai nosso interesse continuado porque não tem interesse continuado em nós. A Providência pode recompensar e punir, talvez na vida após a morte, mas não interfere nos assuntos humanos. Os deístas rejeitavam a encarnação e, logo, a divindade de Jesus. "Deísta cristão" é um oximoro. Já se disse que o Deus deísta é como uma tia rica na Austrália: benevolente, distante e sobre a qual pouco se ouve. O deísmo busca explicar a existência e a natureza do universo. Mas o mesmo faz a teoria do Big Bang, que não é uma religião. Se uma religião deve consolar e impor, além de explicar, então o deísmo praticamente não conta como religião.

Os fundadores falavam frequentemente sobre religião, mas normalmente em termos de necessidades temporais, individuais ou sociais, e não de verdades atemporais. Muitos achavam que a religião era necessária, independentemente de sua veracidade: se as igrejas são úteis, em geral, então isso talvez seja razão suficiente para sua existência. Quando Benjamin Franklin recebeu alguns livros que refutavam o deísmo, os argumentos deístas "me pareceram muito mais fortes que as refutações. Em resumo, rapidamente me tornei deísta". A revelação "de fato não tem peso para mim". Ele acreditava em um criador e na imortalidade da alma, mas considerava esses dois elementos "essenciais a toda religião".[18] O que Brooke Allen chama de "famoso talento para o silêncio" de George Washington foi particularmente empregado em relação à religião, mas seu comportamento era revelador. Ele não se ajoelhava para rezar e, quando seu pastor o censurou por dar mau exemplo ao deixar a cerimônia antes da comunhão, Washington se corrigiu de maneira austera: ele parou de frequentar a igreja nos domingos de comunhão. Ele reconhecia a "influência benigna" do cristianismo sobre a sociedade, mas nenhum ministro estava presente e nenhuma prece foi dita quando ele morreu de modo estoico.[19]

John Adams declarou que "a filosofia olha com olhos imparciais para todas as religiões terrestres" e disse a um correspondente que, se eles estivessem no Monte Sinai com Moisés e tivessem ouvido a doutrina da Trindade, "poderíamos não ter coragem de negá-la, mas não teríamos acreditado nela".[20] Ele disse que, quanto mais vivia, menor ficava sua crença e, no fim, sua crença era o unitarismo. Jefferson, escrevendo como utilitarista lacônico, urgiu o sobrinho a investigar a veracidade do cristianismo sem medo das consequências: "Se terminar na crença de que não há deus, você encontrará incitação à virtude no conforto e no prazer que sente em seu exercício e no amor de outros que ele lhe fornecerá."[21]

Madison, sempre dotado de bom senso, explicou vigorosamente a religião como apetite inato: "A mente prefere imediatamente a ideia de uma causa autoexistente à ideia de uma série infinita de causa e efeito." Quando o 1º Congresso contratou um capelão, Madison disse que "não foi com minha aprovação". Quando, durante a guerra de 1812, congressistas urgiram o presidente Madison a proclamar um dia de jejum e preces pelo sucesso da nação, ele se recusou, dizendo que as pessoas que quisessem podiam rezar. Em 1781, os artigos da confederação reconheceram "o grande governador do mundo", mas, seis anos depois, a Constituição não fez menção a Deus. Quando perguntaram a Hamilton a razão, ele supostamente gracejou: "Esquecemos." Dez anos após a convenção, o Senado ratificou *unanimemente* um tratado com a islâmica Trípoli que declarava que o governo americano "não é, em nenhum sentido, baseado na religião cristã".[22] Independentemente das razões pelas quais essa estipulação foi considerada conveniente, a estipulação era e é acurada. O regime é baseado em preceitos, muitos dos quais são congruentes com a doutrina cristã, que ensina a igualdade universal de indivíduos capazes de escolhas morais informadas pela fé. "A crítica da religião", escreveu Marx, "é o pré-requisito de toda crítica".[23] Ele acreditava nisso porque a religião era o impedimento fundamental ao projeto político moderno como entendido por ele. Esse projeto era o de resgatar a humanidade das contradições e imperfeições que produzem as falhas individuais e sociais. Mas a religião, especialmente o cristianismo, com sua doutrina de pecado original, ensina que a inadequação é uma constante irremediável da condição humana.

Como observado no capítulo 1, há outro argumento, independentemente desta ou daquela declaração deste ou daquele fundador, para explicar por que os Estados Unidos são uma politeia totalmente secular. A Constituição ordena o estabelecimento de uma verdade política ao garantir a cada estado a mesma forma de governo ("republicano"). Ela faz isso porque os fundadores achavam que as verdades políticas mais importantes eram cognoscíveis. Mas, como as verdades políticas eram incognoscíveis, proscreveram o estabelecimento de uma religião, ao mesmo tempo respeitando seu valor instrumental.

Dois dias depois de o presidente Jefferson escrever a carta pública endossando o "muro de separação" entre Igreja e Estado, ele compareceu, como fazia ocasionalmente, aos serviços religiosos na Câmara dos Representantes, onde a cadeira do presidente da Câmara servia como púlpito.[24] Durante a administração de Jefferson, o culto dominical era realizado todas as semanas nos edifícios governamentais. Os ministros incluíam anglicanos, presbiterianos, batistas, quacres, swedenborgianos, um bispo católico romano, um unitarista e um evangelista. Jefferson observou a fé anglicana/episcopaliana, sem realmente acreditar nela, durante sua vida pública. Essa foi uma concessão estadista à forte preferência do público, que então, como agora, era de que a religião tivesse amplo espaço na esfera pública.

O cristianismo, particularmente em sua versão pós-reforma, gerou atitudes e aptidões associadas ao governo popular. A ênfase do protestantismo na relação direta e não mediada entre o indivíduo e seu Deus e a primazia da consciência e escolha individuais subverteram as convenções das sociedades hierárquicas, nas quais a deferência era esperada de muitos por poucos. Mas, para além disso, a fundação dos Estados Unidos deve muito mais a John Locke que a Jesus. Luther Martin, de Nova Jersey, disse que poucos delegados da convenção constitucional eram "antiquados a ponto de [pensar] que a crença na existência de uma deidade ou de um estado de futuras recompensas e punições forneceria alguma garantia de boa conduta por parte de nossos líderes".[25] Céu e inferno são muito bons, mas a convenção buscava precauções auxiliares. E as encontrou na arquitetura madisoniana das instituições federais e na multiplicidade de facções produzidas pela sociologia das "repúblicas extensas".[26]

Em 1786, um ano antes de a convenção construir o regime, Jefferson, no preâmbulo do estatuto de liberdade religiosa da Virgínia, proclamou que "nossos direitos civis não dependem de nossas opiniões religiosas, assim como não dependem de nossas opiniões sobre física ou geometria".[27] Thomas Paine foi, simultaneamente, o mais influente escritor de defesa política das colônias e o autor deste trecho: "De todos os sistemas religiosos já inventados, nenhum é mais derrogatório ao Todo-Poderoso, mais nocivo ao homem, mais repugnante à razão e mais contraditório em si mesmo que a coisa chamada cristianismo."[28] Muitos leitores de Paine conseguiam compartimentalizar sua avaliação, apreciando suas ideias políticas e deplorando seus pensamentos sobre as religiões "inventadas". E outros simplesmente não se importavam tanto assim com religião.

Desde a fundação, os entusiasmos religiosos americanos aumentaram e diminuíram, confundindo a predição de Jefferson, feita em 1822, quatro anos antes de sua morte, de que "não há um jovem vivendo hoje nos Estados

Unidos que não vá morrer unitarista".[29] Em 1908, William Jennings Bryan, o indicado presidencial democrata, disse que seu oponente republicano, William Howard Taft, era inadequado porque, sendo unitarista, não acreditava na imaculada concepção de Jesus. O eleitorado bocejou e escolheu Taft. Em 1953, um ano antes de as palavras "sob Deus" serem acrescentadas ao juramento à bandeira, o presidente Dwight Eisenhower proclamou 4 de Julho o dia nacional das preces. Naquele dia, ele pescou pela manhã, jogou golfe à tarde e bridge à noite. Será que as preces estavam nos interstícios dessas recreações? Talvez quando o presidente tinha de dar uma tacada particularmente difícil. Quando George Washington fez o primeiro juramento presidencial, ele não concluiu com as palavras "e que Deus me ajude". Após recitar o juramento constitucionalmente prescrito e seu breve — 1.428 palavras — discurso de posse, Washington imediatamente atravessou a rua em frente ao Federal Hall de Manhattan para uma cerimônia de duas horas na Capela de São Paulo.[30] Essa conformidade às expectativas de devoção do público provavelmente foi tão perfunctória quanto sua obrigatoriedade.

Em 22 de setembro de 1881, após a morte do presidente James Garfield, o vice-presidente Chester Arthur — que, como presidente, assinaria a lei concedendo folga de Natal aos funcionários públicos federais — fez o juramento presidencial, que encerrou com as palavras "e que Deus me ajude". Ele parece ter sido o primeiro a fazer isso. Várias versões dessas palavras foram usadas, intermitentemente, na posse de outros presidentes; Herbert Hoover foi o último a não usá-las. Nos Estados Unidos, a devoção pública é mais frequentemente declarada que restritiva — tanto que gerou zombaria. Em 1958, durante o segundo mandato de Eisenhower, Peter De Vries, cujos romances são esplêndidas sátiras dos Estados Unidos na segunda metade do século XX, criou o reverendo Mackerel, da Igreja Liberal do Povo, em um elegante subúrbio de Connecticut. O reverendo falava de um púlpito composto por "uma placa de mármore assentada sobre quatro pernas feitas de quatro árvores frutíferas delicadamente diferentes, a fim de simbolizar os quatro evangelhos e seu fracasso em se harmonizar". Ele rezou durante uma enchente: "Esperemos que uma Providência amável coloque rápido fim aos atos de Deus que temos sofrido."[31] Nos anos imediatamente após a decisão de 1962 da Suprema Corte proibindo as orações organizadas em escolas públicas, algumas pesquisas indicavam que mais americanos favoreciam tais orações nas escolas do que oravam regularmente nas igrejas. Hoje, muitas pessoas que insistem na importância da devoção nas vidas dos indivíduos e da sociedade não estão particularmente preocupadas com a que esses indivíduos deveriam ser devotados. Elas são como o ético britânico que disse: "Estou totalmente convencido de que uma vida elevada só pode ser vivida sobre uma fundação de crença cristã — ou algum substituto dela."[32]

Em 1952, William O. Douglas, um dos juízes mais progressistas da Suprema Corte, escreveu: "Somos um povo religioso cujas instituições pressupõem um ser supremo."[33] Se, com isso, queria dizer que a tradição de direitos naturais logicamente requer a crença em Deus, estava simplesmente enganado. E, tão recentemente quanto 1984, a Suprema Corte repetiu as palavras de Douglas.[34] A primeira parte é mais ou menos verdadeira (menos verdadeira do que já foi), mas não tem nenhuma relevância para o direito constitucional. A segunda parte tem significado incerto. Mesmo assim, certamente é falsa: as instituições perdem o sentido, são imprudentes ou estão condenadas se não houver ser supremo? O primeiro presidente da nação foi mais circunspecto. George Washington tinha o hábito de escolher um caminho indireto até seu argumento, como quando disse, em seu primeiro discurso de posse: "Nenhum povo está mais obrigado a reconhecer e adorar a mão invisível que conduz os assuntos dos homens que o povo americano."[35] E, em seu discurso de despedida, disse: "Com cautela, aceitemos a suposição de que a moralidade pode ser mantida sem religião. O que quer que se possa conceder à influência da educação refinada nas mentes de estrutura peculiar, a razão e a experiência nos proíbem de esperar que a moralidade nacional possa prevalecer em caso de exclusão do princípio religioso."[36]

O terceiro presidente, cujo relacionamento com a religião era frio e tênue, usou um tema similar. Jefferson se perguntou se as liberdades americanas podiam ser garantidas sem "a convicção, na mente das pessoas, de que essas liberdades são um presente de Deus".[37] Ele estava sugerindo um postulado empírico: o de que, na ausência de certa "convicção" sobre a origem dos direitos naturais, esses direitos não receberão suficiente respeito. Menos de um mês antes da posse, o presidente Eisenhower disse: "Nossa forma de governo não faz sentido, a menos que esteja fundamentada em uma fé religiosa profundamente sentida, não importa qual seja."[38] Com "não fazer sentido", ele podia querer dizer que, na ausência de aceitação geral de alguns teísmos formadores de caráter e modeladores de comportamentos, nossa forma de governo não será estável ou durável. Essa também é uma afirmação empírica, que os Estados Unidos cada vez mais seculares estão testando.

O "grosso da humanidade", na opinião de Locke, requer instrução religiosa não porque a razão humana seja inerentemente insuficiente para revelar como devemos viver, mas porque a maioria das pessoas é incapaz de "deduções longas e às vezes intrincadas" para chegar a essa sabedoria. "A maior parte da humanidade não possui tempo para tais traços de raciocínio e nem, por falta de educação e uso, habilidade para julgá-los." Assim, "pode-se esperar que todos os diaristas, comerciantes, fiandeiras e leiteiras sejam perfeitamente éticos tanto quanto se pode esperar que sejam perfeitos matemáticos".[39]

Muitos americanos — talvez a maioria — concordam que a democracia ou, ao menos, nossa democracia, baseada na crença em direitos naturais, pressupõe uma fé religiosa. As pessoas que acreditam nisso citam, como fez Eisenhower, a Declaração de Independência e sua proposição de que fomos dotados por nosso criador de certos direitos inalienáveis. Contudo, duas questões separadas e relacionadas são pertinentes a qualquer consideração sobre o papel da religião na política americana. Uma é empírica: é fato que o sucesso do autogoverno requer um *demos* religioso, ou seja, pessoas religiosas governando a si mesmas através de normas religiosas? A outra é lógica: a crença na distintiva democracia americana — um governo com limites claros, definidos pelos direitos naturais dos governados — requer a crença religiosa? Em relação à pergunta empírica, a religião foi e ainda pode ser supremamente importante e útil para o florescimento da democracia americana. Mas qual é a *evidência* de que é necessária à boa cidadania? Em relação à pergunta sobre a lógica de nosso governo, a ideia de direitos naturais não requer uma fundação religiosa, e os fundadores não pensavam uniformemente assim. Mas pode ser que os direitos naturais sejam mais firmemente embasados na doutrina religiosa.

Assim, a religião é útil e importante, mas não essencial. Essa formulação, que dificilmente é um afastamento da tradição americana, não é hipócrita nem autocontraditória precisamente por causa do caráter da tradição americana. Essa tradição sempre foi marcada pela divisão de trabalho entre as instituições políticas e as instituições da sociedade civil, incluindo as religiosas, que desempenham papel na sustentação de nosso governo limitado ao modelar cidadãos autossuficientes. Assim, cidadãos que querem governo limitado devem ser amigáveis à causa da religião americana, mesmo que não sejam crentes. Hoje, a divisão de trabalho entre sociedade e governo e o caráter da comunidade política americana embasada no conceito de direitos naturais estão em disputa. Entender essa disputa pode nos ajudar a compreender o lugar da religião na vida da República.

A religião tem sido central para a politeia americana precisamente porque não tem sido central para a política. Ela desempenhou grande papel ao nutrir as virtudes pressupostas pelo governo republicano, particularmente o microautogoverno, ou seja, a governança do eu pelo indivíduo. A nação designa à política e às políticas públicas o papel secundário e subsidiário de encorajar, ou ao menos não prejudicar, a infraestrutura das instituições que têm a responsabilidade primária de nutrir virtudes cívicas e outras. A religião americana, portanto, coexiste confortavelmente com o governo americano, mas não é um componente dele. Sua independência em relação à política tem sido parte de sua força. Há um fascinante paradoxo em funcionamento na história de nossa nação: os Estados Unidos, a primeira e mais persistentemente moderna das nações, é, para consternação dos cientistas sociais, também a nação moderna mais religiosa. Uma razão para isso é o fato de termos desenredado a religião das instituições públicas.

O mundo moderno começou a rolar quando Martinho Lutero, durante uma inquirição sobre seu pensamento, supostamente declarou: "*Hier steh'ich, ich kann nicht anders.*" Aqui estou, não posso evitar.[40] Essa foi uma confissão peculiar de liberdade — "Não tenho escolha" —, mas antecipou sociedades baseadas no reconhecimento de direitos "inalienáveis". As palavras de Lutero anunciaram a ascendência do julgamento privado, ou seja, da consciência. Ele achava que o Estado legitimamente podia ser, e provavelmente devia ser, poderoso e mesmo cruel. Em sua opinião, o Estado devia ser revestido de menos dignidade do que quando Igreja e Estado estavam fundidos. O Estado é responsável somente pela ordem e é quase irrelevante para o assunto mais sério da vida, que é a vida após a morte, a salvação. A avaliação do homem feita pelo cristianismo, ao mesmo tempo positiva e severa, é quase adequada à filosofia política: o homem pode ser magnífico sem a ajuda de instituições de fomento, mas raramente o é, e jamais espontaneamente. Lutero tinha uma perturbadora noção sobre a queda da humanidade e sua total dependência da graça de Deus para qualquer pequeno alívio das consequências do pecado. Isso o protegia da tentação política de acreditar na perfectibilidade do homem através de melhorias nos arranjos sociais. No interminável argumento sobre quem domina, natureza ou criação, ele sabia que era a natureza. Sua busca por pureza na experiência religiosa — uma antecipação da busca moderna por "autenticidade" — o levou a minimizar o auxílio institucional necessário para a busca humana por satisfação religiosa e realização social. Mas o individualismo radical implícito em seu pensamento era temperado por sua celebração da família como unidade molecular da sociedade.

A carreira de Lutero foi tornada possível pela carreira de outro alemão, Johannes Gutenberg. A de Lutero foi a primeira vida grandiosa ligada à comunicação em massa: a prensa móvel. Ele foi o escritor sério mais prolífico da história. Uma edição de sua obra passa dos cem volumes; mais de 2.500 de suas cartas sobreviveram. Quando as pessoas passaram a poder ler as Escrituras, os padres foram desafiados em seu papel de mediadores entre as pessoas e Deus. A doutrina de Lutero, de salvação somente pela fé, e não por boas obras, expressou a doutrina de que a salvação deriva da graça imerecida concedida por Deus. Essa doutrina desafiou os padres como entregadores da graça através dos sacramentos. Lutero não era democrata, mas, com três palavras — "Somos todos sacerdotes" —, afirmou a ideia de igualdade que evoluiu para se tornar uma das bases da soberania popular.[41]

Mas somos soberanos sobre nós mesmos? Se sim, em que sentido? A filosofia política não pode ir muito longe sem abordar o problema do livre-arbítrio. Trata-se do problema de entender em que extensão nosso comportamento pode ser, ou talvez deva ser, determinado por forças externas, pelo que Lucrécio, um dos primeiros a se preocupar com isso, chamou de "eterna sequência de causa e efeito".[42] Em seu projeto de lei para o estabelecimento da liberdade religiosa na Virgínia, Jefferson disse: "O Todo-Poderoso criou a mente livre e manifestou sua suprema vontade de que ela permaneça livre ao criá-la totalmente impermeável à restrição; todas as tentativas de influenciá-la por punições temporais, fardos ou incapacitações civis tendem somente a gerar hábitos de hipocrisia e maldade."[43] Mas ele estava preocupado com um entendimento pré-moderno ou, ao menos, anterior ao século XIX do que pode contar como mente livre. Ele disse, com razão, que, quando uma pessoa toma uma decisão sobre um assunto, punições ou incapacitações civis podem impedi-la de expressar seus pensamentos, mas não os pensamentos em si. Uma preocupação mais moderna seria com o fato de que não está claro quão soberana é uma pessoa ao tomar essa decisão.

Todas as consciências estão imersas em suas épocas. Mas isso não significa que vivemos "na" nossa época da mesma maneira que peixes vivem na água, que somos alheios ao que nos cerca. Mas nem todos os indivíduos estão igualmente interessados ou conscientes de seu ambiente social. Nem todos os indivíduos estão equipados, por suas habilidades intelectuais nativas ou por sua educação, para compreender e criticar seu contexto social. Na maioria das sociedades, na maioria do tempo, a disposição para compreender e criticar é característica de somente uma pequena minoria. A inércia social é perturbada por minorias que são capazes de se deslocar, ao menos parcialmente, de seu tempo e cujo pensamento está condicionado pela consciência de seu próprio condicionamento social. Aceitamos a realidade de que somos condicionados por fatores fora de nosso controle e que isso não anula o conceito de livre-arbítrio. Do fato de que nosso pensamento, nossas lembranças e nossas aspirações são resultado de neurônios disparando no cérebro, isso não significa que o funcionamento do nosso cérebro seja tão automático, ou tão independente, quanto a respiração em nossos pulmões, o piscar de nossas pálpebras ou o bater de nossos corações.

Uma coisa é reconhecer que existe *algum* determinismo em operação em nossas vidas, que causas fora de nosso controle têm efeito em nosso modo de pensar e de agir. É muito diferente supor que *algum* determinismo valida fatalismo, a crença de que nossos pensamentos e decisões não são, em nenhum sentido significativo, realmente "nossos". Certamente a questão crucial é: podemos escolher ter escolhas? Ou seja, podemos desejar a existência de uma variedade de pensamentos e comportamentos alternativos?

O profeta do homem sem mestre moderno, Nicolas Maquiavel, está no limite entre antigos e modernos. Os antigos se orientavam politicamente por seu entendimento do melhor de que as pessoas eram capazes. Eles buscavam aumentar a probabilidade de emergência de líderes bons e nobres e de atributos bons e nobres entre os liderados. Maquiavel, no entanto, orientou-se pelas pessoas como eram. Ele definiu o projeto político como fazer o melhor possível com esse material falho. Não era democrata, mas está entre os precursores da democracia, porque reorientou a política na direção da acomodação de forças intensas e previsíveis surgindo de uma grande constante: a natureza comum a todas as pessoas em todas as posições sociais. Martinho Lutero, contemporâneo de Maquiavel, não era democrata, nem em teoria, nem em temperamento. Mas foi um dos potentes precursores da democracia. Sem pretender totalmente, ele celebrou o individualismo à custa da tradição e da hierarquia, pavimentando o caminho para um etos democrático que não podia ter imaginado.

O advento da modernidade na filosofia política coincidiu com desenvolvimentos paralelos em um campo filosófico estreitamente relacionado: a epistemologia, a filosofia do conhecimento, que estuda como sabemos as coisas. Aqui

René Descartes desempenhou papel comparável ao de Maquiavel na reorientação do pensamento político. Descartes buscou um campo de certeza, um campo para além da revelação religiosa. Ele o encontrou na própria cognição. *Cogito ergo sum* — penso, logo existo. Os sentidos forneceriam as fundações de quaisquer certezas que a humanidade pudesse obter. Foi na filosofia política de Hobbes que a epistemologia se tornou decisiva. Sua experiência com as rixas religiosas na Inglaterra do século XVII lhe ensinou que todos os seres humanos temem a morte violenta. A partir desse poderoso e simples desejo por segurança física, ele erigiu uma filosofia do despotismo: em troca de tal segurança, as pessoas voluntariamente cederiam a precária soberania que possuíam no estado natural.

No entanto, a filosofia totalmente secular de Hobbes continha as sementes da democracia de quatro maneiras. Primeira, que todos os seres humanos estão *igualmente* sob a influência desse forte imperativo. Segunda, todos os seres humanos podem, sem assistência de um clero instruído, compreender as paixões básicas que movem o mundo. Terceira, uma vez que o mundo da política é movido por paixões e interesses fortes e constantes, pode haver uma ciência política. Uma ciência política baseada naquilo que todos os seres humanos têm em comum — conhecimento fornecido pelos sentidos — é uma ciência política que deriva seus dados do *demos*, do povo. Quarta, como as pessoas não concordam sobre a verdade religiosa e lutam em função de suas discordâncias, a tranquilidade social pode ser obtida ao se considerar a religião uma questão voluntária de julgamento privado, e não uma ortodoxia apoiada e imposta pelo Estado.

Essas correntes entremeadas e convergentes de epistemologia e filosofia política ajudaram a produzir a Constituição americana. Ela não inclui nenhuma exortação ou admoestação editorial comparável às da Lei Noroeste, que afirmava a importância da religião para o governo da República. Quando teólogos da Nova Inglaterra reclamaram com o presidente Washington porque "o reconhecimento explícito do VERDADEIRO E ÚNICO DEUS E DE JESUS CRISTO, enviado por Ele" não fora "inserido em alguma parte" da Constituição, Washington respondeu laconicamente que "o caminho da verdadeira devoção é tão plano que requer pouca direção política". Gordon Wood afirma que "os principais fundadores não eram profunda ou passionalmente religiosos, e poucos deles possuíam algum tipo de vida espiritual", e Washington "parece jamais ter comprado uma Bíblia". Contudo, as formas religiosas eram respeitadas até mesmo por Jefferson, que foi batizado e se casou em sua paróquia e trabalhou na sacristia local. Mas, durante a campanha presidencial de 1800, o *Connecticut Courant* publicou o que Wood chama de "típica explosão de raiva federalista", prevenindo sobre as consequências de eleger o religiosamente suspeito Jefferson: "Assassinato, roubo, estupro, adultério e incesto serão abertamente ensinados e praticados."[44]

Com essa irrealizada previsão de secularismo apocalíptico em mente, um breve fragmento autobiográfico parece pertinente. O pai de meu pai foi um ministro luterano que serviu em várias igrejas no norte de Maryland, no leste de Ohio e no oeste da Pensilvânia. Quando era criança, meu pai escutava do lado de fora do escritório do pastor Will enquanto ele e alguns paroquianos lidavam com o problema de reconciliar a doutrina da graça com a crença no livre-arbítrio. Talvez essa experiência formativa tenha contribuído para meu pai crescer e se tornar ateu — por razões filosóficas, não porque viu mais que sua cota de igrejas — e professor de filosofia. Eu cresci em um lar completamente laico, no qual o assunto "religião" simplesmente não surgia. Assim como meu pai, sou um ateu amável e de baixa voltagem. E, como ele, meu modelo de amabilidade é David Hume. Uma história que Hume contava com frequência era a do dia em que estava caminhando ao longo de um pântano em Edinburgh, caiu nele e, sem conseguir sair, pediu ajuda a um grupo de peixeiras. Mas elas reconheceram o "incréu perverso" e se recusaram a ajudar a menos que ele recitasse solenemente o Pai-Nosso. Ele o fez e elas o resgataram. Elas ficaram contentes e ele não se incomodou por gratificá-las.[45] É assim que os atritos relacionados à religião são lubrificados pela afabilidade.

Mas não ter afiliação religiosa não é o mesmo que não ter afinidade com a religião. Iniciei no jornalismo, após uma breve temporada na academia, como primeiro editor em Washington da revista *National Review*, de William F. Buckley. Buckley era um católico devoto que acreditava que o real conservador não precisava ser religioso, mas não podia ser hostil à religião. Alguns ateus (e alguns teístas) podem achar tal atitude impossível, mas, como vimos, os fundadores de nossa nação certamente acreditavam e provaram o contrário. Eles criaram um regime distintamente moderno, respeitador de direitos que existiam antes do governo e são naturais porque, como disse Locke, não são criação do regime que existe para assegurá-los. A teoria do conhecimento de Locke, que diz que todo conhecimento e a vida interior de cada indivíduo vêm de estímulos externos, apressou a substituição da alma pela mente como base da identidade e da agência individuais.

Quando John Adams disse que afirmar a divindade de Jesus era uma "terrível blasfêmia", ele estava dizendo, em sentido estrito, que isso era uma afronta a Deus, embora não esteja claro o que ou quão frequentemente pensava em Deus.[46] Ele acreditava que a religião era indispensável para a República: "Não temos um governo armado com um poder capaz de competir com as paixões humanas não restritas pela moralidade e pela religião. Avareza, ambição, vingança ou galanteria romperiam as mais fortes cordas de nossa Constituição, assim como uma baleia rasgando uma rede. Nossa Constituição foi criada somente para um povo moral e religioso. É totalmente inadequada para o governo de qualquer outro povo."[47] Adams, contudo, insistiu que a República "só deve ser apoiada pela pura religião ou pela moral austera".[48] Note o "ou", que implica que a moralidade adquirida pode ser independente da religião ou uma alternativa a ela no apoio à República.

Em meados do século XX, no entanto, o renascimento do conservadorismo foi parcialmente impulsionado por pensadores proeminentes que insistiram na indispensabilidade do teísmo. Whitaker Chambers, em seu caracteristicamente extremo rompimento com seu caracteristicamente extremo compromisso com o comunismo materialista, disse que um homem sem misticismo é um monstro. Uma pessoa capaz de dizer isso é capaz de pensamentos monstruosos e, talvez, atos monstruosos. Chambers estava, por assim dizer, excomungando ateus, agnósticos e céticos — qualquer pessoa sem teísmo — da comunidade humana. Assim, aliou-se àqueles que estão sempre conosco e reduzem os outros ao status de menos que humanos. Ao tornar a religiosidade um atributo definidor de homens que não são monstros, Chambers, como outros de mesma mentalidade antes e depois dele, impôs o predicado de cometer monstruosidades àqueles que via como não totalmente humanos. O fato de continuar a ocupar lugar no que muitos conservadores americanos consideram o panteão de sua persuasão deve tornar o conservadorismo ao menos problemático, e frequentemente desencorajador, para teístas equilibrados e não místicos — significando não teístas —, os quais Chambers execrava. Tais conservadores estão cortejando dificuldades políticas. Entre 2007 e 2017, a porção não religiosa da população americana subiu de 16% para 29%. Essa porção agora ultrapassa as congregações combinadas de todas as principais igrejas protestantes.

Outro luminar do conservadorismo de meados do século XX, Russell Kirk, afirmou: "A menos que os seres humanos estejam ligados por alguma fé comum e partilhem certos princípios morais, eles atacam uns aos outros."[49] Aqui três respostas são requeridas. Primeira, a religião pode ser socialmente útil sem ser verdadeira. Segunda, os seres humanos podem partilhar muitos princípios éticos sem partilhar a mesma fé ou mesmo professar alguma. Terceira, pessoas que partilham uma fé ou princípios morais frequentemente atacam-se entre si ou atacam outras pessoas. É falso — e, para os conservadores, politicamente prejudicial — afirmar que o conservadorismo requer uma religião partilhada ou mesmo uma religiosidade ubíqua. A afirmação de que virtudes particulares ou a virtude em geral dependem da religião é empírica e demonstravelmente falsa. Há muitos descrentes virtuosos, muitas virtudes sem proveniência religiosa e muitas pessoas religiosas que não são virtuosas.

Em *The Conservative Mind* [A mente conservadora], um dos textos canônicos do conservadorismo do pós-guerra, Kirk afirmou que um atributo definidor do conservador é a crença de que "revelação, razão e uma convicção para além dos sentidos nos dizem que o Autor de nosso ser existe". Portanto, todos aqueles que não possuem essa "convicção para além dos sentidos" são inelegíveis para se unir ao conservadorismo ou devem ser excomungados dele. Assim como aqueles que estão cegos para "o brilho da sarça ardente" ou surdos para "o trovão sobre o Sinai". A árida dicotomia de Kirk é entre os crentes e os "inquietos, superficiais e autointoxicados" ateístas. Definido em tais termos fluidos, o conservadorismo pode afundar — e, com Kirk, de fato afundou — em um anseio romântico por aristocracia, em relação à qual ele esbanjou elogios: "Ser criado em tal posição de estima e nada ver de baixo ou sórdido durante a infância..." Deus do céu. (Kirk, tendo vivido na área rural de Michigan, conheceu poucos aristocratas.) Para ele, foi um caminho curto entre afirmar que "a fundação da tranquilidade social é a reverência" e reverenciar as hierarquias sociais. E postar-se contra a urbanidade, como em seu desdém por Alexander Hamilton: "Ele foi eminentemente um homem da cidade, e a veneração seca sobre o pavimento. 'É difícil aprender a amar o novo posto de gasolina', escreve Walter Lippmann, 'construído onde antes havia um campo de madressilvas selvagens'." É difícil convencer os americanos a adotarem um conservadorismo que presume alienação da vida sobre a pavimentação de sua sociedade moderna e urbana. Kirk não tenta disfarçar seu desgosto pela "enorme e fumacenta caverna da vida americana moderna".[50] Mas um conservadorismo que está restrito aos devotos e é inospitaleiro àqueles que gostam e se sentem em casa nos Estados Unidos modernos é uma persuasão que jamais persuadirá a maioria americana.

Kirk e Chambers estavam continuando um antigo e, para dizer a verdade, cansativo argumento que, ao menos, era novo quando Locke disse: "Aqueles que negam a existência da Deidade não podem ser de modo algum tolerados. Promessas, acordos e juramentos, que são os elos da sociedade humana, não têm peso nem santidade para o ateu." Essa também é uma afirmação empírica cuja verdade não depende da real existência de uma Deidade. Locke estava dizendo somente que o medo da punição divina, que pode ser um medo aterrador, é tudo o que garante "os elos da sociedade humana".[51] E mesmo isso é empiricamente falso: há muitas e muitas pessoas conscienciosas e de palavra que não são crentes, pois a consciência não é coextensiva à fé. E há muitas e muitas pessoas que subscrevem teísmos, mas não respeitam de modo exemplar os laços da sociedade.

O fato de que o impulso religioso é tão ubíquo que parece intrínseco à humanidade pode ter importância prática. Mas não tem *nenhuma* importância no estabelecimento da verdade de qualquer religião, teísmo ou teoria de transcendência. É verdade que muitos argumentam que o fato de tantas pessoas parecerem projetadas para ansiar por Deus é evidência da existência daquilo pelo que anseiam. Mas não é. Além disso, pode-se afirmar que, quanto mais intrínseco é o impulso religioso — a ponto de fazer parte, por assim dizer, da programação da maioria dos seres humanos ao longo da evolução da espécie —, mais a religião parece ser apenas um fenômeno adaptativo. No entanto, em uma sociedade cada vez mais secular, no que Max Weber chamou de "mundo desencantado", a fé religiosa permeia cada vez menos a vida. Ela não organiza nem o espaço (as torres de comércio, e não as torres das catedrais, estão no centro da cidade moderna), nem o tempo (as escolas, mesmo as religiosas, têm férias de verão, não de Páscoa). Dado o número de fés rivais que assumiram forma política e o número de mortes causadas por essas fés seculares, é prudente temer as consequências políticas do que Matthew Arnold chamou de "melancólico e prolongado rugido de recuo" da fé abandonando a cultura, deixando-a suscetível às buscas febris por redenção através da ação política.

Mas o mundo seria pior — em função da diminuição da felicidade e da virtude dos indivíduos ou de patologias coletivas surgidas no vácuo deixado pela religião — se fosse inteiramente laico? É possível. A religião valorosamente informa, afirma e motiva muitos aspectos da vida de muitas pessoas, de instituições sociais como a formação da família através do matrimônio à arte e aos rituais mantenedores. Muitos seres humanos possuem necessidades ou, ao menos, ansiedades e desejos que a religião satisfaz ou ameniza. Talvez a sensação de incompletude seja natural, assim como o desejo de diminuição coletiva dessa sensação. Através da história, quase toda sociedade teve em seu centro alguma ideia de transcendência. Talvez as pessoas religiosas estejam corretas ao afirmar que todas as religiões são, em certo sentido, verdadeiras, dado que são respostas duráveis a importantes constantes da condição humana. Talvez os secularistas estejam enganados e sejam eles mesmos incompletos ao não partilharem da ardente necessidade de completude ou não adotarem a religião como resposta razoável, ou ao menos prática, a essa necessidade. Talvez fosse melhor, para a maior felicidade do maior número, se as pessoas fossem encorajadas a adotar teísmos. Mas, utilizando esse cálculo utilitarista, poderíamos adotar uma abordagem farmacológica para a produção da felicidade. Ou defender um "admirável mundo novo" — como fez Aldous Huxley sombriamente em seu distópico romance de mesmo título —, se fôssemos indiferentes à qualidade da felicidade buscada.

Jefferson foi utilitarista quando propôs separar os "diamantes" do cristianismo racional da "estrumeira" da revelação: ele tentava reduzir a religião a um ramo da ética.[52] Esse projeto produziu sua versão truncada e expurgada da Bíblia. A imaculada concepção, a divindade, os milagres e a ressurreição de Jesus, assim como a trindade, foram descartados como "tapume artificial" obscurecendo um sistema ético bastante adequado.[53] Jefferson permaneceu materialista, o que, para ele, representava enigma suficiente. Em uma carta de março de 1820 a John Adams, ele escreveu que, como seu herói Locke, preferia viver com "uma incompreensibilidade, em vez de duas". Ele aceitava que o cérebro possui "a faculdade do pensamento" e, portanto, aceitava "a incompreensibilidade singular da matéria dotada de pensamento". Mas não via necessidade de adotar uma segunda, envolvendo duas proposições dúbias: "primeira, a existência de algo chamado espírito, do qual não temos evidência nem ideia, e segunda, como o espírito, que não tem extensão nem solidez, pode colocar órgãos materiais em movimento."[54]

Jefferson, o utilitarista em relação à religião, também era empírico: os sentidos fornecem todo o material do qual o intelecto precisa para trabalhar. E a lógica do empirismo o impulsionou a um individualismo severo — ou melhor, puro — no qual toda pessoa deve e tem o direito de conduzir sua vida de acordo com a razão, a partir dos dados fornecidos pela experiência. Esse individualismo o levou para além de Locke em relação à tolerância. "Locke", escreveu ele, "nega tolerância àqueles que possuem opiniões contrárias às regras morais necessárias para a preservação da sociedade", como os ateus. Foi "uma grande coisa" para Locke "ir tão longe", mas, "onde ele parou, nós podemos continuar".[55]

Tocqueville achava que a religião, verdadeira ou falsa, era uma necessidade social, especialmente em uma democracia: "Como a sociedade pode escapar da destruição se o laço moral não é fortalecido proporcionalmente quando o laço político é relaxado? E o que fazer com um povo que é seu próprio mestre, se não for submisso à Divindade?"[56] Tocqueville presumiu que o "laço político" era necessariamente mais fraco — mais "relaxado" — em uma democracia que em uma monarquia, uma aristocracia ou outro regime autoritário. Mas isso não se provou verdadeiro. Com a ajuda das afiliações partidárias, que não foram antecipadas pelos fundadores, e o surgimento regular na política através da participação em eleições frequentes, o laço político se mostrou mais forte que o antecipado por Tocqueville.

A associação em comunidades religiosas ajuda a desenvolver o que Tocqueville chamou de "a arte da associação" e "os hábitos do coração" que aumentam o estoque de capital social que contribui para a coesão social. "Ocorre", disse o rabino britânico lorde Sacks, "que a liberdade ocidental, a coisa que nasceu na Inglaterra durante a revolução da década de 1640 e nos Estados Unidos em 1775, não é a situação padrão da condição humana".[57] É antes o resultado de uma cultura profundamente condicionada pela tradição judaico-cristã de autonomia e dignidade individuais. Essa cultura é suscetível de declínio: o individualismo pode gerar hedonismo e ateísmo, com consequente perda da coesão e da energia sociais. Mas esse argumento não estabelece a necessidade social da religião. A questão sobre se a religião é verdadeira ou não é importante, claro. Assim como esta: o senso moral independente da religião é constitutivo da natureza humana? Novamente, a maioria das coisas que tendem a produzir felicidade duradoura — educação, emprego, família estável — requer o abandono dos prazeres imediatos. A religião pode nos ajudar com isso. Mas não é indispensável.

"A religião", escreveu Tocqueville, refletindo sobre sua jornada pelos Estados Unidos, "é considerada a guardiã dos costumes morais, e os costumes morais são vistos como garantia das leis e promessa de manutenção da própria liberdade": "O despotismo pode ser capaz de sobreviver sem a fé, mas a liberdade não é [...] E o que fazer com um povo que é seu próprio mestre, se não for submisso à Divindade?"[58] Quase dois séculos depois de Tocqueville escrever isso, está claro que, em um país cada vez mais secular, os laços morais entre os cidadãos estão afrouxando e o autodomínio está enfraquecendo. Talvez os Estados Unidos possam demonstrar a utilidade das religiões, cuja veracidade não pode ser demonstrada.

Mas há uma diferença, talvez a mais importante, entre a era moderna e todas as anteriores: já não é extraordinário acreditar que podemos entender o mundo sem fazer referência a um poder transcendental que modela os destinos humanos. O humor da modernidade é a impaciência com os raciocínios que devem ser explicados ou defendidos através de apelos a alguma autoridade para além da razão.

## COSMOLOGIA E A SENSIBILIDADE CONSERVADORA

O teísmo é um componente opcional do conservadorismo. A cosmologia, no entanto, pode nutrir uma sensibilidade conservadora, começando com este fato: 99,9% (e mais outros 58 noves) do universo já estão fora da atmosfera da Terra, e ele se expande rapidamente. Para onde? Ninguém sabe, mas não importa. Segure uma moeda com o braço esticado, na altura dos olhos, e bloqueará de seu campo de visão três galáxias, incluindo bilhões de estrelas e outras coisas a 350 milhões de anos-luz de distância. E essas três galáxias são nossas vizinhas de porta neste cantinho do universo, embora, é claro, não se possa dizer que o universo tenha cantos. Há muito mais espaço que coisas no espaço: se houvesse somente três abelhas em todos os Estados Unidos, o ar estaria mais lotado de abelhas que o espaço de estrelas. Mas o que, você pode estar se perguntando, isso tem a ver com o conservadorismo? A resposta é que isso alimenta a capacidade de se deslumbrar e encontrar beleza e júbilo na não planejada complexidade do turbilhão que removeu Zeus.

É espantoso que não vivamos em estado de perpétuo espanto. O conservadorismo deveria adotar e cultivar a aceitação alegre e mesmo exuberante do não planejado e do subprojetado, no cosmos e na sociedade. No cosmos, porque é um fato que precisamos aceitar. Na sociedade, por causa da fecundidade da ordem espontânea em uma sociedade aberta. Atrás somente da famosa pergunta de Einstein — Deus teve escolha na criação do mundo? — está outra: como a matéria, que é o que somos, tornou-se consciente e depois curiosa? O físico escocês James Clerk Maxwell (1831-1879), uma das primeiras autoridades em anéis de Saturno, tinha, como cabe a um cosmólogo, certa tendência poética:

*Em tempos e lugares bastante incertos,*
*Os átomos abandonaram sua trilha celestial,*

*E, através de abraços fortuitos,*
*Criaram tudo que há.*[59]

Um contemporâneo de Maxwell nasceu em 1838, bisneto do segundo presidente e neto do sexto. Henry Adams observou com um misto de assombro e consternação a rápida transformação da sociedade agrária em sociedade industrial e, finalmente, "viu-se na Galeria das Máquinas na Grande Exposição de 1900, com o pescoço histórico girando com a súbita erupção de forças totalmente novas":

> O ano 1900 não foi o primeiro a transtornar os mestres-escolas. Copérnico e Galileu haviam feito girar muitos pescoços profissionais por volta de 1600; Colombo virara o mundo de cabeça para baixo por volta de 1500; mas a abordagem mais próxima da revolução de 1900 foi a de 310, quando Constantino fincou a cruz [...] Para Adams, o dínamo se tornou um símbolo do infinito [...] ele começou a sentir que os dínamos de 12 metros eram uma força moral, de modo muito parecido com o que os primeiros cristãos sentiram em relação à cruz. O próprio planeta pareceu menos impressionante, em suas antiquadas e deliberadas revoluções anuais ou diárias, que aquela imensa roda, ao alcance das mãos, girando em velocidade vertiginosa [...] antes do fim, começaram a rezar para ela; o instinto herdado ensinou a expressão natural do homem perante uma força silenciosa e infinita.[60]

Sem dúvida, tudo o que foi dito sobre a "mera" eletricidade hoje parece exótico e exagerado. Afinal, descobrimos o nêutron e a força que ele pode liberar. As pessoas modernas, ao contrário de Adams, têm uma ligeira sensação de deslumbramento pelo mundo a sua volta. Mas, antes de adotarem uma atitude condescendente, elas deveriam considerar que, em certo sentido, acreditam em mais coisas em função da fé que um camponês do século XIII arando os campos à sombra de Chartres. Quando o camponês queria luz, ele fazia uma fogueira com a madeira que recolhera. As pessoas modernas apertam interruptores, confiando que alguém, em algum lugar, fez algo que permitirá que haja luz. Quantos apertadores de interruptores sabem dizer o que realmente acontece no fluxo de elétrons quando um gerador começa a funcionar? A mais avançada forma de viagem para o camponês era um navio ou um vagão; seus mecanismos eram visíveis e compreensíveis. Em um ano normal, mais de 75 milhões de passageiros passam pelo aeroporto O'Hare, em Chicago, obedecendo vozes incorpóreas e eletronicamente amplificadas que lhes dizem que está na hora de entrar nas membranas cilíndricas de alumínio que serão levadas, através de motores estranhos, à camada superior da atmosfera. Os passageiros não entendem, e ficam bastante contentes em não entender, como tudo funciona. E, no entanto, acham que o século XIV foi uma era de fé.

As maravilhas da ciência aplicada não são nem de longe tão surpreendentes quanto o que a ciência continua a revelar ao decifrar algo que existe há cerca de 13,5 bilhões de anos — o universo —, e existiu sem nossa presença durante a maior parte desse tempo. A espécie humana surgiu há mais ou menos 250 mil anos, aproximadamente 0,0015% da história da vida terrestre. O planeta, como o restante do universo, girou sem nossa presença até praticamente ontem. Isso torna nossa chegada muito parecida com uma ideia cósmica tardia; um acidente, e não a culminação de um plano. Os astrônomos estudam luz que levou 10 bilhões de anos para chegar a seus instrumentos. Essa luz os ajuda a entender o que Martin Rees, astrónomo real da Grã-Bretanha, chama, com característica sutileza britânica, de condições "inclementes" do universo: "explosões violentas, jatos de partículas que atingem 99,99% da velocidade da luz, flashes que emitem em alguns segundos mais luz que o Sol emitiu em seus 10 bilhões de anos." E o Sol, que significa tudo para nós, embora seja pequeno no esquema cósmico das coisas, é tão grande que, segundo Rees, "para corresponder à massa do Sol, seriam necessários tantos corpos humanos quanto há átomos em cada um de nós".[61] Levou um pouquinho mais de 1 bilhão de anos para que a seleção natural saísse dos primeiros organismos multicelulares e chegasse a nós, e esse período representa 20% da história da vida na Terra. Em somente 5 bilhões de anos, o Sol estará extinto, e nós com ele.

"Não é concebível", escreveu Isaac Newton, "que meras causas mecânicas tenham gerado tantos movimentos regulares [...] O belíssimo sistema que compreende sóis, planetas e cometas só pode ter surgido da intenção e do poderio de um Ser inteligente e poderoso".[62] Desde a época de Newton, no entanto, novos instrumentos astronômicos revelaram muitas ocorrências altamente irregulares no universo, cuja beleza é real, mas aterradoramente hostil. Sim, a Terra foi ajustada de maneira precisa a fim de ser hospitaleira para seres humanos e outras formas de vida. Isso leva muitas pessoas a concluírem que um Ajustador fez isso pensando em nós: se a atmosfera da Terra fosse ligeiramente mais densa ou rarefeita, radiação solar de menos ou demais chegaria até nós e seria incapaz de sustentar a vida. Mas essa amabilidade planetária pode ser entendida como acidente feliz da evolução nessa brasa em resfriamento que é a Terra. E, embora o planeta seja favorável à vida humana, ele sempre foi menos que favorável para muitas vidas. Calor escaldante, frio insuportável, tornados, furacões, terremotos, vulcões, tsunamis, animais selvagens, cobras, aranhas e plantas venenosas, infestações de insetos destruidores de fontes de alimento e vetores de doenças, doenças e a tendência dos seres humanos de atacarem e iniciarem guerras uns contra os outros são ingredientes da vida experimentada sob a camada biofílica da atmosfera que envolve a Terra. Certamente o Ajustador poderia ter deixado alguns desses ingredientes de fora, poderia ter ajustado o mundo para funcionar de forma ligeiramente diferente, se estivesse se sentindo um pouco mais amigável.

Presumivelmente, a vida é um acidente cósmico ou um imperativo cósmico. Mas, como *tudo* é reverberação da grande explosão inicial — cada átomo de matéria em nós mesmos e em tudo o mais é resíduo nuclear daquela explosão —, qual a diferença entre acidente e imperativo? Nosso universo é biofílico, significando que é propício à vida, somente porque moléculas de água e átomos de carbono, necessários à vida, não teriam resultado de uma grande explosão se tivesse existido uma receita ligeiramente diferente da sopa cósmica que surgiu logo após, uma receita preparada no primeiro centésimo de segundo do universo, quando a temperatura era de 100 bilhões de graus. O fato de que um universo biofílico é como o mingau da Cachinhos Dourados — nem quente demais, nem frio demais, mas perfeito — é um convite para que uma teologia natural diga que a destilação dos resíduos do Big Bang em partículas, átomos e, 1 bilhão de anos depois, nos primeiros organismos multicelulares que evoluíram até nós envolve uma precisão de tal imensa improbabilidade que deve haver um Designer. Mas isso requer uma premissa problemática: a de que nenhum acidente imensamente consequente é de fato acidental.

Além disso, a teologia natural deve lidar com o fato de que isso não vai terminar bem. O antecedente do pronome "isso" é "tudo". O universo, atualmente em expansão, continuará a se expandir, terminando intoleravelmente frio, ou implodirá, terminando em calor escaldante. O que a teologia natural conclui desses destinos para aquilo que o Designer colocou em ação? A fulminante resposta da astronomia e da cosmologia para o fanatismo é: "De que adianta?" Recentemente, dois astrônomos da Universidade de Michigan relataram que, se as leis da física como atualmente entendidas continuarem a operar, em 10 mil trilhões trilhões trilhões trilhões trilhões trilhões trilhões trilhões de anos, o universo, que é praticamente tudo, acabará. A vida baseada no carbono, incluindo nós mesmos, terá desaparecido há muito, e todo o cosmos será uma sopa rala de partículas difusas.

A astronomia, em seus primeiros anos, pode ter retirado nosso planeta do local de honra no cosmos, mas ao menos Newton disse que o universo era compreensível e até mesmo organizado. No começo do século XX, no entanto, um funcionário público suíço de pouca importância, que saíra do trabalho em um escritório de patentes em Berna e voltava para casa de bonde, perguntou-se: como pareceria a torre do relógio da cidade se vista de um bonde afastando-se dela à velocidade da luz? O relógio da torre, decidiu ele, pareceria ter parado, porque a luz não conseguiria alcançar o bonde, mas seu próprio relógio funcionaria normalmente. "Uma tempestade irrompeu em minha mente", lembrou mais tarde Albert Einstein.[63] Ele escreveu cinco artigos em 1905 e, para os físicos, o mundo jamais pareceu o mesmo. Para os leigos, jamais foi o mesmo. Até então, o espaço e o tempo eram considerados absolutos. E ainda podem ser, para os assuntos cotidianos, porque nós e os objetos que tocamos não nos movemos à velocidade da luz. Mas, desde que Einstein postulou a relatividade, as mensurações do espaço e do tempo são vistas como relativas à velocidade.

Na década de 1920, quando as pessoas gostavam de ouvir que o espaço era distorcido e empurrava as coisas para baixo (essa sendo a real "força" da gravidade"), Einstein se tornou uma celebridade internacional de um tipo jamais visto. A loja de departamentos Selfridges, em Londres, colocou seis páginas do artigo de Einstein em suas vitrines, para serem lidas pelos pedestres. Charlie Chaplin disse a ele: "As pessoas me aplaudem porque todo mundo me entende, e aplaudem você porque ninguém o entende."[64] A precisão dos instrumentos científicos modernos torna possível confirmar as implicações das teorias de Einstein, como a de que o universo teve início (o Big Bang) e se expande cada vez mais rapidamente; a de que o tempo desacelera em um grande campo gravitacional e quanto mais rapidamente nos movemos; a de que o sol refrata a luz das estrelas no céu; e a de que existem buracos negros tão densos que engolem a luz. Isso tudo confunde você? O falecido Richard Feynman, vencedor do prêmio Nobel de física, disse: "Acho que posso afirmar com segurança que ninguém entende física quântica."[65]

O teísmo de Einstein foi expresso no aforismo de que Deus não joga dados com o Universo. Ele queria dizer que existem leis elegantes e passíveis de descoberta, e não meramente acaso, em funcionamento. Dizendo "Não sou ateu", ele explicou: "Estamos na posição de uma criança pequena entrando em uma grande biblioteca, repleta de livros em muitas línguas. A criança sabe que alguém deve ter escrito todos aqueles livros. Ela não sabe como. Não entende as línguas em que foram escritos. Suspeita de que deve existir uma misteriosa ordem na organização dos livros, mas não sabe que ordem é essa."[66] Einstein postulou que "espaço" e "tempo" fixos são ilusórios e que "energia" e "matéria" são fungíveis, e o público aceitou. Afinal, que outra opção havia? E o que essa aceitação significava ou gerava como consequência? Um assunto interessante para a história do intelecto é se a teoria da relatividade de Einstein de algum modo contribuiu para a subversão de outros absolutos, incluindo o político e o religioso.

Em 1927, em *O futuro de uma ilusão*, Sigmund Freud disse, confiante: "Quanto mais pessoas tiverem acesso aos tesouros de nosso conhecimento, mais disseminado será o afastamento da crença religiosa."[67] A ideia de que a religião é somente um degrau na escada da humanidade em sua ascensão para longe da ignorância é desafiada por aqueles, e eles são legião, que encontram no novo conhecimento — de cosmologia, biologia e muito mais — o alimento para seu teísmo. A descoberta, em 1965, de que o universo é permeado por radiação confirmou a teoria de que o Big Bang criou o que agora são galáxias distantes se afastando. Um famoso aforismo afirma que a coisa mais incompreensível sobre o universo é o fato de ele ser compreensível. E está se tornando ainda mais, em razão dos avanços na matemática, na física de partículas e em telescópios que, operando acima do filtro da atmosfera da Terra, "veem" o passado ao capturar luz emitida por eventos que ocorreram há talvez — pois não temos certeza sobre quão rapidamente o universo se expande — 12 bilhões de anos.

Astronomia é história. É a história do que aconteceu durante os 13 bilhões de anos desde o Big Bang, que durou um trilionésimo de trilionésimo de trilionésimo de segundo, inflando uma partícula microscópica e transformando-a em tudo que existe. Conforme a astronomia desvela a história de tudo isso, a humanidade é colocada em seu lugar. Mas que lugar é esse? Martin Rees disse que devemos deixar de lado o "chauvinismo de partículas": todos os átomos que nos compõem realmente são pó de estrelas ou resíduos do combustível que faz as estrelas brilharem.[68]

Assim, talvez a questão supostamente crucial — a vida é um acidente cósmico ou um imperativo cósmico? — nem sequer seja uma questão. A vida humana existe nos cafundós de um universo esmagadoramente hostil. Desse modo, a cosmologia é forçada ao serviço da teologia natural, que se baseia na probabilidade ou, mais precisamente, na estupenda improbabilidade de emergência de complexidade e consciência a partir do caos. A teologia natural diz que um relógio implica um relojoeiro, e o que aconteceu no universo — a destilação da sopa cósmica pós-explosão em partículas, em átomos e então nos maravilhosos seres humanos — revela ou implica um criador com um projeto preciso. Mas sabemos que a evolução biológica foi repleta de acidentes, como mudanças climáticas, impactos de asteroides, epidemias etc. Como disse Rees, se a história da Terra fosse reencenada, a biosfera quase certamente terminaria sendo bastante diferente. E sem a gente.

O número estimado de estrelas é de 10 seguido de 22 zeros — até agora. Quando o telescópio Hubble tirou uma fotografia de uma partícula de espaço com menos de 1/150 vezes o tamanho da Lua cheia, ele estava observando a localização de mais de 5 mil galáxias. Desse fato, é possível fazer a estimativa aproximada de que o universo visível contém mais de 150 bilhões de galáxias, cada uma delas com bilhões de estrelas. Ainda não sabemos o que deu início à vida na Terra, mas, o que quer que tenha sido, provavelmente foi replicado de alguma maneira em algum outro lugar do universo em expansão. Há alguma razão plausível para pensar de outra forma? Quanto a se existem outros planetas com vida como a da Terra, Rees disse que a chance de existirem duas ecologias similares é menor que a chance de dois macacos aleatórios usando máquinas de escrever produzirem a mesma peça de Shakespeare.

Por mais fascinantes e desconcertantes que sejam as questões suscitadas pelas descobertas da astronomia e da cosmologia, talvez ainda mais desorientadoras e revolucionárias sejam as descobertas sobre o que existe em nosso interior. Nem todas as revoluções são anunciadas por tambores retóricos como "Quando, no decorrer dos eventos humanos" e "Um fantasma ronda a Europa". E nem todas as revoluções são explicitamente políticas; algumas são revoluções do pensamento ou da sensibilidade, com reverberações políticas. Em 25 de abril de 1953, uma revolução assim foi anunciada com uma frase amena no jornal científico britânico *Nature*: "Queremos sugerir uma estrutura para o sal do ácido desoxirribonucleico (DNA)."[69] O mundo que foi sacudido por esse anúncio aparentemente modesto de Francis Crick e James Watson era o mundo estreito habitado por um punhado de cientistas competindo com a intensidade de atletas em uma corrida para descobrir a estrutura química que controla a hereditariedade em todas as coisas vivas. A história, no entanto, é a história das ideias, percepções, suposições e valores — a história da mente. E o mundo mais amplo continua a ser modificado pelos tremores secundários do terremoto intelectual que teve seu epicentro em um laboratório da Universidade de Cambridge, na Inglaterra. Cada um de nós possui mais ou menos 10 quatrilhões de células. Cada célula contém uma fita de DNA que, esticada, teria mais ou menos 1,80 metro. Se o DNA de um indivíduo fosse entrelaçado em uma única fita, ela teria 20 milhões de quilômetros, o suficiente para circular o Equador aproximadamente quinhentas vezes. E essa é somente uma medida da incomensurável estranheza em nós.

Os inúmeros benefícios da pesquisa de DNA incluem avanços na medicina e na agricultura que melhoraram e salvaram a vida de centenas de milhões de pessoas. Mas dessa ciência ainda nova surgiu um desafio antigo: a avaliação que a humanidade faz de si mesma. A biologia do século XIX, especialmente a teoria da evolução, parecia sugerir fortemente que a humanidade não era o ápice da pirâmide natural, mas somente uma conta em uma fieira — talvez uma das primeiras contas em uma fieira potencialmente muito comprida. A biologia do século XX apresentou um problema político: ela pareceu tornar dúbio o conceito em torno do qual as sociedades liberais são organizadas: o conceito do eu. O valor supremo das sociedades democráticas liberais é a autoexpressão, incluindo sua manifestação política no autogoverno. Mas como, após a revolução científica e social iniciada por Crick e Watson, devemos entender o eu? Um poeta do século XIX notoriamente insistiu: "Sou o mestre de meu destino, o capitão de minh'alma."[70] Mas o que significa essa maestria se muitas coisas — talvez a maioria delas, incluindo as mais importantes — são predeterminadas pelo código genético?

Darwin, Marx e Freud sugeriram que os vários tipos de mudança — biológica, pessoal, social — são impulsionadas por processos autônomos. Agora o DNA sugere novas circunscrições a essa autonomia. Expandir o conhecimento sobre como o DNA funciona permite intervir propositadamente no motor químico da existência. Tais intervenções podem reafirmar a autonomia humana, mas talvez ao custo da dignidade humana. Nosso entendimento da autonomia humana e, consequentemente, da agência moral, pode ser aprimorada ao pensarmos no eu como redutível à química? Ou ao afirmarmos um materialismo radical? Em 1980, a Suprema Corte americana decidiu que um micro-organismo vivo — um produto do engenho humano, produzido geneticamente para fins industriais — era patenteável. Tratou-se apenas de uma decisão técnica, de uma questão de interpretação estatutária (da lei de patentes). Mas a Corte afirmou que o fato de o produto manufaturado estar vivo era irrelevante para sua potencial patente porque se tratava de uma "composição de matéria", pouco melhor que uma ratoeira. Mas e se decidirmos que os seres humanos também são só "composições de matéria"? E se considerarem que é isso que nos leva a nos comportar de certa maneira?

As sociedades democráticas liberais assumem que os indivíduos são, de alguma forma, criaturas autoconstituintes, produzindo a si mesmas através de escolhas livres e educadas, escolhendo seus propósitos em um vasto e potencialmente ilimitado bufê de possibilidades. Mas e se esse processo de autoafirmação, esse exercício de autonomia, ocorrer no contexto da suposição de que os seres humanos são, como todo o restante, meras "composições de matéria", nem mais, nem menos? Então o que é esse "eu" que faz a afirmação? Novamente, um dos maiores romances da primeira nação moderna é sobre a criação do eu de Jay Gatsby. Ela não funciona muito bem, por culpa dele. Ou será que não? Como atribuir responsabilidades ou dar sentido às noções de elogio ou culpa entre "composições de matéria"?

O cristianismo foi a fonte de três ideias centrais à fundação americana. Uma é a ideia de irremediável imperfectibilidade da humanidade. A segunda é a de que o pecado individual não envolve perda da dignidade individual. A terceira é a de que existem verdades morais universais. Tudo isso apresenta um desafio para sociedades cada vez mais seculares e que cada vez mais acreditam em influências sociais e genéticas sobre a consciência: como definir e defender a integridade do eu? Isso importa para o autogoverno porque, desde a segunda metade do século XIX, o entendimento unitário da personalidade humana — a ideia de pessoalidade — passou a parecer problemática. Contudo, estranhamente — ou talvez compreensivelmente —, quando a ideia de eu se tornou mais tênue, houve aumento na ênfase da autoafirmação e da autoexpressão. Quando o eu se tornou um conceito mais desfocado, houve um desejo mais urgente de celebrar a afirmação e a expressão dessa coisa elusiva.

O cérebro humano possui centenas de bilhões de neurônios e mil conexões entre cada um deles, de modo que há centenas de trilhões de conexões possíveis. Isso significa que o número de permutações possíveis é maior que o número de estrelas no universo — não na galáxia, mas em todo o universo. Essa bola de matéria no crânio é a sede do eu. O cérebro é responsável pela percepção, pelo controle motor, pela cognição e pela emoção. Portanto, é um órgão de comportamento. Na verdade, é *o* órgão. Uma dor de estômago pode tornar uma pessoa irritadiça ou triste, mas essas são condições mentais, não estomacais. Cada vez mais, a tomografia pode, em um sentido ainda limitado, mostrar como algumas funções cerebrais estão na base dos comportamentos humanos. A neurociência aprofunda nosso entendimento da experiência humana e tem o potencial de aprimorá-la. Mas é saudável sentir — lá no fundo do cérebro, por assim dizer — certa ansiedade sobre se, ou em que sentido, a experiência aprimorada ainda será entendida da maneira como a experiência humana é pensada até agora, como distintamente humana.

Um debate filosófico fundamental ocorre entre aqueles que dizem "Eu tenho um corpo" e aqueles que dizem "Eu sou um corpo". Há muito mais pessoas no primeiro grupo, parcialmente, sem dúvida, porque a autoestima humana é satisfeita pela — ou depende da — ideia de que há mais em nós que carne, sangue e ligamentos. Provavelmente desde que os seres humanos surgiram, eles pensaram confortavelmente em si mesmos como criaturas compostas de carne e sangue e também algo maior. Agora, no entanto, a neurociência está tornando problemática a ideia de que somos tanto corpos quanto mentes ou espíritos bastante distintos. A ideia de "fantasma na máquina" pode estar cedendo espaço à ideia de que somos apenas máquinas.[71] Mas somos só a soma das reações químicas que borbulham em nosso interior? Felizmente, quanto mais sabemos, menos sabemos. Quanto mais sabemos sobre o cérebro, mais ficamos maravilhados com quanto mais há a saber, não somente sobre o cérebro, mas sobre a totalidade da criação que culminou (somos a culminância... não somos?) em algo tão intrincado quanto nós. Mas, quanto mais aprendemos sobre nossa complexidade, mais atenuado se torna nosso senso de pessoalidade. O "mapeamento" do cérebro não é somente uma maneira de descobrir o que partes particulares do cérebro fazem em resposta a eventos externos; é uma maneira de descobrir quais partes do cérebro se engajam em "conversas" umas com as outras e como elas mudam com o tempo. Grande parte da atividade cerebral — do raciocínio — não é resultado de estímulos externos. Então se trata do cérebro conversando consigo mesmo? Essa conversa interna está no cerne de quem — e o que — somos. Novas tecnologias, como a imagem por ressonância magnética funcional (fMRI), permitem que os cientistas observem o cérebro em ação, monitorando a atividade neural conforme ele pensa. Em cinquenta anos, as imagens da fMRI provavelmente parecerão tão rústicas quanto os mapas Magellan. Entendermos os processos de raciocínio com resolução celular instantânea e, consequentemente, a essência do que o cérebro faz e o que atrapalha seus processos.

Os hábitos permitem que funcionemos porque os neurônios estão "conversando" com redes envolvendo milhares de outras células. Mas os éticos — e os tribunais e os poetas — observam com desconfiança o que é aprendido sobre a base neural de escolhas, hábitos, amor e outras coisas importantes. Novamente, *temos* corpos ou *somos* corpos? O que será do campo da psicologia quando as explorações da anatomia cerebral melhorarem nosso entendimento sobre como a arquitetura do cérebro influencia ou mesmo determina nosso comportamento? "O diabo me obrigou" já não é, em uma era secular, uma desculpa. Mas e quanto a "Meus circuitos cerebrais me obrigaram"? Algum dia, os debates sobre o livre-arbítrio revolverão em torno do que realmente estamos dizendo quando dizemos ser responsáveis por nossas ações porque temos a "posse" do 1,3 quilo de matéria que é nosso cérebro. A ideia de que temos "matéria pensante" em nosso cérebro — de fato, a ideia de que *somos* matéria pensante — parece poderosamente contraintuitiva. Mas isso ocorre porque nossas intuições foram condicionadas por nossa linguagem, que insiste que mente e corpo são distintos. Essa distinção é complicada ainda mais pelo legado teológico da linguagem sobre a alma imaterial que sobrevive ao corpo.

O tema da suposta dicotomia mente-corpo não deve ser esclarecido somente, ou mesmo primariamente, pelos filósofos. Os neurocientistas, principalmente, mas também psicólogos, antropólogos e mesmo teólogos há muito se tornaram centrais nesse debate. Na década de 1950, o filósofo de Oxford Gilbert Ryle argumentou que não há "fantasma na máquina". A ideia já não parece radical. O que ainda precisa ser esclarecido são questões como: o que chamamos de "alma" é diferente do que chamamos de "eu", o eu que exerce o autocontrole? Se sim, como? Se a alma, o eu ou ambos estão "incorporados", "contidos" ou "gerados" na parte do corpo chamada cérebro, que problemas isso apresenta para nosso entendimento da identidade?[72] Dado que o funcionamento do cérebro pode ser mensurado, prejudicado, estimulado e mesmo manipulado, quimicamente, eletricamente, pela análise psiquiátrica e por muitos estímulos do ambiente social, da propaganda à retórica política, o que isso significa para nosso entendimento da agência moral? O conceito de dignidade humana está indissoluvelmente ligado ao fato da agência humana, que está ligada a cada pessoa assumindo a responsabilidade por sua vida. A dignidade humana deriva do fato de que ela não é completamente determinada pelos estímulos externos de seu contexto social. Ela é, no fim das contas, indeterminada, porque pode fazer escolhas que as espécies inferiores não fazem: escolhas morais. Entender isso é entender o radicalismo insuperável de Hitler.

O historiador de Yale Timothy Snyder argumenta que as origens do ato mais radical de Hitler, o Holocausto, foram escondidas em plena vista, em seus discursos e em *Mein Kampf*. Snyder convincentemente retrata Hitler como muito mais interessante e preocupante que um maluco: Hitler implementou a lógica de uma visão de mundo coerente. Sua vida foi uma resposta obstinada a uma ideia tão radical que rejeitava não somente toda a tradição da filosofia política, mas até mesmo a ideia, a possibilidade, de filosofia. Hitler suplantou a filosofia com a zoologia. "No mundo de Hitler", escreveu Snyder, "a lei da selva era a única lei". A estrutura imutável da vida apresenta as várias raças humanas como espécies separadas. Somente as raças são reais; as outras diferenças humanas são superficiais e efêmeras. As raças estão presas em uma inimizade mútua e insuperável porque a vida é, sempre e em toda parte, uma luta constante causada pela escassez: de terras, alimentos e outras necessidades. Mas Hitler achava que um grupo envenenava o planeta com outra ideia. Para Hitler, disse Snyder, "Foram os judeus que disseram aos seres humanos que eles estavam acima dos outros animais e tinham a capacidade de decidir seu futuro por si mesmos". Para ele, "a ética era um erro; a única moralidade era a lealdade à raça". Hitler, que só se tornou cidadão alemão onze meses antes de se tornar chanceler, não era nacionalista, mas racista. Na análise de Snyder, Hitler insistia que "o maior objetivo dos seres humanos" não é "a preservação de nenhum Estado ou governo, mas a preservação de sua espécie". E "todos os eventos históricos mundiais são nada mais que a expressão do impulso de autopreservação das raças".[73] A moral dessa história horrorosa é que nenhuma ideia pode ter consequências piores que a ideia hitlerista de que os seres humanos não possuem capacidade de agência moral. Se não a possuem, são como os animais inferiores. Podem ser mais espertos que os outros animais no cálculo de seus interesses, mas são igualmente incapazes de fazer escolhas significativas sobre quais *deveriam* ser seus interesses e como eles *deveriam* ser defendidos.

Um personagem de um romance de John Updike disse que "a vida é o que buscamos uns nos outros, mesmo com a molécula de DNA decifrada e nossa vitalidade exposta diante de nós como um minúsculo brinquedo de montar".[74] Mas o mistério de nossa vitalidade certamente não está "exposto diante de nós". Decifrar o código genético ainda não removeu o mistério do fato de que a matéria se tornou consciente de si mesma. Ou do fato de que os seres humanos têm um tipo de consciência que lhes permite — na verdade, de maneira ainda inexplicável, que *os leva* — a se perguntarem, em relação a si mesmos: considerando-se o que somos, como devemos nos comportar? A base neural da mente não anula o papel da razão e, portanto, do livre-arbítrio, que é a base do autogoverno, por indivíduos e entidades políticas. Sim, nossos cérebros são coisas materiais das quais surgem pensamentos e ações. Sim, estímulos do ambiente físico influenciam a maneira como nosso cérebro funciona. Sim, a mente não é uma emanação do cérebro, ela *é* o cérebro. Isso, no entanto, não nos torna, nas palavras de outro personagem de Updike, "somente uma máquina macia".[75] E nada disso significa que nosso raciocínio está além de nosso controle ou que estamos, no fim das contas, fora do controle de nosso raciocínio.

O terremoto de 1755 em Lisboa abalou a confiança das pessoas nas ideias de progresso e de uma ordem divina no universo. O terremoto foi um evento intelectualmente aprimorador, como fora a descoberta por Galileu, em 1610, das luas de Júpiter. O terremoto destruiu a complacência intelectual sobre a ordem benigna das coisas. A descoberta de Galileu revelou a desanimadora notícia de que a Terra não é o centro do universo, de modo que os passageiros do planeta não estão situados em um lugar de preeminência cósmica. Finalmente, Deus foi retirado da história humana, substituído por um processo descrito como tendo como motor um ciclo constante de mudanças. Isso significou não somente o apagamento do Criador de Jefferson, que dotou todas as pessoas de certos direitos naturais, mas também, em algumas interpretações, a evaporação da ideia de natureza humana constante e durável.

A ciência já semeou muita incerteza sobre a integridade e a responsabilidade do eu nas perturbações do raciocínio legal. James Q. Wilson notou como "o abuso de desculpas" ameaça o sistema legal e o equilíbrio moral da sociedade.[76] A genética e a neurociência parecem sugerir que o autocontrole é mais tênue — talvez ao ponto da inexistência — que o suposto por nossas tradições legais e éticas. A parte do cérebro que estimula a raiva e a agressão é maior nos homens que nas mulheres, e a parte que refreia a raiva é menor nos homens que nas mulheres. "Os homens", escreveu Wilson, "independentemente de sua vontade, apresentam muito mais tendência à violência e são muito menos capazes de autodomínio que as mulheres".[77] Isso, no entanto, não absolve os homens violentos de culpa. Como disse Wilson, a biologia e o ambiente interagem. O ambiente social inclui suposições morais, às vezes codificadas em leis, relacionadas às expectativas sobre nosso dever de desejar o que devemos desejar. É cientificamente sensível dizer que todo comportamento é, em certo sentido, causado. Mas uma sociedade que pensa que a determinação científica torna a responsabilidade social uma quimera precisa considerar absurdo não somente condenar a depravação, mas também elogiar a nobreza. Transtorno moral e vastas consequências políticas podem fluir de noções exageradas sobre o que a ciência ensina ou pode ensinar sobre as raízes biológicas e ambientais do comportamento.

## *"JE N'AI PAS BESOIN DE CETTE HYPOTHÈSE"*

Uma notável intersecção entre política e ciência foi colocada em ação no que pode ter parecido o dia mais momentoso da história humana. Em 12 de fevereiro de 1809, o dia em que Lincoln nasceu, também nasceu Charles Darwin. Lincoln, cuja missão de vida foi reconectar a nação ao pensamento dos fundadores, tornou-se o mais corajoso, eloquente e importante proponente da ideia de que a dignidade humana é inerente à capacidade dos indivíduos de modelarem a trajetória de suas vidas ao exercerem seu direito natural de fazer escolhas morais. Darwin, contudo, disseminou uma ideia que parecia desafiar o entendimento da humanidade sobre sua dignidade. Sua coragem intelectual o levou a uma difícil conclusão: a raça humana está diretamente ligada ao lodo primordial do qual emergiu. Mas Darwin, como Lincoln, apresentou um retrato profundamente satisfatório da maneira como o mundo funciona, um retrato que omite a transcendência, mas é compatível com o que deveria ser a sensibilidade conservadora. A ideia de seleção natural de Darwin, quando aplicada erroneamente como doutrina social (como disse o sociólogo de Yale William Graham Sumner, "Um bêbado na sarjeta está exatamente onde deveria estar"), foi abusada por algum tempo, a fim de questionar o igual valor dos indivíduos e a igual capacidade das raças. Mas a perturbação mais duradoura causada por Darwin foi ao pensamento religioso.[78]

Alguns teístas perguntam no que é mais difícil acreditar, o que é mais improvável: que exista algo providencial na história humana ou que o lodo primordial evoluiu aleatoriamente até se tornar, entre outras coisas maravilhosas, Lincoln? Tom Stoppard disse que pode ser ligeiramente menos improvável que uma deidade tenha decidido nos criar e planejado nosso inesperado caminho até a existência que um lodo verde tenha começado a mutação e dado origem, depois de algum tempo, aos sonetos de Shakespeare. Stoppard é roteirista, e talvez sinta simpatia por uma explicação que contém um Roteirista que propositadamente faz com que personagens entrem no palco cósmico e saiam dele. Outros criadores de mundos fictícios reagiram de modo diferente. "O que me espanta", escreveu o romancista Peter De Vries, "é o conforto que as pessoas encontram na ideia de que alguém criou essa bagunça. O acaso cego e sem sentido me parece muito mais simpático ou, ao menos, um pouco menos horrível. Prove que Deus existe e eu ficarei realmente desesperado".[79]

Em um poema celebrando seu longo casamento, Richard Wilbur disse que o amor entre ele e sua esposa

> *tem a qualidade de algo criado,*
> *Como um violino de qualidade, o perfume de uma rosa*
> *Uma rosácea ou o firmamento.*[80]

Existe um impulso humano, tão poderoso e ubíquo que é considerado natural, de postular intencionalidade — propósito — por trás de qualquer coisa bela, especialmente o firmamento. Queremos pensar que a beleza é intensificada por ter elementos que denotam um designer, tendo a qualidade de algo que foi "criado", como disse Huck Finn. Darwin, no entanto, teve a coragem de dizer adeus a tudo isso.

"Descendentes de macacos!", exclamou a esposa do bispo de Worchester, da Igreja da Inglaterra. "Esperemos que não seja verdade, mas, se for, rezemos para que não se torne conhecimento geral".[31] Mas, com notável velocidade, a teoria se tornou amplamente conhecida e, embora não tenha sido, nem de longe, tão amplamente aceita, imediatamente perturbou a paz de espírito da humanidade. Essa não foi nem a primeira, nem a última perturbação causada por uma ideia, mas foi a mais profundamente inquietante. Darwin teve uma epifania motivada por evidências quando encontrou espécies diferentes, mas estreitamente relacionadas, de tentilhões nas ilhas Galápagos. Ele concluiu, e cientistas subsequentes confirmaram, que, de algum modo, os diferentes bicos dos tentilhões eram adaptativos, evoluindo através da seleção natural conforme as condições climáticas modificavam o suprimento de alimentos. Darwin ficou confuso com os dados e desenvolveu uma teoria para explicá-los. Ele colocou a ciência a serviço do projeto de pôr a humanidade em seu lugar. De acordo com ele, o lugar é um contínuo entre o homem e amontoados inferiores de protoplasma. O que suscitou a questão: quão inferiores são essas criaturas? E Darwin suscitou a possibilidade de que, dado o contínuo, a humanidade não fosse a palavra final da natureza.

Sua rejeição de um projeto predeterminado ajudou a validar uma filosofia política análoga. Darwin acreditava que a existência de ordem na natureza não requeria postular um Ordenador divino. Similarmente, a existência de ordem social não pressupõe um governo fornecendo direções abrangentes e detalhadas para a ordem social. O governo de fato é necessário para manter a sociedade. Assim, não pode ser expulso de nosso entendimento da sociedade da maneira como Darwin expulsou Deus de nosso entendimento da natureza. Mas o darwinismo abriu as mentes para a fecundidade de uma cooperação social não dirigida e orgânica, de um tipo que cria e aloca a maioria das riquezas e oportunidades em sociedades abertas. Essa é a ordem amplamente espontânea celebrada por vários pensadores, de Edmund Burke a Karl Popper e Friedrich Hayek, a ordem produzida por indivíduos levemente governados consentindo com arranjos criados por eles.

Os postulados darwinistas, quando expressos por pensadores menos sutis e judiciosos que Darwin, poderiam se tornar, ou poderiam parecer validar, uma visão de mundo que encoraja simultaneamente o fatalismo e o otimismo. O fatalismo porque se postulou um processo autônomo no qual a aleatoriedade pode desempenhar grande papel e no qual a agência humana é diminuída, se não amplamente anulada. Mas também otimismo, porque esse processo supostamente produz progresso. Para tais otimistas, o progresso deve ser o que quer que resulte dos processos da história, sejam eles naturais ou sociais. Em vez de evidências de "design e beneficência", Darwin viu "miséria demais".[82] Miséria demais que parecia gratuita, como no caso de gatos que se deliciam torturando ratos. Ou das vespas, que discutiremos em breve.

É possível ser religioso e acreditar na evolução. Muitas pessoas fazem isso. Mas não é tão simples quanto se pode pensar. E o próprio Darwin não conseguiu realizar essa acomodação mental. David Quammen, em seu perfeitamente intitulado livro *The Reluctant Mr. Darwin* [O relutante sr. Darwin], descreve Darwin em 1838, com 29 anos, lutando com a questão sobre como a humanidade estava relacionada à evolução natural.

"Não era somente uma questão de tordos, coelhos e lagartos. Era todo o mundo natural. 'Mas o homem, o maravilhoso homem', escreveu ele, testando ideias sobre esse ponto perigosíssimo, 'é exceção'. Mas o homem é uma mamífero. Ele não é uma deidade. Ele possui alguns dos instintos e sentimentos dos animais. Três linhas abaixo da primeira declaração sobre o homem, Darwin a negou, concluindo firmemente que não, 'ele não é exceção'. Apesar das pressões e implicações, Charles Darwin jamais recuaria desse terrível insight." Nem buscaria refúgio na trapaça intelectual que passou a ser chamada de "design inteligente". Quando Darwin leu um livro postulando que "uma Inteligência Superior" certamente dirigia o processo da evolução, ele recusou firmemente. Quammen diz que Darwin reconheceu que a seleção natural não tinha sentido se alguma Inteligência transcendente "anulasse o acaso das variações, dirigindo-as na direção de propósitos predeterminados. Nas margens de seu exemplar [do artigo de Alfred Wallace], Darwin escreveu 'Não!!!'".[83]

A âncora intelectual da religião no século XIX era a teologia natural, que ensinava que, se alguém busca provas da existência e da bondade de Deus, deve observar a maravilhosa combinação de complexidade e previsibilidade da natureza. A teoria da seleção natural de Darwin cortou a corda dessa âncora. Havia, argumentou ele, uma explicação para a maravilhosa ordem da natureza que não precisava postular as intenções de uma divindade. O marquês de Laplace, matemático e astrônomo francês, apresentou uma cópia de seu *Mecânica celeste* a Napoleão, que, após ler, comentou: "Você escreveu um extenso livro sobre o universo sem mencionar sequer uma vez o autor do universo." Laplace respondeu: "*Je n'ai pas besoin de cette hypothèse*" — "Não preciso dessa hipótese."[84] A teoria de Darwin deslocou a hipótese que ancorava a teologia natural, a de que a existência de Deus estava escrita na complexidade e na compreensibilidade da natureza. Ele não quis propositadamente deslocar o Deus postulado que deu ao mundo um projeto e um destino. Mas deslocou.

Antes dele, muitas pessoas acreditavam que nenhuma coisa viva podia ser extinta, porque a extinção sugeriria uma imperfeição no plano original de Deus. O próprio Darwin disse que não era ilógico que as pessoas religiosas tentassem acomodar a teologia e a biologia ao postular que Deus era o Grande Iniciador que iniciara a seleção natural na esperança ou expectativa — mas não certeza — de que ela resultaria em um mundo propício a seus propósitos. Se, no entanto, a seleção é natural, e não sobrenatural, Deus não pode ter certeza do resultado: seu envolvimento na seleção natural termina no instante em que começa. Mas esse é somente outro tipo de deísmo e, como todos os outros, é ralo demais para evocar algo tão robusto quanto a *fé* religiosa que às vezes compele a comportamentos árduos e desconfortáveis.

William James definiu a religião como "a crença de que existe uma ordem oculta e que nosso supremo bem reside em nos ajustarmos harmoniosamente a ela".[85] De fato. O ateísmo razoável afirma a ausência de evidências convincentes — que possam ser vistas, filtradas, testadas — de tal ordem. Consequentemente, os ateus — aqueles sem um teísmo — embarcam no projeto de descobrir outras razões para ajustar e se ajustar às regras morais e normais sociais que nos permitem viver em harmonia com nossa natureza e a natureza alheia. Virtudes são qualidades humanas adquiridas que permitem que o indivíduo que as possui obtenha certos resultados positivos e cuja ausência impede tais realizações. Qualidades são adquiridas através do hábito, por emulação, instrução e, especialmente, imersão nas práticas sociais. Esta, então, é a essência do projeto conservador: defender as práticas políticas, econômicas e culturais que conduzem ao florescimento, entendido como viver com virtude.

O filósofo Tim Crane, escrevendo sobre "religião do ponto de vista de um ateu", distingue entre tentativas de encontrar sentido *na* vida e tentativas de encontrar o sentido *da* vida como um todo. As primeiras podem ser obtidas através de coisas e momentos cotidianos, do sorriso de um bebê a um sucesso profissional. As últimas requerem, ou assim pensam bilhões de pessoas, uma religião, significando a crença na transcendência. Isso requer a crença em alguma agência sobrenatural. O ateísmo é a descrença nisso. O agnosticismo é o brando julgamento de que, até agora, não sabemos o bastante para falar com certeza sobre a existência de Deus. Perguntaram ao filósofo Bertrand Russell o que ele diria se seu ateísmo se revelasse um erro e ele se encontrasse perante o trono de Deus. Russell respondeu que diria a Deus: "Sinto muito, mas você não forneceu evidências suficientes."[86]

O cristianismo, especialmente, repousa audaciosamente sobre a confiança nas evidências, em uma série de afirmações sobre fatos históricos, um dos quais é supremo. Como disse São Paulo, "se Cristo não ascendeu, então nossa pregação é vã, assim como nossa fé". A religião envolve mais que uma cosmologia. Como envolve o imperativo moral de ajuste a suas alegações, há uma resposta clara à pergunta com a qual este capítulo começou: que diferença faz se as estrelas "simplesmente aconteceram" ou "foram criadas"? Faz grande diferença, porque nem todo código moral conduzindo a determinado comportamento é religioso, mas toda religião possui tal código moral. Como observa Crane, o primeiro mandamento é o único cosmológico, no sentido de que está relacionado à existência de Deus. Os outros nove dizem como devemos nos comportar, na devoção e uns em relação aos outros. É por isso que Durkheim estava certo ao dizer que não acreditamos em uma religião, nós pertencemos a ela e a vivemos.[87]

Existe uma coisa chamada temperamento religioso. Ele envolve a disposição de acreditar a fim de aliviar uma ânsia. Ele rejeita e recua da sensação de que a contingência está por toda parte e em tudo, que não existe nada *para além* dela. Como escreveu Alfred North Whitehead, "A religião é a visão de algo que está além, por trás e no interior do fluxo das coisas imediatas".[88] Mas há uma sensibilidade conservadora que acha esse fluxo estimulante, que fica deliciada, e não deprimida, com a ideia de que não há nada além e tudo é contingente. Uma sensibilidade conservadora secular, e mesmo estética, que encontra beleza na visão darwiniana do mundo, uma beleza que é análoga à visão conservadora de uma sociedade justa que respeita e depende de uma ordem espontânea. A visão de Darwin tem uma linhagem que remonta a *Sobre a natureza das coisas*, de Lucrécio, escrito dezenove séculos antes de Darwin introduzir na consciência moderna a ideia de que o mundo é impulsionado por contingências e aleatoriedades criativas. O historiador Stephen Greenblatt apresenta uma sensação quase extática de libertação que vem de adotar essa ideia poética (*Sobre a natureza das coisas* é um poema):

> O universo, propôs Lucrécio, consiste em um número infinito de átomos se movendo aleatoriamente através do espaço, como grãos de poeira em um raio de sol, aproximando-se, formando estruturas complexas e se afastando novamente, em um processo incessante de criação e destruição. Não há como escapar desse processo. Quando você olha para o céu noturno e, sentindo-se inexplicavelmente comovido, maravilha-se com as estrelas inumeráveis, você não está vendo a obra dos deuses ou uma esfera cristalina separada de nosso mundo transiente. Está vendo o mundo semimaterial do qual faz parte e de cujos elementos é constituído. Não há plano-mestre, nem arquiteto divino, nem design inteligente. Todas as coisas, incluindo a espécie à qual você pertence, evoluíram durante longos períodos de tempo. A evolução é aleatória, embora, no caso dos organismos vivos, envolva um princípio de seleção natural. Ou seja, as espécies adequadas à sobrevivência e à reprodução perduram, ao menos por um tempo; aquelas não tão adequadas morrem rapidamente. Mas nada — de nossa espécie ao planeta em que vivemos e ao Sol que ilumina nossos dias — dura para sempre. Somente os átomos são imortais.[89]

A tradição filosófica que pode ser rastreada até Lucrécio, mas floresceu quando a Renascença deu partida na modernidade, é, como diz Greenblatt, "incompatível com o culto dos deuses e do Estado". A visão de um mundo de átomos, vácuo e constante movimento é "um mundo não tornado insignificante, mas mais belo em sua transitoriedade, sua energia erótica e suas mudanças incessantes". O afastamento dos seres sobrenaturais e das causas imateriais e o entendimento de que "os seres humanos são feitos da mesma coisa que todo o restante e fazem parte da ordem natural"[90] representaram uma grande emancipação das restrições sobre a investigação. A investigação, que é o engajamento de uma mente ativa em um mundo infinitamente interessante, está no alto da hierarquia de prazeres. Tal hierarquia existe, e um dos propósitos da filosofia é defini-la e defendê-la. Conquistar os prazeres mais elevados é um caminho para a felicidade, e permitir a busca pela felicidade é um dos propósitos declarados da primeira nação moderna.

Para Darwin, investigação era felicidade, mas sua investigação o forçou a enfrentar o fato de que aspectos da criação o chocavam. Em 1860, ele confidenciou, em carta a um amigo: "Eu não tinha a intenção de escrever de modo ateísta", mas "não consigo persuadir a mim mesmo de que um Deus beneficente e onipotente teria propositadamente criado os Ichneumonoidea com a expressa intenção de que se alimentassem do corpo ainda vivo das lagartas".[91] O que o chocou fascinou o entomologista William Kirby (1759-1850): a vespa da família Ichneumonoidea insere um ovo em uma lagarta e a larva que surge do ovo "mastiga o interior da lagarta e, embora no fim devore quase toda parte dela com exceção da pele e dos intestinos, durante todo o tempo evita ferir seus órgãos vitais, como se estivesse consciente de que sua própria existência depende da sobrevivência do inseto que preda!".[92]

A consternação de Darwin com esses aspectos da realidade era profunda. Mesmo assim, na conclusão de *A origem das espécies*, ele escreveu uma das mais estimulantes frases em inglês: "Há grandeza nessa visão da vida, com seus vários poderes, tendo sido originalmente soprada em poucas formas ou uma, e no fato de que, enquanto esse planeta continua seu ciclo de acordo com a lei fixa da gravidade, de um início tão simples formas infinitas, das mais belas e maravilhosas, surgiram e estão evoluindo."[93] Darwin, que era filho de um clérigo, conhecia a versão da Bíblia do rei Jaime: "E o Senhor Deus formou o homem do pó da terra, e soprou em suas narinas o fôlego da vida, e o homem se tornou uma alma viva."[94] Darwin escolheu ecoar a evocativa palavra "soprou". Mas não escolheu intimar o que as Escrituras estipulam.

Gertrude Himmelfarb, estudiosa tanto do Iluminismo americano que nutriu o deísmo de muitos fundadores quanto da cultura vitoriana, escreveu: "Antes de Darwin, um espírito ousado podia ser tentado a pensar em Deus como mero guardião das leis da natureza. Depois de Darwin, não foi necessária grande coragem para pensar nas leis da natureza como guardiãs do universo."[95] Isso era deísmo sem deidade, o que não foi uma grande mudança. A vida de constante heroísmo intelectual de Darwin é um capítulo brilhante da história humana e uma refutação de qualquer um que afirme que a fé religiosa é indispensável para uma vida nobre. Darwin demonstrou que a *ausência* de fé pode ser fonte de virtude.

O mesmo fez Shakespeare. Imagine se Shakespeare pudesse ser trazido de volta para contemplar o que a humanidade aprendeu com Einstein. Einstein diria a Shakespeare: "Quando Falstaff bate uma garrafa de hidromel na mesa, a mesa, assim como a garrafa — e como Falstaff, na verdade — é na maior parte espaço e eletricidade. Além disso, a matéria — mesa, garrafa, Falstaff — é uma forma de energia. Agora, sr. Shakespeare, o que era aquilo sobre o homem e o pó?"

Deixemos que o homem que usou palavras melhor que ninguém tenha a última palavra aqui.

> Que obra-prima, o homem! Quão nobre pela razão! Quão infinito pelas faculdades! Como é significativo e admirável na forma e nos movimentos! Nos atos quão semelhante aos anjos! Na apreensão, como se aproxima dos deuses, adorno do mundo, modelo das criaturas! No entanto, que é para mim essa quintessência de pó? Os homens não me proporcionam prazer; sim, nem as mulheres, apesar de vosso sorriso querer insinuar o contrário.[96]

Essa não foi a única menção que Shakespeare fez ao homem e ao pó:

*Amanhã, amanhã e ainda outro amanhã*
*Arrastam-se nessa passada trivial de um dia para o outro*
*Até a última sílaba do registro dos tempos,*
*E todos os nossos ontens não fizeram mais*
*Que iluminar para os tolos o caminho que leva ao pó da morte.*
*Apaga-te, apaga-te, chama breve!*
*A vida não passa de uma sombra que caminha, um pobre ator*
*Que se pavoneia e se aflige sobre o palco por uma hora*
*E depois não se escuta mais sua voz. É uma história*

*Contada por um idiota, cheia de som e fúria*
*E vazia de significado.*[97]

Shakespeare estava expressando, com quase furiosa candura, seu senso básico da condição humana. Ele foi, como disse o crítico Kenneth Clark, o primeiro "supremamente grande poeta sem uma crença religiosa ou mesmo uma crença humanista no homem". Clark perguntou: "Quem mais sentiu tão intensamente a absoluta falta de sentido da vida humana?" Mesmo assim, Shakespeare escreveu. E escreveu com uma paixão que teria sido não somente incongruente, mas impossível para alguém que realmente sentisse a falta de sentido de tudo. Certamente seria mais acurado dizer que Shakespeare acreditava que o sentido da vida não deriva de qualquer fonte além dela mesma. Sua grandeza, de fato, está relacionada ao fato de que ele apresentou a multifacetada condição humana sem referência à transcendência, mas também sem desespero imobilizador. A nobreza, o humor e o páthos apresentados em suas peças e poemas testemunham sua fervorosa crença de que a maneira como nos comportamos é de certa forma importante, mesmo que — ou especialmente porque — vivemos sob um céu vazio. "Sinto", disse Clark, falando de Shakespeare, "que a mente humana ganhou nova grandeza ao olhar para esse vazio".[98]

Aqui a sensibilidade conservadora protesta: por que falar de vazio quando nosso mundo está repleto de espantos, incluindo as obras que Shakespeare criou e povoou? Dada a beleza que a arte pode conjurar e a excelência ética e a nobreza política que o homem, essa "quintessência de pó", pode obter, que diferença faz se o céu está vazio? Além disso, como Huck e Jim viram em sua jangada, o céu não está vazio. Está salpicado de estrelas que brilham adoravelmente, tenham elas sido "criadas" ou "simplesmente acontecido".

## CAPÍTULO 10

# RETORNANDO

## A busca por um passado útil

> Nos velhos tempos, em dias de tempestade, costumávamos amarrar uma corda entre a casa e o celeiro a fim de ir e voltar entre abrigo e responsabilidade. Com tarefas pessoais, familiares e culturais a cumprir, acho que teríamos feito melhor em estender tal corda entre o passado e presente.
>
> Wallace Stegner[1]

Aqueles de nós que chegaram à consciência social na década de 1950 adquiriram, com cada respiração, um senso do vigor americano, a "cintilação nas veias" e o "peso esmagador da força" que o poeta Wallace Stevens sentiu certa noite de 1954 na rodovia Connecticut Turnpike.[2] Diz-se, com razão, que a ignorância em relação à história nos faz caluniar nosso próprio tempo. Os Estados Unidos não se saíram mal na luta para adquirir o elusivo equilíbrio entre liberdade e segurança que caracteriza uma sociedade na qual os fortes podem seguir livremente e os fracos não precisam sentir medo. A maioria das vidas americanas é macia como um suflê, protegida dos terrores — da natureza, das doenças, da criminalidade — que eram os companheiros diários de todas as gerações até as mais recentes. Existem, no entanto, perigosas correntes a serem enfrentadas, que nos afastam do que deveria ser o normativo e útil passado americano.

No primeiro parágrafo do Artigo Federalista nº 1, Alexander Hamilton escreveu que os americanos iriam, por "sua conduta e seu exemplo", responder à pergunta sobre se "as sociedades humanas realmente são capazes de estabelecer um bom governo através da reflexão e da escolha ou se estão eternamente destinadas a depender, para sua Constituição política, do acidente e da força".[3] No último parágrafo do último artigo (nº 85) de *O Federalista*, Hamilton citou o "sólido e engenhoso" David Hume: "Equilibrar um grande Estado ou sociedade, seja monárquico ou republicano, sobre leis gerais é um trabalho tão difícil que nenhum gênio humano, por mais abrangente que seja, é capaz de realizá-lo apenas através da razão e da reflexão." Hume queria dizer que nenhum gênio poderia fazer isso *sozinho*, e, mesmo quando "os julgamentos de muitos" se unem para a tarefa, a razão e a reflexão não são suficientes: "A experiência deve guiar sua labuta, o tempo deve levá-la à perfeição e os inconvenientes devem corrigir os erros *inevitavelmente* cometidos em suas primeiras tentativas e experimentos." Tempo e inconvenientes continuam a modelar a governança americana "pela razão e pela reflexão", e sempre o farão.[4] Assim, sempre haverá lauréis a serem obtidos por aqueles que praticam o estadismo.

Falando em 1825 durante a consagração do monumento de Bunker Hill, Daniel Webster disse: "Não podemos obter lauréis em uma guerra pela independência. Mãos anteriores e mais valorosas ficaram com todos. Tampouco há lugar para nós ao lado de Sólon, Alfredo e outros fundadores de Estados. Nossos pais ocuparam esses lugares. Mas permanece conosco o grande dever da defesa e da preservação."[5] Trinta e cinco anos depois, esse dever se provou ao menos tão exigente quanto os desafios de estabelecer a independência americana e fundar seu governo. De fato, somente treze anos após o discurso de Webster, o homem que presidiria a preservação da União em sua crise mais grave discursou no Liceu de Jovens de Springfield, em Illinois. Ele expressou certo pesar pelo fato de a grande "raça dos ancestrais" ter criado um "edifício político de liberdade e direitos iguais", e a tarefa da geração de Abraham Lincoln de somente "transmiti-los". Mesmo em 1838, contudo, ele discerniu como a tarefa de transmissão pode requerer um esforço hercúleo por parte da liderança heroica, porque "a artilharia silenciosa do tempo" realiza constantemente sua tarefa destruidora.[6] Assim, passos devem ser dados constantemente para enfrentar essa artilharia, reparando o edifício que os fundadores nos legaram.

A verdadeira sensibilidade conservadora está sempre alerta para o fato de que o tempo é, como disse Cervantes, o "devorador e destruidor de todas as coisas".[7] J.

Robert Oppenheimer, o físico que dirigiu o Projeto Manhattan, responsável pela criação da bomba atômica, estudou sânscrito a fim de poder ler o *Bhagavad Gita*. Quando, às 5h29min45s da manhã de 16 de julho de 1945, em Alamogordo, Novo México, ele testemunhou a primeira explosão atômica, lembrou de uma linha do clássico hindu: "Agora eu me tornei a morte, o destruidor de mundos."[8] Mas essa frase não aparece na maioria das traduções para o inglês do *Bhagavad Gita*. A palavra em sânscrito que Oppenheimer traduziu como "morte" normalmente é traduzida como "tempo". Por exemplo, a edição da Penguin Classics apresenta a linha como: "Eu sou o todo-poderoso tempo, que destrói todas as coisas."[9] O tempo, ao contrário de uma explosão nuclear, causa danos lentamente. Mas pode fazê-lo de maneira total. Assim, para Lincoln, a fragilidade dos arranjos políticos americanos era uma preocupação constante. Referindo-se à escravidão, ele avisou que "uma casa dividida contra si mesma não pode perdurar".[10] E, em Gettysburg, interpretou a Guerra Civil como um teste para verificar se uma nação dedicada à suposição de que "todos os homens são criados iguais" pode "perdurar por longo tempo". Mas preocupações com os perigos da decadência social e da natureza perecível de todas as instituições são tão antigas quanto *A República* de Platão, o que significa que são tão antigas quanto a filosofia política ocidental. É muito americano se preocupar com a possibilidade de o governo criado pelos fundadores "desaparecer da Terra".[11] Também é muito prudente.

Eis um axioma de advertência: toda ascensão se dá por uma escada sinuosa. Mas o axioma talvez não seja suficientemente severo: também se pode descer uma escada sinuosa. A teoria *whig* da história, de acordo com Irving Kristol, que era cético em relação a ela, mas escrupuloso em sua definição, é a de que a história "é o registro da luta entre liberdade e autoridade, razão e preconceito, esquerda e direita, com a vitória da primeira sendo assegurada pela crescente preponderância, entre a humanidade, de opiniões e condutas racionais".[12] Assim, a teoria whig não somente está contente com o passado e otimista em relação ao futuro, como também é lisonjeira para com o presente. Daniel Patrick Moynihan, amigo de Kristol, não era whig. "O vivaz senso que os liberais possuem sobre a possibilidade de progresso", disse Moynihan, "é acompanhado de um senso conservador sobre a possibilidade de declínio. Ambas as preocupações precisam ser endereçadas".[13] Mas é a possibilidade de declínio que exige mais atenção, porque as pessoas recuam dela tão poderosamente quanto são atraídas pelas promessas de progresso.

Muitos americanos temem que a República tenha chegado ao auge um pouco cedo demais e esteja rolando ladeira abaixo desde Bunker Hill. Um dos fundadores lançou sobre a posteridade um olhar antecipadamente reprovador. George Washington disse: "A fundação de nosso império não ocorreu em uma era sombria de ignorância e superstição, mas em uma época na qual os direitos da humanidade são mais bem entendidos e mais claramente definidos que em qualquer outro período [...] Nesse período auspicioso, os Estados Unidos passaram a existir como nação, e, se seus cidadãos não forem completamente livres e felizes, a culpa será inteiramente deles."[14] Setenta anos depois, em 1852, um sombrio Ralph Waldo Emerson foi assombrado pelo retrato de Washington em sua sala de jantar: "Não consigo tirar os olhos dele [...] os olhos pesados e apáticos me encaram, como os de um boi no pasto. E a boca tem gravidade e uma profunda imobilidade, como se o homem tivesse absorvido toda a serenidade dos Estados Unidos e não tivesse deixado nenhuma para seus inquietos, instáveis e histéricos compatriotas."[15] Deixando de lado a questão sobre se a boca grave e imóvel de Washington expressava caráter ou a tortura de uma dentadura de madeira, sabemos o que Emerson queria dizer. Este livro é, entre outras coisas, um convite ao pessimismo. O que precisamos agora, e os conservadores são especialmente responsáveis por fornecer, é um pessimismo inteligente que é mais que mero humor. Ele deveria ser uma mentalidade fundamentada em uma tradição filosófica que tem origem distinta e foi validada por abundantes evidências históricas de que nada dura.

Em uma carta de 1911 ao filósofo italiano Benedetto Croce (1866-1952), Georges Sorel (1847-1922), o filósofo francês que defendeu o sindicalismo revolucionário, disse que "movimentos na direção da grandeza" são "sempre um *esforço*, e movimentos na direção da decadência são sempre *naturais*".[16] Os fundadores legaram à posteridade uma República que prosperou sob um governo limitado que fornecia espaço social para a criatividade da ordem espontânea da sociedade. O abandono das ideias dos fundadores possui várias consequências intensas. Os descontentamentos atuais alimentam nos americanos uma desconfiança fervorosa em relação ao governo e em relação uns aos outros. Durante os últimos cinquenta anos, especialmente, a ambição e a solicitude do governo variaram em relação inversa a seu prestígio. Está na hora de pensarmos novamente — ou, em muitos casos, pela primeira vez — sobre o preço que pagamos pelo que foi perdido. O interesse no problema — ou talvez na inevitabilidade — da decadência dos regimes políticos é tão antigo quanto a filosofia política ocidental; assim, a preocupação com a decadência já tinha uma origem distinta muito antes de Edward Gibbon, em 15 de outubro de 1764, em Roma, "sentar-se pensativo entre as ruínas do Capitólio, enquanto os monges descalços cantavam as vésperas no templo de Júpiter". Foi então "que a ideia de escrever sobre o declínio e a queda da cidade surgiu pela primeira vez em minha mente". Ele escreveu "as últimas linhas da última página" de *Declínio e queda do império romano* em 27 de junho de 1787.[17] Nesse dia, na Filadélfia, a convenção constitucional debateu uma arquitetura institucional de governo limitado que resistiria à degeneração a que outras repúblicas haviam sucumbido.

"Como a civilização da Roma antiga pereceu em consequência da invasão dos bárbaros", escreveu Tocqueville, "talvez tendamos demais a pensar que a civilização não pode perecer de outra maneira. Se a luz pela qual somos guiados for extinta, a civilização definhará gradualmente e desaparecerá por si mesma".[18] Os seres humanos são únicos entre as criaturas viventes, no sentido de que são capazes de estarem descontentes consigo mesmos. Para os conservadores americanos, o descontentamento é um estado mental retrospectivo. A tarefa do conservadorismo é advertir urgentemente sobre o que é perecível: tudo. A ansiedade de Lincoln se devia à natureza perecível da memória nacional, particularmente sobre sua fundação. Ela iria, disse ele, inevitavelmente "se tornar mais e mais obscura com o passar do tempo". Ao fim da guerra revolucionária, "sua história viva podia ser encontrada em toda família". Mas essa história, a memória dos participantes, "desapareceu", destruída pelo "tempo". Lincoln falou em uma época na qual alguns americanos da era revolucionária ainda estavam vivos. A sra. Alexander Hamilton, última sobrevivente do círculo dos fundadores, morreu em Washington em 1854, aos 97 anos, tendo vivido toda a vida da República. O mesmo fez o escravo entrevistado em 1862 na Virgínia, durante a campanha da Península da Guerra Civil, que se lembrou do ruído dos canhões da batalha de Yorktown 81 anos antes. Mas, mesmo em 1838, memórias da fundação eram poucas e breves, de modo que Lincoln tentou encontrar novas bases para o projeto americano, bases "cortadas da sólida pedreira da razão sóbria".[19] Sua vida pública foi devotada a reconectar o país aos princípios da fundação. Esse é o propósito central do conservadorismo hoje.

## A PREOCUPAÇÃO RADICAL DO CONSERVADORISMO

A política geralmente é impulsionada por preocupações rivais. Hoje, os conservadores estão mais radicalmente preocupados que os progressistas em relação às condições do governo e da cultura dos Estados Unidos. Os conservadores se preocupam com os relacionamentos que acreditam discernir entre o governo e a cultura. Os progressistas ainda expressam suas preocupações em um vocabulário distinto da década de 1930, falando de justiça distributiva entendida em termos econômicos e materiais. Isso assume uma política reconfortantemente mundana de diferenças cindíveis: quanto concreto derramar, quantas colheitas subsidiar por quanto, que facções devem obter o quê. Os conservadores se preocupam em um vocabulário mais contemporâneo, questionando o poder e as ambições do Estado pós-New Deal e encontrando uma conexão causal entre essas ambições e o desgaste da cultura. Muitos dos conservadores de hoje acreditam, ou dizem acreditar (suas ações no poder frequentemente dizem o contrário), que a nação precisa repensar o escopo adequado e a real competência do governo.

Em 1893, três anos depois de o Gabinete do Censo ter declarado o fechamento da fronteira, Woodrow Wilson ponderou sobre as mudanças que desafiavam a antiga crença americana de que a liberdade é, em grande medida, uma função do espaço: a liberdade consiste parcialmente em não ser capaz de ver a fumaça da cabana de seu vizinho ou ouvir o som de seu machado. Em 1893, Wilson escreveu: "Lentamente, iremos envelhecer, compactar nosso povo, estudar os delicados ajustes de uma sociedade intrincada."[20] Em teoria política clássica, ser compacta era uma precondição para a República bem-sucedida: uma população pequena compactada em uma politeia pequena e livre de facções. A audácia do experimento americano foi e ainda é sua tentativa de ter uma República grande, mas na qual a vida mesmo assim é propícia às virtudes necessárias para o autogoverno: autossuficiência e autodomínio. No entanto, nas mais de doze décadas desde que Wilson ruminou sobre a emergência de "uma sociedade intrincada", nosso grande país adquiriu um grande governo que parece gerar dependência e inflama apetites imoderados, incluindo o apetite pela satisfação governamental de desejos ilimitados.

O liberalismo, como originalmente entendido — governo limitado supervisionando sociedades de mercado e respeitando a autonomia individual e as transações voluntárias dos indivíduos —, é um caldo ralo para aqueles que possuem apetite por uma política de carne vermelha. Como escreveu Isaiah Berlin, "um sermão liberal que recomenda a maquinaria projetada para evitar que as pessoas causem muito dano umas às outras, dando a cada grupo humano espaço suficiente para conquistar seus propósitos idiossincráticos, únicos e particulares sem muita interferência nos propósitos alheios, não é um grito de batalha passional que inspire homens ao sacrifício, ao martírio ou a atos heroicos".[21] As paixões às vezes têm lugar na vida política, mas não deveriam ser uma característica rotineira dos processos políticos normais. Sacrifício, martírio e heroísmo podem ser necessários, mas normalmente o são somente quando as coisas dão muito errado. Uma ordem política que requer tais coisas constante ou mesmo frequentemente está falhando em fornecer boa ordem. Os americanos que acham que seu governo está falhando nessa tarefa não estão errados. O que eles requerem é uma liderança que lhes diga que eles e seus apetites políticos são grande parte do problema.

Locke e Montesquieu foram importantes para a fundação americana, mas nossa carroça nacional começou a rolar porque os americanos passaram a acreditar no que disse Huckleberry Finn: "Todos os reis são patifes."[22] Pensamentos como esse são fáceis para, digamos, um fazendeiro que acabou de quebrar seu arado em uma rocha em Connecticut e prefere comprar um arado novo a pagar impostos para um monarca distante. Percorremos um longo caminho desde as cabanas feitas de turfa e as botas enlameadas, chegando a uma economia que produz bilhões de dólares em sabão. E podemos estar entendendo o que Mark Twain quis dizer: "Sabão e educação não são tão súbitos quanto um massacre, mas, no longo prazo, são mais mortais."[23] O alívio do estresse físico na existência dos americanos acompanhou o ritmo de um afrouxamento geral das restrições sociais. Tão recentemente quanto 1944, a biblioteca da Academia Naval americana não liberava o romance *Entre o amor e o pecado* — considerado muito picante — para ninguém no nível de aspirante a oficial ou abaixo. O hedonismo americano percorreu um longo caminho em pouco tempo. E muitas pessoas acham que a história americana moderna é resumida em um cartum de Thurber que mostra uma mulher sentada no braço de um sofá, conversando animadamente com um círculo de homens fascinados. Atrás dela, uma mulher descontente diz a outra: "Ela afirmou sua personalidade, mas minou seu caráter."[24] Muitas pessoas dadas à reflexão acham que a República tem mais personalidade e menos caráter do que seria saudável e está tomada por uma debilidade e uma decadência que podem ser uma falha fatal no desenvolvimento das nações livres. A teoria é a que se segue.

O sucesso material do capitalismo — ao qual devemos o mármore em nossas vidas — foi tornado possível pelas dificuldades da vida na lama de Connecticut, do Nebraska e da Oregon Trail. Mas a abundância tanto produz quanto requer aumento constante do consumo e dos apetites. Essa dinâmica gera uma cultura de autoindulgência. Tal cultura é incompatível com o autogoverno, que significa, afinal, o governo do eu. É por isso que a estrofe final de "America the Beautiful" é uma espécie de oração: "Confirme sua alma em autocontrole."[25] Existe tensão entre a dinâmica econômica que infla os apetites e a necessidade de disciplina — política e econômica — em uma sociedade livre. Algumas pessoas chamam isso de "contradição cultural" do capitalismo. Outras a chamam de "consequência cultural". Seja como for, em seu terceiro século, a tarefa mais urgente da República é demonstrar que os hábitos políticos de contenção e moderação são compatíveis com um ambiente econômico e cultural que celebra, e frequentemente fornece, gratificação instantânea de apetites imoderados. É uma espécie de triunfo nacional que o problema da abundância confronte os descendentes de gerações que caminharam na lama até o Oregon.

Caracterizamos várias eras e épocas, da fundação aos Roaring Twenties, da complacente década de 1950 à convulsiva década de 1960, a fim de fatiar a história em episódios discretos. Mas elas são parte de um fluxo contínuo de eventos, cada um nascido dos anteriores e grávido dos subsequentes. Hoje os americanos se perguntam como uma minúscula coleção de treze comunidades frouxamente relacionadas pôde produzir a geração de fundadores americanos que, na Filadélfia em 1776 e 1789, realizaram o feito mais assombroso da história da criação política, aquilo que se tornaria uma democracia continental. A resposta não é, ao menos não primariamente, que um acidente histórico abençoou as colônias com um número extraordinário de homens sábios e decentes. Uma explicação melhor é que havia então um hábito de deferência à excelência na vida pública. Afinal, a coisa notável não é que os Pais Fundadores tenham existido, separadamente, mas que o processo político os tenha reunido na Filadélfia.

Desde então, contudo, houve mudanças na teoria e, consequentemente, na prática da democracia americana. Essas mudanças começaram com a "revolução jacksoniana" no pensamento democrático. Em sua primeira mensagem ao Congresso em 1829, o presidente Andrew Jackson disse: "Os deveres de todos os cargos públicos são, ou ao menos admitem ser, tão claros e simples que homens inteligentes podem prontamente se qualificar para seu cumprimento."[26] Mas os deveres de um cargo público só são "claros e simples" se os problemas do governo são de técnica administrativa. Tal concepção branda da política está cega para as virtudes políticas do julgamento, da prudência e da coragem. A desvalorização da vocação política foi seguida, em nossa época, pela relacionada degradação do governo. Hoje, os governos existem para ser "responsivos". Os políticos existem para responder, como simples mecanismos, aos impulsos registrados de eleitorados exigentes. Essa tarefa clara e simples não requer virtudes incomuns. Para ser vigorosamente servil a todas as demandas, um político deve ser "uma pessoa do povo", preparado para servir à democracia ao representar seus denominadores comuns, incluindo (talvez especialmente) os mais baixos. O governo servil de hoje possui, no máximo, utilidade; jamais dignidade. Sem surpresa, o público evidentemente acha pouco razoável esperar por políticos dignos e, além disso, essa dignidade é irrelevante para a baixa função exercida por eles. Há meio século, o governador George Wallace, o democrata do Alabama que foi uma das primeiras vozes do populismo que floresceu em nosso tempo, disse: "Temos dignidade demais no governo."[27] Essa não é uma queixa contemporânea.

Como os Estados Unidos chegaram a sua atual condição? Pela apostasia prolongada de princípios que, limitando o escopo do governo, protegiam a estatura dos políticos. Nossa nação teve um momento fundacional, o que significa que foi fundada sobre mais que a inércia. Ela emergiu não de forças obscurecidas pela névoa do passado, mas de um ato claro e público de escolha: uma afirmação. Os fundadores tinham uma confiança de tirar o fôlego na correção de sua escolha. Pense no seguinte: a primeira emenda proíbe o estabelecimento da religião porque os fundadores achavam que a verdade religiosa era impossível de conhecer e devia permanecer uma questão em aberto. Mas a Constituição garante o estabelecimento de uma forma republicana de governo em todos os estados, porque os fundadores consideravam a melhor forma de governo uma questão resolvida em nossa sociedade aberta.

Uma medida da seriedade de uma filosofia política é o que ela requer de seus aderentes. Dos conservadores de hoje se requer que digam às pessoas que elas deveriam ser formadas pelo respeito à Constituição. Elas deveriam ser formadas por uma vida de escolher não escolher tudo que um governo pode oferecer, porque essas ofertas são feitas ao custo das virtudes da independência e da moderação. O que nos leva de volta ao que pode ser a contradição cultural do conservadorismo: ele depende de gerar nos cidadãos uma autonegação de espírito público. Mas isso não é facilmente gerado em uma República comercial do tipo que o conservadorismo celebra, na qual o individualismo goza do máximo escopo de buscas privadas. A autonegação de espírito público só pode ser gerada por um conservadorismo que defenda mais que a soma de demandas dos grupos em sua coalizão. Ela só pode ser gerada pelo respeito pela Constituição e, consequentemente, pelas virtudes da autossuficiência e do autodomínio que nossa organização política pressupõe. Enquanto os conservadores de hoje se esforçam para desenvolver um vocabulário constitucional para infundir autodomínio no autogoverno, eles devem se lembrar do seguinte: o Partido Republicano, o passado e talvez futuro recipiente do conservadorismo, tornou-se um fator nacional por causa da recusa de um homem de aceitar a soberania popular como expressão completa do projeto formativo da política americana. A origem intelectual do partido pode ser traçada diretamente à recusa de Lincoln em aceitar que o Kansas podia escolher ter escravos.

A nobre insistência de Lincoln foi a de que uma grande nação constitucional podia ser, e tinha de ser, uma comunidade moral única. A tarefa do conservadorismo hoje é demonstrar que a dignidade do governo constitucional depende de uma moderação que não ocorre facilmente aos conservadores ou a quaisquer outros americanos. E essa moderação não surgirá automática ou espontaneamente dos arranjos institucionais, do federalismo, da separação de poderes ou da revisão judiciária. A moderação requerida por um governo limitado e, consequentemente, pelas virtudes pressupostas pelo governo republicano só surgirá da refletida reverência pela fundação da nação, uma reverência que não somente honre a memória dos fundadores, mas também seja conscienciosa no entendimento de seus princípios.

A busca por moderação é uma constante americana. É uma busca na qual o progressismo não foi útil. O liberalismo entrou no pensamento político ocidental com a animada fé de que a boa vida floresceria quando o último rei fosse estrangulado nas tripas do último padre. Hoje, sabemos que não é tão simples. A boa vida é ameaçada pelas forças da desordem, e o governo grande se tornou uma dessas forças. Como disse Alexander Bickel, "O futuro não será governado, só poderá ser persuadido".[28] A fundação de uma sociedade democrática é a opinião, de modo que a tarefa do conservadorismo é retórica. É ser persuasivo sobre ampliar quaisquer remanescentes da reverência americana pelos fundadores e por suas premissas. É ominoso que hoje a palavra "retórica" carregue conotações quase inteiramente negativas. Ela já denotou uma maneira de persuadir outros ao oferecer razões para crenças. Agora significa palavras enganosas, dúplices ou claramente falsas. "Não gosto de eloquência", disse um dos anti-heróis durões de Dashiell Hammett em 1924. "Se não é efetiva o suficiente para penetrar sua couraça, ela é cansativa; se é efetiva o suficiente, embaralha seus pensamentos."[29] Nessa acepção, retórica é obscurecimento.

A liderança em uma democracia, no entanto, é a habilidade de persuadir a maioria a consentir com coisas que não está disposta a desejar. É fazer com que a maioria aceite dores no curto prazo na expectativa de ganhos no longo prazo. Assim, a missão do conservadorismo contemporâneo é ao mesmo tempo melancólica, atemorizante e, por ser tão desafiadora, estimulante. Sua missão é convencer as pessoas de que o governo — a sociedade, na verdade — fez promessas que não pode manter e persuadi-las de que o tipo de governo supostamente melhorativo criado para seu benefício e a seu pedido é tanto pouco atraente quanto insustentável. É pouco atraente por ser um joguete nas mãos de facções avaras. E insustentável porque representa um incentivo poderoso e permanente para disfarçar, ao postergar seus custos, os bens e serviços que disse às pessoas ser direito delas.

O conservadorismo tem o paradoxal fardo de dizer às pessoas que as tentativas de conservar alguns dos arranjos estabelecidos e expectativas familiares de hoje serão fúteis, custosas e potencialmente ruinosas. O conservadorismo, que frequentemente na história se devotou à defesa da ordem existente, deve agora aceitar a tarefa de reconciliar as pessoas com a perturbação e a agitação que acompanham o dinamismo econômico e cultural. A classe política prosperou escondendo do público o custo de seus apetites. Ao transformar os gastos amplamente deficitários não em ocasional recurso anticíclico, mas em estratégia constante, ela tornou o governo grande enganosamente barato, dando ao público de hoje bens e serviços no valor de 1 dólar e cobrando somente cerca de 80 centavos. Ao fazer isso, o governo aprofunda a infantilização dos Estados Unidos. É uma característica das crianças desejar um fim sem desejar os meios para atingi-lo. Essa é agora uma característica nacional.

Mas e quanto à política compassiva? A compaixão é uma paixão, e os fundadores concordavam que as paixões são problemas a serem enfrentados.

A compaixão não é, estritamente falando, uma virtude. Como paixão, está desconectada da razão e frequentemente vai contra ela. Assim, é um guia pouco confiável para a justiça, que deve ser definida pela razão. A compaixão pode ser colocada a serviço da virtude; ela pode gerar ações virtuosas. Mas essa é uma relação contingente, não necessária. E, quando a compaixão é elevada a princípio da filosofia política, ela se torna incompatível com um conservadorismo de governo limitado. O presidente George W. Bush, que chamou a si mesmo de "conservador compassivo", disse: "Quando algo dói, o governo precisa agir."[30] Isso é menos uma ideia compassiva que uma exibição de sentimento a fim de evitar pensar nas capacidades limitadas e na confiança ilimitada do governo. A compaixão não envolve o desejo de evitar ou aliviar a dor ou o sofrimento. Como jamais há escassez dessas coisas, a compaixão é um trabalho constante. Assim, como imperativo político, como força animadora do governo, ela pode significar a expansão infinita de tal governo. Daí a contradição entre conservadorismo compassivo e constitucionalismo.

O que arruína indivíduos e nações são os apetites superdesenvolvidos, que estimulamos com a ilusão de que a humanidade escapou das restrições da escassez. O governo alimentou essa ilusão. Ele tentou ser todas as coisas para todas as pessoas ou, ao menos, tantas coisas para tantas pessoas quanto possível, a fim de estimular o consumo de bens e serviços governamentais e satisfazer os grupos de interesse mais vorazes. Os progressistas acusam o governo de ser "não responsivo". Na verdade, o governo de hoje tem altíssimo nível de resposta a interesses intensos e organizados. Os conservadores alegam que o governo é forte e dominador. Na verdade, o governo é gordo, mas pateticamente fraco. Não tem força para dizer "não" a peticionários determinados.

Até o fim da década de 1970, os conservadores argumentaram, como Barry Goldwater, que muitos programas do governo, embora populares, deviam receber oposição porque cobravam um preço intolerável da liberdade e do caráter do povo. Mas a "revolução Reagan" repousou sobre a premissa de que a oposição liderada por Goldwater aos programas de governo era politicamente fútil. Assim, os conservadores atacaram os impostos, em vez dos programas que eles financiavam. Isso representou a acomodação dos conservadores ao fato de que dezenas de milhões de americanos são ideologicamente, quer dizer, retoricamente, conservadores, mas comportamentalmente liberais. Assim, os conservadores "mataram a fera de fome", privando o governo de renda. Isso foi pior que fútil, porque ensinou a fera a se alimentar de empréstimos.

O governo moderno — gastando mais do que arrecada, subsidiando, regulamentando e conferindo incontáveis outros benefícios — é um poderoso motor para o estímulo do consumo. Todo benefício governamental cria uma clientela para a expansão desse benefício, de modo que o Estado servil inflama mais apetites do que sacia. Ele gerou um empreendedorismo perverso, a manipulação do governo — do poder público — para propósitos privados. Ele erodiu, na sociedade, o disciplinador senso do real custo das coisas. Isso acelerou o que Moynihan chamou de "escoamento da realidade da vida americana".[31] A era do Estado servil teve início durante a última experiência americana de real escassez. Tudo começou em 1933, quando o governador de um dos estados mais populosos se tornou presidente e alterou o relacionamento entre cidadãos e governo federal. Hoje, os cidadãos recebem mais que nunca do governo, e o governo recebe menos respeito que nunca dos cidadãos.

E se pode suspeitar de que os cidadãos não respeitam a si mesmos como cidadãos. Eles devem saber, em um momento de clareza, que estão nas garras da dissonância cognitiva. Pois mantêm, com igual fervor, convicções totalmente incompatíveis. Falam como fez Jefferson em seu primeiro discurso de posse: "governo sábio e frugal, que deve impedir que os homens firam uns aos outros, mas deixá-los livres para regularem suas próprias tentativas de industriosidade e aprimoramento, e não retirar da boca do trabalho o pão que ele conquistou. Esse é um resumo do bom governo, e é necessário para fechar o círculo de nossas felicidades."[32] Mas os americanos que falam como jeffersonianos votam em hamiltonianos modernos, naqueles que protegem e constantemente endossam um governo onipresente e oniprovidente. As eleições existem para assegurar que o governo tenha o que Madison chamou, no Artigo Federalista nº 51, de "dependência do povo".[33] A preocupação do governo moderno, no entanto, é tornar mais e mais pessoas, de mais e mais maneiras, dependentes do governo. Tocqueville antecipou, de modo pessimista, que os americanos se acomodariam em uma dependência confortável: "Eles se consolam por estar sob mestres-escolas pensando que os escolheram por si mesmos [...] Nesse sistema, os cidadãos só abandonam seu estado de dependência para escolher seus mestres, e então retornam a ele."[34] No contexto de hoje, os conservadores precisam de uma grave imersão no realismo de James Madison.

A descrição de Irving Kristol, em 1944, do "realismo moral" de E. M. Forster também descreve a sensibilidade conservadora e madisoniana: "Embora insatisfeita, é claro, com a conduta dos homens, ela não prevê nenhuma nova virtude, mas, no melhor dos casos, uma distribuição mais saudável das antigas. Ela é não escatológica, cética em relação às propostas revisões da natureza do homem, interessada nos seres humanos como os encontra, contente com as possibilidades e limitações sempre presentes em nós."[35] Note a combinação entre insatisfação e contentamento. A habilidade de manter esses atributos em uma espécie de equilíbrio é a marca de uma mente madura. Uma sensibilidade conservadora sabe que as possibilidades da política, embora limitadas, não são negligenciáveis. E sabe que, embora todas as virtudes já sejam conhecidas, sua distribuição saudável é um projeto digno e exigente. Os fundadores nos legaram uma ordem política fundada no realismo sobre os atributos humanos, começando com esta verdade: nos seres humanos, o interesse é inerente, mas a virtude precisa ser adquirida. O conservadorismo contemporâneo está totalmente correto quando argumenta que o próprio governo se tornou prejudicial às virtudes essenciais para um autogoverno responsável. Ele se tornou prejudicial porque gera tanto dependência quanto agressividade ao tentar influenciar as instituições públicas para vantagem das facções privadas.

Os conservadores possuem a determinação necessária para contar ao país a difícil verdade sobre quão radicalmente ele errou em seu modo de pensar sobre o governo e as expectativas em relação a ele? Hoje, o conservadorismo sente e tenta responder ao fato de que os seres humanos são fatos biológicos, mas cidadãos adequados ao autogoverno são artefatos sociais. Porém, ainda não enxerga com suficiente clareza o modo como nossa ordem constitucional deve contribuir para a criação de tais artefatos. E não está alerta para a maneira como seus próprios preceitos podem complicar a criação de cidadãos virtuosos. Sejamos claros a respeito do que o conservadorismo não está dizendo sobre os cidadãos como artefatos sociais. Os conservadores são implacavelmente hostis à ideia de que a natureza humana tem uma história. A hostilidade é implacável porque essa ideia subverte o governo baseado no respeito pelos direitos naturais. Se a natureza humana tem uma história, então realmente não existe natureza humana, entendida como algo cuja essência é imutável. A ideia de que a natureza humana possui uma história — que os seres humanos possuem somente uma natureza maleável moldada por sua época e lugar — animou as tiranias modernas. E o fez porque as pessoas suscetíveis a essa ideia também são suscetíveis à ideia de que o autogoverno é uma quimera, uma impossibilidade, porque o eu é uma ficção ou, no melhor dos casos, mero reflexo do contexto social do indivíduo. Dizer que a natureza humana é plástica é abrir caminho para governos que veem a criação de novas e melhoradas formas de humanidade como seu mais elevado projeto. Tais governos tendem a desencadear "conscientizadores" que usam o poder político para extirpar "falsas consciências". Tais pessoas insistem que, até que a consciência adequada seja universal, qualquer consentimento resulta necessariamente de uma falsa consciência e, consequentemente, não merece ser buscado ou respeitado.

Os conservadores reconhecem que os indivíduos não são inteiramente autônomos e não condicionados, mas avisa que as pessoas que acreditam não existir natureza humana *devem* acreditar que *nenhum* direito é natural. Se não existe natureza humana, então os direitos são somente apetites fantasiados de "conversa sobre direitos", a fim de adquirir respeito. O conservadorismo busca o equilíbrio, argumentando que a natureza tem reivindicações políticas e a criação tem papéis políticos. As reivindicações políticas da natureza surgem deste fato: a ideia de natureza humana envolve a ideia de qualidades humanas essenciais que levam à excelência e à felicidade. E a tarefa de criação política resulta da ideia de excelência. Os conservadores sábios levam essa tarefa a sério. Os fundadores entendiam que o governo popular seria um exercício contínuo de educação; o autogoverno deve ser uma experiência formativa, para melhor ou para pior. Eles achavam que o governo popular, propriamente constituído, seria bom para nossas almas. Hoje, todavia, os conservadores corretamente argumentam que nosso governo se tornou uma força deformadora, corrompendo o caráter do país. Eles dizem que o governo se tornou um leviatã ameno, confirmando a advertência de Tocqueville de que o governo pode "degradar os homens sem atormentá-los".[36]

Em seu segundo discurso de posse, Ronald Reagan disse que nosso "sistema jamais falhou conosco, mas, por algum tempo, nós falhamos com o sistema. Pedimos coisas que o governo não estava equipado para dar".[37] Mas talvez o sistema tenha falhado ao permitir e mesmo incentivar que nos tornássemos, com o passar do tempo, um povo com expectativas pouco razoáveis e desejos inoportunos. Quanto mais educada uma nação se torna, mais rica ela tende a ser. Quanto mais rica se torna, mais benefícios o governo pode dispensar. Quanto mais ricos os cidadãos se tornam, mais pagam impostos e mais benefícios esperam do governo. Assim, embora a prosperidade torne as pessoas confiantes e assertivas e lhes dê meios para serem autossuficientes, ela não conduz a um governo pequeno. O governo cresce por causa do processo de barganha entre os grupos de interesse, nenhum dos quais tem incentivos para optar pelo desarmamento unilateral na luta por benefícios derivados da ação governamental. Jonathan Rauch acredita que tanto liberais quanto conservadores se tornaram irracionalmente dispépticos em relação ao governo porque são todos "governamentalistas", no sentido de que se definem — suas paixões, suas posições em relação à vida — "em relação ao governo": "os liberais buscam uma solução governamental para todo problema; os conservadores buscam uma causa governamental para todo problema."[38]

Sociedades de todos os tipos estão sempre repletas de problemas, e governos, mesmo os melhores, sempre são caracterizados por ineficiências e custos transacionais ao tentarem lidar com eles. Isso ocorre porque não se espera que governos — especialmente os melhores, as democracias — sejam eficientes. Eles devem ser frequentemente prudentes e justos e seguros de modo geral. Trata-se de metas e atributos modestos que não aceleram o pulso de ninguém. Mas a nação americana certamente poderia ter um pulso mais lento e constante do que aquele que apresentou recentemente.

Hoje, o jornalismo de saturação, relatando e comentando a politização de quase tudo, mantém a sociedade — ou, ao menos, uma porção conspícua e articulada da sociedade — em ebulição constante. Mas a política é importante, hoje mais que nunca, porque o problema de confiná-la a sua esfera adequada é político e provavelmente o mais importante projeto político. Falando a uma plateia trabalhista durante a primeira de suas quatro campanhas para o Senado, Daniel Patrick Moynihan disse, com uma mistura de cansaço e exasperação: "Olhem, existe essa facção em particular, e seu problema fundamental é que ela simplesmente jamais aceitou o New Deal." E acrescentou: "Franklin Roosevelt não resolveu essa questão de uma vez por todas? Realmente *precisamos* falar disso tudo *novamente*?"[39] A essa queixosa pergunta, a resposta é sim e não. Roosevelt — com subsequente auxílio do homem cujo aprendizado político foi como funcionário do New Deal, Lyndon Johnson — de fato extinguiu o argumento de que os poderes do governo federal são, como insistiu Madison, "poucos e definidos".[40] Mas os americanos não estão contentes com o desempenho e a trajetória desse governo.

Em 1964, os americanos rejeitaram enfaticamente a candidatura de Barry Goldwater, que venceu em somente seis estados, avisando aos eleitores: "Um governo grande o bastante para dar a vocês tudo que querem é grande o bastante para tomar tudo de volta."[41] Naquele ano, 77% dos americanos disseram confiar no governo federal para fazer a coisa certa "quase sempre" ou "na maior parte do tempo". Em 2017, uma pesquisa do Pew Research Center descobriu que somente 20% se sentem dessa maneira. Certamente não é coincidência que essa hemorragia da confiança tenha coincidido com "o escoamento da realidade" da vida americana. O declínio da confiança ocorreu durante o meio século no qual o governo se tornou marcadamente maior, ao expandir suas tentativas de solucionar as imperfeições da sociedade com programas cada vez mais ambiciosos de justiça distributiva. Em 19 de janeiro de 1997, um dia antes da posse do presidente Bill Clinton para um segundo mandato e um ano depois de ele ter proclamado, em um discurso sobre o estado da União, que "a era do governo grande chegou ao fim", sua entrevista para o *Washington Post* foi publicada com a seguinte manchete: "Clinton vê fim da luta sobre o papel do governo."[42] Essa certamente seria uma notícia momentosa: um argumento ao menos tão antigo quanto *A República* de Platão teria chegado ao fim. É claro que o argumento não estava, não está e jamais estará encerrado. Ele é perene, variando em intensidade, e neste momento se mostra notavelmente intenso. É por isso que Moynihan gostava tanto de usar William Butler Yeats para lembrar seus colegas democratas e progressistas de que não deviam exagerar o poder da política para transformar a vida:

*Parnell desceu a estrada e disse ao homem que celebrava:*
*A Irlanda obterá sua liberdade*
*e você continuará a quebrar pedras.*[43]

O que significa que os regimes são importantes, mas não importantíssimos. "Esse", disse Moynihan, "é o conhecimento que a vida nos dá, e ele é indispensável para a política. E, mesmo assim, tão estranho a ela".[44] Estranho porque a política frequentemente oferece promessas inebriantes de transformações totais e porque, especialmente nas democracias, tende a ser um leilão continuado no qual as partes competem pela aliança das maiorias.

A embriaguez política é uma suscetibilidade constante em uma nação que vibrou como um diapasão quando foi atingida por *As aventuras de Huckleberry Finn*. A história de Huck ainda ressoa no coração americano porque fala de liberdade entendida como modo de vida distintamente americano, como ausência de restrições sociais e obediência aos impulsos de um coração puro. Mark Twain, como Tocqueville, temia as algemas invisíveis da conformidade social quase tanto quanto temia as instituições opressoras. E Huck? Ele nem mesmo usava roupas novas, que o faziam se sentir "todo apertado". E fugiu para o rio quando descobriu "quão desanimadoramente regular e decente era a viúva" decidida a "civilizá-lo".[45] O romance de Twain sobre esse garoto sagaz foi escrito para adultos, mas tem uma noção infantil em seu centro: a de que (no jargão atual) "autenticidade" e "autorrealização" são obtidas fora ou contra a sociedade, e não através dela. Huck é um "alienado" de 14 anos. A ideia americana de liberdade é a de Huck descendo o rio Mississippi ou Thoreau subindo o rio Merrimack. Ser livre é andar solto pela natureza sem trilhas, sem ser constrangido pela geografia ou pela história, totalmente indiferente aos laços sociais. Mas por que devemos falar de "laços" de uma maneira que sugere cordas apertando pulsos? Os seres humanos são animais sociais cujas capacidades, incluindo a capacidade de virtude, só podem ser realizadas em contextos sociais, não isolados em uma jangada que desvia incessantemente de comunidades nas quais os indivíduos só adquirem fardos, falta de consciência e roupas apertadas.

Em 1990, um século depois de o Gabinete do Censo ter declarado o fechamento da fronteira, metade de todos os americanos vivia em 39 áreas metropolitanas, com populações de 1 milhão de pessoas ou mais. Passamos um marco da jornada entre o que estávamos orgulhosos de ser para o que jamais pretendemos ser. O superintendente do censo de 1890 relatou: "As áreas não assentadas estão tão permeadas de unidades isoladas de assentamento que dificilmente se pode dizer que exista uma linha de fronteira."[46] O tempo e a geografia foram o destino dos Estados Unidos. A abundância de terras ocidentais explicou o desenvolvimento moral e material da nação. Ela modelou nossos valores democráticos de igualitarismo, individualismo, prazer na mobilidade física, confiança na mobilidade social e fé na possibilidade de renascimento através do recomeço em uma montanha longínqua. Em resumo, ela nutriu o otimismo. Mas tratava-se de um otimismo peculiar, porque tornava a ideia de progresso problemática: se a fronteira "não poluída" — pela população — era tão boa, o que o progresso deveria ser?

A tese de Frederick Jackson Turner era a de que a origem de nossos valores, caráter e instituições podia ser traçada não a leste, do outro lado do Atlântico, mas a oeste, do outro lado dos montes Allegheny e do lago Missouri. Sua tese implicava o excepcionalismo americano, uma singularidade e a isenção de muitos dos infortúnios e vícios do mundo. Mas também implicava que o americanismo não podia ser exportado. Mas, na década de 1890, a energia americana saltou para a "esplêndida guerrinha" com a Espanha que pressagiou a entrada dos Estados Unidos na história mundial. A teoria de Turner questionava a tradição jeffersoniana, cujo homônimo dissera que o governo podia ser virtuoso somente "enquanto houvesse terras disponíveis".[47] Assim, o que seria de nós hoje, com os espaços livres exauridos? Turner disse: "No espírito da construção pioneira de casas" — de cooperação voluntária no domínio privado — "jaz a salvação da República".[48] O que seria de um país no qual o pioneirismo fosse coisa do passado?

Antes da fundação dos Estados Unidos, a origem das instituições republicanas era traçada até ideias antigas. Mas, se o republicanismo americano realmente é baseado no solo, na vastidão de suas terras, o entendimento "geográfico" de nossa história torna nosso futuro problemático. No início do século XX, muitos americanos dados à reflexão — como Herbert Croly e Walter Lippmann — concluíram que o individualismo já não era a resposta para nossos problemas, mas um problema em si. Esse problema tinha duas facetas. Uma era a debilidade do governo, de modo que o desafio era fortalecer o Estado a fim de permitir que ele domasse as energias crescentes do industrialismo. A segunda era enfraquecer o individualismo a fim de que um espírito comunitário pudesse florescer. Para esse fim, o Estado vem se expandindo há mais de um século.

A tarefa dos conservadores é construir uma sociedade que alimente a autossuficiência dos indivíduos, incluindo a independência da política. Agora, mais que nunca, os conservadores precisam focar nessa tarefa, porque as forças relacionadas da urbanização e do estadismo estão exercendo poderosa atração na direção de uma debilitante dependência. Trata-se da dependência das grandes entidades econômicas e do governo para obter segurança. Basicamente, trata-se de dependência viciosa na segurança como objetivo mais elevado da vida. Esse vício produz, ao longo do tempo, um povo tímido, temeroso e degradado erigindo barreiras contra o mundo competitivo e afirmando agressivamente uma mentalidade de direitos autoatribuídos, incluindo o direito à proteção governamental contra a incerteza. Esses direitos autoatribuídos cobram alto custo moral. O governo que os reconhece se torna um leviatã branco, administrando um suave, afável, mas, no fim das contas, corrompedor estadismo de benevolência ignorante.

A cidade de Washington, da qual Jefferson fugiu em 1809, tornou-se uma agência de dependência. Assim, um primeiro passo razoável seria restaurar o destroçado equilíbrio de nosso sistema federal. Da era de Jefferson até este século, o debate político sobre o que Washington deveria fazer sobre isso ou aquilo usualmente começou com o exame da questão sobre se Washington deveria fazer algo — se o governo federal tinha o direito constitucional de agir. Algumas pessoas dirão que a questão constitucional está firmemente encerrada. Dirão que, já há muitas décadas, a Constituição é consistentemente interpretada para emancipar o governo federal de qualquer circunscrição séria de sua latitude de ação. Isso é verdade. Ao interpretar a Constituição de uma maneira que permite e encoraja o governo federal a agir por toda parte, ensinamos os americanos a pensarem que é natural e correto que esse governo assuma a custódia de todo problema, organize a provisão de toda necessidade e satisfaça todo desejo.

Sou capaz de reconhecer um fato sólido quando o vejo; posso enfrentar os fatos da interpretação constitucional mesmo quando os lamento. O que precisamos desenvolver agora é uma inibição não constitucional, mas prudencial do governo central. Afinal, o governo federal não possui excesso de energia, inteligência e dinheiro, nem é conspicuamente bem-sucedido em suas iniciativas. Assim, seria um ato de fidelidade aos fundadores reviver a ideia de direitos e responsabilidades dos estados. Algumas pessoas estremecem quando ouvem a expressão "direitos dos estados". Mas considere a história a seguir.

Shelby Foote, em sua história da Guerra Civil, narra um episódio relacionado a um habitante da Virgínia, o general George Thomas, que serviu no exército da União. Imediatamente após o sangrento ataque em Missionary Ridge, durante a batalha de Chattanooga, Thomas descobriu um local atraente para um cemitério militar e colocou uma equipe para trabalhar no projeto. O capelão encarregado perguntou a Thomas se os mortos deveriam ser enterrados nos lotes designados aos estados que suas unidades representavam, como fora feito em Gettysburg, onde Lincoln discursara brevemente durante a consagração do cemitério, algumas semanas antes. O general Thomas baixou a cabeça, pensou por um momento e então a sacudiu de modo decisivo. Fazendo um gesto de rolagem com ambas as mãos, respondeu: "Não, não, misture todo mundo. Estou cansado dos direitos dos estados."[49]

Os americanos velhos o bastante para se lembrarem dos grandes conflitos domésticos sobre relações raciais nas décadas de 1940, 1950 e 1960 podem muito bem dizer, como Thomas, que não querem ouvir falar de direitos dos estados. Mas vale lembrar que uma ideia não deve ser desacreditada só porque foi empregada de modo ignóbil. Também vale lembrar que, em 1800, quando a nação ainda não se estendera para oeste dos montes Allegheny, Jefferson escreveu: "Nosso país é grande demais para ter todos os seus assuntos dirigidos por um único governo."[50] Assim, vamos enviar mais poder político de volta aos níveis estadual e local. Ainda mais importante, vamos mover a política tanto quanto possível para a periferia da vida americana, onde Jefferson a queria. Para fazer isso, teremos de reverter poderosas tendências da história moderna; tendências propensas a ser recorrentes. A mente ocidental há muito é assombrada pelo medo de que a história seja cíclica — ou se torne, caso não tomemos cuidado. O medo é que forças poderosas, ou mesmo a própria lógica do desenvolvimento social, impulsionem as sociedades para ciclos de decadência e — se essas sociedades tiverem recursos e sorte — regeneração. A decadência é mais provável que a regeneração. Embora os fundadores acreditassem firmemente que a história podia ser linear, eles sabiam que o progresso não era inevitável. Assim como pode haver "contradição cultural do capitalismo", pode haver contradição política da democracia. A própria sensibilidade do governo democrático à vontade popular pode corromper essa vontade. Quanto mais o governo tenta satisfazer os apetites de grupos particulares, mais eles se inflamam e mais os grupos se organizam para impor suas demandas. Assim, as próprias virtudes pressupostas da democracia — individualismo, autodomínio e autossuficiência — são subvertidas, ao longo do tempo, pela sensibilidade do governo democrático.

Não fomos suficientemente cuidadosos nos alertas sobre a tendência do governo de inchar. Ou sobre a tendência do governo central, em um sistema federal, de absorver as responsabilidades dos outros governos. Ou sobre a tendência da política de permear a vida e constringir sua esfera privada. Mas essas tendências são somente isso, tendências, não inevitabilidades. Os americanos são um povo que olha incessantemente para a frente, mas pode aprender a viver olhando para trás, para os fundadores, em busca de orientação.

Depois que os fundadores saíram de cena, na época de Nathaniel Hawthorne, as vozes de vários "realistas" alertaram gravemente que, como os problemas da sociedade eram mais assustadores que nunca, antigos princípios deviam dar vez a novas realidades. Hawthorne, no entanto, manteve a cabeça no lugar. Ele disse que estava na hora de consultar "aqueles respeitáveis e idosos cabeças-duras que ainda [...] se mantêm agarrados a uma ou duas ideias que não entraram na moda ontem de manhã".[51] Todo o passado dos Estados Unidos recuou na mesma velocidade em que a nação mergulhou, aos trambolhões, no futuro.

A mais antiga tradição da nação é sua ávida adoção do novo, de modo que um jovem de St. Louis, desiludido com essa característica da cultura democrática, foi para a Inglaterra em busca de um passado mais palatável. T. S. Eliot falou não somente da condição passada do passado, mas de sua presença. Mas o passado útil não estará presente, a menos que os conservadores o façam estar. Seu desafio é fazer com que os fundadores sejam constantemente consultados enquanto a nação se aproxima da marca de um quarto de milênio. Americanos dados à reflexão que revisitam os grandes argumentos da tradição política de sua nação são recompensados por um senso mais rico de seu lar. O homem de St. Louis entendia isso:

*Não cessaremos de explorar*
*E, ao fim de nossa exploração,*
*Chegaremos ao ponto em que começamos*
*E o veremos pela primeira vez.*[52]

Os americanos não podem recuperar o que não reconhecem ter perdido, o estimulante senso, possuído pelos fundadores, de que as possibilidades sociais podem continuar a se expandir na abertura e na fermentação da República de direitos naturais que quase foi extinta em um campo perto de Princeton.

Em 1913, três anos depois de Woodrow Wilson deixar o gabinete da presidência em Nassau Hall e enquanto ocupava o Salão Oval da Casa Branca, como era então chamado, um jovem de 17 anos do meio-oeste chegou a Princeton. Em 1925, F. Scott Fitzgerald publicaria *O grande Gatsby*, que é um retrato da década de 1920, mas muito mais que isso. Ele está infundido de melancolia e arrependimento. Esses dois sentimentos discordam da suposta inclinação dos americanos pelo otimismo e pela alegre ignorância em relação às dimensões trágicas da vida. Entre os mais famosos parágrafos da literatura americana, aqueles que concluem o romance expressam decepção. Em pé no gramado na costa de Long Island Sound, olhando para East Egg do outro lado da água, o narrador, Nick Carraway, imagina marinheiros holandeses vendo "o fresco e verde seio do novo mundo" em um momento no qual "o homem deve ter prendido a respiração na presença deste continente [...] face a face, pela última vez na história, com algo à altura de sua capacidade de se maravilhar":

Fiquei sentado na praia, meditando sobre o velho mundo desconhecido e pensando no deslumbramento de Gatsby quando pela primeira vez identificou a luz verde que ficava acesa na ponta do ancoradouro como a luz da casa de Daisy. Ele percorrera um longo caminho até chegar a este gramado que o luar tornava azul, e seu sonho deve ter parecido tão próximo que seria praticamente impossível deixar de alcançá-lo. Ele não sabia, no entanto, que o sonho havia ficado para trás, perdido em algum lugar dentro daquela vasta obscuridade que se estendia para além da cidade, na qual os campos escuros se estendiam para muito além da noite.

Gatsby acreditara na luzinha verde, naquele futuro orgiástico que ano após ano se afasta de nós. O futuro já nos iludiu tantas vezes, mas não importa... Amanhã correremos mais depressa e esticaremos os braços um pouco mais até que, uma bela manhã...

> E assim prosseguimos, barcos contra a corrente, empurrados incessantemente de volta ao passado.[53]

Qual era esse "último e maior de todos os sonhos humanos?"[54] A resposta de Fitzgerald está implícita em duas palavras: a pura "presença" deste continente que os primeiros visitantes europeus experimentaram como "fresco", quando ainda era verde em razão de árvores há muito desaparecidas. O sonho era um recomeço de um tipo até então inimaginável, de um futuro ilimitado que os americanos estariam unicamente livres para moldar com escolhas não restritas pela viscosidade da história. Assim, o último e maior dos sonhos era nada menos que a liberdade perfeita, um estado natural em um continente que parecia ser uma tela em branco sobre a qual trabalhar.

É tentador, e não exatamente errado, pensar na fundação americana como momento encantado e transitório. Sim, é claro que sabemos — os historiadores, determinados a "desmascarar" isso e "dessacralizar" aquilo, nos disseram — que a guerra revolucionária foi a primeira guerra civil americana, com toda a selvageria que usualmente ocorre em um fratricídio prolongado. As batalhas militares durante os oito anos de Lexington e Concord, Trenton e Princeton, até Yorktown foram notavelmente poucas e relativamente pequenas: somente 23 soldados do lado americano e 156 do lado britânico morreram em Yorktown. Longe dos campos de batalha, no entanto, havia um turbilhão de violência, muitas vezes oportunista e frequentemente sádica. Mesmo assim, a fundação americana foi um momento luminoso, uma dobradiça na qual a história do mundo guinou, por causa das ideias que afirmou e então traduziu em instituições e processos constitucionais.

O fato de que a nação teve uma criação unicamente inspiradora se tornou desanimador. O passado se tornou uma repreensão, julgando o presente por seu afastamento do patrimônio misto de filosofia e prudência dos fundadores. Assim, a questão agora é: podemos voltar atrás, não para as condições nas quais começamos, mas para as premissas com as quais começamos? Note o plural de Fitzgerald na citação anterior: somos "nós" que prosseguimos, como barcos, no plural. O plural certamente não se refere somente aos personagens individuais de seu romance, mas a nosso projeto nacional. Não podemos fugir do desafio de viver exatamente pelos mesmos princípios dos fundadores, de modo que precisamos prosseguir, barcos contra as muitas correntes modernas, levados incessantemente na direção de um passado ainda útil.

# AGRADECIMENTOS

Sem Sarah Walton, a organizadora de meu escritório e minhas energias, este livro não teria sido possível. Jessica Cruzan e Elayne Allen, as mais recentes em uma longa fila de assistentes, continuaram a manter seus altos padrões de diligência e acurácia ao ajudarem a preparar o texto. Ao transformarem o manuscrito em livro, Paul Whitlatch e outros excelentes profissionais da Hachette agiram como Joe DiMaggio, fazendo o difícil parecer fácil. Dá para suspeitar que já fizeram isso antes.

O que escrevi é a sabedoria destilada, como a entendo, do que adquiri em meio século em Washington, meu lar, que amo. Assim, devo agradecer pelo deleite que senti vivendo lá. Como os leitores podem detectar a partir das numerosas referências, ter Daniel Patrick Moynihan como amigo foi um privilégio instrutivo. Ele serviu seu país brilhante e exuberantemente, divertindo-se o tempo todo, demonstrando que debater sobre a trajetória adequada de nossa esplêndida nação é um chamado nobre e um tremendo entretenimento. A ele e aos muitos bons homens e mulheres da governança americana, eu agradeço pelo prazer de sua companhia e pelo valor de seu exemplo.

# BIBLIOGRAFIA SELECIONADA

Ackerman, Kenneth. *Trotsky in New York, 1917: A Radical on the Eve of Revolution.* Berkeley: Counter Point, 2016.

Adams, Henry. *The Education of Henry Adams.* Blacksburg: Wilder Publications, 2008.

Adams, John. "From John Adams to George Washington, 17 May 1789." National Archives Founders Online. 17 de maio de 1789. https://founders.archives.gov/documents/Adams/99-02-02-0564.

Adams, John. "From John Adams to Mercy Otis Warren, 16 April 1776." National Archives Founders Online 16 de abril de 1776. https://founders.archives.gov/documents/Adams/06-04-02-0044.

Adams, John. "John Adams to Abigail Adams, 29 October 1775." National Archives Founders Online 29 de outubro de 1775. https://founders.archives.gov/documents/Adams/04-01-02-0209.

Adams, John. *The Works of John Adams.* Boston: Little, Brown and Company, 1856.

Addison, Joseph. *The Works of the Right Honourable Joseph Addison: Poems on Several Occasions.* Londres: Henry G. Bohn, 1856.

Allen, Brooke. *Moral Minority: Our Skeptical Founding Fathers.* Chicago: Ivan R. Dee, 2006.

Anderson, Bernard e Sawhill, Isabel. *Youth Employment and Public Policy.* Englewood Cliffs: Prentice-Hall, 1980.

Andrews, Robert (ed.). *Famous Lines: A Columbia Dictionary of Familiar Quotations.* Nova York: Columbia University Press, 1997.

Bagehot, Walter. *Physics and Politics.* Nova York: D. Appleton and Company, 1916.

Bailey, Andrew (ed.). *First Philosophy, Second Edition: Fundamental Problems and Readings in Philosophy*. Toronto: Broadview Press, 2011.

Balkin, Jack M. *Living Originalism.* Cambridge: The Belknap Press of Harvard University Press, 2011.

Banfield, Edward C. *Here the People Rule: Selected Essays.* Washington: The AEI Press, 1991.

Barnes, Albert. *Notes on the Book of Job.* Nova York: Leavitt & Allen, 1853.

Barnett, Randy E. "Is the Constitution Libertarian?" Georgetown University Law Center. 2009. https://scholarship.law.georgetown.edu/cgi/viewcontent.cgi?article=1839&context=facpub.

Barnett, Randy. *Our Republican Constitution: Securing the Liberty and Sovereignty of We the People.* HarperCollins, 2016.

Barnett, Randy. *The Structure of Liberty: Justice and the Rule of Law.* Oxford: Oxford University Press, 1998.

Barone, Michael. *Our Country: The Shaping of America from Roosevelt to Reagan.* Nova York: The Free Press, 1990.

Barone, Michael. "The Enduring Character of Democrats and Republicans in Times of Political Change." *The American*. 16 de outubro de 2010. https://www.aei.org/articles/the-enduring-character-of-democrats-and-republicans-in-times-of-political-change/.

Bates, Katharine. "America the Beautiful." Hymnary.org. 1893. https://hymnary.org/text/o_beautiful_for_spacious_skies.

Bell, Daniel. "On Meritocracy and Equality." *National Affairs*: 29-68, 1972. https://www.nationalaffairs.com/storage/app/uploads/public/58e/1a4/b60/58e1a4b603517781616817.pdf.

Bell, Daniel. *Sociological Journeys: Essays 1960-1980.* Londres: Pearson Education, 1980.

Bellow, Saul. *Mr. Sammler's Planet.* Nova York: Fawcett Crest, 1971.

Berlin, Isaiah. *Against the Current: Essays in the History of Ideas.* Princeton: Princeton University Press, 2013.

Berlin, Isaiah. *The Crooked Timber of Humanity.* Princeton: Princeton University Press, 2013.

Berns, Walter. *Making Patriots.* Chicago: The University of Chicago Press, 2001.

Bernstein, David. "Flashback: Barack Obama on the 'Biggest Problems We're Facing'." *Washington Post*, 21 de novembro de 2014. https://www.washingtonpost.com/news/volokh-conspiracy/wp/2014/11/21/flashback-barack-obama-on-the-biggest-problems-were-facing/?utm_term=.ea3e40a1f2c3.

Bernstein, David E. *Rehabilitating Lochner: Defending Individual Rights Against Progressive Reform.* Chicago: The University of Chicago Press, 2011.

*Bhagavad Gita.* Londres: Penguin Books, 2003.

Bickel, Alexander. *The Morality of Consent.* New Haven: Yale University Press, 1975.

Bickel, Alexander M. *The Least Dangerous Branch: The Supreme Court at the Bar of Politics.* New Haven: Yale University Press, 1986.

Blackstone, William. *Commentaries on the Laws of England*, vol. 2. Nova York: E. Duyckinck, et al., 1827.

Blair, Tony. *A Journey: My Political Life.* Canadá: Vintage Canada, 2011.

Blair, Tony. *Tony Blair in His Own Words.* Politico's Publishing, 2004.

Blake, Aaron. "The Final Trump-Clinton Debate Transcript." *Washington Post.* 19 de outubro de 2016. https://www.washingtonpost.com/news/the-fix/wp/2016/10/19/the-final-trump-clinton-debate-transcript-annotated/.

Bluhm, William. *Theories of the Political System: Classics of Political Thought and Modern Political Analysis.* Prentice-Hall, 1978.

Blum, John. *Woodrow Wilson and the Politics of Morality.* Boston: Little, Brown and Company, 1962.

Blum, Walter J. e Kalven Jr., Harry. "The Uneasy Case for Progressive Taxation." *The University of Chicago Law Review* 19 (3): 417-520, 1952. https://chicagounbound.uchicago.edu/cgi/viewcontent.cgi?article=2722&context=uclrev.

Boaz, David. *The Libertarian Mind.* Nova York: Simon & Schuster, 2015.

Boller, Paul. *Presidential Campaigns: From George Washington to George W. Bush.* Oxford: Oxford University Press, 2004.

Boorstin, Daniel J. *The Genius of American Politics.* Chicago: University of Chicago Press, 1953.

Boot, Max. *The Road Not Taken.* Nova York: Liveright Publishing Corporation, 2018.

Boot, Max. *The Savage Wars of Peace: Small Wars and the Rise of American Power.* Nova York: Basic Books, 2002.

Bork, Robert. *The Tempting of America: The Political Seduction of the Law.* Nova York: Simon & Schuster, 1991.

Boudreaux, Don. "Most Ordinary Americans in 2016 Are Richer Than Was John D. Rockefeller in 1916." Cafe Hayek. 20 de fevereiro de 2016. https://cafehayek.com/2016/02/40405.html.

Bradford, William. *History of Plymouth Plantation, 1620-1647.* Boston: Houghton Mifflin Company, 1912.

"Brady's Photographs." *The New York Times.* 20 de outubro de 1862. https://www.nytimes.com/1862/10/20/archives/bradys-photographs-pictures-of-the-dead-at-antietam.html.

Brandeis, Louis D. *Letters of Louis D. Brandeis: Volume V, 1921-1941: Elder Statesman.* Nova York: State University of New York Press, 1978.

Brands, H. W. *Woodrow Wilson.* Nova York: Times Books, 2003.

Breyer, Stephen. *Making Our Democracy Work: A Judge's View.* Nova York: Vintage Books, 2010.

Brinkley, Alan e Dyer, Davis. *The American Presidency.* Boston: Houghton Mifflin Company, 2004.

Brodie, Bernard e Brodie, Fawn. *From Crossbow to H-Bomb.* Bloomington: Indiana University Press, 1973.

Brooke, Rupert. *1914 and Other Poems.* Boston: Squid Ink Classics, 2018.

Buchanan, Patrick. *Day of Reckoning: How Hubris, Ideology, and Greed Are Tearing America Apart.* Nova York: Thomas Dunne Books, 2007.

Buchanan, Patrick J. *Churchill, Hitler, and "The Unnecessary War": How Britain Lost Its Empire and the West Lost the World.* Nova York: Crown Publishers, 2008.

Buchanan, Patrick. "The Good Neocon." *The American Conservative.* 7 de maio de 2007. https://www.theamericanconservative.com/articles/the-good-neocon/.

Bullock, Allan. *Hitler and Stalin: Parallel Lives.* Nova York: First Vintage Books Edition, 1993.

Burke, Edmund. *The Works of Edmund Burke,* vol. 3. Londres: George Bell and Sons, 1903.

Burke, Edmund. *The Works of Edmund Burke,* vol. 4. Boston: Freeman and Bolles Printers, 1839.

Bush, George W. "Commencement Address at the United States Military Academy in West Point." The American Presidency Project. 1º de junho de 2002. http://www.presidency.ucsb.edu/ws/index.php?pid=62730.

Bush, George W. "Inaugural Address." The American Presidency Project. 20 de janeiro de 2005. http://www.presidency.ucsb.edu/ws/index.php?pid=58745.

Bush, George W. "Remarks at the American Enterprise Institute Dinner." The American Presidency Project. 26 de fevereiro de 2003. http://www.presidency.ucsb.edu/ws/index.php?pid=62953.

Bush, George W. "Remarks in Halifax, Canada." The American Presidency Project. 1º de dezembro de 2004. https://www.presidency.ucsb.edu/documents/remarks-halifax-canada.

Bush, George W. "Remarks on Labor Day in Richfield, Ohio." The American Presidency Project. 1º de setembro de 2003. https://www.presidency.ucsb.edu/documents/remarks-labor-day-richfield-ohio.

Bush, George W. "Remarks on the 20th Anniversary of the National Endowment for Democracy." The American Presidency Project. 6 de novembro de 2003. http://www.presidency.ucsb.edu/ws/index.php?pid=844.

Bush, George W. "Remarks on the War on Terror." The American Presidency Project. 8 de março de 2005. http://www.presidency.ucsb.edu/ws/index.php?pid=64430.

Bush, George W. "The President's News Conference." The American Presidency Project. 13 de abril de 2004. http://www.presidency.ucsb.edu/ws/index.php?pid=62604.

Carter, Jimmy. "Address to the Nation on Energy." The American Presidency Project. 18 de abril de 1977. https://www.presidency.ucsb.edu/documents/address-the-nation-energy.

Cather, Willa. *The First Willa Cather MEGAPACK.* Wildside Press, 2016.

Ceaser, James. "The Presidential Nomination Mess." *Claremont Review of Books*, volume VIII, número 4. Outono de 2008. https://protect-us.mimecast.com/s/bC6YCg JDQJCqLAkQTNmar3?domain=claremont.org.

Cervantes, Miguel de. *The Ingenious Gentleman Don Quixote of La Mancha.* Londres: Adam and Charles Black, 1895.

Chernow, Ron. *Washington: A Life.* Nova York: Penguin Books, 2010.

Clark, Kenneth. *Civilization: A Personal View.* Penguin Books, 1987.

Clarke, Desmond e Wilson, Catherine. *The Oxford Handbook of Philosophy in Early Modern Europe.* Oxford: Oxford University Press, 2011.

Cleva, Gregory. *Henry Kissinger and the American Approach to Foreign Policy.* Lewisburg: Bucknell University Press, 1989.

Cloward, Richard e Piven, Frances. "The Welfare Vaudevillian." *The Nation*, 22 de setembro de 1979: 236-239.

Cochrane, John. "Russ Roberts on Economic Humility." The Grumpy Economist. 3 de março de 2017. https://johnhcochrane.blogspot.com/2017/03/russ-roberts-on-economic-humility.html.

Cochrane, John. "Why and How We Care about Inequality." The Grumpy Economist. 29 de setembro de 2014. https://johnhcochrane.blogspot.com/2014/09/why-and-how-we-care-about-inequality.html.

Cohen, Ronen (ed.). *Identities in Crisis in Iran: Politics, Culture, and Religion.* Lanham: Lexington Books, 2015.

*Cohens v. Virginia.* 19 U.S. 264 (Suprema Corte dos Estados Unidos, 4 de março de 1821).

Coleman, James. "Equality of Educational Opportunity." Education Resources Information Center. 1966. https://files.eric.ed.gov/fulltext/ED012275.pdf.

*Collections of the Massachusetts Historical Society.* Boston, 1877.

Combs, James e Nimmo, Dan. *The Comedy of Democracy.* Westport: Praeger, 1996.

Committee on the Judiciary. "The Nomination of Elena Kagan to be an Associate Justice of the Supreme Court of the United States." 2010. https://www.judiciary.senate.gov/meetings/the-nomination-of-elena-kagan-to-be-an-associate-justice-of-the-supreme-court-of-the-united-states.

*The Congressional Register*, vol. 2. Nova York: Hodge, Allen, and Campbell, 1790.

Conquest, Robert. *The Harvest of Sorrow: Soviet Collectivization and the Terror-Famine.* Nova York: Oxford University Press, 1986.

Cooke, Jacob E. (ed.). *The Federalist.* Middletown: Wesleyan University Press, 1964.

Coolidge, Calvin. "Address at the Celebration of the 150th Anniversary of the Declaration of Independence in Philadelphia, Pennsylvania." The American Presidency Project. 5 de julho de 1926. https://www.presidency.ucsb.edu/documents/address-the-celebration-the-150th-anniversary-the-declaration-independence-philadelphia.

Coolidge, Calvin. *The Price of Freedom: Speeches and Addresses.* Amsterdam: Fredonia Books, 2001.

Cooper, Charles J. "Confronting the Administrative State." *National Affairs*, 96-108, 2015. https://www.nationalaffairs.com/publications/detail/confronting-the-administrative-state.

Corwin, Edward S. *The President: Office and Powers.* Nova York: New York University Press, 1957.

Cost, Jay e Barnett, Randy. "Fix the Filibuster." *The Weekly Standard*, 2 de novembro de 2015. https://www.weeklystandard.com/jay-cost-and-randy-e-barnett/fix-the-filibuster.

Cowen, Tyler. *The Complacent Class: The Self-Defeating Quest for the American Dream.* Nova York: St. Martin's Press, 2017.

Crane, Tim. *The Meaning of Belief: Religion from an Atheist's Point of View.* Cambridge: Harvard University Press, 2017.

Croly, Herbert. *Progressive Democracy.* Nova York: The Macmillan Company, 1914.

Croly, Herbert. *The Promise of American Life.* Nova York: The Macmillan Company, 1911.

"Cultural Climate Change." The Office of Rabbi Sacks. 20 de julho de 2017. http://rabbisacks.org/cultural-climate-change/.

Darwin, Charles. *The Correspondence of Charles Darwin,* vol. 8. Cambridge: Cambridge University Press, 1993.

Darwin, Charles. *The Origin of Species.* Nova York: A Bantam Book, 2008.

Dean, John. *Warren G. Harding: The American Presidents Series: The 29th President, 1921-1923.* Nova York: Times Books, 2004.

De Gaulle, Charles. *The Complete War Memoirs of Charles de Gaulle.* Nova York: Carroll & Graf Publishers, 1998.

DeMuth, Christopher. "Repairing Our Fractured Politics." Hudson Institute. 11 de janeiro de 2018. https://www.hudson.org/research/14106-repairing-our-fractured-politics.

DeMuth, Christopher. "The Bucks Start Here." Claremont Review of Books, 26 de agosto de 2013. https://www.claremont.org/crb/article/the-bucks-start-here/.

DeMuth, Christopher. "The Regulatory State." *National Affairs*: 70-91, 2012. https://www.nationalaffairs.com/publications/detail/the-regulatory-state.

*Department of Transportation v. Association of American Railroads.* 575 U.S. (Suprema Corte dos Estados Unidos, 9 de março de 2015).

De Vries, Peter. *The Blood of the Lamb.* Chicago: University of Chicago Press, 2005.

De Vries, Peter. *The Mackerel Plaza: A Novel.* Oxford: Oxford University Press, 1984.

Dewey, John. *My Pedagogic Creed.* Nova York: E. L. Kellogg & Co., 1897.

Dewey, John. "The Future of Liberalism." *The Journal of Philosophy* 32 (9): 225-230, 1935.

Diamond, Martin. "The American Idea of Equality: The View from the Founding." *The Review of Politics* 38 (3): 313-331 1976.

Diggins, John. *The Proud Decades: America in War and in Peace, 1941-1960.* Nova York: W.W. Norton & Company, 1989.

Diggins, John P. *Ronald Reagan: Fate, Freedom, and the Making of History.* Nova York: W.W. Norton & Company, 2007.

Dinwiddy, J. R. *Radicalism and Reform in Britain, 1780-1850.* Londres: The Hambledon Press, 1992.

Drehle, David Von. *Triangle: The Fire that Changed America.* Nova York: Atlantic Monthly Press, 2003.

Duggan, Mike. Mayor Mike Duggan Keynote Address. 31 de maio de 2017. https://www.youtube.com/watch?v=PrPAcQaYISg.

Eberstadt, Nicholas. *A Nation of Takers: America's Entitlement Epidemic.* West Conshohocken, Pa.: Templeton Press, 2012.

Eberstadt, Nicholas. "American Exceptionalism and the Entitlement State." *National AffairsI*: 25-38, 2015. https://www.nationalaffairs.com/publications/detail/american-exceptionalism-and-the-entitlement-state.

Eberstadt, Nicholas. *Men Without Work: America's Invisible Crisis.* West Conshohocken: Templeton Press, 2016.

Eberstadt, Nicholas. "The Great Society at Fifty." *The Weekly Standard.* 19 de maio de 2014. https://www.weeklystandard.com/nicholas-eberstadt/the-great-society-at-fifty.

Ehrenberg, John. *Civil Society: The Critical History of an Idea.* Nova York: New York University Press, 1999.

Eisenhower, Dwight. "Religion." Eisenhower Foundation. 22 de dezembro de 1952. https://www.dwightdeisenhower.com/193/Religion.

Eksteins, Modris. *Rites of Spring: The Great War and the Birth of the Modern Age.* Vintage Canada Edition, 2012.

"Eliot, T. S. Little Gidding." Columbia University, s.d. http://www.columbia.edu/itc/history/winter/w3206/edit/tseliotlittlegidding.html.

"Elizabeth Warren on Fair Taxation." YouTube. 30 de setembro de 2011. https://www.youtube.com/watch?v=60fQCDqXfq0.

Ellis, Geoffrey. 2003. *The Napoleonic Empire.* Nova York: Palgrave Macmillan.

Ellis, Joseph J. *The Quartet: Orchestrating the Second American Revolution, 1783-1789.* Nova York: Alfred A. Knopf, 2015.

Emerson, Jason. *Lincoln the Inventor.* Carbondale: Southern Illinois University Press, 2009.

Emerson, Ralph Waldo. *Emerson: A Modern Anthology.* Boston: Houghton Mifflin Company, 1959.

Emerson, Ralph Wado. *Essays and Lectures.* Nova York: The Library of America, 1983.

Emerson, Ralph Wado. *The Early Lectures of Ralph Waldo Emerson,* vol. 3. Cambridge: The Belknap Press, 1972.

Emerson, Ralph Wado. *The Early Poems of Ralph Waldo Emerson.* Nova York: A. L. Burt, 1900.

"English Translation of Magna Carta." British Library. 28 de julho de 2014. https://www.bl.uk/magna-carta/articles/magna-carta-english-translation.

"Environmental Housing and Life Styles." Education Resources Information Center, 1971. https://files.eric.ed.gov/fulltext/ED097480.pdf.

Epstein, Richard A. "Beware of Legal Transitions: A Presumptive Vote for the Reliance Interest." *Journal of Contemporary Legal Issues:* 69-91, 2003. https://chicagounbound.uchicago.edu/cgi/viewcontent.cgi?referer=https://www.google.com/&httpsredir=1&article=2395&context=journal_articles.

Erler, Edward. *The American Polity: Essays on the Theory and Practice of Constitutional Government.* Nova York: Routledge, 2013.

Fadiman, Clifton (ed.). *The Little, Brown Book of Anecdotes.* Boston: Little, Brown and Company, 1997.

Fadiman, Clifton e Bernard, Andre. *Bartlett's Book of Anecdotes.* Boston: Little, Brown and Company, 2000.

Farnsworth, Ward. *Farnsworth's Classical English Metaphor.* Jaffrey: David R. Godine, 2016.

Feldman, Noah. *Scorpions: The Battles and Triumphs of FDR's Great Supreme Court Justices.* Nova York: Grand Central Publishing, 2010.

Feldman, Noah. *The Three Lives of James Madison: Genius, Partisan, President.* Nova York: Random House, 2017.

Fest, Joachim. *Hitler.* Orlando: Harcourt, Inc., 1974.

Feynman, Richard. *The Character of Physical Law.* Cambridge: The MIT Press, 1988.

Fischer, David. *Liberty and Freedom: A Visual History of America's Founding Ideas.* Oxford: Oxford University Press, 2005.

Fisher, Matthew. "Searching for Explanations: How the Internet Inflates Estimates of Internal Knowledge." *Journal of Experimental Psychology*: 674-687, 2015. https://www.apa.org/pubs/journals/releases/xge-0000070.pdf.

Fitzgerald, F. Scott. *The Great Gatsby.* Nova York: Scribner, 2004.

*Fletcher v. Peck*. 10 U.S. 87 (Suprema Corte dos Estados Unidos, 16 de março de 1810).

Fogel, Robert. *The Fourth Great Awakening and the Future of Egalitarianism*. Chicago: University of Chicago Press, 2000.

Foner, Eric. *A Short History of Reconstruction*. Nova York: HarperCollins, 2015.

Forman, Samuel. *Our Republic: A Brief History of the American People*. Nova York: The Century Co., 1922.

Foss, Sam Walter. *Whiffs from Wild Meadows*. Boston: Lothrop, Lee & Shepard Co., 1895.

Frady, Marshall. *Wallace: The Classic Portrait of Alabama Governor George Wallace*. Nova York: Random House, 1975.

Frankfurt, Harry. *On Inequality*. Princeton: Princeton University Press, 2015.

Franklin, Benjamin. *The Autobiography of Benjamin Franklin*. South Kingstown: Millennium Publications, 2015.

Freedman, Diane (ed.). *Millay at 100: A Critical Reappraisal*. Carbondale: Southern Illinois University Press, 1995.

Freud, Sigmund. *The Future of an Illusion*. Buffalo: Broadview Press, 2012.

Frost, Robert. *The Poetry of Robert Frost: The Collected Poems*. Nova York: Henry Holt and Company, 1979.

Fukuyama, Francis. *Political Order and Political Decay: From the Industrial Revolution to the Globalization of Democracy*. Nova York: Farrar, Straus and Giroux, 2014.

Fukuyama, Francis. *The End of History and the Last Man*. Nova York: Free Press, 2006.

Fukuyama, Francis. *The Origins of Political Order: From Prehuman Times to the French Revolution*. Nova York: Farrar, Straus and Giroux, 2011.

Galbraith, John Kenneth. *The Affluent Society*. Boston: Houghton Mifflin Company, 1998.

Fukuyama, Francis. *The New Industrial State*. Princeton: Princeton University Press, 2007.

Gibbon, Edward. *The History of the Decline and Fall of the Roman Empire.* Nova York: Harper & Brothers Publishers, 1905.

*Gitlow v. New York.* 268 U.S. 652 (Suprema Corte dos Estados Unidos, 7 de junho de 1925).

Goldfarb, Zachary A. "Obama Administration Pushes Banks to Make Home Loans to People with Weaker Credit." *Washington Post,* 2 de abril de 2013. https://www.washingtonpost.com/business/economy/obama-administration-pushes--banks-to-make-home-loans-to-people-with-weakercredit/2013/04/02/a8b-4370c-9aef-11e2-a941-a19bce7af755_story.html?utm_ term=.e60a8a2aca57.

Goldhagen, Daniel. *Hitler's Willing Executioners: Ordinary Germans and the Holocaust.* Nova York: First Vintage Books Edition, 1997.

Goldwater, Barry. *Goldwater.* Nova York: Doubleday, 1988.

Gorbachev, Mikhail. "Text of Gorbachev's Speech to the United Nations." AP News. 8 de dezembro de 1988. https://www.apnews.com/1abea48aacda1a-9dd520c380a8bc6be6.

Gordon, John Steele. "The Little Miracle Spurring Inequality." *Wall Street Journal.* 2 de junho de 2014. https://www.wsj.com/articles/john-steele-gordon-the--little-miracle-spurring-inequality-1401751381.

Gottlieb, Anthony. *The Dream of Reason: A History of Western Philosophy from the Greeks to the Renaissance.* Nova York: W.W. Norton & Company, 2016.

Graham, Helen. *The Spanish Civil War: A Very Short Introduction.* Oxford: Oxford University Press, 2005.

Green, Mark. *Winning Back America.* Nova York: Bantam Books, 1982.

Greenblatt, Stephen. *The Swerve: How the World Became Modern.* Nova York: W. W. Norton & Company, 2011.

Greene, Graham. *The Quiet American.* Nova York: Penguin Group, 1996.

Greenhouse, Steven. "Conflict in the Balkans." *The New York Times.* 31 de maio de 1995. https://www.nytimes.com/1995/05/31/world/conflict-balkans-europe-us-nato-demand-quick-release-hostages.html.

Gregg, Gary. *The Presidential Republic: Executive Representation and Deliberative Democracy.* Lanham: Rowman & Littlefield Publishers, 1997.

*Gutierrez-Brizuela v. Lynch.* 14-9585 (Tribunal de Apelação do 10º Circuito dos Estados Unidos, 23 de agosto de 2016).

Hakim, Joy. *War, Peace, and All that Jazz: 1918-1945.* Oxford: Oxford University Press, 2006.

Halberstam, David. *The Best and the Brightest.* Nova York: Ballantine Books, 1992.

Hale, William Bayard. *Woodrow Wilson: The Story of His Life.* Garden City: Doubleday, Page & Company, 1912.

Hamilton, Alexander. "Alexander Hamilton's Final Version of the Report on the Subject of Manufactures, [5 December 1791]." National Archives Founders Online. 5 de dezembro de 1791. https://founders.archives.gov/documents/Hamilton/01-10-02-0001-0007.

Hamilton, Alexander. "Annapolis Convention. Address of the Annapolis Convention, [14 September 1786]." National Archives Founders Online. 14 de setembro de 1786. https://founders.archives.gov/documents/Hamilton/01-03-02-0556.

Hamilton. Alexander. "The Farmer Refuted, &c. [23 February], 1775." National Archives Founders Online. 23 de fevereiro de 1775. https://founders.archives.gov/documents/Hamilton/01-01-02-0057.

Hamilton, John. *Life of Alexander Hamilton: A History of the Republic,* vol. 7. Boston: Houghton, Osgood and Company, 1879.

Hamilton, Neil. *Presidents: A Biographical Dictionary.* Nova York: Facts on File, 2010.

Hammett, Dashiell. *The Continental Op.* Nova York: Random House, 1992.

Handlin, Oscar e Handlin, Mary. *The Popular Sources of Political Authority: Documents on the Massachusetts Constitution of 1780.* Cambridge: Belknap Press of Harvard University Press, 1966.

Hanushek, Eric A. "The Impact of Differential Expenditures on School Performance." *Educational Researcher* 18 (4): 45-62, 1989.

Harlan, David. *The Degradation of American History.* Chicago: The University of Chicago Press, 1997.

Harrison, Antony. *The Cultural Production of Matthew Arnold.* Athens: Ohio University Press, 2009.

Hartz, Louis. *The Liberal Tradition in America.* Nova York: Harcourt Books, 1991.

Hawley, Joshua. *Theodore Roosevelt: Preacher of Righteousness.* New Haven: Yale University Press, 2008.

Hawthorne, Nathaniel. *The Blithedale Romance.* Boston: Houghton, Mifflin and Company, 1894.

Hayek, Friedrich. *The Fatal Conceit: The Errors of Socialism.* Nova York: Routledge, 1988.

Hayek, Friedrich. "The Use of Knowledge in Society." *The American Economic Review*: 519-530, 1945.

Hayek, Friedrich A. *The Constitution of Liberty: The Definitive Edition.* Chicago: The University of Chicago Press, 2011.

Hayek, Friedrich A. "The Pretence of Knowledge." The Nobel Prize. 11 de dezembro de 1974. https://www.nobelprize.org/prizes/economics/1974/hayek/lecture/.

Hayek, Friedrich A. *The Road to Serfdom: Text and Documents – The Definitive Edition.* Chicago: The University of Chicago Press, 2007.

Hayward, Steven. "Reagan Casts Big Shadow with Achievements." American Enterprise Institute. 12 de junho de 2004. http://www.aei.org/publication/reagan-casts-big-shadow-with-achievements/.

Hayward, Steven. *The Age of Reagan: The Fall of the Old Liberal Order, 1964-1980.* Nova York: Three Rivers Press, 2001.

Hayward, Steven F. *Patriotism Is Not Enough.* Nova York: Encounter Books, 2017.

Healy, Gene. *The Cult of the Presidency: America's Dangerous Devotion to Executive Power.* Washington, DC: Cato Institute, 2009.

Hegel, Georg. *Hegel: Elements of the Philosophy of Right.* Cambridge: Cambridge University Press, 2003.

Heidler, David S. e Heidler, Jeanne T. *Washington's Circle: The Creation of the President.* Nova York: Random House, 2015.

Hemingway, Ernest. *The Snows of Kilimanjaro and Other Stories.* Nova York: Scribner, 1961.

Henley, William Ernest. *A Book of Verses.* Londres: David Nutt, 1893.

Himmelfarb, Gertrude. *One Nation, Two Cultures.* Nova York: Vintage Books, 2001.

Himmelfarb, Gertrude. *The Moral Imagination: From Edmund Burke to Lionel Trilling.* Chicago: Ivan R. Dee, 2006.

Himmelfarb, Gertrude. *Victorian Minds: A Study of Intellectuals in Crisis and Ideologies in Transition.* Chicago: Ivan R. Dee, 1995.

Hirsch, Fred. *Social Limits to Growth.* Cambridge: Harvard University Press, 1976.

Hobbes, Thomas. *Leviathan.* Dumfries & Galloway: Anodos Books, 2017.

Hodgson, Godfrey. *America in Our Time: From World War II to Nixon—What Happened and Why.* Princeton: Princeton University Press, 2005.

Hodgson, Godfrey. *The Gentleman from New York.* Boston: Houghton Mifflin Company, 2000.

Holmes, Oliver Wendell. *Collected Legal Papers.* Nova York: Harcourt, Brace and Company, 1920.

Holmes, Oliver Wendell. *The Path of the Law.* The Floating Press, 2009.

Holmes, Oliver Wendell e Frankfurter, Felix. *Holmes and Frankfurter: Their Correspondence, 1912-1934.* Hanover: University Press of New England, 1996.

Holmes, Oliver Wendell e Laski, Harold J. *Holmes-Laski Letters: The Correspondence of Mr. Justice Holmes and Harold J. Laski*, vol. 2. Cambridge: Harvard University Press, 1953.

Holmes, Oliver Wendell e Laski, Harold J. *Holmes-Laski Letters: The Correspondence of Mr. Justice Holmes and Harold J. Laski*, vol. 1. Cambridge: Harvard University Press, 1953.

Holowchak, M. Andrew (ed.). *Thomas Jefferson and Philosophy: Essays on the Philosophical Cast of Jefferson's Writings.* Lanham: Lexington Books, 2014.

Holzer, Henry. *The Supreme Court Opinions of Clarence Thomas, 1991-2011.* Jefferson: McFarland & Company, 2012.

"House of Representatives." Government Publishing Office. 14 de março de 1991. https://www.gpo.gov/fdsys/pkg/GPO-CRECB-1991-pt5/pdf/GPO--CRECB-1991-pt5-2-2.pdf.

Hubbard, Glenn e Kane, Tim. "Regaining America's Balance." *National Affairs*: 27-39, 2018. https://www.nationalaffairs.com/publications/detail/regainin-g-americas-balance.

Hughes, H. Stuart. *Consciousness and Society.* Nova York: Routledge, 2017.

Hume, David. *A Treatise of Human Nature.* Londres: Thomas & Joseph Allman, 1817.

Hutchinson, John e Smith, Anthony D. *Nationalism.* Oxford: Oxford University Press, 1994.

Jackson, Andrew. "Veto Message." The Avalon Project. 10 de julho de 1832. http://avalon.law.yale.edu/19th_century/ajveto01.asp.

Jackson, Robert H. "The Task of Maintaining Our Liberties: The Role of the Judiciary." *ABA Journal*: 961-965, 1953.

James, Henry. *Letters,* vol. 3. Cambridge: The Belknap Press, 1980.

James, William. *Memories and Studies.* Nova York: Longmans, Green and Co., 1912.

James, William. *The Varieties of Religious Experience.* Nova York: Longmans, Green and Co., 1911.

Jefferson, Thomas. "First Inaugural Address." The Avalon Project. 4 de março de 1801. http://avalon.law.yale.edu/19th_century/jefinau1.asp.

Jefferson, Thomas. "From Thomas Jefferson to Benjamin Rush, 23 September 1800." National Archives Founders Online. 23 de setembro de 1800. https://founders.archives.gov/documents/Jefferson/01-32-02-0102.

Jefferson, Thomas."From Thomas Jefferson to James Madison, 20 December 1787." National Archives Founders Online. 20 de dezembro de 1787. https://founders.archives.gov/documents/Jefferson/01-12-02-0454.

Jefferson, Thomas. "From Thomas Jefferson to Joseph Priestley, 19 June 1802." National Archives Founders Online. 19 de junho de 1802. https://founders.archives.gov/documents/Jefferson/01-37-02-0515.

Jefferson, Thomas. *Memoir, Correspondence, and Miscellanies: From the Papers of Thomas Jefferson.* Charlottesville: F. Carr, and Co., 1829.

Jefferson, Thomas. *The Jeffersonian Cyclopedia: A Comprehensive Collection of the Views of Thomas Jefferson.* Nova York: Funk & Wagnalls Company, 1900.

Jefferson, Thomas. *The Works of Thomas Jefferson: Published by Order of Congress from the Original Manuscripts Deposited in the Department of State*, vol. 7. Nova York: Townsend, 1884.

Jefferson, Thomas. *The Writings of Thomas Jefferson*, volume 8. Cambridge: Cambridge University Press, 2011.

Jefferson, Thomas. *The Writings of Thomas Jefferson*, vol. 2. Nova York: G. P. Putnam's Sons, 1893.

Jefferson, Thomas. *The Writings of Thomas Jefferson: 1807-1815*, vol. 9. Nova York: G. P. Putnam's Sons, 1898.

Jefferson, Thomas. *The Writings of Thomas Jefferson: 1816-1826*, vol. 10. Nova York: G. P. Putnam's Sons, 1899.

"Thomas Jefferson to John Adams." *The Founders' Constitution.* 28 de outubro de 1813. http://press-pubs.uchicago.edu/founders/documents/v1ch15s61.html.

Jefferson, Thomas. "Thomas Jefferson to John Adams, 12 October 1813." National Archives Founders Online. 12 de outubro de 1813. https://founders.archives.gov/documents/Jefferson/03-06-02-0431.

Jefferson, Thomas. "Thomas Jefferson to Roger Weightman." Library of Congress. 24 de junho de 1826. https://www.loc.gov/exhibits/jefferson/214.html.

Jefferson, Thomas. *Thomas Jefferson: The Declaration of Independence and Letters, Addresses, Excerpts and Aphorisms.* St. Louis, 1904.

Jefferson, Thomas. *Thomas Jefferson: Writings*. Nova York: The Library of America, 2011.

Johnson, Lyndon. "Address at Johns Hopkins University: 'Peace Without Conquest'." The American Presidency Project. 7 de abril de 1965. https://www.presidency.ucsb.edu/documents/address-johns-hopkins-university-peace-without-conquest.

Johnson, Lyndon. "Annual Message to the Congress on the State of the Union." The American Presidency Project. 8 de janeiro de 1964. https://www.presidency.ucsb.edu/documents/annual-message-the-congress-the-state-the-union-25.

Johnson, Lyndon. "Annual Message to the Congress on the State of the Union." The American Presidency Project. 12 de janeiro de 1966. http://www.presidency.ucsb.edu/ws/index.php?pid=28015.

Johnson, Lyndon. "Commencement Address at Howard University." The American Presidency Project. 4 de junho de 1965. https://www.presidency.ucsb.edu/documents/commencement-address-howard-university-fulfill-these-rights.

Johnson, Lyndon. "Remarks Before the National Convention Upon Accepting the Nomination." The American Presidency Project. 27 de agosto de 1964. http://www.presidency.ucsb.edu/ws/index.php?pid=26467.

Johnson, Lyndon B. "Remarks at the University of Michigan." The American Presidency Project. 22 de maio de 1964. http://www.presidency.ucsb.edu/ws/?pid=26262.

Jones, Gareth. *Karl Marx: Greatness and Illusion*. Cambridge: Belknap Press of Harvard University Press, 2016.

Jones, Richard. *The Black Book: Wittgenstein and Race*. Lanham: University Press of America, 2013.

Judis, John. *The Folly of Empire: What George W. Bush Could Learn from Theodore Roosevelt and Woodrow Wilson*. Nova York: Scribner, 2004.

Kagan, Donald. *On the Origins of War: And the Preservation of Peace*. Nova York: Anchor Books, 1996.

Kaku, Michio. *Einstein's Cosmos: How Albert Einstein's Vision Transformed Our Understanding of Space and Time.* Nova York: W.W. Norton & Company, 2005.

Kass, Leon. *Leading a Worthy Life: Finding Meaning in Modern Times.* Nova York: Encounter Books, 2017.

Keller, Morton. *America's Three Regimes: A New Political History.* Nova York: Oxford University Press, 2007.

Kennedy, John F. "Address of Senator John F. Kennedy Accepting the Democratic Party Nomination for the Presidency of the United States—Memorial Coliseum, Los Angeles." The American Presidency Project. 15 de julho de 1960. http://www.presidency.ucsb.edu/ws/index.php?pid=25966.

Kennedy, John. F. "Annual Message to the Congress on the State of the Union." The American Presidency Project. 11 de janeiro de 1962. http://www.presidency.ucsb.edu/ws/?pid=9082.

Kennedy, John. F. "Commencement Address at Yale University." The American Presidency Project. 11 de junho de 1962. https://www.presidency.ucsb.edu/documents/commencement-address-yale-university.

Kennedy, John. F. "Inaugural Address." The American Presidency Project. 20 de janeiro de 1961. http://www.presidency.ucsb.edu/ws/index.php?pid=8032.

Kennedy, John. F. "Remarks of Senator John F. Kennedy, Municipal Auditorium, Canton, Ohio." The American Presidency Project. 27 de setembro de 1960. https://www.presidency.ucsb.edu/documents/remarks-senator-john-f-kennedy-municipal-auditorium-canton-ohio.

Kesler, Charles R. e Kienker, John B. *Life, Liberty, and the Pursuit of Happiness: Ten Years of the Claremont Review of Books.* Lanham: Rowman & Littlefield Publishers, 2012.

Kirby, William e Spence, William. *An Introduction to Entomology.* Londres: Longman, Rees, Orme, Brown, and Green, 1828.

Kirk, Russell. *The Essential Russell Kirk: Selected Essays.* Wilmington: Intercollegiate Studies Institute, 2014.

Kissinger, Henry. *World Order.* Nova York: Penguin Books, 2014.

Knox, Ronald. *The Belief of Catholics.* San Francisco: Ignatius Press, 2000.

Koestler, Arthur. *The Ghost in the Machine.* Londres: Hutchinson & Co., 1967.

Kosar, Kevin. "How to Strengthen Congress." *National Affairs*: 48-61, 2015. https://www.nationalaffairs.com/publications/detail/how-to-strengthen-congress.

Krames, Jeffrey. *The Rumsfeld Way.* Nova York: McGraw-Hill, 2003.

Krauthammer, Charles. "The Audacity of Vanity." *Washington Post*, 18 de julho de 2008. http://www.washingtonpost.com/wp-dyn/content/article/2008/07/17/AR2008071701839.html.

Kristol, Irving. *Neoconservatism: The Autobiography of an Idea.* Nova York: The Free Press, 1995.

Kristol, Irving. *The Neoconservative Persuasion.* Philadelphia: Basic Books, 2013.

Kristol, Irving. "The Rise of Totalitarian Democracy, by J. L. Talmon." *Commentary Magazine.* 1º de setembro de 1952. https://www.commentarymagazine.com/articles/the-rise-of-totalitarian-democracy-by-j-l-talmon/.

Larkin, Philip. *High Windows.* Londres: Faber & Faber, 2015.

Larson, Edward J. *The Return of George Washington: Uniting the States, 1783-1789.* Nova York: HarperCollins, 2014.

Lawson, Gary. "The Rise and Rise of the Administrative State." *Harvard Law Review* 107 (6): 1231-1254, 1994.

Lee, Mike. *Our Lost Constitution.* Nova York: Penguin Random House, 2016.

Lefever, Ernest. *America's Imperial Burden: Is the Past Prologue?* Boulder, Co.: Westview Press, 1999.

Lehman, David (ed.). *The Oxford Book of American Poetry.* Oxford: Oxford University Press, 2006.

Leonard, Thomas. *Illiberal Reformers: Race, Eugenics, and the American Economics in the Progressive Era.* Princeton: Princeton University Press, 2016.

Leuchtenburg, William E. *The Supreme Court Reborn: The Constitutional Revolution in the Age of Roosevelt.* Nova York: Oxford University Press, 1995.

Levin, Yuval. "Edmund Burke's Economics of Flourishing." American Enterprise Institute. 2016. http://www.aei.org/spotlight/human-flourishing-burke/.

Levin, Yuval. *The Great Debate: Edmund Burke, Thomas Paine, and the Birth of Right and Left.* Nova York: Basic Books, 2014.

Levine, George *et al.* "Speaking for the Humanities." American Council of Learned Societies. 1989. http://archives.acls.org/op/7_Speaking_for_Humanities.htm.

Lewis, Sinclair. *Main Street.* Nova York: P. F. Collier & Son, 1920.

Lincoln, Abraham. *Abraham Lincoln: Speeches and Writings Vol. 2 1859-1865.* Nova York: The Library of America, 1989.

Lincoln, Abraham. "Address at the Dedication of the National Cemetery at Gettysburg, Pennsylvania." The American Presidency Project. 19 de novembro de 1863. https://www.presidency.ucsb.edu/documents/address-the-dedication-the-national-cemetery-gettysburg-pennsylvania-gettysburg-address.

Lincoln, Abraham. "First Annual Message." The American Presidency Project. 3 de dezembro de 1861. https://www.presidency.ucsb.edu/documents/first--annual-message-9.

Lincoln, Abraham. "Fragment on the Constitution and the Union."Collected Works of Abraham Lincoln. Janeiro de 1861. https://quod.lib.umich.edu/l/lincoln/lincoln4/1:264.1?rgn=div2;view=fulltext.

Lincoln, Abraham. *Great Speeches.* Mineola: Dover Publications, 1991.

Lincoln, Abraham. "Inaugural Address." The American Presidency Project. 4 de março de 1861. http://www.presidency.ucsb.edu/ws/index.php?pid=25818.

Lincoln, Abraham.*Lincoln Addresses and Letters.* Nova York: American Book Company, 1914.

Lincoln, Abraham. *Lincoln: Speeches and Writings: 1859-1865.* Nova York: The Library of America, 1989.

Lincoln, Abraham. *Speeches and Writings 1832-1858: Speeches, Letters, and Miscellaneous Writings: The Lincoln-Douglas Debates*, vol. 1. Nova York: The Library of America, 1989.

Lincoln, Abraham. *The Writings of Abraham Lincoln*, vol. 7. Nova York: P. F. Collier & Son, 1865.

Lindsey, Brink. *The Age of Abundance: How Prosperity Transformed America's Politics and Culture*. Nova York: HarperCollins, 2008.

Lippmann, Walter. *Drift and Mastery: An Attempt to Diagnose the Current Unrest*. Nova York: Mitchell Kennerley, 1914.

Lippmann, Walter. *The Stakes of Diplomacy*. Nova York: Henry Holt and Company, 1915.

Lipset, Seymour Martin. *American Exceptionalism: A Double-Edged Sword*. Nova York: W.W. Norton & Company, 1997.

*Lochner v. New York*. 198 U.S. 45 (Suprema Corte dos Estados Unidos, 16 de abril de 1905).

Locke, John. *An Essay Concerning Human Understanding*. Londres, 1753.

Locke, John. "Second Treatise." *The Founders' Constitution*. 1689. http://press-pubs.uchicago.edu/founders/documents/v1ch17s5.html.

Locke, John. *The Conduct of the Understanding*. Londres: William Baynes, 1801.

Locke, John. *Two Treatises on Government*. Londres: Whitmore & Fenn, 1821.

Lomborg, Bjorn. "Environmental Alarmism, Then and Now." *Foreign Affairs*, julho de 2012. https://www.foreignaffairs.com/articles/2012-07-01/environmental-alarmism-then-and-now.

Lorenz, Konrad. *On Aggression*. Londres: Taylor and Francis, 2005.

"Louisiana Caskets." Institute for Justice. 2010. https://ij.org/case/saint-joseph-abbey-et-al-v-castille-et-al/.

"Louisiana Florists." Institute for Justice. 2004. https://ij.org/case/meadows-v-odom/.

Lukacs, John. *A New Republic: A History of the United States in the Twentieth Century.* New Haven: Yale University Press, 2004.

*Lynch v. Donnelly.* 465 U.S. 668 (Suprema Corte dos Estados Unidos, 4 de março de 1984).

MacMillan, Margaret. *Paris 1919: Six Months That Changed the World.* Nova York: Random House Trade Paperback, 2003.

Madison, James. "Political Observations, 20 April 1795." National Archives Founders Online. 20 de abril de 1795. https://founders.archives.gov/documents/Madison/01-15-02-0423.

Madison, James. "Rights." *The Founders' Constitution.* 8 de junho de 1789. http://press-pubs.uchicago.edu/founders/documents/v1ch14s50.html.

Madison, James. *The Writings of James Madison: 1783-1787.* Nova York: G.P. Putnam's Sons, 1901.

Magnet, Myron. "The Founders' Grandson, Part II." *City Journal*, inverno de 2018. https://www.cityjournal.org/html/founders-grandson-part-ii-15651.html.

Mann, Mary Tyler Peabody. *Life of Horace Mann.* Boston: Walker, Fuller and Company, 1865.

Mansfield, Harvey C. *America's Constitutional Soul.* Johns Hopkins University Press, 1991.

*Marbury v. Madison.* 5 U.S. 137 (Suprema Corte dos Estados Unidos, 23 de fevereiro de 1803).

Marlantes, Karl. "The Bloody Pivot." *The Wall Street Journal.* 2 de junho de 2017. https://www.wsj.com/articles/the-bloody-pivot-1496437497.

Marx, Karl. *Critique of Hegel's "Philosophy of Right."* Cambridge: Cambridge University Press, 1982.

Marx, Karl e Engels, Friedrich. *Das Kapital.* Aristeus Books, 2012.

Marx, Karl e Engels, Friedrich. *The Communist Manifesto.* Mineápolis: Lerner Publishing Group, 2018.

Maxwell, James Clerk. "Molecular Evolution." Poetry Foundation. s/d. https://www.poetryfoundation.org/poems/45777/molecular-evolution.

McClay, Wilfred M. "How to Think about Patriotism." *National Affairs:* 105-115, 2018.

McClintock, Tom. "How and Why the Senate Must Reform the Filibuster." Imprimis. 2017. https://imprimis.hillsdale.edu/wp-content/uploads/2017/01/Imprimis-Senate-Filibuster-Jan-2017.pdf.

McCloskey, Deirdre. *Bourgeois Equality: How Ideas, Not Capital or Institutions, Enriched the World.* Chicago: University of Chicago Press, 2017.

McCloskey, Deirdre. *The Bourgeois Virtues: Ethics for an Age of Commerce.* Chicago: The University of Chicago Press, 2007.

McCloskey, Deirdre. "The Myth of Technological Unemployment." *Reason.* Agosto de 2017. https://reason.com/archives/2017/07/11/the-myth-of-technological-unem.

McConnell, Michael W. "Originalism and the Desegregation Decisions." *Virginia Law Review* 81 (4): 947-1140, 1995. https://chicagounbound.uchicago.edu/cgi/viewcontent.cgi?article=12624&context=journal_articles.

McConnell, Michael W. "The Originalist Justification for Brown: A Reply to Professor Klarman." *Virginia Law Review* 81 (7): 1937-1955, 1995. https://chicagounbound.uchicago.edu/cgi/viewcontent.cgi?article=12613&context=journal_articles.

McCullough, David. *1776.* Nova York: Simon & Schuster, 2005.

McDowell, Gary e Noble, Sharon. *Reason and Republicanism: Thomas Jefferson's Legacy of Liberty.* Lanham: Rowman & Littlefield Publishers, 1997.

McPherson, James. *Battle Cry of Freedom: The Civil War Era.* Oxford: Oxford University Press, 2003.

McSmith, Andy. *No Such Thing as Society: A History of Britain in the 1980s.* Londres: Constable & Robinson, 2010.

Meinig, Donald. *The Shaping of America: A Geographical Perspective on 500 Years of History.* New Haven: Yale University Press, 1993.

Meyer, Karl. *Pax Ethinica: Where and How Diversity Succeeds.* Nova York: Public Affairs, 2012.

Meyers, Marvin. *The Jacksonian Persuasion: Politics and Belief.* Stanford: Stanford University Press, 1960.

Mill, John Stuart. *Principles of Political Economy.* Nova York: The Colonial Press, 1899.

Miller, Jeffrey. *Discovering Molecular Genetics.* Cold Spring Harbor: Cold Spring Harbor Laboratory Press, 1996.

Miller, John. *Norman Angell and the Futility of War: Peace and the Public Mind.* Nova York: Palgrave Macmillan, 1986.

Miller, Marion Mills (ed.). *Great Debates in American History*, vol. 2. Nova York: Current Literature Publishing Company, 1913

Miller, Marion Mills (ed.). *Great Debates in American History*, vol. 6. Nova York: Current Literature Publishing Company, 1913.

Miller, Perry. *Errand into the Wilderness.* Cambridge: The Belknap Press of Harvard University Press, 1984.

*Minersville School District v. Gobitis.* 310 U.S. 586 (Suprema Corte dos Estados Unidos, 3 de junho de 1940).

Morison, Samuel. *The Rising Sun in the Pacific.* Urbana: University of Illinois Press, 2001.

Moynihan, Daniel. *Coping.* Nova York: Random House, 1973.

Moynihan, Daniel. *Counting Our Blessings: Reflections on the Future of America.* Boston: Atlantic Monthly Press, 1980.

Moynihan, Daniel. "Imperial Government." *Commentary Magazine*, 1º de junho de 1978. https://www.commentarymagazine.com/articles/imperial-government/.

Moynihan, Daniel. *Secrecy: The American Experience.* New Haven: Yale University Press, 1998.

"Nashville Limos." Institute for Justice. 2011. https://ij.org/case/nashville-limos/.

Nau, Henry. *Conservative Internationalism: Armed Diplomacy under Jefferson, Polk, Truman and Reagan.* Princeton: Princeton University Press, 2015.

Nelson, Craig. *Thomas Paine: Enlightenment, Revolution, and the Birth of Modern Nations.* Nova York: Penguin Books, 2006.

Newman, Roger K. (ed.) *The Yale Biographical Dictionary of American Law.* New Haven: Yale University Press, 2009.

Nichols, Tom. *The Death of Expertise: The Campaign against Established Knowledge and Why it Matters.* Oxford: Oxford University Press, 2017.

Nisbet, Robert. *Prejudices: A Philosophical Dictionary.* Cambridge: Harvard University Press, 1982.

Niskanen, William A. *Reflections of a Political Economist: Selected Articles on Government Policies and Political Processes.* Washington: Cato Institute, 2008.

Nixon, Richard. "Inaugural Address." The American Presidency Project. 20 de janeiro de 1969. https://www.presidency.ucsb.edu/documents/inaugural-address-1.

Nixon, Richard. "Remarks to Midwestern News Media Executives Attending a Briefing on Domestic Policy in Kansas City, Missouri." The American Presidency Project. 6 de julho de 1971. http://www.presidency.ucsb.edu/ws/index.php?pid=3069.

Nova York (estado de). *The Speeches of the Different Governors to the Legislature of the State of New York.* Albany: J. B. Van Steenberg, 1825.

Novak, Michael (ed.). *A Free Society Reader: Principles for the New Millennium.* Lanham: Lexington Books, 2000.

Obama, Barack. "Address Before a Joint Session of Congress on the State of the Union." The American Presidency Project. 12 de fevereiro de 2013. http://www.presidency.ucsb.edu/ws/index.php?pid=102826.

Obama, Barack. "Remarks by the President at a Campaign Event in Roanoke, Virginia." The White House. 13 de julho de 2012. https://obamawhitehouse.archives.gov/the-press-office/2012/07/13/remarks-president-campaign-event-roanoke-virginia.

Okun, Arthur. *Equality and Efficiency: The Big Tradeoff.* Washington: The Brookings Institution, 2015.

Olcott, Charles. *William McKinley*, vol. 2. Boston: Houghton Mifflin Company, 1916.

Olson, Mancur. *The Rise and Decline of Nations: Economic Growth, Stagflation, and Social Rigidities.* New Haven: Yale University Press, 1982.

Oshisanya, Oshitokunbo. *An Almanac of Contemporary and Comparative Judicial Restatements.* Ikoyi: Almanac Foundation, 2016.

Paine, Thomas. *Paine: Collected Writings.* Nova York: The Library of America, 1984.

Thomas, Paine. *The Age of Reason*, vol. 2. Londres: R. Carlile, 1818.

Passell, Peter, Marc Roberts e Ross, Leonard. "The Limits to Growth." *The New York Times.* 2 de abril de 1972. https://www.nytimes.com/1972/04/02/archives/the-limits-to-growth-a-report-for-the-club-of-romes-project-on-the.html?.

Paul, Ellen Frankel, Fred D. Miller e Paul, Jeffrey. *Natural Rights Individualism and Progressivism in American Political Philosophy.* Cambridge: Cambridge University Press, 2012.

Paul, Joel Richard. *Without Precedent: Chief Justice John Marshall and His Times.* Nova York: Riverhead Books, 2018.

Paulo II, Papa João. *Collected Poems.* Nova York: Random House, 1982.

*Perez v. Brownell.* 356 U.S. 44 (Suprema Corte dos Estados Unidos, 30 de março de 1958).

Pestritto, Ronald J. *Woodrow Wilson and the Roots of Modern Liberalism.* Lanham: Rowman & Littlefield Publishers, 2005.

Polanyi, Karl. *The Great Transformation: The Political and Economic Origins of Our Time.* Boston: Beacon Press, 2001.

*Polish National Alliance v. Labor Board.* 322 U.S. 643 (Suprema Corte dos Estados Unidos, 5 de junho de 1944).

Postrel, Virginia. *The Future and Its Enemies: The Growing Conflict over Creativity, Enterprise, and Progress.* Nova York: Touchstone, 1999.

*Powers v. Harris.* 03-6014 (Tribunal de Apelação do 10º Circuito dos Estados Unidos, 23 de agosto de 2004).

Quammen, David. *The Reluctant Mr. Darwin: An Intimate Portrait of Charles Darwin and the Making of His Theory of Evolution.* Nova York: W.W. Norton & Company, 2007.

Rasmussen, Dennis. *The Infidel and the Professor: David Hume, Adam Smith, and the Friendship that Shaped Modern Thought.* Princeton: Princeton University Press, 2017.

Ratcliffe, Susan (ed.). *Concise Oxford Dictionary of Quotations.* Nova York: Oxford University Press, 2011.

Rauch, Jonathan. *Government's End: Why Washington Stopped Working.* Nova York: Public Affairs, 1999.

Rawls, John. *A Theory of Justice.* Cambridge: The Belknap Press, 2003.

Reagan, Ronald. "Address to Members of the British Parliament." The American Presidency Project. 8 de junho de 1982. http://www.presidency.ucsb.edu/ws/index.php?pid=42614.

Raegan, Ronald. "Inaugural Address." The American Presidency Project. 21 de janeiro de 1985. http://www.presidency.ucsb.edu/ws/index.php?pid=38688.

Raegan, Ronald. *The Last Best Hope: The Greatest Speeches of Ronald Reagan.* West Palm Beach: Humanix Books, 2016.

"Records of the Federal Convention of 1787." *The Founders' Constitution*, s.d. http://press-pubs.uchicago.edu/founders/documents/a2_1_1s4.html.

Rees, Martin. *Our Cosmic Habitat.* Princeton: Princeton University Press, 2001.

Rice, Condoleezza. "National Security Advisor Dr. Condoleezza Rice Discusses War on Terror at Reagan Library and Museum." The American Presidency Project. 28 de fevereiro de 2004. http://www.presidency.ucsb.edu/ws/index.php?pid=80779.

Ridley, Matt. *The Evolution of Everything: How New Ideas Emerge.* Nova York: HarperCollins, 2015.

Risen, Clay. *The Bill of the Century: The Epic Battle for the Civil Rights Act.* Nova York: Bloomsbury Press, 2014.

Roberts, Peri e Sutch, Peter. *Introduction to Political Thought.* Edinburgh: Edinburgh University Press, 2012.

Robertson, Connie (ed.). *The Wordsworth Dictionary of Quotations.* Hertfordshire: Wordsworth Editions Ltd., 1998.

*Robinson v. CrownCork and Seal Company.* 06-0714 (Superior Tribunal do Texas, 22 de outubro de 2010).

Roland, Charles. *Reflections on Lee: A Historian's Assessment.* Baton Rouge: Louisiana State University Press, 1995.

Roosevelt, Franklin. "Annual Message to Congress." The American Presidency Project. 3 de janeiro de 1938. http://www.presidency.ucsb.edu/ws/index.php?pid=15517.

Roosevelt, Franklin. "Campaign Address on Progressive Government at the Commonwealth Club in San Francisco, California." The American Presidency Project. 23 de setembro de 1932. http://www.presidency.ucsb.edu/ws/index.php?pid=88391.

Roosevelt, Franklin. "Inaugural Address." The American Presidency Project. 4 de março de 1933. http://www.presidency.ucsb.edu/ws/index.php?pid=14473.

Roosevelt, Franklin. "Inaugural Address." The American Presidency Project. 20 de janeiro de 1937. https://www.presidency.ucsb.edu/documents/inaugural-address-7.

Roosevelt, Franklin. "Radio Address to the Business and Professional Men's League Throughout the Nation." The American Presidency Project. 6 de outubro de 1932. http://www.presidency.ucsb.edu/ws/index.php?pid=88394.

Roosevelt, Franklin. "State of the Union Message to Congress." The American Presidency Project. 11 de janeiro de 1944. http://www.presidency.ucsb.edu/ws/index.php?pid=16518.

Roosevelt, Theodore. "The Radical Movement Under Conservative Direction." Theodore Roosevelt. 13 de dezembro de 1910. http://theodore-roosevelt.com/images/research/txtspeeches/792.pdf.

Roosevelt, Theodore. *The Strenuous Life: Essays and Addresses*. Mineola: Dover Publications, 2009.

Roosevelt, Theodore. *The Works of Theodore Roosevelt: American Ideals*. Nova York: P. F. Collier & Son, 1897.

Roosevelt, Theodore. *Theodore Roosevelt: An Autobiography*. Nova York: Charles Scribner's Sons, 1922.

Rousseau, Jean-Jacques. *The Social Contract*. Sovereign Classics, 2016.

Rovere, Richard H. *The Goldwater Caper*. Nova York: Harcourt, Brace & World, Inc., 1963.

Rustow, Dankwart e Attanasio, Salvator. *Freedom and Domination: A Historical Critique of Civilization*. Princeton: Princeton University Press, 1980.

Ryle, Gilbert. *The Concept of the Mind*. Chicago: University of Chicago Press, 2000.

Sandefur, Timothy. *Frederick Douglass: Self-Made Man*. Washington: Cato Institute, 2018.

Sandler, Stanley. *The Korean War: No Victors, No Vanquished*. Londres: UCL Press, 2003.

Sasse, Ben. "Senator Ben Sasse's Maiden Speech." Senador pelo Nebraska Ben Sasse. 3 de novembro de 2015. https://www.sasse.senate.gov/public/index.cfm/2015/11/senator-ben-sasse-s-maiden-speech.

Sasse, Ben. *The Vanishing American Adult: Our Coming-of-Age Crisis—and How to Rebuild a Culture of Self-Reliance*. Nova York: St. Martin's Press, 2017.

Scalia, Antonin. *Scalia Speaks: Reflections on Law, Faith, and Life Well Lived*. Nova York: Crown Forum, 2017.

Scheidel, Walter. *The Great Leveler: Violence and the History of Inequality from the Stone Age to the Twenty-First Century*. Princeton: Princeton University Press, 2017.

Schmitt, Gary J.; Bessette, Joseph M. e Busch, Andrew E. *The Imperial Presidency and the Constitution.* Lanham: Rowman & Littlefield, 2017.

Schudson, Michael. *The Good Citizen: A History of American Civic Life.* Cambridge: Harvard University Press, 1999.

Schumpeter, Joseph. *Capitalism, Socialism and Democracy.* Londres: Taylor & Francis, 2003.

Scott, James (ed.). *President Wilson's Foreign Policy: Messages, Addresses, Papers.* Nova York: Oxford University Press, 1918.

Sennett, Richard e Cobb, Jonathan. *The Hidden Injuries of Class.* Nova York: W. W. Norton & Company, 1993.

Shakespeare, William. "The Tragedy of Hamlet, Prince of Denmark." *The Complete Works of William Shakespeare.* s.d. http://shakespeare.mit.edu/hamlet/full.html.

Shakespeare, William. "The Tragedy of Macbeth." *The Complete Works of William Shakespeare.* s.d. http://shakespeare.mit.edu/macbeth/full.html.

*Shaw v. Reno.* 509 U.S. 630 (Suprema Corte dos Estados Unidos, 27 de junho de 1993).

Shelley, Percy Bysshe. *The Poetical Works of Percy Bysshe Shelley.* Londres: Macmillan and Co., 1907.

Sidgwick, Henry. *The Principles of Political Economy.* Londres: Macmillan and Co., 1887.

Siegel, Fred. *The Revolt Against the Masses: How Liberalism Has Undermined the Middle Class.* Nova York: Encounter Books, 2013.

Silverglate, Harvey. *Three Felonies a Day: How the Feds Target the Innocent.* Nova York: Encounter Books, 2011.

Smith, Adam. *An Inquiry Into the Nature and Causes of the Wealth of Nations,* volume 1. Edinburgh: Adam and Charles Black, 1850.

Smith, Adam. *The Theory of Moral Sentiments.* Glasgow: R. Chapman, 1809.

Smith, Jean Edward. *FDR.* Nova York: Random House Trade Paperback, 2008.

Smith, Jean Edward. *John Marshall: Definer of a Nation*. Nova York: First Owl Books, 1998.

Somin, Ilya. *Democracy and Political Ignorance: Why Smaller Government Is Smarter*. Stanford: Stanford University Press, 2016.

Souter, David H. "Text of Justice David Souter's Speech." *The Harvard Gazette*. 27 de maio de 2010. https://news.harvard.edu/gazette/story/2010/05/text-of-justice-david-souters-speech/.

Spalding, Matthew. *We Still Hold These Truths: Rediscovering Our Principles, Reclaiming Our Future*. Wilmington: Intercollegiate Studies Institute, 2009.

Spark, Muriel. *The Girls of Slender Means*. Nova York: New Directions Publishing, 1998.

"Speech Acts." *Stanford Encyclopedia of Philosophy*. 2 de outubro de 2014. https://plato.stanford.edu/entries/speech-acts/.

Steel, Ronald. *Walter Lippmann and the American Century*. Londres: Routledge, 2017.

Stegner, Wallace. *The Sound of Mountain Water*. Nova York: Doubleday, 1969.

Stelzer, Irwin (ed.). *The Neocon Reader*. Nova York: Grove Press, 2004.

Stevens, Richard. *American Political Thought: The Philosophic Dimension of American Statesmanship*. Kendall Hunt Publishing Company, 1976.

Stevenson, Adlai. *Commencement Address by Adlai Stevenson*. 1955. https://www.equityalliancemn.org/uploads/7/4/4/0/74401303/commencemnet_address_by_adliai_stevenson_smith_college.pdf.

Stigler, George J. "The Intellectual and the Marketplace." *The Kansas Journal of Sociology* 1 (2): 69-77, 1965.

Stoppard, Tom. *Travesties*. Nova York: Grove Press, 1975.

Sumner, William Graham. *What Social Classes Owe Each Other*. Auburn: Ludwig von Mises Institute, 2007.

Swainson, Bill (ed.). *Encarta Book of Quotations*. Nova York: St. Martin's Press, 2000.

Tennyson, Alfred. *Locksley Hall*. Boston: Ticknor and Fields, 1869.

Thomas, Karen (dir.). *The G.I. Bill: The Law That Changed America.* Exibido na PBS em 1997.

Thompson, Derek. "America in 1915: Long Hours, Crowded Houses, Death by Trolley." *The Atlantic.* 11 de fevereiro de 2016. https://www.theatlantic.com/business/archive/2016/02/america-in-1915/462360/?utm_source=nl__link8_021216.

Thurber, James. "She Built Up Her Personality but She's Undermined." *Fine Art America.* 28 de março de 1942. https://fineartamerica.com/featured/she-built-up-her-personalitybut-shes-undermined-james-thurber.html.

Tierney, John. "Betting on the Planet." *The New York Times.* 2 de dezembro de 1990. https://www.nytimes.com/1990/12/02/magazine/betting-on-the-planet.html.

Tocqueville, Alexis de. *Democracy in America.* Chicago: University of Chicago Press, 2002.

Tocqueville, Alexis de. *Democracy in America.* Londres: Longman, Green, Longman and Roberts, 1862.

Tocqueville, Alexis de. *Democracy in America.* Nova York: A. S. Barnes & Co., 1855.

Tocqueville, Alexis de. *Democracy in America.* Traduzido por Henry Reeve. Washington: Regnery Publishing, 2002.

Tocqueville, Alexis de. *Democracy in America,* vol. 2. Cambridge: Sever and Francis, 1862.

Trevelyan, George M. *The American Revolution*, vol. 3. Nova York: Longmans, Green, and Co., 1905.

Trilling, Lionel. *The Liberal Imagination.* Nova York: New York Review Books, 2008.

*Trop v. Dulles.* 356 U.S. 86 (Suprema Corte dos Estados Unidos, 30 de março de 1958).

Tropman, John; Dluhy, Milan; Lind, Roger; Vasey, Wayne e Croxton, Tom. *Strategic Perspectives on Social Policy.* Nova York: Pergamon Press, 1978.

Trotsky, Leon. *Literature and Revolution.* Chicago: Haymarket Books, 2005.

Truss, Lynne. *Talk to the Hand: The Utter Bloody Rudeness of the World Today, or Six Good Reasons to Stay Home and Bolt the Door.* Nova York: Gotham Books, 2005.

Tulis, Jeffrey e Mellow, Nicole. *Legacies of Losing in American Politics.* Chicago: University of Chicago Press, 2018.

Turner, Frederick Jackson. *Rereading Frederick Jackson Turner: "The Significance of the Frontier in American History" and Other Essays.* New Haven: Yale University Press, 1998.

Turner, Jonathan e Maryanski, Alexandra. *On the Origin of Societies by Natural Selection.* Nova York: Routledge, 2016.

Turow, Scott. *The Laws of Our Fathers.* Nova York: Farrar, Straus and Giroux, 1996.

Twain, Mark. *Adventures of Huckleberry Finn.* Nova York: Charles L. Webster and Company, 1885.

Twain, Mark. *Mark Twain's Notebook.* Nova York: Scholarly Press, 1971.

Twain, Mark. *The Writings of Mark Twain,* vol. 7. Nova York: Gabriel Wells, 1922.

Twain, Mark. *What Is Man?* Nova York: Harper & Brothers Publishers, 1917.

"Two Hundred and Seventeenth Day." The Avalon Project. 30 de setembro de 1946. http://avalon.law.yale.edu/imt/09-30-46.asp.

Udehn, Lars. *The Limits of Public Choice: A Sociological Critique of the Economic Theory of Politics.* Nova York: Routledge, 1996.

*United States v. Lopez.* 514 U.S. 549 (Suprema Corte dos Estados Unidos, 25 de abril de 1995).

Updike, John. *A Month of Sundays.* Ballantine Books, 1996.

Updike, John. *Rabbit at Rest.* Nova York: Random House Trade Paperback, 1990.

Wallison, Peter. "Decentralization, Deference, and the Administrative State." *National Affairs*: 69-82, 2016. https://www.nationalaffairs.com/publications/detail/decentralization-deference-and-the-administrative-state.

Warner, Charles Dudley. *A Library of the World's Best Literature*, vol. 1. Nova York: J. A. Hill & Co., 1902.

Washington, George. "Circular to the States." *The Founders' Constitution.* 8 de junho de 1783. http://press-pubs.uchicago.edu/founders/documents/v1ch7s5.html.

Washington, George. "Inaugural Address." The American Presidency Project. 30 de abril de 1789. http://www.presidency.ucsb.edu/ws/index.php?pid=25800.

Washington, George. "Letter of the President of the Federal Convention, Dated September 17, 1787, to the President of Congress, Transmitting the Constitution." The Avalon Project. 17 de setembro de 1787. http://avalon.law.yale.edu/18th_century/translet.asp.

Washington, George. *The Writings of George Washington.* Editado por John C. Fitzpatrick. Best Books, 1939.

Washington, George. "Washington's Farewell Address 1796." The Avalon Project. 1796. http://avalon.law.yale.edu/18th_century/washing.asp.

Webster, Daniel. *The Writings and Speeches of Daniel Webster.* Boston: Little, Brown & Company, 1903.

Weeks, Albert. *Stalin's Other War: Soviet Grand Strategy, 1939-1941.* Lanham: Rowman & Littlefield Publishers, 2002.

Weisman, Steven R. (ed.). *Daniel Patrick Moynihan: A Portrait in Letters of an American Visionary.* Nova York: Public Affairs, 2010.

"Wellesley Statement from CERE Faculty." FIRE. 20 de março de 2017. https://www.thefire.org/subject-facstaffdiscuss-statement-cere-faculty-re-laura-kipnis-freedom-project-visit-aftermath/.

Wenzi, Terence. *A Conscious Endeavor: A Judeo-Christian Reflection on the Distribution of Wealth.* Eugene: Wipf and Stock, 2014.

*West Virginia State Board of Education v. Barnette.* 319 U.S. 624 (Suprema Corte dos Estados Unidos, 14 de junho de 1943).

White, Theodore. *The Making of the President 1964.* Nova York: HarperCollins Publishers, 2010.

Whitehead, Alfred North. *Process and Reality: An Essay in Cosmology.* Nova York: The Free Press, 1978.

*Wickard v. Filburn.* 317 U.S. 111 (Suprema Corte dos Estados Unidos, 8 de novembro de 1942).

Wilbur, Richard. *Collected Poems: 1943-2004.* Orlando: Harcourt, 2004.

Will, George F. "Bedeviled by Ethnicity." *Newsweek.* 23 de agosto de 1992. https://www.newsweek.com/bedeviled-ethnicity-198122.

Will, George F. "Labels Do Matter." *Newsweek.* 26 de julho de 1992. https://www.newsweek.com/labels-domatter-200410.

Will, George F. *One Man's America: The Pleasures and Provocations of Our Singular Nation.* Nova York: Crown Forum, 2008.

Will, George F. *Suddenly: The American Idea Abroad and at Home, 1986-1990.* Nova York: Free Press, 1992.

Will, George F. *The Leveling Wind: Politics, the Culture, and Other News.* Nova York: Penguin Books, 1995.

Will, George F. *The Morning After.* Nova York: Free Press, 1986.

Will, George F. *The Pursuit of Happiness and Other Sobering Thoughts.* Nova York: Harper & Row, 1978.

Will, George F. *The Pursuit of Virtue and Other Tory Notions.* Nova York: Simon & Schuster, 1983.

Will, George F. *The Woven Figure: Conservatism and America's Fabric.* Nova York: Scribner, 1997.

Will, George F. *With a Happy Eye, But...: America and the World, 1997-2002.* Nova York: Free Press, 2002.

Wilson, James Q. "American Politics, Then & Now." *Commentary.* Fevereiro de 1979.

Wilson, James Q. *American Politics, Then & Now: And Other Essays.* Washington: The AEI Press, 2010.

Wilson, James Q. *Moral Judgment: Does the Abuse Excuse Threaten Our Legal System?* Nova York: Basic Books, 1997.

Wilson, James Q. *On Character: Essays.* Washington: The AEI Press, 1995.

Wilson, James Q. *Two Nations.* Washington: The AEI Press, 1998.

Wilson, Woodrow. "Address to Congress on International Order." The American Presidency Project. 11 de fevereiro de 1918. http://www.presidency.ucsb.edu/ws/index.php?pid=110448.

Wilson, Woodrow. *Constitutional Government in the United States.* New Orleans: Quid Pro Books, 2011.

Wilson, Woodrow. *The New Freedom: A Call for the Emancipation of the Generous Energies of a People.* Garden City: Doubleday, Page & Company, 1913.

Wilson, Woodrow. *The Papers of Woodrow Wilson,* volume 9. Princeton: Princeton University Press, 1970.

Wilson, Woodrow. *The Public Papers of Woodrow Wilson.* Nova York: Harper and Brothers, 1925.

Wilson, Woodrow. *Woodrow Wilson: The Essential Political Writings.* Lanham: Lexington Books, 2005.

Winchester, Simon. *The Men Who United the States: America's Explorers, Inventors, Eccentrics, and Mavericks, and the Creation of One Nation, Indivisible.* Nova York: Harper Perennial, 2014.

Wister, Owen. *The Virginian.* Nova York: The Macmillan Company, 1902.

Wood, Gordon S. *Empire of Liberty: A History of the Early Republic, 1789-1815.* Oxford: Oxford University Press, 2009.

Wood, Gordon S. *Friends Divided: John Adams and Thomas Jefferson.* Nova York: Penguin Press, 2017.

Wood, Gordon S. *The Radicalism of the American Revolution.* Nova York: Vintage Books, 2011.

Woolf, Virginia. *Mr. Bennett and Mrs. Brown.* Londres: Hogarth Press, 1924.

Yarbrough, Jean M. *Theodore Roosevelt and the American Political Tradition.* Lawrence: University Press of Kansas, 2012.

Yeats, William Butler. *Collected Poems of W. B. Yeats.* Nova York: Collier Books, 2008.

Yeats, William Butler. "The Second Coming." Poetry Foundation. s.d. https://www.poetryfoundation.org/poems/43290/the-second-coming.

*Zorach v. Clauson.* 343 U.S. 306 (Suprema Corte dos Estados Unidos, 27 de abril de 1952).

Zwonitzer, Mark. *The Statesman and the Storyteller: John Hay, Mark Twain, and the Rise of American Imperialism.* Chapel Hill: Algonquin Books, 2016.

# NOTAS

## EPÍGRAFE

1. Lincoln, *Speeches and Writings 1832-1858*, 35-36.

## PREFÁCIO

1. Rees, *Our Cosmic Habitat*, ix.

## INTRODUÇÃO

1. Chernow, *Washington: A Life*, 282.
2. Trevelyan, *The American Revolution,* vol. 3, 113.
3. De Gaulle, *The Complete War Memoirs of Charles de Gaulle*, 10.
4. Hale, *Woodrow Wilson: The Story of His Life*, 153.
5. Feldman, *Scorpions*, 179.
6. Ibid., 180.
7. *Minersville v. Gobitis*, 310. U.S. 586. (1940).
8. Ibid.
9. Feldman, *Scorpions*, 184.
10. *West Virginia State Board of Education v. Barnette*, 319. U.S. 624. (1943).
11. Gottlieb, *The Dream of Reason*, xi.
12. McClay, "How to Think about Patriotism", *National Affairs*, 107.
13. Lipset, *American Exceptionalism*, 18.
14. Whitehead, *Process and Reality*, 39.

15. Trilling, *The Liberal Imagination*, xv-xvi.
16. Goldwater, *Goldwater*, 119.
17. Ibid., 154.
18. Meyers, *The Jacksonian Persuasion*, vii-viii.
19. Wister, *The Virginian*, 29.
20. Rovere, *The Goldwater Caper*, 10.
21. Barone, "The Enduring Character of Democrats and Republicans in Times of Political Change", 2010.

## CAPÍTULO 1: A AFIRMAÇÃO EPISTEMOLÓGICA DOS FUNDADORES

1. Hamilton, "The Farmer Refuted, &c. [23. February], 1775", 1775.
2. Lincoln, *Speeches and Writings 1832-1858*, 82-83.
3. Coolidge, "Address at the Celebration of the 150th Anniversary of the Declaration of Independence", 1926.
4. Ibid.
5. Hamilton, "The Farmer Refuted, &c. [23. February], 1775", 1775.
6. Collections of the Massachusetts Historical Society, 436-437.
7. Handlin, *The Popular Sources of Political Authority*, 330, 327.
8. Hobbes, *Leviathan*, 69.
9. Handlin, *The Popular Sources of Political Authority*, 440-441.
10. Miller, *Errand into the Wilderness*, 2.
11. Paul, *Natural Rights Individualism and Progressivism in American Political Philosophy*, 98.
12. Ibid., 104.
13. Hobbes, *Leviathan*, 69.
14. Locke, *An Essay Concerning Human Understanding*, 218-219.
15. Bluhm, *Theories of the Political System*, 219.
16. Paul, *Natural Rights Individualism and Progressivism in American Political Philosophy*, 3-5, 9.
17. Wood, *Friends Divided*, 5, 121-122.
18. Hegel, *Hegel: Elements of the Philosophy of Right*, 21.
19. Hamilton, "The Farmer Refuted, &c. [23. February], 1775", 1775.
20. Cooke, *The Federalist*, 578.
21. Paine, *Paine: Collected Writings*, 6.

22. Hume, *A Treatise of Human Nature*, 106.
23. Hobbes, *Leviathan*, 37.
24. Paul, *Natural Rights Individualism and Progressivism in American Political Philosophy*, 114-115.
25. Ibid., 112.
26. Hamilton, "The Farmer Refuted, &c. [23. February], 1775", 1775.
27. Hayward, *Patriotism Is Not Enough*, 78, 104-109.
28. Barnett, *The Structure of Liberty*, 15.
29. Roberts, *Introduction to Political Thought*, 48.
30. Wood, *The Radicalism of the American Revolution*, 4-5.
31. Ibid., 5.
32. Ibid., 11, 23, 27, 44, 51, 61, 66.
33. Ibid., 123, 171, 189.
34. Burke, *The Works of Edmund Burke*, 444.
35. Cooke, *The Federalist*, 56-65, 347-353.
36. Mansfield, *America's Constitutional Soul*, 16.
37. Rustow, *Freedom and Domination*, 519.
38. Cooke, *The Federalist*, 347-353.
39. Lincoln, *Great Speeches*, 60-61.
40. Jefferson, "First Inaugural Address", 1801.
41. Diamond, "The American Idea of Equality", 316.
42. Ibid., 315.
43. Ibid., 316.
44. Ibid., 316, 318.
45. Ibid., 318-319.
46. Ibid., 320-321.
47. Ibid., 321.
48. Ibid., 323, 326.
49. Ibid., 329-330.
50. Cooke, *The Federalist*, 347-353.
51. Jefferson, "Thomas Jefferson to John Adams", 1813.
52. Hamilton, *Presidents*, 34.
53. Lee, *Our Lost Constitution*, 19.
54. Cooke, *The Federalist*, 28, 378.
55. Paine, *Paine: Collected Writings*, 52, 551.

56. Hartz, *The Liberal Tradition in America*, 140.
57. Kesler, *Life, Liberty, and the Pursuit of Happiness*, 82.

## CAPÍTULO 2: A REVISÃO DOS PROGRESSISTAS

1. Wilson, *The New Freedom*, 51.
2. Drehle, *Triangle*, 1, 3, 127, 195, 214.
3. Will, "Labels Do Matter", 1992.
4. McDowell, *Reason and Republicanism*, 211.
5. Roosevelt, "Annual Message to Congress", 1938.
6. McPherson, *A Political Education*, 301.
7. Johnson, "Remarks at the University of Michigan", 1964.
8. Lippmann, *Drift and Mastery*, 267, 318.
9. Bagehot, *Physics and Politics*, 53.
10. Hayward, *Patriotism Is Not Enough*, 89.
11. Merriam, *A History of American Political Theories*, 305.
12. Fukuyama, *The End of History and the Last Man*, 65.
13. Merriam, *A History of American Political Theories*, 306-307.
14. Paul, *Natural Rights Individualism and Progressivism in American Political Philosophy*, vii.
15. Merriam, *A History of American Political Theories*, 311.
16. Cooke, *The Federalist*, 3.
17. Merriam, *A History of American Political Theories*, 311-313, 315-316, 322.
18. Beard, *An Economic Interpretation of the Constitution of the United States*, 161-162.
19. Mansfield, *America's Constitutional Soul*, 7.
20. Paul, *Natural Rights Individualism and Progressivism in American Political Philosophy*, 202.
21. Croly, *The Promise of American Life*, 53, 169, 275-279, 399.
22. Ibid., 276, 282-283, 287.
23. Ibid., 170, 278-279.
24. Croly, *Progressive Democracy*, 123, 231, 256.
25. Ibid., 124, 208-209.
26. Ibid., 210-211.
27. Ibid., 227.
28. Roosevelt, "Inaugural Address", 1933.

29. Croly, *The Promise of American Life*, 413.
30. Lippmann, *Drift and Mastery*, 267.
31. Zwonitzer, *The Statesman and the Storyteller*, 170.
32. Holmes, *Holmes and Frankfurter*, 19.
33. Holmes, *Holmes-Laski Letters*, vol. 2, 1035.
34. Farnsworth, *Farnsworth's Classical English Metaphor*, 7.
35. Holmes, *Collected Legal Papers*, 314.
36. Holmes, *Holmes-Laski Letters*, vol. 2, 1146.
37. Twain, *What is Man?*, 138.
38. Holmes, *The Path of the Law*, 27.
39. Siegel, *The Revolt Against the Masses*, 53.
40. Leonard, *Illiberal Reformers*, 13, 22, 40, 69, 109, 127.
41. Ibid., 73-74.
42. Ibid., 73, 142, 157.
43. Ibid., 110, 115.
44. Ibid., 119.
45. Zwonitzer, *The Statesman and the Storyteller*, 224-225.
46. Paul, *Natural Rights Individualism and Progressivism in American Political Philosophy*, 247-248.
47. Roosevelt, *The Works of Theodore Roosevelt*, 307.
48. Paul, *Natural Rights Individualism and Progressivism in American Political Philosophy*, 241, 246, 250.
49. Dewey, "The Future of Liberalism", 225-227.
50. Jones, *Karl Marx*, 563.
51. Marx, *Das Kapital*, 2.
52. Burke, *The Works of Edmund Burke*, vol. 3, 340.
53. Levin, *The Great Debate*, 67.
54. Dewey, "The Future of Liberalism", 227-228.
55. Locke, *An Essay Concerning Human Understanding*, 67.
56. Rousseau, *The Social Contract*, 7-8.
57. Paul, *Natural Rights Individualism and Progressivism in American Political Philosophy*, 194-195.
58. Will, *The Woven Figure*, 310.
59. Roosevelt, *The Strenuous Life*, 4.
60. Foss, *Whiffs from Wild Meadows*, 260.

61. Jefferson, *The Works of Thomas Jefferson*, 377.
62. Yarbrough, *Theodore Roosevelt and the American Political Tradition*, 99, 109, 114.
63. Turner, *Rereading Frederick Jackson Turner: "The Significance of the Frontier in American History" and Other Essays*, 74-75.
64. Yarbrough, *Theodore Roosevelt and the American Political Tradition*, vii.
65. Cooke, *The Federalist*, 349.
66. Yarbrough, *Theodore Roosevelt and the American Political Tradition*, 6-7.
67. Ibid., 11, 19.
68. Ibid., 23.
69. Roosevelt, *Theodore Roosevelt*, 357.
70. Ibid., 357.
71. Paul, *Natural Rights Individualism and Progressivism in American Political Philosophy*, 322-323.
72. Bickel, *The Morality of Consent*, 121-122.
73. Hawley, *Theodore Roosevelt: Preacher of Righteousness*, 51.
74. Ibid., 138.
75. Hawley, *Theodore Roosevelt*, 51, 138, 148.
76. Woolf, *Mr. Bennett and Mrs. Brown*, 4.
77. Wilson, *Woodrow Wilson*, 107-108, 112, 119.
78. Ibid., 40.
79. Paul, *Natural Rights Individualism and Progressivism in American Political Philosophy*, 346-347.
80. Ibid., 328.
81. Brands, *Woodrow Wilson*, 25.
82. Hayward, *Patriotism Is Not Enough*, 194.
83. Lukacs, *A New Republic*, 319.
84. Tocqueville, *Democracy in America*, 67.
85. Keller, *America's Three Regimes*, 107.
86. Cooke, *The Federalist*, 471.
87. Pestritto, *Woodrow Wilson and the Roots of Modern Liberalism*, 3.
88. Cooke, *The Federalist*, 58.
89. Pestritto, *Woodrow Wilson and the Roots of Modern Liberalism*, 6, 56.
90. Ibid., 122.
91. Ibid., 58.

92. Lincoln, *Abraham Lincoln: Speeches and Writings, vol. 2. 1859-1865*, 213.
93. Ibid., 19.
94. Pestritto, *Woodrow Wilson and the Roots of Modern Liberalism*, 6, 68.
95. Ibid., 6.
96. Udehn, *The Limits of Public Choice*, 48.
97. Pestritto, *Woodrow Wilson and the Roots of Modern Liberalism*, 60.
98. Wilson, *Woodrow Wilson*, 7.
99. Pestritto, *Woodrow Wilson and the Roots of Modern Liberalism*, 8, 15.
100. Ibid., 16.
101. Ibid., 34.
102. Ackerman, *Trotsky in New York*, 1917, 157.
103. Emerson, *The Early Poems of Ralph Waldo Emerson*, 116.
104. Lincoln, *Lincoln Addresses and Letters*, 206.
105. Olcott, *William McKinley*, vol. 2, 96.
106. Pestritto, *Woodrow Wilson and the Roots of Modern Liberalism*, 36.
107. Ibid., 38, 40.
108. Ibid., 35.
109. Ibid., 9.
110. Ibid., 101.
111. Ibid., 102-103.
112. Holmes, *Holmes-Laski Letters, vol. 1*, 249.
113. Pestritto, *Woodrow Wilson and the Roots of Modern Liberalism*, 34, 107.
114. Ibid., 55, 70, 74.
115. Ibid., 75, 119-120.
116. Ibid., 77, 118.
117. Ibid., 79, 113, 116.
118. Ibid., 80-81.
119. Ibid., 82-83.
120. Ibid., 85, 122, 124.
121. Ibid., 133, 136-137, 139.
122. Ibid., 157, 165, 168-169.
123. Ibid., 180, 206.
124. Ibid., 182, 207-208, 231.
125. Ibid., 212-213.
126. Ibid., 214, 229.

127. Ibid., 243.
128. Hobbes, *Leviathan*, 123.
129. Pestritto, *Woodrow Wilson and the Roots of Modern Liberalism*, 230, 232-233.
130. Ibid., 239.
131. Ibid., 254, 259, 262.
132. Ibid., 255.
133. Ibid., 256.
134. Roosevelt, "Radio Address to the Business and Professional Men's League Throughout the Nation", 1932.
135. Roosevelt, "Annual Message to Congress", 1938.
136. Roosevelt, "State of the Union Message to Congress", 1944.
137. Ibid.
138. Johnson, "Remarks Before the National Convention Upon Accepting the Nomination", 1964.
139. Kesler, *Life, Liberty, and the Pursuit of Happiness*, 49.
140. Johnson, "Commencement Address at Howard University", 1965.
141. Roosevelt, "Campaign Address on Progressive Government at the Commonwealth Club in San Francisco, California", 1932.
142. Ibid.
143. Ibid.
144. Ibid.
145. Ibid.
146. Roosevelt, "Inaugural Address", 1933.
147. Spark, *The Girls of Slender Means*, 17-18.
148. Fogel, *The Fourth Great Awakening and the Future of Egalitarianism.*

## CAPÍTULO 3: AS CONSEQUÊNCIAS INSTITUCIONAIS DO PROGRESSISMO

1. Scalia, *Scalia Speaks*, 157.
2. Cooke, *The Federalist*, 60.
3. Hayward, *Patriotism Is Not Enough*, 77.
4. Heidler, *Washington's Circle*, 79.
5. Keller, *America's Three Regimes*, 54.
6. Feldman, *The Three Lives of James Madison*, 354.
7. Adams, "From John Adams to George Washington, 17 May 1789", 1789.

8. Brinkley, *The American Presidency*, 10.
9. Heidler, *Washington's Circle*, 66, 70-71.
10. Cooke, *The Federalist*, 452.
11. "Records of the Federal Convention of 1787", 1787.
12. Gregg, *The Presidential Republic*, 20.
13. Schmitt, *The Imperial Presidency and the Constitution*, 129.
14. Healy, *The Cult of the Presidency*, 1-2, 281-282.
15. Ibid., 76.
16. Ibid., 79, 124.
17. Krauthammer, "The Audacity of Vanity", 2008.
18. Healy, *The Cult of the Presidency*, 132-133.
19. Lukacs, *A New Republic*, 6.
20. Keller, *America's Three Regimes*, 152.
21. Will, *The Pursuit of Virtue and Other Tory Notions*, 297.
22. Healy, *The Cult of the Presidency*, 86.
23. Cooke, *The Federalist*, 461.
24. Erler, *The American Polity*, 55.
25 Schudson, *The Good Citizen*, 6, 115, 145.
26. Ibid., 182, 185, 189.
27. Ceaser, "The Presidential Nomination Mess."
28. Madison, "Political Observations, 20. April 1795", 1795.
29. Miller, *Great Debates in American History*, vol. 2, 19.
30. Keller, *America's Three Regimes*, 89, 108.
31. Ibid., 124.
32. Moynihan, "Imperial Government", 1978.
33. Ibid.
34. Corwin, *The President*, 18.
35. Wilson, "American Politics, Then & Now."
36. Roosevelt, "Inaugural Address", 1933.
37. Bernstein, "Flashback: Barack Obama on the 'Biggest Problems We're Facing'", 2014.
38. Paul, *Natural Rights Individualism and Progressivism in American Political Philosophy*, 79.
39. Coolidge, *The Price of Freedom*, 200.
40. Lawson, "The Rise and Rise of the Administrative State", 1994.

41. Lee, *Our Lost Constitution*, 63-65.
42. Wallison, "Decentralization, Deference, and the Administrative State", 2016.
43. Cooke, *The Federalist*, 324.
44. *Marbury v. Madison*, 5. U.S. 137. (1803).
45. Ibid., 66.
46. Ibid., 67.
47. Ibid., 70.
48. Ibid.
49. Lee, *Our Lost Constitution*, 71, 75.
50. Cooke, *The Federalist*, 421.
51. Lee, *Our Lost Constitution*, 69-70.
52. Silverglate, *Three Felonies a Day*, xlx.
53. Lee, *Our Lost Constitution*, 82.
54. Will, *The Leveling Wind*, 72.
55. Keller, *America's Three Regimes*, 232.
56. DeMuth, "The Bucks Start Here", 2013.
57. Ibid.
58. Ibid.
59. Goldfarb, "Obama Administration Pushes Banks to Make Home Loans to People with Weaker Credit", 2013.
60. DeMuth, "The Bucks Start Here", 2013.
61. Ibid.
62. Ibid.
63. DeMuth, "The Regulatory State", 2012.
64. *Department of Transportation v. Association of American Railroads*, 575. U.S. __ (2015).
65. Wilson, *Woodrow Wilson*, 242.
66. Cooper, "Confronting the Administrative State", 2015.
67. Ibid.
68. Sasse, "Senator Ben Sasse's Maiden Speech", 2015.
69. Kosar, "How to Strengthen Congress", 2015.
70. McClintock, "How and Why the Senate Must Reform the Filibuster", 2017.
71. Cost, "Fix the Filibuster", 2015.
72. Kennedy, "Annual Message to the Congress on the State of the Union", 1962.
73. Kosar, "How to Strengthen Congress", 2015.

74. Niskanen, *Reflections of a Political Economist*, 131-132, 134.
75. Cooke, *The Federalist*, 313.
76. DeMuth, "Repairing Our Fractured Politics", 2018.
77. Cooke, *The Federalist*, 349.
78. *Gutierrez-Brizuela v. Lynch*, 14-9585 (2016).

## CAPÍTULO 4: A SUPERVISÃO JUDICIAL DA DEMOCRACIA

1. Jackson, "The Task of Maintaining Our Liberties", 1953.
2. Kass, *Leading a Worthy Life*, 383.
3. Keller, *America's Three Regimes*, 38.
4. Holzer, *The Supreme Court Opinions of Clarence Thomas, 1991-2011*, 4.
5. Sandefur, *The Conscience of the Constitution*, 2.
6. Ibid., 6-7.
7. *West Virginia State Board of Education v. Barnette*, 319. U.S. 624 (1943).
8. Smith, *John Marshall*, 171.
9. "English Translation of Magna Carta", 2014.
10. Sandefur, *The Conscience of the Constitution*, 13.
11. Washington, "Letter of the President of the Federal Convention", 1787.
12. Feldman, *The Three Lives of James Madison*, 75.
13. Paul, *Without Precedent*, 26-27.
14. Cooke, *The Federalist*, 313.
15. Ellis, *The Quartet*, 150-151.
16. *Perez v. Brownell*, 456. U.S. 44 (1958).
17. Cooke, *The Federalist*, 526-527.
18. Madison, "Rights", 1789.
19. Cooke, *The Federalist*, 251.
20. Boorstin, *The Genius of American Politics*, 1-2.
21. Barnett, *Our Republican Constitution*, 23, 34.
22. Ibid., 21, 23.
23. Ibid., 19, 21.
24. Barnett, "Is the Constitution Libertarian?", 2009.
25. Barnett, *Our Republican Constitution*, 160-161.
26. "The Nomination of Elena Kagan", 2010.
27. *The Congressional Register*, vol. 2, 197.
28. Sandefur, *The Conscience of the Constitution*, 14-15, 163.

29. Magnet, "The Founders' Grandson, Part II", 2018.
30. Hayward, *Patriotism Is Not Enough*, 145, 168.
31. Lincoln, "Fragment on the Constitution and the Union", 1861.
32. *Fletcher v. Peck*, 10. U.S. 87 (1810).
33. *Lochner v. New York*, 198. U.S. 45 (1905).
34. Bernstein, *Rehabilitating Lochner*, 29.
35. Ibid., 29-33.
36. Ibid., 12, 34.
37. Ibid., 35-36.
38. Ibid., 36.
39. Ibid., 56-57.
40. Ibid., 96.
41. Ibid., 78-79.
42. Ibid., 36, 85, 92.
43. Ibid., 122.
44. Ibid., 36.
45. Bork, *The Tempting of America*, 49.
46. Sandefur, *The Conscience of the Constitution*, 84.
47. Wood, *Empire of Liberty*, 491-492.
48. Ibid., 492-493.
49. *Trop v. Dulles*, 356. U.S. 86 (1958).
50. "Speech Acts", 2014.
51. Bailey, *First Philosophy*, 625.
52. Balkin, *Living Originalism*, 4, 7, 11-14, 16, 257.
53. Ibid., 28.
54. McConnell, "Originalism and the Desegregation Decisions", 1995.
55. McConnell, "The Originalist Justification for Brown", 1995.
56. Souter, "Text of Justice David Souter's Speech", 2010.
57. Ibid.
58. Ibid.
59. Ibid.
60. Ibid.
61. Ibid.
62. Ibid.
63. Ibid.

64. Ibid.
65. Ibid.
66. Ibid.
67. Paul, *Natural Rights Individualism and Progressivism in American Political Philosophy*, 272.
68. "The Final Trump-Clinton Debate Transcript", 2016.
69. Lincoln, "Inaugural Address", 1861.
70. Bork, *The Tempting of America*, 190.
71. *Wickard v. Filburn*, 317. U.S. 111 (1942).
72. Ibid.
73. *United States v. Lopez*, 514. U.S. 549 (1995).
74. Ibid.
75. Ibid.
76. Leuchtenburg, *The Supreme Court Reborn*, 220, 236.
77. Holzer, *The Supreme Court Opinions of Clarence Thomas, 1991-2011*, 43, 46.
78. *Polish National Alliance v. Labor Board*, 322. U.S. 643 (1944).
79. Cooke, *The Federalist*, 523.
80. Bickel, *The Least Dangerous Branch*, 16, 18.
81. Burke, *The Works of Edmund Burke*, vol. 3, 112.
82. Cooke, *The Federalist*, 396.
83. Somin, *Democracy and Political Ignorance*, 17.
84. Ibid., 19-20, 56, 220.
85. Blair, *A Journey*, 70.
86. Fisher, "Searching for Explanations", 2015.
87. Somin, *Democracy and Political Ignorance*, 143.
88 *Gitlow v. New York*, 268. U.S. 652 (1925).
89. McCloskey, *The Bourgeois Virtues*, 395, 397.
90. Mansfield, *America's Constitutional Soul*, 156.
91. Jackson, "The Task of Maintaining Our Liberties", 1953.
92. *The Yale Biographical Dictionary of American Law*, 42-43.
93. Hayward, *Patriotism Is Not Enough*, 167.
94. Sandefur, *The Conscience of the Constitution*, 5.
95 Ibid., 6.
96. Ibid., 33, 57, 116, 121.
97. Breyer, *Making Our Democracy Work*, 79.

98. *Robinson v. Crown Cork and Seal Company*, 06-0714 (2010).
99. *Marbury v. Madison*, 5. U.S. 137 (1803).
100. *Robinson v. Crown Cork and Seal Company*, 06-0714 (2010).
101. Ibid.
102. Cooke, *The Federalist*, 353.
103. Epstein, "Beware of Legal Transitions", 2003.
104. "Nashville Limos", 2011.
105. "Louisiana Florists", 2004.
106. "Louisiana Caskets", 2010.
107. *Powers v. Harris*, 03-6014 (2004).
108. Keller, *America's Three Regimes*, 96.
109. Brandeis, *Letters of Louis D. Brandeis*, 344-345.
110. Jackson, "The Task of Maintaining Our Liberties", 1953.

## CAPÍTULO 5: ECONOMIA POLÍTICA

1. Hayek, *The Fatal Conceit*, 76.
2. Emerson, *Lincoln the Inventor*, 14.
3. Nova York (estado de), *The Speeches of the Different Governors to the Legislature of the State of New York*, 154, 237.
4. Hamilton, "Annapolis Convention. Address of the Annapolis Convention [14 September 1786]", 1786.
5. *Cohens v. Virginia*, 19. U.S. 264 (1821).
6. Meinig, *The Shaping of America*, 399.
7. McPherson, *Battle Cry of Freedom*, 11-12.
8. Wilson, *Constitutional Government in the United States*, 26.
9. Gordon, "The Little Miracle Spurring Inequality", 2014.
10. Winchester, *The Men Who United the States*, xvi-xix.
11. Ibid., xxiv, 255, 258.
12. Green, *Winning Back America*, 81.
13. Bradford, *History of Plymouth Plantation, 1620-1647*, 299-301.
14. Fukuyama, *The Origins of Political Order*, 65.
15. Will, *Suddenly*, 12.
16. Fogel, *The Fourth Great Awakening and the Future of Egalitarianism*, 11, 58-59, 166.
17. Lindsey, *The Age of Abundance*, 32-34.

18. McCloskey, *Bourgeois Equality*, xiv-xv, xxiii.
19. McCloskey, *The Bourgeois Virtues*, 4.
20. McCloskey, *Bourgeois Equality*, 202-203, 205.
21. Blackstone, *Commentaries on the Laws of England*, vol. 2, 261.
22. Fukuyama, *The End of History and the Last Man*, 265.
23. McCloskey, *Bourgeois Equality*, 203, 207.
24. Smith, *The Theory of Moral Sentiments*, 29.
25. McCloskey, *The Bourgeois Virtues*, 410.
26. Tulis, *Legacies of Losing in American Politics*, 34, 147-148.
27. Gottlieb, *The Dream of Reason*, 266.
28. Cooke, *The Federalist*, 419.
29. Locke, "Second Treatise", 1689.
30. Tocqueville, *Democracy in America*, 231.
31. Keller, *America's Three Regimes*, 25.
32. McCloskey, *Bourgeois Equality*, 49.
33 Jefferson, *Thomas Jefferson*, 124.
34. Hamilton, "Alexander Hamilton's Final Version of the Report on the Subject of Manufactures", 1791.
35. Cooke, *The Federalist*, 471.
36. Zwonitzer, *The Statesman and the Storyteller*, 122.
37. Feldman, *The Three Lives of James Madison*, 344.
38. Hamilton, *Life of Alexander Hamilton*, 584.
39. Tocqueville, *Democracy in America*, 331-333.
40. Stevens, *American Political Thought*, 76.
41. Madison, *The Writings of James Madison*, 365.
42. Polanyi, *The Great Transformation*, 147.
43. Kennedy, "Commencement Address at Yale University", 1962.
44. Nixon, "Inaugural Address", 1969.
45. Smith, *An Inquiry Into the Nature and Causes of the Wealth of Nations*, 311.
46. Hayek, "The Use of Knowledge in Society", 1945.
47. Ibid.
48. Smith, *An Inquiry Into the Nature and Causes of the Wealth of Nations*, 241.
49. Hayek, *The Constitution of Liberty*, 78.
50. Ridley, *The Evolution of Everything*, 110.
51. Hayek, "The Pretence of Knowledge", 1974.

52. Ibid.
53. Ibid.
54. Ibid.
55. Hayek, *The Fatal Conceit*, 76-77.
56. Smith, *The Theory of Moral Sentiments*, 318.
57. Hayek, *The Road to Serfdom*, 91.
58. Cochrane, "Russ Roberts on Economic Humility", 2017.
59. Gordon, *The Rise and Fall of American Growth*, 1, 37, 57-58, 287, 321.
60. Lukacs, *A New Republic*, 373.
61. Diggins, *The Proud Decades*, 349.
62. Galbraith, *The Affluent Society*, 8, 191.
63. Galbraith, *The New Industrial State*, 36.
64. Will, *One Man's America*, 35.
65. Stigler, "The Intellectual and the Marketplace", 1965.
66. Carter, "Address to the Nation on Energy", 1977.
67. Passell, "The Limits to Growth", 1972.
68. Lomborg, "Environmental Alarmism, Then and Now", 2012.
69. Ibid.
70. Tierney, "Betting on the Planet", 1990.
71. Adams, *The Works of John Adams*, 386.
72. Cowen, *The Complacent Class*, 168.
73. Ibid., 105, 149.
74. McCloskey, "The Myth of Technological Unemployment", 2017.
75. McCloskey, *The Bourgeois Virtues*, 263.
76. Roosevelt, "Radio Address to the Business and Professional Men's League Throughout the Nation", 1932.
77. Jackson, "Veto Message", 1832.
78. Ibid.
79. Cooke, *The Federalist*, 421.
80. Boaz, *The Libertarian Mind*, 241.
81. McCloskey, *The Bourgeois Virtues*, 263.
82. Weisman, *The Great Tax Wars*, 2-3.
83. Ibid., 11, 57, 102.
84. Ibid., 253.
85. Ibid., 34, 258-259, 345.

86. Ibid., 281, 354.
87. Paul, *Natural Rights Individualism and Progressivism in American Political Philosophy*, 133.
88. Lincoln, *The Writings of Abraham Lincoln*, 106, 110.
89. Blum, "The Uneasy Case for Progressive Taxation", 1952.
90. Kennedy, "Remarks of Senator John F. Kennedy", 1960.
91. Blum, "The Uneasy Case for Progressive Taxation", 1952.
92. Ibid.
93. Ibid.
94. Ibid.
95. Nisbet, *Prejudices*, 107-109.
96. Hirsch, *Social Limits to Growth*, 18, 20, 26, 48, 52.
97. Ibid., 49, 51.
98. Frankfurt, *On Inequality*, x, 7, 10-11, 14, 69.
99. Scheidel, *The Great Leveler*, 298-300.
100. Schumpeter, *Capitalism, Socialism and Democracy*, 67.
101. Cochrane, "Why and How We Care about Inequality", 2014.
102. Ibid.
103. Ibid.
104. Boudreaux, "Most Ordinary Americans in 2016 Are Richer Than Was John D. Rockefeller in 1916", 2016.
105. Thompson, "America in 1915", 2016.
106. Barone, *Our Nation*, 28.
107. Foner, *A Short History of Reconstruction*, 10.
108. Roosevelt, "Radio Address to the Business and Professional Men's League Throughout the Nation", 1932.
109. Roosevelt, "Inaugural Address", 1937.
110. Roosevelt, "State of the Union Message to Congress", 1944.
111. Ibid.
112. Will, *Suddenly*, 159.
113. Lincoln, "First Annual Message", 1861.
114. McPherson, *Battle Cry of Freedom*, 28.
115. Postrel, *The Future and Its Enemies*, 16, 51, 79, 91, 147.

## CAPÍTULO 6: CULTURA E OPORTUNIDADE

1. Weisman, *Daniel Patrick Moynihan*, 3.
2. Risen, *The Bill of the Century*, 1, 189, 227-238.
3. Bork, *The Tempting of America*, 76.
4. Miller, *Great Debates in American History*, Vol. VI, 13.
5. Johnson, "Commencement Address at Howard University", 1965.
6 Duggan, "Mayor Mike Duggan Keynote Address", 2017.
7. Croly, *The Promise of American Life*, 181.
8. Roosevelt, "The Radical Movement Under Conservative Direction", 1910.
9. Obama, "Address Before a Joint Session of Congress on the State of the Union", 2013.
10. Berns, *Making Patriots*, 120.
11. Johnson, "Annual Message to the Congress on the State of the Union", 1964.
12. Hemingway, "The Snows of Kilimanjaro", 23.
13. Anderson, *Youth Employment and Public Policy*, 64-87.
14. Turow, *The Laws of Our Fathers*, 66, 247.
15. Will, *The Pursuit of Happiness and Other Sobering Thoughts*, 197.
16. Thomas (dir.). *The G.I. Bill: The Law That Changed America* (vídeo).
17. Ibid.
18. Will, *With a Happy Eye, But...*, 252-253.
19. Barone, *Our Country*, 201.
20. Wilson, *Two Nations*, 19.
21. Hodgson, *America in Our Time*, 448-449.
22. Coleman, "Equality of Educational Opportunity", 1966.
23. Hanushek, "The Impact of Differential Expenditures on School Performance", 1989.
24. "House of Representatives", 1991.
25. *Shaw v. Reno*, 509. U.S. 630 (1993).
26. Sandefur, *Frederick Douglass*, 101, 103, 108.
27. McCloskey, *Bourgeois Dignity*, 54, 57.
28. Stevenson, "Commencement Address by Adlai Stevenson", 1955.
29. Hayward, "Reagan Casts Big Shadow with Achievements", 2004.
30. Johnson, "Remarks at the University of Michigan", 1964.
31. Eberstadt, "The Great Society at Fifty", 2014.

32. Ibid.
33. Ibid.
34. White, *The Making of the President*, 365.
35. Eberstadt, *A Nation of Takers*, 8-9, 23.
36. Ibid., 43, 47-48, 56-57.
37. Ibid., 24, 53.
38. Eberstadt, *Men Without Work*, 3, 18, 27, 35, 38, 80.
39. Ibid., 41, 127, 180-181.
40. Ibid., 68, 152-154.
41. Eberstadt, "American Exceptionalism and the Entitlement State", 2015.
42. Ibid.
43. Ibid.
44. Ibid.
45. Hubbard, "Regaining America's Balance", 2013.
46. Paul, *Natural Rights Individualism and Progressivism in American Political Philosophy*, 288.
47. Wilson, *Woodrow Wilson*, 40.
48. McSmith, *No Such Thing as Society*.
49. Obama, "Remarks by the President at a Campaign Event in Roanoke, Virginia", 2012.
50. "Elizabeth Warren on Fair Taxation", 2011.
51. Okun, *Equality and Efficiency*, 42.
52. Sidgwick, *The Principles of Political Economy*, 517.
53. Mill, *Principles of Political Economy*, 212.
54. Robertson, *The Wordsworth Dictionary of Quotations*, 133.
55. Sennett, *The Hidden Injuries of Class*.
56. Ellis, *The Napoleonic Empire*, 30.
57. Bell, "On Meritocracy and Equality", 1972.
58. Rawls, *A Theory of Justice*, 86.
59. Lindsey, *The Age of Abundance*, 61, 65, 67, 78, 235.
60. "Environmental Housing and Life Styles", 1971.
61. Olson, *The Rise and Decline of Nations*.
62. Hutchinson, *Nationalism*, 104.
63. Tropman, *Strategic Perspectives on Social Policy*, 342.
64. Cloward, "The Welfare Vaudevillian", 1979.

65. Hodgson, *The Gentleman from New York*, 87.
66. Shelley, *The Poetical Works of Percy Bysshe Shelley*, 283.
67. Lippmann, *Drift and Mastery*, 267.
68. Larkin, *High Windows*.
69. Moynihan, *Came the Revolution*, 262-263.
70. Wilson, *On Character*, 1.

## CAPÍTULO 7: OS OBJETIVOS DA EDUCAÇÃO

1. Bellow, *Mr. Sammler's Planet*, 208.
2. Washington, *The Writings of George Washington*, 11-13.
3. Roland, *Reflections on Lee*, 20.
4. Cooke, *The Federalist*, 9.
5. Ibid., 9.
6. Banfield, *Here the People Rule*, 9.
7. Cooke, *The Federalist*, 238-239.
8. Tocqueville, *Democracy in America* (Henry Reeve), 397.
9. Lukacs, *A New Republic*, 135-136.
10. Lincoln, "Inaugural Address", 1861.
11. Knox, *The Belief of Catholics*, 6.
12. Emerson, *Essays and Lectures*, 7.
13 Emerson, *The Early Lectures of Ralph Waldo Emerson*, volume III, 288.
14. Wilson, *The Public Papers of Woodrow Wilson*, 274-276, 451.
15. Locke, *An Essay Concerning Human Understanding*, 67.
16 Scalia, *Scalia Speaks*, 66.
17. Lincoln, *Speeches and Writings, 1832-1858*, 32.
18. Mann, *Life of Horace Mann*, 83.
19. Levin, "Edmund Burke's Economics of Flourishing", 2016.
20. Dewey, *My Pedagogic Creed*, 16, 18.
21. Harrison, *The Cultural Production of Matthew Arnold*, 100.
22. Berns, *Making Patriots*, 3.
23. Ibid., 10-11.
24. Adams, "John Adams to Abigail Adams, 29. October 1775", 1775.
25. Locke, *Two Treatises on Government*, 189.
26. Locke, *The Conduct of the Understanding*, 8.

27. Paul, *Natural Rights Individualism and Progressivism in American Political Philosophy*, 5, 9.
28. Wood, *The Radicalism of the American Revolution*, 216, 236-237, 240.
29. Cooke, *The Federalist*, 419.
30. Sandefur, *Frederick Douglass*, 5.
31. Harlan, *The Degradation of American History*, xv-xix, 3.
32. Ibid., xix, xxi.
33. Lorenz, *On Aggression*.
34. Frost, *The Poetry of Robert Frost*, 325.
35. Will, *The Woven Figure*, 325.
36. Ibid., 144.
37. Levine, "Speaking for the Humanities", 1989.
38. Berns, *Making Patriots*, 79.
39. Jefferson, "From Thomas Jefferson to Benjamin Rush, 23. September 1800", 1800.
40. Jefferson, *Memoir, Correspondence, and Miscellanies*, 37.
41. Holowchak, *Thomas Jefferson and Philosophy*, 46.
42. Jefferson, *The Writings of Thomas Jefferson*, 376.
43. Boller, *Presidential Campaigns*, 112.
44. Cather, *The First Willa Cather MEGAPACK*, 377.
45. Nichols, *The Death of Expertise*, 73.
46. Truss, *Talk to the Hand*, 36, 85, 123, 164.
47. "Wellesley Statement from CERE Faculty", 2017.
48. Nichols, *The Death of Expertise*, x, 3-4, 25, 30, 35-36, 99, 118.
49. Ibid., 9, 14, 106, 203.
50. Sasse, *The Vanishing American Adult*, 212.
51. Roosevelt, *Theodore Roosevelt*, 20.
52. Will, *With a Happy Eye But...*, 184.
53. Will, *The Morning After*, 392.
54. Sasse, *The Vanishing American Adult*, 220.
55. Will, *With a Happy Eye But...*, 189.
56. Dinwiddy, *Radicalism and Reform in Britain*, 421.
57. Hughes, *Consciousness and Society*, 4, 74.
58. Ibid., 39.
59. Marx, *Das Kapital*, xvii, xix.

60. Graham, *The Spanish Civil War*, 12, 84, 86.
61. Fukuyama, *Political Order and Political Decay*, 185-187.
62. Ibid., 196-197.
63. Freedman, *Millay at 100*, 120.
64. Dienstag, *Pessimism*, 5, 118, 168, 202.
65. Ibid., 12, 17-18, 21, 40, 42, 79.
66. Ibid., 41, 79, 187, 195.
67. Ibid., 221, 270-272.

## CAPÍTULO 8: NO EXTERIOR

1. James, *Letters,* vol. 3, 282.
2. Tennyson, *Locksley Hall*, 53.
3. Nau, *Conservative Internationalism*, 164.
4. MacMillan, *Paris 1919*, 338.
5. Smith, *FDR*, 170.
6. MacMillan, *Paris 1919*, xxviii, 11.
7. Will, *One Man's America*, 32.
8. Wilson, "Address to Congress on International Order", 1918.
9. Wilson, *Woodrow Wilson*, 262-263.
10. Will, *The Leveling Wind*, 357.
11. Will, *With a Happy Eye But...*, 84.
12. Lippmann, *The Stakes of Diplomacy*, 9-10.
13. Steel, *Walter Lippmann and the American Century*, 133-134.
14. Buchanan, *Churchill, Hitler, and "The Unnecessary War"*, 109.
15. Meyer, *Pax Ethnica*, 24.
16. Will, "Bedeviled by Ethnicity", 1992.
17. MacMillan, *Paris 1919*, 42, 132, 435.
18. Ibid., 23-24.
19. Stelzer, *The Neocon Reader*, 132.
20. Nau, *Conservative Internationalism*, 172.

21 Lukacs, *A New Republic*, 319.

22. Berns, *Making Patriots*, 8.

23 James, *Letters,* vol. 3, 282.

24. Barnes, *Notes on the Book of Job*, 84.
25. "Brady's Photographs", 1862.

26. Fukuyama, *The End of History and the Last Man*, 4.
27. Miller, *Norman Angell and the Futility of War*, 9.
28. Brooke, *1914. and Other Poems*, 69.
29. Cohen, *Identities in Crisis in Iran*, 147.
30. Will, *The Pursuit of Happiness and Other Sobering Thoughts*, 23.
31. Will, *Suddenly*, 3.
32. Bullock, *Hitler and Stalin*, 633.
33. Goldhagen, *Hitler's Willing Executioners*, 23.
34. McCloskey, *The Bourgeois Virtues*, 283.
35. Fest, *Hitler*, 69.
36. Eksteins, *Rites of Spring*, 312.
37. James, *Memories and Studies*, 303.
38. Bell, *Sociological Journeys*, 327.
39. Nisbet, *Prejudices*, 22-23, 27.
40. Greenhouse, "Conflict in the Balkans", 1995.
41. Brodie, *From Crossbow to H-Bomb*, 234.
42. Will, *The Pursuit of Happiness and Other Sobering Thoughts*, 229.
43. Hakim, *War, Peace and All that Jazz*, 187.
44. Wenzi, *A Conscious Endeavor*, 146.
45. Addison, *The Works of the Right Honourable Joseph Addison*, 180.
46. Warner, *A Library of the World's Best Literature*, 141.
47. Wood, *Empire of Liberty*, 357.
48. Lukacs, *A New Republic*, 221.
49. Zwonitzer, *The Statesman and the Storyteller*, 481.
50. Lukacs, *A New Republic*, 204, 210, 213.
51. Keller, *America's Three Regimes*, 176.
52. Zwonitzer, *The Statesman and the Storyteller*, 413-414.
53. Hawley, *Theodore Roosevelt*, 138.
54. Zwonitzer, *The Statesman and the Storyteller*, 375.
55. Lukacs, *A New Republic*, 203.
56. Blum, *Woodrow Wilson and the Politics of Morality*, 89-90.
57. Dean, *Warren G. Harding*, 100.
58. Fischer, *Liberty and Freedom*, 517.
59. Morison, *The Rising Sun in the Pacific*, 210.
60. Steel, *Walter Lippmann and the American Century*, 409.

61. Stahel, *The Battle for Moscow*, 309.
62. Sandler, *The Korean War*, 233.
63. Halberstam, *The Best and the Brightest*, 667.
64. Lewis, *Main Street*.
65. Judis, *The Folly of Empire*, 11.
66. Kennedy, "Address of Senator John F. Kennedy Accepting the Democratic Party Nomination for the Presidency of the United States", 1960.
67. Johnson, "Address at Johns Hopkins University", 1965.
68. Johnson, "Annual Message to the Congress on the State of the Union", 1966.
69. Hayward, *The Age of Reagan*, 114.
70. Ibid., 108.
71. Greene, *The Quiet American*, 60.
72. Boot, *The Road Not Taken*, 223, 429-430.
73. Hayward, *The Age of Reagan*, 41, 71, 111, 154.
74. Himmelfarb, *The Moral Imagination*, 188.
75. Marlantes, "The Bloody Pivot", 2017.
76. Boot, *The Savage Wars of Peace*, xxii; Scott, *President Wilson's Foreign Policy*, 389.
77. Krames, *The Rumsfeld Way*, 117.
78. "Two Hundred and Seventeenth Day", 1946.
79. Bush, "Commencement Address at the United States Military Academy in West Point", 2002.
80. Moynihan, *Secrecy*, 179.
81. Bush, "Remarks at the American Enterprise Institute Dinner", 2003.
82. Will, *The Morning After*, 300, 383.
83. Bush, "The President's New Conference", 2004.
84. Bush, "Inaugural Address", 2005.
85. Bush, "Remarks on the War on Terror", 2005.
86. Wilson, *The Public Papers of Woodrow Wilson*, 294.
87. Nelson, *Thomas Paine*, 215-216.
88. Keller, *America's Three Regimes*, 36.
89. Fadiman, *Bartlett's Book of Anecdotes*, 321.
90. Blair, *Tony Blair in His Own Words*, 249.
91. Bush, "Remarks on the 20th Anniversary of the National Endowment for Democracy", 2003.

92. Reagan, "Address to Members of the British Parliament", 1982.
93. Rice, "National Security Advisor Dr. Condoleezza Rice Discusses War on Terror at Reagan Library and Museum", 2004.
94. Bush, "Remarks in Halifax, Canada", 2004.
95. Kennedy, "Inaugural Address", 1961.
96. Trotsky, *Literature and Revolution*, 207.
97. Stoppard, *Travesties*, 12.
98. Will, *With a Happy Eye But...*, 83.
99. Will, *Suddenly*, 73.
100. Conquest, *The Harvest of Sorrow*, 33.
101. Marx, *The Communist Manifesto*.
102. Fukuyama, *The End of History and the Last Man*, 51, 135.
103. Ibid., 3.
104. Buchanan, *Day of Reckoning*, 132.
105. Kennedy, "Inaugural Address", 1961; Buchanan, *Day of Reckoning*, 132.
106. Buchanan, *Day of Reckoning*, 132.
107. Buchanan, "The Good Neocon", 2007.
108. Jefferson, "From Thomas Jefferson to Joseph Priestley, 19. June 1802", 1802.
109. Kissinger, *World Order*, 236-237, 279.
110. Ibid., 245.
111. Ibid., 257-258, 271.
112. Kagan, *On The Origins of War*, 567.
113. Cleva, *Henry Kissinger and the American Approach to Foreign Policy*, 97.
114. Nixon, "Remarks to Midwestern News Media Executives Attending a Briefing on Domestic Policy in Kansas City, Missouri", 1971.
115. Diggins, *Ronald Reagan*, 412.
116. Hayward, *The Age of Reagan: The Fall of the Old Liberal Order*, 442.
117. Gorbachev, "Text of Gorbachev's Speech to the United Nations", 1988.
118. Reagan, *The Last Best Hope*, 20.
119. Lincoln, *Lincoln: Speeches and Writings, 1859-1865*, 6.
120. Yeats, "The Second Coming."
121. Jefferson, "Thomas Jefferson to Roger Weightman", 1826.
122. Lefever, *America's Imperial Burden*, 132.
123. Sevareid, *Not So Wild a Dream*, 115, 124-125.
124. Judis, *The Folly of Empire*, 114.

125. Berlin, *Against the Current*, 94.
126. Kagan, *On the Origins of War*, 1, 566-567, 570.

## CAPÍTULO 9: ACOLHENDO O TURBILHÃO

1. Combs, *The Comedy of Democracy*, 84.
2. Twain, *Adventures of Huckleberry Finn*, 159.
3. Paul II, *Collected Poems*, 39.
4. Weeks, *Stalin's Other War*, 32.
5. Twain, *Mark Twain's Notebook*, 344.
6. Will, *With a Happy Eye But...*, 102.
7. Ratcliffe, *Concise Oxford Dictionary of Quotations*, 406.
8. Tocqueville, *Democracy in America* (Henry Reeve), 626-628.
9. Kristol, *Neoconservatism*, 134.
10. Handlin, *The Popular Sources of Political Authority*, 442-443.
11. Larson, *The Return of George Washington*, 116.
12. Jefferson, *The Writings of Thomas Jefferson,* vol. 8, 400.
13. Himmelfarb, *The Moral Imagination*, 239.
14. Matthew 22:21. KJV.
15. Berns, *Making Patriots*, 30, 33.
16. Ibid., 32, 43.
17. Jones, *The Black Book*, 61.
18. Franklin, *The Autobiography of Benjamin Franklin*, 39-40, 54.
19. Allen, *Moral Minority*, 27.
20. Adams, *The Works of John Adams*, 67, 85.
21. Allen, *Moral Minority*, 77.
22. Ibid., xii, 105, 116, 138, 142.
23. Marx, *Critique of Hegel's "Philosophy of Right"*, 131.
24. Allen, *Moral Minority*, 72.
25. Keller, *America's Three Regimes*, 40.
26. Cooke, *The Federalist*, 62.
27. Allen, *Moral Minority*, 91.
28. Paine, *The Age of Reason*, vol. 2, 86.
29. Jefferson, *The Writings of Thomas Jefferson: 1816-1826*, 220.
30. Heidler, *Washington's Circle*, 34-35.
31. De Vries, *The Mackerel Plaza*, 7, 28.
32. Will, *The Morning After*, 175.

33. *Zorach v. Clauson*, 343. U.S. 306 (1952).
34. *Lynch v. Donnelly*, 465. U.S. 668 (1984).
35. Washington, "Inaugural Address", 1789.
36. Washington, "Washington's Farewell Address 1796", 1796.
37. Oshisanya, *An Almanac of Contemporary and Comparative Judicial Restatements*, 1052.
38. Eisenhower, "Religion", 1952.
39. Paul, *Natural Rights Individualism and Progressivism in American Political Philosophy*, 34-35.
40. Andrews, *Famous Lines*, 251.
41. Ehrenberg, *Civil Society*, 65.
42. Gottlieb, *The Dream of Reason*, 304.
43. Jefferson, *The Jeffersonian Cyclopedia*, 976.
44. Wood, *Empire of Liberty*, 577-587.
45. Rasmussen, *The Infidel and the Professor*, 152.
46. Adams, *The Works of John Adams*, 415.
47. Spalding, *We Still Hold These Truths*, 139.
48. Adams, "From John Adams to Mercy Otis Warren, 16. April 1776", 1776.
49. Kirk, *The Essential Russell Kirk*, 52.
50. Kirk, *The Conservative Mind*, 29-32, 62, 66, 80, 184.
51. Clarke, *The Oxford Handbook of Philosophy in Early Modern Europe*, 583.
52. Jefferson, "Thomas Jefferson to John Adams, 12. October 1813", 1813.
53. Jefferson, *The Works of Thomas Jefferson*, 210.
54. Jefferson, *The Jeffersonian Cyclopedia*, 545.
55. Jefferson, *The Writings of Thomas Jefferson,* vol. 2, 103.
56. Tocqueville, *Democracy in America*, 364.
57. Sacks, "Cultural Climate Change", 2017.
58. Himmelfarb, *One Nation, Two Cultures*, 87.
59. Maxwell, "Molecular Evolution."
60. Adams, *The Education of Henry Adams*, 236-238.
61. Rees, *Our Cosmic Habitat*, xx, 60.
62. Gottlieb, *The Dream of Reason*, 205.
63. Kaku, *Einstein's Cosmos*, 61.
64. Ibid., 127.
65. Feynman, *The Character of Physical Law*, 129.
66. Kaku, *Einstein's Cosmos*, 129.

67. Freud, *The Future of an Illusion*, 99.
68. Rees, *Our Cosmic Habitat*, 75.
69. Miller, *Discovering Molecular Genetics*, 6.
70. Henley, *A Book of Verses*, 57.
71. Koestler, *The Ghost in the Machine*.
72. Ryle, *The Concept of the Mind*.
73. Snyder, *Black Earth*, 1, 4-6.
74. Updike, *A Month of Sundays*, 28.
75. Updike, *Rabbit at Rest*, 273.
76. Wilson, *Moral Judgment*, 23.
77. Wilson, *American Politics, Then & Now*, 186.
78. Sumner, *What Social Classes Owe Each Other*, 114.
79. De Vries, *The Blood of the Lamb*, 207-208.
80. Wilbur, *Collected Poems*, 30.
81. Turner, *On the Origin of Societies by Natural Selection*, 1.
82. Darwin, *The Correspondence of Charles Darwin*, vol. 8, 224.
83. Quammen, *The Reluctant Mr. Darwin*, 38, 207, 217.
84. Fadiman, *The Little, Brown Book of Anecdotes*, 343.
85. James, *The Varieties of Religious Experience*, 53.
86. Crane, *The Meaning of Belief*, 8-9, 12, 65.
87. Ibid., 11, 21.
88. Ibid., 78.
89. Greenblatt, *The Swerve*, 5-6.
90. Ibid., 7, 10.
91. Darwin, *The Correspondence of Charles Darwin*, 224.
92. Kirby, *An Introduction to Entomology*, 344.
93. Darwin, *The Origin of the Species*, 478.
94. Genesis 2:7. KJV.
95. Himmelfarb, *Victorian Minds*, 206.
96. Shakespeare, *The Tragedy of Hamlet, Prince of Denmark*.
97. Shakespeare, *The Tragedy of Macbeth*.
98. Clark, *Civilisation*, 123.

## CAPÍTULO 10: RETORNANDO

1. Stegner, *The Sound of Mountain Water*, 201.
2. Lehman, *The Oxford Book of American Poetry*, 270-271.

3. Cooke, *The Federalist*, 3.
4. Ibid., 594.
5. Webster, *The Writings and Speeches of Daniel Webster*, 253-254.
6. Lincoln, *Speeches and Writings 1832-1858*, 28, 36.
7. Cervantes, *The Ingenious Gentleman Don Quixote of La Mancha*, 113.
8. Rhodes, *The Making of the Atomic Bomb*, 662-676.
9. *The Bhagavad Gita*, 55.
10. Lincoln, *Great Speeches*, 25.
11. Lincoln, "Address at the Dedication of the National Cemetery at Gettysburg, Pennsylvania, 1863."
12. Kristol, "The Rise of Totalitarian Democracy, by J. L. Talmon", 1952.
13. Moynihan, *Counting Our Blessings*.
14. Washington, "Circular to the States", 1783.
15. Emerson, *Emerson*, 291.
16. Hughes, *Consciousness and Society*, 171.
17. Gibbon, *The History of the Decline and Fall of the Roman Empire*, 150, 190.
18. Tocqueville, *Democracy in America*, volume 2, 54.
19. Lincoln, *Speeches and Writings 1832-1858*, 35-36.
20. Wilson, *The Papers of Woodrow Wilson,* volume 9, 266.
21. Berlin, *The Crooked Timber of Humanity*, 50.
22. Twain, *Adventures of Huckleberry Finn*, 199.
23. Twain, *The Writings of Mark Twain,* volume 7, 322.
24. Thurber, "She Built Up Her Personality but She's Undermined", 1942.
25. Bates, "America the Beautiful", 1893.
26. Forman, *Our Republic*, 270.
27. Frady, *Wallace*, 11.
28. Bickel, *The Least Dangerous Branch*, 98.
29. Hammett, *The Continental Op.*
30. Bush, "Remarks on Labor Day in Richfield, Ohio", 2003.
31. Will, *Suddenly*, 167.
32. Jefferson, "First Inaugural Address", 1801.
33. Cooke, *The Federalist*, 349.
34. Novak, *A Free Society Reader*, 328-329.
35. Kristol, *The Neoconservative Persuasion*, 23.
36. Tocqueville, *Democracy in America*, 53.

37. Reagan, "Inaugural Address", 1985.
38. Rauch, *Government's End*, 269.
39. Will, *The Woven Figure*, 20.
40. Cooke, *The Federalist*, 313.
41. Swainson, *Encarta Book of Quotations*, 384.
42. Will, *The Woven Figure*, 256-257.
43. Yeats, *Collected Poems of W. B. Yeats*, 344.
44. Moynihan, *Coping*, 31.
45. Twain, *Adventures of Huckleberry Finn*, 9, 17-18.
46. Will, *The Leveling Wind*, 57.
47. Jefferson, "From Thomas Jefferson to James Madison, 20. December 1787", 1787.
48. Turner, *Rereading Frederick Jackson Turner*, 9.
49. Will, *The Leveling Wind*, 78.
50. Jefferson, *Memoir, Correspondence, and Miscellanies*, 437.
51. Hawthorne, *The Blithedale Romance*, 164.
52. Eliot, "Little Gidding."
53. Fitzgerald, *The Great Gatsby*, 180.
54. Ibid., 180.

# ÍNDICE

Este livro foi composto na tipografia
Adobe Garamond Pro, em corpo 11/15, e impresso
em papel off-white na Gráfica Plena Print.